Hobbit Presse
Klett-Cotta

Anthony Ryan

Der Märtyrer

Der stählerne Bund 2

Aus dem Englischen
von Sara Riffel

Klett-Cotta

FSC
www.fsc.org
MIX
Papier | Fördert gute Waldnutzung
FSC® C014496

Hobbit Presse
www.hobbitpresse.de
Die Originalausgabe erschien unter dem Titel
»The Martyr: Book Two of the Covenant of Steel«
im Verlag Orbit, London

Gesetzt von Dörlemann Satz, Lemförde
Gedruckt und gebunden von GGP Media GmbH, Pößneck
ISBN 978-3-608-98762-1
E-Book ISBN 978-3-608-12291-6

Zweite Auflage, 2024

Gewidmet der Erinnerung an Lloyd Alexander,
Autor der Chroniken von Prydain, *der als Erster die Tür aufstieß*
und mich hereinbat.

Inhalt

NACH ASCARLIA
FJORDLAND
DIE
WESTLICHEN HERZOGTÜMER
VON ALBERMAINE
1. Couravel
2. Burg Walvern
3. Hochsahl
4. Athiltor
5. Callintor
6. Farinsahl
7. Olversahl
ALTHIENE
CRONSHELDTER MEER
CORDWAIN
SHAVINE-MARSCHEN
ALBERIS
ALUNDIA
DULSIAN
SHALVIS-BUCHT
CAERITHISCHE ÖDE
N

WAS ZUVOR GESCHAH …

Schreiben an den Rat der Eminenzen des östlichen reformierten Bundes der Märtyrer – Notiz des Archivars: Fragment. Datum und Autor unbekannt.

Gesegnete Brüder des Rates,
zu meiner großen Freude kann ich Euch Folgendes mitteilen: Ich bin in den Besitz einer persönlichen Aufzeichnung gelangt, die nach meiner Überzeugung ein authentisches Werk des berühmt-berüchtigten Alwyn Scribe darstellt.

Eine vollständige Abschrift des Berichts werde ich Euch selbstverständlich zukommen lassen, sobald meine Arbeit hier beendet ist. Nachdem ich das Manuskript aber in seiner ganzen Bösartigkeit gelesen habe, kann ich den Inhalt schon einmal kurz zusammenfassen. Doch möchte ich an Euch appellieren, mich für die Wiedergabe von Scribes Lügen nicht zu verurteilen. Ich versichere Euch, meine Seele bleibt von jeglicher Ketzerei unberührt.

Wenig überraschend stammt Alwyn Scribe aus ärmlichen Verhältnissen. Geboren in einem Hurenhaus, kannte er weder Mutter noch Vater und behauptet, nach dem Lieblingsschwein des dortigen Zuhälters benannt worden zu sein. In jungen Jahren aus dem Haus vertrieben, schloss er sich – so weiß es die Legende – einer Bande von Missetätern an, die in einem Herzogtum an der Westküste des ehemaligen Königreichs Albermaine in einem Wald namens Shavine ihr Unwesen trieb.

Der Anführer der Schurken, ein gewisser Deckin Scarl, bezeichnete sich selbst als König der Gesetzlosen. Dass es diese Person wirklich gab, gilt als gesichert. Scarl und seine schöne, aber intrigante Geliebte Lorine D'Ambrille tauchen in vielen der überlieferten Balladen und Geschichten der Gegend auf. Scribe behauptet, Scarl sei ein unehelicher und nicht anerkannter Sohn des Herzogs der Shavine-Marschen gewesen. Letzterer beging später Verrat an König Tomas Algathinet, dem Herrscher von Albermaine, und wurde deswegen hingerichtet. Eine Gruppe Verbannter aus dem Fjordland unter Führung der jungen Gelehrten Berrine Jurest, von der später noch die Rede sein wird, berichtete Scarl vom Sturz seines Vaters. Von übermäßigem Ehrgeiz gepackt, heckte der skrupellose und gerissene Scarl einen Plan aus, um die Burg des neuen Herzogs zu besetzen. Er wurde jedoch verraten und ging den Soldaten der Krone in die Falle, die von Sir Ehlbert Bauldry angeführt wurden, dem gefürchteten Kämpen des Königs. Ungeziefer ist jedoch schwer beizukommen, und so gelang es Alwyn, dem folgenden Massaker zu entgehen, nicht zuletzt, indem er einen Bandengefährten ermordete.

Von einer merkwürdigen Treue beseelt, die fast schon an die eines geprügelten Hundes zu seinem Herrn erinnert, schlug Alwyn sich bis zu der Burg durch, in der Scarl gefangen gehalten wurde. Dort traf er noch gerade rechtzeitig ein, um Zeuge von dessen Hinrichtung zu werden. Eine Neigung zur Trunksucht trieb ihn dazu, seinen Kummer im Bier zu ertränken, worauf er von den Männern des Königs ergriffen wurde. Nach einer kräftigen Tracht Prügel sollte er gehängt werden, wurde jedoch von Sir Althus Levalle, Großoffizier der Kompanie der Krone, gerettet. Dank Sir Althus blieb Alwyn zwar der Strick erspart, nicht aber der Pranger, wo er viele Stunden Quälerei ertragen musste. Nach dieser Tortur erklärte Althus, er habe Alwyn nur deshalb verschont, weil er mit Deckin Scarl befreundet gewesen sei, mit dem er in den Herzog-Kriegen gemeinsam gekämpft hatte. Alwyn überlebte also, wurde aber in die berüchtigten Erzminen geschickt, ein unterirdisches Arbeitslager, aus dem kein Verdammter je entkommen war.

Alwyns Hang zu Unwahrheiten zeigt sich in der Beschreibung seiner Reise zu den Erzminen. Er wurde vom sogenannten Kettenmann dorthin geschafft, einem Caerither, der angeblich die übernatürliche Gabe besaß, die Stimmen der Toten zu hören. Ich möchte jedoch behaupten, dass Letzteres dem erfundenen Humbug zuzurechnen ist, mit dem Scribe sein Werk auszuschmücken pflegt, wenn seine Furcht vor dem caerithischen Mystiker auch offenkundig echt war. Auf der Reise lernte Alwyn die junge Diebin Toria kennen, mit der ihn einige Jahre lang eine ambivalente Freundschaft verband.

Nach seiner Ankunft in den Erzminen nahm ihn zu seinem Glück Sihlda Doisselle unter ihre Fittiche. Wie Ihr, verehrte Brüder, wisst, gilt Aszendentin Sihlda bei einigen unbedeutenden Zweigen des Bundes als Märtyrerin. Sie wird vor allem ihrer Liebe zur Wahrheit wegen verehrt, an der sie auch einer verlogenen Obrigkeit gegenüber festhielt – weshalb der Adel ihr einen Mord anhängte und sie in die Erzminen verbannte. Unverdrossen gründete Sihlda in Gefangenschaft eine treue Gemeinde aus Mitinsassen. Scribes Legende enthält zahlreiche Hinweise darauf, dass die Aszendentin ihn unterrichtete und er ihr sogar seinen Nachnamen verdankte. Sie führte ihn in die Kunst des Schreibens und des logischen Denkens ein. Unter ihrer kundigen Anleitung kam er zu dem Schluss, Deckins Bande sei von Lorine D'Ambrille verraten worden. Zudem vertraute Sihlda ihm ein wichtiges Geheimnis an, das später noch erwähnt werden soll. Obwohl sie Alwyn offenbar zugeneigt war, vermute ich dennoch, dass sie – hätte sie gewusst, was für ein Geschöpf sie da bei sich aufgenommen hatte – ihm schon bei ihrer ersten Begegnung mit einer Spitzhacke den Schädel eingeschlagen hätte.

Sihldas klugen Machenschaften und dem Tunnel, den sie mit ihrer Gemeinde grub, ist es zu verdanken, dass Alwyn nach vier langen Jahren aus den Erzminen entkommen konnte. Er beschreibt das Opfer, das Sihlda dafür brachte. Im einstürzenden Tunnel kamen sie und ihre Gemeinde ums Leben; Alwyn jedoch gelang die Flucht, begleitet von Brauer, einem frommen Raufbold, und der treuen Toria mit dem vulgären Mundwerk. Gemeinsam entflohen die drei ihren Verfolgern und erreichten das Sanktuarium des Bundes in Callintor. Hier überredete Alwyn den Aszendenten, ihnen Zuflucht zu gewähren, und versprach ihm im Gegenzug eine Abschrift von Sihldas Testament – für einen Kleriker ein höchst wertvolles Schriftstück.

Doch auch als Schreiber und Gelehrter blieb Alwyn im Herzen ein Gesetzloser. Als in Callintor ein Bekannter von ihm namens Erchel eintraf, ein übler Geselle mit bestialischen Neigungen, den er für einen Komplizen Lorines hielt, beschloss er, ihn zu foltern, um die Wahrheit ans Tageslicht zu bringen. Bevor er jedoch zur Tat schreiten konnte, wurde Erchel von einer gewissen Ayin, an der er sich vergreifen wollte, entmannt. Nach außen hin eine einfältige Frohnatur, machte Ayin mit gewalttätigen Männern kurzen Prozess. Erchels Tod war zwar nicht Alwyns Schuld, dennoch wurde er für den Mord verantwortlich gemacht. Zu seinem Glück kam es just zu diesem Zeitpunkt zur schicksalhaftesten Begegnung seines Lebens.

In der Schriftrolle der Wiederauferstandenen Evadine Courlain ist nachzulesen, dass sie Callintor damals tatsächlich einen Besuch abstattete. Ihr Auftrag war es, die erste Kompanie des Bundes aufzubauen, um ein Wiederaufflammen des Prätendenten-Aufstands zu verhindern, weshalb sie unter den versammelten Schurken des Sanktuariums nach Rekruten suchte. Gemeinsam mit seinen beiden Gefährten heuerte Alwyn unter dem Banner der Märtyrerin an – nicht etwa aufgrund seiner Frömmigkeit, sondern einzig, um dem Strick zu entgehen. Die arglose Ayin, für die Alwyn einen seltsamen Beschützerinstinkt empfand, trat ebenfalls in die Kompanie ein. Von der darauffolgenden Schlacht auf dem Feld der Verräter sind zahllose Geschichten überliefert, in denen Scribes Tapferkeit beschrieben wird. Seine eigene Erzählung zeichnet ein Bild von einer unfreiwilligen, wenn auch zweifellos siegreichen Teilnahme. Zudem bestätigt sich, was viele vermuten, nämlich, dass Alwyn damals Märtyrerin Evadine das Leben gerettet hat.

Von der Horde des Prätendenten war nach der Schlacht nicht mehr viel übrig, Evadine gelang es jedoch, ihren Kindheitsfreund Sir Wilhum Dornmahl vor der Hinrichtung zu bewahren. Als Verräter verlor Wilhum sämtliche Titel, konnte aber dem Tod entrinnen, indem er in die Kompanie des Bundes eintrat.

Nach der Schlacht geschah es auch, dass Alwyn seine Seele befleckte, indem er die Sackhexe, eine caerithische Heilerin, aufsuchte, um den von einem Giftpfeil tödlich getroffenen Brauer zu retten. Die Sackhexe hieß so, weil sie stets einen Sack über dem Kopf trug, angeblich um ihr schrecklich entstelltes Gesicht zu verbergen. Mit ihr traf Alwyn eine Abmachung: Im Gegenzug für die Rettung seines Freundes sollte er ein kleines altes Buch an sich nehmen, das in einer ihm unbekannten Schrift verfasst war. Zwar gab ihm die Bitte Rätsel auf, dennoch willigte er ein, und Brauer überlebte. Wie genau der Raufbold geheilt wurde, ist nicht überliefert, Alwyn schreibt seine Wiederherstellung jedoch den unnatürlichen Kräften der Hexe zu.

Von hier an folgt die Erzählung der bekannten Legende von Märtyrerin Evadine. Es wird berichtet, wie die Kompanie des Bundes nach Norden in die Hafenstadt Olversahl im umkämpften Fjordland entsandt wurde, um einen Aufstand und ein Einfallen der heidnischen Ascarlianer zu verhindern. In Olversahl traf Alwyn Berrine Jurest wieder, die jetzt in der berühmten Bibliothek von König Aeric arbeitete. Er überredete sie, das Buch der Sackhexe zu übersetzen, das – wie er erfuhr – in archaischem Caerithisch verfasst war und eine nahezu wörtliche Wiedergabe seiner ersten Begegnung mit Berrine im Shavine enthielt. Bevor Alwyn mehr herausfinden konnte, wurde Olversahl von einer Horde Ascarlianer überrannt. Ein sogenannter Tielwald fügte Märtyrerin Evadine im Kampf schwere Verletzungen zu, Alwyn und Wilhum gelang es jedoch, sie zu retten. Die Überlebenden der Kompanie segelten auf einigen beschlagnahmten Schiffen der Ascarlianer fort, und Olversahl und seine berühmte Bibliothek fielen den heidnischen Flammen zum Opfer.

Nach Ankunft in der Hafenstadt Farinsahl war Märtyrerin Evadine tagelang dem Tode nahe, bis Alwyn und Feldwebel Swain von der Kompanie des Bundes ihre Seelen der Verdammnis preisgaben, um sie zu retten: Alwyn sollte die Sackhexe suchen und sie bitten, ihre geliebte Feldherrin zu heilen. Kaum hatte sich Alwyn auf die Suche nach der Hexe gemacht, wurde er vom Kettenmann gefangen genommen. Imaginäre Geister hatten ihm eingeflüstert, Alwyn würde einmal sein Untergang sein, weshalb er schon seit Jahren danach trachtete, ihn zu töten. An einen Baum gefesselt konnte Alwyn nur die Folter des Kettenmannes ertragen und auf sein Ende warten. In dem Moment tauchte jedoch Lorine D'Ambrille auf, die inzwischen zur Herzogin der Shavine-Marschen aufgestiegen war, und enthüllte Alwyn, sie habe den Kettenmann beauftragt, ihn gefangen zu nehmen. Sie behauptete, an Deckins Tod unschuldig zu sein. Vielmehr machte sie einen Mann namens Todman dafür verantwortlich, den sie schon vor langer Zeit getötet hatte. Zum Beweis, dass sie die Wahrheit sprach, brachte sie den Kettenmann um und rettete Alwyn das Leben, bestrafte ihn aber für sein vorlautes Mundwerk, indem sie ihn am Baum gefesselt zurückließ.

Das Auftauchen der Sackhexe bewahrte Alwyn schließlich vor dem Hungertod. Sie befreite ihn und nahm ihm das Buch ab, das sie ihm gegeben hatte, ebenso wie Berrines Anleitung zu dessen Übersetzung. Zudem verriet sie ihm, dass ihr Gesicht unter dem Sack alles andere als entstellt war. Zusammen kehrten sie nach Farinsahl zurück, wo – und es schmerzt mein frommes Herz, dies zu berichten – Alwyn nach eigener Aussage an einem mysteriösen Ritual teilnahm, um die edle Evadine vor dem nahen Tod zu bewahren. Nach seiner Darstellung war ihre Wiedererweckung durch die Seraphilen nur eine Wahnvorstellung infolge eines Fiebertraums. Noch blasphemischer ist seine Behauptung, zwischen ihm und der Märtyrerin hätte sich eine körperliche Anziehung entwickelt. Ich hoffe, gesegnete Brüder, Ihr versteht jetzt, weshalb dieser Bericht um jeden Preis vor allen außer den Frommsten unter uns verborgen werden muss.

Die folgende Wiedergabe der berühmten Rede der Märtyrerin vor den Gläubigen Farinsahls entspricht wiederum überraschend genau der Überlieferung. Und auch die ruchlose Verschwörung einiger Diener der Krone, die sich vor dem Aufstieg der Märtyrerin fürchteten und sie in einen Hinterhalt lockten und verschleppten, wird wahrheitsgetreu beschrieben. Alwyn liefert manch erhellendes Detail dazu, etwa wie Brauer durch die Hand der Entführer starb. Zu diesem Zeitpunkt trennten sich die Wege zwischen ihm und Toria, die an Bord eines Schmugglerschiffs vor den drohenden Unruhen floh. Alwyn behauptet, er sei nicht mit ihr gegangen, weil zwischen ihm und der Märtyrerin eine rätselhafte Verbindung entstanden sei. Angesichts seines üblen Charakters würde ich jedoch eher vermuten, dass er sich irgendein gewinnbringendes Geschäft erhoffte.

Egal aus welchem Motiv, jedenfalls zog Alwyn mit der Kompanie des Bundes zur Burg Ambris, wo der zwielichtige Kleriker Arnabus die Märtyrerin in einem Schauprozess angeklagt hatte. Wegen angeblichen Verrats und Ketzerei zum Tode verurteilt, erwartete Evadine der Strick, bis sich Alwyn in einer Rüstung, die er sich von Wilhum Dornmahl geliehen hatte, einen Weg durch die Menge bahnte, um das Urteil anzufechten.

Dieser Aspekt der Geschichte wird von zu vielen Quellen bestätigt, als dass er falsch sein könnte – Alwyn Scribe forderte damals tatsächlich Großoffizier Althus Levalle zum Duell heraus und erlangte großen Ruhm, weil es ihm – zumindest eine Zeit lang – gelang, sich gegen den angesehenen Veteranen zu behaupten. Im Verlauf des Duells enthüllte Alwyn das Geheimnis, das Aszendentin Sihlda ihm anvertraut und dem sie ihre Verbannung in die Erzminen zu verdanken hatte: dass nämlich König Tomas von Albermaine in Wahrheit der uneheliche Sohn seines Kämpen war und kein Anrecht auf den Thron besaß.

Vom wütenden Großoffizier niedergeschlagen, wurde Alwyn von der Märtyrerin vor dem Todesstoß bewahrt. Evadine war von der Bühne gesprungen und streckte Sir Althus mit einem gestohlenen Schwert nieder, worauf sich die Soldaten des Bundes und die Gläubigen auf die Kompanie der Krone stürzten. Im darauffolgenden Handgemenge gelang es Evadine und ihren Anhängern, den halb toten

Alwyn wegzutragen und ihn wieder in den Wald zu bringen, in dem er seine elenden Jugendjahre verbracht hatte. Die Märtyrerin und der Gesetzlose im gemeinsamen Aufstand vereint – doch konnte eine solche Verbindung lange halten?

Erster Teil

◆ ◆ ◆

Nicht selten vernahm ich die Frage im Flüsterton: »Hat es die große Plage wirklich gegeben? Brachten die Seraphilen Feuer und Zerstörung über die Welt, um sie von den Maleciten zu befreien? Ist es zu glauben, dass im Getümmel der flammenden Rettung tausende starben und riesige Städte untergingen?«

Meine Antwort, für die mich viele verdammen werden, war stets dieselbe: »Ist das wichtig?«

Aus *Das Testament der Aszendentin Sihlda Doisselle*,
niedergeschrieben von Sir Alwyn Scribe

Erstes Kapitel

Erchel wartete im Traum auf mich. Von all den Toten in meiner Erinnerung war es ausgerechnet er. Nicht die hübsche, diebische Gerthe. Nicht Deckin, der furchterregende, wahnsinnige, aber manchmal auch weise König der Gesetzlosen. Nicht einmal der fanatische Stallknecht, den ich vor vielen Jahren in einer verschneiten Nacht dem Tod überließ. Nein, es war Erchel, der mich mit einem anzüglichen Grinsen begrüßte, das die fleckigen Zähne in seinem bleichen Gesicht dunkel hervortreten ließ. Von dem zerrissenen Stoff zwischen seinen Beinen tropfte Blut. Trotz des Grinsens wirkte er nicht eben erfreut, mich zu sehen. Was ich ihm nicht verdenken konnte. Selbst der freundlichste Mann wird es wohl krummnehmen, wenn man ihm das Gemächt absäbelt, und freundlich war Erchel zu Lebzeiten nie.

»Bist du hier, um es dir anzuschauen, Alwyn?«, fragte er und sein Kopf wackelte auf einem dürren Hals hin und her, der Ähnlichkeit mit einer sich windenden Schlange besaß. Dabei klang er nicht wie ein zorniger Sadist, der entmannt worden war, sondern eher wie ein verzweifelter Bettler. »Um dein Werk anzuschauen?«

Seine Finger, die länger und dünner waren, als ich sie in Erinnerung hatte, kratzten über die Armschiene an meinem Unterarm und hinterließen Blutflecken auf dem Metall.

»Bist jetzt ein Ritter, wie?«, zischte er hämisch und sein Kopf wippte auf und ab. »Hoch aufgestiegen? Höher, als der arme Erchel es je vermocht hätte. Hoch genug, um einem alten Freund ein paar Münzen zuzuwerfen.«

»Ich bin kein Ritter«, sagte ich und entriss ihm meinen Arm, weil seine Berührung mir trotz der Rüstung wehtat. »Und wir waren nie Freunde.«

»Willst du dem armen alten Erchel gegenüber etwa knausrig sein?« Mürrisch beugte er sich vor und griff sich mit den langen Fingern an die blutige Stelle zwischen den Beinen. »Dabei fehlt ihm sein bestes Stück, schon vergessen? Das kleine Biest hat's ihm abgeschnitten, und du hast sie machen lassen.«

»Ich hab sie überhaupt nichts machen lassen«, erinnerte ich ihn. »Aber ich will nicht behaupten, dass ich sie dran gehindert hätte.«

Er biss die Zähne zusammen und stieß ein Geräusch aus, das wie ein groteskes zischendes Lachen klang. »Sie bekommt schon noch, was sie verdient«, sagte er. Seine Zähne klapperten, während sich in den Tiefen seines Mundes etwas Dunkles, Feuchtes wand. »Dafür wirst du sorgen.«

Von plötzlicher Wut erfasst packte ich mein Schwert und zog es aus der Scheide, doch Erchel befand sich nicht mehr in Reichweite. »Komm schon, komm«, sagte er und winkte mich zu sich. »Willst du dein Werk nicht bewundern?«

Über das büschelige Gras wehte Dunst heran, in dem Erchel nur noch wie ein gebeugter Schatten erschien. Der weiche Boden schmatzte unter meinen Stiefeln, während ich ihm folgte, getrieben von Neugier ebenso wie dem Wunsch, ihn zu töten – ein Vergnügen, das mir in der Wirklichkeit nicht vergönnt gewesen war. Wir schienen uns in einem Sumpf zu befinden, den ich nicht kannte. Überall herrschte dichter Nebel, und bis auf die bizarren Schatten von Felsbrocken, die wie stumme, reglose Ungeheuer aufragten, war im Dunkeln nichts zu sehen. Was immer das für ein Ort war, ich war noch nie hier gewesen.

Bald schon verlor ich Erchel im Dunst aus den Augen und wanderte ziellos umher, bis mich der Schrei irgendeines Tiers wie ein Leuchtfeuer anlockte. Der Ruf klang fremd – ein raues, tiefes Krächzen, das immer lauter wurde und bald schon mit einigen anderen Stimmen zu einem misstönenden Chor anschwoll. Der Ursprung wurde deutlich, als der Wind den Nebel auseinandertrieb und ein großer Vogel auftauchte, der auf einem halb versunkenen Leichnam hockte. Ein solches Tier hatte ich noch nie gesehen, groß wie ein Adler, aber ohne jede Anmut. Wie Erchels Kopf wippte auch der des Vogels auf einem langen Hals auf und nieder. Helle Knopfaugen musterten mich hungrig über einem blutigen Schnabel, der an ein spitzes Hackbeil erinnerte. Der Schnabel teilte sich, und der Vogel stieß einen weiteren Schrei aus, der von zahllosen anderen Kehlen erwidert wurde.

»Soweit ich weiß, werden sie Geier genannt«, teilte Erchel mir mit, der sich mit funkelnden Augen an meinem Entsetzen erfreute.

Ich schaute mich um und sah, dass der gesamte Sumpf bis in die dunstige Ferne mit hunderten, wenn nicht tausenden Vögeln bedeckt war. Sie schlugen mit den breiten Schwingen, und ihre Köpfe wippten auf und nieder. Immer wieder öffneten sie die Schnäbel, um in den Chor der grausigen Schreie einzustimmen. Offenbar freuten sie sich über das Aas, das es zu fressen gab. Waren die Vögel schon zahlreich, wurden sie von der Menge der Toten sogar noch übertroffen. Die Leichen lagen teils versunken im trüben Wasser. Die meisten waren Soldaten, die in dumpf glänzenden Rüstungen steckten. Aber auch gewöhnliche Leute, Kinder und Greise waren darunter. Hier und da leuchteten die farbenfrohen Gewänder von Adligen. Alle waren sie eines gewaltsamen Todes gestorben, und der Sumpf war rot vom Blut, das aus zahllosen Wunden floss.

»Das hier, Alwyn«, Erchel kicherte schrill, »das ist dein Werk …«

Ein Schrei brach aus meiner Kehle hervor, und ich stürzte mich auf ihn, riss das Schwert hoch, um ihn zu erschlagen. Aber, wie so oft im Traum, gelang es mir nicht. Erchel verschwand, und die Klinge traf nur Luft.

»Du hast sie gerettet.«

Ich wirbelte herum und sah seine gekrümmte Gestalt mit hämischem Grinsen hinter mir stehen. Sein Gesicht zitterte vor bösartiger Freude, wie stets, wenn er ein Tier gefangen hatte, um es zu quälen.

»Die Wiederauferstandene«, höhnte er. »Und hast damit eine Welt voller Leid und Tod geschaffen …«

Ich hob das Schwert auf Brusthöhe und packte den Griff mit beiden Händen, um dem grinsenden Unhold die Klinge in sein leuchtendes Auge zu stoßen. Doch wieder verschwand er, um mich von hinten weiter zu verspotten.

»Was dachtest du eigentlich, was du damit erreichst?«, fragte er und klang aufrichtig neugierig. Er stand jetzt neben dem Geier im Wasser, der geschäftig auf die Leiche einhackte, auf der er saß. »Hast du wirklich geglaubt, die Welt zu verbessern, indem du sie vor dem Tod bewahrst?«

»Halt den Mund!«, krächzte ich und ging auf ihn zu.

»Hast du von Aszendentin Sihlda denn gar nichts gelernt?« Auf dem überlangen Hals ragte Erchels Kopf unnatürlich hoch auf. Vorwurfsvoll zog er die Brauen zusammen. »Sie würde sich für dich schämen, wenn sie dich so sehen könnte …«

Ein unartikulierter Wutschrei entfuhr mir. Ich stürmte auf ihn zu und zog das Schwert schräg herum, um ihm den Kopf von dem schlangenähnlichen Hals abzuschlagen. Stattdessen stürzte ich jedoch in den Sumpf und wurde vom Gewicht meiner Rüstung unter Wasser gezogen. Panik loderte in mir auf. Ich warf strampelnd das Schwert weg, um mich wieder an die Oberfläche hochzukämpfen. Als ich endlich Luft schmeckte, sah ich Erchel über mir schweben. Auf seiner Schulter hockte der Geier, und über ihm verdunkelte sich der Himmel. Die anderen Vögel stiegen auf und sammelten sich zu einem dicht kreisenden Schwarm.

»Meine Freunde werden dich nicht sofort erledigen«, versprach Erchel und fügte dann breit grinsend hinzu: »Erst will ich dabei zuschauen, wie sie dir die Eier abreißen. Ob du wohl so laut schreien wirst, wie ich es getan habe?«

Krächzend breitete der riesige Vogel auf seiner Schulter die Schwingen aus und stürzte sich auf mich. Lange Klauen schlossen sich um meinen Kopf und drückten mich wieder in den Sumpf hinab. Der Vogel ließ nicht locker, während ich versank. Seine Klauen zerfetzten meine stählerne Armschiene, als wäre sie aus Papier, und sein Schnabel hackte in meine Haut, zerrte an meinem Fleisch, zerrte und zerrte …

»Alwyn!«

Meine Hand schoss nach vorn, um den Schnabel zu packen, der an meinem Unterarm riss. Stattdessen bekam ich jedoch ein menschliches Handgelenk zu fassen. Ein überraschter Aufschrei ließ mich erwachen, das wirbelnde rote Wasser verschwand, und Ayins Gesicht tauchte vor mir auf, die mich verwirrt ansah. Einen Moment lang lag ich nur da und schaute ihr in die Augen. Die Winterkälte drang auf mich ein, und die vertrauten Geräusche und Gerüche eines Lagers bei Sonnenaufgang fluteten meine Sinne.

»Hast du wieder geträumt?«, fragte Ayin und blickte vielsagend auf meine Hand, die ihr Gelenk gepackt hielt.

»Entschuldige«, murmelte ich und ließ sie los. Ich rutschte auf dem Haufen aus Fellen und Stofffetzen herum, der mein Bett darstellte, und setzte mich auf, um mir mit der Hand durch das zerzauste Haar zu fahren. In meinem Kopf hämmerte derselbe Schmerz, der mich auch begrüßt hatte, als ich vor zwei Wochen aus der Ohnmacht erwacht war – ein Andenken an Sir Althus Levalle, den ehemaligen Großoffizier der Kompanie der Krone, dem niemand eine Träne nachweinte. Bei aller Kritik an seinem Charakter, die ich vorbringen könnte – die Stärke seines Arms steht außer Zweifel.

»Ich träume nicht mehr«, sagte Ayin. »Seit die Feldherrin mich gesegnet hat.«

»Das ist … gut«, erwiderte ich und schaute mich nach dem grünen Fläschchen um, das ich in letzter Zeit ständig bei mir trug.

»Du solltest dich auch von ihr segnen lassen«, fuhr Ayin fort. »Dann träumst du bestimmt nicht mehr. Wovon hast du denn geträumt?«

Von einem Mann, dem du vor gar nicht langer Zeit die Eier abgeschnitten hast. Ich schluckte die bissige Bemerkung hinunter. Ayin konnte manchmal etwas aufdringlich sein, eine derart harsche Erinnerung an ihr früheres Ich hatte sie aber nicht verdient. Wenn ich allerdings an das dachte, was sie dem Aszendenten in Farinsahl nach Evadines Verschleppung angetan hatte, war ich nicht sicher, ob sie von ihren einstigen Gewohnheiten tatsächlich ganz geheilt war.

»Hast du schon mal von einem Tier namens Geier gehört?«, fragte ich stattdessen.

»Nein.« Sie zuckte blinzelnd mit den Achseln. »Was ist das?«

»Ein großer, hässlicher Vogel, der Leichen frisst.«

Ich stieß ein erleichtertes Seufzen aus, als ich das grüne Fläschchen unter der zusammengerollten Decke fand, die mir als Kissen diente. Betbruder Delric nannte den Inhalt »Elixier eines Quacksalbers«, da es Schmerzen linderte, ohne sie jedoch zu heilen. Quacksalber hin oder her, ich war stets dankbar dafür, wie schnell das bittere, ölige Gemisch das Pochen in meinem Kopf vertrieb. Delrics überraschtes Gesicht war das Erste, was ich nach dem Erwachen aus dem langen Schlaf sah, in den mich Levalles Hieb geschickt hatte. Mit seinen kundigen Händen hatte er eingehend meinen Kopf abgetastet und hin und wieder ein Knurren ausgestoßen, wenn er eine Beule oder einen Knubbel entdeckt hatte. Bei einem war er besonders lange verharrt.

»Hat mir der Schweinehund den Schädel gespalten?«, erkundigte ich mich.

»Ja«, erwiderte er schlicht. »Scheint aber zu heilen.« Dann reichte er mir das grüne Fläschchen mit der Anweisung, einmal am Tag zu ihm zu kommen, damit er meinen Kopf abtasten konnte. Außerdem sollte ich mich sofort bei ihm melden, sollte ich aus der Nase oder den Ohren bluten.

»Zeit zum Lernen«, sagte Ayin jetzt, nahm die Tasche von ihrer Schulter und legte sie in ihren Schoß. »Ich hab neue Tinte und Pergament.«

Ich verzog das Gesicht und schluckte noch einen Tropfen aus der Flasche, bevor ich den Stopfen wieder hineindrückte. Delric hatte mich davor gewarnt, dass ich bei übermäßigem Gebrauch des Zeugs zu dessen Sklave werden könnte. Dennoch war es jeden Tag aufs Neue ein Kampf, nicht alles auf einmal zu trinken.

»Woher?«, fragte ich und legte das Fläschchen wieder unter mein Kissen.

»Die Leute aus Ambriside haben heute Morgen Vorräte gebracht. Und ein paar Rekruten. Ich hab nachgezählt.« Sie griff in die Tasche und holte ein Stück Pergament heraus, mit einer krakeligen Strichliste darauf. »Eintausendeinhundertzweiundachtzig.«

Noch keine Armee, dachte ich. *Aber in ein oder zwei Monaten vielleicht schon*. Der Gedanke warf ein paar unangenehme Fragen auf. Wie würden Herzog Elbyn und, wichtiger noch, König Tomas darauf reagieren, dass sich im Shavine eine große Menge Gläubige versammelte, die alle der Wiederauferstandenen folgen wollten? In Wahrheit war ich jeden Tag aufs Neue überrascht, dass unsere Späher bislang noch keine Soldaten der Krone oder des Herzogs gemeldet hatten, die in den Wald eindrangen.

»Lernzeit«, wiederholte Ayin und stupste mich auffordernd an der Schulter an. Bereits seit ein paar Tagen gab ich ihr Unterricht im Schreiben und Rechnen, und sie hatte sich als gelehrige, mitunter übereifrige Schülerin erwiesen. Für die meisten einfachen Leute waren Lesen und Schreiben geheimnisvolle Künste, die nur die Geistlichen und Adligen beherrschten. Anfangs war auch Ayin dieser Meinung gewesen. Mit argwöhnisch gerunzelter Stirn hatte sie die Buchstaben betrachtet, die sie abschreiben sollte. Doch als sie erst verstanden hatte, dass das abstrakte Gekritzel Laute darstellte, die sich zu Wörtern verbinden ließen, war ihr Misstrauen schnell in helle Begeisterung umgeschlagen. Ihre Schrift blieb ungelenk, und die Buchstaben waren krumm und schief, lesen konnte sie jedoch schon erstaunlich flüssig. Es klang nicht mehr abgehackt, und sie zog die Vokale auch nicht in die Länge, wie ich es am Anfang meiner Lehrzeit getan hatte.

»Mit der ersten Offenbarung von Märtyrer Stevanos waren wir noch nicht ganz fertig«, erinnerte sie mich und holte die Schriftrolle aus ihrer Tasche. Ich unterrichtete sie genau so, wie ich es von Aszendentin Sihlda gelernt hatte. Folglich ließ ich Ayin wichtige Schriften des Bundes vorlesen und abschreiben und korrigierte dabei Rechtschreibung und Grammatik. »Wir waren an der Stelle, wo sich Stevanos gegen die Verführungskunst der Maleciten-Hure Denisha wehrt.«

In freudiger Erwartung wickelte sie die Schriftrolle aus, und ich dachte darüber nach, wie seltsam widersprüchlich Ayin doch war. In vieler Hinsicht ähnelte sie einem unschuldigen Kind, das sich in dieser verwirrenden Welt zurechtfinden muss. Allerdings hatte sie auch mehrere Morde begangen, ohne deswegen Schuldgefühle zu zeigen. Unserer Feldherrin Evadine war sie so ergeben wie eh und je. Zugleich schienen die reißerischen Stellen in den Schriften des Bundes sie besonders zu faszinieren, was ich, vor allem nach meinem Traum, beunruhigend fand.

»Ich glaube, heute probieren wir mal etwas anderes«, sagte ich und griff nach meinen Stiefeln.

Als wir aus der Nische zwischen zwei alten Steinblöcken traten, in der sich mein Unterschlupf befand, stand die Sonne hell am klaren Himmel. Wie mir gesagt wurde, hatte ich die fliehende Kompanie nach Evadines Rettung von der Burg Ambris im Delirium zu diesem Ort mitten im Wald geführt – ich selbst konnte mich daran nicht mehr erinnern. Die zahlreichen Ruinen, die noch aus der Zeit vor der großen Plage stammten, stellten das perfekte Versteck für eine Bande Gesetzloser dar, für Evadines immer größer werdende Anhängerschar waren sie jedoch längst zu klein geworden. Man hatte Bäume gefällt, um provisorische Hütten zu errichten, in denen die Soldaten der Kompanie und die neuen Rekruten Platz fanden. Letztere mussten gerade die Aufmerksamkeit von Feldwebel Swain und den anderen Befehlshabern über sich ergehen lassen.

»Gerade stehen, hab ich gesagt!«, bellte Swain einem schlaksigen Kerl zu, der vergeblich versuchte, in der ersten Reihe einer unordentlichen Kohorte Haltung anzunehmen. »Weißt du nicht, was ›gerade‹ heißt, du dünnbeiniges Spatzenhirn?«

So, wie der Kerl Augen und Mund aufriss, bezweifelte ich tatsächlich, dass ihm schon einmal jemand die Bedeutung des Wortes beigebracht hatte.

»Bei den Märtyrern«, brummte Swain und entriss dem Schlaksigen die Pike. »Das hier«, sagte er und hielt die Waffe in die Höhe, »ist gerade. Und das auch.« Er hielt die Pike waagerecht und stieß den Schaft hart in die Brust des Kerls, sodass dieser in die Reihe dahinter fiel und die Rekruten links und rechts von ihm mit umriss. »Wenn du in einer Schlachtreihe nicht gerade stehst, ergeht's dir schlimmer als einem nackten Arsch im Winter«, sagte Swain. »Aufstehen!«

Die anderen Soldaten, die in einzelnen Trupps auf die spärlichen Lichtungen verteilt waren, hatten es kaum besser. Die Rekruten waren ein bunt gemischter Haufen; neben Grünschnäbeln, die vom Kämpfen keinen blassen Schimmer hatten, waren auch Veteranen darunter und andere, die schon mindestens einmal mit den Truppen des Herzogs marschiert waren. Die meisten waren Bauern, keine Stadtbewohner, und von dem tiefen, wenn auch fehlgeleiteten Wunsch beseelt, der Wiederauferstandenen zu folgen. In den letzten Tagen waren auch einige Geistliche aufgetaucht, zumeist junge Novizen, die noch nicht die Weihe als Betbruder oder -schwester erhalten hatten. Die wachsende Zahl der Bauern schürte die Sorge darüber, wie der König reagieren würde. Und dass nun auch noch Geistliche eintrafen, die dem Bund den Rücken gekehrt hatten, würde dessen Ablehnung der Wiederauferstandenen wohl eher noch verstärken. Offiziell anerkannt hatte er sie bislang ohnehin nicht.

Ich führte Ayin von den schreienden und fluchenden Soldaten weg und ging mit ihr zu einem flachen Bach. Die Ufer und die moosbewachsenen Steine, die aus der Strömung ragten, waren mit Raureif überzogen. Ich schob meinen Mantel unter mir zusammen, setzte mich auf einen Stein nahe einer Biegung und wartete schweigend, bis Ayin mich erneut am Arm anstupste.

»Was machen wir …?«

»Warte«, sagte ich und hielt den Blick auf die Mitte des Baches gerichtet, wo sich ein großer Felsbrocken aus dem Wasser erhob. Der Vogel tauchte schon bald auf, ließ sich flatternd auf dem Felsen nieder und begann, mit dem kleinen Schnabel im Moos nach Milben zu picken.

»Was siehst du?«, fragte ich Ayin.

»Einen Vogel auf einem Stein«, sagte sie und kniff verwundert die Augen zusammen.

»Was für einen Vogel?«

»Ein Rotkehlchen.« Ihre Liebe zu Tieren schien die Oberhand zu gewinnen, sie wirkte nun schon fröhlicher. »Es ist hübsch.«

»Ja.« Ich nickte zu ihrer Tasche. »Schreib's auf.«

»Was soll ich aufschreiben?«

»Was du siehst. Den Vogel, den Stein, den Bach. Schreib alles auf.« Das war eine von Sihldas Lektionen gewesen, für die ich damals allerdings mein Gedächtnis hatte bemühen müssen, weil es in den Erzminen so wenig Interessantes zu sehen gab.

Ayin griff gehorsam in ihre Umhängetasche und holte Schreibfeder, Tinte, Pergament und das flache Holzbrett heraus, das sie als Schreibtisch benutzte. Der Anblick des grob geschnitzten Dings versetzte mir einen Stich, und ich musste an den herrlichen aufklappbaren Schreibtisch denken, den ich beim Überfall der Ascarlianer auf Olversahl verloren hatte.

Ayins Miene wirkte immer noch zweifelnd, während sie den Stopfen aus dem Tintenfass zog. »Wozu?«, fragte sie.

»Wenn du selbst schreiben lernen willst, darfst du nicht bloß die Worte anderer kopieren«, erklärte ich. »Wahre Kunstfertigkeit entsteht aus Begreifen.«

Sie setzte sich neben mich, kniff wieder die Augen zusammen und stellte das Tintenfässchen sorgfältig so auf, dass es nicht umfiel. Dann tauchte sie die Feder ein und begann zu schreiben. Wie üblich korrigierte ich ihre Fehler, während sie schrieb, und führte manchmal ihre Hand, um die Buchstaben zu formen. Ihre Schrift blieb ein ungelenkes Gekritzel, wenn sie in letzter Zeit auch leserlicher geworden war. Heute war Ayin zögerlicher als sonst, ihre Feder verharrte des Öfteren über dem Pergament, genau wie bei mir, als Sihlda mir diese Lektion zum ersten Mal erteilt hatte. Abschreiben war stets einfacher, aber wenn Ayin je eine echte Schreiberin werden wollte, dann musste sie lernen, eigene Worte zu formulieren.

»Das Rotkehlchen sitzt auf dem Stein«, las sie nach einigen Mühen stolz lächelnd vor. Zwar erschien sie mir immer noch wie ein Kind, doch ihr Lächeln erinnerte mich daran, dass sie inzwischen zu einer jungen Frau geworden war und einer hübschen noch dazu. Was ich nicht wenig beunruhigend fand.

»Gut«, sagte ich. »Mach weiter. Beschreib den Vogel, beschreib den Stein. Und nicht nur, was du siehst. Welche Geräusche macht der Bach? Wonach riecht die Luft?«

Eine Weile lang sah ich zu, wie ihre Schreibfeder über das Pergament kratzte, in Gedanken aber kehrte ich bald wieder zu meinem Traum zurück. Gern wollte ich mir einreden, dass das Bild mir zuvor unbekannter Vögel, die sich an Leichen gütlich tun, auf die kürzlich erlittene Kopfverletzung zurückzuführen war. Wer wusste schon, wie sich ein gespaltener Schädel auf das Gehirn auswirkte? Doch die Vögel waren mir realer vorgekommen, als es für ein Traumbild möglich schien. Außerdem hatten Erchels Worte wahr geklungen. Das war nicht der Unsinn, den man sonst von Traumgestalten zu hören bekam. *Du hast die Wiederauferstandene gerettet und damit eine Welt voll Leid und Tod geschaffen …*

Ich erschauerte und zog meinen Mantel fester um mich. Dabei fiel mir die Melodie auf, die Ayin bei der Arbeit vor sich hin summte. Sie hatte eine angenehme, von Natur aus melodiöse Stimme, und ab und zu mischten sich ein paar kurze Strophen in ihr Lied. Für gewöhnlich war es albernes Zeug ohne tieferen Sinn, das sie nur des Reimes wegen dichtete, heute jedoch besaß das Lied tatsächlich einen Inhalt.

»So lebt wohl, ihr Schwestern und Brüder«, sang sie eine angenehm schwermütige Weise. *»Lebt wohl, ihr Brüder im Stahl …«*

»Was ist das?«, fragte ich. Sie blickte von ihrem Pergament auf.

»Nur ein Liedchen«, sagte sie und zuckte mit den Achseln. »Ich singe es bei der Arbeit.«

»Hast du es dir ausgedacht?«

»Ich denke mir alle meine Lieder selbst aus. Schon seit ich klein war. Ma mochte es immer, wenn ich ihr was vorsang.« Ihre Miene wurde düster. »Sie war dann weniger wütend, also hab ich's oft gemacht.«

Ich deutete auf das Pergament. »Schreib's auf, das Lied, das du gerade gesungen hast.«

Sie runzelte skeptisch die Stirn. »Ich weiß nicht, wie die Wörter geschrieben werden.«

»Ich zeig's dir.«

Anfangs war ihre Hand noch zögerlicher als sonst, aber bald schon gewann sie mehr Selbstvertrauen, während sie sich mit der Aufgabe anfreundete. Sie sang die Zeilen und schrieb sie dann nieder. *»Bald schon ziehn wir in die Schlacht, und für mich wird es das letzte Mal …«*

»Ist das alles?«, fragte ich nach einer Weile, als sie bereits die ganze Seite mit Strophen vollgeschrieben hatte.

»Jedenfalls alles, was ich mir bis jetzt ausgedacht habe.«

»Wie nennst du es? Ein gutes Lied braucht einen Titel.«

»›Das Schlachtenlied‹. Die ersten Zeilen sind mir nach der Schlacht auf dem Feld der Verräter eingefallen.«

»Das ist ein bisschen schlicht.« Ich nahm ihr Schreibfeder und Pergament ab, fügte über den Strophen einen Titel und noch ein paar Verzierungen an den Buchstaben hinzu.

»›Des Kriegers Schicksal‹«, las Ayin und verzog spöttisch den Mund.

»Das klingt poetisch«, sagte ich verärgert, was sie jedoch nur noch mehr zu belustigen schien.

»Wie du meinst.«

Ich runzelte die Stirn und überlegte, ob ich sie zurechtweisen sollte, als eine Stimme durch die Bäume meinen Namen rief. Ein junger Mann mit gerötetem Gesicht kam auf uns zugeeilt, stolperte über eine Wurzel und wäre beinahe hingefallen. Wie viele der einstigen Novizen des Bundes, die unter Evadines Banner angeheuert hatten, war Eamond Astier ein Stadt- und kein Landkind. Die eifrigen, aber oft behütet aufgewachsenen jungen Leute waren recht ungeschickt und mit ihrem neuen Zuhause im Wald noch unvertraut.

»Meister Scribe«, keuchte er atemlos und mit rotem Kopf. Ich verkniff mir ein müdes Seufzen, als er sich auch noch verbeugte. Obwohl ich keinen Rang besaß, neigten die Neulinge zu solchen Ehrbezeugungen, und ich hatte es inzwischen aufgegeben, sie davon abhalten zu wollen. »Die Gesegnete bittet um Eure Anwesenheit.«

Seine Stimme klang dringlich und auch etwas zittrig, was auf Furcht hindeutete. Eamond war nur etwa ein oder zwei Jahre jünger als ich, und doch wirkte sein glattes, bartloses Gesicht sehr jung, als er sich aufrichtete. Sein schnelles Blinzeln war das eines Mannes, der noch nie gekämpft hatte und eine Schlacht auf sich zukommen sah.

»Gibt's Ärger?«, fragte ich und reichte Ayin das Pergament zurück.

»Späher sind aus dem Osten zurückgekehrt«, sagte er und schaute kurz zu Ayin und dann wieder zu mir. Dass er sich trotz seiner Angst von einem hübschen Gesicht ablenken ließ, belustigte mich. Meine Heiterkeit schwand jedoch bei seinen nächsten Worten: »Sie sind da, Meister Alwyn. Die Soldaten des Königs.«

»Und du bist sicher, dass es Männer des Königs sind?«

So unterwürfig, wie Fletchmann nickte, war es offenbar das erste Mal, dass er von der Gesegneten direkt angesprochen wurde. Er war eindeutig kein unerfahrener Jungspund. Die robuste Kleidung und der Eschenholzbogen, den er in der Hand hielt, ließen auf einen Wilddieb schließen. Dennoch wand er sich unter Evadines Blick verlegen wie ein Kind.

»Wie viele?«, fragte Swain.

»Ich habe einhundert gezählt, Bruder Feldwebel«, erwiderte Fletchmann. »Könnte natürlich nur eine Vorhut sein. Wir hielten es für das Beste, die Nachricht schnell zu überbringen, anstatt weiter zu beobachten. Sie lagern in Shrivers Hain, etwa acht Meilen östlich von hier.«

»Lagern?«, fragte ich mit überraschtem Stirnrunzeln.

»Ja, Meister Scribe«, sagte der Wilddieb etwas weniger ehrfürchtig – ein Gesetzloser erkennt den anderen. »Ich fand es ebenfalls seltsam. Sie suchen nicht nach Spuren und haben auch keine Jäger oder Spürhunde mitgebracht. Nur einhundert Berittene unter drei Bannern.«

»Drei Banner«, wiederholte Evadine. Sie sprach leise, aber ich hörte einen Hauch Bestürzung in ihren Worten. »Bitte beschreibe sie.«

»Das größte war das Banner des Königs. Zwei große goldene Raubkatzen. Das zweite wies eine schwarze Rose auf weißem Grund auf. Das dritte war ein rot-blau gestreifter Wimpel.«

Bei der Beschreibung des zweiten Banners tauschten Evadine und Wilhum einen Blick aus. Es war eines, das sie beide gut kannten. Mir war es ebenfalls vertraut, ich hatte es nach der Schlacht auf dem Feld der Verräter gesehen, an dem Tag, als die Legende der Gesegneten ihren Anfang nahm. Damals war ein Ritter, dessen Schild von einer solchen Rose geziert wurde, zu uns gekommen und hatte Wilhum Dornmahl, einen Freund aus Evadines Kindheit, der zum Verräter geworden war, in ihre Hände übergeben.

»Der rot-blaue Wimpel ist das Zeichen des Waffenstillstands«, erklärte Evadine. Lächelnd ergriff sie Fletchmanns Hand, der sofort vor ihr auf ein Knie sank. »Bitte lass das«, sagte sie. »So förmlich muss man nur Prinzen gegenüber sein. Steh auf, ich möchte dir für deine gute Arbeit heute danken. Und jetzt geh und ruh dich aus.«

»Ein Waffenstillstand also«, sagte Wilhum, nachdem der Späher – trotz Evadines Aufforderung immer noch mit geneigtem Kopf – gegangen war. »Schlau von König Tomas, von all seinen Rittern ausgerechnet ihn zu schicken.«

»Schlau.« Evadine nickte, doch dann glitt ein Anflug von Verärgerung über ihr Gesicht. »Oder grausam.«

»Einhundert königliche Soldaten sind kein schlechtes Aufgebot«, sagte Swain. »Aber eines, mit dem wir, wenn nötig, fertigwerden.«

»Wenn das tatsächlich alles ist«, hielt ich entgegen. Ich musterte Evadine sorgfältig, bevor ich hinzufügte: »Sollte es eine Falle sein, dann ist der Köder gut gewählt.«

»Du denkst doch nicht etwa, dass ich einfach blind in das Lager reiten werde, Meister Scribe?«, fragte Evadine und hob eine Augenbraue.

»Ich denke, der König oder seine Ratgeber wussten genau, welchen Ritter sie schicken mussten. Einen, den du garantiert verschonen wirst. Aber wenn sie ohne Hunde gekommen sind, ist das ein gutes Zeichen. Es könnte bedeuten, dass sie tatsächlich reden wollen.«

»Wir haben auf der Burg Ambris eine Menge königliche Soldaten getötet«, wandte Wilhum ein. »Und den Großoffizier noch dazu. Während sie im Begriff standen, das Urteil von Krone und Bund zu vollstrecken. So etwas lässt sich nur schwer wiedergutmachen.«

»Das mag für den Anführer eines Aufstands oder einen Gesetzlosen gelten«, gab ich zurück und sah Evadine an. »Aber nicht für die Wiederauferstandene.«

Evadine verschränkte die Arme und senkte den Kopf. Sie trug die einfache Baumwollhose und das Hemd, die sie sonst unter ihrer Rüstung anhatte, und hatte sich als Schutz vor der Kälte einen Bärenfellmantel um die Schultern gelegt. Ihr Gesicht war blass wie immer, inzwischen kannte ich sie jedoch gut genug, dass mir auffiel, wie müde sie wirkte: Die leicht verzogenen Mundwinkel und ihre geröteten Augen deuteten auf eine schlaflose oder zumindest unruhige Nacht hin. Hatte auch sie Albträume gehabt, und wenn ja, waren darin Geier vorgekommen?

Schließlich presste sie die Lippen zusammen – ein weiteres Zeichen, das mir inzwischen vertraut war. Sie hatte sich entschieden. Ihre Entscheidungen konnten für uns alle Leben oder Tod bedeuten. »Wähle einhundert Soldaten aus«, sagte sie zu Swain. »Die besten, die wir haben. Zur Mittagszeit marschieren wir los, um meinen Vater zu treffen.«

Zweites Kapitel

Als Sir Altheric Courlain unsere Truppe zwischen den Bäumen hervortreten sah, ging er durch die Kette der Wachposten, die um das königliche Lager verteilt waren. Der Ort war hinsichtlich seiner Verteidigung gut gewählt. Shrivers Hain war ein Gehöft, das schon länger leer stand und aus ein paar eingestürzten Gebäuden auf einer niedrigen Anhöhe bestand. Zum Vorteil des erhöhten Geländes kamen die bröckeligen Steinmauern hinzu, die eine nützliche Barriere gegen jeden Angriff bildeten. Zudem war man auf dem Gehöft vor ungebetenen Gästen einigermaßen sicher. Gesetzlose mieden den Ort, was an den Geschichten über Shrivers Schatten lag. Angeblich sollte der Geist des längst verstorbenen Besitzers des Gehöfts noch immer in den Gemäuern hausen. Er hatte einst in einem Anfall von Wahnsinn seine Familie erwürgt und die Leichen der Ermordeten an den Ästen der Apfelbäume aufgehängt, weil er glaubte, dass sie dadurch zu neuem Leben erwachen würden. Als das nicht geschah, trieb ihn die Last seiner Schuld selbst in den Tod. Als unerlöste Seele durfte er nicht durch die Himmlische Pforte treten und war stattdessen dazu verdammt, bis in alle Ewigkeit auf seinem alten Gehöft umherzuirren. Über die Jahre hatten schon viele behauptet, ihn gesehen zu haben, ich selbst gehöre aber nicht dazu. Die Bäume waren knorrig und verwachsen, doch wenn tatsächlich je Leichen an ihren Ästen gehangen hatten, war davon jetzt nichts mehr zu sehen.

Sir Altheric trug ein edles Lederwams anstelle einer Rüstung, und seine einzige Waffe war das Langschwert an seinem Gürtel. Außerdem hatte er den rot-blau gestreiften Wimpel in der Hand und stach ihn in die Erde, als er etwa zwanzig Schritt von den Wachposten entfernt stehen blieb. Für einen Mann von derart beeindruckender Größe und Körperkraft war es ein Leichtes, die Wimpelstange tief in den Boden zu rammen, sodass sie aufrecht stehen blieb, als er sie losließ. Danach trat er zurück, legte demonstrativ seinen Schwertgürtel ab und warf ihn zu Boden.

»Du solltest nicht alleine gehen«, riet Wilhum Evadine, die nun ebenfalls ihr Schwert abnahm und es ihm reichte. »Die Stelle, die er ausgewählt hat, ist für meinen Geschmack zu nah an den Wachposten.«

»Ich habe vollstes Vertrauen in das Ehrgefühl meines Vaters«, sagte sie. »Sollte ein königlicher Soldat mich gefangen nehmen wollen, wird er ihn eigenhändig töten. Aber ich stimme dir zu, dass noch jemand anwesend sein sollte, um sich anzuhören, was er zu sagen hat.« Sie hob eine Hand, als Wilhum seinen Schwertgürtel ablegen wollte. »Nimm's mir nicht übel, Wil, aber du weißt, dass er seit unserer aufgelösten Verlobung nicht mehr gut auf dich zu sprechen ist. Und du selbst konntest ihn auch nie ausstehen. Ich glaube, ich brauche einen objektiveren Zeugen.«

Sie wandte sich mit hochgezogenen Brauen mir zu und deutete auf den wartenden Ritter neben dem Wimpel. »Wenn du mir die Ehre erweisen würdest, Meister Alwyn.«

Während wir die Anhöhe hinaufstiegen, bellte Feldwebel Swain unserer einhundert Mann starken Eskorte, die ausschließlich aus Veteranen vom Feld der Verräter und von der Schlacht in Olversahl bestand, Befehle zu. Er ließ sie entlang der Bäume dicht Aufstellung nehmen, sodass sie nötigenfalls schnell vorwärtsstürmen konnten. Sir Altherics Haltung spiegelte die seiner Tochter: Er hatte die Arme verschränkt und musterte uns abschätzend, wenn auch mit strengerer Miene. Wie zu erwarten galt seine Aufmerksamkeit vor allem Evadine, aber auch mir maß er einen längeren Blick zu, als wir ein halbes Dutzend Schritte vom Wimpel entfernt stehen blieben. Ich hatte ihn bislang nur mit Rüstung gesehen und stellte jetzt fest, dass sein Gesicht Evadines ähnelte: Er besaß hohe Wangenknochen und bleiche Haut, sein Haar war länger und sein Bart dichter, als es für einen Ritter üblich war. Die blauschwarzen, von silbrigen Strähnen durchzogenen Locken wehten im Wind, während sein Blick über mein Gesicht hinwegglitt und dann zu Evadine zurückkehrte.

»Vater«, sagte sie und verneigte sich tief. Ich verbeugte mich ebenfalls und sank auf ein Knie, wie es vom einfachen Volk bei der Begrüßung eines Adligen erwartet wurde. Sir Altheric hingegen fühlte sich nicht bemüßigt, uns zu begrüßen.

»Du bist dünner geworden«, sagte er zu Evadine, als sie sich wieder aufrichtete. Auch seine Stimme ähnelte ihrer, nur klang sie etwas barscher. »Hast dich wohl bloß von Würmern und Nüssen ernährt, wie?«

»Ich kann dir versichern, dass es mir nicht an Essen mangelt, Vater«, erwiderte Evadine. Als sie sah, dass ich immer noch das Knie beugte, huschte ein verärgerter Ausdruck über ihr Gesicht, und sie bedeutete mir aufzustehen. »Darf ich vorstellen …«, begann sie, doch Sir Altheric fiel ihr ins Wort.

»Der Schreiber, der gegen den Großoffizier gekämpft hat.« Er musterte mein Gesicht mit der krummen Nase, das von meinem Leben als Gesetzloser und kürzlich erst vom Kampf mit Sir Althus Levalle deutlich gezeichnet war. »Wie ich hörte, war es ein ziemliches Spektakel. Jeder Knecht von hier bis Couravel redet davon. Der Gesetzlose, der beinahe einen Ritter besiegt hätte, noch dazu einen ziemlich berühmten.« Ein kleines Lächeln erschien auf seinen Lippen. »Aber nur beinahe.«

Es sollte wohl eine Prüfung sein – eine Einladung dazu, ihm entweder trotzig zu widersprechen oder eingeschüchtert den Blick abzuwenden. Ich beschloss, weder das eine noch das andere zu tun. »Ganz recht, edler Herr«, erwiderte ich freundlich. »Ich habe gegen ihn gekämpft, und er hätte mich zweifellos getötet, hätte Eure Tochter ihm nicht ihr Schwert in den Schädel geschlagen.« An der Stelle hätte ich aufhören sollen, aber ich konnte noch nie der Versuchung widerstehen, andere herauszufordern, die sich für etwas Besseres hielten. »Ein Schicksal, das ich für weitaus barmherziger halte, als er es verdient hatte.«

Sir Altherics Augen verengten sich belustigt. »Da kann ich dir nicht widersprechen«, knurrte er und wandte sich wieder Evadine zu. »Ich will auf unnötige Förmlichkeiten und leere Worte verzichten.« Er nickte zu dem Wimpel, der über ihm flatterte. »Vermutlich weißt du, was das bedeutet?«

»Der König hat dich geschickt, um in seinem Namen zu verhandeln«, sagte Evadine. »Was heißt, dass du uns seine Bedingungen überbringen sollst. Darf ich eine Vermutung äußern, wie die aussehen könnten?«

Die Miene des Ritters verfinsterte sich. Hatte er eben noch belustigt gewirkt, so stand er jetzt stocksteif da, und sein Gesicht zuckte vor Zorn. Zugleich wirkte es jedoch so, als sei er das gewohnt. Offenbar war es nicht das erste Mal, dass seine Tochter ihn in Rage brachte. »Wenn es sein muss«, brummte er.

»Ich soll meine Kompanie auflösen«, sagte Evadine. »Meine Anhänger sollen ihre Waffen abgeben und nach Hause zurückkehren, dann wird ihnen jede Strafe erlassen. Ich soll König Tomas die Treue schwören und mich in irgendeinen abgelegenen Schrein zurückziehen, wo ich bis ans Ende meiner Tage die Märtyrer still um Vergebung anflehen kann.« Sie schenkte ihm ein unfrohes Lächeln. »Habe ich recht, Vater?«

Sir Altherics Wut schien verraucht zu sein, stattdessen trat ein bedauernder Ausdruck auf sein Gesicht. Wie er seine Tochter ansah – vermutlich das eigensinnigste Geschöpf, das sein Stammbaum je hervorgebracht hatte –, teilte mir jedoch noch etwas anderes mit. Die Liebe dieses Mannes zu seiner Tochter wurde zwar auf eine harte Probe gestellt, war aber dennoch ungebrochen.

»Du hast recht«, sagte er seufzend, »und liegst zugleich falsch.« Er straffte sich und fuhr im abgehackten Ton von jemandem fort, der eine auswendig gelernte Botschaft vortrug. »König Tomas lässt ausrichten, dass sich die bedauerlichen Ereignisse auf der Burg Ambris ohne sein Wissen und seine Genehmigung zugetragen haben. Er hat gegen die Person Evadine Courlain kein Dekret erlassen und ihre Taten auch nicht verurteilt. Stattdessen muss sich Herzog Elbyn von den Shavine-Marschen dafür verantworten, unerlaubt im Namen des Königs gesprochen und die Gesegnete entführt zu haben, die als heldenhafte Kämpferin Seiner Majestät hochgeschätzte Dienste erwiesen hat. Ein jeder Adliger, der sich bei diesem Verbrechen als Mittäter schuldig gemacht hat, wird ebenfalls bestraft werden. Evadine Courlain ist herzlich eingeladen, den König in Couravel zu besuchen, um dort für ihren Dienst im Fjordland gebührend geehrt zu werden. Seine Majestät wartet zudem mit Freuden darauf, dass sie ihm ihre aufrichtige Loyalität zusichert und das Versprechen ablegt, in Zukunft keinerlei Verrat mehr in Wort oder Tat zu begehen.«

Bei den letzten Worten richtete sich sein Blick auf mich. Ich hatte mich schon gefragt, ob der Satz, den ich Sir Althus in der Hitze des Kampfes an den Kopf geworfen hatte, von der Menge der Zuschauer gehört worden war. *Tomas Algathinet ist ein Bastard, der nicht mehr Anrecht auf den Thron hat als ich!* Aszendentin Sihldas Geheimnis, das sie mir anvertraut hatte und das in ihrem Testament festgehalten war, schien in die Welt hinausgelangt zu sein. Wie weit mochte es sich schon herumgesprochen haben, und wie viele glaubten daran? Auch der König selbst? Da er noch auf dem Thron saß, hatte er der Geschichte von seiner unehelichen Herkunft wohl nicht allzu viel Bedeutung beigemessen, oder es kümmerte ihn nicht, dass er nicht König Mathis' Sohn, sondern der seines berühmten Kämpen war.

Evadine nahm die Worte ihres Vaters schweigend auf und hielt den

Kopf nachdenklich gesenkt. Vor ihrer Entführung in Farinsahl war sie voller Eifer für ihren Kreuzzug gewesen, befeuert von der Vision, dass eine Seraphile leibhaftig zu ihr gekommen war, um sie zu retten. Ihre überirdische Heilung war nur der erste Schritt auf dem Weg, die Menschen des Landes für die Wahrheit des Bundes zurückzugewinnen, eine himmlische Bestätigung dafür, dass sie mit ihrem Ziel, das Wiedererstarken der Maleciten und die zweite große Plage zu verhindern, richtiglag. Seit dem Blutbad auf der Burg Ambris hatte ich in den gemeinsamen Wochen im Wald jedoch eine Evadine kennengelernt, die stärker in sich gekehrt war. Inzwischen hielt sie nur noch selten Predigten, obwohl ständig neue Rekruten zu uns kamen. Stattdessen umrundete sie täglich das Lager und nickte den Leuten, die sie ehrfürchtig grüßten, bloß stumm zu. Nach der kurzen Zeit, die ich in ihrer Gegenwart verbracht hatte, bereiteten mir ihr müdes Gesicht, der zweifelnde Ausdruck, ihr unsteter Blick und ihre leise Stimme zunehmend Sorgen.

Sir Altheric musterte Evadine und trat dann näher, was mich erstarren ließ. Ich hatte mein Schwert in Wilhums Obhut zurückgelassen, hatte jedoch aus eingefleischtem Misstrauen im Stiefel heimlich ein Messer stecken. Als der Ritter jetzt zu seiner Tochter ging und ihre Hand ergriff, wirkte seine Haltung aber alles andere als bedrohlich.

»Das ist ein Ausweg für dich, Evadine«, sagte er leise und flehend. »Ich bitte dich, nimm ihn an.«

Sie schloss die Augen und biss die Zähne zusammen. Vermutlich hatte sie die Hand ihres Vaters schon lange nicht mehr auf sich gespürt, ob nun in einer freundlichen Geste oder aus Wut. Von den Briefen, die ich für ihren trotteligen Möchtegernverehrer, den verstorbenen Sir Eldurm Gulatte, verfasst hatte, wusste ich, wie sehr Sir Altheric seinem einzigen Kind zugeneigt war. Gulattes bittere Seitenhiebe gegen ihn ließen auf einen Mann mit starkem Beschützerinstinkt schließen, der nach Gulattes Meinung seiner Tochter jede Chance verwehrte, die Liebe zu finden, ganz gleich, wie würdig ihr künftiger Gatte sein mochte. Zudem hatte Evadine durch das Erlernen der Kampfkunst und ihre Entscheidung, eine Klerikerin des Bundes zu werden, mit ihrer Familie gebrochen und jegliches Erbe verwirkt. Für einen Mann von solch edler Abstammung mussten die Blamage und Missachtung schwer zu ertragen sein, dennoch war er hierhergekommen – wenn sich auch nicht sagen ließ, ob er es eher ihr zuliebe oder für das Königreich tat. König Tomas mochte ein Bastard sein, aber er saß nun einmal auf dem Thron. Nachdem der Prätendent vernichtend geschlagen oder zumindest in seine Schranken verwiesen war, besaß Tomas keine Rivalen mehr. Und nun war zur Unzeit eine Wiederauferstandene aufgetaucht und in seinem Namen in einem falschen Schauprozess angeklagt worden.

Ich überlegte schon, ob ich Evadine warnen sollte, nur für den Fall, dass die Bitte ihres Vaters tatsächlich ihr Herz erweichte. Es galt, das Angebot genau zu durchdenken und darüber zu verhandeln. Wenn Tomas tatsächlich Herzog Elbyn und seine Mittäter verurteilen wollte, zeugte dies von seinem Bedürfnis, die gegenwärtige Krise zu überwinden. Ein solches Bedürfnis eröffnete Möglichkeiten. Mir war das klar, Evadine jedoch vielleicht weniger. Außerdem hatte ich mir Sir Altherics Worte aufmerksam angehört und glaubte, in manchen scheinbar harmlosen Formulierungen eine tiefere Bedeutung entdeckt zu haben. Eine Warnung war jedoch unnötig, denn als Evadine die Augen öffnete, lag statt der zweiflerischen Müdigkeit der letzten Wochen glühende Wut darin.

»Sag mir, Vater«, erwiderte sie, »hältst du mich immer noch für eine Lügnerin? Oder wie war das? ›Vom Wahnsinn befallen wie so viele ihres Geschlechts, wenn die Weiblichkeit in ihnen erblüht?‹« Sir Altherics Züge verhärteten sich, er nahm die Hand weg und trat einen Schritt zurück, während sie fortfuhr. »Du erinnerst dich noch, wie ich dir das erste Mal von meinen Visionen erzählt habe, oder? Wie ich dich schluchzend bat, etwas dagegen zu tun?«

Das Gesicht des Ritters lief dunkel an, und Scham schimmerte in seinen Augen. »Ich behaupte nicht, ein Mann ohne Fehl und Tadel zu sein, ob nun als Vater oder sonst wie. Aber ich habe versucht, dir zu helfen.«

»Ja.« Ein freudloses Lachen drang über ihre Lippen. »Mit allen möglichen Heilern, die mir übelschmeckende Medizin eingeflößt haben, von der ich würgen musste oder vor Schmerzen geschrien habe. Dann kam eine caerithische Scharlatanin, die Talismane über meinem Körper schwenkte und mich mit stinkenden Zaubertränken traktierte, während ich die Märtyrer anflehte, meine Seele vor ihrem heidnischen Unfug zu schützen. Und als nichts davon half, war als Nächstes ein perverser Betbruder an der Reihe, der bereit war, den Wahnsinn aus mir herauszupeitschen. Ein Mann, der wahrlich in seiner Berufung aufging. Und all das musste ein dreizehnjähriges Mädchen ertragen, deren einziges Verbrechen darin bestand, dass sie ihrem Vater die Wahrheit erzählt hatte.«

Sie verstummte, ihr Zorn legte sich so schnell, wie er aufgeflammt war. Vater und Tochter starrten einander einen Herzschlag lang an, bevor Sir Altheric den Blick senkte, während Evadine unbeirrt blieb. »Meister Alwyn«, sagte sie, ohne mich anzuschauen. »Wie würdet Ihr auf das höchst großzügige Angebot des Königs antworten?«

Ihre direkte Frage traf mich unvorbereitet, was mir womöglich anzumerken gewesen wäre, hätte nicht just in diesem Moment das lästige Pochen in meinem Schädel aufs Neue eingesetzt. Der stechende Schmerz ließ eine tiefe Falte auf meiner Stirn entstehen, und ich zog die Schultern hoch.

»Darf ich mich in einer kurzen Mutmaßung ergehen, edler Herr?«, fragte ich und rieb mir mit der Hand über die Stirn, was das Pochen jedoch nicht vertrieb.

Offenbar hielt Sir Altheric mich für einen Wichtigtuer, der das Ohr der Gesegneten hatte, deshalb murmelte er nur unverbindlich: »Ergeht Euch, in was immer Ihr wollt, Meister Scribe.«

»Der König nennt Evadine eine heldenhafte Kämpferin«, sagte ich. »Zudem erwähnt er Verrat in Wort und Tat. Liege ich richtig mit der Annahme, dass die Querelen, die dieses Königreich erschüttert haben, auf dem Feld der Verräter noch kein richtiges Ende gefunden haben?«

Der Adlige nickte widerstrebend und richtete den Blick wieder auf seine Tochter. »König Tomas braucht jeden loyalen Untertanen, den er finden kann«, sagte er. »Besonders solche, die sich bereits im Kampf bewährt haben.«

»Der nächste Krieg, der uns erwartet«, erwiderte Evadine mit grimmiger Miene. »Das ist der Preis für meine Begnadigung?«

»Ich will nicht vorgeben zu wissen, was im Kopf des Königs vorgeht. Ich darf lediglich sagen, dass sich im Süden neues Unheil zusammenbraut. Zu welchen Bedingungen du der Krone dienst, ist eine Sache zwischen dir und dem König.«

»Mir fällt auf, dass Ihr den König recht häufig erwähnt«, sagte ich, da über das Thema des bevorstehenden Krieges offenbar nicht mehr aus ihm herauszuholen war. »Über den Bund aber sprecht Ihr nicht. Darf ich fragen, wie die hohen Kleriker zu dieser Sache stehen?«

»Dem König«, sagte Sir Altheric und wandte sich mir mit kaltem Blick zu, »steht es frei, seine eigenen Gesetze zu machen und Leute zu begnadigen, wie er es für richtig hält, ohne die Kleriker zurate ziehen zu müssen.«

»Evadine Courlain ist Aspirantin im Bund der Märtyrer«, wandte ich ein. »Und eine Wiederauferstandene. Und doch war es ein Diener des Bundes, ein gewisser Aszendent Arnabus, der den falschen Schauprozess durchgeführt hat. Die Großzügigkeit und Weisheit des Königs wissen wir natürlich sehr zu schätzen, doch kann die Sicherheit der Gesegneten, die die größte Sorge all ihrer Anhänger ist, nur garantiert werden, wenn sich Krone und Bund hinsichtlich ihrer Zukunft in diesem Reich einig sind.«

Der Ritter schüttelte ärgerlich den Kopf. »Für den Bund kann ich nicht sprechen.«

»Nein.« Ich neigte zustimmend die Stirn. »Er wird für sich selbst sprechen müssen.« Ich hielt inne und wandte mich Evadine zu, die ihren Vater inzwischen nicht mehr ganz so finster ansah. Ich hob fragend eine Augenbraue und erhielt ein knappes Nicken zur Antwort. Seit ihrer Heilung durch die Sackhexe hatten wir die Fähigkeit entwickelt, uns ohne Worte zu verständigen. Sie hatte mir gerade die Erlaubnis gegeben, an ihrer Stelle zu verhandeln.

»Weshalb«, sagte ich und wandte mich wieder Sir Altheric zu, »die Zustimmung zu König Tomas' Bedingungen nicht hier oder in Couravel gegeben werden kann, sondern nur in Athiltor, der heiligsten aller Städte, wo der Rat der Eminenzen seine Billigung dieser Abmachung und die Anerkennung der Wiederauferstandenen verkünden muss. Damit der Rat einen Eindruck davon gewinnt, wie hoch angesehen die Gesegnete beim einfachen Volk ist, wird sie mit ihrer ganzen Kompanie und allen, die sich ihr unterwegs anschließen wollen, dorthin reisen.«

»Ihr wollt mit einer Armee aus Bauern in Athiltor einmarschieren?« Sir Altherics Tonfall klang bestürzt, aber auch leicht beeindruckt. Offenbar wusste er taktisches Denken durchaus zu schätzen.

»Dem Wunsch des Königs nach einem friedlichen Abschluss der bedauerlichen Angelegenheit kommen wir gern entgegen«, erwiderte ich. »Wenn die Wiederauferstandene den heiligsten Ort in ganz Albermaine besucht, von tausenden bejubelt und vom König persönlich begrüßt, wird jeder wissen, wie hoch sie in seiner Gunst steht. Und höchstens ein Narr würde noch denken, dass er ihr schaden will.«

Sir Altheric seufzte und beugte sich vor, um sein Schwert vom gefrorenen Gras aufzuheben. »Spricht dieser Mann für dich?«, fragte er Evadine und legte den Schwertgürtel wieder um.

»Er hat mein Vertrauen«, erwiderte sie, »weil er es sich verdient hat, Vater. Du hast uns die Bedingungen des Königs überbracht, und du hast meine gehört. Morgen wirst du diesen Wald verlassen und sie dem König und dem Rat der Eminenzen überbringen. Innerhalb eines Monats werde ich mit meiner ganzen Kompanie in Athiltor sein.«

Sie nickte mir zu, und wir wandten uns zum Gehen.

»Weißt du, dass deine Mutter geweint hätte, wenn sie dich so gesehen hätte?«, rief Sir Altheric uns hinterher.

Tränen der Wut stiegen Evadine in die Augen, als sie sich umdrehte. Ihre Stimme klang heiser, war aber laut genug, dass er sie hören konnte. »Du hast sie mehr zum Weinen gebracht, als ich es je könnte. Und damit gehab dich wohl, Vater.«

Drittes Kapitel

»Alundia«, sagte Wilhum und verzog grimmig das Gesicht. »Dorthin will der König uns schicken. Darauf würde ich all meine Münzen verwetten, wenn ich welche hätte.«

Wir ritten etwa fünfzig Schritt vor der Kolonne und kundschafteten die Straße und das umliegende Gebiet nach Bedrohungen aus. Die Kompanie des Bundes hatte den Shavine vor drei Tagen verlassen und folgte nun der Königsstraße nach Osten. Allein in dieser Zeit hatten sich uns weitere zweihundert religiöse Eiferer angeschlossen, während sich die Kunde vom Marsch der Gesegneten in sämtlichen Dörfern und Städten verbreitete. Meine Dankbarkeit über die Verstärkung wäre allerdings größer gewesen, hätte mehr als nur eine Handvoll von ihnen die Schlauheit besessen, sich Marschverpflegung mitzubringen. Die meisten hatten außerdem keine Waffen bei sich. Religiöse Inbrunst geht nicht selten mit einem Mangel an Verstand einher, wie ich häufig beobachten konnte.

»Du warst schon mal dort?«, fragte ich und zog an den Zügeln meines Reittiers, das sich von einem Wacholderbusch hatte ablenken lassen. Für ein Schlachtross – eines von vielen, die wir der Kompanie der Krone auf der Burg Ambris abgenommen hatten – war Jarik ein folgsames Tier, aber er dachte ständig nur mit dem Magen. Noch kam ich mit Pferden nicht so mühelos zurecht wie Wilhum; ein ständig hungriges Reittier im Zaum zu halten, forderte von mir deshalb eine stete Hand am Zügel.

»Leider ja«, erwiderte Wilhum mit säuerlicher Miene. »An manchen Orten ist es ganz hübsch, aber sonst nur schrecklich staubig und trocken. Ihr Brandy kann sich dagegen sehen lassen. Der ist mit Sicherheit angenehmer als die Leute dort. Wenn du die Fjordländer schon für einen streitlustigen Haufen gehalten hast, werden sie dir im Vergleich zu den Alundiern geradezu friedfertig vorkommen. Es gibt ein altes Sprichwort: Willst du einen Streit anzetteln, bringe einen Alundier in ein Zimmer mit einem Spiegel.«

»Sie bekriegen sich also gerne gegenseitig?«

»In der Tat. Noch lieber suchen sie aber nach Gründen, um die benachbarten Herzogtümer anzugreifen. Meistens hat es etwas mit ihrer Religion zu tun.«

Ich erinnerte mich daran, was Toria mir über die Ausprägung des Glaubens erzählt hatte, die im Süden verbreitet war. Die Unterschiede zur orthodoxen Praxis waren mir damals unbedeutend vorgekommen, ihr aber ganz und gar nicht. Beim Gedanken an Toria verspürte ich einen vertrauten Stich. Wehmütig stellte ich mir vor, wie sie das vor uns liegende Unterfangen beschrieben hätte: *Ein Haufen scheißverblendeter Narren marschiert zum scheißgrößten Schrein von Albermaine, um sich auf den Stufen abmurksen zu lassen. Vielleicht malt irgendwann mal einer ein Scheißgemälde davon:* Das Massaker der Strohköpfe.

Das Lächeln auf meinen Lippen erstarb jedoch schnell wieder, als mir einfiel, dass Toria gar nicht lange genug dabeigeblieben wäre, um ein solches Urteil zu fällen. Selbst wenn sie nicht in Farinsahl ein Schiff bestiegen hätte, um nach dem Schatz zu suchen, von dem wir so lange geträumt hatten, wusste ich, dass sie niemals zu diesem Marsch aufgebrochen wäre, besonders nicht, wenn es am Ende tatsächlich nach Alundia ging.

»Also wieder ein neuer Aufstand, hm?«, fragte ich. »Ich hätte gedacht, dass selbst das streitlustigste Volk inzwischen kriegsmüde sein müsste.«

»Ach wirklich?« Mit einem spöttischen Grinsen blickte Wilhum über die Schulter zu der langen Kolonne, die sich über die Straße schlängelte. »Sehen die für dich etwa müde aus? Inzwischen haben sich uns fast siebenhundert angeschlossen, alle bereit, für eine Frau zu kämpfen und zu sterben, die ihrer Meinung nach von den Toten auferstanden ist. Und das nur, um ihnen zu sagen, was für eine Enttäuschung sie für die Seraphilen sind.«

Sein verbitterter Tonfall gefiel mir nicht und auch nicht die Schlussfolgerung, die ich aus seinen Worten zog. »Du hast es ihr immer noch nicht gesagt, oder?« Ich zwang mich, leise zu sprechen, obwohl niemand in der Nähe war, der uns hätte belauschen können. Wilhums Treue zum Bund ging alles andere als tief. Vielmehr war es die Liebe zu seiner Freundin Evadine, die ihn an ihrer Seite hielt – eine Liebe, die, wie ich wusste, unseren gemeinsamen Verrat und unser Schweigen für ihn jeden Tag schwerer erträglich machte.

»Glaubst du wirklich, sie würde auch nur einen von uns weiter in der Kompanie dulden, wenn ich es ihr gesagt hätte?« Er lachte spöttisch. »Würde die Wiederauferstandene erfahren, dass sie in Wahrheit nichts dergleichen ist, sondern ihr Leben vielmehr dem geheimnisvollen Tun einer caerithischen Hexe verdankt, könnten wir von Glück reden, wenn sie uns nicht am nächstbesten Baum aufknüpfen würde.«

Zwar bezweifelte ich, dass Evadine uns wirklich umbringen würde, dennoch graute auch mir davor, was sie tun würde, wenn sie die wenig schmackhafte Wahrheit irgendwann herausfand. Seit der Unterhaltung mit Sir Altheric hatte sich ihre Laune verbessert. Sie hielt wieder ihre abendlichen Predigten, wie damals in der Anfangszeit der Kompanie, als wir zum Feld der Verräter marschiert waren. Inzwischen vor einem noch größeren ergriffenen Publikum. Ich sah, dass Evadine der Anblick der aufmerksam lauschenden Gemeinde neue Zuversicht einflößte, und betete, es möge nichts geschehen, das ihre Stimmung trübte. Dennoch war der Weg, auf den sie uns gebracht hatte, alles andere als sicher, und wer konnte schon sagen, wie ihre Stimmung umschlagen mochte, wenn er ins Verhängnis führte?

»Es könnte trotzdem eine Falle sein«, sagte ich. »Kein König lässt sich gerne demütigen, und ich habe den Verdacht, dass es dem Bund lieber ist, wenn seine Märtyrer tot bleiben.«

Wilhum setzte sein einnehmendes Lächeln auf, wenn es auch etwas zynisch wirkte. »Blitzgescheit, wie du bist, mein kritzelnder Freund, übersiehst du doch etwas Grundlegendes.« Er drehte sich im Sattel um und nickte zu Evadines hochgewachsener Gestalt an der Spitze der Kolonne. Auf dem Marsch trug sie die ganze Zeit ihre Rüstung, die stets funkelte, selbst wenn der Himmel bedeckt war. »Seit ihrer … Wiederherstellung ist sie in jeder Hinsicht die Verkörperung des Bundes. Aber …«, aus dem Lächeln wurde ein Stirnrunzeln, während er sich wieder der Straße vor uns zuwandte, »… ob die elenden alten Sesselfurzer des Rates das schon begriffen haben, bleibt abzuwarten.«

Als der hohe Turm des Schreins von Märtyrer Athil am Horizont vor uns auftauchte, war unsere Zahl auf beinahe fünftausend angewachsen. Es hätten sogar noch mehr sein können, hätte Evadine nicht am Ende viele abweisen müssen. Die Dörfer und Städte, durch die wir kamen, waren recht großzügig mit dem, was sie dem Heer der Gesegneten an Verpflegung spendeten. Sogar *zu* großzügig, denn es war offensichtlich, dass manchen danach nur wenig übrig blieb, um selbst durch den Winter zu kommen. Es gibt vieles, was ein rationaler Verstand niemals verstehen kann oder jedenfalls nicht *mein* rationaler Verstand. Ich konnte nicht begreifen, wie Menschen, die ohnehin schon am Hungertuch nagten, auch noch ihr weniges Hab und Gut einer durchreisenden Adligen geben konnten, nur weil sie glaubten, sie sei von den Toten auferstanden.

»Anbetung ist grundsätzlich unvernünftig«, scherzte Wilhum, als ich mich über die Merkwürdigkeit des Ganzen wunderte. Wir standen mit unseren Pferden auf einer Anhöhe, von der aus man auf ein Dörfchen in den sanft gewellten Hügeln an der Südgrenze des Shavine hinabblickte. Unten unterhielt sich Evadine gerade mit dem Dorfältesten. Was sie sagte, war nicht zu hören, aber ich wusste, dass sie die Säcke mit Getreide und anderen Lebensmitteln, die er ihr kniend und mit geneigter Stirn anbot, höflich ablehnte. Aus Wilhums Worten sprach die Geringschätzung des Adels für das gemeine Volk. Echte Erfahrung steckte vermutlich nicht dahinter. Er war ein kluger Mann, aber auch denkfaul. Sihlda hätte ihn als schwer belehrbar, vielleicht sogar als hoffnungslosen Fall gesehen.

»Gläubige lieben die Anbetung. Das liegt in ihrer Natur«, fügte er gähnend hinzu. »Die Ascarlianer beschwören ihre Götter. Die Caerither schwenken Talismane und singen Lieder. Die Anhänger des Bundes werfen sich vor den Märtyrern auf die Knie, ob nun tot oder lebendig. Du suchst nach Vernunft, wo keine ist.«

»Es ist ein Tauschhandel«, sagte Ayin.

Sie saß in der Nähe und kritzelte eifrig mit der Feder auf ihrem Pergament, um die Szene festzuhalten, die sich am Fuß der Anhöhe abspielte. Inzwischen ritt sie meistens auf ihrem kleinen Pony neben uns her und nutzte die Marschpausen zum Schreiben. Seit sie im Wald ihr Lied aufgeschrieben hatte, schien sie von dem Wunsch beseelt, alles um sich herum in lyrische Beschreibungen zu fassen, weshalb ihr ständig das Pergament ausging und sie auf der Suche nach neuem war.

»Ein Tauschhandel?«, erkundigte sich Wilhum gutmütig. »Wie meinst du das, meine Liebe?«

»Sie gibt ihnen etwas, also geben sie ihr etwas zurück.« Ayin hatte die Zunge zwischen die Zähne gesteckt, und ihre Feder kratzte weiter über das Pergament. »Die Seraphilen haben ihr eine Gunst erwiesen wie noch niemandem zuvor, außer vielleicht Märtyrer Athil. Wenn die Leute sie beschenken, geht etwas davon auf sie über.«

»Oh, die Weisheit von Kindern.« Wilhum seufzte. Nach meinem

Dafürhalten war Ayin der Wahrheit allerdings viel näher gekommen als er.

Die Zahl derjenigen, die uns folgten, wuchs immer mehr an, obwohl Evadine die Leute inständig bat, zu Hause zu bleiben. Wer nicht in die Kompanie des Bundes aufgenommen wurde, lief einfach hinterher und ernährte sich von den Almosen wohlmeinender Bauern. Doch trotz der großzügigen Spenden war es unvermeidlich, dass viele auf dem Marsch hungerten. Auf der Reise nach Athiltor – ein Ereignis, das zweifellos zu einem wichtigen Teil von Evadines Legende werden würde – ließ die Gesegnete nicht wenige Tote am Straßenrand zurück. Meist waren es Alte oder Kranke, die so töricht gewesen waren, sich von der Wiederauferstandenen Heilung zu erhoffen. Ihre Not schmerzte Evadine sehr, und mehrmals ordnete sie eine Marschpause an, damit die kranken Gläubigen versorgt werden konnten, wenn sie es auch strikt ablehnte, ihnen ihre angeblich heilsamen Hände aufzulegen.

»Den Körper zu heilen, ist nicht meine Gabe«, erklärte sie mehr als einmal bei ihren nächtlichen Predigten. »Eure Seelen sind es, denen ich Erlösung bieten kann.«

Feldwebel Swain und die anderen Befehlshaber der Kompanie bildeten die Rekruten unterwegs weiter aus, während ich mich an den meisten Abenden mit Wilhum im ritterlichen Kampf übte. Er war der Meinung, dass mein Duell mit Sir Althus meine Schwertkünste weit mehr verbessert hatte, als es ein ganzes Jahr Unterricht vermocht hätte, trotzdem war er mir immer noch deutlich überlegen, besonders beim Reiten. Zum Ende unserer Reise hin begann ich mich in meiner Rüstung jedoch zum ersten Mal richtig wohlzufühlen. Die blau lackierte Rüstung, die ich an dem schicksalhaften Tag auf der Burg Ambris getragen hatte, hatte ich Wilhum natürlich zurückgegeben. Den damals gefallenen königlichen Soldaten hatten wir jedoch reichlich Rüstungsteile abgenommen, aus denen ich mir einen Ersatz zusammenstellen konnte. Entsprechend bunt zusammengewürfelt sah meine Rüstung aus. Die Armschiene an meinem rechten Unterarm bestand aus schwarz lackiertem, reich mit Messing verziertem Stahl. Ihr Gegenstück dagegen war aus Eisen und Leder, zwar etwas verbeult, aber noch brauchbar. Besonders hässlich war mein Brustharnisch: Er wies zahlreiche Kratzer und Brandflecken auf, die sich trotz aller Bemühungen nicht abschrubben ließen. Ich trug ihn eigentlich nur, weil Wilhum darauf bestanden hatte.

»Er sieht furchtbar aus, ich weiß«, sagte er und stülpte mir die Stahlplatten über mein gestepptes Wams, »aber es ist der beste Harnisch, den ich seit Langem gesehen habe. Der würde sogar dem Bolzen einer Arbalest standhalten.«

Zumindest mein Helm machte etwas her. Es war ein gewöhnlicher Topfhelm, der aussah wie ein umgestülpter Eimer mit beweglichem Visier, das sich leicht hoch- und runterklappen ließ. Dies war eine nützliche Eigenschaft, da beim Ringkampf mit Wilhum die Hitze der Anstrengung schnell unerträglich wurde. Das Grundgerüst des Helms bestand aus Messing, die Eisenbleche waren dunkelblau lackiert und mit hübschen goldenen Filigranmustern verziert.

»Du siehst aus wie ein Spaßmacher, der sich als Ritter ausgibt«, sagte Ayin wie immer unverblümt. Angesichts meiner säuerlichen Miene stieß sie ein seltenes Lachen aus. »Sir Alwyn der Spaßmacher«, fuhr sie fort. »So werden sie dich nennen.«

Doch ganz gleich, wie kunterbunt meine Erscheinung war, schon beim ersten Übungskampf konnte ich mich vom Wert der Rüstung überzeugen. Schläge, bei denen mir zuvor die Luft weggeblieben wäre und sich Blutergüsse gebildet hätten, kamen mir jetzt nur wie unsanfte Schubser vor. Und trotz ihres Gewichts war ich darin dennoch erstaunlich beweglich, sodass ich schnell auf die Beine kam, wenn Wilhum mich mal wieder zu Boden geschlagen hatte.

»Das liegt daran, dass du nicht alles auf dem Rücken trägst«, erklärte er, »sondern überall am Körper verteilt. Gut gefertigte Rüstungen sind außerdem sehr leicht. Die hier wird dir noch gute Dienste leisten, Meister Scribe.«

Das herausstechendste Merkmal des großen Schreins von Märtyrer Athil war sein Turm – ein riesiger Granitdorn, der beinahe hundert Fuß hoch aufragte. Die zahlreichen Stützpfeiler, die ihn aufrecht hielten, verliehen ihm ein gezacktes, beinahe unheimliches Aussehen, was ebenso für den gewaltigen Klotz der Haupthalle galt. Selbst aus einer Meile Entfernung erinnerte der Schrein an den Kadaver eines monströsen Ungetüms, das zwischen einigen weit weniger eindrucksvollen Gebäuden lag und dessen dunkle Flanken in den Rauch zahlloser Schornsteine gehüllt waren.

Wie das kleinere Callintor – das Sanktuarium, das ich nach Erchels Tod hatte verlassen müssen, um mich der Kompanie anzuschließen – wurde auch Athiltor vom Bund der Märtyrer regiert. Die Liste der strengen Einschränkungen, denen die Bewohner unterworfen waren, war derart lang, dass es nur die frommsten Gläubigen dort aushielten. Ungewöhnlich war zudem, dass die Stadt keine Mauer und auch keine Burg besaß. In der bewegten Geschichte der Herzogtümer war einzig Athiltor vor einer Belagerung oder Erstürmung bewahrt geblieben und daher seit Langem unversehrt. Nur der schlimmste Ketzer hätte je im Traum daran gedacht, den heiligsten aller Schreine anzugreifen.

»Also«, sagte Wilhum und nickte zu dem großen Lager östlich der Stadt. »Er ist tatsächlich gekommen.«

Wir standen mit Evadine auf einer grasbewachsenen Anhöhe, von der aus man eine gute Sicht auf die Stadt hatte. Sie schirmte ihre Augen vor der Sonne ab und spähte zu dem Lager hinüber, wo über den Zelten ein hohes Banner aufragte. Es war zu weit entfernt, um das Wappen erkennen zu können, die Größe des Lagers ließ jedoch keinen Zweifel daran, dass König Tomas in der Tat nach Athiltor gekommen war, um die Wiederauferstandene zu begrüßen.

»Wie viele schätzt du, Scribe?«, fragte Feldwebel Swain. Er war noch immer kein großer Bewunderer von mir, meine Fähigkeit, Zahlen abzuschätzen, erkannte er aber zumindest inzwischen an.

»Drei volle Kompanien, würde ich vermuten«, sagte ich. »Und dazu

Diener und ein Gefolge aus seinen treuesten Rittern. Höchstens zweitausend.«

»Dann sind wir im Vorteil«, stellte Wilhum fest. »Wenn es hart auf hart kommt.«

»Das wird es nicht«, sagte Evadine. Sie ließ die Hand sinken und drehte sich, um uns alle nacheinander anzusehen. Neben Wilhum, Swain und mir waren auch Ayin und Betschwester Ofihla anwesend – die fünf Leute, denen Evadine am meisten vertraute. »Was immer hier geschehen wird, zu einem Kampf wird es nicht kommen«, sagte Evadine. »Sollte man mich beim Betreten der Stadt ergreifen, werdet ihr nichts tun. Sollte ich in Ketten vor den König und den Rat geführt und verurteilt werden, werdet ihr nichts tun. Sollten sie mich aufknüpfen und meine Leiche auf dem Hauptplatz schänden«, ihr Blick wanderte von einem zum anderen, und ihre Stimme klang hart, »werdet ihr nichts tun. Dieses Reich wird nicht meinetwegen im Krieg versinken. Das müsst ihr mir schwören.«

»Wir können so viele Schwüre leisten, wie du willst«, sagte ich. Die anderen würden es nicht wagen, die Wahrheit auszusprechen, das wusste ich, doch Evadine musste sie hören. »Sollte dir jedoch irgendetwas zustoßen, wird die dort«, ich deutete über die Schulter auf die Menge der Gläubigen, die sich im flachen Tal drängten, »niemand aufhalten können. Der König und sein Hof werden sich dessen aber ebenso bewusst sein wie ich«, fügte ich schnell hinzu, als sich Evadines Miene verfinsterte. »Niemand wird versuchen, dich zu ergreifen und vor Gericht zu stellen. Die Gefahr, die uns hier droht, geht nicht von Klingen, sondern von Worten aus. Wir müssen sehr sorgfältig darauf achten, auf welche Bedingungen wir uns einlassen. Darin verbirgt sich die Falle, die eine Zukunft in Ketten bedeuten könnte.«

Evadine bestand darauf, dass nur Wilhum und ich sie zum Schrein begleiteten. Swain sollte die Kompanie befehligen, die auf der Straße am Westrand von Athiltor in ordentlichen Reihen Aufstellung nahm. Ich war mit Swain einer Meinung gewesen, der ein größeres Gefolge gefordert hatte, aber davon hatte Evadine nichts hören wollen. »Ich bin nicht hier, um diese Stadt zu erobern«, sagte sie, »und werde denen, die anderes behaupten, kein Wasser auf die Mühlen gießen.«

Der Eindruck von Stärke und militärischer Ordnung, den die Kompanie des Bundes erweckte, stimmte mich etwas zuversichtlicher. Swain hatte sie zu einer gut ausgebildeten Streitmacht geformt, die es zahlenmäßig mit der Eskorte des Königs aufnehmen konnte. Ich wusste zwar, dass nur der harte Kern der Veteranen den königlichen Soldaten wirklich etwas entgegenzusetzen hätte, wenn dieser Tag tatsächlich in einer Schlacht enden sollte, doch würden die Übrigen auch nicht einfach die Flucht ergreifen. Und noch etwas wusste ich: Trotz des Schwurs, den wir Evadine geleistet hatten, würde Swain, sollte ihr irgendetwas zustoßen, diese Streitmacht ins Herz der heiligen Stadt führen, um sie zu retten, koste es, was es wolle.

Mit der Menge der Gläubigen war es ähnlich. Evadine hätte ihnen so viel predigen können, wie sie wollte, sie hätte sie dennoch nicht davon abhalten können, ihr in die Stadt zu folgen. Nachdem wir in Sichtweite von Athiltor unser Lager aufgeschlagen hatten, war ihre Zahl im Laufe der Nacht noch weiter angewachsen. Evadine hatte meinem Vorschlag zugestimmt, eine Ruhepause einzulegen. Ein kleiner Teil der Neuankömmlinge stammte aus den umliegenden Dörfern, der weitaus größere aber zu meiner Überraschung aus der Stadt selbst. Laienbrüder und -schwestern und schlicht gekleidete Knechte, die im Dienst des Bundes standen, drängten sich in dem flachen Tal unterhalb unseres Lagers. Es herrschte ein heilloses Durcheinander; viele rezitierten lauthals die heiligen Schriften oder versammelten sich, um fromme Lieder zu singen. Wann immer Evadine jedoch aus ihrem Zelt trat, herrschte sofort ehrfürchtiges Schweigen. Bis unweigerlich irgendein glühender Anhänger einen Jubelruf ausstieß, in den die anderen mit einfielen. Der Anblick der Gläubigen linderte ein wenig meine Zweifel daran, wie sich das bevorstehende Treffen entwickeln würde. Diese Leute hatten mehr dafür getan, Evadines Überleben zu sichern, als Wilhum und ich und der Rest der Kompanie es jemals könnten.

Als der Morgen graute, brachte er eine ungemütliche Kälte mit sich.

Der Himmel war verhangen, und während der letzten Meile auf dem Weg zur Stadt herrschte ein leichtes Schneegestöber. Danach trennten wir uns von der Kompanie und ritten allein in die Stadt hinein. Das raue Wetter vermochte die Begeisterung der Gläubigen nicht zu dämpfen. Unzählige Menschen folgten der Gesegneten oder drängten sich auf den Straßen, um sie zu begrüßen.

»Die Seraphilen segnen Euch, Herrin!«, rief eine matronenhafte Frau aus einem der oberen Fenster. Tränen liefen ihr über die Wangen, und sie hielt einen weinenden Säugling an ihre üppige Brust gedrückt.

»Ihr werdet uns alle erretten!«, schrie ein dünner Mann im Gewand eines Laienbruders mit erhobenen Händen und weit aufgerissenen Augen. In seinem Eifer, Evadines gepanzerten Fuß zu berühren, stolperte er mir in den Weg. Seine Finger krallten sich an ihrem Steigbügel fest, und ich trieb Jarik an, der mit seiner Schulter den Kerl in die Menge zurückschubste. Die schreiende und winkende Menschenmasse wurde bald schon so dicht, dass Wilhum und ich zu beiden Seiten von Evadine reiten mussten, damit wir überhaupt noch durchkamen.

Glücklicherweise bot sich uns in der Nähe des Schreins ein geordneterer Anblick. Hier wurde die Straße zum Hauptplatz von Dutzenden schwarz gekleideten Wächtern gesäumt, die mit untergehakten Armen eine Kette bildeten, sodass wir ungehindert durchreiten konnten. Unter diesen Dienern des Glaubens sah ich einige ergriffene Gesichter, die meisten aber trugen eine unbeteiligte Miene zur Schau. Manche wirkten sogar regelrecht grimmig. Während die Mehrheit der Stadtbewohner die Gesegnete mit inbrünstigem Jubel empfingen, teilten unter den ranghöheren Dienern des Bundes offensichtlich nicht alle diese Begeisterung. Das ließ, was unseren Empfang durch die obersten Kleriker betraf, nichts Gutes erahnen.

Der Hauptplatz der Stadt war mit Kopfsteinen gepflastert und führte zu den breiten Stufen des Schreins von Märtyrer Athil. Heute wurde der Schrein von einer Kette gepanzerter königlicher Soldaten mit gekreuzten Hellebarden bewacht. Sie scheuten nicht davor zurück, mit den Stangen ihrer Waffen jeden, der der Gesegneten durch die Absperrung folgen wollte, auf Abstand zu halten. Trotz der Stöße und Hiebe blieb der Enthusiasmus der Menge jedoch ungebrochen. Zu meiner Rechten sah ich einen älteren Mann ganz vorn im Gedränge stehen, der wild mit den Armen winkte. Sein Gesicht war von eifriger Bewunderung erfüllt, obwohl er aus einem frischen Schnitt an seiner Stirn blutete.

Anbetung ist grundsätzlich unvernünftig, hörte ich wieder Wilhums Worte. Mein Blick wanderte über die Menge der Gläubigen zum Schrein hin und zu der bunt gekleideten Gruppe von Adligen, die dort auf Evadines Ankunft warteten. Ihre Anordnung war für den feierlichen Anlass eindeutig wohldurchdacht. Auf der untersten Stufe der Treppe standen Höflinge und hochrangige Diener, in der Mitte die Ritter und Gefolgsleute der Familie Algathinet. Ganz oben befanden sich die Mitglieder des Königshauses selbst, eine Reihe edel gekleideter Adliger, aus denen ein Mann seiner Größe wegen herausstach. Sir Ehlbert Bauldry überragte alle anderen um ihn herum, sein langer roter Umhang wehte im kalten Winterwind. Wie Evadines Rüstung funkelte auch seine, obwohl die Sonne nicht schien. Bislang hatte ich nur wenige kurze Blicke auf den Kämpen des Königs werfen können und kannte auch sein Gesicht nicht. Seine Züge wirkten gröber, als ich sie mir vorgestellt hatte, ohne jede heldenhafte Anmut. Seine Nase war krumm, und die Wangenknochen traten deutlich hervor. Seine Haut war von zahlreichen Narben übersät, die von der Kälte dunkel verfärbt waren. Er mochte unbesiegbar sein, doch war selbst der mächtige Sir Ehlbert der Legende zum Trotz gegen Verletzungen nicht gefeit.

Rechts neben dem Kämpen stand eine junge Frau in einem dunklen Samtumhang, der zur Farbe ihres glänzenden Haars passte, das ihr in Wellen über die Schultern fiel. Auf dem Kopf trug sie einen dünnen Goldreif, der ihren Status betonte und alle Anwesenden an ihre königliche Herkunft erinnerte. Dies, so wusste ich, musste Prinzessin Leannor sein, die ältere Schwester des Königs und Mutter des gelangweilt dreinblickenden Zehnjährigen, der neben ihr stand. Das Stirnrunzeln des Jungen und sein unruhiges Hin- und Herwippen bildeten einen merklichen Kontrast zur steifen Haltung seiner Mutter. Leannor musterte Evadine mit strengem Blick, Herablassung oder gezwungene Höflichkeit, wie sie die anderen Mitglieder des Hofes zur Schau stellten, waren bei ihr jedoch nicht zu erkennen. Ihre mit juwelenbesetzten Ringen geschmückte Hand hielt die Schulter ihres Sohnes umklammert.

Am höchsten stand selbstverständlich der König. Tomas hatte an diesem Tag keine Rüstung angelegt, stattdessen trug er einen goldfarbenen Umhang und ein weißes Wams, das mit den beiden aufgerichteten Leoparden bestickt war, die das Wappen seines Hauses zierten. Außerdem sah ich, dass an seinem Gürtel kein Schwert hing. Er blickte Evadine mit ernster, königlicher Haltung entgegen oder jedenfalls einer überzeugenden Nachahmung davon. Als er vor der Schlacht auf dem Feld der Verräter seine schwer hörbare Rede gehalten hatte, war mir schon aufgefallen, dass er nur wenig kleiner war als sein Kämpe. Jetzt machten seine Größe und seine Gesichtszüge die Wahrheit seiner Herkunft auf fast schon komische Weise offensichtlich.

Ein Mann, der kein echter König ist, begrüßt eine Frau, die keine echte Märtyrerin ist. Ob wohl alle wichtigen Ereignisse in der Geschichte in Wahrheit nur solch verlogene Schauspiele waren? Der Gedanke brachte mich zum Lächeln, doch unterdrückte ich es rasch. Trotz aller Absurdität würde der heutige Tag weit weniger amüsante Folgen haben.

Auf der weiten, mit Granit ausgelegten Fläche unter dem riesigen Eingangstor des Schreins stand der Rat der Eminenzen. Dass an diesem Tag sämtliche Mitglieder anwesend waren – ein Dutzend Männer und Frauen mittleren oder fortgeschrittenen Alters, die in schlichte graue Baumwollgewänder gehüllt waren –, erschien mir bemerkenswert. Der Einfluss des Bundes reichte weit über Albermaine hinaus, und nur fünf Ratsmitglieder stammten aus den Herzogtümern des Reiches. Aus Sihldas Unterricht wusste ich, dass sich der Rat für gewöhnlich nur einmal alle zehn Jahre versammelte. Bis sämtliche Mitglieder angereist waren, dauerte es nämlich einige Zeit. Heute jedoch waren alle hier. Was nur heißen konnte, dass diejenigen, die aus den entlegeneren Ecken des Einflussgebietes des Bundes stammten, sich schon auf den Weg gemacht hatten, lange bevor dieses Treffen verabredet worden war. Das Erscheinen der Wiederauferstandenen, ob nun offiziell anerkannt oder nicht, hatte bei den obersten Klerikern eindeutig für Gesprächsbedarf gesorgt.

Evadine zügelte am Fuß der Treppe ihr Pferd und stieg ab. Wilhum und ich folgten ihrem Beispiel. Erwartungsvolle Stille senkte sich über die Menge der Schaulustigen herab, als sie mir die Zügel reichte. »Bleibt hier«, sagte sie mit einem schmalen Lächeln. Dann drehte sie sich um, hielt jedoch noch einmal inne, bevor sie den Fuß auf die erste Treppenstufe setzte, und fügte leise hinzu: »Und denkt an euren Schwur.«

Keines der zahlreichen Gemälde des folgenden Ereignisses wird der Wahrheit auch nur annähernd gerecht, obwohl sie von Stimmung und Charakter her alle unterschiedlich sind. Entweder sind die Farben zu grell oder die Posen zu dramatisch. Je nach Ansicht des Künstlers ist Tomas wahlweise als argwöhnischer Tyrann oder als jungenhaft hübscher, aber einfältiger Hanswurst dargestellt. Die Ratsmitglieder tragen gleichgültige bis entsetzte Mienen zur Schau. Evadine selbst wird aber natürlich stets als Idealbild heiliger Schönheit gezeigt. Ärgerlich ist zudem, dass die meisten Künstler nur Wilhum gemalt und mich weggelassen haben, obwohl meine Anwesenheit an jenem Tag gut dokumentiert ist. Ernsthafte Forscher sollten sich deshalb immer nur auf das geschriebene Wort verlassen. Künstler sind in der Regel Lügner und nach meiner Erfahrung häufig der Trunksucht verfallen.

Der entscheidendste Fehler in den Darstellungen des Treffens zwischen der Wiederauferstandenen Evadine Courlain und König Tomas Algathinet ist jedoch, dass es den Künstlern nicht gelingt, die richtige Stimmung einzufangen. Wer mit angesehen hat, wie Evadine die Stufen erklomm, während aller Augen auf ihre hochgewachsene, gepanzerte Gestalt gerichtet waren, konnte sich des Eindrucks nicht erwehren, dass in diesem Moment das Schicksal der ganzen Welt in der Waagschale lag. Die Zukunft des Reiches und der Glaube von Millionen Menschen hingen von diesem Augenblick ab.

Eine Stufe unter König Tomas blieb Evadine stehen, legte ohne Eile ihren Schwertgürtel ab und beugte das Knie. Dann nahm sie das Schwert mitsamt Scheide in beide Hände, hob es hoch und neigte den Kopf. Als sie sprach, bewies ihre Stimme erneut die Fähigkeit, weit zu tragen, obwohl sie nicht schrie. Ihr Tonfall verriet unerschütterliche Aufrichtigkeit.

»Eure Majestät, mein Schwert gehört Euch.«

Viertes Kapitel

Evadines Treueschwur auf den Stufen des Schreins wurde von den versammelten Gläubigen mit ohrenbetäubendem Jubel belohnt. Ich fand, dass der König Vernunft bewies, indem er nicht sofort die Hand ausstreckte und sie auf das dargebotene Schwert legte. Stattdessen wartete er einen Moment und setzte ein ernstes Lächeln auf, als hätte er das Toben der Menge gar nicht gehört.

»Euer Schwert ist für mich so wertvoll wie Eure Seele, edle Dame«, sagte er, obwohl es wegen des Tumults nur die Umstehenden hören konnten. Der Anblick, wie der König die Hand auf Evadines Schwert legte, ließ die Menge noch lauter jubeln.

»Kommt«, sagte König Tomas, trat mit wirbelndem Umhang beiseite und deutete auf den Eingang des Schreins. »Lasst uns gemeinsam den Seraphilen und den Märtyrern huldigen.«

Obwohl Evadine uns kein Zeichen gegeben hatte, stiegen nun auch Wilhum und ich rasch die Stufen hoch und gingen neben ihr her ins schattige Innere des Schreins. Schwerer Weihrauchduft hing in der Luft, und der riesige Raum wurde von vielfarbigem Licht erhellt, das durch die hohen Buntglasfenster fiel. Mein Blick zuckte suchend umher. Ich glaubte noch immer an einen Hinterhalt, doch ich sah bloß Betbrüder und -schwestern und verschiedene andere Kleriker und Laien. Die Ratsmitglieder begrüßten uns nicht, sondern verschwanden direkt in den düsteren Tiefen des Schreins, vorbei an den zahlreichen Säulen der Hauptkapelle. Ihre Schritte hallten laut von den Wänden wider.

»Bevor die Andacht beginnt«, sagte der König und verneigte sich elegant vor Evadine, »sind wir eingeladen, uns die weisen Worte des Rates der Eminenzen anzuhören. Wenn Ihr mich begleiten wollt, edle Dame.« Er trat näher und senkte die Stimme, um spielerisch hinzuzufügen: »Ehrlich gesagt könnte ich ihre Gesellschaft allein auch kaum ertragen.«

Das Jubeln der Menge war selbst in dem Raum mit der hohen Decke noch zu hören, in dem der Rat der Eminenzen tagte. Die Kleriker hatten an einem halbrunden Tisch Platz genommen, zu beiden Seiten des Königs, der in der Mitte saß. Seine Schwester, die nicht mit am Tisch sitzen durfte, befand sich direkt hinter ihm. Später sollte ich erfahren, dass bislang noch kein König, ob nun von Albermaine oder von anderswo, jemals an diesem Tisch gesessen hatte. Dass es dem König heute erlaubt war, sollte sicher ein Zeichen der Einigkeit von Krone und Bund sein, zumindest im Hinblick auf die Wiederauferstandene, die so überraschend aufgetaucht und wohl kaum erwünscht war.

An diesem Tag sprach nur ein Mitglied des Rates zu uns, ein Mann, den ich zu meiner Überraschung kannte, wenn auch nur vom Namen her. Zuletzt hatte ich vor vielen Jahren einen Karrenlenker vor den Mauern der Burg Ambris über Durehl Vearist sprechen hören. Damals war er noch Aszendent gewesen, der oberste Kleriker der Shavine-Marschen, der dem alten Herzog Rouphon vor dessen Enthauptung durch Sir Ehlbert die Beichte abgenommen hatte. Seither hatte er es offenbar zu einigem gebracht. Seinen diplomatischen Fähigkeiten hatte er es aber gewiss nicht zu verdanken, wie sich zeigen sollte.

»Die Geschichten über Euren … Märtyrertod sind zahlreich, Aspirantin«, sagte er zu Evadine, als sie vor die versammelten Würdenträger trat. Durehl war ein kräftiger Mann, der trotz seines fortgeschrittenen Alters Vitalität ausstrahlte. Er musterte Evadine ruhig, und seine breiten Gesichtszüge verrieten nichts von der Ehrfurcht oder gar Angst, die ich bei anderen Klerikern gesehen hatte. »Hättet Ihr vielleicht die Güte«, fuhr er fort, »uns einen vollständigen und ungeschönten Bericht davon zu liefern?«

»Natürlich«, erwiderte Evadine liebenswürdig. »Als die Ascarlianer den Hafen von Olversahl stürmten, wurde ich im Kampf verwundet. Meine geschätzten Kameraden …«, sie warf Wilhum und mir einen Blick zu, »… kämpften tapfer, um mich zu retten und nach Farinsahl zu bringen. Dort war ich einige Zeit dem Tode nahe und fiel immer wieder ins Delirium. Inmitten meines Leidens blieb plötzlich mein Herz stehen, und eine Seraphile erschien mir, die mich wieder gesund machte.«

Vor einer Gemeinde aus ergriffenen Anhängern und etwas mehr ausgeschmückt sorgte diese Geschichte stets für feuchte Augen und Geflüster. Hier tauschten die Zuhörer lediglich verhaltene Blicke aus und rutschten unbehaglich auf ihren Stühlen hin und her.

»Wir wissen seit Langem«, sagte Durehl, »dass die Seraphilen die hiesige Welt nicht besuchen. Ihre Gunst zeigt sich ausschließlich am Beispiel der Märtyrer, die sich von den Belangen der Sterblichen losgesagt haben, um der Lenkung der Seraphilen zu folgen. Allein durch das Beispiel der Märtyrer können wir ihre himmlische Botschaft erfahren.«

»Ich würde behaupten, Ehrwürdiger«, erwiderte Evadine ruhig, »dass diese Dinge weniger eine Frage des Wissens als des Glaubens sind. Ein geringfügiger, aber bedeutsamer Unterschied. Jahrhundertelang glaubte man, die Seraphilen würden die hiesige Welt nicht besuchen, aber nur, weil es noch nie vorgekommen war. Außerdem kann ich mit Sicherheit sagen, dass es in den heiligen Schriften keine Stelle gibt, an der steht, dass es unmöglich wäre.«

Durehls Miene verfinsterte sich, der König unterbrach ihn jedoch, bevor er antworten konnte. »Hat die Seraphile mit Euch gesprochen, edle Dame?«, fragte er. Den kaum verhohlenen Zweifel des Klerikers neben ihm schien er nicht zu teilen, stattdessen klang er ehrlich neugierig.

»Jawohl, Eure Majestät«, bestätigte Evadine und lächelte herzlich. »Und sie hatte wunderbare Dinge zu sagen.«

»Sie?«, hakte Durehl nach. Seine buschigen Brauen zogen sich missbilligend zusammen. »Die Seraphilen sind über so weltliche Dinge wie ein Geschlecht erhaben.«

»Noch etwas, das eher dem Glauben als dem Wissen entspringt, Ehrwürdiger«, erwiderte Evadine, bevor sie sich wieder dem König zuwandte. »Sie hat zu mir von Liebe gesprochen, Eure Majestät. Der Liebe der Himmlischen für die Sterblichen. Eine Liebe, die sie dazu bewogen hat, mich wieder gesund zu machen, damit ich ihre Botschaft allen überbringen kann, die sie hören wollen. Unsere ewige Unzufriedenheit schmerzt die Seraphilen, und die Dunkelheit, die wir in unsere Herzen lassen, bedroht die ganze Welt. Eifersucht und Groll stärken die Maleciten und beschwören die zweite große Plage herauf, die bereits gefährlich nahe ist.«

»Und war sonst noch jemand anwesend, der diese himmlische Weisheit vernommen hat?«, erkundigte sich Durehl. »Ein Zeuge dieser Vision?«

»Ihre Worte waren nur für mich bestimmt.« Evadine drehte sich und deutete auf mich. »Dieser treue Soldat war aber dabei, als meine Gesundheit wiederhergestellt wurde. Er kann bezeugen, dass ich wahrhaftig wiederauferstanden bin.«

»Wirklich?« Durehls Stimme verlor die Zurückhaltung, die er bislang an den Tag gelegt hatte, und klang um einiges schärfer. Mit finsterer Miene wandte er sich mir zu. »Und das ist wohl der Schreiber, von dem wir schon so viel gehört haben?«

Auf Evadines Nicken hin trat ich vor und verneigte mich vor Durehl. Dann wandte ich mich dem König zu und beugte ein Knie. »Alwyn Scribe, Majestät, Ehrwürdiger. Zu Euren Diensten.«

»Steh auf«, sagte Durehl barsch. »Ich möchte das Gesicht eines Mannes sehen, wenn ich ihm eine Frage stelle.« Als ich wieder hochkam, lag auf seinen Lippen der Hauch eines freudlosen Lächelns. »Du bist der, der aus den Erzminen entkommen ist«, sagte er. »Ein Gesetzloser und Halsabschneider, der einst zur Bande des berüchtigten Räubers Deckin Scarl gehörte. Habe ich recht?«

»Das stimmt, Ehrwürdiger«, erwiderte ich. Dass der Rat genaue Erkundigungen über Evadine und ihre Gefährten eingeholt hatte, überraschte mich nicht. Zwar war es nicht gerade angenehm, im Mittelpunkt der Aufmerksamkeit zu stehen, allerdings hatte ich mich von einem feindseligen Publikum noch nie einschüchtern lassen.

»Ich habe viele Verbrechen begangen«, fuhr ich fort. »Das will ich nicht leugnen. Und auch nicht, dass an dem Tag, als die Gesegnete nach Callintor kam, um zu uns zu sprechen, der Glaube in meiner Seele aufblühte. Das war der Tag meiner Erlösung.«

»Tatsächlich?« Durehls Brauen zuckten amüsiert. »Dann hat deine Erlösung also doch nicht in den Erzminen stattgefunden, wo dir meines Wissens die verurteilte Mörderin Sihlda Doisselle das Lesen und Schreiben beibrachte?«

»Aszendentin Sihlda war keine Mörderin.« Mir gelang es, nicht zu schreien, doch meine Worte klangen etwas zu hitzig. »Ehrwürdiger«, fügte ich respektvoller hinzu und richtete den Blick auf den König. »Die Geschichte ihrer unrechtmäßigen Verurteilung ist lang. Ich kann sie aber gerne in allen Einzelheiten wiedergeben, wenn Ihr es wünscht.«

Der König runzelte verwirrt die Stirn, seine Schwester rutschte jedoch unruhig auf ihrem Stuhl hin und her. Meine Spitze hatte also ihr Ziel getroffen. Prinzessin Leannor hustete – ein leises Geräusch, das laut von der hohen Decke widerhallte. König Tomas schien es jedenfalls deutlich zu hören.

»Vielleicht, Ehrwürdiger«, wandte er sich lächelnd an Durehl, »sollten wir uns auf Gegenwärtiges beschränken.«

Durehl verzog enttäuscht das Gesicht, setzte dann jedoch forsch seine Befragung fort: »Du warst also Zeuge der Wiederauferstehung dieser Frau?«

»Das war ich, Ehrwürdiger.«

»Erzähle uns, was du gesehen hast. Und zwar *alles*.«

Ich gestattete mir eine kurze Pause und setzte einen ehrfürchtigen Ausdruck auf. »Wir wachten abwechselnd am Lager unserer Feldherrin, der edlen Evadine, die … im Sterben lag«, sagte ich. »Die Heiler in Farinsahl und unser eigener Feldscher Bruder Delric hatten getan, was sie konnten, und wir wussten, es würde nicht mehr lange dauern, bis sie die Reise durch die Himmlische Pforte antrat. Keiner von uns wollte, dass sie am Ende allein war, obwohl sie kaum bei Bewusstsein schien. Es geschah kurz nach Tagesanbruch, als ich schon beinahe eingeschlafen war. Ich schreckte hoch und bemerkte, dass sich das Gesicht der Gesegneten … verändert hatte.« Ich hielt inne, schaute in die Ferne und schüttelte scheinbar verwundert den Kopf. »Die Schmerzen, die sie zuvor gelitten und die sie zu einem schwachen Schatten ihrer selbst gemacht hatten, schienen verschwunden zu sein. Stattdessen sah ich eine kerngesunde Frau vor mir. Dann öffnete sie die Augen, und sie waren so hell, so … lebendig.« Ich stieß ein verlegenes und demütiges Lachen aus. »Zu meinem Leidwesen muss ich gestehen, dass ich vor lauter Schreck in Ohnmacht fiel. Als ich wieder zu mir kam, beugte sich die Gesegnete über mich.« Ich lachte noch einmal. »Ich erinnere mich, dass sie fragte, ob ich betrunken sei.«

Der König war so gnädig, meine Worte mit einem Kichern zu belohnen. Die Ratsmitglieder hingegen starrten mich nur weiter schweigend und mit versteinerten Mienen an.

»Aber eine Seraphile hast du nicht mit eigenen Augen gesehen?«, erkundigte sich Durehl.

»Gesehen? Nein, Ehrwürdiger. Aber … ich konnte sie spüren. Ich erinnere mich an eine starke Wärme in meinem Inneren. Ein Licht erhellte meine Seele, die von all den Grausamkeiten, die ich in Olversahl hatte mit ansehen müssen, bedrückt war. Ich kann es nicht anders beschreiben und auch nicht erklären. Aber ich weiß, dass in jener Nacht etwas in dem Zimmer war, etwas, das mein bescheidenes Verständnis weit überstieg. Nur das grenzenlose Mitgefühl dieses Geschöpfs, das verstand ich wohl.«

An einem derart heiligen Ort und vor hochrangigen Anwesenden solch unverschämte Lügen von mir zu geben, hätte mich eigentlich zum Stottern bringen müssen. Seltsamerweise kamen mir die Unwahrheiten dennoch leicht über die Lippen. Ich erklärte es mir damit, dass ich schon mein ganzes Leben lang log, um meine Haut zu retten, seit dem Tag, als ich dem Zuhälter gesagt hatte, nicht ich, sondern sein Lieblingsschwein hätte den Apfel gegessen. Mit dieser Lüge war ich, zum Leidwesen meines armen Hinterns, nicht durchgekommen. Und ich bin mir sicher, dass die Flunkereien, die ich dem König und den Ratsmitgliedern an jenem Tag erzählte, sie ebenso wenig von meiner Aufrichtigkeit überzeugten. Zum Glück wussten sie genau wie ich, dass ihre Überzeugungen in diesem Moment so viel zählten wie ein Hundehaufen. Was zählte, waren Beweise. Von Evadines Aussage abgesehen hatte ich nichts, um die Wahrheit meiner Worte zu belegen, doch umgekehrt besaßen auch die hohen Kleriker keinen Beweis dafür, dass ich ihnen in die ungläubigen Gesichter log.

Dieses gegenseitige unausgesprochene Einverständnis erhielt noch mehr Gewicht, als von draußen erneut das laute Jubeln der Menge zu hören war. Einen Moment lang klang es so, als wären die Stimmen sämtlicher Stadtbewohner in bewunderndem Geschrei erhoben. In Durehls verärgerter Miene zuckte es. Damals wie heute zweifelte ich nicht daran, dass der Rat der Eminenzen Evadine ohne Umschweife zu einer ketzerischen Verräterin erklärt hätte, wäre die Menge der Gläubigen draußen nicht gewesen. Mit Freude und Erleichterung hätten die Kleriker sie an einem Galgen auf dem Hauptplatz aufgeknüpft, gleich neben dem Leichnam ihres verlogenen Schreibers. Dies sollte ihnen jedoch nicht vergönnt sein, obwohl ihr langes Schweigen von ihrem Widerwillen zeugte, sich das einzugestehen. Der König dagegen zögerte nicht.

»Welch ein Segen, Eure Geschichte zu hören, edle Evadine.« Bescheiden neigte er den Kopf. »Wenn die Gelehrten kommender Zeitalter über meine Herrschaft berichten, wird dieser Tag in den Chroniken sicher besonders hervorgehoben. Kommt.« Er stand auf – offenbar zur Überraschung der Ratsmitglieder. »Die hochgeschätzten Damen und Herren des Rates brauchen etwas Zeit, um ihre Verlautbarung Eurer Anerkennung als Märtyrerin zu formulieren.« Er reichte Evadine eine Hand. »Wir wollen sie nicht weiter von der Arbeit abhalten. Würdet Ihr unterdessen mit mir spazieren gehen? Ich möchte mir gern den Garten des Schreins anschauen, den ich seit meiner Kindheit nicht mehr gesehen habe.«

Eine geschätzte Ewigkeit lang führte König Tomas Evadine zwischen den Blumenbeeten umher und plauderte höflich über Belangloses, bevor er sein wahres Ansinnen zu erkennen gab. Prinzessin Leannor begleitete uns auf dem Spaziergang durch die weitläufigen Gärten des Schreins. Gemessenen Schrittes ging sie hinter dem König und Evadine her, während Wilhum und ich mit gebührendem Abstand folgten. Mein Blick glitt wachsam durch den Garten; selbst jetzt noch stellte ich die Absichten unserer Gastgeber infrage. Doch außer den Gärtnern und Gärtnerinnen, die sich um die gepflegten Reihen der Büsche und Stauden kümmerten, war nur die hochgewachsene Gestalt von Sir Ehlbert Bauldry zu sehen. Aus unerfindlichem Grund ging er nicht neben dem König, sondern blieb in den schattigen Kreuzgängen am Gartenrand und beobachtete uns aus der Ferne. Allerdings war außer ihm auch kein weiterer Leibwächter nötig. Wilhum und mich hätte er gewiss ohne Schwierigkeiten überwältigen können. Mir fiel auf, dass die Prinzessin dem Kämpen hin und wieder missbilligende Blicke zuwarf. Ob sie ihn damit aber ermahnen oder vor etwas warnen wollte, erschloss sich mir nicht.

»Dieses verfluchte Bein.« Der König blieb bei einer niedrigen rechteckigen Hecke stehen. Ihr Inneres war mit Rosenbüschen bepflanzt, deren dornige Zweige winterlich kahl waren. Tomas rieb sich den Oberschenkel, und da erst fiel mir auf, dass er auf dieser Seite leicht hinkte. »Ein Überläufer des Prätendenten hat mich auf dem Feld der Verräter mit seiner Streitkeule erwischt. Bei kaltem Wetter wird es schlimmer.«

»Über Eure Tapferkeit an jenem Tag habe ich viele Geschichten gehört, Majestät«, sagte Evadine.

»Aber nicht so viele wie über Eure eigene, wie?« Der König schenkte ihr ein reumütiges Lächeln. »Ihr habt mit dem großen Lügner selbst die Klingen gekreuzt, nicht wahr?«

»Nur kurz, Majestät. Im Gedränge der Schlacht wurden wir voneinander getrennt. Anscheinend ist er gleich danach geflohen.«

»Ja.« König Tomas seufzte und schlenderte langsam weiter über den Kiesweg. »Über seine Flucht hat Leannor allerlei reißerische Geschichten gesammelt. Einmal soll er sich sogar in den Eingeweiden eines toten Tiers versteckt haben, um meinen Rittern zu entgehen.« Er schaute über die Schulter. »War es ein Stier, liebste Schwester? Ich vergesse es immer wieder.«

»Ein Brauereipferd, lieber Bruder«, sagte die Prinzessin betont ausdruckslos. Es waren die ersten Worte, die ich sie sprechen hörte. Ihre Hände waren in den Glockenärmeln ihres smaragdgrünen Gewands verborgen, und ihre steife Haltung zeigte, dass ihr dieses seltsame Treffen ebenso suspekt war wie mir.

»Ein Brauereipferd, ja«, wiederholte der König. »Ach, wäre er doch in den Eingeweiden verrottet. Von vertrauenswürdigen Quellen habe ich erfahren, dass er sich derzeit in einer Höhle irgendwo in den Bergen von Althiene versteckt hält. Ich liege dem armen Herzog Guhlton in den Ohren, dass er mehr Truppen hinschicken soll, um den Feigling aufzuspüren, aber das Clan-Land war immer schon schwer zu durchsuchen. Im Großen und Ganzen ist der Prätendent erledigt. Er hat keine Streitmacht mehr, höchstens noch eine Handvoll Anhänger. Eigentlich ist er auch gar kein Prätendent mehr und damit unsere geringste Sorge. Dieses Reich wird noch von vielen weiteren geplagt.«

Die Stimme des Königs klang jetzt bedeutend ernster, und als er verstummte, erwartete er eindeutig eine Antwort. Da Evadine eine rasche Auffassungsgabe besaß, beeilte sie sich, die Stille zu füllen.

»Ich habe heute mein Schwert in Euren Dienst gestellt, Majestät«, sagte sie. »Erteilt mir Eure Befehle, und ich werde mich jeder Bedrohung des Reiches entgegenstellen.«

»Euer Schwert, ja.« Der König nickte und schürzte die Lippen. »Aber wie steht es mit Eurer Kompanie? Wenn man eine derart große Streitmacht noch als Kompanie bezeichnen kann.«

»Mein Schwert und meine Kompanie sind ein und dasselbe, Majestät. Habt keinen Zweifel daran.«

Der König warf erneut seiner Schwester einen Blick zu, diesmal schweigend. Ich sah eine gewisse Genugtuung in seinen hochgezogenen Brauen, bevor er sich wieder Evadine zuwandte.

»Zweifel?« Lachend klopfte er ihr aufs Schulterstück. »Edle Dame, ich muss sagen, dass ich an Eurer Loyalität nie gezweifelt habe, ganz gleich, was für falsche Anschuldigungen über Euch im Umlauf waren. Ihr werdet Euch nicht erinnern, aber als Kinder haben wir einmal zusammen gespielt. Es war ein schöner Sommertag im Palastgarten von Couravel. Damals habt Ihr mit einem kräftigen Jungen und einem anderen, der halb so groß war wie er, Ball gespielt. Leider kann ich mich an ihre Namen nicht mehr erinnern. Jedenfalls gab es Streit, und der große Junge hat Euch umgeschubst. Ihr habt Euch das Knie blutig geschlagen. Ich dachte, Ihr würdet in Tränen ausbrechen, aber stattdessen habt Ihr Euch eine Handvoll Kies geschnappt und ihm den in die Augen geworfen. Danach habt Ihr ihm kräftig in die Eier getreten.«

Er lachte wehmütig, aber Evadine stimmte nicht mit ein, sondern lächelte nur gequält. »Sir Eldurm Gulatte, Majestät«, sagte sie.

Der König verstummte und hob eine Augenbraue. »Hm?«

»Der kräftige Junge«, sagte Evadine. »Sein Name war Sir Eldurm Gulatte, und er war bis vor Kurzem Oberaufseher der Erzminen Eurer Majestät. Während der Hetzjagd nach der Schlacht auf dem Feld der Verräter ist er in einem Fluss ertrunken.«

»Ach ja, natürlich.« König Tomas wirkte betrübt. »Ich erinnere mich, dass mir von seinem Schicksal berichtet wurde. Zweifellos eine traurige Geschichte. In Zeiten des Krieges gibt es viele traurige Geschichten, und ich finde, es ist die Pflicht eines Königs, dafür zu sorgen, dass sich ihre Zahl in Grenzen hält. Für eine Märtyrerin gilt meines Erachtens dasselbe. Ist Frieden nicht das ewige Versprechen der Seraphilen?«

Heutzutage gibt es viele, die König Tomas Algathinet einen harmlosen Narren nennen, einen exzentrischen Feigling, der in eine Position gelangt war, die seine Fähigkeiten weit überstieg, und der deswegen am Ende scheitern musste. In diesem Moment aber hielt ich ihn für den schlausten und gerissensten Menschen, der mir bis dahin begegnet war. Zwar war er tatsächlich zum Scheitern verurteilt; angesichts der Widerstände, mit denen er zu kämpfen hatte, muss jedoch allein schon sein langes Überleben als Triumph betrachtet werden. Könige halten sich nicht nur mithilfe von Furcht oder Loyalität auf dem Thron, sie müssen auch die Kunst beherrschen, Bündnisse zu schmieden und Verpflichtungen zu schaffen. An jenem Tag bewies Tomas ein Händchen für Letzteres. Indem er Evadine als Märtyrerin anerkannte, zwang er die widerwilligen Heuchler des Rates der Eminenzen, seinem Beispiel zu folgen. Und nun forderte er eine Gegenleistung dafür.

»Der Frieden ist ein hohes Gut, Majestät«, sagte Evadine.

»Ja«, seufzte der König. »Warum ist das, was einfach sein müsste, immer so schwierig? Man könnte denken, wer einmal einen Krieg erlebt hat – und welcher Mensch in diesem Reich hat das nicht? –, würde dieses Grauen fortan um jeden Preis vermeiden wollen. Trotzdem folgt auf einen Aufruhr gleich der nächste, diesmal in Alundia.«

Mein Blick ging zu Wilhum, der die Brauen hochzog und sich offenbar im Stillen gratulierte.

»Alundia, Majestät?«, fragte Evadine.

»Ich fürchte, ja.« Tomas verschränkte die Hände auf dem Rücken. Die aufgesetzte Leutseligkeit wich einem ernsten Ausdruck. »Herzog Oberharth wird von Jahr zu Jahr aufsässiger. In seiner Jugend hat er meinem Großvater Schwierigkeiten bereitet und meinem Vater ebenso. Ich selbst habe ihm die Heirat mit der edlen Celynne vermittelt, der schönen Tochter von Herzog Guhlton von Althiene, die eine beachtliche Mitgift mitbrachte und die liebreizendste Person des ganzen Reiches ist. Das Arrangement war damals nicht bloß politischer Natur, Celynne war auch reichlich vernarrt in den Herzog. Ich hoffte, sie könnte mit ihrem ausgeglichenen Gemüt beruhigend auf ihn wirken und ihn dazu bewegen, gerechte Steuern zu erheben und die orthodoxen Gläubigen des Bundes in seinem Herzogtum zu dulden. Während andere im Alter gelassener werden, scheint der Herzog von Alundia aber leider nur umso streitsüchtiger geworden zu sein – den Mühen seiner liebenden Ehefrau, die er nicht verdient hat, zum Trotz. In letzter Zeit hat es ein paar … Vorkommnisse gegeben.«

Evadines Miene wirkte plötzlich hoch konzentriert. Sie kniff die Augen zusammen. »Vorkommnisse, Majestät?«

»Massaker, könnte man sagen«, warf Prinzessin Leannor ein, ehe ihr Bruder antworten konnte. »Orthodoxe Schreine, die niedergebrannt sind. Gläubige, die auf der Flucht vor den Flammen getötet wurden. Vor einem Monat waren die Straßen von Hochsahl rot vom Blut der Anhänger des wahren Glaubens, niedergemetzelt, als sie sich am Festtag von Märtyrer Ihlander versammelt hatten. Von diesen Gräueltaten haben wir erst vor einer Woche erfahren. Wahrgläubige sind über die Grenzen nach Alberis und in die Shavine-Marschen geflohen und haben Geschichten von Mord und Verfolgung mitgebracht.«

»Herzog Oberharth hat das angeordnet?«, fragte Evadine.

»Er bestreitet es«, erwiderte König Tomas. »Seine Briefe sind so kurz wie eh und je, aber er behauptet steif und fest, mit diesen Gräueltaten nichts zu tun zu haben. Wie es aber bei Königen und …«, er nickte mit einem schmalen Lächeln zu seiner Schwester, »… Prinzessinnen so ist, besitzen wir noch andere Quellen, deren Aussagen seine Unschuld in Zweifel ziehen.«

»Aussagen, die bei Gericht verwendet werden könnten?«

»Leider nein. Ich finde sie dennoch glaubwürdig. Der Herzog von

Alundia mag aufbrausend sein, aber dumm ist er nicht. Wir hören zwar Geschichten über herzogliches Gold, das in dunklen Ecken den Besitzer wechselt, um üble Taten und das Verbreiten von falschen Gerüchten zu bezahlen, etwas Derartiges aber in einem fairen Prozess zu beweisen, wäre ein Ding der Unmöglichkeit. Eine offizielle Anklage würde Oberharth zudem den Vorwand liefern, den er braucht, um sein Herzogtum für unabhängig zu erklären. Ich glaube, hier ist ein klares, aber zurückhaltendes Vorgehen angebracht.«

Der König verstummte wieder und straffte sich, um etwas förmlicher weiterzusprechen. »Evadine Courlain, da Ihr Euer Schwert in meinen Dienst gestellt habt, gebe ich Euch folgenden Auftrag: Marschiert zur Burg Walvern und haltet sie in meinem Namen.«

Ich sah, wie Wilhum erstarrte und Evadine einen warnenden Blick zuwarf, offenbar in der Hoffnung, dass sie in seine Richtung schauen würde. Der Name Burg Walvern sagte mir nichts, ihm hingegen anscheinend eine ganze Menge. Evadines Aufmerksamkeit blieb jedoch auf den König gerichtet. Ich habe mich oft gefragt, ob sich die Ereignisse dieser Erzählung womöglich anders entwickelt hätten, wenn Evadine in diesem Moment innegehalten und Wilhums warnenden Blick bemerkt hätte. Allerdings waren wir nun beim Kernpunkt der Sache angelangt. Dies war der Preis, den der König verlangte. Evadine hatte es vorher gewusst, und sie hatte sich offenbar bereits damit abgefunden, ihn zu bezahlen, um zu verhindern, dass im Reich ein Bürgerkrieg ausbrach. Zudem kam ich nicht umhin, Tomas' Klugheit zu bewundern, der ihr eine derart verlockende Aufgabe gestellt hatte. Zwar sollte Evadine Courlain den Bund der Märtyrer für immer verändern, allerdings darf nicht vergessen werden, dass sich ihre Radikalität allein darauf beschränkte, dass sie sich selbst für eine Märtyrerin hielt. Davon abgesehen war ihr Glaube so orthodox und traditionell wie der jedes alten, engstirnigen Klerikers.

Statt also nachzudenken oder sich mit ihren treuen Kameraden zu beraten, beugte Evadine zum zweiten Mal an diesem Tag das Knie und neigte den Kopf. »Wie Ihr befehlt, Majestät.«

»Ausgezeichnet«, sagte der König, legte eine Hand auf ihren Kopf und trat dann zurück. »Erhebt Euch, edle Evadine, und führt den Auftrag Eures Königs aus.«

»Verzeihung, Majestät«, sagte Evadine und stand auf, »aber für einen derart langen Marsch muss meine Kompanie neu formiert und mit Proviant versorgt werden. Viele meiner Leute besitzen keine richtigen Waffen und nur wenige eine Ausbildung …«

Sie verstummte, als Prinzessin Leannor vortrat und ihr eine Schriftrolle reichte. Sie trug ein großes Wachssiegel und wurde von einer Schleife aus feiner goldener Seide zusammengehalten.

»Ich überreiche Euch einen Erlass des Königs«, sagte die Prinzessin. »Er befiehlt allen Untertanen seines Reiches, Euch jede Unterstützung zukommen zu lassen, die Ihr für die Erfüllung Eures Auftrags benötigt. Alle Güter müssen Euch kostenlos ausgehändigt werden. Jeder Kaufmann oder Händler, der sich diesem Befehl verweigert, wird hingerichtet. Was die Neuformierung betrifft …«, die Prinzessin tauschte einen kurzen Blick mit ihrem Bruder, »… Seine Majestät gesteht Euch gern einen Aufschub von einer Woche zu. Und hinsichtlich der Ausbildung … Soweit ich weiß, können Soldaten auch unterwegs auf dem Marsch ausgebildet werden. Oder irre ich mich da?«

»Nein, Eure Majestät.« Evadine lächelte gezwungen, während sie die versiegelte Schriftrolle in Empfang nahm. Ich wusste, dass sie den Wert des Schriftstücks ebenso gut einschätzen konnte wie ich. Worte auf Papier, selbst die eines Königs, können niemals echte Münzen ersetzen. Evadine hatte sich gerade dazu verpflichtet, mit ihrer Kompanie in ein feindliches Herzogtum einzumarschieren, und das ohne Kriegskasse oder ausreichende Vorräte. Die Treue ihrer Anhänger würde auf eine harte Probe gestellt werden.

»Also gut«, sagte der König, drehte sich um und ging in Richtung des Schreins weiter. »Keine Sorge, Ihr werdet Unterstützung erhalten. Burg Walvern ist seit Langem unbewohnt. Sie einzunehmen erfordert also kein Blutvergießen. Während Ihr die Burg besetzt haltet, werde ich ein Heer aufstellen. Bezahlte Soldaten diesmal. Keine unwissenden, ängstlichen Bauern, die unter Zwang für mich kämpfen. Das hat sich schon in der Schlacht gegen den Prätendenten als unzureichend erwiesen. Sobald meine Streitmacht versammelt ist, werde ich damit zur Nordostgrenze von Oberharths Herzogtum marschieren. Nach meiner bisherigen Erfahrung sollte das reichen, um ihn dazu zu bringen, seinen Treueschwur zu erneuern und wirksame Maßnahmen zu ergreifen, um den Aufruhr in seinem Herzogtum zu beenden. Ich bezweifle, dass der Herzog so töricht sein wird, Euch in der Zwischenzeit anzugreifen. Aber er ist ein hinterhältiger Geselle, also rechnet mit allem möglichen Ungemach. Wenn die Seraphilen es wollen, könnte sich diese Krise sogar ganz ohne einen Krieg beenden lassen. Wäre das nicht erfrischend?«

»Das wäre es in der Tat, Majestät«, erwiderte Evadine. »Allerdings habe ich den Eindruck, dass das Beenden dieser Krise gleich die nächste nach sich ziehen könnte. Der Aufruhr in Alundia hat vor allem eine Ursache: die Ketzerei, die dort schon viel zu lange geduldet wird. Um eine Wiederkehr dieses Übels zu verhindern, würde ich eine endgültigere Lösung vorschlagen.«

»Verstehe.« Ich sah, wie Tomas und Prinzessin Leannor einen weiteren Blick austauschten. Ihre Mienen blieben ausdruckslos, aber die steife Haltung der Prinzessin wirkte warnend. »Und was schwebt Euch da vor?«

»Anstatt die Grenze von Alundia nur zu bedrohen, könntet Ihr sie überschreiten«, sagte Evadine. »Und nicht bloß Soldaten, sondern auch Missionare mitbringen. Die korrupten, unorthodoxen Lehren von Alundia müssen ausgemerzt werden. So wie man kranke Äste wegschneidet, damit ein Baum wachsen kann.«

»Ihr wollt, dass ich zu einem Kreuzzug aufbreche?«, fragte der König. »Mit all dem Feuer und Gemetzel, das damit verbunden wäre?«

»Ein Kreuzzug muss nicht zu Feuer und Gemetzel führen. Nicht, wenn wir im Namen der Erlösung marschieren. In ihrer Weisheit und Güte haben die Seraphilen mir eine Stimme geschenkt, die auch zu all jenen durchdringt, die bislang für die Wahrheit des Bundes taub waren. Mit Eurer Erlaubnis könnte ich ganz Alundia dazu bringen, mir zuzuhören. Und wenn die Menschen dort erst ihre Herzen geöffnet haben, werden sie ihrer Ketzerei schon bald abschwören.«

Dass König Tomas kein Narr war, zeigte sich in dem beunruhigten Ausdruck, der auf seinem Gesicht erschien. Womöglich waren er und seine Schwester bis zu diesem Moment der falschen Annahme erlegen, Evadine wäre ebenso zynisch und intrigant wie sie. Wenn ja, dann wurde er jetzt unangenehm mit der Wahrheit ihres religiösen Eifers konfrontiert. Diese Frau glaubte ganz offensichtlich an ihre eigene Legende.

»Selbstverständlich sind wir uns einig, was die … Gefahr der alundischen Ketzerei betrifft.« Tomas lächelte, doch sein Tonfall klang vorsichtig. »Ihr werdet aber sicher verstehen, dass ein König nicht gern Krieg gegen seine eigenen Untertanen führt. Und zum Krieg würde es kommen, wenn ich Euren Vorschlag annähme, edle Evadine. Daran besteht kein Zweifel. Ich habe vollstes Vertrauen in Eure Fähigkeiten, aber Ihr könnt nicht von heute auf morgen ein ganzes Herzogtum bekehren. Und nur so ließen sich Feuer und Gemetzel, die wir gewiss beide fürchten, verhindern. Nein.« Er legte ihr wieder die Hand auf die gepanzerte Schulter, aber diesmal war sein Griff fester. »Ihr werdet zur Burg Walvern marschieren und dort meine Flagge auf den mächtigen Mauern hissen. Und jetzt …«, er lenkte Evadine zurück zum Schrein, »… haben wir unseren Freunden, den Klerikern, meines Erachtens genug Zeit gegeben, um ihre Verlautbarung zu formulieren. Ich jedenfalls freue mich sehr, Eurer Anerkennung auf den Stufen des Schreins beizuwohnen und Euch dabei an meiner Seite zu wissen.«

Fünftes Kapitel

»Diese Burg ist eine verfluchte Ruine, Evie!«

Für gewöhnlich besaß Wilhum ein ausgeglichenes Temperament und geriet nur selten in Zorn. An diesem Abend jedoch kochte er förmlich vor Wut. Sein hübsches Gesicht war gerötet, der Mund fest zusammengepresst. Mit dem Finger stach er auf die Karte ein, die ausgebreitet auf dem Tisch lag. »Der König hat von mächtigen Mauern gesprochen, aber es wird schwer sein, welche zu finden, die überhaupt noch intakt sind. Die Burg Walvern hat schon öfter den Besitzer gewechselt als die billigste Hure von Couravel ihre Kunden.«

»Wil«, ermahnte ihn Evadine, worauf der ehemalige Ritter seufzend zurücktrat, den Kopf neigte und die Arme vor der Brust verschränkte.

Evadine hatte Wilhum, Swain und mich in ihre Gemächer gerufen. Sie befanden sich in einem schlichten Gebäude am Rand des weitläufigen Anwesens, das den Schrein von Märtyrer Athil umgab. Es war einst ein Lagerhaus und die Wohnstätte von Gärtnern und Bediensteten gewesen, von denen viele in den Militärdienst gepresst worden waren, als König Tomas auf dem Weg zur Schlacht gegen den

Prätendenten durch Athiltor marschiert war. Ein großer Teil dieser bedauernswerten Leute war nicht mehr zurückgekehrt, weshalb ihre ehemaligen Wohnungen leer standen. Zwar waren die Zimmer nicht gerade luxuriös, es gab jedoch Öfen und ein regendichtes Dach, was den Aufenthalt hier bedeutend angenehmer machte, als in Zelten auf dem gefrorenen Boden zu schlafen.

Die meisten von Evadines Anhängern blieben in einem behelfsmäßig eingerichteten Lager vor der Stadt. Auf die Anerkennung der Gesegneten – in lautem, aber monotonem Singsang von Durehl vorgetragen – folgte eine ausgelassene Feier, die die Gläubigen offenbar immun gegen die Kälte machte. Bevor Evadine unser Treffen einberufen hatte, war sie durch das Lager gegangen und hatte eine Predigt gehalten, der es auffällig an Begeisterung mangelte. Den Jubel ihrer Anhänger nahm sie mit bescheidener Dankbarkeit entgegen. Danach zitierte sie ein paar Stellen aus den heiligen Schriften, worauf die Menge in ohrenbetäubenden Beifall ausbrach. Als der Tumult sich endlich gelegt hatte, verkündete die neu anerkannte Märtyrerin in einer – mit meiner Hilfe, wie ich hinzufügen möchte – sorgsam formulierten Rede, dass nun alle nach Hause gehen sollten.

»Wir haben gemeinsam Großartiges erreicht«, sagte sie und breitete die Arme aus, als wollte sie die Zuhörer umarmen. »Und ihr sollt wissen, dass ihr viel getan habt, um die zweite große Plage abzuwenden. Jetzt aber muss ich euch bitten: Kehrt nach Hause zu euren Familien zurück. Mit der Zeit werden uns noch weitere Aufgaben erwarten, aber diese hier ist vollbracht. Ich flehe euch daher an, liebe Freunde, geht nach Hause und wartet auf mein Wort.«

Die Antwort war noch mehr Jubel, wenn auch begleitet von verwirrtem oder gar gekränktem Gemurmel. In die Kompanie waren nur die Gesündesten und Fähigsten aufgenommen worden. Die Abgelehnten hingegen erwartete eine Zukunft ohne ihre geliebte Märtyrerin. Ob Evadines Worte die gewünschte Wirkung haben würden, blieb abzuwarten. Ich konnte mir jedoch denken, dass am kommenden Morgen das Lager der Gläubigen kaum geschrumpft sein würde.

»Was ist so schlimm an dieser Burg?«, fragte ich jetzt Wilhum, der mit finsterer Miene die Karte betrachtete. »Abgesehen vom Zustand ihrer Mauern?«

Die Karte stammte aus den Archiven des Bundes und war um einiges zuverlässiger als die oft recht fantasievollen Zeichnungen der königlichen Kartografen. Mit seinen Aufzeichnungen nahm es der Bund äußerst genau. Immerhin gehörte ihm mehr als die Hälfte des gesamten Königreichs – da war nichts anderes zu erwarten. Die Besitztümer der Krone, etwa Burg Walvern, waren auf der Karte ebenfalls eingetragen, ihr Hauptzweck bestand jedoch darin, die Ländereien des Bundes in den Grenzregionen zwischen Alundia, den Shavine-Marschen und Alberis abzubilden. Alles war gründlich beschriftet und im korrekten Maßstab eingezeichnet. Darüber hinaus waren auch die wichtigsten Pilgerwege zwischen den verschiedenen Schreinen zu sehen, die meist über befestigte Straßen verliefen. Es gab jedoch auch einige Trampelpfade, die außer den Bewohnern einer Gegend sonst niemandem bekannt waren.

»Es ist eine Festung, die nie hätte gebaut werden dürfen«, erwiderte Wilhum und deutete auf die Burg Walvern. Ihr Standort war mit dem Symbol einer Festung versehen, darunter hatte ein beflissener Schreiber das Wort »verlassen« hinzugefügt. Die Burg befand sich in einer Flussbiegung etwa zehn Meilen südwestlich der Grenzlinie zwischen den drei Herzogtümern, und zwar auf alundischem Gebiet.

»König Tomas' Urgroßvater glaubte, eine Burg zu brauchen, um diesen Teil der Grenze überwachen zu können«, fuhr Wilhum fort, »aber seine Bauleute haben dafür den denkbar ungeeignetsten Platz gewählt. Der Hügel, auf dem die Burg steht, und der Krähenfluss, der um drei ihrer Seiten verläuft, bieten nur einen Anschein von Sicherheit.« Er fuhr mit dem Finger über die entsprechenden Stellen auf der Karte. »Der Krähenfluss hat lediglich einen Monat im Jahr den vollen Wasserstand. Die restliche Zeit über kann man ihn an mehreren Stellen leicht durchwaten. Außerdem sind die Hügel im Süden und Osten so hoch, dass sie das Anrücken eines feindlichen Heeres verbergen, bis es fast in Schussweite der Mauern ist. Dort lassen sich auch hervorragend Belagerungsmaschinen platzieren. Als die Burg das letzte Mal eingenommen wurde, hat sich der damalige Herzog von Alundia nicht mal die Mühe gemacht, sie zu stürmen. Er ließ einfach mit Belagerungsgerät drei Breschen in die Mauern schlagen und wartete dann ab, bis die Verteidiger sich von selbst ergaben, was sie klugerweise auch taten. Das war vor fast einhundert Jahren. Seither war kein Monarch von Albermaine mehr so töricht, in der Burg eine Garnison einzurichten.«

»Breschen lassen sich reparieren«, sagte Evadine. »Und die Zugänge zur Burg können von berittenen Patrouillen überwacht werden.«

»Berittene Patrouillen?« Wilhum lachte freudlos. »Neben dem Schreiber und mir gibt es in dieser Kompanie kaum ein Dutzend Leute, die überhaupt reiten können.«

»Dann such noch mehr oder bring es denen bei, die es lernen wollen. Im Kampf zu Pferd kannst du sie dann auch noch gleich unterweisen, ich habe nämlich das Gefühl, dass wir Soldaten mit solchen Fähigkeiten bald brauchen werden.«

»Das wird Monate dauern.« Wilhum nickte zu mir hin. »Der da kann sich gerade mal so im vollen Galopp im Sattel halten.«

»Dann kann er dir ja beim Unterricht helfen. Eines sag ich dir, Wil.« Evadine musterte ihn unnachgiebig. »Wir sollen diese Burg halten, und das werden wir, komme, was wolle.« Sie sah ihm noch einen Moment in die Augen, bis er mit verkniffener Miene nickte. »Hauptmann Swain«, wandte sie sich an den kürzlich beförderten ehemaligen Feldwebel. »Wie geht es mit den neuen Rekruten voran?«

Es dauerte einen Moment, bis Swain antwortete. Er rieb sich mit der Hand über die Haarstoppeln auf seinem vernarbten Schädel, wobei er es eindeutig vermied, die Karte zu lange zu betrachten. Anscheinend gefiel ihm unser Auftrag ebenso wenig wie Wilhum, in Evadines Gegenwart hielt er sich aber wie stets mit seiner Meinung zurück. »An Eifer mangelt es ihnen nicht, Feldherrin«, sagte er. »Sie sind unbeholfen, begriffsstutzig und kaum fähig, eine gerade Reihe zu bilden, aber eifrig, das sind sie.«

»Du hast nur noch eine Woche, bevor wir aufbrechen, also mach ihnen ordentlich Druck«, wies Evadine ihn an. »Mehr noch als damals Meister Scribe und seinen Gefährten aus Callintor. Sag ihnen außerdem, dass jeder, der das Heer verlassen will, dies ohne Furcht vor Strafe oder Schande tun darf. Ich halte es für das Beste, wenn wir alle, die es nicht schaffen werden, noch vor dem Marsch aussortieren.«

Sie warf noch einmal einen kurzen Blick auf die Karte und bedeutete mir dann, sie einzurollen. »Behalte sie stets bei dir«, trug sie mir auf. »Und studiere sie genau. Besonders die Pilgerwege.«

»Das werde ich, Feldherrin«, versicherte ich ihr und nahm die Karte entgegen.

Seufzend fuhr sie sich durchs Haar und unterdrückte ein Gähnen. »Wir sollten besser die Berichte und Protokolle durchgehen, solange ich noch meine Augen offen halten kann. Wil, Hauptmann, ruht euch aus. Lasst die Kompanie morgen in voller Ausrüstung zur Inspektion antreten. Alle, die einen schlampigen Eindruck machen, werden entlassen. Am besten beginnen wir sofort mit dem Aussortieren.«

Nachdem Wilhum und Swain salutiert und den Raum verlassen hatten, setzte sich Evadine in einen Stuhl am Ofen, legte sich einen Umhang um die Schultern und bedeutete mir, ihr gegenüber Platz zu nehmen. »Du wirst feststellen, dass sich Ayins Schrift deutlich verbessert hat«, sagte ich und reichte ihr das in Leder gebundene dicke Kompaniebuch. »Ihre Buchstaben werden mit jedem Tag schwungvoller.«

»So hatte ich es nicht in Erinnerung«, sagte sie, ohne das Buch entgegenzunehmen. Als sie meinen verwirrten Blick sah, sprach sie weiter. »Die Geschichte, die du dem Rat erzählt hast. Wenn ich mich recht entsinne, lagst du bereits bewusstlos auf dem Boden, als ich nach meiner Heilung durch die Seraphile aufgewacht bin. Ich kann mich nicht erinnern, dass du in Ohnmacht gefallen wärst.«

»Ein bisschen Farbe tut jeder Geschichte gut.« Da ihr Blick immer noch skeptisch war, fügte ich achselzuckend hinzu: »In dem Saal heute waren lauter Lügner. Ich war sicher nicht der schlimmste von ihnen.«

Blinzelnd betrachtete sie das Kompaniebuch, das ich ihr hinhielt.

»Damit ist gewiss alles in bester Ordnung«, sagte sie lächelnd. »Du weißt, dass ich dich nicht gebeten habe hierzubleiben, um mit dir Zahlen und Einträge durchzugehen, Alwyn.«

Meine Gesichtszüge erstarrten, als ich das Buch zögernd auf meine Knie legte. Ich trommelte mit den Fingern auf den Einband, während ich über eine passende Antwort nachdachte. So war es schon seit meinem Erwachen im Wald gewesen. Wenn wir allein waren, legte sie jede Förmlichkeit ab und suchte meinen ehrlichen Rat.

»Sag mir einfach, was du denkst«, ermunterte sie mich, als sie mein Zögern bemerkte. »Auch wenn es unschön und schwer zu verdauen ist.«

»Es ist eine Falle«, sagte ich. »Eine Falle des Königs. Ich kann mir nur einen Grund vorstellen, warum er dir den Auftrag gibt, eine Garnison in einer Burg einzurichten, die nicht zu halten ist. Er hofft, dass Oberharth oder die Bande ketzerischer Fanatiker, die in seinem Herzogtum ihr Unwesen treiben, das für ihn erledigen, was er selbst nicht tun kann. Außerdem würde ich vermuten, dass es ihm nur deshalb gelungen ist, den Rat der Eminenzen davon zu überzeugen, dich anzuerkennen, weil er ihnen versprochen hat, dass die Wiederauferstandene bald wieder ins Grab zurückkehren wird.«

»Sie hassen mich«, murmelte Evadine traurig. »Das spüre ich deutlich. Es ist … entmutigend, dass Leute, die ihr Leben in den Dienst des Bundes gestellt haben, auf einen unleugbaren Beweis für ihren Glauben derart engstirnig reagieren.«

Ich konnte ein kurzes, bitteres Auflachen nicht unterdrücken. »Seit wann geht es beim Bund um den Glauben?«

Auf ihren tadelnden Blick fügte ich hinzu: »Du hast mich gebeten, offen zu sprechen. Das tue ich. Und ich lasse mich von dem leiten, was Aszendentin Sihlda mir berichtet hat, die vermutlich die letzte echte Gläubige unter den hohen Klerikern war. Sie sagte, der Bund hätte als Vereinigung von Gläubigen angefangen, die sich zusammenschlossen, um der Verfolgung zu entgehen. Heute aber ist er vor allem eine Bastion der Reichen und Mächtigen. Das hier …«, ich hielt die eingerollte

Karte hoch, die sie mir anvertraut hatte, »… ist nur ein Bruchteil der Ländereien des Bundes. Mit seinen strengen Gesetzen, seinem Landbesitz und seinem Reichtum beherrscht er das Leben von Millionen von Menschen und zwingt selbst Könige zum Gehorsam. All das beruht auf dem Glauben an die Märtyrer, und genau das ist auch das Geniale daran. Ein Märtyrer ist, per definitionem, tot. Die Märtyrer sind Legenden, Helden und Heldinnen, mythische Gestalten, die den Worten, die die Kleriker in ihrem Namen predigen, nicht mehr widersprechen können. Mit toten Märtyrern kennt sich der Bund also aus. Eine lebende Märtyrerin ist jedoch etwas ganz anderes. Kein Wunder, dass sie dich fürchten und hassen.«

»Was also soll ich deiner Meinung nach tun? Den König abweisen? Meinen Treueschwur ihm gegenüber brechen, mit allem Aufruhr, den dies mit sich brächte?«

»Nein. Die Falle ist zu gut durchdacht, als dass du dich ihr entziehen könntest. Und ich will genauso wenig wie du, dass in diesem Reich ein Bürgerkrieg ausbricht. Aber bis nach Alundia ist es ein weiter Weg, und wer weiß, was wir bei unserer Ankunft dort vorfinden werden. Ich bin zwar kein Gesetzloser mehr, aber ich denke immer noch wie einer. Wenn in Alundia wirklich Unruhen herrschen, dann ist das für uns natürlich eine Gefahr. Es kann jedoch auch eine Gelegenheit sein. Nach Olversahl hat man dich ebenfalls geschickt, damit du dort umkommst, erinnerst du dich? Du hast ihnen damals einen Strich durch die Rechnung gemacht, und du wirst es jetzt wieder tun. Was die Burgruine betrifft: Du hast versprochen, sie im Namen des Königs zu halten. Aber wer sagt, auf welche Weise? Zehn Soldaten sind auch eine Garnison des Königs, solange seine Flagge über den Mauern weht. Ist das geschafft, kann die Kompanie marschieren, wohin immer du willst.«

»Vorausgesetzt, wir können sie für den Marsch verpflegen.«

»Der Erlass des Königs besteht zwar nur auf dem Papier, aber er wird uns trotzdem nützlich sein. Wenn du willst, kümmere ich mich darum, den nötigen Proviant zu beschaffen.«

Ihre Augen verengten sich. Obwohl sie meinen Rat eindeutig zu schätzen wusste, hatte ich nun mal eine gewisse Vergangenheit. Vermutlich war es nicht klug, einem Verbrecher wie mir einfach zu vertrauen. »Ich will nicht sehen, dass deine Geldbörse im Verlauf unseres Marsches fett wird, Meister Scribe.«

Ich neigte mit reumütigem Grinsen den Kopf. »Wenn du mich besser kennen würdest, würdest du dir darüber keine Sorgen machen. Meine Geldbörse konnte Münzen noch nie lange genug festhalten, um fett zu werden.«

»Also gut. Aber sorge dafür, dass alle Geschäfte ordnungsgemäß aufgezeichnet werden. Und sei dir sicher, dass ich die Zahlen überprüfen werde.«

»Ich habe nichts anderes erwartet.« Ich stand auf und salutierte, worauf sie ärgerlich das Gesicht verzog. Sie konnte es nicht leiden, wenn ich mich ihr gegenüber förmlich gab. »Mit deiner Erlaubnis«, sagte ich und ging zur Tür.

»Es ist keine Falle, Alwyn«, sagte sie. Ich verharrte mit der Hand auf der Türklinke.

»Nicht?«, fragte ich und drehte mich zu ihr um. Sie starrte in die Flammen des eisernen Ofens.

»Du siehst eine Falle, ich sehe eine Tür«, sagte sie. »Eine … Pforte, könnte man sagen. Durch diese Pforte wird es all diejenigen ziehen, denen die Wahrheit des Bundes bislang verwehrt war, ob sie nun wollen oder nicht. Der König hat mir, ohne es zu wissen, ein Geschenk gemacht. Sogar das größte Geschenk überhaupt.« Sie verstummte und zog den Umhang fester um sich. Mir war aufgefallen, dass sie seit ihrer Heilung tagsüber zwar frisch und tatkräftig wirkte, bei Anbruch der Nacht aber spürte sie die Kälte offenbar stärker als andere Leute. »In Alundia«, murmelte sie. »Dort wird er anfangen, Alwyn. Der Kreuzzug, der uns alle retten wird.«

Den nächsten Morgen verbrachte ich damit, Wilhum beim Ausbilden der Rekruten zu helfen, die als Berittene Garde der Gesegneten dienen sollten, ein großspuriger Titel, der für unsere Schützlinge deutlich zu hoch gegriffen war. Es waren insgesamt zwanzig – dreizehn Männer und sieben Frauen. Die meisten waren jung und zählten noch keine zwanzig Sommer, mit Ausnahme zweier kräftiger Männer. Steinhauer war, wie sein Name vermuten ließ, ein fahrender Handwerker, der durch das jahrelange Umherreisen mit Pferden wohl vertraut war. Er besaß zwar vor allem Erfahrung als Karrenlenker, hielt sich aber ohne Schwierigkeiten im Sattel und hatte eine beruhigende Wirkung auf Pferde, was auch bitter nötig war.

Estrik war ähnlich breitschultrig und kräftig wie Steinhauer, von dessen Gelassenheit aber weit entfernt. Er war schon seit seiner Kindheit Soldat und hatte für einen niederen Adligen in Cordwain als berittener Kämpfer gedient. Wie bei einem Berufssoldaten zu erwarten, besaß er eine gewisse Härte. Sein Tonfall war barsch und das grobe Gesicht von Narben übersät. Die Mischung aus Religiosität und Brutalität, die ihm zu eigen war, erinnerte mich an Brauer, nur dass er weniger wortgewandt war als mein toter Freund. In der Öffentlichkeit hatte Brauer sich zwar nie sonderlich gut ausdrücken können, waren wir jedoch unter uns, hatte er seine Gedanken stets mit beeindruckender Klarheit dargelegt. Ich bezweifelte, dass Estrik überhaupt je die Notwendigkeit verspürt hatte, seinen Glauben in Worte zu fassen, nicht einmal sich selbst gegenüber. Das bedeutete jedoch nicht, dass dieser nicht tief empfunden war. Er gehörte zu den Ersten, die bei unserem Lager im Shavine aufgetaucht waren. Er hatte die Geschichte der Wiederauferstandenen gehört und war daraufhin über hundert Meilen zu Fuß gegangen, um uns zu finden. Nach seiner Ankunft war er vor Evadine auf die Knie gesunken und hatte ihr in ersticktem Flüsterton seine Dienste angeboten. Als sie sie angenommen hatte, war er in Tränen ausgebrochen.

In der Kunst des Schwertkampfes war ich inzwischen so gut bewandert, dass ich den unerfahrenen Rekruten die Grundlagen beibringen konnte. Meine anderen, weniger ritterlichen Fähigkeiten hielt ich jedoch immer noch für nützlicher. »Es gibt mehrere Adern, die, wenn man sie trifft, einen Gegner innerhalb weniger Sekunden verbluten lassen«, erklärte ich meinen versammelten Schülern und hielt dabei Eamond am Kinn fest. Ich hatte ihn angewiesen, sich mit einem in der Hülle steckenden Dolch auf mich zu stürzen, was er auch tat, und zwar genauso unbeholfen, wie ich erwartet hatte. In kürzester Zeit gelang es mir, ihn zu entwaffnen und auf die Knie zu zwingen.

»Sie in der Hitze des Kampfes zu finden, ist aber nicht ganz leicht. Deshalb macht euch die Sache immer so einfach wie möglich. Als Erstes ein Betäubungsschlag, damit er kurz stillhält.« Ich schlug mit dem Knauf des Dolchs gegen Eamonds Schläfe – nicht so hart, wie ich es in einem echten Kampf getan hätte, aber fest genug, dass er leicht benommen war. »Dann der Schnitt.« Ich drückte die verhüllte Klinge des Dolchs auf die Haut unter Eamonds linkem Ohr. »Nicht nur anritzen«, der arme Novize würgte, als ich mit dem Dolch fest zudrückte, »sondern tief schneiden. Wenn ihr das Blut auf der Hand spürt, führt ihr ihn so herum.« Ich zog den Dolch über Eamonds Kehle, die Hülle hinterließ einen roten Abdruck auf seiner Haut. »Reißt den Kopf nach hinten, damit das Blut gut herausströmen kann. Dann langsam bis drei zählen, und er ist erledigt.«

Ich stieß mit dem Knie in Eamonds Rücken, und er fiel auf den Boden. Er keuchte laut, als seine Wange auf der frostharten Erde aufkam. Ich ließ ihn einen Moment lang zu Atem kommen, bevor ich mit der Stiefelspitze seinen Hintern anstieß. »Los, hoch mit dir, Soldat. Ich habe noch sechs weitere Arten, wie ich dich vor dem Mittagessen umbringen will.«

Man muss Eamond zugutehalten: Er war kein Jammerlappen, und er machte sich auch nichts aus ein paar Blutergüssen bei der Ausbildung. Wie die anderen Rekruten der Berittenen Garde war er der Gesegneten zutiefst ergeben. Wenn er Schmerzen leiden musste, um ihr dienen zu können, so zahlte er diesen Preis gern. Außerdem besaß er eine rasche Auffassungsgabe und befolgte meine Anweisungen, ohne dass ich sie wiederholen musste. Davon abgesehen war sein Leben vor dem Eintritt in die Kompanie aber offenbar frei von Gefahren gewesen, die nach meiner Erfahrung stets die besten Lehrmeister sind.

»Zu langsam«, sagte ich, als ich seinem Hieb auswich und ihm mit der flachen Seite meiner hölzernen Klinge auf den Oberschenkel schlug. Nach einer Stunde mit dem Dolch waren wir zu Schwertern gewechselt, worauf der Mangel an kämpferischen Fähigkeiten bei den Rekruten ziemlich offensichtlich wurde. »Und greif nicht meine Klinge an, sondern mich.«

Wie beim Dolch hatte Eamond auch beim Schwert recht schnell den richtigen Griff gelernt und konnte die wichtigsten Schläge und Paraden gut nachmachen. Sobald es jedoch zum Kampf kam, wirkte er wie ein Kind, das stolpernd Tanzschritte vorführte. Seine Bewegungen waren ruckartig und zögerlich.

»Du warst noch nie in einem echten Kampf, oder?« Ich wehrte einen lahmen Schlag von oben ab und schubste ihn weg.

»Ehrlich gesagt, nein, Meister Scribe«, sagte er und wischte sich den Schweiß von der Stirn.

»Es hat doch etwas für sich, wenn einen schon in der Kindheit alle möglichen Leute umbringen wollten.« Ich machte mit dem Holzschwert eine Finte in Richtung seines Kopfes und schlug es ihm dann gegen das Schienbein. »Bereitet einen auf die Entbehrungen des Lebens vor, meinst du nicht auch?«

»Eine … kluge Beobachtung«, keuchte er und humpelte ein paar Schritte zurück, »da bin ich mir sicher.«

»Dann bin ich ja froh, dass wir einer Meinung sind.« Ich hielt inne, warf die Eschenholzklinge beiseite und zog stattdessen den Dolch aus dem Gürtel. Eamond riss die Augen auf, als ich damit auf ihn zukam, aber wieder muss ich zu seiner Ehre sagen, dass er nicht die Flucht ergriff. »Triff mich mit dem Schwert«, sagte ich, »oder ich stech dich.«

»Meister Scri…?«, setzte er an, zuckte jedoch erschrocken zurück, als ich ihm mit dem Dolch einen kleinen Schnitt unter dem Auge zufügte.

»Das war nur ein Kitzeln.« Ich nahm Kampfhaltung ein und umkreiste ihn mit dem Dolch. »Der nächste Stich wird es nicht sein.«

Wieder stach ich, ohne zu zögern, nach seinem Gesicht. Wie es bei echten Gefahren stets der Fall ist, reagierte Eamond schnell, warf sich zur Seite herum und riss das Schwert hoch, um den Dolch abzuwehren. Ich fand es beeindruckend, ebenso wie die Tatsache, dass er immer noch nicht weggelaufen war.

»Triff mich mit dem Schwert«, sagte ich erneut und ging dieses Mal tiefer, um die Schneide des Dolchs über seinen Bauch zu ziehen. Eamond stolperte rückwärts, aber zu langsam – der Angriff hinterließ einen Schnitt in seinem Wams. Er schlug mit dem Schwert geradewegs nach meinem Kopf, doch wieder war er zu langsam. Ich drehte den Kopf, um dem Schlag auszuweichen, und ritzte ihm den Oberarm. Die Klinge schnitt durch die Wolle seines Hemds und hinterließ eine flache Wunde auf seiner Haut. Wie ich des Öfteren feststellen konnte, hat Schmerz eine unvorhersehbare Wirkung. Manche schrecken davor zurück, andere erstarren vor Entsetzen. Und wieder andere, wie Eamond, reagieren mit Wut und neu erwachter Kraft und Schnelligkeit.

Ein lautes Krachen ertönte, als sein Holzschwert auf meinen Schädel niedersauste. Einen Moment lang sah ich Sterne, und das Pochen, das ich am Morgen mit einem kräftigen Schluck von Delrics Wunderelixier betäubt hatte, meldete sich mit voller Wucht zurück. Wieder einmal zeigte sich, dass es nicht ratsam war, einen Gegner zu unterschätzen.

»Meister Scribe?«

Ich blinzelte, bis mein Blick wieder klar wurde. Eamond schaute mich besorgt an. Es zeugte von Verstand, dass er sich aus der Reichweite meines Dolches zurückgezogen hatte. Hinter ihm hatten die anderen Rekruten in ihren Übungen innegehalten, um meiner Demütigung zuzuschauen.

Ich unterdrückte ein Stöhnen und widerstand dem Drang, mir den Kopf zu reiben. Stattdessen zwang ich mich zu einem Lächeln. »Gut gemacht«, sagte ich zu Eamond und steckte den Dolch in die Scheide. Laut wandte ich mich an die anderen. »Das reicht erst mal. Holt euch was zu essen und dann meldet euch bei Leutnant Dornmahl zum Reitunterricht. Mal schauen, ob ihr einen Trab hinbekommt, ohne auf den Arsch zu fallen.«

Gehorsam liefen sie davon, bis auf Eamond, der immer noch besorgt aussah. »Seid Ihr sicher, dass es Euch gut geht?«, fragte er.

Die Zurechtweisung, die ich knurren wollte, wurde von Ayin unterbrochen, die in diesem Moment fröhlich lächelnd auf uns zutrat. »Du hast ihm ja ordentlich eins übergebraten«, gratulierte sie Eamond. Sie hatte es sich zur Gewohnheit gemacht, bei den Übungen zuzuschauen und mit der Schreibfeder eifrig das Geschehen in immer gewandteren Formulierungen festzuhalten. Auf mein Stirnrunzeln hin zog sie einen Schmollmund und hakte sich kichernd bei mir ein. »Komm. Es ist Essenszeit. Wir haben eine neue Köchin aus der Küche des Schreins. Sie ist nicht so gut wie ich, aber auch nicht schlecht. Ich hab gehört, es gibt Pastete.«

»Geh schon mal ohne mich vor«, sagte ich und blinzelte, als es erneut heftig in meinem Schädel hämmerte, sodass ich mich schon fragte, ob der Kopf eines Menschen von innen heraus platzen konnte. »Ich muss noch was erledigen.«

»Na gut.« Sie drückte meinen Arm und lief davon. Trotz meiner Schmerzen fiel mir auf, wie Eamond ihr hinterhersah. Sein Blick schien besonders an den nackten Waden hängen zu bleiben, die unter ihrem hochgehobenen Rock zum Vorschein kamen.

»Hee!« Ich schnippte mit den Fingern vor seinem Gesicht.

»Verzeihung … Meister Scribe«, stotterte Eamond. »Ich würde niemals …«

»Gut. Belassen wir's dabei.« Als ich sah, wie zerknirscht er war, sprach ich etwas sanfter weiter. »Der muss nicht genäht werden«, sagte ich und beugte mich über den Schnitt an seinem Arm. »Wasch ihn mit Essig ab und wickle saubere Baumwolle darum. Sollte sich Eiter bilden, geh zu Bruder Delric.« Ich klopfte ihm auf die Schulter und wandte mich zum Gehen. »Und halt dich von Ayin fern. Das ist besser für deine Gesundheit. Manches hübsche Ding ist nicht zum Anfassen da. Jetzt geh und iss was. Falls jemand nach mir fragt, ich bin in der Bibliothek.«

Sechstes Kapitel

Ich trank den Rest von Delrics Medizin, während ich zur Bibliothek des Bundes ging. Bei dem Geschmack und der Aussicht darauf, dem mürrischen Heiler am Abend noch mehr davon aus den Rippen leiern zu müssen, verzog ich das Gesicht. Ich beschloss, vor der Rückkehr zum Schrein einen Apotheker ausfindig zu machen, nur für den Fall, dass ich Delric nicht überzeugen konnte. Die Vorstellung, ohne ein Betäubungsmittel einschlafen zu müssen, machte mir Angst.

Von Sihlda wusste ich, dass die Bibliothek des Bundes in Athiltor die größte Sammlung heiliger Schriften und gelehrter Texte in ganz Albermaine beherbergte, ein Archiv, das sogar noch größer war als die zerstörte Bibliothek von König Aeric in Olversahl. Daher überraschte es mich, dass das Gebäude selbst weit weniger beeindruckend war als sein niedergebranntes Pendant im Norden. Offensichtlich war es älter als der Schrein, die unebenen Wände bestanden statt aus verfugtem Granit aus runden Feldsteinen und Mörtel. In Wahrheit erinnerte es mich eher an einen großen Kuhstall als an einen berühmten Ort der

Gelehrsamkeit. Nachdem ich jedoch durch die große Eichentür getreten war und die Schätze im Inneren erblickt hatte, erwachte die Ehrfurcht in mir.

Von außen mochte das Gebäude nicht viel hermachen, das Innere bildete dazu jedoch einen deutlichen Kontrast. Die Regale verliefen über drei Stockwerke, wovon sich das unterste in einem tiefen Kellergewölbe befand, das über eine Reihe hölzerner Wendeltreppen erreicht werden konnte. Die Regale des mittleren Stockwerks ruhten auf Plattformen aus dicken Holzbalken, die durch Laufstege miteinander verbunden waren, während die des obersten zwischen den Dachsparren aufragten. In jeder Etage waren in Roben gekleidete Männer und Frauen damit beschäftigt, Bestandsverzeichnisse durchzugehen oder Berge von Büchern und Schriftrollen hin und her zu tragen. In den Tiefen des Kellers sah ich geneigte Pulte und die gebeugten Rücken von Schreibern, die im Skriptorium arbeiteten. Für jeden Liebhaber des Wortes war dies ein unwiderstehlicher Ort, wo man sich sein ganzes Leben lang in Bücher vertiefen könnte, ohne den Vorrat an neuem Material je auszuschöpfen.

»Der Schreiber, der gegen den Ritter gekämpft hat, hm?«, fragte Aspirantin Viera. Nachdem ich mich den Wachen an der Tür vorgestellt hatte, war ich in die Obhut der Aspirantin übergeben worden. Die Wachen waren eindeutig misstrauisch gewesen, aber auch nicht sicher, was es für Folgen hätte, sollten sie mich abweisen, weshalb sie meine lästige Person schnellstmöglich bei der Leiterin der Bibliothek abgeladen hatten. Viera war hochgewachsen und schlank und nicht mehr die Jüngste, wenn ihre rüstige Tatkraft es auch schwierig machte, ihr wahres Alter zu schätzen. Sie hatte gerade in einem alten illuminierten Wälzer gelesen und durch ein Paar Linsen in einem Gestell eine grellbunte Illustration betrachtet. Als sie jedoch die Linsen abnahm und ihren durchdringenden Blick auf mich richtete, zweifelte ich daran, dass ihre Sehkraft tatsächlich durchs Alter geschwächt war. Ihre flinken Augen musterten mich von Kopf bis Fuß, ruhten nur kurz auf meinem Gesicht und gingen dann zu dem Langschwert an meinem

Gürtel. Am meisten schien sie jedoch das Bündel Schriftrollen zu interessieren, die aus meiner Umhängetasche hervorlugten.

»Soll ich etwa beeindruckt sein?«, fügte sie hinzu und hob eine Augenbraue.

»Gewiss nicht«, sagte ich und fand augenblicklich Gefallen an ihr. »Aber ich hege die Hoffnung, dass Ihr vielleicht dankbar sein werdet.«

Ihre Mundwinkel wanderten leicht nach oben, doch sie unterdrückte das Lächeln, bevor es sich ausbreiten konnte. »Und wofür, wenn ich fragen darf?«

»Die Früchte meiner jüngsten Arbeit.« Ich trat vor, stellte die Umhängetasche auf den Tisch und öffnete die Schnallen, um die oberste Schriftrolle herauszuziehen. »Der Bericht eines Augenzeugen über die Rolle der Kompanie des Bundes in der Schlacht auf dem Feld der Verräter«, sagte ich und reichte ihr die Schrift.

Aspirantin Viera griff nicht sofort zu, sondern schnaubte zweifelnd und trank einen Schluck Tee, bevor sie sie entgegennahm. Die zehn Seiten hochwertigen Pergaments hatte ich während der ersten Tage beschrieben, nachdem ich im Wald wieder zu Bewusstsein gekommen war. Deshalb ist es nicht mein bestes Werk, aber, wenn es auch eingebildet klingen mag, selbst meine schlechteste Arbeit stellt die Handschrift der meisten anderen Schreiber noch weit in den Schatten. Ich sah, wie sich die Augen der Aspirantin weiteten. Schnell setzte sie ein unbeteiligtes Stirnrunzeln auf, während sie durch die Seiten blätterte.

»Von Euch selbst geschrieben?«, fragte sie nach einer gründlichen und, wie ich vermutete, absichtlich in die Länge gezogenen Überprüfung.

»Jawohl. Ebenso wie diese hier.« Ich legte die anderen Schriftrollen neben die erste und nannte nacheinander ihre Titel. »›Ein wahrer Bericht über die Erstürmung Olversahls durch die heidnischen Ascarlianer‹. Hier haben wir: ›Die gesammelten Predigten der Wiederauferstandenen Evadine Courlain‹. Und hier eine wortgetreue Aufzeichnung der ›Ansprache der Gesegneten an die Gläubigen Farinsahls am Tag ihrer Wiederauferstehung‹.« Ich lächelte, als das Stirnrunzeln aus dem Gesicht der Aspirantin verschwand. »Ich habe das alles selbst erlebt, wisst Ihr.«

Ihre tintenfleckigen Hände zuckten vorfreudig, als sie über die Rollen strich. Dann hustete sie und fragte: »Was wollt Ihr?«

»Ich will nur, was alle Diener des Bundes wollen: den Glauben fördern, wo ich kann. Nehmt diese Schriftrollen mit meinem bescheidenen Dank dafür, dass Ihr überhaupt in Betracht zieht, sie in dieses viel gepriesene Archiv aufzunehmen. Allerdings würde ich es als große Ehre ansehen – natürlich nur, falls es Euch genehm ist –, wenn ich ein paar kurze Stunden in der Bibliothek verbringen dürfte, vielleicht unter kundiger Anleitung?«

Ihre Braue wanderte ein Stück nach oben. »Sucht Ihr nach etwas?«

»Ich möchte lediglich mein Wissen erweitern, um der Gesegneten auf ihrer heiligen Mission besser behilflich zu sein.«

»Verstehe. Und worüber wollt Ihr Euer Wissen erweitern?«

»Das Herzogtum von Alundia.« Ich hielt inne und fügte dann mit einer Beiläufigkeit, die Veira gewiss sofort durchschaute, hinzu: »Und die Caerithische Öde. Unsere Mission führt uns in die Nähe davon, deshalb wäre es sicher ratsam, sich mit der Lebensweise der Bewohner so gut wie möglich vertraut zu machen.«

Aspirantin Viera übernahm höchstpersönlich die Rolle meiner Gehilfin, vermutlich um zu verhindern, dass ich irgendeinen Schaden anrichtete. Offenkundig wusste sie eine ganze Menge über mich, da war es nur verständlich, dass sie Vorsichtsmaßnahmen ergriff, bevor sie einen gelehrten Dieb in ihr Reich einließ. Bücher sind schließlich wertvoll. Allerdings schien sie sich für ihre Aufgabe etwas mehr zu erwärmen, als klar wurde, dass mein Interesse nicht bloß der Deckmantel für irgendein schändliches Vorhaben war.

»Die Spaltung zwischen dem orthodoxen Glauben und seiner alundischen Ausprägung geschah vor drei Jahrhunderten«, erklärte sie. »Sie verdankt sich dem kurzen, aber weitreichenden Wirken eines

Klerikers namens Korbil. Bei den Alundiern gilt er als Märtyrer, bei den Anhängern des wahren Glaubens hingegen nicht. Korbil vertrat als Erster die ketzerische Ansicht, dass die Rituale des Bundes eine Mauer zwischen den Seraphilen und den Sterblichen bildeten. Die Existenz der Kleriker war ihm so verhasst, dass er das Gewand des Betbruders ablegte und ein ganzes Jahr lang nackt herumlief, um für das schändliche Tragen von selbigem Buße zu tun. Zudem geißelte er sich gern selbst vor den Schreinen, wenn Andachten abgehalten wurden, und verkündete laut seine Ansicht, dass drinnen Böses geschah.«

»Ein Verrückter also?« Ich musste an Stallknechts fast schon wahnhaften Eifer denken.

»Er hätte es anders gesehen, aber ja, offensichtlich. Selbst ein Verrückter kann jedoch Anhänger gewinnen.« Viera blätterte durch die Seiten eines jahrzehntealten Wälzers, bis sie bei einer ganzseitigen Illustration angelangt war. »›Das Massaker der Gläubigen‹.« Sie drehte das Buch herum, damit ich das Bild sehen konnte. Es handelte sich um eine schon reichlich verblasste Lithografie, die unbeholfen und archaisch wirkte. Die vielen erschlagenen und zerstückelten Leichen im Vordergrund waren in grausiger Klarheit dargestellt. Im Hintergrund stiegen Flammen über einer Stadtkulisse auf, und die wirbelnden Linien flossen zum finsteren Gesicht eines Mannes zusammen. Über seinem Kopf standen in holpriger Druckschrift mit schlechtem Durchschuss die Worte: »Der Falsche Märtyrer Korbil Beging An Diesem Tag Üble Taten«.

»Korbils Anhänger fielen über einige Gläubige her, die sich am Schrein von Märtyrerin Elliana zum Gebet versammelt hatten, noch dazu an ihrem Festtag«, erläuterte Viera. »Sie töteten sie alle, mutmaßlich unter Anwendung sadistischer Methoden, obwohl sich die zeitgenössischen Berichte diesbezüglich unterscheiden. Fest steht jedoch, dass im wichtigsten Schrein des Bundes in der Hauptstadt von Alundia eine schlimme Gräueltat begangen wurde, wonach Korbil und sein Kult den Schrein und einen Großteil der Stadt in Brand steckten. Das

Feuer forderte viele Menschenleben, über tausend, wie es in manchen Berichten heißt. König Arthin der Erste zögerte nicht lange, sondern marschierte mit einer Armee in Alundia ein, um Rache zu üben – ein Kreuzzug, dem natürlich weit mehr Menschen zum Opfer fielen als nur diejenigen, die dem Wahnsinnigen Korbil auf den Leim gegangen waren. Als der König ihn schließlich festnahm, verurteilte er ihn zu fünf Tagen Folter, bevor dem falschen Märtyrer schließlich die Gnade des Todes gegönnt wurde. Wäre er nicht vorher schon verrückt gewesen, dann gewiss zu dem Zeitpunkt, als die Axt des Henkers endlich fiel.

Doch damit gab der König sich noch nicht zufrieden. Der Herzog von Alundia wurde der Unterstützung des Ketzers bezichtigt. Er verlor all seine Titel und musste in die Caerithische Öde in die Verbannung gehen. Unter Prügeln jagte man ihn in die Berge, und er wurde nie wieder gesehen. Seine Erben wurden zu Bettlern gemacht, und seine Ländereien fielen an die Krone. Danach ritt Arthin quer durch das Herzogtum und ließ alle, die – nicht selten unter fadenscheinigen Begründungen – der Ketzerei beschuldigt wurden, hinrichten. Viele Gelehrte vertreten heute die Ansicht, dass der König in Wahrheit einen großen Diebstahl beging. Die angeblichen Verräter waren meistens Landbesitzer, und Arthin litt unter ständigem Geldmangel wegen der zahllosen Kriege, die er führte, und der Schulden, die ihm daraus erwuchsen. Die Alundier nennen es den Großen Raubzug. Er ist ihnen bis heute in Erinnerung geblieben. Eure Gesegnete sollte also keinen allzu herzlichen Empfang erwarten, junger Mann.«

»Der Rat hat entschieden, dass Märtyrerin Evadine zum Bund gehört«, erinnerte ich sie leichthin, aber mit Nachdruck. »Sie ist also auch *Eure* Gesegnete, Aspirantin.« Sie runzelte die Stirn, und ich griff lächelnd nach einem anderen Buch. »Ist das der aktuellste Führer zu den Pilgerwegen im Herzogtum?«

»Ja«, sagte Viera. In ihre Stimme war eine Kälte getreten, die mir einen Stich der Reue versetzte. Ich hatte das Gefühl gehabt, dass sie anfing, mich zu mögen. »Auf dem Gebiet von Alundia gibt es insgesamt achtzehn Schreine. Über die Jahre wurden sie viele Male entweiht und wiederaufgebaut. Für die Kleriker des wahren Glaubens, die sie betreuen, ist Vandalismus nach wie vor die größte Sorge. Nur die mutigsten Pilger wagen sich auf die Wege in Alundia. Die unorthodoxen Gläubigen haben mit dem Pilgern nichts am Hut und betrachten es als Blasphemie, sich vor Reliquien auf den Boden zu werfen.«

»Aber die Wege selbst sind in gutem Zustand?«

»Dort, wo sie über Straßen verlaufen, sicher. Die zu den kleineren Schreinen sind aber unwegsam und oft schwierig zu finden. Allerdings enthält dieser Führer alle notwendigen Hinweise dazu.«

Ich strich mit der Hand über den Ledereinband. Es war ein umfangreiches Werk, aber nicht allzu schwer. »Ist dies das einzige Exemplar?«

»Nein.« Es dauerte einen Moment, dann gelang Aspirantin Viera doch noch ein leeres Lächeln. »Nehmt es mit und übermittelt der Gesegneten die besten Wünsche von der Bibliothek des Bundes.«

»Das werde ich.« Ich steckte das Buch in meine Umhängetasche und wandte mich mit erwartungsvollem Blick wieder Viera zu. »Jetzt zur Caerithischen Öde.«

»Wir haben mehrere Bücher zu dem Thema. Aber ich muss Euch warnen: Sie sind meist recht fantasievoll. Ulfins *Reisen durch die Ödnis* ist das meistgelesene Werk, allerdings haben schon viele Gelehrte auf die zahlreichen Widersprüche und Absurditäten hingewiesen, die darin enthalten sind.«

»Absurditäten?«

»Ach.« Viera lachte abschätzig. »Die Stellen, wo es um den caerithischen Aberglauben geht. Reißerische Beschreibungen von unmöglichen Dingen. Ulfin war als Schreiber in Ungnade gefallen und verdiente seinen Lebensunterhalt damit, Knittelverse für leichtgläubige Adlige und wenig scharfsinnige Gelehrte zu verfassen. Wohl kaum eine vertrauenswürdige Quelle.«

»Ich würde dennoch gern ein Exemplar seiner Reisebeschreibungen mitnehmen, wenn Ihr eins entbehren könnt. Allerdings habe ich gehofft, Ihr hättet vielleicht ein paar Werke in caerithischer Sprache.

Ich weiß, dass die Caerither auch Bücher verfasst haben. Und wo sollten sie zu finden sein, wenn nicht hier?«

Vieras Augen verengten sich wieder, diesmal wirkte ihr Blick beunruhigt statt missbilligend. »Wir haben eine kleine Sammlung«, sagte sie vorsichtig. »Sie werden aber kaum gelesen, weil es niemanden gibt, der sie übersetzen kann. Und nun sind heute gleich zwei Diener des Bundes hierhergekommen, um sich danach zu erkundigen.«

»Zwei?«, fragte ich interessiert. »Wer war denn der andere?«

»Seht selbst.« Sie trat zurück und deutete auf eine nach unten führende Wendeltreppe. »Er ist noch hier, und das schon seit mehreren Stunden.«

*

Die Aspirantin wollte mich in den Keller der Bibliothek nicht begleiten. Angeblich hatte sie oben noch etwas zu tun. Mir fiel jedoch eine gewisse Vorsicht in ihrem Blick auf, als sie zum Labyrinth der Regale im Untergeschoss hinabschaute. Womöglich hatte ihr Widerwille also nicht nur damit zu tun, dass sie meine Gesellschaft leid war.

»Die caerithischen Texte findet Ihr im hinteren Bereich«, riet sie mir noch, bevor sie sich entfernte. Dann überraschte sie mich damit, dass sie sich erneut umdrehte und mit zögerndem Respekt in der Stimme sagte: »Solltet Ihr geneigt sein, über Eure Abenteuer im Süden einen Bericht zu verfassen, so hoffe ich, dass Ihr bei Eurer Rückkehr an uns denkt.«

»Das werde ich, Aspirantin.« Ich verneigte mich mit aufrichtigem Respekt. »Gesetzt den Fall, dass ich überlebe und einen verfassen kann.«

Nachdem ich die Wendeltreppe hinuntergestiegen war, fand ich zunächst einige Regale vor, zwischen denen Betbrüder und -schwestern die zahllosen Aufgaben verrichteten, die für die Instandhaltung eines viel genutzten Archivs notwendig waren. Je weiter ich jedoch in die dunklen Tiefen des Untergeschosses vordrang, desto rarer wurden die emsigen Bediensteten, und der Grund dafür wurde schon bald offensichtlich.

Ich hörte ihn, bevor ich ihn sah – seine Stimme klang vage vertraut, wenn er auch Worte sprach, die ich nicht verstand. *»Vearath uhla zeiten elthiela Caihr?«*, fragte er leise, aber in der stillen, trockenen Luft deutlich vernehmbar. Zwar kannte ich die Worte nicht, die Sprache selbst dagegen schon: Es war Caerithisch. Dass ich die Stimme dieses Mannes eines Tages wieder hören würde, damit hatte ich bereits gerechnet, nur nicht, dass es so bald geschehen würde.

Ich ging um eine Ecke und entdeckte ihn; er hielt ein aufgeschlagenes Buch in einer Hand und eine Öllampe in der anderen. Offenes Feuer war in der Bibliothek natürlich verboten, nur kleine Laternen waren erlaubt. Entsprechend lag das Gesicht von Aspirant Arnabus größtenteils im Schatten. Ich erkannte ihn dennoch sofort. Er selbst schien ebenfalls zu wissen, wen er vor sich hatte.

»Meister Alwyn Scribe«, sagte er, und sein Lächeln wirkte ehrlich erfreut. »Welch eine Freude, Euch wiederzusehen, noch dazu offenbar vollständig genesen.«

Ich sagte nichts, sondern musterte ihn nur schweigend. Meine Faust schloss sich um den Griff meines Schwerts.

»Ich hatte schon befürchtet, Sir Althus' Hieb könnte sich als tödlich erwiesen haben«, fuhr er fort. Er senkte das Buch und trat näher, bis der Schein der Laterne auf mein Gesicht fiel. Aufmerksam musterte er meine Züge. »Erfreulicherweise scheint meine Furcht unbegründet gewesen zu sein.«

»Tretet zurück«, krächzte ich. Offenbar hörte er die Drohung in meiner Stimme, denn er neigte sofort den Kopf und zog sich zurück. Trotz dieser weisen Vorsicht wirkte seine Haltung unbekümmert. Da er allein für den falschen Schauprozess verantwortlich gewesen war, bei dem Evadine beinahe hingerichtet worden wäre, wusste er sicher, welches Vergnügen es mir bereitet hätte, ihn auf der Stelle zu töten. Dennoch verhielt er sich so, als sei er lediglich in einer Bibliothek einem Bekannten begegnet.

»Ihr seid wohl hier, um Euch auf Euren Marsch nach Süden vorzubereiten, hm?«, fragte er freundlich, aber nur mäßig interessiert. »Sehr klug von Euch. Auch wenn es mich zugegebenermaßen überrascht, Euch hier inmitten der heidnischen Kritzeleien zu sehen. Ich hätte gedacht, es wäre erhellender, einmal tiefer in die alundische Geschichte einzutauchen.«

Ich war versucht, wieder zu schweigen und ihn einfach nur so lange anzustarren, bis er mich in Ruhe ließ. Aber die caerithischen Worte, die er vorhin von sich gegeben hatte, weckten meine Neugier. »Was ist das?«, fragte ich und nickte zu dem Buch in seiner Hand.

»Das hier?« Er schlug das Buch zu und stellte es vorsichtig in eine Lücke im Regal zurück. »Nur sinnloses Gekritzel in der Sprache der Heiden. Solche Dinge zu betrachten, ist schlecht für mein Seelenheil, aber die Märtyrer werden mir meine Neugier hoffentlich verzeihen. Sie ist meine größte Schwäche.«

»Ihr habt daraus vorgelesen.« Ich spürte, wie das Pochen in meinem Schädel zurückkehrte. Mir war früher schon aufgefallen, dass dies meistens geschah, wenn mich etwas wütend machte.

»Ach ja?« Arnabus runzelte verwirrt die Stirn. »Ich kann mir gar nicht vorstellen, warum ich das tun oder wie ich überhaupt dazu fähig sein sollte.«

»Ihr habt es aber getan.« Ich trat näher heran, damit die Laterne mein Gesicht erhellte und er meinen grimmigen Ausdruck sah. »Was bedeutete es?«

»Ich habe nicht den blassesten Schimmer.« Auf seinem Gesicht erschien wieder ein Lächeln. »Ihr müsst Euch verhört haben.« Mein jüngeres Ich hätte jetzt sicher seinen Kopf gegen das nächstbeste Eichenholzregal gehämmert, ihn auf die Knie gezwungen und ihm den Dolch an den Hals gehalten. Danach hätten wir eine kurze, aber einseitige Unterhaltung über mein Hörvermögen geführt. Meister Alwyn Scribe, Leutnant und Vertrauter der Gesegneten, war über solche Dinge jedoch zumindest im Moment erhaben.

»Ich werde Euch töten.« Ich versuchte zu lächeln, wegen der Kopfschmerzen gelang mir aber nur eine schiefe Grimasse. »Das solltet Ihr wissen. Für das, was Ihr auf der Burg Ambris getan habt, und …«, ich fletschte die Zähne, »weil Ihr etwas an Euch habt, das mir nicht gefällt. Ihr lügt viel zu beiläufig, und ich sehe, dass es Euch sogar Spaß macht. Außerdem seid Ihr grausam. Natürlich kann auch Grausamkeit Spaß machen, aber ein anständiger Mensch sollte der Versuchung widerstehen. Ich glaube jedoch, dass Ihr vom Sadismus ebenso wenig ablassen könnt wie ein Saufbold vom Alkohol. Nach meiner Erfahrung ist es besser, einem wie Euch schnellstmöglich den Garaus zu machen.«

»Ach.« Arnabus' schmales Gesicht, das im Lampenschein wie eine gelbe Maske wirkte, verzog sich zu einem bedauernden Stirnrunzeln. »Wie schade. Ich hatte gehofft, dass wir von jetzt an als Freunde weitermachen könnten.«

»Ich wüsste nicht, weshalb, geschweige denn, womit.«

»Es geschieht schon seit einer Weile, junger Mann. Auch wenn ich gestehen muss, dass ich es damals auf der Burg Ambris noch nicht erkannt habe, bis du aus der Menge getreten bist. Ah, welch eine Überraschung.« Er schüttelte lächelnd den Kopf. »Welch seltene Freude.«

»Haben diese Rätsel auch einen Sinn? Oder hofft Ihr, ich werde Euch verschonen, wenn Ihr Euch geheimnisvoll gebt?«

»Ich weiß, dass ich nichts sagen kann, um dich umzustimmen. Auch wenn ich davon abraten würde, allzu sehr auf Gewissheiten zu vertrauen. Manche Entwicklungen sind unvermeidbar, das stimmt, aber andere sind vergänglich wie Staub. Die kleinste Fehleinschätzung oder blinder Zufall kann sie zunichtemachen. Nimm zum Beispiel dein Überleben. Ich hatte damit gerechnet, dass Sir Althus dich mit Leichtigkeit töten würde. Aber dann geriet die Welt ein wenig in Schieflage, und jetzt stehst du hier, und der Großoffizier ist tot. Tja, nun.« Er seufzte, legte den Kopf erwartungsvoll schräg und streckte eine Hand aus. »Ich bin hier, Alwyn Scribe. Ich bin weder bewaffnet, noch könnte ich mit einer Waffe umgehen, wenn ich eine hätte. Zieh dein Schwert und töte mich, wenn das dein Wunsch ist.«

»Ihr wisst genau, dass es meinen Tod bedeuten würde, wenn ich an diesem Ort einen Aspiranten umbringe. Selbst die Gunst der Gesegneten könnte mich dann nicht retten.« Ich beugte mich vor, sodass sich unsere Gesichter fast berührten. »Aber jeder kluge Gesetzlose lernt, geduldig zu sein. Ich habe zwei Kriege überlebt und werde ganz sicher auch noch einen dritten überstehen und nebenbei der Wiederauferstandenen zu einem großen Sieg verhelfen. Stellt Euch nur ihren Ruhm vor, wenn sie aus Alundia zurückkehrt. Und ihre Macht. Aber ich glaube, das habt Ihr bereits erkannt, ebenso wie der König und seine Schwester. Ganz gleich, was Ihr für Pläne ausheckt, Aspirant, ich werde bereit sein. Das versichere ich Euch. Aber macht ruhig weiter. Damit verschafft Ihr mir die Beweise, die ich brauche, um Euch an den Galgen zu bringen.«

Arnabus zog die Brauen hoch und nickte leicht – die Miene eines Mannes, der einen Dummkopf bei Laune hält. Immer noch war ihm keinerlei Furcht anzumerken, was das Pochen in meinem Kopf weiter verstärkte. Seine nächsten Worte waren es jedoch, die mich endgültig die Beherrschung verlieren ließen.

»Wo ist all unsere Weisheit geblieben?«

»Wie bitte?«, fragte ich mit vor Schmerz und Zorn zusammengebissenen Zähnen.

»Vearath uhla zeiten elthiela Caihr?«, sagte er. »Die caerithische Textstelle, die du gehört hast. Das bedeutet sie, jedenfalls so ungefähr. Das ganze Zitat lautet: ›Wo ist all unsere Weisheit geblieben? Unser Leben? Unsere Schönheit? Ach, was hat der Niedergang uns alles genommen.‹ Traurig, findest du nicht? Caerithisch ist eine melancholische Sprache. Nimm zum Beispiel ein anderes Wort: *Doenlisch.*« Mit einem Mal wirkte er weder spöttisch noch arglistig, stattdessen leuchteten seine Augen hungrig und aufmerksam. »Hast du dieses Wort schon mal gehört? Willst du wissen, was es heißt?«

Doenlisch. Ja, ich hatte es schon gehört. Einmal auf dem Weg zu den Erzminen, als ich mit ansehen musste, wie der Kettenmann Raith ermordete. Obwohl der caerithische Zauberer angeblich hellsehen konnte, hatte er Deckin vor dessen drohendem Untergang nicht gewarnt, und kurz darauf waren Raith und ich in dem vergitterten Karren gelandet. Der Kettenmann, ebenfalls ein Caerither, der dazu verdammt war, die Stimmen der Toten zu hören, hatte einige Worte in seiner Muttersprache gesagt. Eines war mir damals aufgefallen, das eine besondere Bedeutung zu haben schien: *Doenlisch*. Dasselbe Wort hatte der Kettenmann mir dann Jahre später, kurz vor seinem Tod im Wald nahe Farinsahl, noch einmal ins Ohr gezischt. Stimme und Gesicht waren dabei von Furcht und Abscheu erfüllt gewesen. Ich wusste daher, wer mit *Doenlisch* gemeint war – die Frau, die als Sackhexe bezeichnet wurde –, obwohl mir die Bedeutung des Wortes nach wie vor unklar war.

»Sagt es mir«, presste ich hervor, packte Arnabus am Hals und drückte ihn gegen das Regal. Er keuchte, doch in seinem Gesicht spiegelte sich keine Angst. Stattdessen schien ihm mein Angriff sogar Freude zu bereiten.

»Gerne«, sagte er liebenswürdig. »Auch wenn die Bedeutung von der Betonung abhängt …«

Ich drückte noch fester zu. »Keine verfluchten Rätsel mehr. Sagt es mir.«

»Vom Schicksal berufen«, keuchte er und lächelte wieder, »oder auch ›die Berufenen‹. Je nach Kontext kann das Wort außerdem ›verflucht‹ oder ›todgeweiht‹ meinen.«

»Woher wisst Ihr das?«

Diesmal lächelte er nur, ohne zu antworten.

»Ich kenne bloß einen Menschen, der aus dem Caerithischen übersetzen kann«, sagte ich, »und der ist weit weg …«

»Störe ich Euch?«

Mein Kopf zuckte herum, die Stimme hinter mir klang amüsiert und warnend. In einem Strahl Sonnenlicht am Ende der Regalreihe stand Prinzessin Leannor. Ihre Hände waren in den Glockenärmeln ihres Satingewands verborgen, das diesmal nicht grün, sondern rot war. Die goldenen Stickereien auf Mieder und Ärmeln funkelten im

Licht, als sie sich vorbeugte, um uns genauer in Augenschein zu nehmen.

»Soll ich später wiederkommen?« Ihre Mundwinkel wanderten nach oben, als müsste sie ein Lachen unterdrücken. »Vielleicht, wenn Ihr … fertig seid?«

In dem Moment wurde das Hämmern in meinem Schädel so schlimm, dass ich auch ohne das Auftauchen der Prinzessin nicht mehr die Kraft besessen hätte, Arnabus weiter festzuhalten. Mit gepresstem Keuchen zog ich die Hand zurück und trat von ihm weg, um vor Leannor das Knie zu beugen.

»Majestät«, sagte ich.

Die Prinzessin nickte mir zu, bevor sie sich Arnabus zuwandte. »Wir sprachen gerade über Linguistik, Hoheit«, sagte er und beugte ebenfalls das Knie. »Meister Alwyn und ich scheinen viele gemeinsame Interessen zu haben.«

Der Blick der Prinzessin wirkte tadelnd, und ihr Mund drückte leichten Abscheu aus. Womöglich hätte sie ihm sogar Stimme verliehen, wären wir nicht in diesem Moment erneut unterbrochen worden.

»Ich habe es gefunden, Mutter!«, sagte der Junge, der an ihrer Seite auftauchte und mit einer Hand an ihren Röcken zupfte, während er mit der anderen ein kleines Buch hochhielt. »Und es hat sogar Bilder. Die Aspirantin sagt, ich darf es behalten.«

»Die Aspirantin ist zu freundlich.« Die Prinzessin nahm das Buch, um den Einband zu betrachten. »*Auriels Fabeln*«, sagte sie und schaute wieder uns an. »Das Exemplar im Palast ist alt und unvollständig. Und außerdem«, sie reichte das Buch mit einem liebevollen Lächeln ihrem Sohn, »ohne Bilder.«

Als sie sich aufrichtete, wirkten Haltung und Stimme wieder herrschaftlicher. »Ich möchte Euch keineswegs länger aufhalten, Aszendent«, sagte sie zu Arnabus.

Ein weiterer Emporkömmling, der seinen Aufstieg nicht verdient hat. Jetzt erst bemerkte ich, dass Arnabus nicht das Gewand eines Aspiranten, sondern das eines Aszendenten trug. Ich unterdrückte ein verärgertes Aufstöhnen – das machte es um einiges schwerer, ihn umzubringen.

Arnabus kam hoch und musterte mich mit einem Blick, der der Inbegriff freundlicher Gelassenheit war. »Ich freue mich sehr darauf, unser Gespräch ein andermal fortzuführen, Meister Scribe. In der Zwischenzeit wünsche ich Euch alles Gute für Eure Reise nach Alundia.« Er verneigte sich vor der Prinzessin, ging mit gesenktem Kopf an ihr vorbei und verschwand außer Sicht.

»Meister Alwyn.« Prinzessin Leannor bedeutete mir, mich zu erheben. »Würde es Euch etwas ausmachen, meinen Sohn und mich zum Lager des Königs zu begleiten? Ich habe natürlich Wachen, aber die Gespräche mit ihnen sind furchtbar langweilig.«

Das Pochen in meinem Schädel hatte etwas nachgelassen, wenn es auch leider nicht ganz verschwand. Ich wollte nicht einen Moment länger in der Gesellschaft dieser Frau verbringen. Ich erkannte es sofort, wenn ich eine schlaue, intrigante Person vor mir hatte, und bei ihren Spielen mitmachen zu müssen, während mein Verstand von Schmerzen betäubt war, erschien mir wenig verlockend. Aber sie war nun mal die Prinzessin und ich bloß ein Mann aus dem einfachen Volk, wenn auch mit einer bedeutenden Herrin.

»Natürlich, Majestät.« Ich salutierte mit gesenktem Kopf.

»Er ist ein grässliches kleines Wiesel, nicht wahr?«

Inzwischen schneite es nicht mehr, stattdessen schien die Sonne grell von einem wolkenlosen Himmel, was das Hämmern in meinem Kopf kaum linderte oder meinen Verstand klarer machte. Ich schaute Prinzessin Leannor deshalb nur verwirrt an. Ihr Sohn, der, während wir die Hauptstraße von Athiltor entlanggingen, ständig um uns herumsprang, lenkte mich noch zusätzlich ab. Das Lager des Königs befand sich außerhalb der Stadtgrenze, doch Athiltor war keine große Stadt, und die Strecke war so kurz, dass ein Mitglied der königlichen Familie sich beim Spaziergang zeigen durfte, anstatt zu reiten.

»Aszendent Arnabus, meine ich«, fügte die Prinzessin auf mein verwundertes Blinzeln hinzu.

»Ich bin mit dem Mann nur flüchtig bekannt, Majestät«, erwiderte ich möglichst unbekümmert.

»Tatsächlich? Ich meine, mich zu erinnern, dass Eure Herausforderung damals, als Ihr die Gesegnete vor dem Galgen gerettet habt, an ihn gerichtet war. Und das Gespräch, das ich unterbrochen habe, schien mir auch recht … vertraut.«

Das Pochen in meinem Schädel ließ mich einen Moment jede Vorsicht vergessen. Ich rieb mir mit der Hand über die Stirn und brummte: »Wiesel ist noch ein zu nettes Wort für diesen Halunken.«

Das Lachen der Prinzessin klang überraschend ehrlich. »Darin sind wir uns einig.« Dann fügte sie in entschieden weniger amüsiertem Ton hinzu: »Aber selbst Halunken haben ihren Wert. Leider ist Arnabus tatsächlich nützlich und genießt deswegen den Schutz des Königs. Ich hoffe, wir verstehen uns.«

Unvorsichtig, wie ich in dem Moment war, kamen mir Worte über die Lippen, die ich besser für mich behalten hätte. »Im Namen des Königs falsche Schauprozesse durchzuführen, gehört wohl auch dazu?«

Diesmal lachte sie nicht, sondern verengte nur die Augen. »Ihr werdet mir wahrscheinlich nicht glauben, aber mein Bruder und ich hatten mit den Ereignissen auf der Burg Ambris nichts zu tun. Großoffizier Althus und einige weitere Beteiligte haben ihren hirnrissigen Plan ohne Wissen der Krone ausgeheckt. Inzwischen kennt Ihr mich und den König besser, Meister Scribe. Ein Mann mit Eurer Auffassungsgabe wird sicher erkennen, dass wir niemals etwas so Unbeholfenes und Dummes tun würden.«

Dagegen ließ sich schwerlich etwas sagen. Der König war kein Narr, und obwohl ich nur kurze Zeit in der Gesellschaft der Prinzessin verbracht hatte, war ihre Gerissenheit offensichtlich.

»Einige weitere Beteiligte.« Ich biss wegen der Kopfschmerzen die Zähne zusammen, entschlossen, so viel wie möglich in Erfahrung zu bringen. »Herzog Elbyn und Aszendent Arnabus, meint Ihr sicher. Der Großoffizier hat sein Verbrechen mit dem Tod bezahlt, der Herzog und der Kleriker nicht. Wenn Gerechtigkeit Bedeutung haben soll, müsste sie dann nicht für alle gleichermaßen gelten?«

»Und wo soll das enden? Herzog Elbyn und Arnabus standen bei der Verurteilung der Gesegneten nicht allein auf der Tribüne. Viele hochrangige Kleriker und ein Großteil der mächtigsten Adligen der Shavine-Marschen waren dort. Habt Ihr eine Vorstellung davon, welche Konsequenzen es hätte, sie alle hinzurichten?«

»Ja, das habe ich, Majestät. Und ebenso weiß ich, was geschehen würde, sollte Märtyrerin Evadine einen Grund finden, ihr … Entgegenkommen Eurem Bruder gegenüber zu bereuen.«

Ich rechnete mit Zorn, aber sie lachte wieder. Es klang nicht so ehrlich wie zuvor, eher ein Schnauben, das von befriedigter Neugier zeugte. »Eure Aussprache klingt ungehobelt, doch Ihr wählt Eure Worte gut. Was Ihr zweifellos Aszendentin Sihlda zu verdanken habt. Ja«, fügte sie auf meinen scharfen Blick hinzu, »ich kenne die Geschichte. Ein Gesetzloser, der in die Erzminen geworfen wurde, nur um Jahre später daraus zu entkommen, nachdem die Lehren einer verurteilten Klerikerin ihn zu einem besseren Menschen gemacht hatten.«

»Alles wahr, Majestät«, versicherte ich ihr und setzte ein nichtssagendes Lächeln auf. »Aszendentin Sihlda hat mich vieles gelehrt.«

Prinzessin Leannor blieb stehen, was mich dazu zwang, es ihr gleichzutun. Sie wandte sich mir zu. »Ich glaube, wir haben lange genug um den heißen Brei herumgeredet. Ihr habt meinen Bruder einen Bastard genannt, Meister Scribe, was viele Leute, die bei der Rettung der Gesegneten anwesend waren, bezeugen können. Solches Gerede ist Hochverrat.«

»Nicht, wenn solches Gerede wahr ist«, gab ich zurück. »Nur unter der Herrschaft eines Tyrannen sollte es ein Verbrechen sein, die Wahrheit auszusprechen, meint Ihr nicht auch, Hoheit?« Ich bemühte mich zu lächeln, doch wieder durchzuckte mich heftiger Kopfschmerz.

Ich schwankte, und mir wurde übel. Diesmal konnte ich ein Stöhnen nicht unterdrücken. Der Schmerz ließ mich alle Zurückhaltung vergessen. »Dennoch, Hochverrat ist Hochverrat. Lasst mich durch Eure Wachen festnehmen und einen Strick holen, wenn es Euch beliebt. Ich verzichte sogar auf einen Prozess.«

Prinzessin Leannor musterte mein zitterndes Gesicht mit ihrem scharfsinnigen Blick. »Euch geht es nicht gut.«

»Sir Althus hatte einen sehr starken Arm«, zischte ich mit zusammengebissenen Zähnen. »Wenn es noch eine Weile so weitergeht, werdet Ihr den Strick vielleicht gar nicht mehr brauchen.«

Sie schüttelte den Kopf. »Kommt nicht infrage, Meister Scribe. Die Mission der edlen Evadine in Alundia ist von größter Wichtigkeit. Sie darf nicht scheitern, und ich habe den Eindruck, dass sich ihre Aussichten auf Erfolg mit Euch an ihrer Seite stark verbessern. Ich schicke noch heute Abend den Leibarzt des Königs zu Euch, damit er sich um Euch kümmert.«

»Obwohl ich ein Hochverräter bin?«

»Für Euch gilt dasselbe wie für Arnabus: Ihr genießt den Schutz des Königs, weil Ihr nützlich seid. Ihr müsst aber wissen, dass mein Bruder in solchen Dingen nicht so nachsichtig ist wie ich. Aszendentin Sihlda hat ihr Testament noch vor ihrem Tod diktiert, oder?«

»Ja. Es wurden mehrere Abschriften davon angefertigt.«

»Mit Tinte etwas auf Pergament kritzeln kann jeder, Meister Scribe. In Eurem eigenen Interesse möchte ich Euch dringend raten, diese Abschriften zu vernichten. Euer Leben werden sie jedenfalls nicht verlängern, solange sie noch existieren. Im Gegenteil, sie könnten es sogar verkürzen.«

Ihr Sohn kam herbeigelaufen, während die Prinzessin und ich uns mit Blicken maßen. Ungeduldig zupfte der Junge an Leannors Ärmel. »Mutter, ich bin hungrig, und ich will mein Buch lesen.«

Seine Mutter sah ihn mit strengem Stirnrunzeln an. »Was habe ich dir über Unhöflichkeit gesagt, Alfric?«

Der Junge schmollte und trat unbehaglich von einem Fuß auf den anderen. »Ich soll nicht unterbrechen, wenn du dich mit anderen unterhältst«, murmelte er. »Egal, welchen Rang sie haben.«

»Richtig«, sagte die Prinzessin. »Und was tun unhöfliche Menschen, wenn sie auf ihre Unhöflichkeit angesprochen werden?«

Der junge Alfric warf mir einen Blick zu, der nicht so missmutig wirkte, wie ich erwartet hätte. Stattdessen schien er peinlich berührt, vielleicht sogar schuldbewusst. »Verzeihung, edler Herr«, sagte er.

Womöglich lag es an der mangelnden Feindseligkeit des Jungen, jedenfalls hörte das quälende Pochen in meinem Kopf in diesem Moment auf. Zurück blieb nur ein dumpfer Schmerz. Ich verneigte mich tief vor Alfric. »Ihr habt mich nicht beleidigt, junger Mann«, sagte ich. Dann richtete ich mich auf und nickte zu dem Buch in seiner Hand. »*Auriels Fabeln* sind eine schöne Sammlung. In Eurem Alter solltet Ihr es aber unbedingt mal mit dem *Epos von Sir Maltern Legille* probieren. Da geht es um fliegende Löwen und Feuer spuckende Lindwürmer und alle möglichen Schlachten und Abenteuer.«

Alfrics Gesicht leuchtete auf, erregt wandte er sich der Prinzessin zu. »Haben wir das, Mutter?«

»Ich bin sicher, es steht irgendwo in der Bibliothek des Palastes.« Sie warf mir einen tadelnden Blick zu. »In all seiner blutrünstigen Pracht. Ich erinnere mich an die vielen Albträume, die ich diesem Buch zu verdanken hatte, als ich in deinem Alter war.«

»Ich werde keine Albträume bekommen«, beharrte der Junge und zupfte wieder an ihrem Ärmel. »Bitte, Mutter!«

»Wir werden sehen.« Sie strich ihm liebevoll durchs Haar. »Jetzt verabschiede dich von Meister Scribe. Dein Onkel erwartet uns sicher bei Tisch.«

Nachdem der Junge Lebewohl gesagt hatte und davongelaufen war, blieb die Prinzessin noch stehen, damit ich mich vor ihr zum Abschied verneigen konnte. »Der Arzt wird gegen Abend im Schrein eintreffen«, sagte sie. »Bitte haltet Euch an seine Anweisungen.«

»Das werde ich, Hoheit, habt vielen Dank.«

Sie drehte sich um und raffte ihre Röcke. »Und seid vorsichtig in Alundia«, riet sie mir, bevor sie hoch aufgerichtet und eleganten Schrittes davonging. »Womöglich werdet Ihr die Erzminen noch als weniger heimtückischen Ort empfinden.«

Siebtes Kapitel

Obwohl ich viele Karten studiert hatte, gewann ich erst auf der Reise von Athiltor nach Süden einen wahren Eindruck von der Weite Albermaines und der vergleichsweise geringen Größe des Herzogtums, in dem ich aufgewachsen bin. Die Shavine-Marschen bilden ein weitläufiges Waldgebiet, das mir als Kind endlos erschien. Nun erkannte ich jedoch, dass es nur eine winzige Ecke eines viel größeren Reiches war. Die mittleren und südlichen Regionen von Alberis sind von Ackerland geprägt, ein von Hecken umsäumtes Fleckenmuster, das sich, so weit das Auge reicht, über die Ebenen und flachen Täler erstreckt. Doch während die Kompanie des Bundes an zahllosen gefrorenen Feldern vorbeimarschierte, begriff ich zum ersten Mal, warum dieses Herzogtum unter den Gebieten Albermaines einen so hohen Stellenwert hatte. Diese Felder brachten wahren Reichtum hervor. Ein Adliger mochte mit Waffengewalt den Thron erringen, ohne Reichtum könnte er ihn jedoch niemals halten. Tomas war König, zugleich aber auch Herzog von Alberis. Das Vermögen seiner Ländereien wurde nur noch von denen des Bundes übertroffen. Die Erkenntnis ließ mich den Prätendenten und den Aberwitz seiner gescheiterten Ambitionen in einem ganz neuen Licht sehen. Wie konnte irgendein Thronräuber darauf hoffen, gegen solche Reichtümer zu bestehen?

»Du siehst aus, als würdest du nachdenken«, stellte Ayin fest, die vom Rücken ihres Ponys zu mir hochschaute. Wie üblich ritten wir an der Spitze der Kolonne. Die Berittene Garde war als Schutz vor Bedrohungen vor uns auf der Straße verteilt. So tief im Herrschaftsgebiet des Königs war nicht mit Schwierigkeiten zu rechnen, aber es war eine gute Übung. Außerdem brachte jeder Tag unweigerlich den ein oder anderen irren Gläubigen, der sich der Gesegneten zu Füßen werfen wollte, und es war besser, diese Leute von ihr fernzuhalten, bevor sie ihre Aufmerksamkeit erregten. Die weniger Wahnhaften durften bis zum Abend bleiben, um sich Evadines Predigt anzuhören, manchen wurde sogar die Ehre zuteil, ihr kurz persönlich zu begegnen. Am nächsten Morgen wurden aber alle wieder weggeschickt, da Evadine strikt angeordnet hatte, keine neuen Soldaten mehr zu rekrutieren.

»Das hast du schon länger nicht mehr gemacht«, fügte Ayin mit verschmitztem Blick hinzu. »Geht es deinem Kopf besser?«

»Etwas«, sagte ich. In Wahrheit zeigte die Medizin, die der königliche Leibarzt mir mit säuerlicher Miene überreicht hatte, deutlich mehr Wirkung als Delrics Mittel.

»Zwei Tropfen in abgekochtem Wasser jeden Morgen«, hatte der Kerl gesagt und mir die Flasche in die Hand gedrückt. »Und zwei vor dem Schlafengehen. Und nach der Einnahme keinen Alkohol mehr trinken, oder Ihr wacht vielleicht nicht mehr auf.«

Der verächtliche Ausdruck auf seinem verkniffenen Gesicht ließ mich vermuten, dass er es für unter seiner Würde hielt, das einfache Volk zu behandeln. Dennoch hatte er den Auftrag offenbar nicht ablehnen können, was viel über Prinzessin Leannors Macht aussagte. Allerdings schien der Arzt etwas von seinem Metier zu verstehen. Die Beulen an meinem Schädel unterzog er einer ausgiebigen Musterung und stellte dabei knappe, aber zielgerichtete Fragen zu meinen Symptomen.

»Der Schädelknochen ist durch ein oder zwei harte Schläge gebrochen worden«, sagte er. »Unter Rittern und Soldaten keine ungewöhnliche Verletzung. Der Knochen ist zwar verheilt, hat aber innen und außen am Schädel Wülste gebildet, die Schmerzen verursachen. Die werdet Ihr bis ans Ende Eurer Tage ertragen müssen. Mit fortschreitendem Alter werden sie noch schlimmer werden und könnten Euch sogar umbringen. Das ist einer der Gründe, warum es so wenige alte Ritter gibt.« Sein Tonfall klang sachlich, ohne jedes Mitgefühl. Es hätte mich wütend machen müssen, stattdessen war ich dankbar für sein ehrliches Urteil.

»Ich werde also mehr hiervon brauchen«, sagte ich und hielt die Flasche hoch.

»Das werdet Ihr.« Er reichte mir ein gefaltetes Pergament. »Die Zutaten sind hier aufgelistet und können von jedem fähigen Arzt oder Apotheker zusammengemischt werden.«

»Könnte ein … chirurgischer Eingriff helfen?«, fragte ich, als er seine Ausrüstung zusammenpackte. »Ich habe von solchen Dingen gelesen …«

»Chirurgen sind Pfuscher und Scharlatane«, sagte er naserümpfend. »Ihr solltet sie besser meiden, es sei denn, Ihr wollt die wenigen Jahre, die Euch noch bleiben, als brabbelnder Idiot verbringen. Das Gehirn reagiert nicht gut darauf, wenn darin herumgestochert oder -gekratzt wird. Ich rate Euch: Findet Euch mit Eurer Situation ab und macht das Beste daraus.« Er nahm seine Tasche und ging zur Tür meines Zimmers, wo er jedoch noch einmal stehen blieb und widerwillig hinzufügte: »Sollten die Qualen unerträglich werden, sorgen fünf Tropfen des Mittels für ein schmerzfreies Ende. Guten Tag.«

An diesem Abend errichteten wir unser Lager auf einer Anhöhe inmitten des ersten Waldgebiets, das ich seit Tagen gesehen hatte. Obwohl es sich nur über wenige Hektar erstreckte, regte sich beim Anblick der Bäume in mir eine unerwartete Sehnsucht nach dem Shavine, die durch das, was dahinter lag, noch verstärkt wurde. Das Flickenmuster der Felder war hier weniger ordentlich, die Hecken weniger zahlreich – weit und breit nichts als eine flache, langweilige Ebene.

»Gewöhn dich lieber daran«, riet mir Wilhum, der die Landschaft mit trübsinnigem Blick musterte. »Der Süden besteht fast nur aus Buschland, wo er nicht von Bergen und schroffen Tälern geprägt ist. Sei dankbar, dass wir nicht im Sommer marschieren, sonst würden wir tagelang Staub fressen.«

Nachdem ich Wilhum bei der Ausbildung der Berittenen Garde geholfen und Ayins Einträge in das Kompaniebuch überprüft hatte, setzte ich mich ans Lagerfeuer und las weiter in Ulfins *Reisen durch die Ödnis*. Der in Ungnade gefallene Schreiber besaß nach meinem Dafürhalten einen zwar uneleganten, aber unterhaltsamen Schreibstil. Seine Formulierungen waren zum Glück kurz und bescheiden. Zudem legte er eine erfrischende Ehrlichkeit an den Tag, besonders im Hinblick auf seine eigenen Unzulänglichkeiten. Die Beschreibung seiner unehrenhaften Verbannung aus Couravel war reich an Anspielungen auf seine Schwäche für Huren, Würfelspiele und berauschende Getränke, wenn er auch deswegen weder Schuld noch Scham zu empfinden schien. Es war jedoch eindeutig ein Spätwerk, denn er schlug nicht selten den Ton eines alten Mannes an, der vieles bereute. Ausführlich beschrieb er die zahlreichen Schulden, persönliche wie finanzielle, die seinen Lebensabend prägten. Zu meiner Überraschung bedauerte er jedoch am meisten, dass er nicht mehr in die Caerithische Öde zurückkehren konnte.

Welch eine Schönheit birgt dieses Land!, schrieb er. *Welche Wunder. Alles, was mir über die Caerither erzählt worden war, erwies sich als Lügen. Doch wenn ich die Wahrheit über sie berichten will, schlagen mir nur Spott oder Gleichgültigkeit entgegen. »Öde« nennen wir ihr Land, und das ist sicherlich nicht falsch, denn was sie einst groß machte, ist heute zerfallen. Stattdessen haben sie jedoch etwas Neues gebaut, etwas Besseres, das statt nur aus Stein mit Herz und Seele errichtet ist.*

»Was ist das?«, fragte Ayin, die in Begleitung von Eamond aus der

Dunkelheit angelaufen kam. Der ehemalige Novize senkte den Kopf, als ich ihn tadelnd ansah, und trollte sich rasch zu seinem Lager, um seine Ausrüstung zu putzen. »Wer ist Ulfin?«, beharrte Ayin nach einem Blick auf den Buchrücken und ließ sich im Schneidersitz neben mir nieder.

»Offenbar ein Mann mit beachtlichem Wissen«, sagte ich. »Dem zu wenig Beachtung geschenkt wurde.«

»Darf ich es auch mal lesen, wenn du fertig bist?« Seit Ayin die Fähigkeit erworben hatte, Buchstaben zu entziffern, war ihr Lesehunger ständig gewachsen und ebenso unstillbar geworden wie ihre Leidenschaft fürs Singen. Nachts durchstreifte sie das Lager, um die wenigen Münzen und Kinkerlitzchen, die sie besaß, gegen Bücher einzutauschen, meist ohne Erfolg, denn in der Truppe gab es nur wenige andere Leser. Mangels besserer Alternativen brütete sie oft lange Zeit über dem Stapel der Kompaniebücher und machte sich – zu meinem Leidwesen – einen Spaß daraus, Fehler in der Buchführung, die mir gelegentlich unterliefen, aufzuspüren.

»Wenn du willst«, sagte ich und verzog das Gesicht, als das mich allabendlich quälende Pochen wieder einsetzte und die Worte vor meinen Augen verschwammen. Seufzend legte ich das Buch beiseite und griff nach der Flasche mit der Medizin.

»Du nimmst zu viel davon.« Ayin runzelte missbilligend die Stirn. »Wilhum hat das auch zur Gesegneten gesagt.«

Ich schaute zu Wilhum hin, der gerade die Scheide seines Langschwerts mit einem Tuch abrieb und meinem Blick geflissentlich auswich. »Hat er das?«

»Ja.« Ayin drehte das Gesicht so, dass sie über ihre Nase auf mich herabschaute, vermutlich, um Evadines herrschaftliche Haltung nachzuahmen. »Du solltest das Zeug wegschütten und dem Beispiel der Märtyrer folgen. Sie kannten den Wert des Leidens.«

»Und ich kenne den Wert eines anständigen Nachtschlafs.« Ich nahm demonstrativ einen Schluck aus der Flasche, stöpselte sie zu und steckte sie wieder in die Hosentasche. Hatte Ayin sich einmal etwas in den Kopf gesetzt, dann war sie schwer davon abzubringen, und ich hätte es ihr zugetraut, mir die Medizin zu stehlen, wenn ich schlief.

»Heute Abend hat sie über das Leiden gesprochen«, fuhr Ayin nachdrücklicher fort, als ich mich hinlegte, mich auf die Seite rollte und mir die Decke über den Kopf zog. »Was du wüsstest, wenn du dort gewesen wärst, um dir ihre Predigt anzuhören.«

Am liebsten hätte ich sie angefaucht, sie solle den Mund halten, aber der Drang dazu schwand rasch wieder. Vermutlich lag es an der Medizin, die nicht bloß die Schmerzen betäubte, sondern auch beruhigend wirkte. »Was hat sie gesagt?«, fragte ich.

Kurz herrschte Stille; offenbar schmollte Ayin. Es erinnerte mich daran, dass sie eine junge Frau war, fast noch ein Kind. »Sie sagt, es sei unvermeidlich«, murmelte Ayin schließlich. »Leiden gehört zum Leben dazu. Deshalb sollten wir es als Lehrmeister willkommen heißen.«

»Weise Worte, wie stets«, flüsterte ich. Wenn ich die Medizin eingenommen hatte, dauerte es meist nicht lange, bis ich einschlief. Ich driftete weg und hörte gerade noch Ayins gemurmelte Antwort.

»Meine Lehrmeisterin war meine Mutter. Sie hat mir vieles beigebracht …«

Die Medizin des königlichen Leibarztes hatte den Vorzug, dass sie so gut wie alle Träume unterdrückte. Dass jene Nacht eine Ausnahme darstellte, war Pech und Glück zugleich, obwohl es natürlich Erchel war, der im Traum auf mich wartete.

»Wo bist du gewesen?«, fragte er mäßig interessiert. Er kauerte am Rand eines Brunnens in einem unterirdischen Gewölbe, das mir nach einigem Nachdenken bekannt vorkam.

»Du erinnerst dich«, brummte Erchel und warf einen Stein in den Brunnen. »Auch wenn du nie den Mumm hattest, so nah ranzugehen, wie ich mich entsinne.«

»Du auch nicht«, gab ich zurück. Die Erinnerung an diesen Ort weckte kindlichen Groll in mir. Hier waren wir als Jungen oft gewesen. »Ich hab dir einen Shek geboten, und du wolltest trotzdem nicht in den Brunnen schauen«, fügte ich hinzu und sah mich in den schattigen Winkeln des Gewölbes um. Es unterschied sich leicht von meiner Erinnerung, die Decke war niedriger und der Brunnen breiter, seine Tiefen unter einem Schleier aus undurchdringlicher Finsternis verborgen.

»Die Geister der Dunkelfeste wollen nicht gestört werden«, rief Erchel mir grinsend in Erinnerung. »Das hat man uns immer erzählt, weißt du noch? Aber wir konnten es trotzdem nicht lassen, wie? Kinder sind verdorbene Kreaturen.«

Die Dunkelfeste war eine alte Ruine im Nordosten des Shavine, die vor vielen Jahren einer längst vergessenen Fehde unter Adligen zum Opfer gefallen war. Wann immer Deckins Bande sich in dieser Gegend aufhielt, zog es die Welpen unweigerlich an diesen Ort. Die grausige Möglichkeit, einen der Geister zu sehen, die besonders im Brunnen der Festung herumspuken sollten, war einfach zu verlockend. Mein Spott war berechtigt: Erchel hatte sich damals tatsächlich nie getraut, in den Brunnen zu schauen. Nun jedoch streckte er ohne Zögern die Hand in die lichtlose Öffnung.

»Neuerdings haben sie Gesellschaft.« Er fuhrwerkte mit dem Arm in der Finsternis umher. »Die alten Geister.« Ächzend zog er einen Knochen heraus – der Länge nach zu urteilen von einem Oberschenkel. »Meine Cousine Rachil«, sagte er und drehte den Knochen hin und her, als könnte er an den Knorpeln und Sehnen, die noch daran hingen, erkennen, wem er gehörte. »Ich mochte sie nie. Sie hat mich immer gehänselt, als wir noch klein waren. Einmal hab ich ihr meinen Schwanz gezeigt, und sie hat gelacht und mich von da an ›Winzpimmel‹ genannt.« Er warf den Knochen wieder in den Brunnen. »Warum konnte nicht ich derjenige sein, der das Miststück umbringt?«

Er wandte sich mir zu, und zu meiner Überraschung hatte sich sein Gesicht verändert. Zuvor hatte es aufgedunsen und unförmig ausgesehen, jetzt wirkte es menschlicher, aber immer noch eindeutig tot. Seine Haut hing schlaff und grau herunter, und um seine Augen hatten sich dunkle Ringe gebildet. Er grinste nicht, sondern hatte den Mund zu einem verbitterten Lächeln verzogen, wie jemand, der einen ungebetenen Gast ertragen muss.

»Lorine ließ die Leichen dort hineinwerfen.« Er deutete auf den Brunnen. Seine Fingernägel waren grüngelb verfärbt und ragten wie stumpfe, krumme Widerhaken aus dem schrumpfenden Fleisch seiner Finger hervor. »Nur einen Steinwurf von hier entfernt ist es passiert, Alwyn. Hier hat sie meine ganze Familie niedergemetzelt.«

»Oder ihnen die Strafe verpasst, die sie verdient hatten.« Ich lächelte, als er mich finster ansah. »Wie man's nimmt.«

»Sie hat da keinen Unterschied gemacht, weißt du. Die verfluchten Soldaten ihres Ehemanns haben jeden umgebracht, der ihnen in die Hände fiel, selbst die, die mit Moosmühle gar nichts zu tun hatten.«

»Aber dich nicht.«

Erchels totes Gesicht wirkte jetzt weniger finster, und er wandte sich wieder dem Brunnen zu. »Ich war schlau genug, mich fallen zu lassen und still liegen zu bleiben. Und hatte dann das Glück, dass meine toten Cousins auf mich drauf gefallen sind. Ich lag da, während das Gemetzel weiterging. Ich habe ihr Blut geschmeckt, Alwyn. Das Blut meiner Familie …« Er verstummte und schaute traurig in die Tiefen des Brunnens.

Während sich das Schweigen in die Länge zog, blickte ich mich um. Mir fiel auf, dass die Schatten zwischen den Säulen viel tiefer schienen als in Wirklichkeit, so als bildeten sie eine Barriere zwischen uns und einer großen Leere dahinter.

»Es gibt nichts mehr außer dem hier.« Erchel seufzte trübselig. »Hin und wieder verändert es sich. Vergangenes, Zukünftiges, aber immer ist es eine Szenerie des Todes, der ich nicht entkommen kann. Das ist jetzt meine Welt. Das ist es, wozu sie mich verurteilt hat.«

»Sie?« Ich ging auf ihn zu, blieb jedoch stehen, als mir aus dem Brunnen ein unangenehmer Gestank entgegenschlug.

Erchels Blick glitt zu mir, und ein wissendes Lächeln umspielte seine Lippen. »Der Kettenmann war nicht der Einzige, der dazu verdammt war, die Stimmen der Toten zu hören.« Als er das Entsetzen in meinem Gesicht sah, lachte er. »Denkst du wirklich, dass du nur von mir träumst, Alwyn?«

Meine Angst wuchs, genährt von einer Erkenntnis, bei der mir übel wurde. Diese nächtlichen Heimsuchungen waren mir immer schon zu real, zu detailreich vorgekommen. Und der Erchel, der mir darin begegnete, wusste im Tod viel mehr als damals, als er noch unter den Lebenden geweilt hatte. »Was bist du?«, fragte ich und ging auf ihn zu. »Wer ist diese *Sie*, von der du sprichst?«

Erchel seufzte spöttisch. »Du weißt, wer sie ist.« Er schüttelte den Kopf. »Wer ich bin? Tja, ein Dummkopf braucht einen Wachhund, wenn er seine eigene Dummheit überleben will.«

Den letzten Meter, der uns noch trennte, überwand ich mit einem Satz. Ich wollte ihn an der Kehle packen, aber natürlich fand meine Hand keinen Halt. Meine Finger gingen geradewegs durch ihn hindurch, und eine eisige Kälte stieg meinen Arm hoch, die mich jäh innehalten ließ.

»Wach auf, Strohkopf«, befahl mir Erchel. »Jemand ist hier, um dich zu töten.«

Die Kälte war immer noch da, als ich hochschreckte. Mein Atem wölkte sich in der Luft, meine Hand tastete nach dem Langschwert neben mir. Mit hämmerndem Herzen ging ich in die Hocke und suchte die umliegende Dunkelheit nach Bedrohungen ab. Ich sah nichts, nur Ayin, die wie immer einen Meter neben mir ruhig schlief. Auch Wilhum lag auf der anderen Seite unseres niedergebrannten Feuers in tiefem Schlaf.

Bloß die Lüge einer Traumgestalt, dachte ich. Dennoch behielt ich mein Schwert in der Hand und versuchte, den hämmernden Herzschlag in meiner Brust zu beruhigen, während ich mich weiter im Lager umsah. Mein Blick glitt über Eamonds in eine Decke gehüllte Gestalt, dann über die anderen Mitglieder der Berittenen Garde, bis er bei dem Einzigen hängen blieb, der aufrecht saß. Steinhauer hatte die zweite Wache zugelost bekommen und lehnte an einer alten Eiche, der Griff seines Schwerts ragte über seiner Schulter auf. Eigentlich hätte er stehen sollen, aber die meisten Wachposten setzten sich nach einem Rundgang ums Lager von Zeit zu Zeit hin, um sich auszuruhen. Mein Blick wollte schon weiterwandern, als ich bemerkte, dass von Steinhauers Kopf keine Dampfwolken aufstiegen. Nicht der leiseste Hinweis darauf, dass er atmete. Ich runzelte die Stirn.

Rasch schaute ich nach links und rechts, sah jedoch nichts. Die Schatten zwischen den Bäumen waren so leer wie immer. *Ziemlich geschickt, wer immer sie sind,* musste ich mir widerwillig eingestehen. *Das hat nichts Gutes zu bedeuten.*

Ich glitt von meinem Lager zu Ayin. Meine Hand wollte ich lieber nicht aufs Spiel setzen, deshalb tippte ich sie nur mit der Schwertscheide an der Schulter an, anfangs vorsichtig, dann, als sie nicht aufwachen wollte, etwas fester. Wie erwartet blitzte sofort ihr Messer auf, als sie die Augen aufmachte und mich verständnislos anstarrte.

»Ich bin's!«, zischte ich und sah ihr in die Augen, bis sie mich endlich erkannte.

»Was …?«, setzte sie an und verzog ärgerlich das Gesicht, wie jemand, der zu früh geweckt wurde.

»Psst!« Ich nickte zu Steinhauers regloser Gestalt. »Es gibt Ärger. Weck Wilhum und Eamond. Aber seid leise.«

Ayin schaute zu Steinhauer und dann wieder zu mir. Der finstere Ausdruck verschwand aus ihrem Gesicht. Sie nickte, schüttelte ihre Decke ab und kroch zu Wilhums Lager. Ich selbst schlich mich gebückt zum nächsten Baum und suchte die Dunkelheit nach der Gefahr ab, die ich nicht sehen konnte, die aber da sein musste. Ich verspürte den Drang, zu Steinhauer zu gehen und mich zu vergewissern, dass er wirklich tot war, der Instinkt des Gesetzlosen warnte mich jedoch davor, eine solche Torheit zu begehen. In meiner Jugend hatte ich nicht selten erlebt, wie Wachen vom Anblick gefallener Kameraden in den Tod gelockt wurden. Stattdessen ließ ich den Blick über das Lager schweifen, auf der Suche nach etwas, das nicht dorthin gehörte. Ich sah jedoch nur schlafende Soldaten und dünne graue Rauchfäden, die von erloschenen Lagerfeuern aufstiegen.

Beinahe hätte ich wegen Eamonds überraschtem Aufschrei, als Ayin ihn wach rüttelte, das verräterische Geräusch überhört. Ayin legte dem ehemaligen Novizen rasch eine Hand auf den Mund, sodass ich gerade noch rechtzeitig das Knacken eines Astes über meinem Kopf wahrnahm. Die meisten Äste knacken im Wind, doch die der alten Eibe, unter der ich kauerte, waren ziemlich dick und hätten höchstens bei einem Sturm geächzt … oder unter einem schweren Gewicht.

Ich stieß mich vom Stamm ab und hörte im selben Moment etwas dicht an meinem Kopf vorbeizischen. Mit einer Schnelligkeit, die sich Instinkt und stundenlangen Übungen verdankte, riss ich mein Schwert aus der Scheide. Die Klinge fuhr blitzend hoch und bohrte sich in eine dunkle Gestalt, die von den Ästen herabfiel. Ich spürte, wie die Schneide tief eindrang, dann strömte mir heißes Blut auf Hände und Unterarme. Mit hartem Poltern kam ein Körper auf dem Boden auf. Ich sah eine schmale Gestalt, die in pechschwarze Baumwollkleidung gehüllt war und noch zuckend ein langes Messer umklammert hielt. Schmerzerfüllte Augen starrten durch eine hölzerne Maske in Panik zu mir hoch. In solchen Momenten kann einen der Anblick des Todes leicht erstarren lassen, die grausige Faszination kann den weniger Erfahrenen zum Verhängnis werden.

Ich aber riss den Blick los und ging noch gerade rechtzeitig in die Hocke, bevor eine schnell fliegende Hornisse über meinen Kopf hinwegsurrte. Dumpf traf Metall auf Holz, und ich sah im Eibenstamm einen zitternden Armbrustbolzen stecken. Ich wirbelte herum. Der Schütze stand ein Dutzend Schritt entfernt hinter dem Stamm einer schmalen Kiefer und lud mit flinken, präzisen Bewegungen seine Waffe nach. Sie war kleiner als eine gewöhnliche Armbrust, gut mit einer Hand zu bedienen und auch schneller nachzuladen. Mit einem Aufschrei stürzte ich mich auf den Angreifer. Jetzt gab es keinen Grund mehr, leise zu sein. In Windeseile überwand ich die Entfernung – Furcht ist stets der beste Ansporn. Dennoch hatte der Armbrustschütze die Sehne gespannt und einen neuen Bolzen eingelegt, bevor ich den letzten Meter zurücklegen konnte. Zum Glück hatte sich aber Ayin unbemerkt von hinten an ihn angeschlichen.

Kreischend wie eine Katze stürzte sie sich auf den Angreifer und ließ ihr Messer schnell hinabsausen. Blut spritzte auf, während sie die Klinge immer wieder in Nacken und Schultern des Schützen hieb. Der brach augenblicklich zusammen, offenbar hatte Ayin gleich zu Beginn eine wichtige Ader getroffen. Das hielt sie aber nicht davon ab, weiter auf den leblosen Körper einzustechen, und ich wäre nie auf die Idee gekommen, ihrer Raserei Einhalt gebieten zu wollen.

»Kompanie aufwachen!«, schrie ich, so laut ich konnte. Meine Stimme hallte durch den Wald. »Wir werden angegriffen! Beschützt die Gesegnete!«

Die Wachposten reagierten als Erste. Sie griffen den Alarmruf auf und rüttelten ihre Kameraden wach, sodass innerhalb kürzester Zeit die ganze Kompanie auf den Beinen war. Ein erneuter Tumult zu meiner Rechten ließ mich zu Wilhum hinschauen, der soeben den Hieb eines Angreifers abwehrte, der mit einem Falchion mit kurzer Klinge bewaffnet war. Stahl klirrte, als Wilhums Langschwert auf die Klinge des Gegners traf und sie beiseitestieß, sodass eine Öffnung für einen seitlichen Hieb quer über die Brust entstand. Das Schwert schnitt durch Fleisch und zerschmetterte die Rippen des Angreifers, der zu Boden fiel und in einer Wolke aus rotem Speichel keuchend seine letzten Atemzüge tat.

Hinter Wilhum sah ich Eamond. Er war in einen verzweifelten Kampf mit einer weiteren schwarz gekleideten Gestalt verstrickt und wälzte sich mit dem Angreifer über den Boden. Unerschrocken zerrte der Novize an seinem Gegner und biss um sich, obwohl klar war, dass der andere ihm an Fähigkeiten überlegen war. Er versetzte Eamond einen Kopfstoß gegen die Nase und packte ihn an der Kehle, um ihn mit erhobenem Dolch zu erledigen. Wieder blitzte Wilhums Schwert auf, und die Hand mit dem Dolch flog in die Dunkelheit. Der Angreifer wälzte sich auf dem Boden, aus dem Stumpf seines Handgelenks strömte Blut.

»Lebend!«, brüllte ich und sprintete auf sie zu. »Wir brauchen den Mistkerl lebend!«

Wilhum trat rasch auf den Armstumpf, um den Angreifer festzuhalten und den Blutfluss zu stillen. »Nimm seinen anderen Arm!«, fauchte er Eamond an. Der Novize starrte ihn einen Moment lang nur mit offenem Mund an, dann gehorchte er eilig, doch er hatte zu lange gezögert. Der Angreifer zog einen zweiten, kleineren Dolch aus seinem Gürtel und stach ihn sich selbst in den Hals. Vermutlich war die Klinge mit Gift versetzt, denn als ich bei ihnen ankam, war der Mann bereits tot.

»Verflucht!«, schimpfte ich und trat dem Toten enttäuscht in die Seite, was ich jedoch sofort bereute, weil ich vergessen hatte, dass ich keine Stiefel trug. Ich fluchte erneut, weil mein Zeh gegen etwas Hartes gestoßen war. Eine Weile lang hüpfte ich wütend auf der Stelle.

»Silbermünzen«, sagte Wilhum grinsend, nachdem er die Kleidung des Toten durchsucht und eine Geldbörse zutage gefördert hatte. Er schüttete den Inhalt auf die reglose Brust des ehemaligen Besitzers. Zahlreiche Münzen fielen heraus und ein dicker Batzen Baumwolle, der verhindern sollte, dass das Metall klirrte. »Silbermünzen der Krone«, fügte Wilhum vielsagend hinzu, während er mit dem Finger in den Reichtümern herumstocherte.

Ich schaute mich um. Überall im Lager brannten jetzt Fackeln, die zwischen den Bäumen auf und nieder hüpften und sich in Dutzenden gezogenen Klingen spiegelten. Rufe ertönten, während die Soldaten umhereilten. Kampfgeräusche waren jedoch nicht zu hören. »Schau lieber mal nach ihr«, knurrte ich Wilhum zu, während ich zu meinem Lager humpelte. »Ich komme nach, sobald ich meine verdammten Stiefel angezogen habe.«

»Erkennt irgendjemand diesen Abschaum?« Swains Frage war an alle gerichtet, aber sein Blick ruhte auf mir. Die Leichen der Meuchelmörder lagen nebeneinander. Man hatte ihnen die Masken abgenommen und die Kleidung gründlich durchsucht. Es waren eine Frau und drei Männer, alle mit Geldbörsen voller Silbermünzen. Die aufgehende Sonne überzog die raureifbedeckten Bäume mit einem goldenen Schimmer, die grausige Blässe der schlaffen Gesichter der Toten konnte sie aber nicht vertreiben.

»Ich bin nicht mit jedem Halsabschneider in Albermaine bekannt«, sagte ich zu Swain. In Wahrheit hatte ich die Gesichter eingehend betrachtet, in der Hoffnung, dass sich eine Erinnerung regte, aber ohne Erfolg. Die Toten wiesen zahlreiche Narben auf, ein paar besaßen Tätowierungen, die auf eine Vergangenheit als Seeleute hindeuteten, aber nichts, das etwas über Namen, Auftraggeber oder Herkunft verraten hätte. Neben dem armen Steinhauer hatten die vier Angreifer noch drei weitere Wachen getötet, bevor mein zufälliges Erwachen sie unterbrochen hatte.

Zufällig?, fragte eine spöttische Stimme in meinem Kopf, und Erinnerungen an Erchels schlaffes, trauriges Gesicht kehrten zurück. *Wach auf … Jemand ist hier, um dich zu töten.*

»Ich vermute mal, die hier ist Dulsianerin«, sagte Swain und stieß mit dem Fuß die Frau an. »Von der dulsianischen Küste. Darauf deuten die sonnengebräunte Haut und der geflochtene Zopf hin. So eine Waffe habe ich bisher auch nur in dem Herzogtum gesehen.« Er griff nach der Armbrust, die Ayin in der Hand hatte, hielt jedoch inne, als sie die Arme darumschlang und einen Schritt zurücktrat.

»Die gehört mir«, sagte sie. »Ich hab sie gewonnen.«

»Kriegsbeute, Hauptmann«, sagte ich zu Swain, der die Sache klugerweise auf sich beruhen ließ.

»Vier namenlose Attentäter, die ausgeschickt wurden, um Euch zu töten«, wandte er sich an Evadine. »Und sie wurden mit Silbermünzen der Krone bezahlt. Das ist alles, was wir mit Sicherheit wissen.«

Evadine musterte die Toten mit gerunzelter Stirn. Sie hatte die

Hände auf dem Rücken verschränkt, wie so oft, wenn sie in Gedanken versunken war. Schließlich schaute sie mich mit hochgezogener Braue an.

»Das Ganze wirkt ziemlich dilettantisch«, sagte ich und sprach damit etwas aus, was sie sich wahrscheinlich selbst schon gedacht hatte. »Der König und seine Schwester sind es nicht.«

»Die Silbermünzen sollen uns also auf eine falsche Fährte locken?«, fragte Wilhum. »Um von den wahren Schuldigen abzulenken?«

»Warum hätten sie sie sonst bei sich tragen sollen?«, fragte ich. »Kein professioneller Attentäter tut so etwas, es sei denn, es wurde ihm befohlen.«

»Ihr Auftraggeber hat also mit ihrem Scheitern gerechnet?«

»Oder zumindest damit, dass sie einen ihrer Leute verlieren.« Ich zuckte die Achseln. »Aber wir sollten davon ausgehen, dass ihre Absichten echt waren und die Münzen lediglich zur Verschleierung dienen sollten, falls sie versagen. Jemand will verhindern, dass die Gesegnete ihre Kompanie nach Alundia führt. Die Liste der Verdächtigen ist vermutlich ziemlich lang.«

»Herzog Oberharth steht sicher an oberster Stelle«, sagte Wilhum. »Inzwischen hat er bestimmt schon gehört, dass wir unterwegs sind. Und es heißt, er sei nicht sonderlich schlau. Das hier«, er deutete mit dem Kinn auf die Leichen, »ist ein Plan, den sich ein arroganter Dummkopf ausdenkt, der sich für besonders gerissen hält.«

Evadine überlegte noch einen Moment und wandte sich dann an Swain. »Die Soldaten, die wir verloren haben. Hatten sie Familie?«

»Da muss ich mich erst erkundigen, Feldherrin«, sagte Swain.

»Steinhauers Frau ist vor Jahren gestorben«, sagte Wilhum. »Aber er hat in Nordalberis eine Tochter. Es wird jedoch nicht ganz leicht, sie aufzuspüren.«

»Die Hälfte der Silbermünzen geht an sie und die Familien der anderen Toten«, sagte Evadine. »Wir werden die Münzen so lange aufbewahren, bis wir sie ausfindig machen konnten. Der Rest kommt in die Kompaniekasse. Es wäre schön, wenn wir zur Abwechslung mal für unser Essen bezahlen könnten. Begrabt die Toten, und ich spreche einen Segen, bevor wir aufbrechen.«

Sie musterte jeden Einzelnen von uns mit ruhigem, entschlossenem Blick, während sie weitersprach. »Ich war nie so töricht zu glauben, dass unsere Gegner vollständig besiegt sind. Und es steht fest, dass wir von nun an sehr wachsam sein müssen. Über diesen Vorfall wird deshalb kein Wort mehr gesprochen. Sagt das den Leuten, die euch anvertraut sind. Auf Anordnung der Gesegneten ist das hier nie passiert.«

Achtes Kapitel

»Nicht ganz eine Armee.« Wilhum beschattete seine Augen, um sie vor der tief stehenden Wintersonne zu schützen. Er betrachtete das Heer am anderen Ufer. »Aber auch nicht keine Armee. Wenn das irgendwie Sinn ergibt.«

»Nein, tut's nicht«, versicherte ich ihm.

Die Kompanie des Bundes war am späten Vormittag des achtzehnten Tages unseres Marsches an der Furt über den Krähenfluss angelangt. Auf der anderen Seite des flachen, aufgewühlten Gewässers standen nach meiner Schätzung etwa zweihundert Ritter und Bewaffnete zu Pferd und knapp eintausend Fußsoldaten. So, wie sie im Sonnenlicht funkelten, handelte es sich um gut bewaffnete und gepanzerte Infanterie und nicht bloß um zwangsverpflichtete Bauern, darunter zweifellos eine stattliche Zahl Armbrustschützen. Kurz, es war nicht unbedingt das, was man vorzufinden hoffte, wenn man einen Fluss überqueren wollte.

»Allerdings würden sie wohl kaum ein so prächtiges Zelt aufbauen, wenn sie in feindlicher Absicht hier wären.« Evadine deutete auf ein großes Gebilde aus Zelttuch, das in der Mitte des Heeres aufragte. Von seinem spitzen Dach erhob sich eine hohe Stange, an der ein Banner flatterte: ein aufgerichteter schwarzer Bär vor himmelblauem Hintergrund.

»Das Wappen des Herzogs von Alundia«, sagte Wilhum. »Und ich sehe keinen Waffenstillstandswimpel.«

»Ein Waffenstillstand würde bedeuten, dass wir uns schon im Krieg befinden.« Evadine packte ihre Zügel fester, worauf Ulstan, ihr großes rostbraunes Schlachtross erwartungsvoll tänzelte. »Aber das sind wir nicht. Lasst uns abwarten, was das Begrüßungsaufgebot zu sagen hat. Meister Scribe, du begleitest mich. Feldwebel Dornmahl, lass die Berittene Garde in einer Reihe antreten, aber bleib mit ihnen hier. Sagt Hauptmann Swain, dass er die Kompanie in Paradeordnung, aber nicht in Kampfformation bringen soll.«

Wilhum, der die Reihen der Alundier zweifelnd musterte, war sein Widerwille deutlich anzumerken. »Der Herzog ist nicht gerade für seine Herzlichkeit bekannt, Evie«, sagte er. »Lass mich wenigstens die Berittene Garde über …«

»Heute wird nicht gekämpft, Wil«, unterbrach sie ihn und setzte ihr Pferd in Bewegung. »Es ist ein zu schöner Tag zum Blutvergießen.«

Sie schenkte ihm ein beruhigendes Lächeln und trabte dann los. Ulstans Hufe ließen das Wasser aufschäumen. Wie stets gab Evadine eine beeindruckende Figur ab, wie sie mit geradem Rücken und flatterndem dunklen Haar durch die Furt ritt. Im hochspritzenden Wasser brach sich das Sonnenlicht und bildete einen Regenbogen, der sich auf ihrer Rüstung spiegelte. Ich selbst wirkte im Vergleich viel unbeholfener – ein Pferd durch einen schnell fließenden Strom zu lenken, war nicht Bestandteil von Wilhums Unterricht gewesen. Außerdem war Jarik bei Weitem nicht so edel und trittsicher wie Ulstan. Schnaubend stolperte er durchs Wasser und hätte mich ein paarmal beinahe in den Fluss geworfen. Als Jarik endlich am anderen Ufer ankam, hatte Evadine auf Ulstan längst angehalten und führte ein Gespräch mit einem alundischen Ritter, der von seinem Pferd gestiegen war.

»… so ist es hier Brauch, edle Dame«, sagte der Ritter gerade, als ich mit Jarik ein paar Schritt neben Evadine stehen blieb. »Adlige, die unser Herzogtum besuchen, machen dem Herzog oder der Herzogin ihre Aufwartung, und nicht umgekehrt.«

Der Ritter sprach in barschem Ton, offenbar um Höflichkeit bemüht, obwohl er es eigentlich für unnötig hielt. Er war ein kräftiger Kerl in einer prächtigen Rüstung. Brustharnisch und Schulterstücke waren mit Silberintarsien verziert, die auf der Brust das Wappen des Bären bildeten, das auch auf dem Banner zu sehen war. Seinen Helm hatte er abgenommen, vermutlich, um weniger feindselig zu wirken, wenn sein finsteres Gesicht mit dem schwarzen Bart auch das Gegenteil ausdrückte. Sein Blick ging zu mir und verharrte einen Moment abschätzend, bevor er sich wieder Evadine zuwandte.

»Ihr könnt Euch glücklich schätzen«, fuhr er fort und deutete auf das große Zelt hinter sich, »dass Herzogin Celynne so freundlich war, Euch entgegenzukommen, damit Ihr den weiten Weg bis nach Hochsahl nicht auf Euch nehmen müsst.«

»Das ist wirklich sehr freundlich und ein großes Glück, edler Roulgarth«, erwiderte Evadine heiter und neigte den Kopf. »Ich nehme an, der Herzog ist anderweitig beschäftigt?«

»Mein Bruder hat viele Verpflichtungen. Das werdet Ihr sicher verstehen.« Roulgarth lächelte breit, doch sein Blick wirkte noch härter. Er wies erneut auf das Zelt, diesmal mit mehr Nachdruck. »Wenn ich Euch dann zur Herzogin geleiten dürfte.«

»Natürlich.« Evadine saß ab und bedeutete mir mit einem Nicken, dasselbe zu tun. »Darf ich Euch Meister Alwyn Scribe vorstellen? Er trägt einige Briefe des Königs betreffs unserer Mission bei sich.«

Der Blick des Ritters richtete sich ein weiteres Mal auf mich, wenn auch nur kurz. »Ja, ich habe schon von ihm gehört«, sagte er, bevor er mit einer Verbeugung beiseitetrat. »Sollen wir?«

Das Innere des Zelts war mit Samt ausgelegt, auf dem zahlreiche Kissen verteilt waren. Eine Feuerschale mit glühenden Kohlen wärmte die

Luft. Fünf kleine Kinder und eine noch größere Zahl Wolfshundwelpen tollten kichernd und kläffend umher. Inmitten des Durcheinanders stand eine schlanke blonde Frau in einem blau-weißen Seidenkleid. Ein strahlendes, aufrichtig wirkendes Lächeln erschien auf ihren Zügen, als sie Evadine erblickte. Mit ausgebreiteten Armen kam sie auf uns zu.

»Edle Evadine«, sagte sie, ergriff Evadines Hände und zog sie in eine Umarmung. Sie war kleiner als Evadine, und ihre Arme reichten nicht ganz um ihren gepanzerten Oberkörper herum. »Wie schön, Euch wiederzusehen.« Ich musterte den offen begeisterten Ausdruck der Frau. Wenn ihre Freude nur vorgetäuscht sein sollte, dann hätte ihre Schauspielkunst selbst Lorines noch in den Schatten gestellt.

»Herzogin«, sagte Evadine und wollte ein Knie beugen, doch die blonde Frau winkte ab.

»Den Unfug könnt Ihr Euch sparen«, sagte sie. »Und nennt mich Celynne, wie damals, als wir noch zusammen bei Hofe waren. Oder habt Ihr etwa Eure alte Spielgefährtin vergessen?«

»Natürlich nicht.« Ein Lächeln erschien auf Evadines Zügen, das beinahe so herzlich war wie das der Herzogin, wenn ihr Blick auch nach wie vor vorsichtig wirkte. »Wir haben einige Briefe des Königs bei uns …«, fuhr sie fort und deutete auf mich.

»Ach, aber gewiss habt Ihr das.« Herzogin Celynne verdrehte die Augen. »Doch das kann alles warten. Kommt!« Sie ergriff wieder Evadines Hand und zog sie in das Durcheinander aus Kindern und Hunden. »Ich möchte Euch meine Lieblinge vorstellen.«

Wie sich herausstellte, hatte die Herzogin zweimal Mehrlinge zur Welt gebracht – die Jungen waren Drillinge und die beiden älteren Mädchen Zwillinge. Alle besaßen die goldenen Locken und hellblauen Augen ihrer Mutter und scharten sich aufgeregt um Evadine, die sie nach dem Willen der Herzogin »Tante« nennen sollten. Die Mädchen schienen vor allem von Evadines Haar fasziniert, sie strichen mit den kleinen Fingern über ihre langen dunklen Locken, während die drei Jungen interessiert ihre Rüstung betasteten.

»Da ist gar kein Gold«, stellte ein Junge fest. »Vaters Rüstung ist mit

Gold verziert und die von unserem Onkel nur mit Silber.« Er streckte Roulgarth die Zunge heraus, worauf der Ritter den Kopf schief legte und ihn gespielt böse ansah. Der Junge quietschte erschrocken und begeistert auf. Roulgarth und ich standen etwas abseits und beobachteten das Geschehen. Nur ab und zu näherte sich uns einer der Welpen, ob Mensch oder Hund.

»Lass das, Lutger«, sagte eins der Mädchen und zerrte einen Wolfshundwelpen von mir weg, der gerade sein Bein über meinem Fuß heben wollte. »Böser Lutger.« Sie schaute mit ernstem Gesichtchen zu mir hoch. »Er gehört mir«, sagte sie. »Mutter hat gesagt, ich darf ihm einen Namen geben und mich um ihn kümmern. Habt Ihr in Eurer Burg auch Wolfshunde?«

»Ich besitze keine Burg«, sagte ich und ging in die Hocke, um ihr in die Augen zu schauen. »Und auch keine Hunde. Ich wurde aber schon mal von welchen gejagt.« Ich strich Lutger übers Fell, und der Welpe knabberte mit seinen kleinen Zähnen an meinen Fingern herum. »Er wird mal richtig groß werden.«

Das Mädchen runzelte verwirrt die Stirn. »Warum wurdet Ihr von Hunden gejagt?«

»Weil er ein Gesetzloser ist, Ducinda«, sagte Roulgarth und tätschelte dem Mädchen mit seiner gepanzerten Hand den Kopf, ohne den Blick von mir abzuwenden. »Ein Mann, der viele schlimme Verbrechen begangen hat, heißt es. Jetzt lauf und spiel weiter.«

Das Mädchen rannte gehorsam davon, und ich richtete mich auf und versuchte dabei, der Herausforderung im starren Blick des Alundiers zu widerstehen. Wie immer ohne Erfolg. »Darf ich Euch zu Eurem Waffenmeister beglückwünschen, edler Roulgarth?«, sagte ich und nickte zu seinem Brustharnisch. »Ich habe selten eine so schöne Arbeit gesehen. Und auch so gut erhalten, kaum ein Kratzer darauf. Sicher habt Ihr ihn nach der Schlacht auf dem Feld der Verräter reparieren lassen. Ach …« Ich verstummte und lachte entschuldigend. »Verzeiht mein schlechtes Gedächtnis. Ihr wart ja gar nicht dort, nicht wahr?«

Zu meinem Ärger prallte die Spitze an Roulgarth einfach ab. Er lachte nur schnaubend. »Nein«, sagte er, »ich war damals auf Wildschweinjagd. Ich hielt das für eine bessere Verwendung meiner Zeit. Um ehrlich zu sein, bin ich schon seit ein paar Jahren nicht mehr im Norden gewesen. Zuletzt, um an dem Großen Turnier zu Ehren von König Tomas' zweiundzwanzigsten Geburtstag teilzunehmen. Zufälligerweise bin ich damals beim Schwertkampf auf Sir Althus Levalle getroffen. Wenn ich mich recht entsinne, habe ich ihn mit Leichtigkeit geschlagen.« Er lächelte breit und fügte leise, aber mit sorgfältiger Betonung hinzu: »Allein.«

»Ihr habt also ein paar Briefe für mich mitgebracht, Meister Scribe?«, rief in dem Moment die Herzogin und lieferte mir einen willkommenen Grund, von Roulgarth wegzutreten und damit auch der Versuchung zu entgehen, ihn weiter zu reizen, was zweifellos unklug gewesen wäre.

»Herrin«, sagte ich und schob mich zwischen Kindern und Welpen hindurch, um vor ihr das Knie zu beugen. Die Briefe mit dem Siegel des Königs, die ich bei mir trug, waren eigentlich an ihren Gemahl adressiert. Allerdings schloss ich aus Evadines Zustimmung zu diesem Treffen, dass jetzt nicht der Zeitpunkt war, um auf Formalitäten zu bestehen.

Herzogin Celynne und Evadine hatten auf ein paar Kissen Platz genommen und tranken Tee, den ein Diener aus einer silbernen Kanne in kleine Tassen einschenkte. In der Hand der Herzogin verstärkte die Tasse den Eindruck zarter Anmut, während Evadine fast komisch aussah, wie sie so in voller Rüstung dasaß und an dem Tee nippte, während die kleine Ducinda auf ihrem Schoß saß.

»Burg Walvern?«, fragte die Herzogin, nachdem sie den ersten Brief gelesen hatte. In ihrer Miene sah ich unterdrückte Belustigung, als sie einen kurzen Blick mit ihrem Schwager tauschte. »Dorthin will Tomas Euch schicken?«

»Ganz recht«, bestätigte Evadine.

»Dann hoffe ich, Ihr habt ein paar Maurer mitgebracht. Es ist ein schrecklich zugiger Ort, besonders im Winter.« Die Herzogin verkniff sich ein Lachen, während sie nach dem zweiten Brief griff. Doch als sie die ersten Zeilen überflog, schwand ihre Heiterkeit. Der Blick, den sie Roulgarth diesmal zuwarf, war länger und bedeutungsschwerer. »Seid Ihr Euch des Inhalts dieses Schreibens bewusst, Evadine?«, fragte sie.

»Königliche Briefe sind nicht für meine Augen bestimmt«, erwiderte Evadine. Wenn sich an der Haltung der Herzogin auch nichts geändert hatte, wirkte die Luft im Zelt mit einem Mal um einiges kühler. Ducinda zappelte auf Evadines Schoß, und die anderen Kinder wurden plötzlich still. Offenbar besaßen sie ein Gespür für die wechselnden Stimmungen ihrer Mutter.

»Zeit für euren Unterricht, meine Lieben.« Herzogin Celynne klatschte in die Hände. Prompt erschien ein Diener und führte die Kinder mitsamt den kläffenden Welpen aus dem Zelt. Ducinda drückte sich noch einmal an Evadines Brustharnisch und eilte dann hinter den anderen hinaus.

»Tschüss, Tante«, sagte sie und winkte, während der Diener sie wegführte. »Tschüss, Herr Gesetzloser …«

»Der König schickt uns eine Liste mit Namen.« Celynne stand von den Kissen auf, um Roulgarth den Brief zu reichen. »Alundische Namen, die auf seinen Befehl festgenommen und nach Burg Walvern gebracht werden sollen, damit die Gesegnete über sie richten kann.«

Im Norden waren auch unter den Adligen nur wenige des Lesens und Schreibens mächtig. In Alundia schien es jedoch anders zu sein, denn der Ritter hatte keine Schwierigkeiten, den Brief des Königs zu entziffern, wenn sich seine Miene dabei auch immer mehr verfinsterte. »Hier stehen über hundert Namen«, sagte er. »Viele angesehene Adlige des Herzogtums. König Tomas wirft ihnen alle möglichen Untaten vor, aber darunter sind Leute, von denen ich ohne jeden Zweifel weiß, dass sie nie die Hand gegen jemanden erhoben haben.«

Jetzt war es an Evadine und mir, einen bedeutungsvollen Blick auszutauschen. Dies war also der Haken an König Tomas' Auftrag, und er hatte die Sache schlau eingefädelt. Die Kompanie des Bundes einfach nur über die Grenze marschieren und eine verfallene Burg einnehmen lassen, reichte ihm nicht. Evadines Auftrag würde die Adligen von Alundia mit Sicherheit in Rage versetzen, wenn nicht gar zum Aufruhr anstacheln. Ich hätte darauf kommen sollen, die königlichen Briefe vorab zu lesen. Einen Brief neu zu versiegeln oder ihn zu verbrennen und einen passenderen Ersatz zu verfassen, wäre nicht weiter schwierig gewesen. Und doch war mir eine solch simple List gar nicht erst in den Sinn gekommen. *Du nimmst zu viel davon,* hatte Ayin über meine Medizin gesagt, und vielleicht hatte sie recht.

Evadine wirkte nur kurz bestürzt, bevor sie aufstand und mit beeindruckend fester Stimme sagte: »Ich habe dem König einen Schwur geleistet. Und sein Vertrauen ehrt mich. Ich habe meine Befehle, Herzogin, und Euer Gemahl die seinen. Heute haben wir über angenehme Dinge geredet, über die Freude, die Kinder ins Leben bringen. Über Tee und die Weingüter im Süden, die einen famosen Brandy herstellen. Von Mord und Massaker dagegen haben wir nicht gesprochen und auch nicht von der schlimmen Verfolgung, unter der die Anhänger des wahren Glaubens in Alundia leiden. Dies ist der Hauptgrund, warum Krone und Bund mich hergeschickt haben.«

»Die Wiederauferstandene spricht«, knurrte Roulgarth. »Mit Eurem fantasievollen Unfug werdet Ihr hier ganz sicher keine Anhänger gewinnen. In Alundia stehen die Leute nicht von den Toten wieder auf …«

»Bruder!«, fauchte die Herzogin. Roulgarth biss die Zähne zusammen, verkniff sich jedoch weitere Worte, und mir fiel auf, dass seine Hand zu seinem Schwert ging.

»Ihr habt uns eindeutig Stoff zum Nachdenken gegeben«, fuhr Celynne fort, deren Haltung Evadines glich. »Als Herzogin liegt es jedoch nicht in meiner Macht, diesen Bedingungen zuzustimmen. Darüber muss mein Gemahl entscheiden. Ich werde ihm diese Schreiben mit höchster Dringlichkeit weiterleiten. Bis dahin steht es Euch frei, nach Burg Walvern weiterzuziehen und dort auf seine Antwort zu warten.«

Evadine hätte sie darauf hinweisen können, dass eine solche Erlaubnis nicht notwendig war, da sie auf Geheiß des Königs handelte. Zum Glück gebot ihr Pragmatismus ihr jedoch, mit einer Verneigung und in gemäßigtem Ton zu antworten. »Ich rechne mit der umgehenden Bestätigung, dass der Herzog sich dem Erlass des Königs beugt. Und ich versichere Euch, dass ich jeden Adligen, der zu mir gebracht wird, anhören werde. Kein Unschuldiger soll ungerecht bestraft werden. Darauf gebe ich mein Wort als Aszendentin und Märtyrerin des Bundes.«

Meine Hand ging zu meinem eigenen Schwert, als ich Roulgarth sichtlich erschauern sah. Offenbar musste er sich auf die Zunge beißen, um nicht ausfällig zu werden. Das Wort »Ketzerei« hätte bei dem, was er sagen wollte, sicher eine bedeutende Rolle gespielt. Zum Glück legte seine Schwägerin ihm eine Hand auf den Panzerhandschuh, was eine mäßigende Wirkung hatte.

»Evadine …« Sie seufzte bedauernd. »Wir sind hier nicht im Norden«, fuhr sie traurig fort. »Der Bund, wie Ihr ihn kennt, besitzt hier keine Macht. Man kann seinen Glauben niemandem aufzwingen, wie sehr man es auch möchte. Ihr glaubt, Ihr seid hier, um die Gläubigen zu verteidigen? Nein, Ihr seid hier, weil der König letztes Jahr doppelt so hohe Steuern verlangt hat, um seine Schulden wegen des Prätendentenkriegs zu bezahlen. Mein Gemahl hat sich geweigert zu zahlen, und jetzt schickt Tomas Euch, um uns zu quälen, und bringt Euch damit in Gefahr. Warum dient Ihr denen, die Euch töten wollten und es immer noch tun würden, wenn sie es könnten? Ich bitte Euch als Eure Freundin, kehrt nach Norden zurück, denn dort befinden sich Eure wahren Feinde.«

»Wer dem Bund schadet, ist mein Feind«, erwiderte Evadine. »Egal, wo er sich befindet.« Sie verneigte sich. »Wenn Ihr gestattet, Herzogin.«

»Was hältst du von Roulgarth?«

Wir waren mit unseren Pferden halb durch die Furt gewatet, als sie mir diese Frage stellte. Anscheinend sollte die Unterhaltung unter uns bleiben, Wilhum und Swain sollten nichts davon erfahren.

»Er ist ziemlich arrogant«, sagte ich. »Hat damit geprahlt, dass er vor ein paar Jahren Sir Althus bei einem Turnier besiegt hat.«

»Das war keine Prahlerei. Ich war dabei, und er hat ihn tatsächlich mit Leichtigkeit besiegt.« Ich spürte ihren Blick und runzelte die Stirn. »Ich würde dir davon abraten, ihn unnötig zu reizen, Alwyn. Du hast zwar schon vieles gelernt, aber Roulgarth ist eine Klasse für sich. Außerdem sollst du dich nicht mit dem Schwert mit ihm messen, sondern mit deinem Verstand. Soweit ich es von Celynne gehört habe, überlässt Herzog Oberharth militärische Angelegenheiten für gewöhnlich seinem Bruder. Und ich denke, dass er kein Dummkopf ist. Sollte es zu einer Schlacht kommen, wird er der Hauptmann sein, gegen den wir kämpfen müssen.«

»Wir haben auch früher schon kluge Hauptleute überlebt. Zum Beispiel den ascarlianischen Mistkerl Gruinskard.«

»Überleben bedeutet nicht Siegen, und von nun an kommt für die Gesegnete nur noch ein Sieg infrage.« Es klang nicht überheblich, sondern wie eine nüchterne Betrachtung der Tatsachen. »Wir müssen siegreich sein, Alwyn, ganz gleich, was unsere Feinde gegen uns in Stellung bringen. Ich weiß, wie man eine Schlacht schlägt, aber ich habe auch genug Erfahrung mit Kriegen, um zu wissen, dass die meisten Schlachten schon gewonnen oder verloren sind, bevor sich die Klingen das erste Mal kreuzen. Um hier zu triumphieren, brauchen wir einen Plan, und dafür habe ich dich.«

»Swain ist ein besserer Soldat, als ich es je sein werde. Es ist noch gar nicht lange her, da war ich bloß ein einfacher Gesetzloser, der aus den Erzminen geflohen ist.«

»Hauptmann Swain ist in der Tat ein hervorragender Soldat und guter Taktiker. Aber er ist etwas … engstirnig, die Märtyrer mögen ihn segnen. Nachdem wir heute Roulgarth begegnet sind, kann ich dasselbe von ihm leider nicht behaupten. Er besitzt einen scharfen Verstand und ist alles andere als beschränkt.«

Ich erinnerte mich an die Wut des alundischen Ritters, als Evadine sich selbst als Märtyrerin bezeichnet hatte. Im Nachhinein begriff ich, dass sie damit absichtlich seine Gesinnung hatte testen wollen. »Ein Verstand kann durch Fanatismus getrübt sein«, sagte ich. »Oder wenigstens durch ein übermäßiges Vertrauen in den eigenen Glauben.« Ich dachte an meine Recherchen in der Bibliothek des Bundes. »In der unorthodoxen Doktrin heißt es, der Glaube sei mit dem Tod des Mannes, den sie Märtyrer Korbil nennen, zur Vollendung gelangt. Aus ihrer Sicht kann es keine neuen Märtyrer geben, ob nun wiederauferstanden oder nicht. Für Roulgarth und seinesgleichen steht deshalb deine bloße Existenz im Widerspruch zu allem, woran sie glauben. Aber das weißt du sicher längst.«

Auf meine hochgezogene Braue reagierte Evadine mit einem Lächeln. »Ich weiß es nicht«, sagte sie, »aber ich vermute es. Es war anzunehmen, dass er dem unorthodoxen Glauben anhängt, ich hätte jedoch nicht gedacht, dass er ein so glühender Verfechter ist. Vielleicht etwas, das wir zu unserem Vorteil nutzen können?«

»Vielleicht. Letztendlich wird unser Sieg jedoch vom Zustand der Festung abhängen.«

Neuntes Kapitel

»Bei den Ärschen der Märtyrer.« Wilhum seufzte verzweifelt. »Was für ein Trümmerhaufen.«

Auf den ersten Blick machte Burg Walvern wahrlich keinen sehr erbaulichen Eindruck. Mit der Kunst des Burgenbaus kannte ich mich nicht aus, vertraute jedoch auf Wilhums Urteil, dass Walvern uralt war. Sie besaß eine Außenmauer, die im Rechteck um den Burghof verlief, auf dem einige verfallene Gebäude standen. Eine höhere Innenmauer umschloss einen kegelförmigen und mit hohem Gras bewachsenen Hügel, auf dessen Spitze ein trutziger runder Turm von vielleicht fünfzig Fuß Höhe aufragte. Wir hatten gemeinsam mit Evadine etwa eine Viertelmeile von der Burg entfernt auf einer Anhöhe haltgemacht, und selbst aus dieser Distanz waren die Lücken in der Außenmauer deutlich sichtbar. Im Gegensatz zu den Burgen, die ich bislang gesehen hatte, befand sich hier kein Dorf oder eine Siedlung im Umkreis. Stattdessen war das umliegende Land, bis auf ein paar Karren, die auf der Straße zur Nordgrenze Waren transportierten, nahezu menschenleer. Nach der Überquerung des Krähenflusses war unsere Kompanie an ein paar Weilern vorbeigekommen, deren Bewohner uns mit finsteren Mienen angeschaut hatten. Manche hatten sogar auf den Boden gespuckt, als wir vorbeimarschiert waren. Das Land schien hier sehr fruchtbar zu sein; die Menschen wirkten gut genährt und zufrieden, außer wenn sie Eindringlingen aus dem Norden begegneten.

»In Alundia gibt es keine Knechte«, erklärte mir Wilhum, als ich ihn auf die körperliche Verfassung der Einheimischen ansprach. »Jedenfalls nicht so wie bei uns. Die Bauern zahlen Pacht an den Gutsherrn, sind jedoch keine Leibeigenen. Sie können ihr Land also jederzeit verlassen, wenn sie wollen. Und wenn sie ihre Abgaben bezahlt haben, dürfen sie die restliche Ernte nach Belieben verkaufen. Ein Bauer wird also versuchen, so viel wie möglich aus seinem Land herauszuholen, um Gewinne zu machen.«

Dass in einer Region, die angeblich so trocken war, derart viel Landwirtschaft betrieben wurde, verwunderte mich. Wir kamen an zahllosen sanft ansteigenden Hügeln vorbei, die mit Reben und Obstbäumen bewachsen waren. Die Äste der Bäume waren zwar winterlich kahl, würden im Frühling aber sicher reichlich Blüten tragen. Als wir uns der Burg Walvern näherten, ging das fruchtbare Land jedoch in felsige, schroffe Berge über, die bar jeder Vegetation waren.

»Mitten in einer Gegend erbaut, die nichts hervorbringt, um die Burg zu erhalten.« Wilhum wickelte sich in seinen Umhang und starrte die Burg missmutig an. »Ein weiterer Grund, weshalb sie nie lange bewohnt war.«

»Dank Meister Scribe besitzen wir genügend Vorräte, um die Kompanie durch den Winter zu bringen«, sagte Evadine.

Tatsächlich waren wir mit einem langen Wagenzug voll eingesalzenem Fleisch, Getreide und Konserven, die wir auf dem Weg nach Süden von diversen Kaufleuten erworben hatten, in Alundia einmarschiert. Ich hatte darauf geachtet, nur mit solchen Händlern Geschäfte zu machen, die für ihre Hingabe an den Glauben bekannt waren – fromme Leute, bei denen damit zu rechnen war, dass sie zur heiligen

Mission der Gesegneten zusätzlich noch einiges kostenfrei beisteuern würden. Zu diesem Zweck hatte ich Evadine überredet, ein paar private Predigten zu halten und einige Wohnhäuser, Gehöfte und Mühlen zu segnen – was sie mit bewundernswerter Geduld tat. Natürlich konnte man sich aber nicht allein auf den Glauben der Leute verlassen. Selbst der frommste Kaufmann wollte am Ende bezahlt werden. Um ausreichend Vorräte zu beschaffen, damit die Kompanie über die nächsten Monate kam, hatte ich reichlich Gebrauch vom Erlass des Königs machen und überdies ein paar unserer kürzlich erworbenen Silbermünzen ausgeben müssen. Der Schwur der Gesegneten, alle Schulden spätestens im nächsten Sommer zu begleichen, füllte ebenfalls unsere Karren. Trotz allem gefiel mir die Aussicht nicht, dass wir uns hier am Ende einer derart langen und anfälligen Versorgungslinie befanden. Und noch wichtiger: Auch Verstärkung würde an diesem Ort nicht leicht zu beschaffen sein.

»Kluge Leute holen sich Mauersteine, wo sie sie finden können«, erklärte Estrik, der Veteran aus Cordwain. War er auch sonst nicht sehr gesprächig, so kannte er sich mit Burgen offenbar aus. Bei näherer Betrachtung wirkte Walvern noch weniger anheimelnd: Die Lücken in der Außenmauer waren groß, und auf dem Boden lagen keine Trümmer, die man zum Reparieren hätte verwenden können. »Würden wir uns die Häuser, an denen wir vor einer Weile vorbeigekommen sind, genauer anschauen, fänden sich in den Mauern sicher viele Steine aus der Burg. So kahl, wie der Boden hier ist, haben die Leute bestimmt schon vor Jahren alles Brauchbare weggeholt.«

»Du hast also Erfahrung als Maurer, Soldat Estrik?«, fragte Wilhum.

»Ein wenig, Herr.« Estrik salutierte unwillkürlich. Er hatte ein Leben lang als Soldat gedient, manche Gewohnheiten ließen sich da vermutlich nur schwer ablegen. »Ich meine, Feldwebel.« Er hustete, bevor er weitersprach. »Mein Vater war Maurer. Er hat überall in Cordwain und Althiene Burgen gebaut. Und er hätte mir sein Handwerk beigebracht, wäre er nicht während der Herzog-Kriege gefallen.«

»Kann das repariert werden?«, fragte ich ihn und deutete auf die Lücken.

»Was eingestürzt ist, kann auch wieder aufgebaut werden, Meister Scribe.« Estriks grobe Gesichtszüge nahmen einen zweifelnden Ausdruck an, als er die Mauern betrachtete. »Die Frage ist nur, ob einem genügend Steine und Arbeiter zur Verfügung stehen. In den Hügeln gibt es eine Menge Felsgestein. Es abzubauen und herzuschaffen, wäre allerdings nicht ganz leicht. Ich würde ja vorschlagen, die Lücken mit Holz zu verschließen, aber Bäume sind in der Gegend ebenfalls rar.« Er dachte noch einen Moment nach und strich sich mit den dicken Fingern über das vernarbte Kinn. »Man könnte vielleicht versuchen, sie zu verkürzen.«

»Verkürzen?«, fragte Wilhum.

»Steine oben von der Mauer abbrechen und damit die Lücken füllen«, erwiderte Estrik. »Die Außenmauer wäre dann zwar kleiner, aber ich habe schon die ein oder andere Belagerung mitgemacht und kann deshalb sagen, dass eine niedrige Außenmauer immer noch besser ist als gar keine.«

Zufrieden war Estrik hingegen mit dem tiefen Verteidigungsgraben, der die Außenmauer umgab. »Schlau«, sagte er, als wir neben der vermoderten Zugbrücke anhielten, die über den Graben zum breiten Bogen des Haupttors führte. »Dadurch gewinnt die Mauer noch mal ein Dutzend Fuß an Höhe, die Angreifer erklimmen müssten, und der Graben ist zu breit, um ihn mit Leitern oder Türmen zu überbrücken.«

»Anscheinend hat hier also doch mal jemand sein Handwerk verstanden«, meinte Wilhum und wandte sich an Evadine. »Mir scheint, Soldat Estrik gäbe einen guten Kastellan ab. Ich schlage vor, ihn zum Feldwebel zu befördern und die Arbeiten überwachen zu lassen.«

»Eine exzellente Idee.« Evadine schenkte Estrik ein Lächeln. »Mein Glückwunsch, Kastellan.«

Wie stets, wenn Evadines Blick auf ihn gerichtet war, wirkte Estrik jetzt eher wie ein schüchternes Kind als wie eine riesige Bulldogge. Einen Moment lang dachte ich schon, es hätte ihm gänzlich die Sprache verschlagen. Mit gesenktem Blick und hochrotem Kopf saß er im Sattel. Schließlich schaute er kurz zu Evadine hoch und stammelte: »Ich … ich war noch nie Feldwebel, Herrin. Kein Hauptmann hat mich je für würdig gehalten.«

»Dass deine früheren Hauptleute keinen Verstand besaßen, soll mich nicht kümmern, Feldwebel.« Evadine nickte forsch zu den verwitterten, rissigen Mauern vor uns. »Deine erste Aufgabe wird es sein, die Burg genauer in Augenschein zu nehmen. Melde dich danach bei mir mit Vorschlägen zu unserem weiteren Vorgehen. Nach der Predigt heute Abend kannst du mir schon mal deine ersten Gedanken dazu mitteilen. Aber im Moment …«, sie musterte zweifelnd das morsche Holz der Zugbrücke, »sollten wir erst mal einen möglichst ungefährlichen Weg nach drinnen finden.«

Zum Glück hatte ich auf unserem Marsch nach Süden auf Anraten von Hauptmann Swain auch zwei Karren Bauholz erworben. »Selbst wenn wir nichts bauen müssen«, hatte er gesagt, »Feuerholz können wir immer gut gebrauchen.« Darüber hinaus hatte ich einen Karren voll Spitzhacken, Äxten, Hämmern und anderem Gerät beschafft. So besaßen wir also genügend Material für eine neue Zugbrücke und die Werkzeuge, um sie zu bauen. Estrik erwies sich als effizienter Aufseher. Innerhalb weniger Stunden hatte er einige Zimmerleute in unseren Reihen ausfindig gemacht und sie mit der Aufgabe betraut. Bis sie fertig waren, würde die Kompanie vor der Burg ihr Lager aufschlagen müssen. Evadine gab Befehl, auf den umliegenden Hügeln Spähposten aufzustellen, und schickte Wilhum mit der Berittenen Garde los, um bis Nachteinbruch auf den Zugangswegen zu patrouillieren. Die Stunden bis zum Sonnenuntergang wollten wir nutzen, um einen Rundgang durch die Burg zu machen. Dazu mussten wir uns jedoch über die alte Zugbrücke wagen. Ayin erklärte sich freiwillig bereit vorauszugehen und hüpfte leichtfüßig zwischen den morschen Balken umher, um uns den Weg zu zeigen.

Der Burghof war mit Unkraut überwuchert und mit altem Holz,

zerbrochenen Steinfliesen und herabgefallenen Trümmern bedeckt. Wie Estrik vorhergesagt hatte, fanden sich hier hauptsächlich lose Steine, die sich kaum zum Bauen eigneten. »Als Wurfgeschosse sind sie trotzdem nicht zu verachten«, sagte Evadine, als ich meine Gedanken laut aussprach. »Selbst ein kleiner Stein kann einen Schädel spalten, wenn er aus großer Höhe geworfen wird. Wir werden sie einsammeln und auf den Zinnen bereitlegen lassen.«

»Das hier war wohl mal die Kaserne.« Ich trat gegen einen alten Dachbalken, der inmitten von überwucherten Steinfliesen und Ziegeln lag. »Ich bin zwar kein Maurer, aber ich möchte bezweifeln, dass sich das wiederaufbauen lässt.«

»Wir haben Zelte«, sagte Evadine. »Die müssen ausreichen, bis wir mehr Material sammeln konnten.« Sie schaute zu dem Turm auf dem grasbewachsenen Hügel hoch. »Der sieht noch einigermaßen intakt aus.«

Nachdem wir die steile, gewundene Treppe zum Turm hochgestiegen waren, erwies sich ihre Einschätzung als richtig. Obwohl von der einstmals dicken, eisenbeschlagenen Tür nur noch ein paar rostige Überreste verblieben waren, schien das Mauerwerk weitgehend unbeschädigt. Links und rechts erhoben sich zwei Bastionen, die bis zur halben Höhe des Turms aufragten und zahlreiche Schießscharten aufwiesen, mit denen das Burgtor unter Beschuss genommen werden konnte. Innen befand sich im Erdgeschoss ein kreisrunder Saal, in dessen Mitte ein erhöhtes Podest aufragte. Außerdem gingen vom Saal einige kleinere Räume ab, die Kamine besaßen und vermutlich als Wohnräume genutzt worden waren. Unter einer großen Falltür in der Mitte des Raums, die trotz ihres Alters noch unversehrt war, kam eine nach unten führende Treppe zum Vorschein. Wir besaßen keine Fackel, um das dunkle Gewölbe darunter erkunden zu können, ein Steinchen, das ich die Treppe hinabtrat, erzeugte jedoch ein langes Echo.

»Jede Menge Platz für Vorräte«, stellte Evadine fest.

»Oder für Gefangene«, fügte ich hinzu. »Ich hab noch nie eine Burg ohne Verlies gesehen.«

Ich klappte die Falltür wieder zu und ging zum Podest. »Hier saß wohl mal der Burgherr«, sagte ich. Es wäre schön gewesen, einen herrschaftlichen Thron mit hoher Lehne vorzufinden, aber stattdessen war das Podest nur von einer dicken Staubschicht überzogen. »Den Chroniken zufolge blieb dem letzten Adligen aus dem Norden, der hier gesessen hat, nicht mal mehr genügend Zeit, richtig Hof zu halten, bevor die Alundier eintrafen und die Mauern einrissen.«

»Es ist furchtbar kalt hier«, beschwerte sich Ayin und verzog das Gesicht, während sie die Arme um ihren schlanken Körper schlang. »Soll ich ein Feuer anzünden, Herrin?«

»Ja, bitte, Ayin.« Evadine deutete auf die Räume, die an den Saal angrenzten. »Such ein Zimmer für mich und eins für dich aus. Aber schau, dass die Schornsteine frei sind, bevor du ein Feuer anzündest«, fügte sie hinzu, als Ayin davoneilte.

Ich ging zum Fuß der Wendeltreppe, die in den Turm hochführte, staubige Stufen, über die man zu den Stockwerken über uns gelangte. Die Decke des Erdgeschosses war etwa zwanzig Fuß hoch und lag größtenteils im Dunkeln, als ich jedoch nach oben schaute, entdeckte ich etwas Ungewöhnliches.

»Bei den Märtyrern.« Ich deutete nach oben. Evadine, die meinem Blick folgte, stieß einen freudigen Ausruf aus, als sie das Gemälde an der Decke sah. Es handelte sich um eine Anzahl von Porträts, die im Kreis um eine strahlende Sonne herum angeordnet waren. Sämtliche bedeutende Märtyrer waren vertreten, und die Darstellung wirkte viel lebendiger und detailreicher, als man es von den gekünstelten Bildern in illuminierten Manuskripten kannte. Die Märtyrer und Märtyrerinnen sahen wie echte Menschen aus, die mitten in der Bewegung eingefangen waren. Am eindrucksvollsten war das Porträt von Märtyrer Stevanos – eine hochgewachsene, kraftvolle Gestalt mit langem grauen Haar und Bart. Die Szene stellte eine bekannte Geschichte vom Anfang seiner Schriftrolle dar und zeigte den ersten Märtyrer, wie er sich vor einen gefangenen feindlichen Soldaten stellte, um ihn vor einer Menschenmenge zu schützen, die ihn steinigen wollte.

»Hast du so etwas schon mal gesehen?«, fragte ich Evadine.

»Einige Wandmalereien in Couravel sind ähnlich detailreich«, sagte sie. »Aber bisher ist mir noch keine untergekommen, die derart …«

»Lebendig?«, schlug ich vor, als sie nach dem passenden Wort suchte.

»Ja, lebendig … real aussah. Ich könnte nicht sagen, welcher Künstler das geschaffen hat. Wer etwas Derartiges zustande bringt, muss doch in die Geschichte eingegangen sein.«

»Vermutlich gibt es hier irgendwo eine Signatur.« Ich kniff die Augen zusammen und schaute von einem Märtyrer zum nächsten. Es war jedoch zu dunkel, um etwas erkennen zu können. »Ich suche danach, wenn wir hier drin Licht haben. Allerdings müssen wir vorsichtig sein. Ruß und Ölrauch verursachen Flecken und trüben die Farben. Ich schätze mal, dass das Gemälde nur deshalb so gut erhalten ist, weil der Turm jahrelang leer stand.«

»Das ist ein Zeichen, Alwyn.« Evadines Stimme klang ehrfürchtig. Als sie sich zu mir umdrehte, sah ich in ihrem Gesicht dieselbe beunruhigende Gewissheit wie damals, als sie in Farinsahl erwacht war. »Dies ist der Ort, an dem wir sein sollen. Hier beginnt unsere Aufgabe erst richtig.«

Ich nickte nur kurz und wandte mich dann der Treppe zu. Für gewöhnlich gingen wir recht vertraut miteinander um, wenn sich aber ihr religiöser Eifer zeigte, lähmten Unsicherheit und die große Lüge, die wir ihr erzählt hatten, meine Zunge. »Dann hoffe ich mal, dass die Stufen noch intakt sind«, sagte ich, um abzulenken, doch ohne Erfolg.

»Ich habe es den anderen noch nicht erzählt«, fuhr Evadine fort und folgte mir die Treppe hoch, »aber ich hatte wieder eine Vision.«

Ich zögerte mit einer Antwort. Über ihre Visionen zu reden, gefiel mir noch weniger, als mir die frommen Tiraden anzuhören, die sie gelegentlich von sich gab. »Eine Vision?«, hakte ich nach, als sich das erwartungsvolle Schweigen zu sehr in die Länge zog. Wir stiegen durch das zweite Obergeschoss, das bis auf die Schießscharten in den Mauern leer war. Bei ihrem Anblick nahm ich mir vor, mir einen Überblick darüber zu verschaffen, wie viele Armbrustbolzen die Kompanie besaß. Wenn Swain recht hatte, könnten uns im Falle einer Belagerung schnell die Bolzen ausgehen, und an diesem abgelegenen Ort wäre es schwierig, neue zu beschaffen.

»Ja«, sagte Evadine mit einer Begeisterung, die mich unbehaglich machte. »Es war in der Nacht nach der Begegnung mit den Attentätern, was bestimmt kein Zufall ist. Dass die Seraphilen mir zu einem solchen Zeitpunkt eine Vision schicken, ist ein weiteres Zeichen dafür, dass wir auf dem richtigen Weg sind.«

»Gewiss«, murmelte ich.

»Sie haben mir Wunder gezeigt, Alwyn«, sagte Evadine, ohne meinen säuerlichen Tonfall zu bemerken. »Wie du weißt, sehe ich in meinen Visionen meist nur schreckliche Dinge – das furchtbare Grauen der zweiten großen Plage. Aber diesmal …« Sie verstummte, und das Echo ihrer Schritte verhallte. Ich drehte mich um und stellte fest, dass sie mich ansah. Das trübe Licht, das durch die Schießscharten hereinfiel, ließ ihre Augen funkeln, obwohl der Rest ihres Gesichts im Schatten lag. »Sie haben mir eine friedliche Welt gezeigt. Eine, in der all unsere Kämpfe vorbei waren. Eine, die …« Sie brach ab und streckte zittrig die Hand aus, ließ sie jedoch gleich wieder sinken. Blinzelnd wandte sie den Blick ab. »Ich glaube, ich habe gesehen, was unsere Belohnung sein wird«, flüsterte sie. »Nicht das Paradies, das uns hinter der Himmlischen Pforte erwartet, sondern eines hier, in diesem Leben. Eine ganz wunderbare Belohnung. Alles, was wir tun müssen, ist siegreich zu sein.«

Mehr nicht? Die spöttische, zweifelnde Frage konnte ich mir noch gerade so verkneifen. In dem Moment war ich schrecklich versucht, ihr die Wahrheit an den Kopf zu werfen, ihr endlich schonungslos zu enthüllen, wie sich ihre wundersame Wiedererweckung wirklich ereignet hatte. Ich konnte immer noch nicht eindeutig sagen, ob ihre Visionen wirklich von himmlischen Wesen geschickt wurden oder nur die Einbildung eines kranken Geistes waren. Ich hatte in dieser Welt vieles gesehen, das sowohl für das eine als auch für das andere gesprochen hätte. Dennoch rebellierten all meine Instinkte gegen diesen Teil von ihr, diesen unerschütterlichen Glauben an ihre eigenen Schlussfolgerungen.

Trotz der Kälte sammelte sich Schweiß auf meiner Stirn. Das Bedürfnis, die Wahrheit zu sagen, ließ mein Herz galoppieren. Ganz gleich, wie sie darauf reagieren würde, zumindest würden diese ewigen Wahnvorstellungen endlich aufhören. Vielleicht würde es sie sogar ihrer Heilung ein Stück näher bringen – wenn sie mich nicht deswegen umbrachte. Ich biss die Zähne zusammen und kämpfte gegen die Verlockung an, ehrlich zu sein. Stattdessen drehte ich mich um und stieg weiter die Treppe hoch.

»Dann hoffen wir mal, dass dieser Turm noch ein Dach hat«, sagte ich und betete darum, dass sie die Anspannung in meiner Stimme nicht hörte. »Sonst wird es mit dem Siegen schwer.«

Zum Glück war das Dach so gut erhalten wie der Rest des Turms. Die Dachfläche war etwa zwei Dutzend Schritt lang – ausreichend für ein halbes Kontingent Armbrustschützen – und von robusten, hohen Zinnen umgeben, die Deckung boten. In der Mitte ragte zudem ein ungefähr einen Meter hoher runder Sockel auf.

»Hier befand sich wohl mal das Leuchtfeuer«, sagte ich, kletterte auf den Sockel und ließ den Blick über den Krähenfluss schweifen, der wegen des bedeckten Himmels grau und trübe wirkte. »Bei meinen Recherchen habe ich von einem hölzernen Außenposten am anderen Flussufer gelesen. Das Leuchtfeuer wurde angezündet, wenn die Burg belagert wurde. Als Nächstes wurde auch auf dem Außenposten eines entfacht. Die Signalkette soll bis nach Couravel gereicht haben, sodass man innerhalb eines Tages eine Warnung an den König schicken konnte.«

»Inzwischen nicht mehr.« Evadine stieg zu mir auf den Sockel. »Wenn König Tomas allerdings mit seiner neu aufgestellten Armee zur Grenze marschiert, sollte er nicht schwer zu finden sein.«

»Falls er denn wirklich mit seiner Armee losmarschiert.«

»So wenig Vertrauen in unseren König, Alwyn?« Ihre Stimme besaß einen spöttischen Unterton, den man bei ihr nur selten hörte und der mir verriet, dass ihr Glaube an König Tomas kaum größer war als mein eigener.

»Dieser …«, ich hielt inne, um einen Fluch zu unterdrücken, »… Brief. Nach allem, was ich über Alundia weiß, kann es wohl kaum etwas geben, das die Adligen des Herzogtums mit größerer Sicherheit zu den Waffen greifen lässt. Wir wurden eindeutig hierhergeschickt, um einen Krieg anzufangen. Weniger klar ist, ob der König vorhat, ihn zu Ende zu bringen, bevor wir am Ende sind.« Ich richtete den Blick auf das andere Ufer und entdeckte einen niedrigen Hügel, auf dem vermutlich mal das zweite Leuchtfeuer gestanden hatte. »Ich würde vorschlagen, dass wir Vorkehrungen treffen.«

Evadine runzelte zweifelnd die Stirn. »Du willst die Leuchtfeuerkette wiederaufbauen? Selbst wenn wir eine solche Mammutaufgabe bewältigen könnten, sehe ich wenig Sinn darin, den König zu Hilfe zu rufen, wenn es sein Ziel ist, dass wir hier sterben sollen.«

»Nicht, um ihn zu Hilfe zu rufen, und es müssen auch nicht alle Leuchtfeuer wiederaufgebaut werden. Nur das am anderen Ufer. Ich habe so eine Ahnung, dass das reichen wird, wenn es so weit ist.«

Zehntes Kapitel

In den folgenden Wochen patrouillierte ich mit Wilhum und der Berittenen Garde in den umliegenden Hügeln, während Evadine die Instandsetzung der Burg beaufsichtigte. Jeden Tag hallte die Anlage vom Klang der Werkzeuge und dem Stimmengewirr der Arbeiter und Arbeiterinnen wider. Obwohl sich der neu berufene Kastellan Estrik als äußerst fähig erwies, wollte Evadine lieber in der Burg bleiben, um die Kompanie zu größtmöglichem Eifer anzutreiben. Niemand konnte sagen, wie lange es dauern würde, bis Roulgarth der Burg seinen unvermeidlichen Besuch abstattete, deshalb war es von größter Wichtigkeit, dass die Arbeit schnell voranging. Bei unserer Rückkehr von den täglichen Patrouillen konnte ich beobachten, wie die Außenmauer Stück für Stück an Höhe verlor, während sich die Lücken mit robustem, wenn auch nicht sehr elegantem Mauerwerk füllten.

Unsere Patrouillen hatten einen doppelten Zweck: Zum einen sollten sie vor Spionen und Saboteuren schützen, zum anderen wollte ich die weniger bekannten Pilgerpfade ausfindig machen, die auf meiner Karte verzeichnet waren. Sollte es Schwierigkeiten geben, könnte es sich als hilfreich erweisen, ein Netz aus verborgenen oder vergessenen Wegen durch dieses Land zu kennen. Leider waren die meisten Wege stark vernachlässigt und boten kaum besseren Halt als jeder beliebige mit Geröll übersäte Abhang. Der Weg zum Schrein von Märtyrer Lowanthel erwies sich als die einzige Ausnahme.

Er führte im Westen der Burg durch die Hügel, mehr als zwölf Meilen durch Wasserrinnen und über Hänge hinweg, war jedoch auf der ganzen Strecke gut begehbar. Zudem war er breit genug, dass man Rinder darauf entlangtreiben konnte, und deshalb auch für Packpferde oder Maultiere geeignet. Wenn unsere Feinde eintrafen, würden sie sicherlich die Straße zur Grenze abschneiden, und der Pilgerweg könnte als Alternativroute zum Beschaffen von Vorräten oder Verstärkung dienen. Die Zahl der Berittenen Garde hatte sich verringert, weil drei Soldaten zum Nordufer des Krähenflusses geschickt worden waren, um dort auf das Leuchtfeuer der Burg zu warten. Sie waren nicht nur deshalb ausgewählt worden, weil sie gut reiten konnten, sondern auch, weil sie der Gesegneten treu ergeben waren. Sollte es notwendig werden, sie loszuschicken, mussten sie fähig sein, mitreißende Reden zu halten, denn darin bestand ihre Hauptaufgabe. Ich hatte mit dem Gedanken gespielt, Eamond diesem Trupp zuzuteilen, seine Fähigkeiten als Reiter ließen aber immer noch zu wünschen übrig. Außerdem war er zu schüchtern; wenn er in letzter Zeit auch die lästige Angewohnheit entwickelt hatte, ständig ungefragt das Wort zu ergreifen.

»Wusstet Ihr schon, Meister Scribe«, setzte er an, während wir unsere Reittiere an einer schmalen Stelle des Wegs am Zügel führten, »dass Märtyrer Lowanthel die einzige Persönlichkeit in der Geschichte des Bundes ist, die von den Caerithern getötet wurde?«

Das hatte ich in der Tat nicht gewusst, hätte aber dennoch nur mit einem desinteressierten Knurren geantwortet, hätte er nicht die Caerither erwähnt. »Denen hat wohl nicht gepasst, was er zu sagen hatte«, erwiderte ich. »Nicht alle Herzen sind offen für die Gunst der Seraphilen.«

»Angeblich waren es nicht seine Predigten, an denen sie Anstoß nahmen«, sagte Eamond ein wenig außer Atem, weil wir gerade die Ostseite einer besonders steilen Rinne hochstiegen, »sondern daran, dass er sie bestohlen hatte.«

»Der Märtyrer ein Dieb?« Ich lachte, aber mein Interesse war geweckt. »Erzähl mir mehr.«

»Tja, anscheinend war Lowanthel tatsächlich in die Öde gereist, um über die Märtyrer zu predigen, fand damit jedoch wenig Anklang. Vor seinem Tod konnte er noch einen Teil seiner Geschichte weitergeben. Er berichtet von einem heidnischen Ritual, bei dem verschiedene Artefakte zum Einsatz kamen, darunter auch ein seltsamer Knochen, den er besonders interessant fand.«

»Ein Knochen? Das war es, was er gestohlen hat?«

»So heißt es in seiner Geschichte. Lowanthel berichtete ausdrücklich, dass er den Knochen mitnahm – ein unförmiges Ding, das zu einer längst ausgestorbenen Tierart gehört hatte –, um zu verhindern, dass die von ihm beobachteten Riten weiter durchgeführt werden konnten. Nach seiner Beschreibung wurden damit alle möglichen unnatürlichen Abscheulichkeiten heraufbeschworen. Womöglich stimmt das tatsächlich, denn er behielt den Knochen die nächsten zehn Jahre ständig bei sich. Die Caerither besitzen jedoch offenbar ein gutes Gedächtnis und sind sehr nachtragend. Die Leute, die Lowanthels Leiche fanden, bezeugten, dass es sehr lange gedauert haben musste, bis er gestorben war. Von dem Knochen fand sich natürlich keine Spur. Bei den Alundiern gibt es ein altes Sprichwort: ›Einen Caerither kann man töten, aber bestehlen sollte man ihn nie.‹«

Ich lachte erneut, verstummte jedoch, als der Wind einen vertrauten Geruch herantrug: *Rauch*. Ich schaute den Abhang hoch und sah Fletchmann, der seinen Bogen vom Rücken nahm und den Blick auf etwas richtete, das hinter der Hügelkuppe lag. Der ehemalige Wilddieb gehörte nicht zur Berittenen Garde – er hasste es zu reiten –, mit seinen Fähigkeiten als Späher erwies er uns bei unseren Patrouillen jedoch wertvolle Dienste. Vor uns reichte Wilhum die Zügel seines Pferdes an einen Soldaten weiter und hielt die geschlossene Faust hoch, als Zeichen, dass wir stehen bleiben sollten. Dann wandte er sich mir zu.

»Endlich gibt's mal was zu sehen«, sagte er und stieg die Anhöhe hinauf.

Der Wilddieb hatte eine Rauchsäule entdeckt, die vom Gipfel eines niedrigen Berges im Nordosten aufstieg. Sein Blick wirkte finster. »Buschfeuer?«, fragte Wilhum, erhielt jedoch ein entschiedenes Kopfschütteln zur Antwort.

»Nicht im Winter, Herr.« Wie viele in der Kompanie gab Fletchmann sich inzwischen keine Mühe mehr, Wilhum anders anzusprechen. Manche Gewohnheiten sind einfach zu schwer abzuschütteln. »Und ich schmecke Öl im Wind. Vermutlich ist es ein ziemlich großes Feuer, sonst würde der Gestank nicht so weit tragen.«

»Ein Gehöft?«, überlegte Wilhum. »Ein Dorf vielleicht?«

»Der Schrein«, sagte ich und holte die zusammengefaltete Karte aus meinem Wams. Sie stammte aus meiner eigenen Feder und war eine Abschrift der größeren in der Bibliothek des Bundes. »Ich würde sagen, er befindet sich genau dort, wo der Rauch aufsteigt.« Ich deutete auf eine Stelle, an der ein Kreis eingezeichnet war. »Etwa fünf Meilen von hier.«

»Eher vier.« Fletchmann salutierte. »Wenn Ihr verzeiht, Meister Scribe.«

»Lass das«, sagte ich und wandte mich Wilhum zu. »Schreine gehen nicht einfach von selbst in Flammen auf, schon gar nicht mitten im Winter. Ich würde sagen, da waren Ketzer am Werk. Wer weiß, mit wie vielen wir es zu tun haben.«

»Die Stärke des Feindes festzustellen, ist Teil unserer Mission.« Wilhum stand auf und musterte das Gelände zwischen der Anhöhe und der Hügelkuppe. »Der Weg sollte einen schnellen Galopp zulassen.« Er schenkte Fletchmann ein Lächeln. »Anscheinend kommst du heute doch noch zum Jagen.«

»Auf Ketzer hab ich noch nie Jagd gemacht, Herr.« Fletchmann hob grinsend seinen Bogen. »Aber die hinterlassen sicherlich Spuren wie jedes andere Tier.«

Der Schrein stand noch immer in Flammen, als wir dort anlangten. Inmitten des Rauchs und der zerrissenen Zelte in der Nähe konnte ich etwa ein Dutzend Leichen ausmachen. Der Schrein selbst war ein altes Holzgebäude, das rasch niederbrannte. Er war eindeutig nicht mehr zu retten; das Feuer hatte bereits den Turm und einen Großteil des Hauptgebäudes verschlungen. Wilhum bellte eine Reihe von Befehlen und schickte die Hälfte des Trupps los, um den Ort zu sichern. Fletchmann gab er den Auftrag, nach Spuren zu suchen. Ich saß ab und half Wilhum dabei, die Leichen zu untersuchen. Wir zählten insgesamt achtzehn, hauptsächlich ältere Leute mit ein paar jüngeren Ausnahmen, alle in Pilgergewändern.

»Zumindest waren die Geschichten über die Verfolgung wahr«, murmelte ich und musterte die Leiche eines Mannes mit grau meliertem Bart. Sein kahler Schädel war von mehreren Hieben – vermutlich mit einer Axt – gespalten. Das Blut war zähflüssig, aber noch nicht ganz getrocknet.

»Die meisten wurden schnell getötet«, sagte Wilhum. Sein Gesicht wirkte finster, was nicht bloß an dem Ruß lag, den der beißende Rauch mit sich trug. »Bei manchen scheinen sie sich aber mehr Zeit gelassen zu haben.« Er nickte zu der Leiche einer jungen Frau. Ihr halb nackter Körper wirkte zerschlagen und war mit Blut und den Fetzen ihres Gewands bedeckt. Ich kannte Wilhums Gesichtsausdruck von unserem Ausflug ins Fjordland – seine Miene spiegelte denselben grimmigen Rachedurst wie damals, als wir auf den Wollhändler gestoßen waren, den die Ascarlianer zu Tode gequält hatten. Ich wusste, das bedeutete, dass wir nicht rechtzeitig zum Abendessen in der Burg zurück sein würden, verspürte jedoch nicht den Drang, ihn von seinem Vorhaben abzubringen. Diebstahl und Tod waren mir nicht fremd; mitunter begleitete eines das andere. Hier jedoch war es das einzige Ziel der Täter gewesen zu morden und zu quälen. Und selbst im von Gesetzlosen regierten Wald meiner Jugend hätte eine solche Tat nach Vergeltung verlangt.

Wir fanden Fletchmann am Südhang der Anhöhe, wo er eine Stelle mit aufgewühlter Erde begutachtete. »Ich würde schätzen, es waren zwischen dreißig und vierzig der Mistkerle, Herr«, teilte er Wilhum mit. »Einige zu Pferd, andere zu Fuß. Und …«, er kratzte mit dem Stiefel über eine längliche Scharte im Boden, »… ein bis zwei Gefangene, wenn ich mich nicht täusche. Das hier sind Schleifspuren.«

»Vielleicht haben sie ihre eigenen Verletzten weggetragen«, gab ich zu bedenken.

»Sie hatten keine Verletzten«, sagte Wilhum und nickte zu dem zerstörten Lager. »Diese Leute waren unbewaffnet.« Er wandte sich wieder Fletchmann zu. »In welche Richtung?«

Der Wilddieb deutete mit der Spitze seines Bogens auf eine Hügelkette im Südwesten. »Und sie waren nicht sehr schnell unterwegs«, fügte er hinzu. In seinen Augen leuchtete der Hunger eines Jägers, der es kaum erwarten konnte, seiner Beute nachzusetzen.

»In der Richtung liegt ein Weingut«, sagte ich. »Es ist die einzige größere Siedlung hier in der Nähe, aber es ist mindestens zwei Tagesmärsche entfernt.« Ich schenkte Wilhum ein schmales, freudloses Lächeln. »Sie werden über Nacht ein Lager aufschlagen müssen, und angesichts ihres langsamen Tempos rechnen sie nicht mit Schwierigkeiten.«

Dass unsere Feinde sich keiner Gefahr bewusst waren, wurde noch deutlicher, als wir ihr Lager neben einem Bach fanden, der zehn Meilen vom Schrein entfernt durch ein flaches Tal floss. Zwischen den Zelten leuchteten mehrere Feuer, und sie hatten keine Wachposten aufgestellt oder Späher auf den umliegenden Anhöhen postiert. Von unserem Aussichtspunkt auf einem kleinen Hügel ein paar hundert Schritt entfernt hörten wir sie betrunken Lieder grölen.

»Wer immer die sind, Soldaten sind es nicht.« Ich sah Wilhum mit hochgezogener Braue an. Seine Haltung wirkte steif und seine Züge starr, was mir gar nicht gefiel. Er erinnerte mich an einen Kampfhund, der an seiner Leine zerrte. »Wir sollten besser abwarten, bis es ganz dunkel ist«, fügte ich hinzu. »Ich nehme die Leute mit, die am besten mit einem Dolch umgehen können. Dann schalten wir zuerst die am Lagerrand aus und setzen dann die Zelte in Brand ...«

»So subtil müssen wir hier nicht vorgehen«, unterbrach Wilhum mich. »Es ist noch hell genug für einen Angriff, und das Gelände ist ausreichend flach. Allerdings sollten wir ihnen die Fluchtmöglichkeiten abschneiden. Nimm Meister Fletchmann und vier gute Armbrustschützen mit und geh mit ihnen um das Lager herum nach Norden. Höchstwahrscheinlich werden sie vom Bach weg fliehen.« Er erhob sich und ging die andere Seite der Anhöhe hinunter. Dann fügte er über die Schulter hinweg hinzu: »Verschont den Anführer, wenn ihr ihn finden könnt. Ansonsten sehe ich keinen Grund zur Gnade.«

Eine Stunde später kauerte ich neben Eamond, Fletchmann und drei anderen hundert Schritt von der Nordseite des Lagers entfernt. Wir hatten unsere Pferde auf dem kleinen Hügel gelassen und uns in einem weiten Bogen um die grölenden Narren herumgeschlichen, um in einer flachen Senke Stellung zu beziehen. Eamond hielt seine Armbrust mit zittrigen Händen umklammert, seine Augen waren weit aufgerissen und sein Gesicht immer noch genauso bleich wie nach unserer Entdeckung des Schreins. Er war ein guter, wenn auch kein herausragender Schütze. Ich hatte ihn jedoch für diese Aufgabe eingeteilt, um ihm den Angriff auf das Lager zu ersparen. Sicherlich wäre er gehorsam mit den anderen galoppiert, doch ob er den darauffolgenden Tumult überlebt hätte, daran hegte ich ernste Zweifel. Wie bei vielen, die sich von der Aussicht auf Ruhm in den Krieg locken ließen, war für Eamond die Realität noch immer schwer zu verdauen.

»Tief zielen«, erinnerte ich ihn – eine oft wiederholte Lektion auf dem Scheibenstand. »Die Armbrust ruckt ein Stück hoch, wenn du abdrückst.«

Er nickte, seine bleichen Züge waren trotz der kühlen Abendluft in Schweiß gebadet. Als ich ihm leicht gegen die Schulter boxte, zwang er sich zu einem Grinsen. »Es wird im Handumdrehen vorbei sein«, sagte ich beruhigend. »Ein Haufen betrunkener Feiglinge, das ist alles, womit wir es hier zu tun haben.«

Ich schaute zu Fletchmann hin, der gerade einen Pfeil mit breiter Spitze in seinen Bogen einlegte. Zwei weitere steckten in einem Riemen an seinem Arm. Bevor wir die Burg verlassen hatten, hatte ich gesehen, wie er mit einer Kerzenflamme die stählernen Spitzen entlanggefahren war, damit sie nicht so glänzten. Fletchmann brauchte keine Ratschläge, wohin er zielen musste, das wusste ich.

»Bei welcher Bande warst du?«, fragte ich leise.

»Bei keiner. War immer auf mich allein gestellt«, erwiderte er. »Außer wenn ich es nötig hatte und die Bezahlung gut war. Ab und zu hab ich für Shilva Sahken gearbeitet.« So wie er die Lippen zusammenpresste, hatten sie damals ganz sicher keine Hirsche gejagt.

»Sie lebt noch?«, fragte ich, denn ich war klug genug, ein unliebsames Thema nicht weiterzuverfolgen.

»Soweit ich weiß, ja. Inzwischen ist sie aber wohl nicht mehr in den Wäldern unterwegs. Verdient sich ihr Geld mit Schmuggeleien. Die, die dieses Geschäft früher betrieben haben, sind schon vor ein paar Jahren abgetreten.« Er redete in dem beiläufigen Ton, den Gesetzlose häufig anschlugen, wenn sie Verrat und Mord herunterspielen wollten.

»Ich hab seit Moosmühle nichts mehr von ihr gesehen oder gehört«, sagte ich und fügte innerlich hinzu: *Deckin wäre froh gewesen, dass sie entkommen ist.*

»Ziemlich miese Sache das«, knurrte Fletchmann. Er musterte mich sorgfältig. »Wie ich hörte, war es das Massaker von Moosmühle, das Euch zum Glauben geführt hat, Meister Scribe.«

Ich verkniff mir ein spöttisches Lachen. »Da hast du was Falsches gehört. Moosmühle hat mich in die Erzminen geführt.«

»Es ist also wahr?« Sein Blick wirkte noch interessierter. »Ihr seid aus den Erzminen entkommen?«

»Ich und zwei andere. Es gab auch noch einen Vierten, aber der hat nicht lange überlebt.« Ich wollte nicht zu viel über meine Flucht aus den Erzminen nachdenken. Es erinnerte mich unweigerlich an Sihlda, die sich für uns geopfert hatte. Und an Brauer, der jetzt tot in einem Grab in Farinsahl lag, und an Toria, die es irgendwohin verschlagen hatte, die Märtyrer allein wussten, wohin. Ein Gedanke ist mir in dem Zusammenhang schon häufiger gekommen: Echte Freunde zu haben, hat den Nachteil, dass man sie vermisst, wenn sie fort sind.

»Wir sind bis nach Callintor geflohen«, fuhr ich in gezwungen lockerem Ton fort. »Und dort bin ich der Gesegneten begegnet, auch wenn wir sie damals noch Feldherrin nannten.«

»Sie hat also mit ihren Worten Euer Herz bewegt?«

»So könnte man es sagen.« Ich hielt es für das Beste, Fletchmann nicht darüber aufzuklären, dass ich mich nur deshalb für die Kompanie des Bundes gemeldet hatte, um dem Galgen zu entgehen, an dem ein gewisser Aszendent mich aufknüpfen wollte. Gläubige mögen einfache Geschichten, ohne die komplexen Zusammenhänge einer wahren Begebenheit.

»Ich war dort, wisst Ihr.« Fletchmann rückte ein Stück näher. »Auf der Burg Ambris. Als Ihr vorgetreten seid, um für die Gesegnete zu kämpfen. Zu sehen, wie einer von uns so etwas tut …« Er schüttelte den Kopf, und der religiöse Eifer in seinen Augen bewirkte, dass ich mich unbehaglich fühlte. »Da wusste ich, dass in ihren Worten Wahrheit liegt. Eine Wahrheit, die aus einem Gesetzlosen einen Ritter machen konnte.«

»Ich bin kein Ritter«, sagte ich mit schmalem Lächeln und wich seinem Blick aus. »Und der Ritter, gegen den ich gekämpft habe, hätte mich fast umgebracht.«

»Aber Ihr habt gegen ihn gekämpft«, beharrte Fletchmann. »Und das sogar sehr gut. Ich konnte seine Furcht sehen, wir alle konnten das. An diesem Tag haben die einfachen Leute erfahren, dass die Adligen genauso bluten wie sie. Mir hat's gefallen, ihn bluten zu sehen, Meister Scribe. Ich hoffe, dass bald noch mehr von den adligen Schweinen bluten werden, so es die Märtyrer wollen.«

Ich hustete und schaute zum Lager, in der Hoffnung, dass das betrunkene Grölen bald alarmierten Schreien wich. »Für die Adligen hast du wohl nicht viel übrig, was?«

»Sie haben meinen Sohn und meinen Bruder gehängt«, zischte Fletchmann leise, aber ich hörte dennoch deutlich den Hass in seiner Stimme. »Die Männer des Herzogs haben sie dabei erwischt, wie sie einen Hirsch gehäutet haben, den sie einer hungernden Familie bringen wollten. Sie haben sie aufgeknüpft und ein Feuer unter ihren Füßen angezündet, um sich über ihre zappelnden Beine lustig zu machen.« Er packte den Bogen fester, und ich hörte das Holz knarren. »Ich hab die Mistkerle aufgespürt. Jedenfalls die, die Krieg und Krankheiten überlebt hatten. Es hat Jahre gedauert, aber ich hab sie gefunden und mit diesem Bogen Rache geübt. Ich hätte auch dem Herzog einen Pfeil in den Leib gejagt, wenn er nicht Verrat begangen und seinen Kopf auf dem Henkersklotz verloren hätte. Ich hab zugesehen, als er starb, und gehofft, dass ich danach das Gefühl haben würde … fertig zu sein. Aber als sein Kopf über den Boden rollte, hab ich gar nichts gespürt. Also bin ich durch die Wälder gestreift, hab gejagt, wenn ich hungrig war, getötet, wenn ich Geld brauchte, aber mein Herz war leer. Das hat sich erst geändert, als Ihr an jenem Tag aus der Menge getreten seid.«

Die untergehende Sonne tauchte Fletchmanns Gesicht unter dem breiten Filzhut in Schatten, aber ich konnte trotzdem sein Lächeln sehen. »Wir werden mit diesen Mördern abrechnen«, sagte er. »Und mit allen anderen Ketzern in diesem Herzogtum. Aber ich denke, wir wissen beide, dass uns die wahre Schlacht im Norden erwartet, und zwar gegen die Adligen und ihre speichelleckenden Diener. Jeder Scheißhaufen ist frommer als diese Mistkerle …«

Zum Glück unterbrach in diesem Moment lautes Geschrei aus dem Lager Fletchmanns Gedankengänge. Das betrunkene Grölen wich einem vielstimmigen Kreischen und ängstlichen Schreien, begleitet vom Huftrommeln galoppierender Pferde. Staub wurde aufgewirbelt und mischte sich mit dem Rauch der Lagerfeuer, sodass vom weiteren Geschehen nicht mehr viel zu sehen war. Pferde liefen umher, Warnschreie, Röcheln und metallenes Klirren hallten herüber. Bald schon ließ das Klirren nach, und es waren nur noch laute Schreie zu hören. Gleich darauf kamen die ersten Flüchtenden in Sicht. Wie Wilhum vorhergesagt hatte, rannten sie vom Bach weg und auf uns zu. Zu meinem Erschrecken zählte ich mindestens ein Dutzend. Doch ihre Feigheit ließ mich neuen Mut schöpfen. Männer, die so schnell aufgaben, waren keine echten Kämpfer.

»Sucht euch ein Ziel.« Ich hob meine Waffe. Wie die anderen der Berittenen Garde trug ich eine Reiterarmbrust, die sich schnell nachladen ließ. »Schießt, wenn sie auf zwanzig Meter heran sind«, fügte ich hinzu. Ich richtete meine Armbrust auf einen Kerl in der Mitte. Ich wartete, bis der Umriss des Mannes die Zielvorrichtung vorn an der Armbrust ganz ausfüllte. Eamond drückte vor mir ab, aber nicht so schnell, dass man es als Disziplinlosigkeit werten konnte. Ich unterdrückte den Drang, die Flugbahn seines Bolzens zu verfolgen, sondern konzentrierte mich lieber auf mein eigenes Ziel. Die Sehne knallte, und die Armbrust ruckte hoch, als sich der Bolzen löste. Einen Herzschlag später ging der Umriss des rennenden Mannes zu Boden.

Fletchmanns Eschenholzbogen sirrte, während ich eilig meine Armbrust nachlud. Die Pfeile des Wilddiebs flogen schnell und, wie ich sah, auch äußerst treffsicher. Inzwischen waren nur noch fünf Männer übrig, die auf uns zurannten. Dann vier, als Fletchmann einen weiteren Pfeil abschoss. Ein Mann stürzte, in den Hals getroffen, zuckend zu Boden. Die übrigen erkannten nun endlich die Gefahr. Drei von ihnen kamen schlitternd zum Stehen, machten kehrt und rannten in verschiedene Richtungen davon. Der vierte dagegen stürmte weiter direkt auf uns zu. Es war ein großer Bulle von einem Mann, mit breiten Schultern und einem groben, zu einem Knurren verzogenen Gesicht. Brüllend stürzte er sich auf uns. Zu meinem Entsetzen sah ich, dass bereits ein Armbrustbolzen in seiner Brust und einer von Fletchmanns Pfeilen in seinem Oberschenkel steckten, was ihm jedoch nichts auszumachen schien. Noch beunruhigender war die Holzfälleraxt in seiner Hand.

Fluchend legte ich einen weiteren Bolzen ein, hob die Armbrust und zielte auf den Kopf des heranstürmenden Riesen. Ich hoffte, ihn ins Auge zu treffen oder ihm zumindest so viel Schmerzen zu bereiten, dass er seinen Angriff aufgab. Leider duckte er sich genau in dem Moment, als ich schoss, und der Bolzen streifte nur seine Wange und durchlöcherte sein Ohr, bevor er abprallte. Der Riese, der jetzt nur noch wenige Schritt entfernt war, heulte vor Schmerz und Wut auf und riss seine Axt hoch. Ich warf die Armbrust beiseite und zog mein Schwert. Geschmeidig machte ich einen Schritt rückwärts, als die Axt niedersauste und nur einen Zoll von meinem Fuß entfernt in den gefrorenen Boden hackte. Mit dem Schwert hieb ich nach dem Hals des Alundiers und verpasste ihm eine tiefe Schnittwunde. Leider traf ich aber nicht die Hauptschlagader, denn er schwang die Axt weiter mit unverminderter Kraft. Ich taumelte zurück, und die Axtklinge zischte haarscharf vor meiner Nase vorbei. Als Nächstes stach ich nach der Brust des Kerls, packte den Schwertgriff mit beiden Händen und legte mein ganzes Gewicht in den Stoß.

Der Mund des Riesen klappte auf, und ich sah direkt in seine vor Schreck geweiteten Augen, dann spritzte Blut aus seinem Mund hervor und blendete mich. Ich fluchte angewidert und sprang von ihm weg. Das Schwert ließ ich in seiner Brust stecken. Während ich mir das Blut aus den Augen wischte, hörte ich das Knallen der Armbrüste meiner Kameraden und das leisere Sirren von Fletchmanns Bogensehne. Als ich hochschaute, sah ich zu meiner Überraschung, dass sich der Alundier mit der Axt immer noch auf den Beinen hielt. Sein Oberkörper war vorn und hinten mit Bolzen gespickt, und ein weiterer von Fletchmanns Pfeilen ragte ihm aus der Kehle, und doch blieb er noch aufrecht. Seine groben Züge wirkten aber nicht mehr wütend, sondern hingen schlaff herab. Die dicken blutigen Lippen verzogen sich, eine rote Wolke sprühte aus seinem Mund, als er zu sprechen versuchte. Natürlich kam nur Gebrabbel heraus, mit etwas Mühe konnte ich dennoch ein paar Worte verstehen.

»Ketzer … Abschaum …«

»Nicht wir, du Drecksack.« Fletchmann ging zu dem Mann und zog dabei sein Jagdmesser mit der langen Klinge aus dem Gürtel. Er schlitzte dem Alundier die Kehle auf, Blut strömte hervor, und endlich fiel der Mann zu Boden. »Der Ketzer bist *du*«, fügte Fletchmann hinzu und spuckte auf den zuckenden Toten. »Mögen die Seraphilen deine verdorbene Seele verfluchen.«

»Das ist ihr Anführer?« Zweifelnd musterte ich die gefesselte Gestalt, die neben den Hufen von Wilhums Pferd kniete. Der Gefangene wirkte ganz anders als der fanatische Riese, aus dessen Leichnam ich mein Schwert nur unter großen Mühen wieder hatte herausziehen können. Klein und dürr hockte er da und starrte angstvoll vor sich hin.

»Er hat den Haufen Bösewichte angeführt, ja«, sagte eine Frau in zerlumpter Pilgerkleidung. Sie musterte den Gefangenen mit hartem Blick. Ihr Gesicht war mit Schmutz und Blutspritzern bedeckt, aber trotz der Blutergüsse, die unter ihrer zerrissenen Kleidung zu sehen waren, wirkte sie jugendlich frisch. »Er hat beim Schrein die Befehle gegeben«, fuhr sie fort, und ich glaubte, aus ihrer Stimme einen cordwainischen Akzent herauszuhören. Sie trat an den zusammengekauerten Gefangenen heran und blickte ihm in die starren Augen. »Er hat den anderen befohlen, meiner Tochter die Kehle durchzuschneiden, sodass ich mit ansehen musste, wie sie verblutete.« Die Frau war unbewaffnet, dennoch wich der Gefangene vor ihr zurück, als hätte sie ein scharfes Messer in der Hand. So wie sie die Hände immer wieder zu Fäusten ballte, hatte er von ihren Fingernägeln wohl weit mehr zu befürchten. Ihre Arme waren bereits bis zu den Ellbogen rot gefärbt, anscheinend hatte sie sich schon an den verwundeten Alundiern rächen dürfen.

Das Lager war verwüstet und mit Leichen übersät. Manche hatten gekämpft, andere waren geflohen, aber die meisten waren nur kopflos hin und her gerannt, bis sie niedergestreckt worden waren. Als der Kampf vorbei war, hatte Wilhum die Frau entdeckt, die mit einer eisernen Bratpfanne auf den gespaltenen Schädel eines Alundiers eingedroschen hatte. Der dürre Kerl war unter einem eingerissenen Zelt gefunden worden. Wahrscheinlich hatte ihm die Furcht die Sprache geraubt.

»Die Gesegnete wird über ihn richten, Mistress Juhlina«, sagte Wilhum zu der Cordwainerin. »Darauf gebe ich Euch mein Wort.«

Eigentlich hatte ich nicht damit gerechnet, nach dem Angriff noch lebende Alundier vorzufinden, aber Wilhums Rachedurst war offenbar nach dem Sieg gestillt. In der Nähe saßen noch fünf weitere gefesselte Gefangene. Die meisten blieben stumm, nur einer, dessen Augen mit einem blutigen Verband bedeckt waren, schluchzte elend. Ein Blick auf Mistress Juhlina, die einzige Überlebende des Massakers am Schrein, sagte mir, dass *ihr* Rachedurst bei Weitem noch nicht gestillt war. Neben ihrer Tochter waren offenbar auch ihr Mann, ihr jüngerer Bruder und einige andere Gläubige ihrer cordwainischen Gemeinde am Schrein getötet worden. Die andere Gefangene, ein Mädchen von höchstens vierzehn Sommern, war auf dem Weg vom Schrein hierher gestorben.

»Die Gesegnete?« Das Gesicht der Frau wirkte plötzlich weicher, und ihre Stimme klang ehrfürchtig, als sie zu Wilhum hochschaute. »Sie ist hier?«

»Ja, das ist sie. Als Burgherrin von Walvern wird sie für Gerechtigkeit sorgen.«

»Hast du das gehört, Drecksack?« Mistress Juhlinas Züge verzerrten sich zu einem raubtierhaften Grinsen. Sie beugte sich zu dem dürren Mann vor. »Eigentlich wollte ich dir ja die Augen ausreißen wie deinem Freund. Aber ich denke, ich überlasse dich lieber der Märtyrerin.«

Die Erwähnung Evadines ließ den Mann aus seiner Starre erwachen. Mit verzweifeltem Stöhnen wich er vor ihr zurück.

»Ganz genau«, höhnte Juhlina und beugte sich näher heran. »Sie wird dir die Seele aus dem Leib reißen und deinen Kadaver ins Feuer werfen …«

»Ihr seid verletzt.« Ich trat zu ihr und schob mich sanft, aber bestimmt zwischen sie und den Gefangenen. Ich deutete auf eine Schnittwunde auf ihrer Stirn. »Meister Fletchmann kann das für Euch nähen, bevor wir zurückreiten.«

Sie blinzelte mich an. Meine ruhige Stimme schien sie eher noch mehr aufzuwühlen, anstatt sie zu besänftigen. In diesem Moment schien ihr das ganze Grauen dessen, was sie erlebt hatte, bewusst zu werden. Sie sackte in sich zusammen und begann zu schluchzen. »Keine Sorge.« Ich winkte Fletchmann herbei. »Er wird sich um Euch kümmern. Kaum jemand besitzt eine so ruhige Hand beim Nähen wie er.«

Nachdem die Cordwainerin gegangen war, hockte ich mich neben den gefangenen Anführer und begrüßte ihn mit einem Lächeln. »Mach dir keine Illusionen, du Mistkerl«, sagte ich. »Du bist ein toter Mann. Und wenn es nach mir ginge, würdest du auch nicht schnell sterben. Aber das muss die Gesegnete entscheiden. Bis zur Burg sind es allerdings ein paar Meilen.« Ich sah bedeutungsvoll zu der weinenden Gestalt von Mistress Juhlina hin, die von Fletchmann weggeführt wurde. »Und diese Frau wird ihren Rachedurst sicher bald wiederentdecken. Wenn du dir irgendwelche Hoffnungen darauf machen willst, die Himmlische Pforte mit zwei gesunden Augen zu erreichen, dann beantworte lieber meine Fragen, verstanden?«

Er starrte mich einen Moment lang mit offenem Mund an, schluckte dann und nickte langsam.

»Gut«, sagte ich und deutete mit dem Kinn auf die anderen Gefangenen. »Du und die anderen hier, woher kommt ihr?«

Er schluckte erneut, bevor er antwortete. Der Kehlkopf in seinem dürren Hals hüpfte auf und ab. »Luhlstor«, krächzte er.

»Luhlstor«, wiederholte ich und durchforstete stirnrunzelnd mein Gedächtnis nach dem Namen. »Das ist was? Gute dreißig Meilen entfernt? Da seid ihr aber weit gereist zum Morden.«

Zitternd und würgend beugte er sich vor. Ich dachte schon, er würde sich gleich übergeben, wie es Feiglinge im Angesicht des sicheren Todes häufig tun, aber dann wurde mir klar, dass er versuchte, eine

Antwort herauszubringen. »Nicht … M-Morden«, stammelte er und schaute mich trotzig an. »S-Säubern.«

»Säubern?« Ich schürzte die Lippen und beugte mich vor. »Also ist es euer Ziel, dieses Land von den Wahrgläubigen zu befreien, ja?«

»Nicht … wahr.« Er erschauerte erneut, bevor er weitersprach. »Lügen. Ketzerei, die unser Land beschmutzt und uns von den Seraphilen trennt. Z-zu lange hat der Herzog euren Pilgern ihre falschen Schreine gelassen.«

»Hehre Worte. Ich schätze mal, die stammen nicht von dir. Wo hast du sie gehört?«

Er senkte wieder den Kopf und presste die Lippen zusammen. Selbst als ich ihm eine Kopfnuss verpasste, schwieg er beharrlich weiter. »Wer hat dir diesen Mist erzählt?« Keine Antwort, die nächste Kopfnuss. »War es Roulgarth? Hat er euch dazu angestiftet?«

Er hob leicht den Kopf, und sein Gesicht verzog sich zu einem verächtlichen Ausdruck. »Roulgarth Cohlsair und seine Familie sind Hunde«, zischte er. »Sklaven der Algathinets. Unser Herzog holt sich eine Hure aus dem Norden ins Bett und huldigt eurem falschen Bund.«

Seufzend trat ich einen Schritt zurück und schaute zu Wilhum hoch. »Fanatischer Abschaum, kein Zweifel«, sagte ich. »Aber wohl noch kein Grund für einen Krieg.«

Wilhum verzog das Gesicht und zerrte den Gefangenen an einem Seil hoch auf die Beine. »Der Krieg hat schon angefangen, Ketzer!«, knurrte der Alundier, während er hinter Wilhum herstolperte. »Das ist nur das erste Glimmen eines Feuers, das euch alle verschlingen wird!«

»Vielleicht«, sagte ich und nickte freundlich. »Aber das wirst du nicht mehr erleben, nicht wahr?«

Elftes Kapitel

Bei unserer Rückkehr zur Burg ordnete Evadine an, dass den Gefangenen kein Haar mehr gekrümmt werden sollte. Stattdessen ließ sie sie im Verlies unter dem Turm einsperren. Wie es Brauch war, schickte sie die Berittene Garde aus, damit sie die Nachricht von dem bevorstehenden Prozess gegen mehrere Gesetzlose verkündeten, die des Mordes und der Entweihung von Eigentum des Bundes angeklagt waren. Wilhum und ich hatten uns beide dagegen ausgesprochen, weil es die Einheimischen in Wut versetzen oder gar zum Aufruhr anstacheln könnte. Die Nachricht, dass die Märtyrerin aus dem Norden Alundier hängen wollte, würde sich im gesamten Herzogtum verbreiten und den Unmut weiter schüren.

»Ja«, stimmte Evadine mit nachdenklich gerunzelter Stirn zu, »das hoffe ich.«

Seltsamerweise gab sie Befehl, dass die Gefangenen gut behandelt und ihre Wunden versorgt werden sollten, außerdem sollten sie ausreichend Essen erhalten. Sie machte es sich zur Gewohnheit, jeden Tag lange Gespräche mit den Fanatikern zu führen. Anfangs redete sie einzeln mit ihnen, dann, als aus Tagen Wochen wurden, ließ sie ihre Zellen aufschließen, damit sie sich versammeln konnten. Meine Neugier trieb mich dazu, der Sache auf den Grund zu gehen. Ein paar Nachmittage lang versteckte ich mich auf der Treppe und lauschte den Stimmen, die von unten heraufhallten. Zu meiner Überraschung hielt Evadine keine Predigten und verurteilte die Gefangenen auch nicht wegen ihrer bösen Taten. Stattdessen stellte sie ihnen Fragen, aber nicht wie bei einem Verhör. Sie befragte sie über ihren Glauben, und ihre Stimme klang dabei ehrlich neugierig. Ebenso überraschte es mich, dass die Gefangenen ihr bereitwillig antworteten.

»Mit Korbil wurde die Vollkommenheit erreicht, edle Dame«, sagte der dürre Anführer. Wie sich herausstellte, war er ein Gerber, der seine Werkstatt in Luhlstor verlassen hatte, um zu seinem Kreuzzug aufzubrechen. »Er hat die Verdorbenheit des Bundes gesehen, die Lügen, die den Blick auf die große Wahrheit verstellen.«

»Und worin besteht diese Wahrheit, Ethrich?«, fragte Evadine.

»Zum Beispiel, dass uns die Märtyrer den Weg zur Gunst der Seraphilen weisen. Das Tor zu ihrer Gunst steht seit jeher offen. Um es zu erreichen, ist kein Blutvergießen nötig. Und es braucht auch keine Kleriker, die es bewachen. Sie bereichern sich nur an etwas, das sowieso schon uns gehört.«

»Aber hat nicht Märtyrer Stevanos gesagt, dass es die Arbeit vieler Generationen sein wird, unseren Weg durch die Himmlische Pforte zu sichern?«

»Arbeit, ja. Aber von Blut war nicht die Rede. Der orthodoxe Glaube ist zu einem Totenkult verkommen.«

Wenn ich auch nicht sonderlich fromm war, machte mich die Heuchelei dieses Mannes wütend. Am liebsten wäre ich die Treppe hinuntergestiegen, hätte ihm ein paar Tritte verpasst und gefragt: »Und was für einem Kult folgst du?« Aber da ich wusste, dass Evadine das keinesfalls gutheißen würde, hielt ich mich zurück. Die Tage vergingen, und der Ton der Gespräche änderte sich. Evadine redete mehr und die Gefangenen weniger, stattdessen lauschten sie ihr mit wachsender

Faszination. Ich hatte auch früher schon beobachtet, wie sie allein mit Worten die Herzen der Menschen gewann, für gewöhnlich geschah das jedoch während ihrer Predigten. Hier ging sie, vielleicht aus Kalkül oder einem Instinkt folgend, weniger offensichtlich vor.

»Ich will Euch nicht anlügen, Brüder«, hörte ich sie während des letzten dieser Treffen sagen, und ihre Worte trafen wie immer auf gespannte Erwartung. Die Gefangenen hingen förmlich an ihren Lippen, kaum weniger fasziniert als ihre anderen Anhänger. »In vieler Hinsicht teile ich Eure Verachtung des Bundes, auch wenn ich als Aspirantin hier vor Euch sitze. Glaubt Ihr, ich sehe die Korruption des Bundes nicht? Denkt Ihr, ich habe den Klerikern des Rates in die Augen geschaut und nicht die Engstirnigkeit und den Neid von Leuten gesehen, die außer Gold und Macht nichts interessiert? Natürlich habe ich das. Und meine Hände sind auch nicht sauberer als Eure. Ich habe im Dienste von etwas gekämpft, das sich im Nachhinein als falsch erwiesen hat. Ich kann Euch deshalb nicht verurteilen. Das steht allein den Seraphilen zu.«

Ich hörte ein Schluchzen und das Scharren von nackten Füßen auf Stein, als die Gefangenen unbehaglich hin und her rutschten. Ethrich meldete sich mit leiser, zittriger Stimme zu Wort: »Werden sie … werden sie uns durch die Himmlische Pforte lassen? Oder sind unsere Seelen zu stark beschmutzt?«

»Keine Seele ist so beschmutzt, dass die Gunst der Seraphilen sie nicht reinwaschen kann«, sagte Evadine. »Vorausgesetzt, Ihr zeigt echte Reue. Wenn Ihr vor den Seraphilen steht, müssen Eure Herzen frei von Lüge sein. Ihr müsst jetzt stark bleiben, Brüder. Wenn die Zeit gekommen ist – und es wird nicht mehr lange dauern –, müsst Ihr aufrichtig sprechen, ohne zu lügen. Alle, die Eure Stimmen hören, müssen die Wahrheit erkennen. Schafft Ihr das?«

Wieder ein Schluchzen, in das jetzt einige andere mit einfielen. Mich durchlief plötzlich ein eisiger Schauer. Ich wandte mich ab und ging. Ich wurde das Gefühl nicht los, Zeuge von etwas Unrechtem geworden zu sein. Diese Männer hatten keine Gnade verdient, das wusste ich, aber die Art, wie Evadine sie dazu gebracht hatte, ihr Schicksal bereitwillig zu akzeptieren, entsetzte mich. Vielleicht lag es daran, dass ich als Gesetzloser jede Art der Gefangenschaft fürchtete und ablehnte. Ich wusste jedoch, dass es noch tiefer ging. Evadine sprach über die Lügen des Bundes, doch das Netz, das sie um diese armen Verblendeten gesponnen hatte, beruhte genauso auf einer Unwahrheit, wenn es ihr auch nicht bewusst war.

»Das schaffen wir, edle Dame!«, hörte ich Ethrich inbrünstig versichern, während ich die Stufen hochstieg, um dem Schluchzen der Gefangenen zu entkommen. »Mögen die Seraphilen meine Bitte erhören und mir Gnade gewähren …«

Als ich ins Sonnenlicht hinaustrat, holte ich tief Luft. Dank der täglichen Dosis des Elixiers, das der königliche Leibarzt mir verschrieben hatte, war das Pochen in meinem Schädel erträglicher geworden, auch wenn es nie ganz verschwand. Mein beschleunigter Herzschlag hatte es nun wieder schlimmer gemacht. Um mich abzulenken, brach ich zu einem Rundgang um den äußeren Burgring auf. Der Anblick stimmte mich zuversichtlich. Die neue Zugbrücke war inzwischen fertiggestellt, und die Lücken in den Mauern waren fast geschlossen. Die Kompanie schlief noch immer in Zelten auf dem Burghof, aber wir hatten genügend Holz übrig, um mit dem Bau einer Kaserne und eines Stalls beginnen zu können. Die Außenmauer war ziemlich uneben, und die vielen Lastkräne, Seile und Flaschenzüge ließen sie immer noch marode wirken, dennoch war es eine deutliche Verbesserung zu der Ruine, die wir vor ein paar Wochen hier vorgefunden hatten. Kastellan Estrik schien mit dem Fortschritt zufrieden zu sein, das Stirnrunzeln in Swains vernarbtem Gesicht ließ mich jedoch innehalten.

Ich fand ihn oben auf den Zinnen in Richtung des Flusses, wo er gerade eine Truppenübung veranstaltete. Das Kämpfen von einer Mauer aus erforderte eine andere Vorbereitung als die klassische dreireihige Formation auf dem offenen Schlachtfeld, und der Hauptmann hatte umgehend damit begonnen, seine Soldaten darin auszubilden. Ihr Tagesablauf war recht anstrengend: Auf die Arbeit folgten Übungen und hin und wieder Patrouillengänge außerhalb der Mauern. Letztere sollten vermutlich vor allem die Moral heben, denn die Berittene Garde war unser Hauptschutz gegen Angriffe.

»Kopf einziehen!«, rief Swain mit rauer Stimme und versetzte einem Hellebardisten, der hinter der Zinnenmauer kauerte, mit dem Ende seines Streitkolbens einen Stoß gegen den Helm. »Bolzen fliegen nicht bloß nach unten, sondern auch nach oben. Du da!« Swains Blick richtete sich auf einen Soldaten, den ich als Spießträger aus der Truppe von Schwester Ofihla kannte. In einer Burg gab es für Spieße kaum Verwendung, deswegen waren den ehemaligen Spießträgern Äxte und Streitkolben ausgehändigt worden. »Was tun wir, wenn eine Leiter an die Mauer angelegt wird?«

»Den Ersten durchlassen, damit die Leute mit den Dolchen sich um ihn kümmern«, erwiderte der Mann eifrig. »Die Nächsten kommen dann schneller hoch. Wenn die Leiter bis oben gefüllt ist, mit Öl begießen und Fackeln werfen.«

»Und wenn das Öl alle ist?«, fragte Swain.

»Den Zweiten auf der Leiter töten und seine Leiche auf die anderen werfen. Die Leiter wegstoßen, sobald sie leer ist.«

Swain gab widerwillig ein zufriedenes Knurren von sich. »Also gut. Schwester Ofihla, lass sie noch zweimal die Treppen hoch- und runterlaufen, dann können sie zum Essen gehen.«

Ofihla bellte gehorsam Befehle, und der Trupp stieg zum Burghof hinab. Die Soldaten liefen so schnell und geordnet, dass ich mich beschämt an das unbeholfene, fast schon komische Gestolpere erinnerte, das ich und die anderen Rekruten von Callintor damals an den Tag gelegt hatten. Allerdings gab es eine Ausnahme: Mistress Juhlina bewegte sich nicht mit der unbewussten Präzision der anderen, ihr Gesichtsausdruck wirkte jedoch äußerst entschlossen. Sie trug ein Kriegsbeil und zwei Dolche am Gürtel, und selbst aus der Ferne konnte ich sehen, dass es sie danach verlangte, sie zu benutzen. Sauber gewaschen, mit genähten Wunden und verblassten Blutergüssen, hätte man sie als hübsch bezeichnen können, der dunkle Hunger in ihrem Gesicht ließ mich jedoch alle sinnlichen Gelüste schnell vergessen. Die anderen Soldaten nannten sie »die Witwe« – ein Titel, den sie klaglos hinnahm.

»Sie hat sich sofort freiwillig gemeldet«, sagte Swain, der meinen Blick bemerkt hatte. »Evadine hat angeboten, sie über die Grenze eskortieren zu lassen, aber davon wollte sie nichts wissen.« Seine Lippen verzogen sich zu einem seltenen schmalen Lächeln. »Normalerweise gefällt es mir nicht, wenn Soldaten von Hass angetrieben werden. Das ist schlecht für die Disziplin. Aber ich habe das Gefühl, ihr Hass wird uns noch nützlich sein.«

Da ich Swain als einen Mann kannte, auf den jede Form von Subtilität verschwendet wäre, beschloss ich, meine Frage direkt zu stellen. »Können wir die Burg halten?«

Seine Antwort kam prompt und war ebenso unverblümt. »Kommt drauf an, mit wie vielen sie angreifen.« Als er meine Verärgerung sah, grinste er zufrieden, doch der Ausdruck verschwand, als er den Blick auf den höchsten Hügel im Süden richtete. »Und auf die Stärke ihrer Belagerungsmaschinen«, fügte er finster hinzu.

Ich wusste, dass auf diesem Hügel die gewaltige Blide gestanden hatte, die vor so vielen Jahren die Mauern der Burg Walvern zum Einsturz gebracht hatte. Er befand sich nur etwas mehr als zweihundert Schritt von den Mauern entfernt, außerhalb der Reichweite unserer Armbrüste, und Roulgarth würde seinen taktischen Wert gewiss schnell erkennen.

»Kann dagegen etwas unternommen werden?«, fragte ich. »Um zu verhindern, dass …« Ich verstummte, als ich Swains verächtlichen Blick sah.

»Einen Hügel kann man nicht niederreißen, Meister Scribe. Und wir haben auch nicht genügend Leute und Material, um ihn zu befestigen.« Er holte Luft, straffte sich und verbannte den Zweifel aus seiner Miene. »Wir müssen auf Evadines Urteil vertrauen und daran denken, dass die Zeit unsere Verbündete ist. Egal, was für Belagerungsmaschinen sie haben – diese Burg einzunehmen, wird ein langwieriges Unterfangen. Wir besitzen einiges an Vorräten, und die Belagerer leiden manchmal mehr als die Belagerten, besonders im Winter.« Er hielt inne, und sein Blick ging zum Turm. »Sie … befragt wieder die Gefangenen?«

»Wenn Ihr es so nennen wollt.« Ich verbarg ein Grinsen, als er unbehaglich das Gesicht verzog. Swains Treue zu Evadine glich der eines Hundes zu seinem geliebten Herrn. Er gehorchte ihr aufs Wort, würde sie aber niemals wirklich verstehen. Nicht dass ich selbst Letzteres von mir behaupten konnte.

»Meint Ihr nicht, dass sie davon inzwischen hätte Gebrauch machen sollen?« Ich nickte zu dem Holzgebilde, das auf der gegenüberliegenden Hofseite von der Mauer aufragte, ein einfaches, aber robustes Ding aus zwei Holzbalken, einem vertikalen, der einen horizontalen stützte. Evadine hatte den Bau noch am selben Tag angeordnet, als wir mit den Gefangenen zurückgekehrt waren; der Galgenstrick, der vom oberen Balken herabhing, war bislang jedoch leer geblieben.

»Sie hat bestimmt ihre Gründe.« Swain hustete. »Hast du nichts zu tun, Schreiber?«

Grinsend salutierte ich und wandte mich der Treppe zu. »Wenn Ihr gestattet, Hauptmann.«

Der Alarm ertönte im selben Moment, als ich den Fuß auf die Pflastersteine des Hofes setzte – ein lauter Ruf von dem Wachposten oben im Torhaus. »Patrouille kehrt zurück!«, schrie er in Swains Richtung und legte die Hände dabei trichterförmig um den Mund. »In vollem Galopp!«

»Hol sie!«, rief Swain mir zu, aber ich rannte sowieso schon in Richtung Turm. Auf die gebrüllten Befehle des Hauptmanns hin ließen um mich herum die Soldaten die Werkzeuge fallen und griffen zu den Waffen, um zu ihren jeweiligen Positionen zu eilen. Wenn die Berittene Garde im Galopp zurückkehrte, konnte dies nur eines bedeuten: Roulgarth ließ sich endlich dazu herab, uns seine Aufwartung zu machen.

»Wie viele?«, fragte Evadine Wilhum, als wir oben auf dem Torhaus mit ihm zusammentrafen. Die Kompanie hatte in Reihen auf den Zinnen Aufstellung genommen. Töpfe mit Öl hingen über lodernden Feuern, und daneben standen Fässer mit Armbrustbolzen und gestapelte Kisten mit Steinen.

»In der Vorhut habe ich tausend Pferde und dreimal so viele Fußsoldaten gezählt«, erwiderte Wilhum. »Gut ausgebildet und hervorragend bewaffnet, wie's aussieht. Und dahinter folgen noch mal doppelt so viele. Alle zu Fuß und weniger gut bewaffnet, ihre Marschordnung war aber tadellos.«

»Das sind sicher die Kompanien der Geschworenen«, sagte ich. »In Alundia sind alle Männer im kampffähigen Alter verpflichtet, dem Herzog einen Schwur zu leisten. Er allein kann das gemeine Volk zu den Waffen rufen. Das Land gehört zwar den Rittern, aber über die Menschen gebietet der Herzog. Sie versammeln sich ein paarmal im Jahr zu Waffenübungen und haben sich bislang in jedem Krieg, der in diesem Land ausgebrochen ist, gut geschlagen.«

»Also knapp zehntausend«, meinte Evadine und betrachtete den gefrorenen Schotterweg, der durch die wenigen hundert Schritt Flachland führte, das die Burg Walvern von den Hügeln im Osten trennte. »Seltsam«, fügte sie mit überrascht hochgezogener Braue hinzu, »dass ich dann bloß einen sehe.«

Der Reiter kam aus einer flachen Senke hervor und führte weder Banner noch Eskorte mit sich. Sein Pferd trabte in gemächlichem Tempo heran, und die Gesichtszüge von Roulgarth waren erst zu erkennen, als er sich schon in Reichweite der Bogenschützen auf den Mauern befand. Etwa fünfzig Schritte von der hochgezogenen Zugbrücke entfernt hielt er an, ließ den Blick gelassen über die Brücke und die frisch reparierten Mauern schweifen und sah dann zu Evadine hoch.

»Eure Gastfreundschaft lässt zu wünschen übrig, edle Evadine!«, rief er ihr zu und deutete auf die Zugbrücke. »Wollt Ihr einen müden Reisenden nicht willkommen heißen?«

»Ihr seid uns willkommen, edler Roulgarth«, schrie Evadine zurück. »Aber Eure Armee ist es nicht.«

Roulgarth hob die Arme und nickte zu der freien Fläche um ihn herum. »Ich komme nicht in feindlicher Absicht, wie Ihr sehen könnt.«

»Eine versteckte Klinge ist immer noch eine Klinge.« Evadines Stimme klang härter, als sie fortfuhr: »Sagt, was Ihr hier wollt, oder geht Eurer Wege. Reines Geplauder fand ich immer schon ermüdend.«

Roulgarth ballte die gepanzerten Hände zu Fäusten und senkte die Arme. Sein Tonfall klang ebenso barsch wie Evadines. »Mir wurde berichtet, dass Ihr Untertanen dieses Herzogtums in Eurem Gewahrsam habt. Zudem haben mir vertrauenswürdige Zeugen versichert, dass diese Leute gefangen genommen wurden, nachdem Soldaten Eurer Kompanie ein unnötiges Massaker angerichtet haben.«

»Der erste Satz entspricht der Wahrheit«, sagte Evadine. »Der zweite ist eine Lüge. Die Gefangenen in meinem Gewahrsam sind des Mordes, der Vergewaltigung und der mutwilligen Zerstörung schuldig.«

»Ich bin der Obermarschall dieses Herzogtums.« Die Miene des Ritters verfinsterte sich, seine Wut wirkte echt. Roulgarth war eindeutig nicht bloß hier, um leere Gesten zur Rettung seines Stolzes zu machen. »Die Pflicht, über die Untertanen meines Bruders zu richten und ihre Schuld oder Unschuld festzustellen, obliegt allein mir und nicht Euch.«

»Ich besitze einen Erlass des Königs, der genau das Gegenteil besagt.« Evadines Rüstung rasselte, als sie mit den Schultern zuckte. Auf ihrem Gesicht lag ein Ausdruck höflicher Ablehnung, mit dem sie gewiss die Wut des Alundiers weiter anstacheln wollte. »Vielleicht solltet Ihr Eure Zeit lieber damit verbringen, einen Brief an den König zu verfassen und ihm dafür zu danken, dass er Euch unnötige Arbeit erspart.«

Roulgarth senkte den Kopf, und seine Schultern verkrampften sich, als müsste er sich zur Ruhe zwingen. »Ich werde mit Euch nicht über Recht und Gesetz streiten«, sagte er mit mühsam unterdrücktem Knurren in der Stimme. »Ihr habt Alundier in Eurer Gewalt, und ich verlange, dass sie mir ausgehändigt werden. Solltet Ihr das nicht tun, müsst Ihr und Eure Kompanie die Konsequenzen tragen, und ich verspreche Euch, sie werden unangenehm sein.«

Evadine schürzte die Lippen, als dächte sie über seine Forderung nach, dann nickte sie. »Wie Ihr wünscht, edler Roulgarth. Hauptmann Swain, holt die Gefangenen. Und bittet Mistress Juhlina, zu uns zu kommen.«

Als ich Ethrich das letzte Mal gesehen hatte, war er ein trotziger Halunke gewesen, der seine Angst überwunden hatte, um mir einen wütenden Vortrag zu halten. Der Mann, der jetzt die Stufen zum Galgen hochstieg, ging dagegen mit aufrechter, furchtloser Gewissheit. Er wirkte gesund und wohlgenährt, sein Bart war kurz geschnitten, der drahtige Körper steckte in einem sauberen Hemd und ebensolchen Hosen. Die anderen Gefangenen schritten genauso würdevoll heran. Ihre Aufmerksamkeit war dabei wie die ihres Anführers allein auf Evadine gerichtet. Den Obermarschall, der gekommen war, um ihre Freilassung zu fordern, beachteten sie gar nicht.

»Ethrich Gerber«, sagte Roulgarth in verächtlichem Ton. »Hab ich's mir doch gedacht, dass du es bist. Ich hätte dich schon vor Jahren aufs Schafott gebracht, wenn deine Nachbarn nicht für dich gelogen hätten.«

Ethrich warf dem Ritter nur einen kurzen desinteressierten Blick zu, bevor er sich wieder Evadine zuwandte. »Ist …«, begann er, und sein Kehlkopf hüpfte auf und nieder, während er die Worte herauspresste, »… ist es jetzt so weit, Herrin?« Seltsamerweise hörte ich keine Furcht in seiner Stimme. Stattdessen klang er sogar voller Vorfreude.

»Ja, das ist es, Bruder.« Lächelnd legte Evadine ihm eine Hand auf die Schulter. »Ich wünschte, wir hätten uns noch länger unterhalten können. Ich habe so viel von Euch gelernt. Aber das wäre selbstsüchtig von mir.«

»Evadine!«, rief Roulgarth ungeduldig, jedoch in widerstrebend versöhnlichem Ton. »Lasst den Unhold und die anderen herunterbringen. In Anerkennung Eurer Rolle bei ihrer Ergreifung will ich Euch die Ehre zugestehen, bei ihrem Prozess als Zeugin aufzutreten.«

Evadine schenkte ihm ebenso wenig Beachtung, wie Ethrich es getan hatte. Sie drückte noch einmal Ethrichs Schulter, trat dann zurück und wandte sich Mistress Juhlina zu. »Wie ich es Euch versprochen habe«, sagte Evadine. Die Witwe nickte ernst und trat an den Galgen. Ihr Gesicht war hart wie Stein, als sie die Schlinge vom Balken abwickelte.

»Evadine!«, rief Roulgarth noch einmal, erhielt jedoch keine Antwort.

»Meister Ethrich Gerber aus Luhlstor«, sagte Evadine, während Juhlina dem Gefangenen die Schlinge um den Hals legte und sie festzog. »Ihr seid des Mordes, der Vergewaltigung und der Entweihung des Schreins von Märtyrer Lowanthel angeklagt. Nach eingehender Untersuchung stelle ich fest, dass die Vorwürfe wahr sind, und verurteile Euch hiermit zum Tode, gemäß der mir von König Tomas Algathinet übertragenen Befehlsgewalt und den Gesetzen des Bundes der Märtyrer.« Sie hielt inne, damit Ethrich ein letztes Mal vor Furcht erschauern und sich sammeln konnte. Die Witwe schaute starr auf seinen Hinterkopf.

»Wollt Ihr eine Beichte ablegen, bevor das Urteil vollstreckt wird?«, fragte Evadine, als Ethrichs Zittern sich gelegt hatte.

»Ja, Herrin.« Die Schlinge um seinen Hals hüpfte auf und nieder, als er schluckte. Dann drehte er sich und sah zu Roulgarth hinunter. »Ich möchte mich weder verteidigen noch meine Taten rechtfertigen. Dank der Gesegneten und ihrer himmlischen Erleuchtung weiß ich jetzt, dass ich auf die Lügen von Ketzern hereingefallen bin. Ich bin vom wahren Glauben abgekommen, aber ich werde als sein Diener sterben und kann nur auf das grenzenlose Mitgefühl der Seraphilen vertrauen und darauf hoffen, dass sie mich trotzdem durch die Himmlische Pforte lassen. Wenn nicht, so werde ich mich in mein Schicksal fügen, denn ich habe viele Verbrechen begangen und …«, er schluckte erneut und schaute über seine Schulter zur Witwe, »… werde den

Menschen, denen ich Schmerz zugefügt habe, ihr Recht auf Vergeltung nicht verwehren.«

Während er sprach, musterte ich nicht ihn, sondern Roulgarth. Die Züge des Ritters spiegelten Verwunderung und wachsende Wut, und zwar von Ersterem mehr als von Letzterem. Ich wusste, dass mein Gesicht zuweilen ebenso ausgesehen hatte, wenn ich etwas erlebte, das eigentlich nicht sein konnte, das unnatürlich und dennoch real war. Innerhalb weniger Wochen hatte Evadine aus einem fanatischen Ketzer einen eifrigen Wahrgläubigen gemacht, der bereit war, für seinen neu gefundenen Glauben zu sterben. Wie immer sich die Sache weiterentwickeln würde, Roulgarth wusste jetzt, dass er sich einer Gegnerin gegenübersah, wie er sie noch nie gekannt hatte.

Als Ethrich verstummte, sah ich einen Ausdruck auf Evadines Gesicht – ein Zusammenziehen der Brauen und Senken des Blicks –, der von echter Trauer sprach. Er war jedoch gleich wieder verschwunden, und die Umstehenden kannten sie vermutlich nicht gut genug, um ihn überhaupt bemerkt zu haben. »Mögen die Seraphilen Euch ins Herz blicken, Bruder«, sagte sie und nickte dann der Witwe wortlos zu.

Mistress Juhlina verspürte eindeutig keine Anwandlungen von Mitgefühl. Ein zufriedenes Grinsen breitete sich auf ihrer versteinerten Miene aus, als sie beide Hände auf Ethrichs Rücken legte und ihn von der Mauer stieß. Mit einem scharfen Aufkeuchen fiel er hinab, gleich darauf brach mit lautem Knacken sein Genick. Die folgende Stille war zum Schneiden dick. Nur das Knirschen des Seils war zu hören, an dem der Leichnam des Gerbers hin und her schaukelte. Als das Schaukeln nachgelassen hatte, wandte sich Evadine wieder Roulgarth zu.

»Ich erinnere mich, Euch kürzlich eine Liste überreicht zu haben, edler Roulgarth«, rief sie zu ihm hinunter. »Bitte berichtet mir, wie Ihr damit vorankommt.«

»Eure Liste wurde im selben Augenblick verbrannt, als Ihr das Zelt verlassen hattet!«, gab Roulgarth zurück. »Ich empfinde es als Schande, sie überhaupt in der Hand gehalten zu haben.«

»Wie schade.« Evadine seufzte und bedeutete dann den Soldaten, die um den Galgen herumstanden, Ethrichs Leichnam hochzuziehen. »Anscheinend lasst Ihr mir keine andere Wahl, als den Befehl des Königs selbst auszuführen. Wenn ich hier fertig bin, werde ich nach Hochsahl reiten, um die Missetäter in Gewahrsam zu nehmen. Wenn Ihr wollt, dürft Ihr mich gern als Eskorte begleiten.«

Roulgarth stieß ein Lachen aus, das ebenso verzweifelt wie verächtlich klang. »Ihr werdet nirgendwohin reiten, Evadine. Das kann ich Euch versichern.«

»Wollt Ihr etwa gegen eine Repräsentantin der Krone die Hand erheben?« Evadine legte in gespielter Empörung die Hand auf ihren Brustharnisch. »Wagt Ihr es, von einem solchen Verrat zu sprechen?«

»Ich habe geschworen, dieses Herzogtum gegen jeden Feind zu verteidigen, ganz gleich, was er für Pergamente bei sich trägt.« Roulgarths Gesicht wirkte blass, aber in seinen Augen leuchtete Entschlossenheit. Es war die Miene eines Mannes, der den ersten Schritt auf einem gefährlichen Weg machte, bei dem es keine Umkehr gab. »Und Ihr habt Euch heute zu unserer Feindin gemacht. Denkt dran, dass ich im Frieden hierherkam.«

»Und ich bitte Euch nun, ebenso wieder zu gehen.« Evadine verneigte sich leicht, dann wandte sie sich den Soldaten zu, die die restlichen Gefangenen bewachten. »Bringt sie hoch und lasst uns weitermachen.«

»Diese Frau ist verrückt!«, brach es aus Roulgarth heraus. Er ließ den Blick über die Mauern und die Soldaten schweifen, die ernst zu ihm hinabschauten. »Seht ihr das denn nicht?«, brüllte er wütend. »Sie hat euch alle in euer Verderben geführt!«

Hätte er mit Söldnern oder zwangsverpflichteten Bauern gesprochen, die weit von ihrer Heimat entfernt in einem Krieg kämpfen sollten, der ihnen herzlich egal war, dann hätten seine Worte vielleicht verfangen. Aber er hatte es mit der Kompanie des Bundes zu tun, und die hörte nur auf eine Stimme. Entlang der Zinnen erhoben sich wütendes Gemurmel und trotzige Schreie, bis Evadine laut Befehl gab zu schweigen.

»Ich werde schon bald nach Hochsahl reiten, edler Roulgarth«, teilte Evadine dem Ritter mit. Dann trat sie zum nächsten Gefangenen und tätschelte ihm die Wange, bevor die Witwe ihm die Schlinge um den Hals legte. »Um Euretwillen rate ich Euch, mich nicht daran zu hindern.«

Roulgarth Cohlsair sagte an diesem Tag nichts mehr, obwohl es Berichte gibt, die ihm zahllose Worte in den Mund legen. Gelehrte, die Sympathien für Alundia hegen, schmeicheln ihm mit einer langen Rede, die ebenso wortgewandt wie heroisch klingt und einen angenehm dramatischen Effekt erzeugt. Andere wiederum stellen ihn als einen wütenden Prahlhans dar, der über eine Stunde lang vor dem Burgtor auf und ab ritt und dabei alle möglichen Flüche und Drohungen ausstieß. In Wahrheit warf der Obermarschall von Alundia Evadine und mir lediglich noch einen kurzen Blick zu. Nicht willens, sich die Hinrichtung seiner Landsmänner weiter anzuschauen, ritt er davon. Doch zuvor sah ich noch, wie sich sein Gesicht zu einem Lächeln verzog. Ich hätte mit grimmiger Zufriedenheit gerechnet, weil es uns nun schon bald an den Kragen gehen würde. Stattdessen sah ich noch etwas weitaus Schlimmeres darin: Mitleid. Roulgarth war der festen Überzeugung, dass er uns töten würde, und anscheinend freute er sich nicht einmal darauf.

Er zog sein Schlachtross herum, gab ihm die Sporen und galoppierte davon. Bei Nachteinbruch, lange nachdem die Witwe den letzten Gefangenen von der Mauer gestoßen hatte, erwachten auf den umliegenden Hügeln Lagerfeuer flackernd zum Leben. Sie bildeten einen glitzernden Halbkreis, der von einer Stelle am Flussufer bis zu einer anderen eine halbe Meile weiter südlich reichte. Und so begann die Belagerung der Burg Walvern.

Zwölftes Kapitel

Ein kurioser Aspekt des Lebens während einer Belagerung ist, dass die meiste Zeit nichts weiter Bemerkenswertes passiert. Während der nächsten vier Tage waren die Alundier damit beschäftigt, auf den Hügelkuppen im Umkreis ihre Lager zu errichten, die bei Sonnenauf- und -untergang deutlich zu sehen waren. Mittags galoppierten einige berittene Soldaten über die Ebene, kamen jedoch nie nah genug an die Burg heran, um sich einen Armbrustbolzen einzufangen. Roulgarth ließ sich nicht mehr blicken und schickte auch keine Gesandten, um unsere Kapitulation zu fordern. Was Swain, als wir uns am Morgen des fünften Tages oben auf dem Turm zu einer Besprechung versammelten, sowohl ermutigend wie auch verdächtig fand.

»Er hatte die Wahl zwischen einem schnellen Angriff in der ersten Nacht oder einer längeren Belagerung der Burg«, sagte der Hauptmann. »Er hat sich für Letzteres entschieden, obwohl ich an seiner Stelle Ersteres gewählt hätte. Einen Feind, der sich verbarrikadiert hat, sollte man immer so schnell wie möglich auslöschen, besonders wenn einen noch an anderer Stelle Schwierigkeiten erwarten.«

»Das heißt, Roulgarth hat es nicht eilig, weil Alundias Grenzen bislang noch nicht bedroht wurden«, sagte ich zu Swain, hielt meinen Blick aber auf Evadine gerichtet.

»Möglicherweise«, stimmte Swain zu. »Oder er hat sich die Burg und unsere Reparaturen genauer angesehen und ist der Meinung, dass er kaum eine Chance auf einen schnellen Sieg hat. Mindestens jedenfalls kann er sich denken, dass ein Sturm auf diese Mauern einen hohen Preis fordern würde.«

»Er wird also entweder versuchen, uns auszuhungern oder …« Ich verstummte und blickte vielsagend zu der Hügelkuppe in der Nähe. Bislang hatten die Alundier sich darauf beschränkt, eine Kompanie Infanterie dort zu stationieren. Stangen oder Flaschenzüge, die vom Bau einer Belagerungsmaschine kündeten, waren noch nicht zu sehen.

»Es braucht viel Zeit, gutes Holz und erfahrene Handwerker, um eine Belagerungsmaschine zu bauen«, sagte Wilhum. »Vielleicht mangelt es dem Obermarschall momentan daran.«

»Wir müssen davon ausgehen, dass dies nicht immer so bleibt«, sagte ich. Ich versuchte, an Evadines Gesicht ihre Gedanken abzulesen, sah jedoch nur die nachdenkliche Trauer, die schon seit den Hinrichtungen ihre Stimmung beherrschte. »Wir sollten das Leuchtfeuer anzünden, Evadine«, sagte ich, worauf sie fragend die Stirn runzelte.

»Warum sollten wir das tun, Meister Scribe?«

»Weil wir belagert werden.« Ich bemühte mich, meine Stimme nicht hitzig klingen zu lassen. Zwar verstand ich mich mit Evadine seit ihrer Heilung besser, ihr Hang zu kryptischen Antworten auf vernünftige Vorschläge war jedoch geblieben. »Momentan ist unser Feind noch ruhig, aber das kann sich schnell ändern. Es liegt keine Schande darin, um Hilfe zu rufen, wenn es notwendig ist.«

»Wohl wahr.« Sie neigte zustimmend den Kopf. »Und ich werde keine Schande empfinden, wenn ich es tue, sobald der richtige Zeitpunkt gekommen ist. Doch bis dahin, meine Herren«, sie schenkte uns allen ein Lächeln und ging dann zur Treppe, »erfüllt weiter Eure Pflichten und haltet die Truppe in Alarmbereitschaft.«

Aus einer ereignislosen Woche wurden zwei und dann drei. Die Tage vergingen in einem gleichförmigen Ablauf aus Übungen, Mahlzeiten und Wachgängen. War die Stimmung anfangs angespannt, so machte sich bald schon Langeweile breit. Ich verbrachte meine Zeit damit, die Berittene Garde im Umgang mit Schwert und Dolch zu unterrichten, Ayin das Lesen und Schreiben beizubringen und meine Lektüre von Ulfins *Reisen* zu beenden. Der vor langer Zeit verstorbene Schreiber hatte eindeutig eine blühende Fantasie besessen, erzählte jedoch auch ehrlich, wenngleich mitunter etwas ausschweifend. Nur etwa ein Drittel seines Berichts handelte tatsächlich von seinen Reisen durch die Caerithische Öde, die ersten zwei befassten sich mit den zahllosen Missgeschicken finanzieller wie romantischer Natur, die zu seinem verzweifelten Aufbruch geführt hatten.

Und siehe, las ich, *der Verrat der Hure war es, der mich in die tiefste Armut stürzte. Ah, die süße Effiah, so schön in Antlitz und Gestalt, und doch verbarg sich dahinter nur hässliche Gier. Einen armen Schreiber, der stets freundlich zu ihr war, mit nichts als einem kalten Herd und einem leeren Geldbeutel zurückzulassen! Ich gab meine letzten Sheks dafür aus, meine Trauer mit starkem Bier zu betäuben, und in der Taverne begegnete ich einem freundlichen Kerl, der mir von den Reichtümern erzählte, die im Ödland zu finden seien.*

Ulfin berichtet weiter, wie dieser »freundliche Kerl« ihn überredete, sich einer Gruppe anderer Hungerleider anzuschließen, die über die Berge in die Caerithische Öde ziehen wollten, um dort nach Schätzen zu suchen. Über die genaue Art der Schätze lässt er sich nicht weiter aus. Vielleicht war es ihm zu peinlich einzugestehen, dass diese nicht existierten, oder er wollte verhindern, dass andere sich ebenfalls auf die Suche danach machten. Ob nun wahr oder erfunden, das Scheitern der Expedition wird von ihm äußerst detailreich dargestellt. Kaum einen Monat nach ihrem Aufbruch erfriert der überschwängliche Anführer der Gruppe in den Bergen. Danach brechen die meisten anderen die Reise ab, sodass nur noch Ulfin und zwei seiner Gefährten übrig bleiben. Was mit Letzteren geschah, erklärt Ulfin leider nicht genauer, sondern begnügt sich mit dem Satz: »Welch schreckliche Taten, zu denen der Hunger die Menschen treibt.« Klar ist jedoch, dass er als Einziger, halb verhungert, die Caerithische Öde erreichte.

Und so erwartete ich, in mein sicheres Ende zu stürzen, als meine Beine schließlich unter mir nachgaben. Die Schneewehe, in die ich fiel, erschien mir wie eine weiche Decke und ließ mich in den allertiefsten Schlaf sinken. Der Vorsehung und meinen jugendlichen Instinkten sei Dank, währte dieser Schlaf jedoch nur kurz. Ich wurde jäh durch Rufe und Ohrfeigen geweckt, die ausgerechnet von einem Kind stammten.

Wie es sich ergab, wurde Ulfin von einem caerithischen Jungen aus der Schneewehe gezogen, der nach seiner Schätzung etwa zehn Jahre alt war. Das Kind schleppte den halb toten Fremden in eine nahe gelegene Siedlung. An diesem Punkt wird Ulfins Geschichte besonders wirr, da er offenbar einige Zeit im Delirium verbrachte. Als er erneut zu sich kommt, findet er sich unter Menschen wieder, deren Sprache er nicht kennt und die ihm mit Gleichgültigkeit, Verachtung oder offener Feindschaft begegnen.

Mehrfach wollte ihr ungeschlachter Häuptling mir mit seiner seltsam geformten Axt den Schädel einschlagen, doch brachte ihn der Junge, der mich aus der Schneewehe gerettet hatte, ein ums andere Mal davon ab. Espetha!, *rief er, wenn er sich schützend vor mich stellte.* Espetha! *Welch herrliches Wort für einen herrlichen Gedanken, der mir mit Sicherheit das Leben rettete.*

Ulfin zufolge bezieht sich das Wort *Espetha* auf einen Brauch der Caerither, der die Behandlung von Außenstehenden betrifft. Trotz der Monate, die der Schreiber in der Gesellschaft der Caerither verbrachte, blieb sein Verständnis ihrer Sprache lückenhaft. Irgendwann jedoch hatte er genug begriffen, um sich an einer Übersetzung zu versuchen. Im Albermainischen gibt es keine direkte Entsprechung für das Wort, aber Ulfin übersetzt es als »mit offener Hand«. Anscheinend ist es bei den Caerithern Sitte, dass jemandem, der ihr Land »mit offener Hand«, also ohne Waffe und den Wunsch, Schaden anzurichten, betritt, selbst kein Schaden zugefügt werden darf.

»*Espetha*«, wiederholte ich leise und legte das Buch auf meine Brust.

Ich durchforstete meine Erinnerungen an den Kettenmann, Raith und die Sackhexe, konnte mich jedoch nicht entsinnen, dass einer von ihnen dieses Wort je benutzt hätte. Wie genau es ausgesprochen wird, blieb deshalb – wie so vieles im Hinblick auf die Caerither – ein Rätsel.

Meine Grübeleien wurden vom Klappern und Poltern einer zufallenden Tür unterbrochen, gefolgt von Stiefelstampfen auf der Treppe. Ayin, Wilhum und ich hatten im zweiten Stock des Turms unser Quartier bezogen, während die Berittene Garde unten im Hauptsaal über Evadine wachte. Das lauter werdende Trommeln eiliger Schritte weckte Wilhum aus dem Schlaf, und ich schloss leise fluchend mein Buch. Nun hatte die Schlacht wohl doch endlich begonnen. Als Eamond allerdings mit bleichem Gesicht und furchtsam leuchtenden Augen auf der Treppe erschien, brachte er überraschende Neuigkeiten.

»Meister Scribe«, sagte er. »Die Gesegnete … Ihr müsst kommen.«

»Was ist?«, stöhnte Wilhum, schwang seine Beine von der Pritsche und griff nach seinem Schwert. Als er Eamonds nächste Worte hörte, fiel jedoch sogleich alle Müdigkeit von ihm ab.

»Sie reitet los.« In Reaktion auf unsere verwunderten Blicke fügte Eamond hinzu: »Jetzt.«

»Was tust du da, Evie?« Wilhum vergaß alle Förmlichkeit, während er über den Burghof auf Evadine zurannte. Sie saß vollständig gerüstet auf Ulstan. Das Rasseln der Ketten hallte im Hof wider, während die Zugbrücke vor ihr herabgesenkt wurde.

»Ich halte mein Wort, Wil«, erwiderte sie. »Ich habe Roulgarth gesagt, dass ich nach Hochsahl reiten werde, und sitze doch schon seit Wochen nur hinter diesen Mauern. Die Untätigkeit geht gegen meine Ehre.«

»Bei den Märtyrern!« Wilhum wollte nach Ulstans Zügel greifen, aber Evadine hatte den Hengst bereits vorwärtsgetrieben.

»Bleib hier!«, rief sie über die Schulter, während das Schlachtross über die Zugbrücke donnerte. »Und mach dir um mich keine Sorgen!«

»Berittene Garde zu den Pferden!«, brüllte Wilhum und rannte zu den Ställen. »Alwyn!«, schrie er, während ich Evadines kleiner werdender Gestalt hinterherschaute. Das Licht der Fackeln entlang der Mauern flackerte kurz auf ihrer Rüstung, dann hatte die Dunkelheit Pferd und Reiterin verschluckt. Nur noch Ulstans stetes Huftrommeln war zu hören.

»Sie braucht Blut«, murmelte ich und drehte mich um, als Wilhum mir eine Hand auf die Schulter legte.

»Wir müssen ihr folgen«, sagte er.

»Nein«, erwiderte ich. »Sie wird bald wieder zurück sein. Wir müssen die Kompanie wecken und die Mauern bemannen.«

Wilhum musterte mich verwirrt und verärgert. Er beugte sich näher heran und senkte ein wenig die Stimme. »Bist du jetzt schon genauso verrückt wie sie?« Ich hatte bereits länger vermutet, dass Wilhum an Evadines himmlische Gaben nicht so recht glaubte. Jetzt erkannte ich, dass ich richtiglag. Er liebte sie wie eine Schwester, daran bestand kein Zweifel, aber es war eine verzweifelte Liebe zu einer Frau, die er für losgelöst von der Wirklichkeit hielt. Er blieb nicht deshalb bei ihr, weil er an sie glaubte, sondern weil er sie beschützen wollte.

»Roulgarth will uns aushungern«, sagte ich genauso ruhig wie er. »Er weiß, dass Tomas uns nicht zu Hilfe kommen wird. Der Obermarschall hat deshalb vor, den ganzen Winter dort draußen zu kampieren, bis unsere Vorräte zur Neige gehen. Da bislang nur ein paar Fanatiker ihr Leben gelassen haben, rechnet er damit, dass Evadine sich irgendwann ergeben und in die Heimat zurückkehren wird. Er wiederum wird in diesem Fall siegreich sein, ohne Blut vergossen zu haben oder in offenen Konflikt mit der Krone zu geraten. Blut«, wiederholte ich, »das ist es, was sie braucht, um diese Farce in einen Krieg zu verwandeln. Sie wird zurückkehren, sobald sie ihr Ziel erreicht hat.«

Ich entriss meine Schulter seinem Griff und wandte mich an die Soldaten, die die Seilwinde der Zugbrücke bedienten. »Haltet euch bereit, sie so schnell wie möglich wieder hochzuziehen, wenn die Gesegnete zurückkehrt«, sagte ich und schaute mich nach Hauptmann Swain um, den ich oben auf den Zinnen des Torhauses stehen sah. Seine Miene wirkte ebenso verwirrt wie Wilhums. »Hauptmann!«, rief ich, um ihn auf mich aufmerksam zu machen. »Wir müssen die Kompanie kampfbereit machen. Verdoppelt die Zahl der Armbrustschützen auf der Ostmauer.«

Er blinzelte, dann nahm sein Gesicht wieder den üblichen herrischen Ausdruck an. Er ging davon und gab Anweisungen, worauf Soldaten und Feldwebel loseilten. »Wir sollten uns so gut wie möglich bewaffnen, solange noch Zeit dafür ist«, sagte ich zu Wilhum, drehte mich um und rannte zum Turm. »Lass die Garde im Hof Aufstellung nehmen«, fügte ich hinzu, als er sich mir anschloss, »damit wir sie dort einsetzen können, wo die Mauern am stärksten bedroht werden.«

»Ich kann mich nicht entsinnen«, keuchte er, während wir die Stufen zum Turm hochrannten, »dass die Gesegnete dich während ihrer Abwesenheit zum Befehlshaber ernannt hat, Meister Scribe.«

Ich lachte hohl. »Ihr dürft gerne jederzeit für mich übernehmen, edler Herr.«

»Was ist passiert?«, fragte Ayin gähnend, als wir in das zweite Stockwerk zurückkehrten.

»Die Alundier kommen«, sagte ich. Ich hielt es für das Beste, die Wahrheit ein wenig zu verschleiern, da Ayin sonst nicht aufzuhalten gewesen wäre. Ob nun bekleidet oder nicht, sie würde hinter Evadine hereilen. »Zieh dich an. Nimm deine Armbrust und bewach die Krankenstube. Hilf Bruder Delric, wenn er Hilfe braucht. Aber«, fügte ich hinzu und stülpte mir ächzend meinen Brustharnisch über, »hilf mir zuerst hiermit.«

»Die ganze Nacht lang Sand auf Blut und Scheiße schaufeln«, brummte Ayin und schlug ihre Bettdecke zurück. »Warum bekomme ich immer die besten Aufgaben?«

Als von unten im Burghof neuer Tumult heraufdrang, hatte ich es mit Ayins Unterstützung geschafft, fast alle Rüstungsteile anzulegen. »Evadine kehrt zurück!«

Ich folgte Wilhum, der beim Rüstunganziehen stets schneller war als ich, den Turm hinunter und zog dabei noch rasch die Schnalle an meiner rechten Armschiene fest. Er ging zur Berittenen Garde, die zu

Fuß in der Mitte des Burghofs versammelt war. Ich dagegen lief zu Swain oben auf dem Torhaus. Evadine war bereits in Sicht. Sie lenkte Ulstan in gemächlichem Galopp auf die Zugbrücke zu. Allerdings fiel mir auf, dass sie ihr Schwert gezogen hatte und es seitlich in der Hand hielt. Als sie näher kam, sah ich den Fleck auf der Klinge, der im flackernden Fackelschein fast schwarz wirkte. Hinter ihr in der Dunkelheit war der Lärm einer rennenden Menschenmenge zu hören. Den Schreien und Flüchen nach zu urteilen, war es eine wütende Meute, die ihr zur Zugbrücke folgte.

Meinem Befehl gehorchend, zogen die Soldaten an der Winde die Zugbrücke sofort wieder hoch, als die Hufe von Evadines Hengst über die Pflastersteine des Hofs klapperten. Ich sah, wie sie das Blut von ihrem Schwert abschüttelte, bevor sie aus dem Sattel stieg. Als sie hochschaute und mir in die Augen sah, entdeckte ich in ihrem Blick keinen Triumph, nur grimmige Zufriedenheit. »Die Straße war versperrt«, sagte sie schlicht.

»Armbrüste heben!«, bellte Swain. Ich drehte mich um und sah die ersten Alundier aus der Dunkelheit rennen. Anfangs waren es nur ein paar Dutzend, die auf die Burg zustürmten. Leitern oder Kletterhaken hatten sie nicht dabei, nur Schwerter und Äxte, die in der Dunkelheit glänzten, während sie näher kamen.

»Kehrt um!«, rief ich ihnen zu und legte die Hände zu einem Trichter um den Mund. »Ihr werdet hier sterben! Kehrt …«

Meine Worte wurden von Swains Befehl zum Schießen und dem darauffolgenden Knallen der Armbrüste und Rattern der Winden übertönt. Wie stets hatte der Hauptmann seine Befehle mustergültig befolgt und etwa zweimal zwanzig Armbrustschützen auf der Ostmauer versammelt – mehr als genug, um eine Salve abzufeuern, die sämtliche Alundier in Reichweite niedermähte. Viele weitere kamen jedoch bereits aus der Dunkelheit angelaufen, während die Schützen eilig ihre Waffen nachluden. Fletchmann schoss mit seinem Eschenholzbogen zwei Gegner nieder, bevor sie den Graben unten an der Mauer erreichen konnten.

Wie töricht es ist, im Krieg seiner Wut zu gehorchen, zeigte sich bald ziemlich deutlich, als sich unten eine große Menge ansammelte. Die Alundier warfen sich heulend gegen die Mauer, ohne diese erklimmen oder dem Strom der Steine und des heißen Öls ausweichen zu können, die auf Swains Befehl hin auf sie niedergingen. Wutgebrüll ging schon bald in Schmerzensschreie über, begleitet von stetem Knallen, als die Armbrustschützen wieder ihre Arbeit aufnahmen. Wie sie es in der Ausbildung gelernt hatten, standen sie jeweils in Dreiergruppen zusammen, um einen konstanten Bolzenregen zu erzeugen. Einer beugte sich vor, um auf das Gewühl unten zu schießen, während die anderen beiden ihre Waffen nachluden.

Das Blutvergießen hielt mehrere Minuten lang an, bevor in der Finsternis jenseits des Lichtscheins unserer Fackeln ein Chor aus Trompetenstößen ertönte. Der stete Nachschub an frischen Opfern ließ nach und versiegte dann. Die angreifenden Alundier blieben stehen und rannten nach kurzem Zögern zurück in die Dunkelheit. Während die Zahl der Todesopfer im Graben anwuchs, wurden die Schreie leiser, sodass die Überlebenden nun ebenfalls die Trompeten hörten. Die meisten kamen dem, was wahrscheinlich ein Befehl zum Abbruch dieses sinnlosen Angriffs war, zügig nach, kletterten aus dem Graben und liefen davon. Ein paar blieben dennoch und versuchten weiter vergeblich, die Mauern zu erklimmen, nur um von Armbrustbolzen, Öl oder herabfallenden Steinen getötet zu werden. Ein besonders großer Mann hämmerte immer wieder seine Axt gegen den Fuß der Mauer. Die Armbrustbolzen, die ihm aus beiden Schultern ragten, taten seiner wütenden Raserei keinen Abbruch. Er machte immer weiter, bis ihm Fletchmann schließlich einen Pfeil tief in den Nacken schoss. Der Hüne stolperte noch einen Moment umher und verlor die Axt aus der Hand. Schließlich warf er den Nordmännern auf der Mauer einen letzten hasserfüllten Blick zu und ging zu Boden. Sein Tod schien seinen Kameraden den Anstoß zu geben, ihren Angriff endlich aufzugeben.

»Spart euch die Bolzen!«, wies Swain die Armbrustschützen an, als diese ihre Waffen auf die etwa dreißig Alundier richten wollten, die aus dem Graben kletterten, um in die Dunkelheit davonzurennen. »Die werden wir bald noch brauchen.«

Bei einem Blick hinunter in den Graben zählte ich über zwanzig Leichen. Von dem noch brennenden Öl stieg Rauch auf und verpestete die Luft mit dem beißenden Gestank von verkohlten Kleidern und Fleisch. Manche der Gefallenen zuckten noch, und ein paar versuchten, den Graben hochzukriechen. Ihr elendes Schluchzen mischte sich mit dem schwachen Stöhnen der Sterbenden. Ich wusste, dass wir die Zugbrücke nicht herabsenken konnten, um ihnen zu helfen. Alle, die noch am Leben waren, würden mit großer Wahrscheinlichkeit bis zum Morgen tot sein. Evadine hatte jetzt ihr Blut bekommen, und die Farce war vorbei. Von diesem Moment an befanden wir uns tatsächlich im Krieg.

In der folgenden Nacht kam es zu keinen weiteren Zwischenfällen mehr. Roulgarth, der die Kontrolle über seine Truppen zurückgewonnen hatte, schien nicht so dumm zu sein, weitere Menschenleben mit einem sinnlosen Angriff zu verschwenden. Bei Morgenanbruch befahl Evadine der Hälfte der Kompanie, sich schlafen zu legen. Sie selbst zog sich in den Turm zurück und überließ es mir, gemeinsam mit Kastellan Estrik die Morgenwache zu übernehmen. Im Morgengrauen erschien ein einzelner alundischer Ritter mit einem Waffenstillstandswimpel und bat darum, die Leichen der gefallenen Alundier und die Verwundeten aus dem Graben bergen zu dürfen. Der Gesandte war ein junger Adliger in prächtiger Rüstung, dessen verkniffenes Gesicht und knappe Ausdrucksweise davon zeugten, dass er seinen Auftrag als unehrenhaft empfand.

»Wie ich sehe, hatte Roulgarth Cohlsair also nicht den Mut, selbst herzukommen und seine Bitte vorzutragen«, sagte ich, um der Würde des jungen Mannes einen weiteren Stich zu versetzen.

»Halt deinen dreckigen Mund, du Bauerntölpel!«, schrie der junge Adlige, und sein nach oben gewandtes Gesicht war rot vor Zorn. »Ich bin nicht hier, um mich mit unhöflichem Gesindel zu streiten«, fuhr er fort. »Ich verlange eine faire Behandlung der Gefallenen und Verletzten. Oder ist eure falsche Märtyrerin ebenso grausam wie verlogen?«

»Hütet Eure Zunge, junger Herr!«, gab Estrik mit einem Knurren zurück, in das die anderen Soldaten mit einstimmten. Armbrüste wurden gehoben und zielten auf den Ritter, der sich davon jedoch zu seiner Ehre nicht einschüchtern ließ.

»Schon gut.« Ich hob die Hände und bedeutete den Schützen, ihre Waffen zu senken. »Ihr kennt die Anordnungen der Gesegneten. Das Zeichen des Waffenstillstands muss respektiert werden.« Ich wandte mich wieder dem Ritter zu und hob erwartungsvoll eine Augenbraue, da dieser sich bislang noch nicht vorgestellt hatte. »Also, edler …?«

»Merick Albrisend«, sagte er widerstrebend. »Baron von Lumenstor. Und Ihr seid?«

»Alwyn Scribe.« Ich verneigte mich. »Baron von nirgendwo. Zu Euren Diensten.« Seine Augen verengten sich, offenbar hatte er mich erkannt. Wie seltsam das doch war! Ich hätte nie erwartet, dass mein Name je über die Grenzen des Shavine hinaus bekannt sein würde. »Eure Bitte sei Euch gewährt«, sagte ich. »Die Wiederauferstandene gibt Euch bis zur Mittagsstunde Zeit, um Eure Kameraden abzuholen. Bitte achtet darauf, dass diejenigen, die sich darum kümmern, keine Waffen tragen. Ich würde ihnen außerdem raten, ihre Arbeit schweigend zu verrichten. Beleidigungen, insbesondere der Gesegneten, werden von uns nicht geduldet.«

Merick nickte kurz und musterte mich dann noch einmal finster. »Ich werde nach Euch suchen, wenn wir diese Mauern niederreißen«, versprach er, wendete sein Pferd und galoppierte davon. Wie vereinbart, wurden die toten und verwundeten Alundier weggebracht, noch bevor die Sonne im Zenit stand. Abgesehen von den sich entfernenden Karren, war die Ebene nun wieder menschenleer. Die Hügelkuppen im Umkreis waren in den Rauch von Lagerfeuern gehüllt.

»Ich muss zugeben, ich hätte gedacht, dass sie so bald wie möglich ein zweites Mal angreifen«, sagte Swain zu Evadine. »Wütende Soldaten sind ein großer Vorteil, den man nicht verschwenden sollte.«

»Roulgarth wartet ab«, meinte Evadine und musterte stirnrunzelnd die umliegenden Hügel. »Nur worauf, das kann ich mir nicht erklären.«

»Was immer es ist, es ist bestimmt nichts Gutes.« Ich sah vielsagend zum Turm hin, wo das Holz für das Leuchtfeuer noch immer unter einer Plane aufgestapelt lag.

»Ob gut oder schlecht, wir warten ebenfalls«, sagte Evadine. »Genau wie er.«

Anfangs schien es, als wollte Roulgarth doch noch in dieser Nacht eine Antwort geben. Nachdem der Himmel schwarz geworden war und vom Fluss her eine Windböe, die uns in unseren Mänteln zittern ließ, Schnee herantrug, kam aus der Dunkelheit eine Salve Feuerpfeile über die Südmauer gesegelt. Die meisten fielen nur harmlos auf die Pflastersteine und wurden mit Schnee oder darüber ausgegossenen Wassereimern schnell gelöscht, aber einer traf einen Heuballen in unserem behelfsmäßig eingerichteten Pferdestall. Die Pferde gerieten in Panik, und ein ausschlagender Huf brach einem Soldaten das Bein, bevor das Feuer gelöscht werden konnte. Die Salve endete so schnell, wie sie begonnen hatte; auf der Ebene vor der Mauer zeigten sich keine Angreifer.

»Vielleicht nur eine Geste, um seine wütende Armee zu besänftigen?«, sagte ich zu Swain, während wir hinter den Zinnen kauerten und in die Dunkelheit spähten.

»Vielleicht«, stimmte der Hauptmann zu. Ein Stirnrunzeln erschien in seinem vernarbten Gesicht, als von der Mauerseite, die zum Fluss zeigte, ein Chor aus Schreien ertönte. »Oder eine Ablenkung.«

Wir eilten über den Burghof und stiegen die Treppe hoch. Oben lagen die beiden Soldaten aus Ofihlas Truppe tot am Boden, aus ihren Hälsen ragten Pfeile hervor. Drei weitere Soldaten waren an der Schulter oder im Gesicht verletzt. Armbrustschützen tauchten immer wieder aus der Deckung auf, um Bolzen in die Dunkelheit unten an der Mauer zu schießen. Die Luft war von wütendem Fluchen erfüllt.

»Seht ihr da irgendwas?«, fragte ich einen der Schützen, der gerade seine Waffe hob, um erneut zu schießen. Seine Stirn war trotz der Kälte schweißnass, er sah mich blinzelnd an und schüttelte den Kopf. »Dann hört auf, Bolzen zu verschwenden«, sagte ich und wiederholte dieselbe Anweisung für seine Kameraden.

»Ahl-Spitze«, sagte Fletchmann und hielt einen blutigen Pfeil hoch, den er aus dem Hals eines Opfers gezogen hatte. Die Pfeilspitze war schmal und vierkantig und bis zur Hälfte mit dornenartigen Widerhaken besetzt. »Ein Kriegspfeil, keine Jagdspitze. Aus gut dreißig Metern abgeschossen und trotzdem sauber gezielt. Noch dazu im Dunkeln.« Fletchmann schenkte mir einen nüchternen Blick. »Da scheint es welche bei denen zu geben, die ihr Handwerk verstehen, Meister Scribe. Das ist das Werk von erfahrenen Leuten.«

»Sind die Alundier für ihr Bogenkünste bekannt?«, fragte ich Swain.

»Nicht mehr als jeder andere im Reich«, erwiderte er. »Eigentlich bevorzugen sie die Armbrust im Kampf, genau wie die Herzogtümer im Norden.« Er nickte zu dem Pfeil in Fletchmanns Hand. »Wenn es in ihren Reihen Meisterschützen gibt, dann nehme ich an, dass sie angeheuert wurden. Erinnerst du dich an den Pfeilhagel während der Schlacht auf dem Feld der Verräter? Gerüchteweise soll er das Werk von zweitausend vergundischen Flachländern gewesen sein. Nachdem der Prätendent vernichtend geschlagen war, haben die sich vielleicht einen neuen Zahlmeister gesucht.«

Ich schaffte es, ein Zusammenzucken zu unterdrücken, um die Soldaten nicht zu beunruhigen. Den Pfeilhagel auf dem vermaledeiten Feld der Verräter hatte ich noch in unguter Erinnerung und hegte nicht den Wunsch, dergleichen ein zweites Mal zu erleben.

»Vergundier.« Fletchmann schürzte die Lippen, während er den Pfeil weiter untersuchte. »Von denen hab ich schon gehört, aber noch nie einen gesehen. Soweit ich weiß, verwenden sie geschwungene Hornbögen.«

Das Wissen des ehemaligen Wilddiebs über die Vergundier mochte mager sein, übertraf aber dennoch mein eigenes. Sihldas Lektionen über die Welt außerhalb der Grenzen Albermaines hatten sich allein auf das Leben der Märtyrer beschränkt. Die verschiedenen Clans, die die Ebenen von Vergundia durchstreiften, waren nie zum Glauben des Bundes bekehrt worden. Deshalb hatte Sihlda mir auch kaum etwas über sie erzählt. Ich erinnerte mich nur, dass sie einmal »kriegerische Heiden« erwähnt hatte, die »ewig miteinander im Clinch liegen, sich aber mit dem Versprechen auf Gold locken lassen«.

»Zweitausend von den Mistkerlen?«, fragte ich Swain, der jedoch nur mit den Schultern zuckte.

»Beim Rückzug sind bestimmt eine Menge gefallen. Wer weiß schon, wie viele von ihnen überlebt haben, um in den Dienst des Obermarschalls zu treten?«

»Könnte es sein, dass er auf sie gewartet hat?«

»Das bezweifle ich. Mit Bogenschützen allein kann man eine Burg nicht einnehmen.« Er biss die Zähne zusammen und stieß ein Seufzen aus, als in diesem Moment von der Nordmauer ein Chor aus Schreien zu hören war. »Aber sie können den Leuten hinter den Mauern das Leben schwermachen.«

Die Bogenschützen setzten ihre Angriffe die ganze Nacht lang fort, forderten die Leben von acht Soldaten und verwundeten ein Dutzend weitere. Swain gab allen Wachposten Befehl, in Deckung zu bleiben und nur hin und wieder einen Blick über die Mauer zu werfen. Leider waren unsere Gegner jedoch ziemlich gerissen. Statt weiterhin Salven abzuschießen, schlichen sie in der Dunkelheit jenseits der Reichweite unserer Fackeln umher, beobachteten uns und warteten auf Ziele. So quälten uns die Vergundier – kaum jemand zweifelte noch daran, dass es die fähigen Heiden waren, mit denen wir es zu tun hatten – noch drei Nächte lang weiter. Nach dem ersten Angriff gelang es ihnen nur noch sporadisch, einen unserer Soldaten zu töten. Die meisten Pfeile verfehlten ihr Ziel. Die ständige Gefahr erfüllte jedoch selbst die gläubigsten Wachposten mit Furcht. Vor einer Schlacht lassen sich religiöse Eiferer mit stürmischen Worten leicht anstacheln, aber den Mut zu bewahren, wenn jederzeit aus der Dunkelheit ein tödlicher Pfeil heranfliegen konnte, das war etwas ganz anderes.

Evadine blieb besonnen und reagierte auf das, was eher ein Ärgernis als eine wahre Bedrohung für uns war, zunächst gar nicht. Ihre Haltung änderte sich erst, als in der vierten Nacht ein junger Rekrut, ein ehemaliger Töpferlehrling aus Alberis, den Verstand verlor, nachdem ein Pfeil knapp sein Auge verfehlt hatte. Anstatt den Seraphilen für seine Rettung zu danken und in Zukunft den Kopf einzuziehen, sprang der junge Kerl auf die Mauer und schrie trotzige Worte in die Dunkelheit.

»Ihr heidnischen Mistkerle!«, brüllte er und schlug sich auf die Brust. »Ihr wollt mich umbringen? Ich stehe unter dem Schutz der Gesegneten …« Wie zu erwarten, wurden seine Worte augenblicklich durch drei Pfeile, die ihn in Bauch, Brust und Hals trafen, Lügen gestraft.

»So kann es nicht weitergehen«, sagte Evadine traurig, während sie sich über den toten jungen Mann beugte und für immer seine Lider schloss. »Feldwebel Dornmahl«, sagte sie und richtete sich auf. »Lass morgen Abend die Berittene Garde antreten. Es wird Zeit, einen Ausfall zu machen.«

Dreizehntes Kapitel

Natürlich ließ sich Evadine nicht dazu überreden, Wilhum die Führung des Ausfalls zu überlassen. Als Swain vorsichtig den Vorschlag machte, verengte sie nur streng die Augen, worauf der Hauptmann sogleich verstummte. Danach regte sich kein Widerspruch mehr, als sie an der Spitze der Berittenen Garde auf Ulstans Rücken stieg. Wilhum ritt rechts von ihr und ich auf Jarik dahinter. Das Schlachtross verlagerte unruhig das Gewicht; seine geschulten Sinne teilten ihm mit, dass ein Kampf bevorstand, und seine Aufregung wuchs. Ich hielt die Zügel locker in der rechten Hand. Dass man sie lieber nicht straff zog, hatte Wilhum mir in zahllosen Übungsstunden eingetrichtert. In der linken hatte ich ein langes Seil, an dem ein Bündel Kienspäne befestigt war, das mit Heu vermischt und reichlich mit Lampenöl und Teer begossen war. Die Mitglieder der Garde hatten alle ähnliche Bündel bei sich. Heute Nacht würden ihre zumeist neu erworbenen Reitkünste auf eine harte Probe gestellt werden. Zwar ritten sie auf Schlachtrössern, die für den Krieg gezüchtet worden waren, vor Feuer schrecken jedoch alle Tiere zurück, und sie inmitten des bevorstehenden Durcheinanders unter Kontrolle zu behalten, war bei Weitem keine leichte Aufgabe.

An unserer Flanke hatten zwei Truppen Fußsoldaten unter dem Befehl Swains in drei Reihen Aufstellung bezogen. Die strenge Disziplin, mit der sie ihre Formation hielten, ließ mich etwas Mut schöpfen. An den Fähigkeiten der Berittenen Garde mochte ich zweifeln, doch diese Soldaten, allesamt Veteranen, würden heute Nacht ihren Mann stehen.

»Es ist fast Mitternacht, oder was meinst du?«, fragte Evadine Wilhum, während wir warteten. Überall sonst in der Burg herrschte Stille. Die Gesegnete hatte strengen Befehl gegeben, die üblichen Abläufe nicht zu unterbrechen. Unser Feind sollte keinen Hinweis darauf erhalten, was wir vorhatten.

»Es macht kaum einen Unterschied«, erwiderte Wilhum mit einem Blick zum sternenklaren Himmel. Zum Glück schneite es nicht mehr, so wie in den vergangenen Tagen, und ein Halbmond leuchtete inmitten von glitzernden Sternbildern. Wie immer vor einem Kampf verspürte ich leichte Übelkeit und konnte den Anblick des himmlischen Schauspiels deshalb nicht genießen. Dass die wiederholte Teilnahme an Schlachten einen gegen das damit verbundene Grauen immun macht, ist ein weitverbreiteter Irrglaube. Tatsächlich kann ich sogar das Gegenteil bezeugen: Je mehr Schlachten ich erlebte, desto grässlicher fand ich sie. Meine weniger erfahrenen Kameraden mochten mein ausdrucksloses Gesicht für die beherrschte Gleichgültigkeit eines abgehärteten Veteranen halten, in Wahrheit war es jedoch die aufgesetzte Maske eines Mannes, dessen Vorstellungskraft ihm das bevorstehende Grauen in den buntesten Farben ausmalte.

»Es sollte nicht mehr allzu lange dauern«, fuhr Wilhum fort. Üblicherweise schossen die Vergundier ihre ersten Pfeile ab, sobald der Himmel dunkel war, heute Nacht aber zögerten sie. Während des Wartens keimte in mir die Hoffnung auf, die Mistkerle mit den Adleraugen hätten vielleicht beschlossen, uns eine Atempause zu gönnen. Womöglich feierten sie irgendein heidnisches Fest. Leider machte das inzwischen vertraute Sirren und das Klirren einer Pfeilspitze, die auf Stein traf, derartige Illusionen zunichte.

»Denkt dran.« Evadine richtete sich im Sattel auf. »Wir umrunden die Burg zweimal. Einmal dicht an der Mauer, dann etwas weiter entfernt. Schlagt hart und schonungslos zu, oder alles wird umsonst sein.« Sie blickte über die Schulter und sah mir in die Augen. Ein aufmunterndes Lächeln umspielte ihre Lippen. Sie hatte vorgeschlagen, dass ich zurückbleiben und die Soldaten auf den Mauern befehligen sollte, doch trotz meiner Ängste hätte ich mir eher selbst einen Dolch in den Bauch gerammt, als in der Burg zu bleiben.

»Fackeln!«, rief Evadine und hob ihr öl- und teergetränktes Bündel. Der Rest der Garde folgte ihrem Beispiel. Ein Dutzend Soldaten kamen entlang der schmalen Kolonne angelaufen und hielten Fackeln an die Bündel. Wie zu erwarten, wurde Jarik unruhig, als die Feuer angezündet waren. Er warf den Kopf hoch und schaute mich mit weit aufgerissenen Augen an.

»Ganz ruhig«, sagte ich und hielt das Bündel so weit von ihm weg, wie ich konnte. »Jetzt dauert es nicht mehr lange, mein Guter.«

Nachdem die Bündel angezündet waren, rief Evadine den Soldaten an der Winde einen Befehl zu. Überraschend senkten sie die große Brücke aus Holz und Eisen nicht langsam wie sonst, sondern zogen einfach die Zapfen heraus, die die Ketten festhielten. Die Brücke fiel krachend über den Graben, und eine große Schneewolke stob auf. Evadine stieß Ulstan die Hacken in die Flanken, um ihn zum Galopp anzutreiben, und donnerte durch das Tor. Wir Übrigen folgten dicht hinter ihr.

Um unter den Gegnern möglichst große Verwirrung zu stiften, teilte sich die Garde sofort nach Verlassen der Brücke in zwei Gruppen auf. Wilhum führte die eine Hälfte nach rechts, während ich mit den anderen Evadine nach links folgte. Ich sah, wie sie das brennende Bündel in der Luft herumwirbelte und es dann in die Dunkelheit warf. Es flog hoch und beschrieb Funken sprühend einen Bogen wie ein Komet, bevor es niederging. Durch reines Glück landete es direkt neben einem Bogenschützen, der im Feuerschein nun deutlich sichtbar war und für die Armbrustschützen auf den Burgmauern ein gutes Ziel abgab. Bevor er, von mehreren Bolzen getroffen, zu Boden ging, erhaschte ich noch einen Blick auf eine weitere stämmige, in Felle gehüllte Gestalt mit einer Pickelhaube. Die Waffe, die der Mann fallen ließ, entsprach genau Fletchmanns Beschreibung und unterschied sich mit ihrer doppelt gebogenen Form von den einfachen albermainischen Holzbögen.

Ich wartete, bis wir die Nordecke der Burgmauer umrundet hatten, bevor ich mein eigenes Bündel warf. Die Garde hatte Anweisung erhalten, sie gleichmäßig zu verteilen, um so viel wie möglich von der umliegenden Fläche zu beleuchten. Kurz ließ ich mich davon ablenken, wie die brennende Kugel durch die Luft flog und über den schneebedeckten Boden rollte, dann zog ich den Kopf ein, als etwas über meinen Scheitel hinwegzischte. Ich sah noch mehr Pfeile zwischen mir und Evadines galoppierender Gestalt aufblitzen. Über uns knallten die Armbrüste, und die Geschosse beider Parteien kreuzten sich in der Luft, während sich Verteidiger und enttarnte Bogenschützen gegenseitig ein Duell lieferten. Rechts von mir sah ich wieder eine in Felle gehüllte Gestalt zu Boden stürzen. Sie fiel direkt auf eines der brennenden Bündel, von dem Funken aufstoben. In dem Moment rannte ein anderer Vergundier aus der Dunkelheit in Jariks Weg. Ich sah noch seine bleichen, panikerfüllten Gesichtszüge, bevor er unter den Hufen des Schlachtrosses verschwand.

Ich folgte Evadine die Westflanke der Burg entlang, um die Südecke herum und dann weiter hinaus auf die flache Ebene im Osten. Sie ritt tief in die Dunkelheit jenseits des Kreises aus brennenden Bündeln hinein. Wie zu erwarten, hatten die Bogenschützen sich vor dem Lichtschein zurückgezogen, außerhalb der Reichweite der Armbrüste, aber nicht von unseren Schwertern. Offenbar hatten wir die Vergundier mit unserem Ausfall tatsächlich verwirrt, denn hätten sie begriffen, in welcher Gefahr sie sich befanden, wären sie sicherlich zu den Lagern der Alundier zurückgelaufen, anstatt ohne jede Deckung auf der flachen Ebene zu verweilen. Vor mir sah ich Evadines Schwert aufblitzen, das vom flackernden Feuerschein gelb gefärbt wurde, gefolgt vom Aufschrei eines tödlich verletzten Mannes. Zu meiner Linken tauchte halb in den Schatten ein Bogenschütze auf. Er hatte seine Waffe gehoben und zielte auf Evadines schwindende Silhouette. Ich zog mein Schwert, riss es hoch und hieb im Vorbeireiten nach dem Kopf des Vergundiers. Die Klinge krachte auf seinen Helm und schickte ihn zu Boden, entweder tot oder bewusstlos.

Ich preschte weiter, und als ich zur Burg zurückschaute, sah ich die beiden Truppen Infanterie unter Swains Befehl einen zweigeteilten Halbkreis um die gesenkte Zugbrücke bilden. Sie würden uns schützen, wenn die Berittene Garde die zweite Umrundung der Burg beendet hatte, obwohl viel davon abhing, wie schnell die alundische Streitmacht auf unseren Angriff reagieren würde. Inzwischen zischten noch mehr unsichtbare Pfeile durch die Luft. Einige Vergundier hatten ihre missliche Lage offenbar erkannt, während mir andere weiterhin in den Weg stolperten. Ich schlug noch einen nieder, ein zweiter wurde zu Boden geschleudert, als Jarik mit der Schulter gegen seinen Rücken prallte. Ich warf erneut einen Blick zur Burg hin, um meine Position zu bestimmen. Inzwischen befand ich mich weit jenseits der Ostmauer. Ich zog Jarik an den Zügeln herum. Hier und da sah ich galoppierende Schatten, die an den brennenden Bündeln vorbeijagten, aber keiner davon sah wie Evadine aus.

Mein zweiter Ritt um die Burg herum verlief weitgehend ereignislos. Die Vergundier waren so klug, sich aus der Reichweite unserer Armbrüste zurückzuziehen. In den Lichtinseln der brennenden Bündel zählte ich etwa ein Dutzend Leichen. Zweifellos lagen in der Dunkelheit dazwischen noch einige mehr. Ob das ausreichte, um die Bogenschützen von ihren nächtlichen Besuchen abzubringen, musste sich zeigen. Doch dafür, dass es nur wenige Augenblicke gedauert hatte, konnte sich das Ergebnis sehen lassen. Im Krieg ist es für gewöhnlich nicht ratsam, sich der Illusion von Erfolg hinzugeben, besonders nicht, wenn die Mission noch nicht beendet ist. So erwies es sich auch hier wieder, als ich Jarik um die Südflanke der Burg herumlenkte.

Die Zugbrücke war kaum noch einhundert Schritt entfernt und die Absperrkette der Soldaten bislang unbehelligt geblieben. Gerade stieß ich ein erleichtertes Seufzen aus, als ich hinter mir ein Pferd in vollem Galopp polternd zu Boden gehen hörte. Ich drehte mich im Sattel um und sah einen Soldaten der Garde, der mühsam unter seinem strampelnden Pferd hervorkroch. Dem Tier ragten zwei Pfeile aus dem Hals, Schaum spritzte aus seinem Maul, während es schrill wieherte. Der Reiter hätte sofort zur Zugbrücke rennen sollen, doch stattdessen blieb er stehen, um sein herabgefallenes Schwert aufzuheben. Er befand sich nah genug an einem brennenden Bündel, dass ich Eamonds Gesichtszüge ausmachen konnte. Ich sah, wie er sich duckte, als ein Pfeil an seinem Kopf vorbeizischte. Dann hob er sein Schwert, um die beiden Vergundier abzuwehren, die mit Falchionen in der Hand und rachsüchtigen Mienen aus der Dunkelheit auf ihn zugestürmt kamen.

Wie ich zu meinem Leidwesen auch früher schon erlebt hatte, neigt man als Soldat in der Hitze des Kampfes eher dazu, einem Kameraden in Not zu helfen, als sich selbst in Sicherheit zu bringen, was weitaus vernünftiger wäre. So stieß ich also ein paar deftige Flüche aus, wendete mein Pferd und galoppierte auf Eamond zu. Dass er inzwischen schon viel gelernt hatte, zeigte sich bei seiner Abwehr des ersten Angriffs der Vergundier. Er duckte sich unter dem Hieb eines Falchions hindurch und parierte das andere. Seine Riposte war jedoch unbeholfen – ein breiter zweihändiger Schlag mit dem Schwert, der nur Luft traf. Zum Glück lenkte er die Flachländer damit aber lange genug ab, dass ich die Entfernung überwinden und dem größeren der beiden mein Schwert in den Rücken stoßen konnte. Statt einer Rüstung trugen die Vergundier nur Steppjacken, und die Klinge durchbohrte den Oberkörper des Mannes mit Leichtigkeit.

Sein Kamerad wich beim Anblick seines auf die Knie sinkenden Landsmannes erschrocken zurück. Gurgelnd brach der Kerl zusammen, als ich meine Klinge herauszog. Die jugendlichen Züge des zweiten Flachländers spiegelten Entsetzen, und ich fragte mich, ob ich wohl soeben einen Angehörigen von ihm getötet hatte. Einen Bruder vielleicht? Oder sogar seinen Vater? Ich würde es nie erfahren, denn Eamond streckte den jungen Mann mit ein paar wilden, ungelenken Schlägen nieder, die typisch für seinen Kampfstil waren.

»Lass das!«, bellte ich, als er weiter auf die Leiche des Vergundiers einhackte. Keuchend richtete Eamond sich auf. Atemwolken standen ihm vor dem Gesicht, das von Erschöpfung gezeichnet war, wie oft nach einem Wutanfall. Ich steckte mein Schwert weg und ritt näher heran, streckte die Hand aus und nickte zum Rücken meines Schlachtrosses. »Steig auf.«

Gerade als Eamond meine Hand ergriff, kam ein alundischer Ritter aus der Dunkelheit herangaloppiert, der mit einer Lanze direkt auf meine Brust zielte. Hätte das brennende Bündel in der Nähe nicht noch etwas Licht erzeugt, dann hätte ich die Lanze wohl erst gesehen, wenn sie meinen Brustharnisch durchbohrt hätte. Zum Glück blieb mir noch genügend Zeit, um an Jariks Zügeln zu ziehen und ihn einen Schritt zur Seite machen zu lassen. Die Lanzenspitze glitt an meinem Schulterstück ab, bevor die beiden Pferde mit voller Wucht zusammenprallten. Eamond stieß einen Schrei aus, als er von Jariks Rumpf zur Seite geschleudert wurde. Ich reagierte, ohne nachzudenken. Jarik bäumte sich auf, und ich zog mein Schwert aus der Scheide und hieb mit aller Kraft nach unten. Ich zielte auf den geschlossenen Helm des angreifenden Ritters, doch der war ein flinker Bursche. Er lehnte sich im Sattel zurück, sodass mein Schwert ihn verfehlte und stattdessen den Hals seines Streitrosses traf. Heißes Blut spritzte mir ins Gesicht. Das Pferd des Alundiers wieherte auf und stolperte rückwärts. Der Ritter war jedoch so klug, aus dem Sattel zu springen, bevor sein Pferd zusammenbrach. Noch war er nah genug, dass ich ihn hätte niederstrecken können, wenn nicht Jarik, der wegen des Geruchs nach Pferdeblut und dem Zusammenstoß in Panik versetzt und unbeherrschbar war, in diesem Moment erneut gestiegen wäre. Die ruckartige Bewegung kam so unerwartet, dass ich den Halt verlor, von Jariks Rücken stürzte und unsanft auf der harten, gefrorenen Erde aufkam. Meine Rüstung knirschte und quietschte protestierend. Ich wurde ein paar Meter mitgeschleift, ehe ich wieder so weit bei Verstand war, dass ich die Zügel losließ.

»Verräter«, stöhnte ich, als ich Jariks Hufe sah, die in der Dunkelheit verschwanden. Meine Aufmerksamkeit wurde jedoch sofort vom metallischen Klirren des alundischen Ritters abgelenkt, der ein Dutzend Schritt entfernt mühsam auf die Beine kam.

Ich zwang mich dazu, Luft in die Lungen einzusaugen, stach die Spitze meines Schwerts in den harten Boden und zog mich daran hoch. Immerhin schaffte ich es, auf ein Knie hochzukommen, bevor der Ritter mich erreichte. Er bewegte sich mit beneidenswerter Schnelligkeit und hatte eine mit Nägeln besetzte Streitkeule über den Kopf erhoben. Sein Angriff wirkte ungestüm und zeugte von wenig Erfahrung, denn er ließ sich leicht abwehren. Ich rollte mich im letzten Moment von der herabsausenden Streitkeule weg und packte mein Schwert wie einen Kampfstab, eine Hand an der Klinge, die andere am Griff. Dann hieb ich den Knauf gegen das Visier des Alundiers. Im Duell mit Sir Althus hatte ich mit diesem Schlag Erfolg gehabt, diesmal jedoch nicht. Der Ritter riss den Kopf zurück, bevor der Knauf das Scharnier treffen konnte. Allerdings machte der Hieb ihn kurz benommen, sodass ich näher herankommen und ihm die Beine wegtreten konnte.

Er war ein resoluter Kerl, der mich vom Boden aus weiter angriff. Mit beunruhigender Schnelligkeit, wenn auch nicht sehr präzise schwang er seine Streitkeule in Richtung meines unbehelmten Kopfes. Ich wich dem Hieb aus und klemmte seinen Arm unter meinem ein. Dann trat ich mit einem Fuß auf seinen Brustharnisch und zog kräftig an seinem Arm, bis ich das gedämpfte Knirschen eines Knochens hörte, der aus dem Gelenk gerissen wurde. Danach musste ich ihm nur noch einen harten Schwerthieb gegen den Helm versetzen, und er sackte bewusstlos zusammen.

Einen Moment lang stand ich schwer atmend da und schaute mich um. Ich konnte keine Gegner mehr sehen, doch meine Ohren erzählten eine andere Geschichte. Ich hörte das Stampfen zahlreicher marschierender Stiefel und die Rufe von Hauptleuten und Feldwebeln, die ihre Truppen in Formation brachten. Es wurde Zeit, sich aus dem Staub zu machen, und genau das hätte ich auch getan, wäre mein Blick nicht auf die feinen goldenen Verzierungen am Helm des Alundiers gefallen. Der Helm sah nicht nur gut aus, er war auch sehr robust und wies trotz der vielen Schläge, die er abbekommen hatte, kaum eine Delle auf. Kurz gesagt, er war viel schöner und besser als meiner. Wenn ich auch kein Dieb mehr war – manche Gewohnheiten lassen sich schwer abschütteln. Und natürlich musste ich ein paar wertvolle Sekunden darauf verschwenden, dem jungen Ritter den Helm abzunehmen.

»Halunke«, keuchte er mit blutigen Lippen, als sich der Helm löste. Sein Blick wirkte wütend, und es war eher seine Stimme, die ich erkannte, als sein blutverschmiertes Gesicht. »Plünderer! Du kennst keine Ehre, Scribe.«

»Wir befinden uns im Krieg, Herr Baron«, sagte ich. »Nicht bei einem Turnier. Und Ihr schuldet mir ein Pferd.« Ich stand auf und hob seinen Helm hoch. »Der wird als Entschädigung ausreichen.«

Merick Albrisend, Baron von Lumenstor, starrte zu mir hoch wie jemand, der den Tod erwartete, sich jedoch weigerte, um sein Leben zu betteln. In mir regten sich Neid und Bewunderung. In seinem Alter hätte ich gebettelt, verzweifelt die Hände gerungen und alle möglichen Versprechungen gemacht. Zugegeben, wenn ein törichter Angreifer mich tatsächlich aus Mitleid verschont hätte, hätte ich, sobald er mir den Rücken zukehrte, nach meinem Dolch gegriffen, aber gebettelt hätte ich auf jeden Fall.

»Ketzer!« Eamond tauchte mit erhobenem Schwert aus dem Dunkel auf. Er holte aus, um es dem jungen Adligen in das frei liegende Gesicht zu stechen. Ich wehrte den herabsausenden Stahl mit meinem eigenen ab und hieb Eamonds Schwert beiseite. Streng sah ich ihm in die irren Augen.

»Genug für heute.« Ich nickte zur Burg.

»Die Gesegnete hat gesagt, wir sollen niemanden verschonen«, stieß Eamond zähneknirschend hervor. Sein Blick wirkte finster und ungewohnt trotzig.

»Und ich werde für mein Handeln vor ihr geradestehen so wie du vor mir.« Ich sah ihm fest in die Augen, bis er schließlich enttäuscht das Gesicht verzog, sich abwandte und auf die Zugbrücke zustapfte. Ich blieb noch kurz bei Merick stehen, dessen Miene immer noch anklagend und kein bisschen dankbar aussah. Seufzend warf ich ihm den schönen Helm wieder zu. Bei meiner bunt zusammengewürfelten Rüstung hätte er ohnehin seltsam fehl am Platz ausgesehen.

»Richtet Roulgarth Cohlsair meine herzlichsten Grüße aus.« Damit drehte ich mich um und rannte auf die Zugbrücke zu. Ich trieb Eamond zur Eile an, und schon bald erreichten wir die Absperrkette der Soldaten, wenn wir uns auch beinahe einen Bolzen eingefangen hätten, weil uns einer der Schützen für Alundier hielt.

»Ganz ruhig«, sagte Ofihla und drückte die erhobene Armbrust nach unten. Als ich näher kam, sah ich, dass die Waffe in den Händen der Witwe lag, deren Züge so starr und hungrig wirkten wie eh und je. Die Hinrichtung von Ethrich Gerber und den anderen Fanatikern hatte ihren Rachedurst offenbar nicht stillen können.

»Wie viele habt Ihr getötet?«, fragte sie eifrig, als Eamond und ich durch die Reihen liefen.

Erst wollte ich sie ignorieren, aber ihr stumpfer Blick und der mitleidige Ausdruck in Ofihlas breitem Gesicht ließen mich ahnen, dass wir nun eine weitere Verrückte in unserer Truppe hatten. Im Umgang mit Ayin hatte ich gelernt, dass solche Menschen durchaus ihren Wert haben konnten, aber auch, dass man sich besser mit ihnen gutstellt.

»Es sind noch genug übrig, Mistress Juhlina«, sagte ich und zwang mich zu einem Grinsen. »Das kann ich Euch versichern. Die Gesegnete und der adlige Herr?«, fragte ich Ofihla.

»Sind schon durchs Tor.« Sie runzelte die Stirn, als das rhythmische Stampfen von sich nähernden Soldaten lauter wurde. »Und wir sollten ihnen besser schnell folgen.«

Ich brauchte keine weitere Aufforderung, sondern stieß Eamond an der Schulter an und eilte mit ihm über die Zugbrücke. Der Angriff der Alundier folgte nur wenige Augenblicke später. Er wirkte ungeordnet und überhastet. Der Kommandant, wer immer es sein mochte, hatte seine Truppen offenbar in aller Eile losgeschickt, als er unseren Ausfall bemerkt hatte. Mehrere Dutzend Alundier, die an ihrer leichten Rüstung und den unterschiedlichen Waffen als Geschworene zu erkennen waren, stürmten aus der Dunkelheit heran und unternahmen einen hoffnungslosen Versuch, die Zugbrücke zu besetzen, ehe sie hochgezogen werden konnte. Die meisten wurden von einem Hagel Armbrustbolzen aus dem Torhaus niedergemäht, bevor sie überhaupt die Soldaten vor der Brücke erreichten. Ein kurzer einseitiger Kampf begann, doch die Geschworenen konnten den Soldaten des Bundes wenig anhaben. Ein Großteil wurde von Spießen durchbohrt, ohne selbst auch nur einen einzigen Treffer gelandet zu haben.

Als der Tumult sich gelegt hatte, bellte Swain Befehle, worauf die Soldaten wieder zwei ordentliche Reihen bildeten und in gleichmäßigem Laufschritt in die Burg zurückkehrten. Nachdem der letzte Stiefel die Zugbrücke verlassen hatte, setzten die Soldaten an der Winde die Zapfen wieder ein und begannen, sie eilig hochzuziehen. Drei alundische Ritter, die offenbar mehr Mut als Verstand besaßen, preschten vorwärts und versuchten, ins Innere der Burg zu gelangen, bevor die Brücke ganz hochgezogen war. Zwei wurden sofort von unseren Schützen niedergeschossen, dem dritten gelang es jedoch, obwohl er mehrfach getroffen wurde, mit seinem Schlachtross auf die schräg stehende Brücke zu springen.

Pferd und Reiter rutschten hinunter in den Burghof, und die Brücke schloss sich hinter ihnen. Im Hof verbrachte der Ritter die letzten Momente seines Lebens damit, vergeblich mit dem Schwert nach den Soldaten in seinem Umkreis zu schlagen. Als ich das Blut sah, das die Flanken seines Pferdes hinablief und von einem Dutzend oder mehr Bolzen stammte, die die Rüstung des Mannes durchschlagen hatten, rief ich laut, ihn in Ruhe zu lassen. Überraschenderweise hörte die

Truppe auf mich, die Soldaten zogen sich gehorsam zurück und bildeten einen Kreis um den sterbenden Alundier, der immer noch sein Schwert schwenkte, bis ihn der Blutverlust schließlich aus dem Sattel stürzen ließ. Keuchend und hustend lag er auf den Pflastersteinen, kurz darauf regte er sich nicht mehr. Mir fiel auf, dass sein Helm weniger aufwendig verziert war als der von Merick. Dennoch war es ein gut gefertigtes Stück mit einem spitz zulaufenden Visier, das besseren Schutz bot als mein eigenes. Zudem schien sein Pferd unverletzt zu sein.

»Lasst ihn liegen«, wies ich die Soldaten an, die sich um den Toten versammelt hatten. »Helm und Pferd gehören mir. Den Rest könnt ihr unter euch aufteilen.«

Drei Soldaten der Berittenen Garde waren von unserem Ausfall nicht wieder zurückgekehrt, zwei weitere hatten schwere Verletzungen davongetragen und waren Betbruder Delric übergeben worden. Offenbar hatten wir unsere vergundischen Peiniger jedoch ausreichend verunsichert, dass ihre nächtlichen Besuche seltener wurden, wenn sie auch nicht ganz aufhörten. Zudem schossen sie ihre Pfeile nun aus maximaler Entfernung ab, was sie weniger treffsicher machte. Fast erwartete ich, dass sich unsere Belagerer für den Ausfall rächen würden, doch der Ring der Lagerfeuer, die die Hügel sprenkelten, blieb unverändert. Die Tage vergingen, ohne dass Formationen von Leiterträgern auf der Ebene sichtbar wurden. Auf der Kuppe des allzu nahe gelegenen flachen Hügels tauchten auch weiterhin keine Belagerungsmaschinen auf.

Ich ging wieder meinen gewohnten Beschäftigungen nach, unterrichtete Ayin, brachte die Kompaniebücher auf den neusten Stand und übte mich mit Eamond und den anderen Soldaten der Garde im Kampf. Darüber hinaus verbrachte ich so viel Zeit wie möglich mit meinem neuen Pferd. Der Hengst war um einiges beeindruckender als Jarik – sein Fell war reinweiß bis auf die aschegrauen Fesseln, die mich auf den Namen Schwarzfuß brachten. Je vertrauter ich mit seinen Launen wurde, desto mehr gewann ich jedoch den Eindruck, dass Prahlhans ein besserer Name für das hochmütige Geschöpf gewesen wäre. Manch einer mag es absurd finden, einem Pferd menschliche Eigenschaften zuzuschreiben, ich blieb jedoch überzeugt, dass Schwarzfuß auf alle, die weniger edler Abstammung waren als er, hinabschaute.

Wenn ich ihm mit einem »Bitte schön« morgens eine Handvoll Hafer vor die Nüstern hielt, bekam ich nur ein Schnauben zur Antwort. Um seiner Verachtung weiter Ausdruck zu verleihen, hob er den Kopf und wandte den Blick ab. Erst wenn ich ihm einen Futterbeutel auf den Stallboden stellte und einen Schritt zurücktrat, begann er zu fressen. Mein Verdacht wurde bestätigt, als ich einmal beobachtete, wie er aus Wilhums Hand eine Nuss entgegennahm und genüsslich kaute. Immerhin ließ Schwarzfuß bereitwillig zu, dass ich ihn alle paar Tage sattelte, aufsaß und um den Hof herumtrabte. Ob er sich während einer Schlacht genauso gefügig zeigen würde, blieb jedoch abzuwarten.

»Komm schon«, murmelte ich am Morgen des sechsten Tages seit unserem Ausfall und hielt ihm eine Karotte vors Maul. Einem solchen Leckerbissen kann kaum ein Pferd widerstehen, doch Schwarzfuß blieb standhaft. »Friss, du hochnäsiger Gaul«, beharrte ich und versuchte vergeblich, ihm die Karotte ins Maul zu stopfen.

Am Ende aß ich sie selbst und kaute betont, während der Hengst scheinbar gleichgültig den Kopf abwandte. In dem Moment ertönte von draußen ein Alarm. In der Kompanie des Bundes wurden statt Trompeten lieber Trommeln benutzt, und die erklangen jetzt mit einem eindringlichen Doppelschlag, der alle Soldaten auf ihre Posten rief. »Ach, mach doch, was du willst.« Ich warf Schwarzfuß die halb gegessene Möhre in den Verschlag. »Es könnte sowieso sein, dass du bald wieder einen neuen Reiter hast.«

Während ich den Hügel hocheilte, sah ich, wie der Wimpel der Kompanie hochgezogen wurde und jetzt unter der königlichen Standarte auf dem Turm flatterte. Evadine, Wilhum und Swain befanden sich bereits auf der Turmspitze, als ich dort eintraf, und blickten zur östlichen Ebene. »Jetzt wissen wir zumindest, worauf Roulgarth gewartet hat«, sagte Evadine.

Ein Blick auf das Heer, das sich auf der Ebene versammelte, teilte mir mit, dass es sich um eine weitaus größere Anzahl an Truppen handelte, als wir dem Obermarschall bislang zugeschrieben hatten. Die Größe einer gegnerischen Armee richtig einzuschätzen, ist nie ganz leicht, da man in solchen Momenten zur Übertreibung neigt. Vor mir erstreckte sich jedoch ein Schachbrettmuster aus beeindruckender Kampfkraft: bewaffnete Soldaten in ordentlichen Reihen, Geschworene in weniger dichten Kolonnen, lose gruppierte Trupps aus Bogenschützen und berittene Ritter an den Flanken. In der Mitte befand sich ein kleineres Kontingent aus Adligen zu Pferd unter einem flatternden Banner, das den schwarzen Bären des Herzogs von Alundia zeigte.

»Zehntausend vielleicht?«, meinte Wilhum.

»Mehr«, knurrte Swain und fügte verbittert hinzu: »Die haben wohl nichts Besseres zu tun.«

Ich konnte ihm nur zustimmen. Roulgarth hatte keinen Angriff auf unsere Mauern unternommen oder Belagerungsmaschinen gebaut, und zwar aus dem einfachen Grund, dass es nicht nötig war, da sein Bruder mit der vereinten Kraft der alundischen Armee anrückte. Dass der Herzog in aller Seelenruhe mit seinem gesamten Heer bis zu unserem Tor marschieren konnte, machte deutlich, dass keine königliche Streitmacht seine Grenzen bedrohte. Die Kompanie des Bundes war gänzlich auf sich allein gestellt.

»Was ist das?«, fragte ich und deutete auf etwas, das wie ein Wagenzug aussah, der zum alundischen Heer unterwegs war. Als er näher herankam, bemerkte ich, dass es in Wahrheit nur ein einziger langer Wagen war, eine geniale Konstruktion mit zahllosen Rädern, die von einem Gespann aus zwölf Zugpferden gezogen wurde. Auf dem Wagen befand sich etwas Langes, Wuchtiges, das unter Segeltuch verborgen war. Wilhum erkannte es dennoch sofort.

»Dann haben sie also doch noch eine Belagerungsmaschine mitgebracht«, sagte er gezwungen fröhlich. »Nur nicht von der Art, mit der wir gerechnet haben.«

Die Kompanien machten Platz, um den langen Wagen durchzulassen, bis die Karrenlenker in der Mitte des Heeres neben dem Kontingent des Herzogs haltmachten. Fuhrleute eilten los, um das Segeltuch abzunehmen, und darunter kam der lange, dicke Stamm einer frisch gefällten alten Kiefer zum Vorschein, der an Ketten an einem Holzrahmen befestigt war. Vorn befand sich eine eiserne Haube, die an den Kopf eines Schafbocks mit gewaltigen Hörnern erinnerte. Ich bezweifelte, dass unsere Zugbrücke, so robust sie auch sein mochte, einem einzigen Stoß dieses Dings standhalten würde, und ebenso wenig die Mauern.

Nachdem der Rammbock enthüllt war, nahm ein großer Mann in hell glänzender Rüstung das Banner des Herzogs und ritt vorwärts. Die Armee stieß einen Chor aus Jubelrufen aus, als der Ritter auf seinem Pferd vor der ersten Reihe stehen blieb. Er hob eine Hand und musterte die Truppen, worauf sich erwartungsvolle Stille herabsenkte. Weder hielt er eine Rede, noch stieß er aufmunternde oder anfeuernde Rufe aus, stattdessen hob er nur das Banner dreimal in die Luft, und das Heer schrie im Gleichtakt dazu: »Für die Freiheit! Für den Glauben! Für Alundia!«

Der Angriff begann im selben Moment, als Oberharth Cohlsair, der Herzog von Alundia, sein Banner senkte und sein Pferd zur Burg herumzog. Das Visier seines Helms war hochgeklappt, aber von seinen Gesichtszügen konnte ich aus der Ferne nicht viel erkennen. Ich sah nur einen bärtigen Mann, der unverwandt zum Turm hochschaute, wo die Gesegnete stand. Er blieb mit seinem Pferd stehen, während das Heer um ihn herum vorwärtsströmte. Die Soldaten hoben Leitern über ihre Köpfe, und ihre Stimmen riefen immer wieder im Chor: »Für die Freiheit! Für den Glauben! Für Alundia!«

»Gesegnete.« Ich wandte mich Evadine zu, deren Züge merkwürdig ausdruckslos blieben und keine große Besorgnis erkennen ließen. Ich biss die Zähne zusammen, um nichts Unbedachtes zu sagen, und beschränkte mich auf eine höfliche Bitte. »Wenn Ihr mir dann freundlicherweise gestatten würdet, das Leuchtfeuer anzuzünden.«

VIERZEHNTES KAPITEL

Zu den eher merkwürdigen Beobachtungen eines von zahllosen Kriegen geprägten Lebens gehört es, dass Menschen im Angesicht des Todes oft die banalsten Dinge sagen.

»Ach, scheiß auf das alles«, waren die Worte, die dem Geschworenen auf der Leiter über die Lippen kamen, bevor mein Schwert herabsauste, um ihm den Schädel zu spalten. Kein letzter trotziger Ausruf oder der Name seiner Geliebten. Er flehte auch nicht die Seraphilen an, sich seiner Seele anzunehmen. Die Worte, die der Unglückselige durch die Himmlische Pforte ins Ewige Reich mitnehmen würde, lauteten: »Ach, scheiß auf das alles.« Sein Gesichtsausdruck, kurz bevor die Klinge ihn traf, hatte ebenfalls nichts Bemerkenswertes an sich: ein kurzes Heben der Brauen, ein leichtes Verziehen der Lippen. Er sah eher aus, als hätte er eine unbedeutende Wette verloren und nicht seine gesamte Zukunft. Und doch zögerte ich nicht, als ich zuschlug. In einer Schlacht geht es nicht um Ruhm, sondern ums Überleben, und der Wunsch, am Leben zu bleiben, lässt einen jede Zurückhaltung vergessen.

Mein wenig wortgewandtes Opfer fiel wie ein Bündel Lumpen von der Leiter und riss noch zwei weitere Männer mit sich, die gerade von unten heraufstiegen. Alle drei landeten im Graben. Einer der beiden Lebenden krabbelte schnell wieder heraus und suchte hinter den Holzschilden Deckung, die die Alundier als Schutz gegen unsere Armbrustbolzen in Stellung gebracht hatten. Der andere hatte weniger Glück; er wurde von einem Bolzen in den Rücken getroffen und glitt zu dem Mann mit dem gespaltenen Schädel hinab, in den wachsenden Teppich aus Leichen hinein, die sich im Graben ansammelten.

»Achtung, Scribe!« Swain packte mich am Schulterstück und zog mich in den Schutz einer Zinne. Dicht neben meinem Kopf pfiff ein vergundischer Pfeil vorbei.

Ich nickte ihm dankend zu und lehnte mich mit dem Rücken gegen die Mauer. Ich spürte die Schmerzen in meinen überlasteten Muskeln und das Gewicht meiner Rüstung. Der Kampf während einer Belagerung stellte eher eine gleichförmige Belastung dar anstatt der kurzen, schrecklichen Raserei einer Schlacht auf offenem Feld. Die Kämpfe ereigneten sich schubweise, wann immer es einem Kontingent der Alundier gelang, vier oder fünf Leitern so gegen die Mauer zu lehnen, dass sie über den Graben hinweg hoch zu den Zinnen führten. Dann tauchten die vergundischen Bogen- und die alundischen Armbrustschützen aus der Deckung der Holzschilde auf, um die Verteidiger unter Beschuss zu nehmen, während ihre Kameraden – bislang stets Geschworene – die Leitern erklommen.

Die Angriffe dauerten eine Stunde oder länger. Die Alundier nahmen sich immer zwei weit voneinander entfernte Abschnitte der Mauer gleichzeitig vor. Obwohl die Kämpfe schon einen ganzen Tag lang anhielten, hatte es bislang kein einziger Alundier geschafft, mehr als einen oder zwei Schritte auf den Wehrgang zu setzen, bevor er Swains tödlicher Taktik zum Opfer gefallen war. Die Leitern wurden vor Ende des Angriffs zurückgeworfen oder in Brand gesteckt, und die überlebenden Geschworenen eilten voller Panik hinter ihre Linien zurück. Mir kam das Ganze wie ein unnötig blutiges Unterfangen vor, besonders da der alundische Anführer einen sehr großen Rammbock ungenutzt auf der Ebene stehen hatte. Der erfahrenere Swain sah jedoch durchaus einen Sinn in der vermeintlichen Torheit des Herzogs.

»Er will uns müde machen und blutet dafür seine Truppen aus«, sagte er während einer Atempause in den späten Abendstunden. Er wischte sich Schweiß und Schmutz von der Stirn und wagte einen kurzen Blick über den Zinnenrand. »Zahlenmäßig ist er dafür gewappnet. Wir haben heute zwanzig Soldaten verloren, ein weiteres halbes Dutzend ist verwundet. Er hat insgesamt etwa hundert Leute eingebüßt. Aber er kann sich das Blutbad leisten, wir dagegen nicht. Je mehr er uns schwächt, desto weniger werden wir ihm entgegenzusetzen haben, wenn er mit diesem monströsen Ding unsere Mauern einreißt. Jedenfalls wenn er eine Idee hat, wie er den Graben überwinden kann, und die hat er bestimmt.«

»Schlau und rücksichtslos.« Ich nahm einen großen Schluck Wasser aus meiner Ziegenlederflasche. »Nie eine gute Mischung.«

Mein Blick ging zur Spitze des Turms, wo eine hohe Rauchsäule in den dunkler werdenden Himmel aufstieg. Ayin hatte die Aufgabe erhalten, sich um das Leuchtfeuer zu kümmern und die Flammen mit dem Stapel Feuerholz zu nähren. Wenn er aufgebraucht war, würden die Flammen erlöschen, und wir konnten nur hoffen, dass die Leute auf der anderen Flussseite das Signal gesehen hatten. Eigentlich wollte ich nicht nachrechnen, aber mein Verstand konnte der Versuchung nicht widerstehen. Wenn ich die Anzahl von Tagen, die wir die Burg vielleicht noch halten konnten, mit der Zeit verglich, die unsere Boten für die Erfüllung ihrer Aufgabe brauchten, war das Ergebnis wenig erfreulich.

»Ach«, seufzte ich, als von der Westmauer erneutes Trommeln und Rufen erklang, »scheiß auf das alles.«

In dieser Nacht gönnte uns Herzog Oberharth keine Ruhe mehr. Er unternahm drei weitere Angriffe, während seine Bogenschützen die

Nähe zur Burg ausnutzten, um mit neuem Eifer ihren Beschuss fortzusetzen. Sich auch nur kurz dem Feind zu zeigen, war äußerst riskant, obwohl manche unserer Soldaten sich einen Spaß daraus machten, leere Helme hochzuhalten, um die Vergundier dazu zu bringen, ihre Pfeile zu verschwenden. Meistens taten sie ihnen den Gefallen und stießen dabei haufenweise Flüche in ihrer seltsam kehligen Sprache aus, offenbar ohne sich darum zu scheren, wie viele Pfeile sie umsonst verschossen. Die Unmengen, die wir einsammelten, stimmten mich dennoch nicht zuversichtlich. Zwar konnten Fletchmann und die wenigen anderen Bogenschützen in unseren Reihen die Pfeile als Munition gegen den Feind einsetzen oder sie konnten gekürzt als Armbrustbolzen verwendet werden, doch wenn unser Gegner bereitwillig derart viele Pfeile verschwendete, dann hatte er gewiss noch unzählige weitere.

Am Morgen tauchte wieder ein Trupp mit einem Waffenstillstandswimpel vor unserem Tor auf. Anscheinend handelte es sich um ein Ritual des Belagerungskampfes. Statt eines barschen jungen Adligen waren es diesmal einige Geschworene, die zu Fuß erschienen und darum baten, ihre Toten einsammeln zu dürfen.

»Es ist Sitte, dass Verhandlungen nur zwischen Adligen stattfinden«, rief Wilhum den fünf Männern zu, die unten am Torhaus standen. »Mit euch zu reden, ist für die Gesegnete unter ihrer Würde. Geht zurück zu eurem Heer und holt einen Adligen.«

Die Geschworenen traten beklommen von einem Fuß auf den anderen, ergriffen aber nicht die Flucht. »Unsere Adligen wollen nicht kommen«, rief der stämmige Mann, der den Wimpel trug. »Sie sagen, es würde ihre Ehre beschmutzen, mit eurer Gesegneten zu reden, oder etwas in der Art. Wir mussten den Herzog anflehen, dass er uns gehen lässt.«

»Dann gebt ihm die Schuld, wenn ihr inmitten des Gestanks eurer verwesenden Kameraden kämpfen müsst.« Wilhum winkte ab. »Und jetzt verschwindet, oder wir spicken euch mit Pfeilen.«

Der Stämmige blieb beharrlich stehen, obwohl seine Gefährten erschrocken ein paar Schritte rückwärts machten. »Mein Bruder liegt in diesem Graben, du Mistkerl!«, schrie er und deutete auf den Fuß der Mauer. »Willst du es einem Mann verwehren, seinen Bruder zu begraben? Ist euer heidnisches Miststück so grausam?«

Auf diese schlecht gewählten Worte hin hoben die Armbrustschützen auf dem Torhaus prompt ihre Waffen. Dem resoluten Kerl wäre der Tod sicher gewesen, wäre Evadine nicht in diesem Moment aufgetaucht. »Was ist hier los?«, fragte sie, während sie die Stufen zum Wehrgang hochstieg. Sie hatte den ganzen vorangegangenen Tag und einen Großteil der Nacht hindurch gekämpft. Erst auf mein wiederholtes Drängen hin war sie widerstrebend in den Turm gegangen, um sich auszuruhen. An diesem Morgen war ihr Gesicht zu einem besorgten Stirnrunzeln verzogen, und die Schatten unter ihren Augen ließen vermuten, dass sie nicht geschlafen hatte. *Oder,* fügte ich innerlich hinzu, *sie hat wieder eine Vision gehabt.*

»Hier sind ein paar Bauerntölpel mit schlechten Manieren aufgekreuzt, um ihre toten Kameraden abzuholen«, erklärte Wilhum. »Kein einziger Adliger unter ihnen.«

Evadine warf ihm einen trüben Blick zu und ging dann zur Mauer, um zu den Leuten hinunterzuschauen. Bei ihrem Anblick erstarrten sie. Manche hatten zweifellos beim Kampf am Vortag einen Blick auf sie erhascht. Während einer Schlacht bot Evadine einen beunruhigenden, wenn auch faszinierenden Anblick, und sie hatte sich mächtig ins Zeug gelegt, um die Angriffe der Alundier abzuwehren, war unablässig von einem bedrohten Bereich der Mauer zum nächsten geeilt. Oft reichte allein ihre Anwesenheit, um die Verteidiger zu größerem Eifer anzuspornen, sodass sie die Angreifer die Mauer hinunterwarfen, bevor Evadine überhaupt ihr Schwert ziehen musste.

Als die Alundier jetzt zu ihr hochschauten, musterte sie sie in erwartungsvollem Schweigen, bis der Stämmige hustete und erneut rief: »Wir bitten nur darum, den Gefallenen Anstand zu erweisen. Wie es im Krieg üblich ist.«

»Anstand?«, fragte Evadine. »Welchen Anstand habt ihr den unschuldigen Pilgern erwiesen, die in diesem Herzogtum getötet wurden?«

Der Stämmige tauschte argwöhnische Blicke mit seinen Gefährten aus. Widerstreben spiegelte sich auf seinen groben Gesichtszügen, als er zurückrief: »Damit hatten wir nichts zu tun. Wir sind nur einfache Soldaten, die einen Schwur geleistet haben und in den Dienst berufen wurden.«

»Ein Schwur, den man treulosen Lügnern gibt, die ihres Titels nicht würdig sind, hat keinen Wert!« Evadines Stimme war scharf wie eine Klinge. Ihr Zorn zeigte sich deutlich an ihrem zusammengepressten Mund und der Röte ihrer sonst so blassen Haut. Ich sah ihre Lippen zucken, offenbar wollte sie noch mehr sagen, verkniff es sich aber. Ich war mir nicht sicher, welchen Befehl sie als Nächstes von sich geben würde, aber wenn sie angeordnet hätte, Öl über die alundischen Toten zu gießen und sie in Brand zu stecken, dann hätte es mich nicht weiter überrascht.

»Ich bin in dieses Land gekommen, nicht um Krieg zu führen, sondern um Gerechtigkeit walten zu lassen«, rief sie, nachdem sich ihre Wut etwas gelegt hatte. »Ihr sollt wissen, dass euer Leben für mich und die Seraphilen ebenso wertvoll ist wie das aller anderen Menschen. Es betrübt mich, dass ihr es für Leute verschwendet, die es nicht verdient haben. Ich gebe euch zwei Stunden Zeit, um eure Toten wegzuschaffen. Wenn ihr sie begrabt, dann denkt bitte über meine Worte nach und fragt euch, ob ein Herzog, der es weder im Kampf noch bei Verhandlungen wagt, mir direkt gegenüberzutreten, euer Opfer wert ist. Wenn ihr ihn seht, dann richtet ihm Folgendes aus: Ich bin bereit, die Sache im Zweikampf zu klären. Ich will gerne mein Leben geben, wenn ich damit das vieler anderer retten kann. Würde euer Herzog dasselbe tun?«

Herzog Oberharths Antwort traf ein, nachdem der letzte alundische Tote weggeschafft war, und zwar nicht in Gestalt eines Gesandten, der Evadines Herausforderung annahm. Anstelle der einzelnen Angriffe des Vortages schickte er diesmal drei volle Kompanien Geschworene zur Südmauer der Burg. Die Stelle war gut gewählt, denn dort war die Mauer am niedrigsten, und wir konnten sie nur mit wenigen Leuten bemannen, um eine Streitmacht von mindestens fünfzehnhundert Mann abzuwehren. Ein Dutzend Leitern wurden zu den Zinnen erhoben, während die Kontingente der Bogen- und Armbrustschützen einen wahren Sturm aus Bolzen und Pfeilen entfesselten, um den Kletterern Deckung zu geben.

Anfangs funktionierte Swains Standardabwehr ebenso gut wie am Vortag. Die ersten Alundier, die oben ankamen, wurden durchgelassen, nur um rasch getötet und über die Mauer geworfen zu werden. Ihre wartenden Kameraden sahen sich dagegen einem Hagel aus Steinen und brennendem Öl ausgesetzt. Die treffsicheren Vergundier machten jedoch beeindruckenden Gebrauch von ihren Hornbögen und forderten von den Verteidigern, die sich in der Hitze des Kampfes auf den Zinnen zeigen mussten, einen hohen Tribut. Und die Alundier, die es bis hoch auf den Wehrgang schafften, waren auch nicht leicht zu töten. Sie waren offensichtlich nach ihrer Größe und Brutalität ausgewählt worden, manche waren sogar eindeutig betrunken oder standen unter dem Einfluss anderer Drogen.

»Orthodoxer Abschaum!«, schrie ein grobschlächtiger Kerl, als er sich mit wildem Blick auf die Mauer zog. Die Armbrustbolzen, die ihm aus Schulter und Bein ragten, schien er gar nicht zu bemerken. Stattdessen hieb er unter blutrünstigem Gebrüll mit einem kurzen Kriegshammer um sich. Ich sah, wie er den Helm eines Hellebardisten einschlug und einem der mit Dolchen bewaffneten Soldaten das Bein zerschmetterte, bevor Swain seine Streitkeule schwang, um das Hirn des Wahnsinnigen auf den Steinen zu verteilen. Unglücklicherweise hatte die Raserei des Alundiers seinen Kameraden genügend Platz verschafft, um unbehelligt den Wehrgang zu erreichen. Swain stürzte sich direkt auf sie, seine Streitkeule schwang auf und nieder, Blut und Knochen spritzten umher. Doch es war so, als wollte er Aale daran hindern, aus einem zerbrochenen Fass zu gleiten. Immer mehr Alundier strömten auf den Wehrgang und drängten Swain und die anderen Soldaten im Umkreis mehrere Schritte zurück.

Hätte ich meine Klinge dazu verwendet, um Swain zu helfen, hätte dies seine Meinung von mir gewiss verbessert, ich wusste jedoch, dass es zwecklos war. Stattdessen schaute ich mich um und entdeckte ein Fass mit Lampenöl. »Helft mir mal hiermit«, rief ich zwei Armbrustschützen in der Nähe zu, und gemeinsam hoben wir das Fass hoch und schleppten es zu der Stelle des sich ausweitenden Handgemenges. Dabei sah ich, wie Swain von der Zahl der Angreifer überwältigt wurde. Er schwang seine Streitkeule, wurde jedoch von einigen voranstürmenden Alundiern zu Boden geworfen.

Als die Angreifer sich auf den Hauptmann stürzten, zögerte ich unentschlossen. Würde ich ihm zu Hilfe eilen, dann müsste ich meinen Plan aufgeben. Machte ich jedoch weiter, so könnte es sein Untergang sein. Zum Glück erübrigte sich die Frage, als eine leicht gepanzerte Gestalt an mir vorbeieilte und sich in die Menge der Geschworenen warf. Eine Axt wurde geschwungen, trennte Finger ab und spaltete Gesichter. Das Gedränge um den am Boden liegenden Swain lichtete sich, die Alundier wichen zurück, bis es einem gelang, die geschwungene Axt nur einen Zoll von seinem Gesicht entfernt festzuhalten. Er wollte mit einem Dolch nach dem Hals der Gestalt stechen, doch diese warf sich wild herum und riss den Kopf zurück. Das zu einem Knurren verzogene Gesicht der Witwe kam zum Vorschein. Sie stürzte sich auf ihren Gegner, biss ihm in die Wange und zerrte daran wie ein Terrier. Kreischend stürzte der Mann zu Boden und versuchte immer wieder, die Witwe mit seinem Dolch zu treffen, der jedoch an ihrem Kettenhemd abglitt.

»Werft das, sobald ich sie weggeschafft habe«, sagte ich zu den beiden Armbrustschützen, stellte das Fass ab und zog mein Schwert. »Und haltet eine Fackel bereit.«

Während die Witwe weiter an dem Alundier zerrte, stürzte sich einer seiner Kameraden auf sie und hob sein Schwert, um es auf ihren Kopf niedersausen zu lassen. Ich hackte ihm meine Klinge ins Gesicht und schleuderte ihn in die Menge der Geschworenen. Dann packte ich mein Schwert mit beiden Händen und schwang es hin und her, um mir etwas Platz zu verschaffen. Ich zog die Witwe von ihrem Opfer herunter, die immer noch mit blutverschmiertem Mund um sich biss. Ich warf sie hinter mich und packte dann Swain am Stiefel. Der Hauptmann war bewusstlos, Blut strömte aus seiner Nase, und seine Augen waren halb geschlossen. Sein Kopf polterte über die Steinplatten, als ich ihn aus der Menge zog. »Jetzt! Werft es jetzt!«, schrie ich.

Die beiden Armbrustschützen hoben gehorsam das Fass und überschütteten die Alundier mit einem großen Schwall Öl, dann warfen sie eine Fackel in ihre Mitte. Das Öl fing sofort Feuer, und ein Zischen war zu hören, als die Flammen sich über die Geschworenen ausbreiteten. Dicker schwarzer Rauch stieg auf, der den Gestank von brennendem Haar und verkohlter Haut mit sich trug. In Flammen stehende Menschen rannten kreischend auf dem Wehrgang umher, manche rollten sich auf dem Boden, um das Feuer zu löschen, andere stürzten von der Mauer oder stolperten blindlings über den Rand des Wehrgangs und fielen in den Burghof hinab.

»Stoßt sie nach unten!«, rief ich vier Hellebardisten zu, die auf der anderen Seite der dichten Rauchwolke standen. Um ihnen zu zeigen, was ich meinte, schlug ich mit dem Schwert nach den brennenden Gestalten und drängte sie auf die Lücke zwischen zwei Zinnen zu. Die Hellebardisten folgten meinem Beispiel, und es gelang uns, die Alundier auf die Köpfe ihrer Kameraden zu schleudern. Ein paar von ihnen überlebten den Sturz und wanden sich zuckend in dem mit Leichen gefüllten Graben. Ihre gellenden Schmerzensschreie ließen ihre Landsleute erstarren. Die Leiter, die die Männer nach oben auf die Mauer gebracht hatte, war bis auf ein paar züngelnde Flammen intakt, aber keiner der Alundier unten schien mehr willens, sie hochzuklettern. Auf den anderen Leitern, die zu beiden Seiten an der Mauer lehnten, zeigten sich ebenfalls keine Angreifer mehr.

»Feiglinge!«, rief einer der Hellebardisten zu den Alundiern hinunter. »Genau wie euer Herzog, der Angst hat, sich unserer Gesegneten zu stellen! Feiglinge!«

Der Ruf wurde rasch von sämtlichen Soldaten auf der Südmauer aufgegriffen. »Feiglinge! Feiglinge! Feiglinge!«, riefen sie in rechtschaffenem Zorn.

Als ich durch den stinkenden Rauch nach unten spähte, sah ich ein paar Bogenschützen umhereilen und schloss daraus, dass die Atempause bald ein Ende haben würde. »Entfernt die Leitern!«, rief ich und rannte den Wehrgang entlang, um die spottenden Narren zu schütteln und wieder zur Vernunft zu bringen. »Und dann geht in Deckung, wenn ihr keinen Pfeil ins Auge bekommen wollt!«

Wieder überraschte es mich, wie schnell die Soldaten mir gehorchten. Sie ließen die Spottrufe sein und beeilten sich, meinem Befehl Folge zu leisten. Ich dankte den beiden Armbrustschützen für ihre Hilfe mit dem Öl, dann wies ich sie an, die noch lodernden Flammenherde zu löschen und die verbliebenen Leichen über die Mauer zu werfen. Ich fand die Witwe, die mit leerem Blick über Swain wachte. Der Hauptmann lehnte an einer Mauer und war nur halb bei Bewusstsein. Die Züge der Witwe waren bar jeden Gefühls, und ihr Kiefer mahlte, als würde sie etwas kauen.

»Spuck das aus«, befahl ich ihr, als mir klar wurde, worauf sie da herumkaute. Die Witwe öffnete den Mund, und ein zermalmter Fleischbrocken fiel heraus. Immer noch zeigte ihre Miene keine Regung. »Hilf mir mit ihm«, sagte ich und legte mir ächzend einen von Swains Armen über die Schulter, um ihn hochzuziehen. Sein herabbaumelnder Kopf und sein undeutliches Gebrabbel ließen vermuten, dass er einen kräftigen Schlag auf den Schädel abbekommen hatte. Auch seine Nase war gebrochen.

»Werde hier gebraucht …«, murmelte er und schwankte unsicher.

»Ihr werdet in der Krankenstube gebraucht«, sagte ich und wandte mich der Witwe zu, auf deren Stirn ein tiefer Schnitt klaffte. »Und du auch. Bring den Hauptmann zu Bruder Delric.« Ich ließ Swains Arm von meiner Schulter gleiten und deutete auf die Schnittwunde der Witwe. »Und lass das auch gleich nähen, wenn du schon mal dort bist.«

Sie nickte wortlos und half Swain zu den Stufen. Dabei fiel mir auf, dass die Überreste ihrer Axt noch an einem Band von ihrem Handgelenk herabhingen. Die Klinge war im Kampf abgebrochen, und es war nur noch der gesplitterte Griff übrig.

»Warte«, sagte ich, bückte mich und hob den kurzen Kriegshammer des grobschlächtigen Kerls auf, dem Swain den Schädel eingeschlagen hatte. »Den kannst du von nun an benutzen. Er sieht recht robust aus und wird sicher eine Weile halten.«

In das Gesicht der Witwe kam etwas Leben zurück. Sie nahm die Waffe, drehte sie in der Hand und musterte mit leuchtenden Augen den Hammerkopf. *Auch Verrückte haben ihren Nutzen,* erinnerte ich mich und kämpfte einen Anflug von Schuldgefühl nieder. Selbst wenn diese Frau die Belagerung überlebte, würde sie – bis auf ihre Freude am Gemetzel – innerlich tot sein.

»Ruh dich ein wenig aus, bevor du zurückkehrst«, fügte ich resigniert hinzu, während die Witwe mit dem Hauptmann die Treppe hinunterhinkte.

Es folgten keine weiteren Angriffe mehr. Gegen Abend zogen sich die Alundier von der Südmauer zurück, und die vergundischen Bogenschützen fuhren fort, uns zu piesacken, sobald es ganz dunkel war. Die Soldaten der Kompanie hatten inzwischen widerwilligen Respekt vor den Fähigkeiten unserer Peiniger gewonnen und bewegten sich so vorsichtig, dass den Vergundiern weitere Opfer verwehrt blieben. Sie kehrten deshalb zu ihrer anfänglichen Taktik zurück und schossen blindlings Salven aus Feuerpfeilen über unsere Mauern, in der Hoffnung, etwas Wichtiges zu treffen. Wilhum ließ die Garde mit Wassereimern bereitstehen, und alle Feuerherde, die sich bildeten, wurden schnell wieder gelöscht.

Nachdem meine Wache vorbei war, hoffte ich, mich auf mein Schlaflager im Turm zurückziehen zu können, um dort so viele Stunden auszuruhen, wie Herzog Oberharth mir gönnen würde, bevor sein nächster Angriff begann. Allerdings wartete im Hauptsaal Evadine auf mich. Sie saß am Feuer auf einem Stuhl mit hoher Lehne, den einer unserer Zimmerleute für sie aus dem übrig gebliebenen Bauholz angefertigt hatte. Sie winkte mich zu sich, und ich musste mit meinem müden Hintern auf dem schmalen Schemel ihr gegenüber Platz nehmen. Die Beine des Schemels kratzten über den Stein, als ich bei ihren Worten erschrocken zusammenfuhr.

»Du bist jetzt Hauptmann, Alwyn.« Sie schenkte mir ein schmales Lächeln. »Herzlichen Glückwunsch.«

Ich starrte sie verwundert an, mein Magen drehte sich um, und mich überkam Furcht. »Swain …?«, setzte ich an, doch sie unterbrach mich.

»Er lebt, aber Bruder Delric sagt, er muss wegen seiner Verletzung momentan betäubt werden und strenge Bettruhe halten.«

»Aber Wilhum, Feldwebelin Ofihla …«

»Wilhum befehligt die Garde, wofür er am besten geeignet ist. Außerdem vertraut die Kompanie ihm nicht so wie dir. Feldwebelin Ofihla ist eine gute und mutige Soldatin, aber ihre … taktischen Fähigkeiten sind begrenzt. Deine dagegen, wie du heute unter Beweis gestellt hast, sind es nicht.«

Ich wollte noch mehr Einwände erheben und ihr meine vielen Unzulänglichkeiten als Soldat und als Mensch vor Augen führen. Doch Evadines entschlossenes Lächeln sagte mir, dass es nichts nützen würde. Sie redete so offen mit mir wie mit niemandem sonst – nicht einmal mit Wilhum, den sie seit ihrer Kindheit kannte –, aber deshalb befanden wir uns noch längst nicht auf Augenhöhe. Und wer konnte überhaupt von sich behaupten, mit einer Frau wie ihr auf Augenhöhe zu sein? Sie hatte mich zum Hauptmann ernannt, und es war eine Ehre, die ich nicht ablehnen durfte.

Ich stieß ein Seufzen aus und schaute nachdenklich ins Feuer. Kurz spielte ich mit dem Gedanken, einfach heimlich über die Mauer zu klettern und in die alundische Wildnis zu entschwinden. Ich würde mich zur Küste durchschlagen und dort ein Schiff besteigen, nach

Toria suchen und meinen Anteil an Lachlans Hort einfordern – einmal angenommen, sie hatte ihn wirklich gefunden. Natürlich war das reiner Unfug. Aus der Burg gab es kein Entkommen, und wenn doch, dann wusste ich tief in meinem Inneren, dass ich es nicht tun würde. Mein Schicksal war mit Evadines verbunden, und das schon seit dem Moment, als die Sackhexe mir einen Teil meiner Lebenskraft genommen hatte, um sie zu heilen. Das Band zwischen uns ließ sich nicht durchtrennen.

»Als Hauptmann«, sagte ich und wandte mich ihr wieder zu, »erkläre ich die Witwe Juhlina zu deiner persönlichen Leibwächterin. Außerdem möchte ich dich bitten, dich nicht mehr am Kampf zu beteiligen, es sei denn, es ist unbedingt notwendig. Wenn du fällst, fällt die Burg und alle in ihren Mauern mit dir.«

»Ich werde hier nicht fallen, Alwyn. Ich denke, du weißt das. Dennoch …«, sie neigte zustimmend den Kopf, »… liegt es mir fern, meinem Hauptmann zu widersprechen. Ich werde mich aus der Schlacht heraushalten bis zu dem Zeitpunkt, wenn der Gegner die Mauern durchbricht. Sonst noch Befehle?«

Die Vorstellung, dass die Mauern durchbrochen werden könnten, brachte mich zu einem weiteren Punkt, der angesprochen werden musste. »Sollte Herzog Oberharth nicht so töricht sein, deine Herausforderung anzunehmen, ist sein nächster Schritt offensichtlich: Er wird diesen monströsen Rammbock gegen unsere Mauern einsetzen. Nach dem zu urteilen, was Kastellan Estrik mir erzählt hat, wird es ein langwieriges und blutiges Unterfangen für den Gegner, unsere Mauern einzureißen. Doch es gibt nichts, was wir dagegen tun könnten. Wir sollten uns darauf vorbereiten, dass wir uns in den Turm zurückziehen müssen. Ich würde vorschlagen, die Hälfte der Armbrustschützen auf der Außenmauer zu belassen, mit dem Befehl, sich ihre Bolzen einzuteilen. Die andere Hälfte wird im Turm stationiert, um uns bei unserem Rückzug Deckung zu geben. Die Mauer um den Hügel herum muss ebenfalls verstärkt werden, und alle Vorräte müssen vom Burghof in den Keller des Turms geschafft werden.«

»Gesprochen wie ein wahrer Hauptmann.« Evadines Lächeln wurde breiter. Ich sah jedoch die Schatten in ihren Augen, dasselbe düstere Grübeln wie ein paar Stunden zuvor, als die Geschworenen darum gebeten hatten, ihre Toten fortschaffen zu dürfen. Meine Fähigkeit, ihre Stimmungen zu deuten, weckte in mir das unangenehme Gefühl, dass unsere gegenwärtige Lage belanglos war und nur von einer weitaus größeren Bedrohung ablenkte.

»Du hattest wieder eine Vision«, sagte ich. »Nicht wahr?«

Ihr Lächeln schwand, und sie richtete den Blick aufs Feuer. »Ja«, murmelte sie und verzog reumütig das Gesicht. »Nach der letzten Vision, die die Seraphilen mir geschickt hatten, dachte ich, sie würden mir weitere Anblicke der großen Plage oder des Weges, den ich beschreiten muss, um sie zu verhindern, ersparen. Ihr Mitgefühl ist grenzenlos. Dennoch verlangen sie denen, die in ihrer Gunst stehen, vieles ab. Und das ist nicht leicht zu ertragen.« Ihr Blick ging zu mir. Eine vertraute Gewissheit spiegelte sich darin. »Du musst verstehen, Alwyn: Was hier geschieht, ist vorherbestimmt. Das Blut, das wir vergießen, und die Wunden, die wir davontragen, sind Opfer, die die Seraphilen von uns verlangen, wenn wir erlöst werden wollen.«

Sie streckte eine Hand aus, und ich ergriff sie. »Ich bin froh, mein lieber Freund«, sagte sie und drückte fest meine Hand, »dich an meiner Seite zu haben. Denn der Weg ist lang, und die Prüfungen sind zahlreich.« Ich sah sie schlucken. Tränen schimmerten in ihren Augen, bevor sie mich losließ.

»Jetzt geh und ruh dich aus, Hauptmann«, sagte sie, lehnte sich auf ihrem Stuhl zurück und zog ihren Umhang fester um sich. »Du wirst es morgen brauchen. Die leichten Tage liegen hinter uns, auch wenn ich weiß, dass sie wiederkehren werden.«

Fünfzehntes Kapitel

Im Inneren der Burganlage hörte sich der Aufprall des großen Eisenkopfes des Rammbocks fast wie Donner an oder wie das Brüllen eines unsichtbaren Ungeheuers, das die Mauer mit Hammerschlägen traktierte. Pulverisiertes Gestein rieselte zischend herab, gesprungene Feldsteine knirschten und polterten, dem ersten Angriff hielt die reparierte Mauer jedoch stand.

»Ihr macht dem Bauhandwerk wahrlich Ehre, Feldwebel«, lobte ich Kastellan Estrik und klopfte ihm auf die Schulter, als auch ein weiterer Aufprall des Rammbocks die Mauer nicht zum Einsturz brachte. Nachdem klar geworden war, an welcher Stelle die Kriegsmaschine, die in der Kompanie inzwischen »der alte Eisenschädel« hieß, zum Einsatz kommen sollte, hatte Estrik dazu geraten, unsere wenigen behelfsmäßig errichteten Gebäude niederzureißen und mit dem Holz das Mauerwerk zu verstärken. Als ich Holz und Stein einem weiteren Stoß standhalten sah, war ich froh, auf seinen Ratschlag gehört zu haben. Die offensichtliche Erleichterung in Estriks Miene fand ich dagegen weniger beruhigend. Offenbar hatte er halb damit gerechnet, dass sein Werk unter dem ersten Kuss des Rammbocks einstürzen würde.

Zwei Trupps Soldaten wurden in einem dreireihigen Bogen um den Bereich der Mauer postiert, der angegriffen wurde. Dahinter stand die Berittene Garde zu Fuß bereit, um etwaige Lücken, die sich in den Reihen ergeben mochten, zu schließen. Direkt vor der Mauerstelle wurde eine Barrikade aus spitzen Hindernissen aufgebaut, die aus dem restlichen Bauholz und verschiedenen, dem Feind abgenommenen Waffen bestand. Die Alundier, die durch den Mauerdurchbruch strömten, würden erst die Barrikade beiseiteräumen müssen, ehe sie weiter vorrücken könnten, und wären dabei einem Bolzenhagel von den Armbrustschützen ausgesetzt, die sich zu beiden Seiten oben auf dem Wehrgang befanden. Ich war ziemlich stolz auf meine Falle, aber – wie Estrik – zugleich auch froh, dass sie bislang noch nicht zuschnappen musste.

Fünf ganze Tage hatte es gedauert, bis Herzog Oberharth den Rammbock zu den Mauern brachte. Am ersten Tag hatte sich ein Großteil seines Heeres vor der Ostmauer links des Torhauses versammelt, wo sich die größte der reparierten Lücken als hässliche, wenn auch robuste Unterbrechung des Mauerwerks abzeichnete. Ein Dutzend oder mehr Holzschilde, die Schutz nach vorn und oben boten, wurden nacheinander an den Rand des Grabens gebracht, worauf Trupps aus Geschworenen abwechselnd aus der Deckung vorwärtsstürmten, um große Feldsteine in den Graben zu werfen. Anfangs schien das Auftürmen von Steinen keinen Sinn zu ergeben, doch mit wachsender Höhe wurde der Zweck offensichtlich.

»Die Mistkerle bauen eine Brücke, Hauptmann«, teilte Estrik mir mit und duckte sich, als ein Pfeil über seinen Kopf hinwegzischte. »Eine, die wir nicht anzünden können.«

»Aber die Bauleute können wir anzünden«, wandte ich ein.

Im Laufe des nächsten Tages regnete ein Strom aus Öl und Feuerpfeilen auf die Geschworenen nieder, während sie ihre gefährliche Arbeit fortsetzten, und forderte mindestens ein Dutzend Leben, und das auf besonders unangenehme Weise. Danach wurden die Bemühungen sporadischer. Kleine Grüppchen rannten aus der Deckung hervor und warfen Steine in den Graben, während die Vergundier dafür sorgten, dass wir die Köpfe einzogen. Herzog Oberharth, oder welcher alundische Adlige auch immer den Oberbefehl über diese Mission hatte, fand eine derartige Vorsicht offenbar überflüssig und befahl, den hölzernen Schild bis auf wenige Meter an den Graben heranzubringen.

Der folgende Tag brachte viel grausige Unterhaltung für unsere Kompanie, während die Soldaten die Schilde in Brand steckten und noch mehr Gegner töteten. Allerdings schien unser Feind über reichlich Holz zu verfügen, denn die Schilde wurden schnell wieder ersetzt. Es dauerte nicht lange, da ging unser Ölvorrat zur Neige, und ich sah mich gezwungen, den Rest für später aufzuheben. Ein noch größeres Ärgernis war das dichte Schneegestöber, das vom schneidenden Ostwind herangetragen wurde. Im Flockenwirbel konnten unsere Armbrustschützen kaum noch Ziele erkennen, was es den Alundiern erleichterte, ungestört den Graben zu füllen. Als der Schneesturm endlich nachließ, war Burg Walvern mit einer dicken weißen Schicht bedeckt, und die Alundier hatten ihre nicht brennbare Brücke vollendet.

Bevor ich zu den Soldaten im Burghof ging, hatte ich mit Evadine oben auf der Turmspitze gestanden und mit angesehen, wie der alte Eisenschädel polternd und unaufhaltsam näher rollte. Der große Rammbock wurde nicht gezogen, sondern geschoben – eine große Menge Alundier legte sich in einem Gestell, das sich hinten an dem langen Wagen befand, kräftig ins Zeug. Der Rammbock selbst war in einen Holzkasten eingehaust, der dick mit Schaffellen bedeckt war. Estrik sei Dank, der die Taktik vorhergesehen hatte, wusste ich, dass die Schaffelle mit Wasser getränkt waren und verhindern sollten, dass wir den Rammbock in Brand steckten.

»Wasser kann zwar ein Ölfeuer nicht löschen«, sagte der Kastellan, »aber es verhindert seine Ausbreitung.«

»Wir könnten einen Ausfall machen«, sagte Evadine, als der Rammbock sich dem Graben näherte. »Ausschwärmen und die Räder des riesigen Dings wegbrennen.« Ihr schwaches Grinsen ließ erkennen, dass dieser selbstmörderische Vorschlag nicht ernst gemeint war. Ich fragte mich, was ihre Vision ihr gezeigt hatte, dass sie trotz unserer Lage so unbesorgt Witze machte. Anscheinend war die Vision durchaus düster gewesen, der Ausgang der Belagerung war aber wohl nicht das schlimmste Unheil, das uns erwartete.

Wenn das, was sie sieht, überhaupt real ist, erinnerte ich mich.

Ein weiteres Dutzend Stöße des alten Eisenschädels waren nötig, um der Mauer überhaupt nennbaren Schaden zuzufügen. Die ersten Feldsteine lockerten sich, und immer mehr Schutt rieselte von der Mauer herab. Noch ein Dutzend Stöße, und die Holzbalken, mit denen die Mauer verstärkt war, bogen sich durch und zersplitterten. Doch erst als das gesamte Mauerwerk ins Wanken geriet, ertönten von der Südwestecke der Außenmauer Trommeln. Ich drehte mich um und sah Ofihla einen Arm heben und auf die Ebene vor der Mauer deuten. Die Bedeutung war klar und nicht unerwartet. Es war beinahe sicher gewesen, dass die Alundier während des Angriffs auf die Mauerlücke ein Ablenkungsmanöver starten würden. Ich hatte Ofihla den Befehl über den Wehrgang übertragen und ihr die gesamte Kompanie zur Verfügung gestellt, bis auf die Truppen, die um die Mauerlücke herum versammelt waren. Mit den beiden Trupps, der Garde und den Armbrustschützen waren es höchstens dreihundert Soldaten. Eine läppische Zahl, um gegen eine ganze Armee zu bestehen, aber ich hoffte darauf, dass Estrik die Chancen der Alundier richtig eingeschätzt hatte.

»Sie sind ungeduldig, Hauptmann«, meinte der Kastellan. »Sie greifen nur eine Mauerstelle an, obwohl sie noch mindestens zwei weitere Durchbrüche hätten schaffen sollen. Zwar sind sie uns zahlenmäßig überlegen, aber das nützt nicht viel, wenn immer nur fünf Mann gleichzeitig angreifen können. Die armen Kerle, die sich für dieses Narrengambit melden, sind nicht zu beneiden.«

Mit Narrengambit wurden, wie ich erfuhr, bei einer Belagerung diejenigen Soldaten bezeichnet, die sich freiwillig dafür meldeten, als Erste durch eine Bresche zu stürmen, entweder weil sie sich davon törichterweise großen Ruhm versprachen oder weil ihnen Reichtümer versprochen wurden. Wie sich an diesem Tag erweisen sollte, ist der Name äußerst treffend.

Wieder ein Dröhnen, eine Staubexplosion, die Balken gaben nach, und die reparierte Stelle wurde erneut zur Lücke. Der alte Eisenschädel zeigte sich kurz – die eingedellte, unförmige Eisenhaube tauchte in den herabsinkenden Wolken aus pulverisiertem Stein auf, zog sich dann zurück und hinterließ angespannte Stille.

»Hecke bilden!«, rief ich, und die drei Reihen, die die Lücke umgaben, nahmen mit rascher Präzision die übliche Verteidigungsformation ein. Die Spießträger traten einen Schritt vor und hielten ihre langen Speere horizontal, während die Hellebardisten dahinter ihre Waffen bereithielten. Die Soldaten in der dritten Reihe zogen Kriegsbeile und Messer und beugten sich vor. Ich hatte die beiden Trupps ihrer Erfahrung wegen ausgewählt. Sie bestanden ausschließlich aus Veteranen, die der Gesegneten über viele Jahre treu geblieben waren. Jeder einzelne von ihnen würde eher sterben, als die Flucht zu ergreifen.

Ich sah, wie der Staub in der Bresche sich setzte. Die Stille zog sich in die Länge – so lange, dass ich mich schon fragte, ob das Ganze nicht bloß eine Ablenkung gewesen war und die Attacke auf die Südmauer den Hauptangriff darstellte. Mein Verdacht erhärtete sich, als ich Ofihla hinter mir Befehle bellen hörte. Ihre Worte wurden schon bald von dem vertrauten Getöse übertönt, von dem ein Angriff auf die Burgmauer begleitet war. Einige der Soldaten an der Bresche schauten nach hinten. »Augen nach vorn!«, rief ich barsch und sprach mir innerlich Mut zu: *Die haben sich bestimmt nicht die Mühe gemacht, ein Loch in die Mauer zu reißen, um es dann nicht zu nutzen.*

Die düstere Bestätigung folgte nicht lange danach in Form eines dichten Pfeilhagels, der über die Mauer auf den Burghof niederprasselte. »Ganz ruhig!«, rief ich, während die Pfeile herabregneten. Die

Soldaten auf dem Hof waren mit Kettenhemden und Rüstungen gepanzert und trugen robuste Helme. So war der Pfeilhagel zwar nervtötend, richtete aber kaum Schaden an. Aus der Nähe abgeschossen, konnte ein Pfeil mit Ahl-Spitze ein Kettenhemd durchdringen und sogar eine Rüstung durchschlagen, wenn auch mit weniger großer Wahrscheinlichkeit. In hohem Bogen aus der Ferne lässt sich damit gegen gut gepanzerte Truppen aber höchstens ein Glückstreffer erzielen. Die Kompaniesoldaten zuckten zusammen, als die Stahlspitzen von ihren Helmen und Rüstungen abprallten, doch nur drei trugen wirklich eine Verletzung davon. Ein Spießträger wurde von einem Pfeil am Handgelenk getroffen, und zwei Soldaten aus der dritten Reihe humpelten mit aus den Stiefeln ragenden Schäften zur Krankenstube. Ansonsten sahen sich die ersten Alundier, die durch die Bresche stürmten, drei ordentlichen Reihen Infanterieveteranen gegenüber, aber nur für einen kurzen Moment, dann wurden sie von unseren Armbrustschützen niedergemäht.

Das alundische Narrengambit bestand aus etwa fünfzig Mann, eine Mischung aus Soldaten des Herzogs und Geschworenen, die unter lautem Gebrüll vorwärtsstürmten. Sie schafften es kaum bis auf Armeslänge an unsere Stahldornbarriere heran, bevor die Armbrüste ihren tödlichen Beschuss aufnahmen. Da die Bolzen aus einem vertikalen Winkel aus einer Höhe von kaum einem Dutzend Fuß abgeschossen wurden, durchdrangen sie die Panzerung der Soldaten und die leichteren Kettenhemden und Steppjacken der Geschworenen ohne große Schwierigkeiten. Die erste Salve tötete die, die voranliefen, worauf die dahinter langsamer wurden und noch bessere Ziele abgaben. Nach der ersten Salve machten die Armbrustschützen mit geübter Effizienz in Dreiergruppen weiter – ein Mann schoss, während die beiden anderen ihre Armbrüste nachluden. Es dauerte weniger als fünf Minuten, dann lag das gesamte Narrengambit tot oder verletzt in der Bresche. Keiner von ihnen hatte es auch nur geschafft, einen Fuß auf die Pflastersteine des Burghofs zu setzen.

Der zweite Angriff folgte gleich danach, sodass die Schützen auf dem Wehrgang es nicht mehr schafften, ganz so viele abzuschießen wie beim ersten Mal. Doch auch diesmal forderten sie einen hohen Tribut, bevor die Alundier durch die Bresche liefen.

»Ruhig!«, rief ich, als die Kompaniesoldaten sich erwartungsvoll regten. »Wartet auf meinen Befehl.«

Ich hielt sie an Ort und Stelle, während die Zahl der Angreifer vor der behelfsmäßig errichteten Barrikade anwuchs. Die ersten, die das Hindernis erreichten und es zu erklimmen versuchten, wurden fast alle vom steten Bolzenhagel getötet. Ein paar schafften es zwar, halb hochzuklettern, wurden jedoch vom zunehmenden Gedränge der Nachrückenden behindert. Ich sah mindestens drei Männer, die durch den Druck der Menge von den Stahldornen aufgespießt wurden. Ihre Gesichter waren rot vor Wut oder Verzweiflung. Erst als das schwere Holz der Barriere durch das Gewicht der vorwärtsdrängenden Menge über die Pflastersteine geschoben wurde, schickte ich meine Truppe nach vorn.

»Geordnet vorrücken!«, bellte ich, und die halbmondförmige Formation reagierte mit disziplinierter Effizienz. Das stete Stampfen ihrer Stiefel bildete einen rhythmischen Kontrast zum Tumult der Alundier, deren enttäuschte oder mahnende Rufe in Schreie übergingen, als die Spießträger ihre Lanzen auf Schulterhöhe nahmen und damit in die Menge stachen. Wie zuvor besprochen, blieben die Spießträger sechs Fuß von der Barriere entfernt stehen, sodass sie ihre Waffen einsetzen konnten, ohne selbst verwundbar zu sein. Wenig später lagen ein Dutzend Leichen auf oder zwischen den Dornen der Barriere. Verwundete Alundier schwankten in der wogenden Menge ihrer Kameraden, ihre Gesichter bleich vor Schreck. Die meisten konnten wegen des Gedränges nicht mal eine Hand heben, um sie auf ihre blutenden Wunden zu pressen.

Während die Spießträger wie im Blutrausch weiter auf die Menge einstachen, griffen die Armbrustschützen unablässig von oben an. Als ihnen irgendwann die Bolzen ausgingen, wechselten sie die Taktik und zogen Töpfe mit dampfendem Pech zum Rand der Bresche. Ich hatte bereits festgestellt, dass Lampenöl bei der Verteidigung einer Burg vielseitig einsetzbar war. Es konnte in kaltem Zustand auf die Gegner gegossen und mit einer geworfenen Fackel oder einem Feuerpfeil angezündet werden. Pech war dagegen schwieriger zu handhaben und brauchte gut eine Stunde, bis es sich ausreichend erhitzt hatte. Außerdem waren unsere Vorräte davon begrenzt, weshalb Swain es bislang noch nicht eingesetzt hatte. Als ich jedoch sah, welche Wirkung es hatte, wünschte ich mir, dass wir mehr davon hätten, und zugleich, dass ich dergleichen nie wieder erleben musste.

An das Schreien brennender Menschen war ich inzwischen gewöhnt, das schrille, panikartige Kreischen, das sich erhob, als der dampfende schwarze Schwall auf die dicht gedrängte Menge traf, war damit jedoch nicht vergleichbar. Kochendes Pech bleibt an nackter Haut kleben, brennt sich hindurch und haftet gleichermaßen an den Händen, wenn die Betroffenen versuchen, es abzukratzen. Außerdem ist es heiß genug, um einen Menschen in seiner Rüstung zu backen, selbst wenn es nicht auf nackte Haut trifft.

Angesichts der erbarmungslos zustechenden Spieße und des tödlichen schwarzen Regens von oben brach der Angriff der Alundier schnell in sich zusammen. Immer mehr kreischende, mit Pech überzogene Soldaten flüchteten durch die Mauerlücke nach draußen. Die Nachrückenden wurden langsamer und blieben schließlich ganz stehen. Diejenigen, die es bis zur Barrikade geschafft hatten, kämpften noch eine Zeit lang weiter und schlugen mit Schwertern und Hellebarden nach den zustechenden Spießen, ohne jedoch viel dagegen ausrichten zu können. Einem dünnen Geschworenen, der keine Rüstung, sondern nur ein lockeres Kettenhemd trug, gelang es, unter der Barrikade hindurchzukriechen und an dem Dickicht aus Spießen vorbeizuschlüpfen. Brüllend warf er sich nach vorn und schlug mit seinem Falchion um sich, bevor einer der Hellebardisten in der zweiten Reihe ihm eine Klinge in den ungeschützten Schädel stach. Er war der einzige Alundier, der an diesem Tag überhaupt einen Fuß auf den Burghof setzte.

»Standardformation!«, rief ich, als die letzten Unerschütterlichen von Spießen durchbohrt und die übrigen Alundier durch die Bresche nach draußen geflohen waren. Die Spießträger hoben gehorsam ihre Waffen, und die drei Reihen kehrten zu ihrer ursprünglichen Position zurück. Abgesehen von denen, die durch den Pfeilhagel der Vergundier verletzt worden waren, hatten wir keine Verluste erlitten. Auf dem südwestlichen Wehrgang sah es jedoch anders aus. Dort hatte Feldwebelin Ofihla all unsere übrigen Kräfte zum Einsatz bringen müssen, um zu verhindern, dass die Alundier über die Mauer strömten. Nach dem abendlichen Durchzählen musste Ayin zweiundfünfzig Namen von der Kompanieliste streichen. Dennoch hatten wir die Burg gehalten, und die Alundier hatten versagt. Wie es bei Soldaten üblich ist, verlieh die Kompanie ihrem Triumph umgehend Stimme, und die Burg hallte von Jubelrufen wider. Anfangs schrien alle durcheinander, aber bald schon ertönte ein vertrauter rhythmischer Ruf.

»Feiglinge!«, echote es von den Mauern. »Feiglinge! Feiglinge!« Der Sprechchor wurde von zahllosen derben Flüchen und Spötteleien begleitet, die meist auf ein bestimmtes Ziel gerichtet waren.

»Sagt eurem Herzog, er soll herkommen und gegen unsere Gesegnete kämpfen!«, rief ein Armbrustschütze den sich zurückziehenden Alundiern hinterher und duckte sich lachend unter einem Pfeil weg. »Schickt ihn her. Dann kann er sterben, und ihr dummen Arschlöcher müsst es nicht!«

Ich ließ sie gewähren, bis die Rufe irgendwann verstummten. Ich wusste, dass es eine ebenso stärkende Wirkung auf die Kompanie hatte wie eine kräftige Mahlzeit. Schließlich war nur noch das Stöhnen und gelegentliche Schreien der sterbenden Alundier im Graben zu hören. Durch den anhaltenden Rauch sah ich, dass manche sich noch bewegten. Einige versuchten wegzukriechen, aber die meisten wanden sich im Todeskampf.

»Ich werde den Waffenstillstandswimpel hochziehen«, sagte Wilhum und wandte sich der Hofecke zu, in der unsere wenigen Fahnen standen. »Sollen sie herkommen und das Chaos beseitigen.«

»Nein«, sagte ich leise, aber fest.

Er hielt inne und schaute mich überrascht an. »Die Kriegsbräuche schreiben vor …«, setzte er mit verärgert hochgezogenen Brauen an, doch ich unterbrach ihn.

»Die Bräuche werden sie nicht daran hindern, jeden Einzelnen in dieser Burg niederzumetzeln, wenn sie sie erobert haben. Mit Leichen lässt sich eine Mauerlücke ebenso gut füllen wie mit Stein. Und der Anblick ihrer toten Kameraden wird den Angriff derjenigen, die als Nächstes kommen, sicherlich verlangsamen. Lass sie, wo sie sind, Feldwebel. Kein Waffenstillstand mehr.«

Ich hätte nicht sagen können, ob es Abscheu oder verwundeter Stolz war, jedenfalls schlug Wilhums Gesichtsausdruck von Verärgerung in Wut um. Er presste die Lippen fest zusammen und salutierte mit versteinerter Miene. »Wie Ihr befehlt, *Hauptmann*«, sagte er säuerlich.

Als ich ihm in die Augen sah, fielen mir ein paar Beispiele aus meiner Vergangenheit ein, wie Anführer mit aufsässigen Untergebenen umgegangen waren. Deckin hätte Wilhum je nach Stimmung entweder blutig geschlagen oder ihm ganz einfach den Hals gebrochen. Sihlda hätte ihn eine Weile vor sich hin schmoren lassen und dann seine gekränkte Seele mit ein, zwei geflüsterten Aphorismen besänftigt. Swain hätte einen Befehl gebellt, um ihn zum Schweigen zu bringen, und ihn auspeitschen lassen, wenn er sich diesem widersetzt hätte. Wofür auch immer ich mich entscheiden würde, die wichtigste Lektion in diesem Moment bestand darin anzuerkennen, dass sich das Verhältnis zwischen uns verändert hatte. Evadine hatte gute Gründe dafür gehabt, mich und nicht ihn zu befördern, doch es änderte nichts daran, dass ein Mann aus dem einfachen Volk jetzt einem Adligen Befehle gab, wenn dieser auch enterbt und in Ungnade gefallen war. Die Zeit würde zeigen, ob die Freundschaft, die sich in Evadines Schatten zwischen uns entwickelt hatte, der Veränderung standhalten würde, doch sie war und blieb grundlegend.

Blinzelnd nickte ich zur Südwestmauer, wo sich Ofihlas Soldaten nach der Schlacht auf dem Wehrgang neu formierten. »Nimm die Garde mit und helft dabei, die Verwundeten zu Bruder Delric zu bringen. Ich bezweifle, dass der Herzog es heute noch einmal versuchen wird, aber haltet euch bereit, falls es doch so sein sollte.«

Wilhums Miene wirkte weniger starr, als er nickte. Diesmal drehte er sich, ohne zu salutieren, um und rief der Garde seine Befehle zu. Ich wandte mich an die Truppen, die in drei Reihen auf dem Burghof standen, und bemühte mich, die klagenden Schreien aus der Mauerlücke auszublenden.

»Dritte Reihe abtreten!«, befahl ich. »Sammelt die Pfeile ein und dann holt euch etwas zu essen. Ihr Übrigen geht essen, wenn die anderen zurück sind. Ihr könnt euch hinsetzen, wenn ihr wollt, aber bleibt in Formation.«

Wie ich vorausgesagt hatte, verging der restliche Tag ohne weitere Angriffsversuche auf die Mauerlücke. Eine Gruppe Geschworener, die mit einem Waffenstillstandswimpel ankam, jagte Fletchmann mit ein paar gut gezielten Pfeilen davon. Der grässliche Chor der sterbenden Alundier hielt noch einige Stunden lang an und verstummte erst bei Einbruch der Nacht. Da ich befürchtete, der Herzog könnte im Schutz der Dunkelheit einen Angriff wagen, ließ ich die Kompanie in Reihen abtreten, um zu essen und ein wenig zu schlafen, solange es noch hell war. Um Mitternacht holte ich alle wieder zurück, aber die Alundier ließen sich nicht mehr blicken, obwohl die ganze Nacht über das Stampfen marschierender Stiefel und das Knarren von Wagenrädern zu hören waren. Herzog Oberharth hatte offenbar beschlossen, seine Truppen neu zu formieren, und seine Absichten würden sich erst im Morgengrauen zeigen.

Nach einem kurzen, unruhigen Schlaf in meinem Quartier verbrachte ich den Rest der Nacht oben auf dem Turm. Ich wusste, dass ich etwas geträumt hatte, aber was genau, war mir entfallen. *Vielleicht hat Erchel mich wieder gewarnt.* Ich rieb mir den Kopf, in dem sich erneut das Pochen bemerkbar machte. In den vergangenen Tagen hatte es etwas nachgelassen, oder vielleicht hatte ich es wegen der vielen Aufgaben, die ich als Hauptmann zu erfüllen hatte, bloß nicht bemerkt. Jetzt hatte es meinen Schädel wieder in festem Griff und drückte mit sadistischer Gnadenlosigkeit zu. Ich hatte gehofft, mit meinem Vorrat des schmerzstillenden Elixiers sparsam umgehen zu können, aber das Pochen war so stark, dass ich mich gezwungen sah, eine gefährlich große Menge zu schlucken, bevor ich die Stufen zum Dach hochstieg.

Der Himmel war an diesem Morgen klar, und die Sonne warf ihre Strahlen auf ein Schachbrettmuster aus alundischen Kontingenten, die einen großen Kreis um die Burg herum bildeten. Sie schienen gleichmäßig verteilt zu sein, sodass sich nicht erkennen ließ, an welcher Stelle der nächste Angriff erfolgen würde. Mir fiel jedoch auf, dass sämtliche gepanzerten Soldaten sich vor der Mauerlücke befanden. Ich hatte eine gewisse Hoffnung gehegt, dass der Herzog keinen weiteren Angriff auf die Bresche mehr unternehmen, sondern stattdessen den alten Eisenschädel zu einer anderen Mauerstelle bringen würde, um dort einen zweiten Durchbruch zu schaffen. Eine weitere Lücke in unserer Verteidigung hätte es uns unmöglich gemacht, die untere Burg zu halten, hätte uns aber zugleich auch wertvolle Zeit verschafft. Doch aus unbekannten Gründen schien Herzog Oberharth nicht willens, auch nur einen Tag mehr als nötig auf dieses Unterfangen zu verwenden. Bald schon würde das ganze Heer auf einmal unsere Mauern angreifen, während wir uns von den Zinnen aus verteidigen mussten, und seine besten Truppen würden die Bresche stürmen.

»Die äußere Mauer wird heute fallen«, teilte ich Evadine mit, nachdem ich Ayin losgeschickt hatte, um sie aufs Turmdach zu holen. »Ich wüsste nicht, wie wir das verhindern könnten. Ich werde Delric sagen, dass er die Verwundeten und die restlichen Vorräte in den Keller des Turms bringen soll.«

Evadine nickte nur vage zur Antwort, und ich sah, dass ihr Blick nicht auf das Heer gerichtet war, das uns umzingelt hatte, sondern auf das andere Ufer des Krähenflusses. Ich hatte ebenfalls viele Stunden lang in diese Richtung gestarrt, doch die Landschaft war stets enttäuschend menschenleer geblieben. Als ich jetzt ihrem Blick folgte, blinzelte ich jedoch überrascht.

»Ist das …?« Ich beugte mich über die Balustrade des Daches, um den blassen orangefarbenen Fleck am Nordufer besser sehen zu können.

»Ein Leuchtfeuer«, sagte Evadine. »Wir haben eine Antwort, Alwyn.«

»Aber was bedeutet das?« Ich starrte konzentriert zu dem fernen Feuer hin und hoffte, irgendein Signal erkennen zu können. Eine winkende Flagge vielleicht oder den noch willkommeneren Anblick marschierender Soldaten. Doch ich sah lediglich das einsame Leuchtfeuer, das im Morgendunst flackerte. »Ist Hilfe unterwegs, oder teilen sie uns nur mit, dass wir auf uns allein gestellt sind?«

Evadine lächelte bloß zufrieden, bevor sie zur Treppe ging. »Ich sollte meine Rüstung anlegen. Ich glaube, heute wird mein Schwert zu unserer Verteidigung nötig sein. Es sei denn, du hast Einwände dagegen, Hauptmann.«

SECHZEHNTES KAPITEL

Herzog Oberharth wartete bis kaum eine Stunde nach Tagesanbruch mit seinem Angriff. Von der Stelle, an der die Flagge des Herzogs wehte, ertönte ein einzelner Trompetenstoß. Das gellende Signal wurde schnell von weiteren Trompeten rund um die Burg Walvern aufgenommen. Sämtliche Kohorten des Belagerungsheers stürmten daraufhin gleichzeitig vorwärts.

Während ich den Ansturm vom Torhaus aus beobachtete, fiel mir auf, dass diesmal auch die alundischen Adligen nicht verschont blieben. Unter den Soldaten, die Leitern herantrugen, zählte ich mehrere Dutzend gepanzerte Ritter. Anfangs lief es für unsere Angreifer nicht gut. An diesem Morgen hatten die Alundier ihre Taktik der beweglichen Schilde aufgegeben und stürmten stattdessen einfach in vollem Tempo auf die Mauern zu. Entsprechend fielen zahllose gegnerische Soldaten, bevor sie die Leitern bis zum Graben tragen konnten, dem Hagel aus Bolzen und aufgesammelten Pfeilen zum Opfer, die unsere Armbrust- und Bogenschützen abschossen. Als die Leitern schließlich an der Mauer lehnten, begann der inzwischen gewohnte Ablauf: Die

Ersten, die sie erklommen, wurden getötet und auf die anderen hinabgeworfen. Eine stete Kaskade aus Leibern prasselte in den Graben, während die Leitern ein ums andere Mal hinabgestoßen wurden. Diejenigen, die darauf warteten, sie hinaufzusteigen, sahen sich zudem einem Hagel aus Geschossen ausgesetzt. Das Ringen hielt fast eine Stunde lang an, dennoch gelang es dem Feind nicht, an irgendeiner Stelle auf die Mauer zu gelangen. Zwar war die Mauer nur dünn besetzt, dasselbe galt aber auch für den Feind, da nicht allzu viele Soldaten auf einmal die Leitern erklimmen konnten.

Trotz unseres Erfolgs und des hohen Tributs, den wir beim Gegner forderten, machte ich mir jedoch keine Illusionen. Die Angriffe auf die Mauern mochten bislang vergeblich gewesen sein, Herzog Oberharth hatte aber auch noch nicht seine besten Truppen in die Bresche geschickt. Da die gesamte Länge der Mauer verteidigt werden musste, war für den Wehrgang über der Bresche nur ein kleines Kontingent Armbrustschützen verblieben. Bewaffnet mit dem restlichen Pech und Unmengen von Feldsteinen zusätzlich zu den Bolzen, würden sie zwar großen Schaden anrichten, das Blutbad des vorangegangenen Tages würden sie jedoch nicht wiederholen können.

Ich blieb während des Kampfes im Torhaus und warf hin und wieder einen Blick auf das Kontingent herzoglicher Soldaten, das in ordentlichen Reihen vor der Bresche stand. Die vergundischen Bogenschützen und alundischen Armbrustschützen waren weit verteilt, aber bedauerlicherweise immer noch sehr treffsicher, weshalb ich mich mehrmals ducken musste. Ich sah, dass sich die Flagge des Herzogs direkt hinter dem Kontingent der Soldaten befand. Offenbar hatte er beschlossen, sich heute an der Schlacht zu beteiligen. Vielleicht waren ihm die Spötteleien unserer Soldaten zu Ohren gekommen und hatten ihn in seinem Stolz beleidigt. Zwar wollte er sich immer noch nicht dazu herablassen, sich Evadine im Zweikampf zu stellen, doch er würde sein Leben bei einem gefährlichen Angriff aufs Spiel setzen. Dies zeugte von bemerkenswertem Mut, den ich durchaus bewunderte, wenn ich auch deshalb keine Gnade zeigen würde.

Geduckt lief ich über den Wehrgang zur Bresche und suchte den Feldwebel, der für die dortigen Armbrustschützen verantwortlich war. »Der Herzog persönlich wird bei dem Angriff dabei sein«, sagte ich. »Ein großer, kräftiger Kerl in prächtiger Rüstung. Seht zu, dass ihr den Mistkerl erwischt.«

Der Feldwebel namens Prader, der ursprünglich zu den Zuflucht suchenden im Sanktuarium von Callintor gehört hatte, sah mit seinem schmalen Gesicht und den kleinen Äuglein aus wie ein Verbrecher. Außerdem besaß er ungewöhnlich spitze Zähne, die er jetzt grinsend entblößte. »Gibt's 'ne Belohnung für uns, wenn wir ihn erledigen, Hauptmann?«, fragte er.

»Den Segen der Märtyrerin«, sagte ich, beugte mich vor und fügte leiser hinzu: »Und eine Silbermünze für den, der ihn trifft.«

Als ich von jenseits der Mauer erneut einen Trompetenstoß hörte, packte ich Prader an der Schulter und knurrte: »Wenn das herrschaftliche Arschloch stirbt, ist das alles hier vorbei. Denkt dran.« Das Grinsen des Feldwebels wurde noch breiter, und er salutierte, als ich mich umdrehte und auf die Treppe zulief.

»Still gestanden!«, rief ich, als ich den Hof erreicht hatte. Die beiden Trupps dort nahmen Haltung an. »Jetzt kommen sie, und sie haben ihren Herzog mitgebracht. Bereiten wir ihm einen gebührenden Empfang, was?«

Ich wartete, bis das Gelächter verebbt war, dann gab ich Befehl, dieselbe halbmondförmige Formation einzunehmen wie am Vortag, und ging zu Wilhum. »Es wird nicht wie gestern sein.« Ich musste schreien, um mich über das Kampfgetöse hinweg verständlich zu machen. »Wir werden eine Weile gegenhalten und eine große Zahl von ihnen töten, aber eher früher als später werden wir uns in den Turm zurückziehen müssen.« Ich deutete auf Evadine, die in Begleitung der Witwe neben der mit Seilen abgetrennten Koppel stand, die uns jetzt als Stall diente. »Wenn der Befehl kommt, ist es die Aufgabe der Garde, die Gesegnete zum Turm zu bringen, koste es, was es wolle. Trag sie dorthin, wenn es sein muss.«

Wilhum schaute in Evadines Richtung und nickte, dann hielt er inne und riss die Augen auf. »Nicht schon wieder«, keuchte er.

Ich drehte mich um und sah, wie Evadine Ulstan aus dem Stall herausführte. Das Schlachtross war bereits gesattelt und für den Kampf gerüstet mit einer dicken, nietenbesetzten Steppdecke, die es vom Hals bis zum Hinterteil bedeckte. Als ich mit Wilhum zu Evadine geeilt war, hatte sie sich bereits auf den Rücken des Hengstes geschwungen und ritt mit ihm auf die Zugbrücke zu.

»Gesegnete …«, setzte ich an und trat Ulstan in den Weg.

»Keine Sorge, Hauptmann«, fiel sie mir ins Wort und schloss die Schnalle an ihrem Helm. »Ich versichere dir, ich weiß, was ich tue.«

»Der Herzog«, stotterte ich. Mir fiel es plötzlich schwer, zusammenhängende Sätze zu bilden, so verwirrt und ängstlich war ich. »Die Bresche …«

»Alwyn.« Sie musterte mich gereizt und ungeduldig. »Du hast mir genug vertraut, um mir bis hierher zu folgen. Vertrau mir auch jetzt, wenn ich sage, dass ich gleich durch dieses Tor reiten werde, um den Herzog von Alundia seiner gerechten Strafe zuzuführen.« Sie ergriff ihre Zügel und schenkte Wilhum und mir ein Lächeln. »Es wäre mir eine große Ehre, wenn ihr zwei mich begleiten würdet.«

Sie richtete den Blick auf die Soldaten an der Zugbrücke und befahl gellend: »Löst die Ketten! Senkt die Brücke!«

»Moment noch!«, schrie Wilhum den Soldaten zu und hielt die Hand hoch, bevor er sich Evadine zuwandte. »Evie, das ist Wahnsinn …«

Er redete weiter auf sie ein, doch sie beachtete ihn gar nicht. Stattdessen hielt sie den Blick auf die Soldaten an der Zugbrücke gerichtet. Die traten verwirrt von einem Fuß auf den anderen und schauten von ihr zu mir. »Hauptmann?«, fragte der stämmige Kerl, der das Kommando über die Zugbrücke hatte. In seinem Gesicht sah ich dieselbe Furcht, die sich auch auf denen aller anderen Soldaten spiegelte, die Zeugen dieses Moments wurden. Ich wusste, dass sie sich dieselbe Frage stellten wie ich: Will die Gesegnete zum zweiten Mal zur Märtyrerin werden? Es war jedoch die ruhige Gewissheit in Evadines Miene, die mich eines Besseren belehrte. Genau so hatte sie auch auf dem Feld der Verräter ausgesehen. Ganz anders als vor der Katastrophe in Olversahl, als sie düster und schicksalsergeben gewirkt hatte. Sie rechnete nicht damit, an diesem Tag zu sterben.

»Ihr habt den Befehl der Gesegneten gehört«, rief ich dem stämmigen Soldaten zu und machte Ulstan Platz. »Löst die Ketten.«

Wilhums Protestschrei ging im Rasseln und Poltern der herabsinkenden Zugbrücke unter. Evadine schenkte mir noch ein herzliches Lächeln, bevor sie Ulstan zum Galopp antrieb. Sie preschte durchs Tor, und die Hufe des Schlachtrosses donnerten über das Holz der Brücke. Als sie über den Graben war, zog sie den Hengst nach links und verschwand außer Sicht. Die Witwe rannte ohne Zögern hinter ihr her, und ich sah mich Wilhums entsetzter, zorniger Miene ausgesetzt. Er war dermaßen wütend, dass es mich überraschte, dass er mir nicht noch einen Fausthieb verpasste, bevor er mit starrem Blick zu seinem eigenen Pferd eilte und der Garde Befehl gab, dasselbe zu tun.

»Marschlinie bilden!«, rief ich und rannte zu den Truppen auf dem Hof zurück. »In Fünferreihen. Hellebardisten nach vorn. Spießträger dahinter, danach die Leute mit den Dolchen. Bewegt eure Ärsche!« Ich versetzte einem zögernden Spießträger, der – wie viele – nur verwirrt dastand, einen Tritt. Das reichte, um die Soldaten in Bewegung zu setzen. In kürzester Zeit bildete sich vor der Mauerlücke eine schmale Kolonne. Ich eilte an die Spitze, zog mein Schwert und stellte mich auf die Zehenspitzen, um über den Leichenberg in der Bresche hinwegzuspähen. Die alundischen Soldaten veränderten soeben ihre Formation in Reaktion auf eine unsichtbare Bedrohung. Worin diese bestand, war nicht schwer zu erraten. Ich schaute zur Zugbrücke und sah, wie Wilhum die Garde im Galopp durchs Tor führte. Nach meiner Schätzung würde es weniger als eine Minute dauern, bis sie die Alundier und den Kampf, der an der Flanke des Kontingents bereits tobte, erreicht hätten.

»Sobald wir durch sind, folgen die Hellebardisten mir und marschieren auf das Banner des Herzogs zu!«, rief ich der versammelten Kolonne zu. »Spieße und Dolche teilen sich nach links und rechts auf und greifen von den Seiten an!« Reden zu halten oder Leuten Mut zuzusprechen, war noch nie meine Stärke gewesen. Solche Dinge waren mir stets zu peinlich, selbst in Zeiten wie diesen. Doch der Moment verlangte nach einer besonderen Ansprache. Bis heute weiß ich nicht, woher ich die nächsten Worte nahm, die mir so mühelos über die Lippen kamen. Hätte ich gewusst, wie oft und unter welchen Umständen ich sie in der nächsten Zeit noch hören würde, hätte ich wahrscheinlich lieber geschwiegen.

»Wir leben für die Heilige!«, rief ich und hob mein Schwert über den Kopf. »Wir kämpfen für die Heilige! Wir sterben für die Heilige!«

Die Antwort der Soldaten folgte prompt. Sie wiederholten meine Worte so präzise, als hätten sie es tagelang geübt. »Wir leben für die Heilige! Wir kämpfen für die Heilige! Wir sterben für die Heilige!«

Als ich mich umdrehte und durch die Bresche stürmte, musste ich zunächst über die toten Alundier hinwegsteigen. Innerlich war ich dankbar für das Kampfgetöse um mich herum, weil es das Knacken der Knochen und Schmatzen der Leiber übertönte, als meine Stahlstiefel in dem übel riechenden Teppich versanken. Nachdem ich draußen war, suchte ich mir einen Weg über den unebenen Steinhaufen, der den Graben ausfüllte, bis ich auf ein Dutzend oder mehr alundische Soldaten traf. Ihre Aufmerksamkeit war ganz auf das gerichtet, was sich in ihrem Rücken abspielte. Durch das schwankende Dickicht aus Lanzen konnte ich Evadines berittene Gestalt nur sporadisch erkennen. Ulstan bäumte sich auf und schlug mit den Hufen, während seine Reiterin auf die Barriere aus gepanzerten Soldaten einhackte. Vor meinen Augen preschte die Berittene Garde heran und schloss sich dem Angriff an. Das Klirren und Rasseln des Kampfes wurde noch lauter, da ertönte aus der Richtung des Banners mit dem schwarzen Bären ein gellender Trompetenstoß. Die Soldaten um mich herum hoben ihre Hellebarden und eilten auf das Signal zu. Sie hätten aber wohl besser einen Blick hinter sich geworfen.

Für den Ersten, den ich niederstreckte, kam der Tod völlig unerwartet, was vermutlich eine Gnade war. Meine Schwertspitze stach tief genug in die Lücke zwischen Helm und Brustharnisch, um seine Wirbelsäule zu durchtrennen, bevor ich die Klinge wieder herauszog. Seinem Nebenmann blieb immerhin noch Zeit, sich umzudrehen und mein herumschwingendes Schwert in Augenschein zu nehmen, bevor es ihn im ungeschützten Gesicht traf. Ich stach einen Weiteren nieder, dann stürzten sich die Hellebardisten der Kompanie ebenfalls in den Kampf und richteten unter den Reihen der Alundier schnell Chaos an.

»Zum Banner!«, schrie ich und deutete mit dem Schwert auf die Flagge mit dem schwarzen Bären, die über dem Durcheinander flatterte. »Vorwärts!«

Ich schaute nach links und rechts, um mich zu vergewissern, dass die Leute mit den Spießen und den Dolchen meinem Befehl gefolgt waren. Ich knurrte zufrieden, als ich sah, dass sie sich verteilt hatten und die Alundier von beiden Seiten her angriffen. Dann wurde ich vom Sog der Schlacht mitten ins Getümmel getragen, und jeder Anschein von Ordnung ging verloren. Wie auf dem Feld der Verräter hatte ich auch hier wieder das Gefühl, dass die Zeit während der Schlacht anders verging als sonst. Manch grausige Begebenheit, etwa ein alundischer Soldat, der von einer Hellebardenspitze in den geöffneten Mund getroffen wurde, während eine zweite seinen Hals durchbohrte, spielte sich im Bruchteil einer Sekunde ab. Andere dagegen schienen sich endlos in die Länge zu ziehen. Der Tod eines Ritters, der wie die anderen Adligen an diesem Tag gemeinsam mit dem Fußvolk kämpfen musste, war besonders qualvoll. Er hatte kaum einen Schlag mit seiner Streitkeule getan, bevor er von vier Hellebarden aufgespießt wurde, deren Besitzer geübt darin waren, die Lücken in einer Rüstung zu finden. Die Kameraden des Ritters waren im Begriff, sich zusammenzuziehen, und bildeten hinter ihm eine Mauer, an der er nach oben gedrückt wurde, während die Hellebardisten weiter vorwärtsdrängten. Der Ritter lebte noch und ruderte mit den Armen, während aus seinem Visier Blut hervorspritzte.

Der Kampf schien sich über eine Stunde lang hinzuziehen, obwohl Prader, der von der Mauer aus zusah, mir später versicherte, es seien höchstens zehn Minuten gewesen. Nachdem ich endlich eine Lücke in die Reihen der dicht stehenden Berufssoldaten schlagen konnte, stolperte ich noch gerade rechtzeitig ins Freie, um das Schicksal des Herzogs mit anzusehen. Evadine hackte und trampelte sich von hinten durch die Formation der Alundier. Ich sah, wie der Herzog und sein Gefolge aus Rittern ihre Pferde bestiegen. Anstatt jedoch den noch offenen Fluchtweg nach Osten zu wählen, preschten sie direkt auf die Gesegnete zu.

Innerhalb eines Augenblicks war alles vorbei. Der Herzog und die Gesegnete hielten aufeinander zu, und als sie sich begegneten, tötete sie ihn mit einem einzigen Hieb. Vielleicht spielte mir mein Hang zum Dramatischen einen Streich, aber ich meinte zu hören, wie ihr Schwert laut wie ein Glockenschlag auf seinen Helm traf. Ich wusste, dass er tot war, noch bevor er aus dem Sattel fiel, weil sein Hals in schiefem Winkel abstand.

Die Nachricht vom Tod des Herzogs ging mit einer Geschwindigkeit, wie sie nur auf dem Schlachtfeld möglich ist, durch die Menge der Alundier. Die Wahrnehmung von abrupten Veränderungen im Kampfgeschehen kann für Soldaten den Unterschied zwischen Leben und Tod ausmachen. Nach hinten geworfene Blicke offenbarten das Fehlen des herzoglichen Banners, und die Alundier, die noch an der Bresche kämpften, gerieten ins Wanken. Ein Chor aus verzweifelten Schreien ertönte aus ihren Reihen. Als ein Dutzend oder mehr die Köpfe drehten und zögernd den ersten Schritt rückwärts machten, feuerte ich die Kompanie an und hackte mit frischer Kraft auf die Gegner links und rechts von mir ein.

Ein ungeordneter Rückzug geht meist schnell vonstatten. Sobald sich abzeichnet, dass die Schlacht verloren ist, setzt sich der Überlebensinstinkt gegen künstlichen Heldenmut oder die Gier nach Ruhm durch. Genauso war es auch jetzt. Kein Trompetenstoß rief die Alundier zum Rückzug, dennoch schienen sie alle gleichzeitig den Kampf aufzugeben. Der Soldat, den ich soeben zu Boden ringen wollte, ließ seine Hellebarde fallen, drehte sich um und drängte sich durch die Menge davon. Links und rechts von ihm folgten seine Kameraden seinem Beispiel, und innerhalb weniger Augenblicke hatte sich das gesamte alundische Kontingent aufgelöst. Ein paar standhafte Gesellen kämpften noch weiter, nur um rasch niedergemacht zu werden, als die Soldaten des Bundes vorrückten. Der Bereich vor der Bresche leerte sich zusehends. Eine Gruppe Alundier floh Hals über Kopf in Richtung der östlichen Hügel. Zurück blieben nur zahlreiche am Boden liegende Leichen und ein kleiner Trupp Ritter ohne Pferde. Es waren insgesamt sechs, die ihre Waffen auf Evadine und die Garde gerichtet hielten, als diese herangeritten kamen. Inmitten des Trupps lag eine große Gestalt reglos am Boden, und ich wusste sofort, wer der Tote sein musste.

»Halt!«, schrie ich, als ein paar Kompaniesoldaten den Flüchtenden hinterherlaufen wollten. »Reihen neu bilden! Standardformation!« Nachdem ich die Truppen versammelt hatte, ließ ich sie ausschwärmen und gemeinsam mit der Garde die Ritter einkreisen.

»Ergebt Euch«, rief Evadine den Rittern zu und trabte auf Ulstan vorwärts. Ihr Schwert hatte sie weggesteckt und die Hände erhoben. Jeder Zoll von Pferd und Reiterin waren mit Schmutz und Blut bespritzt, dennoch war das aufrichtige Mitgefühl in ihrem Gesicht deutlich zu erkennen. »Heute muss niemand mehr sterben. Ich bitte Euch, ergebt Euch, und es wird Frieden herrschen.«

»Verschwinde, ketzerische Hure!«, rief ein kräftiger alundischer Ritter. Er trug keinen Helm, und sein bärtiges, grobschlächtiges Gesicht spiegelte eine seltsame Mischung aus Angst und Wut. »Beleidige uns nicht mit deinen Lügen!«, schimpfte er weiter. »Wir kennen die Schwärze in deinem Herzen!«

Ich hätte erwartet, Roulgarth Cohlsair in dem Grüppchen Standhafter zu sehen, aber wahrscheinlich hatte er das Kommando über den Angriff auf die Mauern inne. Als ich mich umschaute, sah ich, dass die Kämpfe auf dem Wehrgang nachgelassen hatten. Die Alundier hatten sich um die Leitern herum versammelt und schauten zu uns herüber. Ich wusste, es würde nicht mehr lange dauern, bis sie Schlachtformation einnahmen. Die Zugbrücke war abgesenkt und die Bresche ohne Verteidigung.

»Wir dürfen uns nicht zu lange hier aufhalten«, sagte ich und eilte an Evadines Seite, die immer noch die widerspenstigen Adligen musterte. »Gesegnete«, fügte ich mit Nachdruck hinzu.

Der bärtige Kerl hatte die Gefahr ebenfalls bemerkt und stieß ein barsches, vorfreudiges Lachen aus. »Siehst du, Hure?«, brüllte er und deutete auf die sich versammelnde Horde der Alundier. »Siehst du, welches Verhängnis du mit diesem schändlichen Mord über dich gebracht hast?«

»Euer Herzog ist im fairen Kampf auf dem Schlachtfeld gefallen«, rief Evadine zurück, aber ihre Worte wurden von den Rufen der alundischen Adligen übertönt. Wilde Flüche mischten sich mit trotzigen Schreien, während sie herausfordernd mit den Waffen fuchtelten, als wünschten sie sich den Tod.

»Töte sie oder verschone sie!«, zischte ich Evadine zu und griff nach ihrem Panzerhandschuh. »Aber tu es jetzt.«

Sie schaute mit trauriger Miene zu mir hinab. »Ich hatte gehofft, dass es anders sein würde, Alwyn«, sagte sie leise. »Manchmal kann ich etwas verändern, oder andere tun es für mich. So wie du es in Olversahl getan hast.« Seufzend wandte sie den Blick ab, schaute jedoch nicht zu den alundischen Rittern hin, sondern zu der freien Ebene hinter ihnen. »Aber heute scheint es nicht so zu sein.«

Als ich ihrem Blick folgte, sah ich zunächst nur die spärlich mit Gras bewachsene Ebene und die Hügel dahinter. Dann leuchtete in einem Einschnitt zwischen zwei Hügeln etwas Buntes auf, rasch gefolgt von weiteren Farbpunkten. *Flaggen,* erkannte ich und war mir sicher, dass ich wusste, worum es sich handelte. Die gesamte Streitmacht Alundias war bereits hier versammelt, um die Ketzerin zu vernichten, die sich selbst als Märtyrerin bezeichnete und in ihr Land eingedrungen war. Was dort anrückte, konnte demnach kein alundisches Heer sein.

Das Donnern zahlreicher galoppierender Pferdehufe ließ den Boden erzittern, und zu den Bannern in der Ferne kamen immer mehr hinzu. Wenige Sekunden später kam der erste Ritter in Sicht. Die Vorhut zählte mindestens fünfhundert Mann und wurde von einer vertrauten hochgewachsenen Gestalt angeführt, die unter einem Banner ritt, das eine rote Flamme zeigte.

»Ergebt Euch!«, flehte Evadine die alundischen Ritter an. »Ich bitte Euch!«

Doch Adlige, die sich in falsche Vorstellungen von Ehre verrannt hatten, waren nicht zu retten. Offenbar wollten sie nicht mit der Schande weiterleben, dass sie ihren Herzog vor der Klinge der Ketzerin nicht hatten bewahren können. Der bärtige Kerl, dessen Namen ich auch nach Jahren der Erkundigungen immer noch nicht in Erfahrung bringen konnte, packte sein Schwert, stieß ein herausforderndes Brüllen aus und stürzte sich auf Evadine. Seine Landsmänner folgten dicht hinter ihm. Der kleine Trupp hatte kaum ein Dutzend Schritte zurückgelegt, als die Garde auf Wilhums Befehl hin vorwärtspreschte. Das Gemetzel war kurz, aber gründlich. Wilhum erledigte den bärtigen Ritter mit einem einzigen Schwertstreich, während die anderen niedergemacht oder von Hufen zertrampelt wurden.

Ich wandte mich von dem grausigen Schauspiel ab, ich hatte an diesem Tag schon genug Tote gesehen. Die Schlacht war jedoch noch lange nicht vorbei. Zu unserer Rechten führte Sir Ehlbert Bauldry seine Vorhut zu einem Angriff auf die Südmauer an, wo sie in der Menge der Alundier wie zu erwarten beträchtlichen Schaden anrichteten. Ein größeres Kontingent unter dem Banner der Krone ritt zur Nordseite der Burg und hatte dort eine ähnliche Wirkung. Über die Ebene näherte sich zudem in disziplinierter Marschordnung eine breite Reihe Infanterie, während von rechts ein ungeordneter Haufen herangestürmt kam. Bei näherer Betrachtung erkannte ich, dass es sich um eine aufgebrachte Menschenmenge handelte, die hauptsächlich mit Äxten, Heugabeln oder einfachen, aus angespitzten Ästen gefertigten Lanzen bewaffnet war. Es waren sowohl Männer als auch Frauen unterschiedlichen Alters, doch selbst die ältesten unter ihnen legten eine beachtliche Schnelligkeit an den Tag. An ihrer Spitze ritten die beiden Soldaten der Garde, die wir mit dem Leuchtfeuer losgeschickt hatten. Der Erfolg ihrer Mission zeigte sich unübersehbar in der großen Anzahl an einfachen Leuten, die dem Ruf der Gesegneten gefolgt waren.

Als die Menge unter anbetenden Rufen oder wildem Kampfgeschrei vorbeiströmte, schätzte ich ihre Zahl auf mindestens achttausend. Ihre dürren Leiber und die schmutzigen Kleider zeugten davon, dass es sich um die Ärmsten der Armen handelte: Heimatlose, Bettler und Waisen waren es, die die Gesegnete an diesem Tag retteten. Die Geschichten, die sich um den Kreuzzug der Knechte, wie er später genannt werden sollte, ranken, verschweigen aber zumeist, dass diese Leute restlos niedergemetzelt worden wären, hätten sie sich ohne Begleitung durch die königliche Armee auf das alundische Heer gestürzt. In den Legenden der Wiederauferstandenen heißt es, das einfache Volk hätte allein über die restlichen Alundier triumphiert und Roulgarth Cohlsair mit nur wenigen hundert verbliebenen Reitern in die Flucht geschlagen.

In Wahrheit erlitten die gläubigen Knechte an jenem Tag hohe Verluste. Ich sah Dutzende, die von den vergundischen Bogenschützen niedergeschossen wurden, bevor sie überhaupt die neu formierten Reihen der Geschworenen erreichen konnten, die danach noch weitaus blutigere Ernte hielten. Allerdings muss man den Knechten zugutehalten, dass sie die Alundier ablenkten, bis der Hauptteil der königlichen Infanterie eingetroffen war. Beschäftigt mit der Horde Fanatiker, konnten die Geschworenen sich nicht umgruppieren, um dem Angriff der königlichen Fußsoldaten von der Seite und von hinten zu begegnen. Bald schon stürzten sich auch herzogliche Soldaten in den Kampf und ließen wenig Zweifel am Ausgang der Schlacht.

Weniger als eine Stunde nach dem Tod Herzog Oberharths lag seine Armee niedergemetzelt am Boden oder floh in die östlichen Hügel. Nach dem Ende der Schlacht machten sich die Knechte, die nicht getötet oder verwundet worden waren, auf die Suche nach dem Objekt ihrer Anbetung. Evadine hatte mir Befehl gegeben, die Kompanie auf der Ebene zu versammeln und sie von rechts gegen die Überreste der alundischen Armee zu führen. Die Reihe des Feindes hatte sich jedoch aufgelöst, bevor wir sie erreichten, und wir fanden uns inmitten von Trümmern, Leichen und Verwundeten wieder, wie es am Ende einer jeden Schlacht der Fall ist. Obwohl ich auf dem Feld der Verräter gekämpft hatte, war ich gegen den Anblick nicht gefeit, der mir Übelkeit verursachte und das Pochen in meinem Schädel verstärkte. Mein Unbehagen wuchs, als ich die wachsende Menge aus einfachen Leuten sah, viele verwundet oder mit blutigen Schnitten im Gesicht. Ein paar krochen sogar trotz schwerster Verletzungen auf die Gesegnete zu.

Evadine begrüßte sie alle mit demselben strahlenden Lächeln, das sie auch bei ihren Predigten zur Schau stellte. Hoch aufgerichtet im Sattel hob sie die Arme, während sich die Knechte in einer dichten Menge um sie versammelten und alle gleichzeitig auf die Knie sanken, als sie zu sprechen begann.

»Ihr habt mir heute einen großen Dienst erwiesen«, rief sie. »Die Seraphilen haben euch ihre Gunst geschenkt. Denn gab es je ein besseres Sinnbild für den Mut der Märtyrer?«

Ich wandte mich ab und gab Befehl, sich um die Verwundeten zu kümmern, bevor ich zur Burg zurückstapfte, um so viel von dem schmerzstillenden Elixier zu schlucken, wie ich vertragen konnte. Mit etwas Glück würde ich danach mehrere Stunden lang besinnungslos sein. Als sich mir eine große gepanzerte Gestalt in den Weg stellte, knurrte ich verärgert und wollte sie beiseiteschieben. Es war jedoch so, als würde ich gegen eine Granitmauer anrennen, die noch dazu ein amüsiertes Lachen ausstieß, als ich die gepanzerte Faust hob, um mir den Weg freizukämpfen.

»Ihr habt wohl heute noch nicht genug gekämpft, wie?«, fragte eine tiefe, wohltönende Stimme.

Mein Blick glitt über eine Flamme aus Messing, bevor ich nach oben in ein Gesicht schaute, das ich bis dahin nur von Weitem gesehen hatte. Sir Ehlbert Bauldry trug sein dunkles Haar an den Seiten und im Nacken kurz geschnitten, wie es bei Rittern üblich war. Sein Gesicht war glatt rasiert und wies keinerlei Narben auf. Es war ein wenig zu kantig, um gut aussehend zu sein, eher als bestünde es aus Marmor statt aus Fleisch und Blut. Sein Lächeln war jedoch breit und, soweit ich feststellen konnte, aufrichtig herzlich. Zum ersten Mal wurde mir bewusst, dass dieser Mann tatsächlich menschlich war. Er überragte mich um mehrere Zoll und war auch um einiges breiter in den Schultern.

Vernünftig wäre es gewesen, eine Entschuldigung zu murmeln, sich zu verneigen und weiterzugehen, doch dies war eine der vielen Gelegenheiten, bei denen mir das nicht in den Sinn kam. Obwohl ich mich dieser gefürchteten Gestalt aus nächster Nähe gegenübersah, empfand ich keine Angst. Stattdessen füllte sich mein schmerzender Kopf mit hässlichen Erinnerungen an Moosmühle und die zerstückelten Leichen der Mitglieder von Deckins Bande, die ich dort zurückgelassen hatte. Es war ein Massaker unter dem Befehl dieses Mannes gewesen. Manche der Toten hatten es verdient, andere nicht. Besonders nicht die Kinder.

Als ich nun erschöpft und geplagt von dem Hämmern in meinem Schädel Sir Ehlbert in die Augen sah, sagte ich: »Geht mir verflucht noch mal aus dem Weg.«

Kurz huschte ein Ausdruck von Schock und Verwirrung über Sir Ehlberts Gesicht, dann brach er in Gelächter aus. Sein Panzerhandschuh landete schwer auf meiner Schulter, und er schüttelte mich anerkennend. »Ich hab schon gehört, dass dieser Schreiber sich nicht mit Nettigkeiten abgibt.« Die etwa ein Dutzend königlichen Soldaten im Umkreis lachten ebenfalls, was mir meine Verwundbarkeit deutlich bewusst machte. Die Kompanie des Bundes und die Soldaten des Königs hatten füreinander wenig übrig. Letztere hatten sogar einmal versucht, mich aufzuknüpfen, und momentan war ich weit von jeglichen Verbündeten entfernt.

»Ich bin jetzt Hauptmann«, sagte ich dem Kämpen des Königs und verlieh meiner Stimme einen herrischen Ton. Ich bezweifelte zwar, dass mein Rang viel bedeuten würde, wenn es sich dieser Mann oder seine Kameraden in den Kopf gesetzt hätten, mir etwas anzutun, aber einen Versuch war es wert.

»Ach ja?« Sir Ehlbert hob die Brauen. »Dann möchte ich Euch gratulieren. Und auch zu diesem klugen Schachzug.« Er nickte zu den Leichen, die den gefallenen Herzog umgaben. »Das war sicher nicht leicht einzufädeln.«

»Es war das Werk der Gesegneten.« Ich zwang mich zu einem Lächeln. »Sie hatte eine Vision von den Seraphilen, wisst Ihr.«

Die Herzlichkeit im Gesicht des Ritters ließ etwas nach, er lächelte jedoch immer noch, drehte sich und zog mich an der Schulter mit herum. »Prinzessin Leannor erwartet Euch, Hauptmann«, sagte er und deutete auf eine Gruppe berittener Gestalten etwa fünfzig Schritt entfernt. »Wenn Ihr so freundlich wärt.«

Ich wusste, dass ich nicht darum herumkam, und ging mit ihm, um die Prinzessin zu begrüßen. Trotz des Pochens in meinem Schädel strengte ich mein Hirn an. *Wo ist ihr Bruder?*, fragte ich mich. *Woher kommt diese Armee?* Aber, wie Sihlda immer gesagt hatte, Fragen stellen kann jeder; die Antworten sind der schwierige Teil. In diesem Moment, mit schmerzendem Kopf und noch frischen Erinnerungen an das soeben erlebte Grauen, wollten mir jedoch keine Antworten einfallen.

Als wir bei Prinzessin Leannor ankamen, war sie bereits neben den Leichen von Herzog Oberharth und seinen Leuten abgesessen. Ihr Gefolge hielt respektvoll Abstand, während sie an den toten Rittern vorbei, die bereits von Soldaten und Knechten gefleddert worden waren, zum Herzog ging. Sein Helm war verschwunden, vermutlich steckte er im Tornister eines Soldaten, zusammen mit dem Brustharnisch und seinen Waffen.

»Wirklich schade.« Die Prinzessin warf mir einen Blick zu, als ich in der Nähe auf ein Knie sank. Sie trug eine seltsame Mischung aus Kampfkleidung und elegantem Schmuck. Ihr Oberkörper war von einem Brustharnisch mit Goldrändern und dem in Silber eingelegten Wappen der Algathinets bedeckt, und an einem Gürtel an ihrer Hüfte hing ein verziertes Kurzschwert. Unter dem Harnisch trug sie ein Kleid aus dunkelrotem Samt, das mit Kupferfäden bestickt war. Alles in allem schätzte ich, dass man mit dem Geld, das sie für ihre Kleidung ausgegeben hatte, die Kompanie für einen Monat oder länger hätte ernähren können, und das, obwohl diese Kleidung vollkommen unzweckmäßig war. Das dünne Metall des Harnischs hätte jeder Dolch durchstechen können, und ich bezweifelte, dass sie das Kurzschwert überhaupt je aus der Scheide gezogen hatte.

Sie bedeutete mir aufzustehen, hielt den Blick aber auf den erschlagenen Herzog gerichtet. An seinem Körper war kein Blut zu sehen, der Grund seines Ablebens war an dem abgeknickten Hals, den Evadine ihm mit ihrem Schwert gebrochen hatte, jedoch deutlich erkennbar. Nach meinem Dafürhalten war er schon tot gewesen, bevor er auf dem Boden aufkam. Wie bei den meisten Toten zeigte auch sein Gesicht nichts mehr von dem, was ihn zu Lebzeiten ausgemacht hatte und weshalb ihm so viele Menschen bereitwillig in den Krieg gefolgt waren. Seine Haut war bleich und schlaff, die Augen leer.

»Lebendig wäre er viel wertvoller gewesen«, fuhr Leannor fort. »Als Geisel, um die Loyalität seiner Familie und der Adligen zu sichern. Aber gut, ich habe schon vor Längerem begriffen, dass der Ausgang eines Krieges stets ungewiss ist. Es ist wie bei einem Sturm: Man wartet ab, bis er vorbei ist, und versucht dann, aus dem, was danach übrig ist, das Beste zu machen.« Sie legte den Kopf schief und musterte die leblosen Züge des Herzogs. »Du hättest nur deine verdammten Steuern zahlen müssen, Oberharth. Stolz in Verbindung mit falschen Ehrvorstellungen«, sie schüttelte seufzend den Kopf, »nie eine gesunde Mischung. Findet Ihr nicht auch, Meister Scribe?«

»Es heißt jetzt Hauptmann Scribe, Eure Majestät«, warf Sir Ehlbert ein.

»Ach wirklich?« Die Prinzessin neigte leicht den Kopf. »Gratuliere. Habt Ihr den anderen umgebracht, um Euch die Beförderung zu sichern?«

Es war nur eine schnippische Bemerkung, aber sie teilte mir etwas

Wichtiges mit: *Diese Frau glaubt, mich zu kennen. Sie irrt sich.* »Hauptmann Swain liegt verwundet in der Burg, Majestät«, sagte ich. »Wenn er sich wieder erholt hat, werde ich ihm meine gegenwärtige Position mit Freuden zurückgeben. Die Bürde des Befehlshabers erscheint mir doch allzu schwer.«

»Mag sein. Ich möchte jedoch wetten, dass wir einen Großteil unseres Erfolgs an diesem Tag Euch zu verdanken haben.« Sie hob die Hände und deutete auf das Blutbad im Umkreis, wobei sie leicht angewidert das Gesicht verzog. »Oder ist das allein das Werk der Gesegneten?«

»Alles, was die Kompanie des Bundes tut, geschieht auf ihren Befehl und in ihrem Namen.«

»Welche Hingabe.« Prinzessin Leannor trat näher heran und musterte prüfend mein Gesicht. »Und doch sehe ich in Eurem Gesicht nur Schmerz. Nicht wie bei all den Verrückten, die wir auf der Straße getroffen haben, was, Sir Ehlbert? Tausende, die nach Alundia marschierten und deren Gesichter von frommer Überzeugung leuchteten. Bedauerlicherweise war der Glaube bei den meisten so stark, dass sie dem Leuchtfeuer der Gesegneten gefolgt sind, ohne etwas zu essen oder auch nur warme Kleidung mitzunehmen. Wir haben unser Bestes gegeben, um ihnen zu helfen, doch wir hatten nicht damit gerechnet, auf dem Marsch so viele zusätzliche Mäuler stopfen zu müssen – ein Marsch, den mein Bruder der Gesegneten versprochen hat, wie Ihr Euch erinnern werdet. Nun liegen auf der Straße zur alundischen Grenze leider die Leichen von ein paar hundert Gläubigen. Weitaus mehr, als heute hier gefallen sind, möchte ich meinen.«

Ich antwortete nicht sofort, sondern schaute mich betont nach links und rechts um. »Ist der König hier, Eure Majestät? Die Gesegnete würde ihn sicher gern begrüßen.«

»Der König ist dort, wo er sein soll«, erwiderte sie, offenbar ohne jeden Groll. »Bei Gericht, und kümmert sich um die Staatsführung des Reiches. Ich fühle mich geehrt, dass er mir die Führung dieses Feldzuges übertragen hat. Ich nehme nicht an«, sie wandte sich vom

Leichnam des Herzogs ab und ging zu ihrem Pferd zurück, »dass Ihr Roulgarth Cohlsair gefangen nehmen konntet? Wir können ihn nirgends finden.«

»Vermutlich ist er geflohen. Jedenfalls wenn er einen Funken Verstand besitzt.«

»Nun gut.« Leannor schwang sich auf ihre schöne weiße Stute, während ein Höfling die Zügel festhielt. Im Gegensatz zu Schwarzfuß war dieses Tier von den Nüstern bis zum Schwanz alabasterfarben und schien förmlich in der Sonne zu leuchten. Mein Kopfschmerz verstärkte sich, als ich es mit zusammengekniffenen Augen betrachtete. »Es spielt keine Rolle.« Die Prinzessin machte es sich im Sattel bequem. »Wir werden ihn bestimmt in Hochsahl finden, zusammen mit der Herzogin und ihren zahllosen Bälgern. Der König erwägt, sie das Herzogtum regieren zu lassen, bis ihr Ältester volljährig ist. Celynnes Vater würde es ihm übel nehmen, wenn sie das Land verliert, und der König ist immer noch recht angetan von ihr.«

»Und wenn sie sich nicht ergibt?«, fragte ich, worauf die Prinzessin die Stirn runzelte. »Ich habe gelesen, dass Hochsahl praktisch uneinnehmbar ist.«

»Kein Ort ist uneinnehmbar, Hauptmann Scribe. Besonders nicht, wenn man auf kundige Hilfe zurückgreifen kann.« Sie drehte sich um und winkte einen kleinen drahtigen Mann mit grauem Haar aus ihrem Gefolge zu sich, der auf einem kräftigen Pony ritt. Mit dem einfachen Lederwams und der Wollkleidung, die er trug, wirkte er unter den Höflingen seltsam fehl am Platz, ebenso wie der breite alundische Dialekt, den er sprach.

»Hoheit«, sagte er und neigte unterwürfig den Kopf, was nicht zu seinen starren Zügen passte.

»Hauptmann, darf ich Euch Meister Aurent Vassier vorstellen?«, sagte Leannor. »Den besten Konstrukteur des Reiches. Erbauer von Brücken, Häusern, Kränen und allen möglichen wunderbaren neuen Apparaturen. Habe ich recht, Meister Vassier?«

Der grauhaarige Mann verneigte sich erneut, und ich sah es in seinem Gesicht zucken. Offenbar musste er gefährliche Gefühlsregungen unterdrücken. »Für meinen Ruf kann ich nichts, Hoheit. Aber ich bin ein Baumeister, das ist wahr.«

»Ach, Ihr seid viel zu bescheiden, Vassier.« Leannor lachte kurz und schaute mich dann mit gehobener Augenbraue an. »In Wahrheit ist dieser Mann der Einzige in Alundia, der weiß, wie man eine Belagerungsmaschine baut, mit der sich die Mauern dieser …«, sie schaute zur Burg Walvern und verzog verächtlich den Mund, »… robusten Festung einreißen ließen. Oder dachtet Ihr, es sei pures Glück gewesen, dass Eurer Kompanie eine solche Tortur erspart geblieben ist?«

Sie kam auf ihrer Stute näher und beugte sich vor, um etwas leiser fortzufahren. »Meister Vassier ist ein ehrgeiziger Mann, vor allem im Hinblick auf seinen Sohn. Im letzten Winter hat er den Jungen nach Couravel geschickt, damit er dort eine Ausbildung erhält, worum sich der König seit Neuestem gerne kümmert. Der Baumeister war so dankbar, dass er freiwillig seinen Herzog verlassen hat und in den Dienst der Krone getreten ist.«

Ein kurzer Blick in Vassiers versteinerte Miene teilte mir mit, dass seine Anwesenheit hier mit Dankbarkeit nichts zu tun hatte. »Das war sehr klug von ihm«, sagte ich. »Ein Mann, dem ich zu meiner Zeit als Gesetzloser gefolgt bin, hätte es sicher genauso gesehen. Ich kann mir aber nur schwer vorstellen, dass es in diesem Herzogtum bloß einen Baumeister geben soll, der die Fähigkeit besitzt, eine Belagerungsmaschine zu konstruieren.«

Die Prinzessin zuckte mit den schlanken Schultern und lehnte sich im Sattel zurück. »Es gab tatsächlich noch ein paar mehr. Nicht alle Kriege werden allein auf dem Schlachtfeld entschieden.« Mehr sagte sie nicht, aber es war auch nicht nötig. *Spione und Meuchelmörder*, schloss ich. *Und ihr Bruder lässt ihr dabei wahrscheinlich freie Hand.* Daraus ergab sich eine weitere Frage, auf die ich die Antwort aber schon zu kennen glaubte.

»Auf dem Marsch hierher gab es übrigens einen Zwischenfall, Hoheit«, sagte ich. Die Prinzessin hob neugierig eine Augenbraue.

»Tatsächlich? Was ist denn passiert?«

»Eine Bande Halsabschneider wurde ausgeschickt, um die Gesegnete zu ermorden. Offensichtlich ist es ihnen nicht gelungen.« Ich beugte mich vor und griff in die Tasche unter meiner rechten Beinschiene. »Allerdings haben wir an den Leichen das hier gefunden.«

Die Münze funkelte, als ich sie der Prinzessin zuwarf. Sie fing sie auf und hielt sie sich vor die verengten Augen. Ihre Miene, als sie sich mir wieder zuwandte, wirkte verächtlich. »Ich hatte gehofft, Ihr hättet einen besseren Eindruck von mir gewonnen, Hauptmann.«

Ich wusste, dass sie eine erfahrene Lügnerin war, aber die Beleidigung in ihrem Blick war schwer vorzutäuschen. Evadine zu töten, bevor sie die Burg erreichte, war nicht Teil ihres Plans gewesen. Wilhum hatte recht gehabt, als er diesen Ort als Falle bezeichnet hatte, doch die Falle hatte nicht uns gegolten, wir waren lediglich der Köder. Herzog Oberharth, der stolze Narr, war bereitwillig hineingetappt. Das Leuchtfeuer und der Kreuzzug der Knechte waren gar nicht nötig gewesen. Leannor hatte ihre Armee ein Stück nördlich der alundischen Grenze versammelt, bis ihre Spione ihr mitgeteilt hatten, dass der Herzog sein gesamtes Heer gegen Evadine in Stellung gebracht hatte. Vermutlich hatte die Prinzessin auch darauf gehofft, dass wir besiegt und Evadine getötet werden würde. Die Geschichte der Wiederauferstandenen hätte damit ein passendes Ende gefunden, und die Algathinets hätten einen weiteren heroischen Meilenstein in ihre Familienchronik aufnehmen können, während sie die Alundier zur Rechenschaft zogen. In einem geschickten Schachzug hätte die Krone zugleich eine Bedrohung unschädlich gemacht und Alundia in die Knie gezwungen. Leannor hatte heute also nur teilweise einen Triumph errungen, aber immerhin einen Triumph.

»Behaltet sie bitte, Eure Majestät«, sagte ich, als Leannor mir die Münze zurückwerfen wollte.

»Ich habe keine Verwendung dafür«, sagte sie.

»Dann betrachtet sie als Glücksbringer.« Ich verneigte mich tief. Das Pochen in meinem Schädel hatte nachgelassen; womöglich war es durch das Entstehen eines neuen Grolls besänftigt worden. »Ein Zeichen meiner großen Wertschätzung.«

Ein kleines Lächeln huschte über ihre Lippen, während sie die Münze hin und her drehte. »Ich würde denken, dass derjenige, von dem diese Münze stammt, zwar reich ist, aber nicht sonderlich schlau«, sagte sie. »Und dass er mit den Bräuchen der Unterwelt wenig vertraut ist. Außerdem würde ich es für eine Verzweiflungstat halten. Aber ...«, sie steckte die Münze in ihre Tasche, »... mit Eurem scharfen Verstand seid Ihr sicher längst zu denselben Schlussfolgerungen gelangt, habe ich recht?«

»Es sind nur Vermutungen, Majestät«, sagte ich. »Aber ich bin dankbar, sie bestätigt zu sehen.«

Leannor schnaubte und ergriff die Zügel ihrer Stute. »Teilt der edlen Evadine bitte mit, dass König Tomas für diese Burg keine Verwendung mehr hat«, sagte sie in befehlsgewohntem Ton. »Sie soll ihre Kompanie sammeln und mit uns nach Hochsahl marschieren, wo sie als Repräsentantin des Bundes die Unterwerfung von Celynne Cohlsair bezeugen wird. Als Anerkennung für die Hilfe, die die Kompanie des Bundes dem König beim erfolgreichen Abschluss dieser Angelegenheit geleistet hat, hat er einen Erlass herausgegeben, der alle ketzerischen und unorthodoxen Praktiken in diesem Herzogtum und im restlichen Reich ab sofort unter Todesstrafe stellt.« Sie trieb ihre Stute zum Trab an. »Ich hoffe, Euch in Hochsahl wiederzusehen, Hauptmann. Wie ich hörte, gibt es dort ebenfalls eine schöne Bibliothek.«

Zweiter Teil

◆ ◆ ◆

Wir, die wir uns Gläubige nennen, sollten stets bedenken, wie falsch es wäre, den Bund gewaltsam vergrößern zu wollen. Ein Ungläubiger, der tot auf dem Schlachtfeld liegt, kann nichts mehr über das Beispiel der Märtyrer lernen oder die Gunst der Seraphilen erfahren. Und denen, die zu einem solchen Zweck das Schwert benutzen, wird der Eintritt durch die Himmlische Pforte verwehrt sein, da ihre Seelen auf ewig durch Mord befleckt sind.

Aus *Das Testament der Aszendentin Sihlda Doisselle*,
niedergeschrieben von Sir Alwyn Scribe

Siebzehntes Kapitel

Das Holz der Belagerungsmaschine knarrte, und die Eisenklammern ächzten, als zwanzig Mann ihren großen Arm an Seilen zurückzogen. Wie inzwischen üblich, wann immer eine Ladung abgeworfen werden sollte, kamen von den Mauern von Hochsahl ein paar Dutzend Pfeile herabgeflogen, in dem vergeblichen Versuch, die Maschine an ihrer Arbeit zu hindern. Sie prasselten wirkungslos auf das Dach des hölzernen Palisadenzauns, der zum Schutz der Männer errichtet worden war, die die gewaltige Vorrichtung bedienten. Für gezielte Schüsse war die Entfernung zu groß, aber die alundischen Bogenschützen, zweifellos ergänzt um einige wenige Vergundier, versuchten dennoch stets ihr Glück. Hin und wieder fiel ein Soldat den niederregnenden Eisenspitzen zum Opfer, doch größtenteils schleuderten die zwölf Belagerungsmaschinen, die vor der Ostmauer der Stadt aufgereiht standen, ihre Steine völlig ungestört.

Meister Vassier hatte sie in zwei Gruppen zu je sechs Katapulten angeordnet, die auf zwei weit voneinander entfernt liegende Mauerabschnitte zu beiden Seiten des Stadttors zielten. Seit drei Wochen verrichteten die Maschinen nun schon ihr Werk, und das zu jeder Tageszeit, wenn nicht Schneefall oder Stürme eine Unterbrechung nötig machten. Gespeist mit einem steten Nachschub an Granit aus den Steinbrüchen an der alundischen Küste, schleuderten die Katapulte die riesigen Felsbrocken höher als ich je für möglich gehalten hätte. Die Geschosse flogen täuschend langsam durch die Luft, überwanden die zweihundert Schritte bis zur Mauer und fielen dann herunter, um in den tiefer werdenden Lücken weitere Zerstörung anzurichten.

»Der Stein fliegt zu weit!«, rief Meister Vassier von seinem Aussichtspunkt bei einem Schlitz im Palisadenzaun. »Verringert das Gegengewicht um ein Zehntel.«

Die Gruppe Arbeiter, die das Katapult bedienten, eilten gehorsam los und nahmen einen Teil des Gerölls und der Sandsäcke aus dem aufklappbaren Korb am gesenkten Ende des Schleuderarms. Dank tagelanger Erfahrung wussten sie inzwischen, wie viel des Gegengewichts sie herausnehmen oder hineinlegen mussten, um das gewünschte Ziel zu treffen. Nachdem das erledigt war, wuchteten sie einen weiteren Granitbrocken in die dicke Lederschlinge, die mit Seilen an der Spitze des Schleuderarms befestigt war.

Ich ging zu Vassier und schaute durch den Schlitz zu den Mauern der großen Hafenstadt hin. Die Sicht wurde durch anhaltenden Morgennebel getrübt, und die Bresche selbst, rechts neben dem Stadttor, war nach dem letzten Aufprall in Staubwolken gehüllt. Ich konnte daher nichts richtig erkennen, Vassier hingegen besaß ein geübteres Auge.

»Nur einen Fuß von der Basis entfernt«, knurrte er zufrieden. In den vergangenen Wochen, in denen ich den Schutz der Belagerungsmaschinen überwacht hatte, war offensichtlich gewesen, dass Vassier von seiner Aufgabe wenig begeistert war. Es gab jedoch Momente, in denen der Stolz des Fachmanns überwog. Die Schnittwunde an seiner Stirn – ein Andenken an eine Nacht vor einem Monat, als wir in den dunklen Stunden nach Mitternacht von einer Gruppe mit Dolchen bewaffneter Alundier überfallen worden waren – war bereits gut verheilt

Damals waren die Belagerungsmaschinen von einer Kompanie cordwainischer Soldaten bewacht worden, undisziplinierte Saufbolde, von denen viele ihre Nachlässigkeit damit bezahlen mussten, dass sie mit aufgeschlitzter Kehle erwachten, wenn sie denn überhaupt noch wach wurden. Die Knechte waren damals unsere Rettung gewesen. Viele hatten sich nach der Schlacht freiwillig dem Feldzug angeschlossen. Bewaffnet mit einer Vielzahl von Werkzeugen stürzten sie sich auf die Alundier, bevor diese die Katapulte beschädigen konnten. Dennoch waren hinterher ein Dutzend cordwainischer Soldaten, mehrere fähige Handwerker und eine Handvoll Knechte tot. Meister Vassier war das Hauptziel des Angriffs gewesen. Einer der Angreifer hatte sich die Kleidung eines getöteten Cordwainers angezogen, um sich inmitten des Durcheinanders in Vassiers Zelt zu schleichen. Zum Glück erwies sich Letzterer als ebenso versiert im Umgang mit einem Falchion wie mit einer Richtschnur und wehrte den Möchtegernmörder ab, bis einige königliche Soldaten eintrafen, um den Kerl zu töten. Nach diesem hässlichen Zwischenfall ordnete Prinzessin Leannor an, dass die Kompanie des Bundes die Katapulte bewachen sollte. Den Hauptmann der Cordwainer ließ sie auspeitschen und unehrenhaft entlassen.

»Wie lange noch?«, fragte ich Vassier, als sein kundiger Blick zur zweiten Bresche ging.

»Drei Tage für die rechte, vier für die linke«, erwiderte er nach kurzer Überlegung. »Aber«, er nickte vielsagend zu den abgedeckten Gräben, die den Boden zwischen Katapulten und Mauer durchzogen, »unsere Mineure sagen, dass sie noch mindestens drei Wochen für die Sappen brauchen.«

»Reichen zwei Mauerdurchbrüche nicht aus?«

»Eine Stadt ist keine Burg, Hauptmann. Mit Mauerdurchbrüchen allein werdet Ihr Hochsahl nicht für Eure Prinzessin einnehmen können. Dafür muss die Bastion des Torhauses fallen, und das kann erst geschehen, wenn die Mineure mit ihrer Arbeit fertig sind.« Sein Blick glitt zu mir, er wirkte vorsichtig, aber auch entschlossen. »Sagt ihr das.«

»Ihr überschätzt meinen Einfluss, guter Herr.«

Er schnaubte und nickte zu den gerade erst eingetroffenen Rollen frischen Seils, die um die Katapulte aufgestapelt lagen. »Ihr habt uns das da besorgt, oder nicht?«

Tatsächlich hatte ich die Seile gleich nach der Übernahme meiner Pflichten von Prinzessin Leannor erbeten. Zuvor waren die Katapulte vorwiegend mit dem zerfransten Tauwerk von Fischerbooten betrieben worden, das nach Salz und Eingeweiden stank. Die Taue waren unter der Belastung oft gerissen, was zu zahlreichen zerschmetterten Gliedmaßen und sogar ein paar Todesfällen geführt hatte, wenn Felsbrocken im unpassenden Moment aus den Schlingen gerutscht waren. Als ich mit der Kompanie des Bundes zur Burg Walvern marschiert war, hatte ich unterwegs die Bekanntschaft eines Kaufmanns gemacht, der einige Lagerhäuser voll mit Seilen besaß, die er wegen des Verlusts von Olversahl im vergangenen Jahr nicht hatte verkaufen können. Mein Hinweis, dass der Mann seine Lagerbestände preiswert abgeben würde, wenn er dafür die Gunst der Krone gewinnen könnte, traf bei Leannor auf offene Ohren. Wie viele reiche Leute, die über den Tellerrand ihres Standes geblickt hatten, war die Prinzessin knauserig und stets auf Schnäppchen bedacht. Allerdings bestand sie trotz meines Angebots, die Verhandlungen zu führen, darauf, dass der Handel von einem ihrer Protokollanten durchgeführt wurde.

»Euer Schwert wird hier gebraucht, Hauptmann«, sagte sie lächelnd. »Was wäre ich für eine Generalin, wenn ich ständig meine Hauptleute losschicken würde, damit sie um Preise feilschen, hm?«

Das war tatsächlich noch ihre am wenigsten giftige Bemerkung in letzter Zeit. Mit jedem Tag, an dem wir Hochsahl nicht für den König eingenommen hatten, wurde ihre Laune schlechter. Die Kompanie des Bundes hatte sich noch auf dem Marsch von der Burg Walvern hierher befunden, da war die Stadt bereits von der Armee der Krone eingekesselt worden. Entsprechend hatte ich das Gespräch zwischen

Prinzessin Leannor und der edlen Celynne nicht miterlebt, in der Armee wurde jedoch seither hinter vorgehaltener Hand darüber geredet.

Die Herzoginwitwe empfing Leannor unter dem Bogen des Stadttors und stand mit ihren Hauptleuten und den wichtigsten Würdenträgern der Hafenstadt schweigend da, während Leannors Page die Verkündigung des Königs vorlas. Soweit ich gehört hatte, sprach Celynne während des Verlesens kein einziges Wort, sondern lauschte nur mit versteinerter Miene, während der Page die verschiedenen Änderungen des Abkommens, das Alundia mit dem Königreich Albermaine geschlossen hatte, vortrug. Zollerhöhungen auf importierte Waren und Wein, der über die Grenze gebracht wurde, wurden mit stoischer Gelassenheit hingenommen, ebenso die Beschlagnahme der Hälfte der Ländereien alundischer Adliger durch die Krone. Erst als der Page bei dem Erlass anlangte, der alle Praktiken des unorthodoxen Glaubens verbot, kam Leben in die Herzogin und ihre Begleiter. Mehrere Adlige zogen ihre Schwerter, und ein kurzer Tumult brach aus, der sich auf einen scharfen Befehl Celynnes hin wieder legte. Danach herrschte erneut Schweigen, während die restlichen Bestimmungen verlesen wurden. Die wichtigste davon lautete: »In seiner unvergleichlichen Güte und Großzügigkeit gestattet König Tomas Celynne Cohlsair, das Herzogtum von Alundia im Namen ihres Sohnes zu regieren, bis dieser die Volljährigkeit erreicht hat.«

Die bemerkenswerte Großmut des Königs wurde von der Herzogin nur mit einer hochgezogenen Braue quittiert. Als der Page schließlich verstummt war, trat sie vor und nahm ihm die Verkündigung aus der Hand. Sie überflog kurz den Text und winkte dann einen Diener mit einer Fackel herbei, um das Schriftstück in Brand zu stecken. Danach machte sie auf dem Absatz kehrt und ging ohne ein Wort oder eine Verneigung vor Prinzessin Leannor durch das Tor in die Stadt zurück. Der erste Angriff auf die Mauern begann noch in derselben Nacht.

Ehlbert Bauldry, der davon ausging, dass die Herzogin nur wenige Soldaten zur Verfügung hatte, führte eine ganze Kompanie des königlichen Heeres gegen die Bastion des Torhauses. Sie kehrten jedoch nach nur einer Dreiviertelstunde mit der Hälfte ihrer Anzahl zurück. Natürlich war es Ehlbert trotz der Niederlage gelungen, seine Legende weiter auszuschmücken, indem er eine Weile lang die Zinnen gehalten hatte und entweder ein Dutzend oder sogar drei Dutzend Alundier niedergemacht hatte, je nachdem, wer die Geschichte erzählte. Sein Bericht an Leannor machte klar, dass Celynne zwar über eine beachtliche Menge herzoglicher Soldaten verfügte, ihre Hauptverteidiger aber die Stadtbewohner selbst waren. Offenbar waren sämtliche Alundier im kampffähigen Alter, Männer wie Frauen, bewaffnet und bereit, Hochsahl zu verteidigen. Über einen Monat später waren sie trotz der Lücken, die Meister Vassiers Belagerungsmaschinen in ihre Mauern gerissen hatten, noch immer nicht willens, sich zu ergeben.

»Wenn die Mauer durchbrochen ist, sollten wir die Katapulte verschieben«, fuhr der Baumeister fort. »Und in den Nord- und Südmauern weitere Lücken schaffen, solange die Mineure noch beschäftigt sind.«

»Ich bezweifle, dass diese Armee groß genug ist, um vier Breschen gleichzeitig anzugreifen«, sagte ich. Das Heer der Krone war sicher nicht klein, im Laufe der Wintermonate jedoch immer weiter geschrumpft. Lagerfieber und Durchfall forderten Woche für Woche zahlreiche Menschenleben, und die Soldaten aus den Kontingenten der Herzöge neigten zum Desertieren. Roulgarth Cohlsair und seine Bande aus Angreifern, die den etwas großspurigen Namen »Graue Wölfe von Alundia« trugen, unterbrachen zudem häufig unsere Versorgungslinien, sodass zu der langen Liste an Unannehmlichkeiten, die das Heer erdulden musste, noch gelegentlicher Hunger hinzukam.

»Das weiß die Herzogin nicht«, wandte Vassier ein. »Vier Breschen bedeuten, dass sie ihre Kräfte verteilen muss, um alle abdecken zu können. Genau so werden Belagerungen gewonnen, Hauptmann, durch Täuschung und Ablenkung ebenso wie durch brutale Stärke.«

»Ihr wollt die Sache wohl schnellstmöglich zu Ende bringen, wie, Meister Vassier?«

»Ich will vor allem schnellstmöglich zu meiner Familie zurück. Und das kann ich erst, wenn diese Stadt fällt.« Sein bissiger Tonfall zeugte davon, wie sehr ihm seine gegenwärtige Aufgabe missfiel, wenn er es sich auch meist nicht anmerken ließ. Aus Gründen, die nur er allein kannte, ließ der Baumeister in meiner Gegenwart mitunter seine Maske fallen. Ich hegte Mitgefühl für ihn; seine Lage wurde auch dadurch nicht besser, dass die Alundier von seiner Anwesenheit in der Armee der Krone erfahren hatten – daher der Angriff auf sein Leben während des Überfalls. Seither hatten sie sich damit begnügt, Beleidigungen von den Wehrgängen herabzurufen und dem »verräterischen Baumeister« mit schlimmer Vergeltung zu drohen.

»Es ist nicht ganz leicht«, warf ich ein, »Krieg gegen sein eigenes Volk zu führen.«

Sein kurzes Lachen klang noch verbitterter als zuvor. »Mein Volk hat mich und meine Familie jahrelang gemieden, außer wenn sie meine Fähigkeiten gebraucht haben natürlich. Meine Frau ist zum orthodoxen Glauben übergetreten, müsst Ihr wissen. Ich hingegen bin gar nicht gläubig, es sei denn, es war notwendig, der Öffentlichkeit etwas vorzuspielen.« Seine Miene wirkte reumütig. »Ich war aber nie ein guter Schauspieler. Die Prinzessin hatte recht, als sie sagte, ich hätte meinen Sohn nach Couravel zur Schule geschickt. Mir ging es jedoch nicht nur darum, dass er eine gute Ausbildung erhielt, vor allem wollte ich ihm die Vorurteile ersparen, mit denen meine Familie seit Jahren zu kämpfen hat. Er ist ein kluger Junge und hat eine Chance im Leben verdient. Dort gibt es auch immer noch anständige Leute«, er wandte sich wieder der Stadt zu, wo soeben ein weiteres Geschoss pfeifend auf die Mauer hinabsauste und neue Zerstörung anrichtete, »sie sind nicht alle schlecht. Die Herzogin ist keine so schlimme Fanatikerin, wie die Prinzessin behauptet, und ich bezweifle, dass wirklich jeder in der Stadt bereit ist, für ihre Verteidigung zu sterben. Ich habe gesehen, was passiert, wenn eine Stadt fällt, Hauptmann, und es ist kein schöner Anblick.«

»Und doch wird sie fallen. Das müsst Ihr doch wissen.«

Plötzlich wurde seine Miene zurückhaltend und seine Stimme ausdruckslos. »Ich weiß nur, welche Aufgabe mein König mir erteilt hat.«

Ich betrachtete seine starren Züge, bis er schließlich seufzte und auf das weite graue Meer deutete, das jenseits der Steilklippe im Süden der Stadt lag. »Schaut dort«, sagte er. »Was seht Ihr?«

»Nur leeres Wasser«, erwiderte ich achselzuckend.

»Ja, wegen der Ebbe sind momentan keine Schiffe zu sehen. Wenn die Flut einsetzt, werden sie wieder ankommen und ablegen, wie sie es in diesem Hafen immer schon getan haben. Und mit der nächsten Ebbe wird das Meer wieder leer sein.« Als er sich zu mir umwandte und mich ansah, als wollte er mir eine Lektion erteilen, erinnerte er mich ein wenig an Sihlda.

»Dort sind keine Schiffe der Krone«, sagte ich nach kurzem Nachdenken. »Nichts, was die Handelsströme von Hochsahl behindern würde.«

»Richtig. Aus Gründen, die nur der König allein kennt, hat er beschlossen, den Hafen nicht abzuriegeln, sodass die Stadtbewohner nicht verhungern werden, solange ihre Herzogin genügend Geld für Vorräte hat. Sind die Kassen des Herzogtums leer, dann werden die Lagerbestände gewiss schrumpfen, aber das könnte Monate dauern.«

»Wir können sie also nicht aushungern«, schloss ich, nachdem mir klar geworden war, was er damit sagen wollte. »Entweder wir erobern die Stadt im Sturm, oder der Feldzug der Prinzessin wird scheitern.«

»Schaut Euch um.« Vassier sah über die Schulter zu den Lagerfeuern und Zelten hin. »Was glaubt Ihr, wie viele Schlachten diese Leute noch schlagen können?«

Ich sagte nichts, da die Antwort offensichtlich war. Die Kompanien von Bund und Krone würden kämpfen, wenn sie den Befehl dazu erhielten, doch sie machten höchstens ein Viertel des gesamten Heeres aus. Die Krankheiten und das Elend des Winters raubten allen, außer den Hartgesottensten, ihren Kampfgeist, und eine Niederlage würde gewiss dafür sorgen, dass die Armee auseinanderfiel. Uns blieb nur eine einzige Chance, Hochsahl einzunehmen, und wenn Meister Vassier das wusste, dann war es Leannor mit Sicherheit ebenfalls klar.

»Ich werde es der Prinzessin mitteilen«, sagte ich und wandte mich ab, um über den schlammigen Weg ins Lager zurückzukehren. »Dass wir noch mehr Lücken in die Mauern schlagen müssen.«

Da sich die Chance, Leannor zu überzeugen, gewiss erhöhen würde, wenn ich gemeinsam mit Evadine bei ihr vorsprach, suchte ich als Erstes die Gesegnete auf. Ihr Zelt war das größte inmitten der Behausungen aus Segeltuch. Diese waren in ordentlichen Reihen aufgestellt, worin sich die Kompanie des Bundes vom Rest des Lagers unterschied. Ich selbst hatte mich für eine Stelle an der Südseite des Lagers entschieden, möglichst weit entfernt von der chaotischen, schlammigen Mitte der Zeltstadt. Wie andere Menschen auch versammeln sich Soldaten an kalten Tagen dicht beieinander, um sich gegenseitig zu wärmen. Doch fördert dies zugleich die Ausbreitung von Fiebern und zahllosen anderen Krankheiten, die Armeen im Feld befallen. Gefährlich wird es außerdem, wenn die Zelte zu nah am Feuer aufgestellt werden: Es verging kaum eine Nacht, ohne dass es zu einer oder zwei Brandkatastrophen kam. In der Kompanie des Bundes wollte ich solche Unfälle vermeiden und achtete daher streng darauf, dass die Lagerordnung eingehalten und die Zelte in gebührendem Abstand zu den Feuern errichtet wurden. Außerdem sorgte ich für ein gewisses Maß an Sauberkeit. Die Soldaten des Bundes stachen deshalb unter ihren ewig schmutzigen Kameraden heraus, mit Ausnahme der Soldaten der Krone, die ausgepeitscht wurden, wenn Sir Ehlbert auch nur einen Rostfleck auf ihren Brustharnischen entdeckte. Ganz so weit ging ich nicht, doch die Strafarbeiten und zusätzlichen Leibesübungen erhöhten sicherlich nicht meine Beliebtheit.

Dennoch überraschte es mich, wie viel Respekt und Gehorsam mir die Kompanie entgegenbrachte. Zwar erntete ich mitunter trotzige Blicke, aber niemand meuterte oder stellte meine Befehle infrage. Die Veteranen wirkten sogar dankbar dafür, dass ich so streng auf militärische Ordnung achtete. »Das Lagerleben im Winter nimmt jeden von uns mit, Hauptmann«, sagte Ofihla eines Abends zu mir, als ich einen Spießträger, der während der Wache eingeschlafen war, dazu verdonnerte, eine Stunde lang nackt ums Lager zu rennen. »In Zeiten wie diesen müssen Soldaten erst recht daran erinnert werden, dass sie Soldaten sind. Sonst werden sie einfach wieder zu, nun ja, Menschen.« Sie schaute verächtlich drein. »Und das können wir nicht zulassen.«

Wie inzwischen üblich fand ich die Witwe als Wache vor dem Eingang zu Evadines Zelt vor. Sie saß neben einem kleinen Feuer und schärfte mit einem Schleifstein die Schneide ihres kurzen Kriegshammers. Als ich näher kam, schaute sie kurz hoch und musterte mich mit gewohnt argwöhnischem Blick. Wie viele Soldaten der Kompanie trug sie ein Kettenhemd und darüber eine Mischung aus erbeuteten Rüstungsteilen, aber nur deshalb, weil Evadine darauf bestanden hatte. Sie selbst machte sich um ihre Sicherheit keine Gedanken.

Als sie mich sah, wurde ihre Miene etwas weicher. In der Kompanie erkannte sie nur Evadines und meine Autorität an. Dass sie mir gegenüber etwas freundlicher war, lag vermutlich daran, dass ich ihr ihre heiß geliebte Waffe geschenkt hatte. Nach der Befreiung der Burg Walvern war sie über das Schlachtfeld gelaufen und hatte verletzten Alundiern, die sich noch an ihr Leben klammerten, die Schädel eingeschlagen. Erst auf Evadines strengen Befehl hin hatte sie damit aufgehört.

»Mistress Juhlina«, begrüßte ich sie, ohne mit einer Antwort zu rechnen, da sie meist nur dann etwas sagte, wenn es sich nicht vermeiden ließ. Heute jedoch überraschte sie mich.

»Sie hat Gesellschaft«, sagte sie und nickte zum Zelteingang. »Hat aber gesagt, dass Ihr reingehen könnt, wenn Ihr vorbeikommen solltet.«

»Vielen Dank.« Sie überraschte mich erneut, indem sie weitersprach, als ich an ihr vorbeigehen wollte.

»Ich will dabei sein.«

»Wie bitte?« Ich blieb stehen. Jeden anderen Soldaten, der derart mit der Tür ins Haus fiel, hätte ich ermahnt; bei der Witwe wäre das jedoch zwecklos gewesen.

»Beim Angriff«, sagte sie. »Wenn die Mauern fallen. Ich will ganz vorn mit dabei sein, mit Euch und ihr.«

Zu den Merkwürdigkeiten des zerrütteten Geistes dieser Frau gehörte es, dass sie Evadine nie mit einem Ehrentitel ansprach. Sie sagte nur »sie«, nie »die Gesegnete« oder einen der anderen umständlichen Titel, die Evadine weiterhin sammelte, während ihre Legende wuchs. Auch für den Glauben schien sich Mistress Juhlina nicht zu interessieren. Während der regelmäßigen Predigten Evadines stand sie starr und schweigend da, und ich hörte nie ein Wort über die Märtyrer oder die Seraphilen über ihre Lippen kommen. Was immer sie dazu brachte, der Gesegneten zu folgen, der Glaube war es jedenfalls nicht.

»Wir werden alle dabei sein«, versicherte ich ihr, beugte mich vor und fügte verschwörerisch hinzu: »Prinzessin Leannor besitzt nicht so viele Kämpfer, dass jemand von der Schlacht ausgenommen werden könnte.«

Das schien sie zufriedenzustellen. Sie stieß ein leises Knurren aus und zog weiter den Schleifstein über die Hammerschneide. Da ich die Gespräche mit der Witwe immer lieber kurz hielt, duckte ich mich und schlug die Zeltklappe beiseite, um nach drinnen zu treten. Der Anblick, der mich erwartete, brachte mich zum Lächeln.

»Hauptmann Swain«, sagte ich erfreut. Beinahe hätte ich hinzugefügt, dass es merkwürdig sei, dass ich mich freute, ihn zu sehen, überlegte es mir dann aber anders.

Swain wirkte hagerer, als ich ihn in Erinnerung hatte, und auf seiner ohnehin schon vernarbten Stirn war eine neue gerötete Stelle hinzugekommen. Doch er stand aufrecht da und erwiderte meinen Gruß mit einem Nicken. »Hauptmann Scribe«, sagte er.

»Jetzt, da Ihr hier seid, kann ich den Titel an den Nagel hängen.« Ich wandte mich mit erwartungsvollem Grinsen Evadine zu, die jedoch zu meiner Enttäuschung nicht zurückgrinste.

»Hauptmann Swain ist vollständig genesen«, sagte sie. Ich sah leichten Widerwillen in ihrem Blick, wenn die Entschlossenheit auch überwog. Unangenehme Neuigkeiten überbrachte sie nicht gern, tat es aber dennoch ohne Zögern. »Er wird wieder das Kommando über die Kompanie des Bundes übernehmen«, fuhr sie fort. Ich spürte erneut Hoffnung in mir aufsteigen, die jedoch bei ihren nächsten Worten endgültig erstarb. »Sie wird fortan Erste Kompanie heißen. Hauptmann Scribe, Ihr erhaltet hiermit den Befehl, die Zweite Kompanie zu begründen.«

»Die Zweite?« Ich gab mir kaum Mühe, das erschöpfte Seufzen aus meiner Stimme zu verbannen. »Bräuchtet Ihr dafür nicht die Genehmigung des Rates der Eminenzen? Oder der Krone?«

»Der Rat ist zu weit entfernt für solche Höflichkeiten, *Hauptmann*.« Ihre Betonung des Titels war schwer zu überhören und trug nicht dazu bei, meine Laune zu verbessern. »Was die Krone betrifft«, fuhr Evadine fort, »so habe ich die Sache neulich mit Prinzessin Leannor besprochen, die das Ganze für eine ausgezeichnete Idee hält. Die zahlreichen Leute, die unserem Leuchtfeuer gefolgt sind, brauchen Disziplin und Ausbildung, wenn sie uns etwas nützen sollen. Und dass die Armee noch mehr Soldaten benötigt, ist ebenfalls klar.«

»Weil sich die ganzen Saufbolde in den Kontingenten der Herzöge ständig verpissen«, sagte ich verärgert. »Wenn sie nicht am Fieber oder an der Scheißerei sterben.«

»So könnte man es sagen.« Evadine lächelte gezwungen und wandte sich Swain zu. »Wenn Ihr uns dann bitte allein lassen würdet, Hauptmann. Und gebt mir sofort Bescheid, wenn die Berittene Garde von ihrer Aufklärungsmission zurückgekehrt ist.«

»Jawohl.« Swain nickte uns zu und verließ das Zelt, worauf eine lastende Stille folgte.

»Willst du noch lange weiterschmollen, Alwyn?«, fragte Evadine schließlich und ließ sich auf einen Schemel sinken, während ich ihrem Blick auswich. »Ich hätte gedacht, darüber wärst du erhaben.«

»Dann kennst du mich vielleicht nicht so gut, wie du glaubst.« Als ich ihr endlich in die Augen sah und ihren verletzten Blick bemerkte, verspürte ich sofort Bedauern. Es war eine deutliche Erinnerung daran, dass diese Frau trotz ihrer zahllosen Anhänger nur wenige echte Freunde hatte und nur einen, der ihr überdies das Leben gerettet hatte. Ich habe oft darüber nachgedacht, wie paradox es ist, dass sich der Retter oft viel stärker verpflichtet fühlt als die Person, die er gerettet hat.

»Ich werde Feldwebel brauchen«, sagte ich mit ergebenem Seufzen. »Und Ayin, die sich um die Kompaniebücher kümmert.«

»Ayin ist inzwischen eine gute Schreiberin«, wandte Evadine ein. »Ich hatte gehofft, sie behalten zu können.«

»Mistress Juhlina ist des Lesens und Schreibens ebenfalls mächtig. Übertrag ihr diese Aufgabe. Dann hat sie etwas zu tun, außer ständig ihre Waffen zu schärfen und alle mit ihrem finsteren Blick zu erschrecken.«

Evadine neigte den Kopf. »Wie du willst. Und die Feldwebel?«

»Ich nehme Ofihla als Oberfeldwebelin und lasse sie die übrigen unter den Veteranen aussuchen – natürlich nur nach Rücksprache mit Hauptmann Swain. Außerdem möchte ich Eamond zu meinem Pagen ernennen. Er ist klug genug, um sich eine Nachricht merken zu können. Und es wäre gut, im Kampf jemanden zu haben, der mir den Rücken frei hält.«

»Bist du sicher? Er ist nicht gerade ein erfahrener Kämpfer.«

»Dann wird Wilhum sicher nichts dagegen haben, ihn mir zu geben. Außerdem ist Eamond kein Feigling im Kampf. Ich brauche jemanden, von dem ich weiß, dass er nicht weglaufen wird.«

»Also gut. Lass Ayin die entsprechenden Einträge vornehmen, bis heute Abend wird es erledigt sein.« Sie hielt inne, und ich spürte ihren erwartungsvollen Blick auf mir ruhen. Anscheinend reichte ihr meine Ergebenheit allein heute nicht aus. »Was ist es, das dich daran so verärgert, Alwyn?«, erkundigte sie sich, als ich hartnäckig schwieg. »Ich sehe doch, dass es mehr ist als nur die Verantwortung, die dir missfällt. Und mit Bescheidenheit hat es sicher auch nichts zu tun.« Sie lachte kurz, wurde jedoch gleich wieder ernst, als ich mich auf den Schemel ihr gegenüber sinken ließ. Die Erschöpfung der letzten Tage machte sich bemerkbar, wenn mich der Kopfschmerz auch zum Glück derzeit nicht allzu oft plagte. Dennoch war mir meine düstere Stimmung offenbar anzusehen, denn Evadine ergriff meine Hand.

»Sprich«, sagte sie. »Was hast du auf dem Herzen?«

»Ich war nie dazu bestimmt, ein Soldat zu sein«, sagte ich und zuckte die Achseln. »Ein Dieb? Ja. Ein Schreiber? Sicherlich. Aber ein Soldat?« Ich kicherte atemlos. »Das wollte ich nie, genauso wenig wie die, denen ich die wichtigsten Lektionen in meinem Leben verdanke. Deckin wollte einen Sohn, der sein Erbe übernimmt, entweder als König der Gesetzlosen oder als der Herzog, der er nie sein konnte. Sihlda wollte einen Botschafter, der ihr Testament predigt und den Bund wieder auf den rechten Pfad zurücklenkt, einen Pfad, der nicht zum Krieg führt.«

»Und du? Was wolltest du?«

»Rache. Obwohl zu der Zeit, als ich mich aus den Erzminen befreite, die meisten von denen, an denen ich mich rächen wollte, schon entweder tot oder, wie sich erweisen sollte, unschuldig waren. Jetzt bin ich hier bei dir und führe einen Krieg, den Sihlda verabscheut hätte. Es hätte sie geschmerzt, mich so zu sehen, mit so viel Blut an den Händen, die Mission, zu der sie mich ausgesandt hatte, längst vergessen.«

»So muss es nicht sein.« Evadine drückte meine Hand. »Du musst verstehen, dass dieser Krieg nur ein Schritt auf unserem Weg hin zu etwas Besserem ist, etwas, das Aszendentin Sihlda mit Freude erfüllt hätte. Der Tag wird kommen, an dem ihr Testament im gesamten Reich und darüber hinaus gehört wird. Aber damit dieser Tag anbrechen kann, müssen wir noch eine Weile durch die Dunkelheit gehen.« Sie packte meine Hand fester und musterte mich mit einem derart intensiven Blick, wie ich ihn seit dem Tag ihrer Heilung nicht mehr gesehen hatte. In diesen Augen lag eine Sehnsucht, ein Hunger, der mich fesselte und das Band zwischen uns noch fester zog. »Gemeinsam, Alwyn«, flüsterte sie rau. »Wir müssen diesen Weg gemeinsam gehen. Daran habe ich keinen Zweifel.«

Mir wurde bewusst, wie nah wir einander waren. Sie war von ihrem Schemel aufgestanden und kauerte neben mir, beugte sich so dicht heran, dass ich ihren Atem auf meinen Lippen spürte. In jedem Leben gibt es bedeutsame Momente, in denen die Ereignisse sich wandeln können und die Richtung, die sie nehmen, von den kleinsten Begebenheiten abhängt – wie in diesem Fall von der taktlosen Unterbrechung der Witwe.

»Die Garde ist zurück«, sagte sie, nachdem sie den Kopf durch die Zeltklappe gesteckt hatte. Evadines Blick richtete sich mit beinahe raubtierhafter Schnelligkeit auf sie, und ein barscher Befehl leuchtete in ihren Augen. Mistress Juhlina blieb davon jedoch unbeeindruckt. Ihre Miene drückte lediglich leichte Verwirrung aus, bevor sie sich zurückzog.

»Bei genauerer Überlegung«, sagte Evadine, ließ meine Hand los und kam auf die Beine, »solltest du Mistress Juhlina besser auch mitnehmen. Ich werde für die Erste Kompanie einen anderen Schreiber finden. Und jetzt …«, sie nahm ihren Umhang und legte ihn an, »… schauen wir doch mal, was Wilhum an diesem schönen Tag in Erfahrung gebracht hat.«

»Dreimal zwanzig von den Hundesöhnen!« Wilhums Stimme drückte nur selten Ärger aus, da er ein sehr ausgeglichenes Temperament besaß. Heute jedoch krächzte er wütend und schmerzerfüllt, während er ein Tuch auf die blutende Schnittwunde an seinem Kinn drückte. Vermutlich war es nicht zuletzt seine Eitelkeit, die ihn so in Rage versetzte. Sein hübsches Gesicht war von einer Wunde entstellt, die trotz aller Bemühungen Bruder Delrics mit Sicherheit eine Narbe hinterlassen würde. »Allesamt zu Pferd.« Er unterdrückte ein Stöhnen, als Evadine näher trat und das Tuch fortnahm, um die Schnittwunde zu inspizieren. »Wir hatten Glück, dass wir nur mit ein paar Verletzungen davongekommen sind«, fügte er mit zusammengebissenen Zähnen hinzu.

»Wo?« Evadine verzog mitfühlend das Gesicht, als sie ihm das Tuch zurückgab.

»Nicht mehr als acht Meilen südlich von hier, in der Nähe der Wegkreuzung.«

»Hügelland«, sagte ich und erinnerte mich an unseren Marsch nach Hochsahl. »Teilweise bewaldet. Ein guter Ort für einen Hinterhalt.«

»Es war kein Hinterhalt«, beharrte Wilhum. »Ich glaube, dass sie uns nur zufällig über den Weg gelaufen sind.«

»Oder ihr ihnen«, gab ich zurück, worauf er noch finsterer dreinblickte.

»Jedenfalls«, fuhr er ungeduldig an Evadine gewandt fort, »würde ich vermuten, dass sich in den Hügeln eine größere Streitmacht versammelt. Nicht bloß Banden, die unsere Versorgungslinie angreifen.« Er nickte Fletchmann zu. »Erzähl es ihnen.«

»Bevor der Kampf begann, habe ich jede Menge frische Spuren gefunden, Gesegnete«, bestätigte der ehemalige Wilddieb. »Fuß- und Hufspuren aus unterschiedlichen Richtungen. Manchen sahen aus, als würden sie von weit her kommen. Wenn jemand müde ist, hinterlässt er tiefere Abdrücke, wisst Ihr.«

»Die Grauen Wölfe sammeln also ihre Rudel, nur wofür?«, grübelte Evadine.

»Weil Roulgarth Cohlsair es so befohlen hat, denke ich mal«, warf ich ein und schaute zur Stadt hin. »Ihr Ziel ist nicht schwer zu erraten.«

»Sie können gegen uns nicht gewinnen«, schnaubte Wilhum. »Nicht wenn die meisten ihrer echten Soldaten tot bei der Burg Walvern liegen.«

»Das Herzogtum ist ziemlich dicht bevölkert«, wandte ich ein. »Auch Leute, die zuvor keine Soldaten waren, könnten zu den Waffen greifen, besonders wenn es ihre Heimat und ihren Glauben zu verteidigen gilt.« Ich schaute zum Banner der Algathinets hin, das über dem Wald aus Wimpeln in der Mitte des Lagers flatterte. »Wir müssen es der Prinzessin mitteilen«, sagte ich widerstrebend. Was uns unter diesem Banner erwartete, würde nicht angenehm werden, doch es duldete keinen Aufschub.

»Die Pflicht obliegt mir«, sagte Evadine. »Du hast mit der Gründung der neuen Kompanie zu tun.«

»Ich habe einen Bericht von Meister Vassier zu überbringen. Lass das lieber gleich nähen«, riet ich Wilhum, während ich mich ohne große Begeisterung Prinzessin Leannors Zelt zuwandte. »Keine Sorge. Wenn sich eine Narbe bildet, wird sie sicher nur deinen verwegenen Charme unterstreichen.«

ACHTZEHNTES KAPITEL

Als Evadine und ich in Prinzessin Leannors Zelt eingelassen wurden, fanden wir sie in Gesellschaft von Ehlbert Bauldry vor. Die Prinzessin saß hinter einem großen, aufwendig mit Schnitzereien verzierten Rosenholzschreibtisch, der den ganzen Weg aus dem königlichen Palast in Couravel bis hierher geschafft worden war. Offenbar wollte sich die Prinzessin von dem Möbelstück partout nicht trennen, und ein ganzer Tross Diener und Dienerinnen sorgte dafür, dass es ihr auf ihren Reisen überallhin folgte. Die Prinzessin war in ein Pergament versunken, das sie in den Händen hielt, Ehlbert Bauldry stand in militärischer Haltung daneben. Wie es Sitte war, sanken Evadine und ich auf ein Knie und hielten den Blick zu Boden gerichtet. Leannor schenkte uns keine Beachtung, während sie das Schriftstück in ihrer Hand überflog.

»Hier stehen weniger Namen als letzte Woche«, stellte die Prinzessin fest und las mit verengten Augen die Liste. »Und jeder nur sechs Peitschenhiebe. Ich erinnere mich, dass ich zehn angeordnet habe, selbst für kleinere Vergehen.«

»Weniger Namen bedeutet, dass die Disziplin sich verbessert hat, Eure Majestät«, sagte Ehlbert. »Und ich fand, die Schwere der Strafen zu senken, sendet die Botschaft, dass besseres Verhalten belohnt wird.«

»Fandet Ihr das, ja?« Die Prinzessin hielt inne und bedeutete uns ungeduldig aufzustehen, ohne sich die Mühe zu machen, uns zu begrüßen. »Da bin ich anderer Meinung.« Sie legte das Pergament auf den Tisch, nahm sich eine Schreibfeder und kritzelte etwas in den Text, bevor sie ihre Unterschrift daruntersetzte und es dem wartenden Ritter zurückreichte. »Zehn Peitschenhiebe für jeden. Und Ihr könnt sicher sein, dass ich überprüfen werde, ob meine Befehle ausgeführt wurden.«

»Natürlich, Majestät.« Ehlberts Stimme und seine Haltung, als er sich verneigte und zum Gehen wandte, ließen keine Gefühlsregung erkennen, und gerade daran konnte ich eine Menge ablesen. Inzwischen kannte ich Ehlbert als einen Mann, dessen Stimmung stets nur zwischen zwei Extremen schwankte: herzliche Fröhlichkeit und die eisige Brutalität, die er im Kampf an den Tag legte. Dass ihm Erstere abhandengekommen war, konnte nur bedeuten, dass Letztere soeben die Oberhand gewonnen hatte.

»Verzeihung, Hoheit«, sagte Evadine, als der Ritter sich bückte, um durch den Zeltausgang zu treten, »aber ich glaube, der edle Ehlbert sollte sich ebenfalls anhören, was ich zu sagen habe.«

»Also gut.« Leannor winkte Ehlbert mit einer knappen Geste zurück, worauf er wieder an ihre Seite trat. Seufzend lehnte sich die Prinzessin auf ihrem hohen Stuhl zurück, und ihr Gesicht nahm einen Ausdruck angespannter Müdigkeit an, als würde sie von zahllosen Sorgen geplagt. »Welche – gewiss erfreulichen – Neuigkeiten habt Ihr zu überbringen, Evadine?«

»Meine Späher haben mir berichtet, dass sich in den südlichen Hügeln Alundier in großer Zahl versammeln«, teilte Evadine ihr mit. »Wir wissen noch nicht, wie viele es sind, aber es scheint klar, dass sie uns hier angreifen wollen und darauf hoffen, die Belagerung zu durchbrechen oder zumindest unseren Angriff auf die Stadt zu verzögern.«

Leannor nahm die Neuigkeit gelassen auf, wenn überhaupt wirkte ihre Miene eher verärgert als beunruhigt. »Unser Angriff, ja«, sagte sie und wandte sich mir zu. »Was die Frage aufwirft, wie es um den Fortschritt unseres abtrünnigen Baumeisters bestellt ist.«

»Meister Vassier sagt, dass wir in etwa drei Tagen die Mauer an zwei Stellen durchbrochen haben werden, Majestät«, meldete ich. »Allerdings wird es noch drei Wochen dauern, bis die Mineure die Sappen unter der Torhausbastion fertiggestellt haben. In der Zwischenzeit schlägt Vassier vor – und ich stimme ihm zu –, die Katapulte zur Nord- und Südmauer zu verlagern. Weitere Mauerdurchbrüche würden die Herzogin zwingen, bei unserem Angriff ihre Kräfte aufzuteilen.«

Leannor sah Ehlbert an und hob fragend eine Augenbraue. Dieser beeilte sich zu nicken. »Eine großartige Idee«, sagte er und schenkte mir sein breites Lächeln. Wie immer lächelte ich nicht zurück, und wie immer schien es den Kämpen des Königs nicht zu stören. »Es ist stets sinnvoll, an mehreren Orten gleichzeitig anzugreifen«, fügte er hinzu.

»Ob nun sinnvoll oder nicht, die Antwort lautet Nein«, sagte Leannor. »Und drei Wochen für die Fertigstellung der Sappen ist viel zu lange.« Sie griff nach dem Papierstapel auf ihrem Schreibtisch und zog einen Brief mit einem großen Wachssiegel heraus. »König Tomas war so freundlich, mir einen Brief weiterzuleiten, den er kürzlich vom Herzog von Althiene erhalten hat. Wie Ihr sehen könnt …«, sie wedelte mit dem einzelnen Blatt, »… ist er nicht sehr lang, doch sein Inhalt ist klar. Herzog Guhlton wünscht, dass durch ein königliches Dekret die Sicherheit seiner Tochter garantiert wird und sie und ihre Kinder so bald wie möglich in seine Obhut übergeben werden. Unsere Quellen in Althiene berichten, dass die Adligen des Herzogtums ihre Soldaten versammeln und zahlreiche freie Schwerter angeheuert haben. Der alte Mann scheint über die Lage seiner Tochter äußerst besorgt zu sein.«

»Besorgt genug, um einen Krieg anzufangen?«, fragte Evadine, was ihr einen scharfen Blick von der Prinzessin einbrachte.

»Gute Eltern würden für ihr Kind alles riskieren«, sagte Leannor.

»Eine Lektion, die Ihr gewiss noch lernen werdet, solltet Ihr jemals das Glück haben, Mutter zu werden.« Sie warf das Schreiben des Herzogs auf den Schreibtisch. »Die Angelegenheit hier muss also schnell erledigt werden. Wir haben keine Zeit, die Katapulte zu verlagern oder uns mit Mineuren rumzuschlagen, die trotz ihrer fürstlichen Bezahlung zu faul zum Arbeiten sind.«

»Die Entschlossenheit unserer Gegner ließe sich gewiss schwächen, indem wir den Hafen abriegeln, Majestät«, sagte ich. »Momentan kann die Herzogin so viele Vorräte herbeischaffen lassen, wie sie sich leisten kann. Ein knurrender Magen lässt den Mut jedoch schnell bröckeln.«

Leannor schenkte mir einen vernichtenden Blick. »Habt Ihr irgendeine Vorstellung davon, wie viel eine Belagerungsflotte kosten würde, Hauptmann? Jedes Schiff, das in den Dienst der Krone gezwungen würde, wäre eines weniger, das Waren in unsere eigenen Häfen bringt. Und das bedeutet weniger Einnahmen für die königliche Schatzkammer und an anderen Orten leere Bäuche. Außerdem war es ein Zeichen unseres guten Willens, den Schiffsverkehr unbehindert zu lassen. Schließlich sind wir nicht als Eroberer hier, sondern nur, um im Namen des Königs Gerechtigkeit walten zu lassen. Wenn doch Celynne bloß endlich Vernunft annehmen würde.«

Leannor verstummte und trommelte mit den Fingern auf den Schreibtisch, während sie nachdenklich die Stirn runzelte. Ich fragte mich, ob sie, genau wie ich, mit der Kunst des logischen Denkens vertraut war oder ob sich ihre Strategien einer angeborenen Gerissenheit verdankten. Inzwischen empfand ich großen Respekt vor ihrem scharfen Verstand, wenn ich auch wusste, dass sie bei Weitem nicht frei von Fehlern war. Zwar war sie durchaus eine gute Strategin, hatte jedoch von den taktischen Details, mit denen Schlachten gewonnen werden, wenig Ahnung.

»Sieben Tage«, sagte sie und hörte abrupt auf zu trommeln. »Sieben Tage für die Fertigstellung der Sappen. Alle Soldaten sollen mithelfen. Wer sich darüber beklagt, wird ausgepeitscht, und zwar mit jeweils *zehn* Hieben«, fügte sie mit einem Seitenblick zu Ehlbert hinzu. »In der

Zwischenzeit wird Meister Vassier, sobald die Mauerdurchbrüche fertig sind, den Anschein erwecken, als wollten wir die Katapulte nach Norden und Süden verlagern. Die Belagerungslinien werden jedoch nicht bis dorthin ausgedehnt, dafür haben wir nicht genug Arbeiter. Ehlbert, morgen früh werdet Ihr sämtliche Ritter und berittenen Soldaten in dieser Armee sammeln und mit ihnen nach Süden reiten. Macht das Gesindel ausfindig, das Roulgarth zusammengezogen hat, und vernichtet es. Fünf Silberkronen für denjenigen, der Roulgarth tötet, zehn, wenn sie es schaffen, ihn lebend gefangen zu nehmen. Führt Eure Mission schnell aus, denn wir werden Euer Schwert brauchen, sobald der Angriff hier beginnt.«

Sie richtete ihren Blick auf Evadine und lächelte dünn. »Keine Sorge, edle Evadine. Ihr müsst nicht erst darum bitten, den ersten Angriff anführen zu dürfen. Ich würde diese Aufgabe niemandem sonst übertragen.«

»Und ich danke Euch für Euer Vertrauen.« Evadine verneigte sich tief.

Leannor runzelte die Stirn, bevor sie sich wieder zu einem gelassenen Ausdruck zwang. Ich hatte das Gefühl, dass sie Evadines Charakter ebenso falsch einschätzte wie meinen. In mir sah sie einen unmoralischen Opportunisten, ihr Eindruck von Evadine war jedoch genauso zynisch. *Sie hält sie für eine Hochstaplerin. Und ihren Glauben für vorgetäuscht, ein reines Mittel zum Machtgewinn.*

Trotz ihrer edlen Abstammung hatte ich jede Menge Erfahrung mit Menschen wie Leannor. Sie waren so von ihrem eigenen Ehrgeiz und ihrer Falschheit geblendet, dass sie dem Irrtum unterlagen, alle Menschen wären genau wie sie. Meine Belustigung über die Beschränktheit der Prinzessin hielt sich jedoch in Grenzen, weil ich mir eigentlich wünschte, sie hätte recht. Mein Leben und das vieler anderer hätte leichter und in manchen Fällen auch länger sein können, wäre Evadine Courlain tatsächlich eine Schwindlerin gewesen.

»Der Herzogin und ihrer Brut darf nichts passieren«, fuhr Leannor fort. »Wenn die Mauern überwunden sind, werdet Ihr unverzüglich zum Palast reiten und sie in Gewahrsam nehmen. Sollte sie zum Hafen fliehen, dann lasst sie entkommen. Es wäre viel besser für uns, wenn sie einfach davonsegeln und sich in die Arme ihres liebenden Vaters begeben würde. Ich würde ihr sogar bereitwillig eine Kiste Goldmünzen zahlen, wenn sie das täte. Ihre absurde Dickköpfigkeit ergibt keinen Sinn.«

»Sie hat ihren Mann geliebt«, sagte Evadine. »Leute, die trauern, lassen sich zu unvernünftigen Taten hinreißen. Außerdem liebt sie die Menschen dieses Herzogtums und will sie nicht im Stich lassen. Ich bezweifle, dass sie fliehen wird, Hoheit.«

»Dann ist es Eure Aufgabe, dafür zu sorgen, dass sie unverletzt aus der Stadt herauskommt, Evadine. Haben wir erst Herzog Guhltons Tochter in unserer Gewalt, wird er sicher versöhnlichere Töne anschlagen. Nun dann …«, sie nahm wieder ihre Schreibfeder und griff nach einem Stück Pergament, »… ich muss einen Brief an meinen Sohn schreiben, wenn Ihr mich also entschuldigen würdet. Wie ich hörte, hat er in letzter Zeit beim Unterricht schlecht aufgepasst, und es ist dringend geboten, ihn an seine Pflicht zu erinnern.«

Wenn euch, verehrte Leser und Leserinnen, nun Zweifel überkommen, ob sieben Tage ausreichen, um einen Haufen unterernährter, übel riechender Knechte in Soldaten zu verwandeln, so liegt ihr damit völlig richtig. Die dreihundert Freiwilligen der Zweiten Kompanie des Bundes machten einen derart schlechten Eindruck, dass ich das Gefühl hatte, mich bei Feldwebelin Ofihla entschuldigen zu müssen.

»Das waren diejenigen, bei denen ich den Eindruck hatte, dass sie einen Kampf überstehen würden.« Ich verzog reumütig das Gesicht. »Jedenfalls eine Zeit lang.«

Ofihlas grobe Gesichtszüge verrieten keine Regung, während sie die Rekruten musterte, die in einer schiefen Reihe dastanden. Viele hatten sich Decken um die gebeugten Schultern gelegt und zitterten im dahintreibenden Schneeregen, der im Morgengrauen eingesetzt hatte. Angesichts ihres schlechten Gesundheitszustands hatte ich nicht damit gerechnet, dass sich sonderlich viele Knechte freiwillig melden würden. Doch als ich auf einem Karren stehend die Verkündigung der Gesegneten vorlas, war die zerlumpte Menge augenblicklich in Begeisterungsstürme ausgebrochen. Ich hätte ohne Weiteres eine dreimal so große Truppe zusammenstellen können, als sie jetzt vor uns stand. Doch die Vorstellung, so viele kampfwillige, aber körperlich ungeeignete Fanatiker in den sicheren Tod gehen zu lassen, behagte mir nicht. Also hatte ich mich an ein zum Schreibtisch umfunktioniertes Fass gesetzt und sie alle der Reihe nach antreten lassen, um ihnen Fragen zu stellen, während Ayin die Namen und etwaige Kampferfahrung notiert hatte. Die meisten hatten in der Hinsicht natürlich nichts vorzuweisen gehabt.

»Liahm Holzmann, Herr«, sagte ein Mann, als ich ihn nach seinem Namen fragte. Vor Kurzem war er vermutlich noch recht kräftig gewesen, aber wochenlange Kälte und Lagerrationen hatten ihn abmagern lassen. Gebeugt und hohlwangig stand er da, seine Augen strahlten jedoch so begeistert wie die aller anderen.

»Hauptmann«, korrigierte ich ihn und fragte dann: »Holzmann. Ist das dein Beruf?«

»Ja, Herr. Ich hab schon mein Leben lang Holz gehackt, und das sieht man meinen Armen auch an.« Er streckte die Unterarme aus und enthüllte kräftige Muskeln, die trotz seines ausgezehrten Zustands noch eindrucksvoll waren.

»Warst du schon mal bei der Armee?«, fragte ich. »Vor dem Kreuzzug, meine ich.«

»Leider nein, Hauptmann. Unser Dorf befand sich auf dem Land des Königs. Wir hatten eine Sondergenehmigung zum Holzfällen und mussten nicht als Soldaten dienen. Dann kam vor ein paar Wintern der Durchfall, und danach gab es kein Dorf mehr. Waldhüter tauchten bei uns auf und sagten, alle die noch übrig sind, sollten sich verpissen, damit der Wald nachwachsen und als neues Jagdgebiet des Königs dienen könnte.« Wut trat in seine Stimme, doch er unterdrückte sie rasch, als er meinen scharfen Blick bemerkte. »Nichts gegen die Krone natürlich, Herr.« Er senkte den Kopf ein Stück. »So was passiert eben, schätze ich mal.«

»Nicht denen, die der Gesegneten in den gerechten Kampf folgen.« Ich wandte mich Ayin zu. »Trag Meister Liahm als Hellebardisten in die Kompaniebücher ein.«

Andere dagegen waren nicht in der Verfassung, als Soldaten zu dienen, und ich wies deutlich mehr Leute ab, als ich aufnahm, was zwar für einigen Unmut, aber nicht für offene Revolten sorgte. Die meisten Leute waren zu geschwächt, um gewalttätig zu werden, und Ofihla und die anderen Feldwebel sorgten mit ihrer Anwesenheit dafür, dass niemand auf dumme Gedanken kam.

Nachdem die Freiwilligen ausgewählt waren, machte sich Ofihla daran, sie in Trupps einzuteilen und jedem einen Platz in der dreireihigen Struktur der Kompanie zuzuweisen. Die Leichen bei der Burg Walvern waren gründlich gefleddert worden, sodass wir nun reichlich Hellebarden und Schlagwaffen besaßen. Spieße dagegen waren Mangelware, weshalb viele in der ersten Reihe angespitzte Äste erhielten, die ich durch richtige Waffen zu ersetzen hoffte, sobald die Waffenschmiede der Krone ihre Arbeit verrichtet hatte. Das Heer der Krone wurde von eigenen Handwerkern begleitet, darunter auch eine fahrbare Schmiede. Die Werkstatt unterstand einem Klingenschmied mit breiten Schultern, der, als ich ihn um neue Spieße bat, nur gelangweilt mit der Zunge schnalzte.

»Wir sind ausgelastet«, sagte er mit einem bedauernden Lächeln, das offensichtlich nur gespielt war. »Die Bestellungen Ihrer Majestät haben Vorrang. Hufeisen für die Pferde ihrer Ritter. Spitzen für Armbrustbolzen, die ihre Schützen vergeuden, als würden sie auf Bäumen wachsen. Und Eure Katapulte fressen ständig neue Nägel.«

Er wurde jedoch um einiges entgegenkommender, als er die Silbermünze sah, die ich zwischen den Fingern drehte. »Seid Ihr sicher, dass Ihr uns nicht doch irgendwie helfen könnt, Meister Schmied?« Zufrieden bemerkte ich den gierigen Blick des Kerls. Am Ende kostete es mich zwei Silbermünzen – eine davon im Voraus –, um die Kompanie innerhalb von sieben Tagen mit Spießen auszustatten. Es waren die letzten der Münzen, die wir den Meuchelmördern abgenommen hatten. Die Kompaniekasse war somit leer. Das war jedoch nicht zu ändern, und zumindest war der Schmied so freundlich, ein Dutzend frisch geschmiedete Falchione, ein paar Kettenhemden und verschiedene Rüstungsteile kostenlos dazuzugeben.

»Die werden keine Minute lang durchhalten, Hauptmann«, war Eamonds Einschätzung, als er mit mir gemeinsam zusah, wie die Rekruten in einer wenig amüsanten Parodie militärischer Ordnung über das Feld stolperten. Ich widerstand dem Drang, ihn darauf hinzuweisen, dass er selbst kaum mehr Erfahrung besaß. Sein Gesicht wirkte zwar immer noch jung, doch die kleinen, aber sichtbaren Narben und sein harter Blick bildeten einen starken Kontrast zu dem unbedarften Novizen, dem ich im Shavine zum ersten Mal begegnet war. Als er meinen tadelnden Blick bemerkte, straffte er sich und verstummte. Ayin dagegen zögerte nicht, selbst ihren Senf dazuzugeben.

»Er hat recht.« Sie schaute von dem Pergament auf, das sie eifrig mit einem Stück Holzkohle bekritzelte. »Das sehe sogar ich. In dem Mauerdurchbruch in der Burg habt ihr haufenweise Leute getötet. Die haben's nicht mal bis nach drinnen geschafft. Was soll die Ketzer hier davon abhalten, genau dasselbe zu tun? Vor allem, wenn dieser Haufen nicht mal geradeaus marschieren kann.«

»Vor Kurzem hast du noch den lieben langen Tag pelzige Tierchen gestreichelt und Vergewaltigern die Eier abgeschnitten«, presste ich wütend hervor. »Und du«, ich warf Eamond einen zornigen Blick zu, »wusstest nicht mal, wo bei einem Schwert oben und unten ist. Wenn ich in militärischen Angelegenheiten jemals euren weisen Rat brauchen sollte, dann werde ich nicht zögern, euch zu fragen.«

Eamonds Haltung versteifte sich, und Ayin runzelte beleidigt die Stirn. Ich unterdrückte die Reue, die in mir aufsteigen wollte. Als Anführer musste man Härte zeigen. Ein guter Hauptmann ist nicht der Freund seiner Soldaten. Dennoch wusste ich, dass ich nur deswegen so wütend war, weil die beiden offensichtlich recht hatten: Meine neue

Kompanie in eine der Mauerlücken zu führen, käme für alle Beteiligten einem Todesurteil gleich.

Du musst logisch denken. Ich rieb mir die Schläfen, als ich ein schmerzhaftes Pulsieren in meinem Kopf verspürte. Eine von Sihldas Weisheiten kam mir in den Sinn: *Ein unlösbares Problem ist in Wahrheit gar kein Problem; es ist ein Hindernis und sollte daher am besten umgangen werden. Wenn jemand logisch denken kann, dann findet er für jedes Problem eine Lösung.*

»Lauf zu den Gräben«, sagte ich zu Ayin. »Ich will, dass du mir Breite und Höhe der beiden Mauerdurchbrüche mitteilst, und zwar so genau wie möglich. Und du, geh mit ihr«, fügte ich an Eamond gewandt hinzu. »In den Kontingenten der Herzöge gibt es zu viele, die ihre Hände nicht bei sich behalten können, und wir wollen ja nicht, dass da noch wer seine Eier verliert.«

Ayin hob das Kinn und mied meinen Blick, während sie ihre Umhängetasche nahm und mit Eamond davonging. »Hast du … das wirklich getan?«, fragte er sie.

»Nur ein paarmal«, hörte ich sie noch antworten, bevor sie im Labyrinth der Tunnel verschwanden. Dann hob sie die Stimme: »Unser arroganter Hauptmann neigt zur Übertreibung!«

Innerlich verfluchte ich mich dafür, dass ich ihr Vokabular erweitert hatte, und wandte mich wieder der Kompanie zu. Ofihla hatte einen Trupp anhalten lassen und verpasste gerade einem Spießträger ein paar Kopfnüsse zu beiden Seiten seines Schädels, um ihm den Unterschied zwischen links und rechts zu erklären. Die Stimmung der Feldwebel, die die anderen Trupps anleiteten, äußerte sich in lautem Schreien und Fluchen, wie man es in der Kompanie des Bundes nur noch selten hörte.

Sie würden es nicht mal halb durch eine Mauerlücke schaffen, wusste ich mit deprimierender Gewissheit. Ich erinnerte mich an das Narrengambit auf der Burg Walvern, das von einem Bolzenhagel und Öl niedergemäht worden war wie Weizen von einer Sense. Obwohl es keine schöne Erinnerung war, behielt ich sie im Hinterkopf und versetzte mich dann in die konzentrierte Stimmung, die für sinnvolles Nachdenken notwendig war. *Bolzen und Öl wurden ihnen zum Verhängnis. Hätten sie es durch die Lücke geschafft, dann hätten sie unsere Reihen angreifen können. Zwar wären die meisten trotzdem gestorben, aber die Soldaten der Kompanie auf dem Burghof wären beschäftigt gewesen, und Oberharths Leute hätten die Bresche stürmen können. Lebendig durch die Mauerlücke zu kommen, das ist der Schlüssel.*

Während ich die bunt zusammengewürfelte Truppe unter meinem Befehl betrachtete, fiel mir auf, wie schlecht sie ausgerüstet war. Außerdem sanken viele jetzt schon fast vor Erschöpfung zu Boden, obwohl die Übung erst wenige Minuten dauerte. An Eifer mangelte es ihnen nicht. Die Begeisterung, die ich in den Augen des Holzfällers hatte leuchten sehen, spiegelte sich ebenso in denen seiner Kameraden. Den Zorn der Feldwebel ließen sie mit stoischer Geduld über sich ergehen. Der in mir aufkeimende Optimismus währte jedoch nicht lange. Ein Armbrustbolzen, Pfeil oder eine Kaskade brennenden Öls ließen sich mit Mut allein nicht abwehren, das wusste ich. Nur mit widerstandsfähigen Rüstungen oder massiven Schilden konnte man sich derartige Angriffe vom Leib halten, und wir besaßen weder noch.

Massive Schilde. Ich wiederholte den Gedanken, als mir ein Einfall kam. Das Bild herabfliegender Geschosse ließ mich an das Abprallen der Pfeilspitzen vom Holz des Palisadenzauns denken, der Vassiers Katapulte schützte. Außerdem sah ich den großen Rammbock der Alundier vor mir, der in einem Holzgehäuse gesteckt hatte, das mit gewässerten Schaffellen bedeckt war. *Verlagert die Katapulte nach Norden und Süden,* hatte Prinzessin Leannor gesagt, *aber die Belagerungslinien werden nicht bis dorthin ausgedehnt.*

Wie so oft, wenn mir die mögliche Lösung eines Problems eingefallen war, kamen mir immer wieder neue Gedanken, sodass ich kaum merkte, wie meine Füße mich zu den Katapulten trugen. Als ich Vassier entdeckte, der gerade die Befestigung eines Rades überwachte, hatte die Idee in meinem Kopf bereits Gestalt angenommen. Nachdem ich sie Vassier vorgetragen hatte, wirkte seine Miene zunächst skeptisch.

»Wahrscheinlich gibt es einen Grund dafür, warum das noch niemand versucht hat, Hauptmann«, sagte er. Seine Stirn furchte sich nachdenklich, doch dann zuckte er die Achseln. »Aber wenn Ihr es Euch in den Kopf gesetzt habt – ich jedenfalls freue mich immer, etwas Neues zu konstruieren.«

Neunzehntes Kapitel

Aus der Nähe betrachtet stellten die Mauern von Hochsahl eine weitaus bedrohlichere Barriere dar, die immer höher zu werden schien, während ich die Zweite Kompanie durch die Gräben zur Mauerlücke führte. Evadines Truppe sollte die Bresche nördlich der Torhausbastion stürmen, während Sir Ehlbert, der sich die Aussicht auf einen ruhmreichen Tod niemals entgehen ließ, um die Ehre gebeten hatte, die königlichen Soldaten durch die südliche Lücke zu führen. Der Kämpe des Königs war zwei Tage zuvor ins Lager zurückgekehrt und hatte seinen erfolgreichen Kampf gegen Roulgarth Cohlsairs wachsende Bande Aufständischer vermeldet. Wilhum, der ihn mit der Berittenen Garde begleitet hatte, beschrieb es als »ein großes Scharmützel. Wir machten etwa zweimal zwanzig von ihnen nieder, bevor sie sich in den Hügeln verteilten. Allerdings fanden wir ihre Lager und Vorräte. Was wir nicht wegtragen konnten, haben wir verbrannt. Roulgarths Wölfe stellen auf absehbare Zeit höchstens noch ein geringfügiges Ärgernis dar.«

Da dem Heer nun also niemand mehr in den Rücken fallen konnte, zögerte Prinzessin Leannor nicht, den, wie sie es nannte, »endgültigen Sieg dieses grandiosen Feldzugs« einzuleiten. Während die Kompanien des Bundes und der Krone die Breschen angriffen, würden die Kontingente der Herzöge und die freien Schwerter, die das Hauptheer des Königs ausmachten, darauf warten, bis die Sappen unter der Torhausbastion abgebrannt waren. Fiel die Bastion und gab das Haupttor der Stadt frei, wäre das Schicksal von Hochsahl besiegelt, so zumindest Leannors Hoffnung. Meister Vassier war sich, nachdem er die von den erschöpften Mineuren gegrabenen Sappen inspiziert hatte, nicht so sicher.

Ich hatte ihn bei seiner letzten Inspektion begleitet und fühlte mich, während wir die letzten Dutzend Meter bis zum Endpunkt des Tunnels krochen, unangenehm an meine Zeit in den Erzminen erinnert. »Sechs Fuß tiefer wäre mir lieber gewesen«, knurrte Vassier und strich mit der Hand über einen der vertikalen Eschenholzbalken, die einen kleinen, dichten Wald bildeten und sich vom Boden der künstlichen Höhle bis zu den Fundamenten des Torhauses über unseren Köpfen erstreckten. Wir waren an zahllosen ermatteten Mineuren vorbeigekommen, die in den Gräben kauerten, nachdem sie unermüdlich an dem Tunnel gearbeitet hatten, und doch war Vassier nicht zufrieden.

»Die Bastion wird also nicht einstürzen?«, fragte ich.

»O doch, das wird sie.« Er ließ mit zusammengekniffenen Augen das Licht seiner Laterne über die Wand der Höhle gleiten. »Aber nicht so schnell, wie wir es uns wünschen.« Seufzend wandte er sich mir zu. »Ich beneide Euch nicht um die vor Euch liegende Aufgabe, Hauptmann. Nach meiner Schätzung werden die Mauerlücken längst eingenommen sein, bevor die Bastion fällt.« Er senkte seine Stimme und flüsterte vorsichtig: »Wenn sie überhaupt eingenommen werden.«

»Wir können auf Eure hervorragende Handwerkskunst vertrauen.« Ich erwiderte seinen Blick. »Was kann da schon schiefgehen?«

Sein kurzes Auflachen hallte hohl von den Wänden der Kammer wider. »Fangt an zu stopfen«, befahl er einem wartenden Arbeiter, als wir nach draußen gingen. »Und spart nicht an Fett. Ich will, dass jeder Zoll Holz bedeckt ist.«

Bei Nachteinbruch waren die Holzbalken reichlich mit Schweinefett eingeschmiert und in die Lücken dazwischen Bündel trockener Kienspäne gestopft. Vassier sollte eigentlich auf Leannors Befehl warten, bevor er sie anzündete, aber auf mein Drängen hin warf er die Fackel gleich hinein, sobald die Arbeit beendet war. »Wenn sie fragt«, sagte ich, »dann behauptet, es sei ein Versehen gewesen.«

Zum Glück war die Prinzessin bei Nachtanbruch zu sehr damit beschäftigt, ihre versammelten Truppen mit einer Rede zu beglücken, als dass sie sich um derart triviale Dinge geschert hätte. Zur Feier des Tages hatte sie ihren Schmuckharnisch angelegt und saß aufrecht im Sattel ihrer schönen weißen Stute, umgeben von Rittern der Kompanie der Krone, die Fackeln trugen. Natürlich handelte es sich um den gezielten Versuch, ein ruhmreiches Bild für die Nachwelt zu hinterlassen. Ich kann deshalb mit Genugtuung sagen, dass ich bislang nur ein einziges Gemälde von dieser Begebenheit entdeckt habe. Und dieses ist nicht besonders gelungen; die Pinselstriche sind unbeholfen und die Figuren gekünstelt, was durchaus passend ist, da es die Qualität von Leannors Rede an diesem Abend widerspiegelt.

Die Prinzessin war eine Frau mit beachtlichen Talenten, allerdings beschränkten sie sich in erster Linie auf die Kunst der Manipulation, waren also im Geheimen wirkungsvoller als in der Öffentlichkeit. Ihrer Stimme fehlte es an der natürlichen Autorität, die Evadines ausstrahlte, stattdessen klang sie, wenn sie lauter sprach, ziemlich hoch und schrill. Als sie zu ihrer Rede ansetzte, die – wie sie sicherlich hoffte – die Soldaten zu mutigen Taten im Namen des Königs anspornen würde, hatte sie daher Ähnlichkeit mit einer jammernden Katze.

»Zu den Waffen!«, schrie sie und riss ihr Kurzschwert hoch, das ähnlich unbrauchbar war wie ihr Harnisch. »Auf in den Kampf! Auf zum Ruhm!«

Das Jubeln der Kompanie der Krone klang – dafür hatte zweifellos

Sir Ehlbert gesorgt – angemessen überschwänglich, sodass die halbherzige Reaktion der restlichen Armee gar nicht zu bemerken war. Als Evadine kurze Zeit später zur Kompanie des Bundes sprach und dabei eine große Menge herzoglicher Soldaten und Knechte mit anzog, bot sich ein gänzlich anderes Bild.

»Seid ihr wegen der Beute hier?«, fragte sie auf einem Podest aus aufgestapeltem Holz stehend. Sie redete weiter, ohne eine Antwort abzuwarten, wenn ich auch eine Stimme mit einem Shaviner Akzent brummen hörte: »Warum zum Teufel sollte ich sonst hier sein?«

»Seid ihr zum Töten hier?« Evadines Stimme hallte weit über die Belagerungslinien hinweg. »Seid ihr hier, um Rache zu nehmen? Wenn ja, dann befehle ich euch im Namen der Seraphilen: Verlasst diese Armee! Eure Anwesenheit entweiht diesen heiligen Kreuzzug. Ich bin nur aus einem einzigen Grund hier: um den Bund der Märtyrer vor der Vernichtung zu bewahren. Merkt euch das, denn es ist die Wahrheit. Ich habe gesehen, was uns droht, wenn wir heute Nacht versagen. Ich habe die Früchte unseres Scheiterns gesehen, und ich sage euch, Freunde, sie sind bitter. Sie sind grauenhaft. Sie bedeuten das Ende von allem.«

Sie hielt inne, und ich hörte aus der Menge kein Gemurmel mehr. Wieder einmal war es ihr gelungen, mit nur wenigen Worten ihre Zuhörer in ihren Bann zu ziehen, ohne dass sie ihre Rede vorher einstudiert hätte. Stattdessen kamen ihr die Worte spontan und aufrichtig über die Lippen. »Die Menschen dieser Stadt«, sie deutete auf Hochsahl, »sind nicht unsere Feinde. Sie sind die verblendeten Opfer eines falschen Glaubens, der ihre Seelen von Kindheit an besudelt hat. Wir sind hier, um sie zu retten. Und dadurch retten wir zugleich uns selbst.« Sie zog ihr Schwert und hob es über den Kopf. Die lange Klinge bildete einen glänzenden Gegensatz zu Leannors kümmerlichem Zierschwert. »Für die Erlösung«, rief sie nicht sonderlich laut; dennoch war ich sicher, dass alle Anwesenden sie hören konnten. Die Kompanie des Bundes reagierte sofort, und der Rest der Zuhörer stimmte sogleich mit ein.

»Für die Erlösung!« Die Soldaten und alle anderen reckten gleichzeitig Fäuste, Schwerter und Hellebarden hoch. Der Ruf setzte sich fort und wurde immer lauter. »Für die Erlösung! FÜR DIE ERLÖSUNG!«

Wie es sich zufällig ergab, war in dem Moment, als die Jubelrufe ihren Höhepunkt erreichten, ein lautes Donnern von den Sappen zu hören. Das Feuer war im Laufe des Abends weiter angewachsen, und der Tunnel spuckte dichten, schmierigen Rauch aus, der dank des verwendeten Schweinefetts seltsam appetitlich roch. Das Donnern wurde von einer Rauchwolke begleitet – vermutlich hatte einer der Balken nachgegeben. Die Torhausbastion blieb jedoch stehen. Ein paar Knechte behaupteten zwar, die Mauer würde sich leicht zur Seite neigen, aber aus meiner Sicht war das reines Wunschdenken. Evadines gläubige Gemeinde sah das Donnern jedoch als Signal, und beide Kompanien des Bundes sammelten sich, ohne dass es eines Befehls bedurft hätte. Als ich meine neue Truppe musterte, sah ich die Augen der Soldaten vor Eifer leuchten. Im Kampf würden sich unweigerlich ein paar Feiglinge herausschälen, momentan war ich jedoch zuversichtlich, dass mir alle in die Mauerlücke folgen würden, wenn ich den Befehl dazu gab.

»Der Ablauf unseres Angriffs gefällt mir immer noch nicht.« Evadine trat zu mir, während die Feldwebel umhergingen und Ordnung in die Truppen brachten. Es hatte mich einige Mühe gekostet, Evadine von der Effizienz meines Plans zu überzeugen. Sie war sich vollkommen sicher, dass Hochsahl fallen werde, aber falls ihre Visionen ihr etwas darüber verraten hatten, wie die Niederlage der Stadt vonstattengehen würde, so behielt sie es für sich. *Manchmal kann ich etwas verändern*, hatte sie gesagt, nachdem sie den Herzog getötet hatte, *oder andere tun es für mich*. Ich fragte mich, welche Veränderungen es wohl in dieser Nacht geben würde und ob das Ableben ihres engsten Vertrauten mit dazugehörte.

»Es muss so sein, wenn das Ganze funktionieren soll«, sagte ich und fügte für die Ohren der ehrfürchtigen Rekruten im Umkreis ein »Gesegnete« hinzu.

Evadine schenkte mir ein schmales Lächeln und sah dann zu Eamond und der Witwe hin, die links und rechts von meiner Position in der ersten Reihe standen. »Passt gut auf ihn auf«, sagte sie, was Eamond ernst beteuerte und die Witwe mit einem Nicken quittierte. Dann ging sie zur Ersten Kompanie zurück.

»Ihr liegt viel an Euch«, stellte die Witwe ruhig fest, während sie sich den Lederriemen ihres Kriegshammers ums Handgelenk band. »Muss schön sein, unter dem Schutz der Seraphilen zu stehen.«

Ich sah sie warnend an, doch ihre Miene blieb so ausdruckslos, wie ich erwartet hatte. Ihr verbitterter Tonfall sprach dagegen eine andere Sprache. »Wir alle stehen heute Nacht unter dem Schutz der Seraphilen«, sagte ich. Dann wandte ich mich der versammelten Kompanie zu und rief laut: »Für wen kämpft ihr?«

»Wir kämpfen für die Heilige!«, schrien die Soldaten gellend im Chor. »Wir leben für die Heilige! Wir sterben für die Heilige!«

Aus Richtung der Sappen war in diesem Moment ein weiteres Donnern zu hören. Als es verstummt war, drang von der südlichen Mauerlücke ein lautes Getöse an mein Ohr. Durch den dichter werdenden Rauch aus den Sappen war nicht viel zu sehen, aber der Lärm war eindeutig: Rufe und Trompetenstöße, begleitet vom Trampeln zahlloser Stiefel, die schnell vorwärtsmarschierten. Offenbar wollte Sir Ehlbert der Erste sein, der angriff. Der endlose Kampf um die Burg Walvern hatte mich gegen jede Furcht abgehärtet, allerdings war es mir immer noch lieber zu überleben, als mich zu opfern. Die Strategie, die ich in dieser Nacht ausprobieren wollte, diente ebenso dazu, der Gesegneten einen Sieg zu verschaffen, wie dazu, meine Chancen zu verbessern, das Licht des kommenden Morgens zu erblicken. Die Ehre, das erste Blut zu vergießen, überließ ich deshalb mit Freuden Sir Ehlbert.

»Schilde heben!«, rief ich und wuchtete die schwere Vorrichtung, die vor mir stand, hoch. Sie bestand aus einer etwa vier Fuß langen, robusten Stange, an deren Ende eine dicke viereckige Holzplatte mit einer Kantenlänge von jeweils einem Meter befestigt war. Auf die Platte war ein Schaffell genagelt, das einen ganzen Tag mit Wasser getränkt worden war. Ich hielt die Platte über meinen Kopf, während Juhlina und Eamond dasselbe taten. Die Kanten ihrer Schilde legten sich über meinen, um ein Dach zu bilden. Hinter uns folgte die Zweite Kompanie unter lautem Geklapper und angestrengtem Keuchen unserem Beispiel.

In den vergangenen drei Tagen hatte ich die Kompanie nur dieses eine Manöver üben lassen. Ich hatte jedem Soldaten einzeln den Plan erklärt und ihn mehrfach wiederholen lassen. Nachdem die Männer und Frauen eine Woche lang anständig ernährt worden waren, waren die meisten wieder einigermaßen bei Kräften, obwohl ich mir bei vielen immer noch Sorgen machte, dass sie zu schwach sein könnten. Wenn wir das, was zweifellos auf uns niedergehen würde, überstehen wollten, reichte es nicht, nur einen Schild hochzuhalten und in einer Reihe zu marschieren. Die robusten Schilde, die aus dem Holz des Palisadenzauns gefertigt worden waren, stimmten mich jedoch etwas zuversichtlicher. Leannors Anweisungen folgend, waren die Katapulte zu den Nord- und Südmauern der Stadt gebracht worden. Bei Nachteinbruch sollten sie brennende Feuerkugeln über die Mauern schleudern, in dem – wahrscheinlich vergeblichen – Versuch, die Alundier von unserem Hauptangriff abzulenken. Nach der Verlagerung der Katapulte war es nicht weiter schwierig gewesen, Meister Vassier davon zu überzeugen, die nunmehr nutzlosen Palisaden einer anderen Verwendung zuzuführen.

»Vorwärts marsch!«, rief ich.

Die Alundier auf den Wehrgängen zu beiden Seiten der Mauerlücke erwiesen sich als diszipliniert und warteten mit ihrem Beschuss, bis die Kompanie die Rampe heraufkam und die Gräben verließ. Erst als wir die zwanzig Meter breite freie Fläche erreicht hatten, die die Belagerungslinien von der Mauerlücke trennte, begannen die Verteidiger zu schießen.

»Ganz ruhig!«, rief ich, als die ersten Pfeile und Bolzen auf unser bewegliches Dach niederprasselten, und mein Ruf wurde von

Ofihla und den anderen Feldwebeln aufgegriffen. »Marschtempo halten!«

Das dumpfe Poltern von Pfeilen und Bolzen, die auf unsere Schilde trafen, wurde bald zu einem konstanten Hagel, hin und wieder unterbrochen vom Zischen eines Feuerpfeils. Die alundischen Bogenschützen merkten jedoch bald, dass es zwecklos war, ihre brennenden Geschosse auf das mit Fellen bedeckte Dach zu verschwenden, und zielten stattdessen auf den gefrorenen Boden an unseren Flanken, wo die Feuerpfeile abprallten und in unsere Mitte schlitterten. Allerdings richteten sie nur wenig Schaden an, da sie nach dem Aufprall einen Großteil ihrer Durchschlagskraft verloren hatten. Die an den Beinlingen oder Stiefeln der stetig marschierenden Soldaten hochlodernden Flammen wurden schnell ausgetreten oder vom Tropfen der wassergetränkten Felle auf unseren Schilden gelöscht.

Während wir die letzten Meter bis zur Bresche zurücklegten, setzte der Steinregen ein, und in das harte Prasseln der Pfeile und Bolzen mischte sich das laute Poltern von Gesteinsbrocken. »Lücke schließen!«, hörte ich Ofihla aus der Mitte der Kolonne rufen. Offenbar hatten wir unseren ersten Verlust erlitten. »Lasst ihn liegen, er ist tot! Aufschließen! Marschtempo halten!«

Die herabprasselnden Steine drohten mir den Schild aus der Hand zu schlagen, und ich versteifte meine Arme. Neben mir zischte Eamond einen Fluch, als sein eigener Schild unter einem besonders schweren Aufprall erzitterte. Die Holzplatte drückte auf seinen Helm, und ein Stück Geröll, doppelt so groß wie sein Kopf, rutschte zu Boden, bevor er den Schild ächzend wieder aufrichtete. Erneut ertönte hinter uns der Ruf, die Lücken zu schließen – anscheinend hatten andere weniger Glück gehabt. Dennoch rückte die Zweite Kompanie weiter geordnet in die Mauerlücke vor. Als zu beiden Seiten die gezackten Kanten des Durchbruchs aufragten, sprach ich mir damit Mut zu, dass diese menschengemachte Schlucht nur etwa zehn Meter lang war. Der Durchbruch war mit Geröll übersät, wodurch wir langsamer wurden, dennoch mussten wir nach meiner Schätzung in höchstens einer Minute hindurch sein. Leider stellte unser Gegner ein weiteres Mal seine Disziplin unter Beweis, indem er seine gefährlichste Waffe erst zum Einsatz brachte, als unsere Soldaten in die Bresche marschiert waren.

Während weiterhin Steine herabregneten, sah ich kurz einen Vorhang aus einer zähen Flüssigkeit über die Vorderkante meines Schildes hinablaufen. Noch mehr davon ergoss sich über den mit Trümmern übersäten Boden vor uns. Gleich darauf fielen ein Dutzend oder mehr Fackeln herab, und die enge Mauerlücke verwandelte sich in ein Flammenmeer. Die Hitze schlug mir in das ungeschützte Gesicht, der aufsteigende Rauch ließ meine Augen tränen und brachte mich zum Husten. Mich überkam dieselbe Furcht wie damals auf dem Feld der Verräter, und ich musste gegen den Drang ankämpfen, mein Visier herunterzuklappen. Stattdessen hielt ich weiter den Schild hoch – würde unsere Formation jetzt auseinanderbrechen, würde dies für uns alle den Flammentod bedeuten. Außerdem musste mein Mund frei bleiben, damit ich meinen nächsten Befehl rufen konnte.

»Im Laufschritt marsch! Zusammenbleiben!«

Das war das zweite Element meines Plans, und obwohl wir stundenlang mit der Truppe geübt hatten, beim Rennen die Formation zu halten, wusste ich, dass dies zugleich auch der gefährlichste Moment war. Während sich die Zweite Kompanie in Bewegung setzte, bildeten sich unweigerlich Lücken in unserem Schilddach, die den eifrigen und scharfäugigen Schützen und Öltopfwerfern auf den Mauern Gelegenheiten boten. Die Rufe der Feldwebel, die für Ordnung sorgten, wurden teilweise von den Schreien getroffener Soldaten übertönt, die Armbrustbolzen oder brennendem Öl zum Opfer gefallen waren. Trotz des Tumults aus Schmerz und Chaos hielt ich meinen Blick fest nach vorn gerichtet und rannte im Gleichschritt mit Eamond und der Witwe, bis wir die Mauerlücke hinter uns gelassen hatten. Dass die Alundier einen Empfang für uns vorbereitet hatten, stand außer Frage, und tatsächlich enttäuschten sie uns nicht.

Vor uns, ein Dutzend Schritte von der Bresche entfernt, standen nicht weniger als fünf dichte Reihen Soldaten, die Spieße auf uns gerichtet hielten. Hinter dem Wald aus Langspeeren sah ich noch eine große Menge Bewaffneter in lockerer Formation. Zweifellos waren dies die Bewohner Hochsahls, die zu den Waffen gegriffen hatten, um ihre Stadt zu verteidigen, bereit, die Stellung zu halten, sollte die Mauer aus Soldaten ins Wanken geraten.

»Halbmond bilden!«, rief ich, und die Feldwebel wiederholten meinen Befehl. »Armbrüste heben!«

Dies war der schwierigste Teil des gesamten Plans, und Ofihla war nicht sicher gewesen, ob selbst Veteranen in der Lage wären, ihn ohne Probleme auszuführen. Doch da sie sich niemals vor ihren Pflichten drückte, hatte sie dieses Manöver Stunde um Stunde mit den Soldaten geübt und reichlich harte Worte und noch härtere Kopfnüsse verteilt, bis sie schließlich gemeldet hatte, dass es möglicherweise doch klappen könnte.

Während die Zweite Kompanie in Formation ging, gestattete ich mir einen raschen Blick auf ihre Reihen. Zu meiner grimmigen Überraschung waren noch etwa zwei Drittel unserer ursprünglichen Stärke verblieben. Eigentlich hatte ich damit gerechnet, zu diesem Zeitpunkt schon über die Hälfte meiner Leute verloren zu haben. Die Rekruten beeilten sich, die halbkreisförmige dreireihige Struktur zu bilden, und schafften es sogar einigermaßen zügig, wenn auch nicht so präzise, wie ich es von der Ersten Kompanie erwartet hätte. Die Spießträger behielten ihre Schilde und bildeten die erste Reihe. Die Hellebardisten, die nicht ihre üblichen Waffen besaßen, ließen dagegen ihre Schilde fallen und zogen Falchione und Schwerter, um dahinter in Stellung zu gehen. Die Leute mit den Dolchen bildeten die dritte Reihe, behielten jedoch wie die Spießträger ihre Schilde, drehten sich um und hoben sie als Schutz für das vierte Element unserer Kompanie. Mit Evadines Zustimmung hatte ich sämtliche Armbrustschützen unter ihrem Kommando mitgenommen und darüber hinaus noch alle aus den Kontingenten der Herzöge, die sich freiwillig gemeldet hatten. Darunter war auch Fletchmann mit seinem Eschenholzbogen, der meinen vorsichtigen Vorschlag, lieber an der Seite der Gesegneten zu bleiben, als persönliche Beleidigung aufgefasst hatte. Insgesamt waren es über einhundert Schützen, allesamt Veteranen mit reichlich Munition und zahllosen ungeschützten Zielen auf den Wehrgängen hinter uns.

»Feuer frei!«, schrie ich – ein überflüssiger Befehl, denn die Schützen hatten bereits die erste Salve abgeschossen, und ein Dutzend Alundier fiel von den Wehrgängen herab. »Stellung halten!«

Anfangs rührten sich die alundischen Soldaten, die sich nur wenige Schritt vor uns befanden, nicht von der Stelle. Eine der wichtigsten Lektionen im Krieg lautet, die Erwartungen des Gegners zu unterlaufen, wenn man sich einen Vorteil verschaffen will. Die Verteidiger waren davon ausgegangen, dass wir uns gleich auf sie stürzen und dabei zu Dutzenden sterben würden. Dass wir stattdessen stehen blieben und aus unseren Reihen ein ganzes Heer Schützen auftauchte, die ihre Kameraden auf den Wehrgängen angriffen, passte nicht zu ihrer Vorstellung davon, wie sich diese Schlacht entwickeln würde. Und so blieben sie mehrere wertvolle Sekunden lang untätig, während immer mehr Alundier dem Bolzenhagel von unten zum Opfer fielen.

Schließlich gewann ein unsichtbarer alundischer Hauptmann seine Fassung wieder und rief einen Befehl zum Angriff, dem anfangs jedoch nur die Verteidiger auf der linken Seite folgten. Unsere Spießträger mit den Schilden reagierten so, wie sie es gelernt hatten. Sie senkten zunächst ihre Schilde, bis die Gegner heran waren, und rissen sie dann zusammen mit den gegnerischen Speerspitzen nach oben. Das Ergebnis war ein klapperndes Durcheinander aus sich überkreuzenden, nach oben zeigenden Speeren, das die alundische Attacke zwangsläufig ins Stocken brachte. Dasselbe spielte sich entlang unserer gesamten Linie ab, während sich der Befehl, uns zurückzudrängen, durch die gesamte Kohorte verbreitete. Erneut gereichten uns die Gewohnheiten von Berufssoldaten zum Vorteil. Die Verteidiger hatten das Auftreten einer solchen Situation eindeutig nicht geübt und verschwendeten wertvolle Zeit damit, in dem dichten Gedränge ihre Speere wieder senken zu wollen, was ihnen meistens nicht gelang. Viele verloren ihre Waffen sogar ganz aus der Hand. Zwar drückten sie gegen die halbmondförmige Wand unserer Schilde, aber bislang hielt die Mauer.

»Gegenhalten!«, schrie ich und stemmte mich mit meinem ganzen Körpergewicht gegen meinen Schild und die Menge der gepanzerten Leiber dahinter. Unglaublicherweise gelang es in dem Gedränge und Geschiebe der nächsten Momente keiner Seite, der anderen einen Schlag zu versetzen.

Ich riskierte es, einen weiteren Blick über die Schulter zu werfen, und stieß ein erleichtertes Knurren aus, als ich sah, wie die Erste Kompanie im Laufschritt durch die Bresche gestürmt kam, Evadines hochgewachsene, helmlose Gestalt unverkennbar an der Spitze. Die Soldaten liefen durch die Mauerlücke, ohne von Geschossen oder Öl von oben daran gehindert zu werden, da die Verteidiger auf den Wehrgängen entweder tot waren oder vor den anhaltenden Salven unserer Schützen in Deckung gehen mussten. Ein scharfäugiger Befehlshaber auf der anderen Seite unserer stark bedrängten Schildmauer musste die Gefahr wohl erkannt haben, denn in diesem Moment ertönten anfeuernde Rufe, und die alundischen Soldaten verdoppelten ihre Anstrengungen.

»GEGENHALTEN!«, rief ich noch einmal und hörte rechts von mir, wie zum ersten Mal eine Waffe klirrend auf eine Rüstung traf. Lautes Klappern von Holz und Metall ertönte, als die alundischen Spießträger ihre Lanzen fallen ließen. Der Druck auf unsere Schilde ließ kurz nach, bis sie ihre Schwerter gezogen oder ihre Äxte vom Gürtel genommen hatten. Splitter spritzten auf, als Klingen auf unsere hölzerne Barriere einhackten, und Schreie ertönten, wenn sie statt auf Holz auf Fleisch trafen.

»Zweite Reihe vorrücken!«, rief ich, worauf die Hellebardisten sich gemeinsam mit uns gegen die Schilde stemmten. Mein eigener Schild drückte gegen meine Wange, während ich mich mit meinem ganzen Körpergewicht dagegen lehnte. Ein kräftiger Hellebardist trat neben mich und warf sich mit der Schulter gegen den Schild. Er hob jedoch seinen Kopf ein Stück zu hoch und bekam zur Strafe einen Schnitt an der Stirn verpasst.

»Nur ein Kratzer, Hauptmann!«, versicherte er mir und grinste trotz des Blutes, das an seinem Gesicht hinunterlief. Unter dem Schmutz und den roten Spritzern erkannte ich Liahm Holzmanns Züge und erwiderte sein Grinsen mit einer Zuversicht, die ich nicht wirklich empfand. Schreie ertönten, während die alundischen Klingen weiter auf die Schilde hackten. Dies war zweifellos der gefährlichste Moment. Doch trotz ihres hektischen Versuchs, unsere Linie zu durchbrechen, hatten unsere Gegner wieder die falschen Schlüsse gezogen.

Als die Erste Kompanie hinter uns in die Bresche gestürmt kam, schien es aus militärischer Sicht vollkommen logisch, dass sie uns zu Hilfe eilten und sich uns anschließen würden, um den Kampf zu einem reinen Kräftemessen zu machen. Auf dieser Seite der Mauer waren die Verteidiger im Vorteil, da stets nur eine gewisse Anzahl der angreifenden Truppen gleichzeitig durch die Mauerlücke vorrücken konnte. In den Reihen der Alundier hatte jedoch niemand vorausgesehen, dass die zweite Welle der Angreifer, statt durch die Bresche zu laufen, an der Mauer hochklettern würde.

Ich reckte den Hals und sah zu meiner Befriedigung zahlreiche Leitern, die hochgezogen und gegen die Nordseite der Mauerlücke gelehnt wurden. Ich erhaschte einen Blick auf Evadine, die flink den Wehrgang erklomm, bis erneutes kräftiges Schieben mich dazu zwang, meine Aufmerksamkeit wieder auf meine unmittelbare Situation zu richten.

»Schützen nach vorn!«, schrie ich, doch meine Worte waren über dem Lärm der miteinander ringenden Massen kaum zu hören. Ich musste den Ruf noch ein paarmal wiederholen, bevor die Feldwebel ihn aufgriffen. Fletchmann war der Erste, der sich von der dritten Reihe aus nach vorn durchdrängte. Er nickte mir zu, kam dann hoch und schoss einem alundischen Soldaten einen Pfeil mit Ahl-Spitze direkt ins Gesicht. Gleich darauf tauchten links und rechts von mir Armbrustschützen auf, die ihre Bolzen auf kurze Distanz abfeuerten.

Für einen Augenblick ließ der Druck etwas nach, als unsere Gegner die ersten Verluste erlitten. Dann stürmten sie jedoch auf die anfeuernden Rufe ihrer Feldwebel und Hauptleute hin mit erneuter Wucht vorwärts.

Der Kampf dauerte mehrere erschöpfende Minuten lang an. Die Soldaten in der ersten Reihe hielten verzweifelt die Mauer aufrecht, während die Schützen systematisch jeden töteten, der sie zu durchbrechen versuchte. Wiederholte Blicke zur Bresche bestätigten mir, dass inzwischen ein Großteil der Ersten Kompanie die Mauer erklommen hatte und oben nur noch auf schwache Gegenwehr traf. Jetzt lief es auf ein Wettrennen hinaus: Würde es den Alundiern gelingen, uns zurückzudrängen, oder würde Evadine es vorher schaffen, die Erste Kompanie vom Wehrgang herunterzubringen, um sie von hinten anzugreifen?

Unweigerlich wurden wir von der schieren Anzahl der gegnerischen Truppen rückwärtsgeschoben. Meine Stiefel rutschten über blutiges Kopfsteinpflaster, während ein Alundier nach dem anderen unseren Schützen zum Opfer fiel. Und doch drängten sie mit dem Mut von Leuten, die wussten, dass eine Niederlage ihren Untergang bedeutete, weiter gegen unsere Schilde. Einem alundischen Soldaten gelang es, an der Schildwand hochzuklettern. Der Armbrustbolzen, der ihm aus der Wange ragte, schien ihn gar nicht zu stören. Er fiel über die Barriere und kam rücklings auf dem Boden auf. Dabei schlug er mit einer Axt um sich und schaffte es, einem Armbrustschützen die Beine wegzuhacken. Fletchmann erledigte den Kerl mit einem raschen Stich seines Jagdmessers, bevor er noch weiteren Schaden anrichten konnte.

Auf der Seite der Alundier waren anfeuernde Rufe zu hören, und wir wurden wieder ein Stück rückwärtsgedrängt. Als ich vorsichtig einen Blick über den oberen Schildrand warf, bemerkte ich, dass vielen der wütenden Gesichter vor mir der Helm fehlte. Manche Verteidiger hatten nur Schwerter oder Beile bei sich und trugen keine Rüstung. In ihrer Verzweiflung hatten die Alundier anscheinend die Stadtbewohner in den Kampf geschickt. Sie stürzten sich ebenso furchtlos auf uns wie die Soldaten; zweifellos stand ihnen deutlich vor Augen, welches Grauen ihre Familien und Angehörigen erwartete, sollten wir siegreich sein. Ihr Mut war beeindruckend, aber leider verschwendet, weil sie auf eine tödliche List hereingefallen waren.

Die Menge der Alundier begann sich zunächst zu meiner Rechten zu lichten. Dort rückte die Schildwand so plötzlich nach vorn, dass sich eine kleine Lücke in unserer Reihe bildete. Die Alundier hätten die Öffnung nutzen können, was uns zweifellos zum Verhängnis geworden wäre, hätte der Tumult in ihrem Rücken sie nicht dazu gebracht, sich umzudrehen und sich der neuen Bedrohung zu stellen. Über dem Gewimmel sah ich eine lange Reihe auf und nieder wogender Spieße und erkannte die Formation, die die Kompanie des Bundes beim Vorrücken einnahm. Als Nächstes wurden die Spieße in die Horizontale gesenkt, sodass sich die überlebenden Soldaten und Stadtbewohner nun zwischen unseren Schilden und der Ersten Kompanie gefangen sahen. Manche reagierten mit frischem Mut und warfen sich gegen uns oder gegen die anrückende Spießhecke; andere zauderten unschlüssig oder ergriffen ganz die Flucht. Ich erkannte dies als den Kipppunkt, den es in jeder Schlacht gibt, und stieß meinen Schild vorwärts in die ungeordnete Menge. Dann ließ ich die Schildstange los und zog stattdessen mein Schwert.

»Zu mir!«, brüllte ich und hob das Schwert hoch über den Kopf. »Alle Truppen zu mir! Speerspitze bilden!«

Ich klappte mein Visier herunter, während die Zweite Kompanie meinem Ruf folgte. Den unordentlichen Pulk, der sich bildete, als Formation zu bezeichnen, wäre zu schmeichelhaft, dennoch sammelte sich die Truppe in ausreichender Zahl, um einen Angriff beginnen zu können. Ich lief los und schlug mit dem Schwert nach dem Hals eines Soldaten, der seine Hellebarde hob, um uns den Weg zu versperren. Er parierte den Hieb mit dem Heft seiner Waffe, worauf ihm die Witwe mit einem kräftigen Hammerschlag den Helm eindellte. Ein Stadtbewohner kam lauthals brüllend mit vorgerecktem Speer auf mich zugerannt. Sein Mut und seine Entschlossenheit konnten mit seinen Kampffähigkeiten jedoch nicht mithalten, und es fiel mir nicht weiter schwer, seinen Speer beiseitezuschlagen und mit einer schnellen Bewegung mein Schwert in seine Schulter zu hacken. Danach entstand ein chaotisches Gewühle, wie es in entscheidenden Momenten oft so ist, und die Zeit wurde wieder seltsam dehnbar. Bei manchen, die ich angriff, schien es ewig zu dauern, bis sie starben. Sie taumelten in Zeitlupe von meiner zuschlagenden Klinge weg, ohne dass ich ihre Schreie hörte. Andere fielen innerhalb von Sekunden, und ich vernahm das Knirschen durchtrennter Knochen oder das Hervorsprudeln von Blut.

Ich selbst bekam ebenfalls ein paar Schläge ab, größtenteils von Gegnern, die ich wegen der eingeschränkten Sicht durch den Schlitz meines Visiers nicht sehen konnte. Ich trug jedoch keine Verletzungen davon bis auf das wiederkehrende Pochen in meinem Schädel und ein dünnes Blutrinnsal, das mir aus der Nase lief. Als das Gedränge etwas nachgelassen hatte, kam aus der Straße vor uns eine Salve Armbrustbolzen und Pfeile angeflogen. Wilhums Vorhersage hinsichtlich der Qualität meiner Rüstung erwies sich als richtig, als ein Armbrustbolzen von meinem Brustharnisch abprallte, ohne auf dem Metall auch nur einen Kratzer zu hinterlassen. Eine Handvoll der überlebenden Rekruten hatte jedoch weniger Glück, weshalb ich den übrigen den Befehl gab, ihre Schilde zu holen.

»Der Kampf ist noch nicht vorbei!«, rief ich und brachte sie in Formation. Meine Stimmung hatte sich verschlechtert, nicht zuletzt zerrte die Wiederkehr der Kopfschmerzen an meinen Nerven. Der Anblick der zahllosen Toten und Verwundeten auf den Pflastersteinen ließ zudem kein Siegesgefühl aufkommen.

»Bist du verletzt?«, fragte Evadine, deren hochgewachsene Gestalt aus den Rauchschwaden hervortrat. Im Nordbezirk der Stadt wütete ein Brand, der vermutlich von einer Feuerkugel der Belagerungsmaschinen ausgelöst worden war. Ein verwirrendes Flackern legte sich über die ohnehin schon albtraumhafte Szenerie, und überall herrschte beißender Rauch, in dem man sich nur schwer zurechtfand.

Evadine blieb stehen und musterte mein schmutziges Gesicht. Ich hatte das Visier hochgeklappt, um mir das Blut von der Nase abzuwischen. »Es ist nichts weiter«, sagte ich.

Ihre Miene wirkte dennoch besorgt, und sie hob überrascht die Augenbrauen. Hatte sie in ihren Visionen etwa doch gesehen, dass ich in dieser Nacht eines grausigen Todes sterben würde? »Wir müssen uns sammeln, bevor wir weiter vorrücken können«, sagte ich und schaute zur Bresche, wo jedoch bedauerlicherweise keine Verstärkung zu sehen war.

»Die Prinzessin wartet wohl noch auf den Fall der Bastion«, sagte Evadine. Ein kurzer Blick zum Torhaus, das zwar in Rauch gehüllt, sonst aber unversehrt war, verriet mir, dass Leannor da offenbar noch lange warten konnte. Die lauten Kampfgeräusche, die aus der Dunkelheit südlich der Bastion herüberhallten, ließen außerdem vermuten, dass es Sir Ehlbert bislang noch nicht gelungen war, die Kompanie der Krone durch die ihr zugewiesene Bresche zu führen.

»Der Kämpe des Königs braucht anscheinend etwas Hilfe«, sagte Evadine. »Ich gehe mit der Ersten Kompanie dorthin. Halte du hier mit der Zweiten die Stellung und schick Prinzessin Leannor die Meldung von unserem Erfolg. Vielleicht ist es ihr in der ganzen Aufregung entgangen.«

»Die Herzogin«, erinnerte ich Evadine, als sie sich abwandte. »Wir sollen sie in Gewahrsam nehmen.«

»Wir können uns nicht allein durch die ganze Stadt kämpfen, Alwyn. Außerdem …«, ein seltenes selbstzufriedenes Grinsen erschien auf ihren Zügen, als sie Swain ein Zeichen gab, »… ist Sir Ehlberts Gesichtsausdruck, wenn ich ihn rette, die Verzögerung allemal wert.«

»Mir wäre es lieber, du würdest den Mistkerl seinem Schicksal überlassen«, murmelte ich. Evadine runzelte tadelnd die Stirn, bevor sie davoneilte und die Erste Kompanie zur Speerspitze formte.

»Eamond!«, rief ich und ließ den Blick über die verstreuten Leichen und benommenen Gestalten in meiner Nähe schweifen, wobei ich, wie stets nach einem Kampf, Übelkeit und Verwirrung verspürte.

»Er ist dort drüben«, sagte die Witwe. Sie stand ein paar Schritte entfernt und wischte mit einem Lumpen das Blut von ihrem Kriegshammer ab. Sie nickte zu einer kleinen Gruppe Soldaten in der Nähe.

»Eamond«, wiederholte ich und ging hinüber. Als ich näher kam, sah ich, dass sich die Männer um einen knienden Soldaten versammelt hatten – seiner Rüstung nach zu urteilen ein Alundier. Das Metall war mit Blut und Ruß bedeckt, und er hatte zahllose Schnittwunden im Gesicht. Dennoch war sein Kampfwille offenbar ungebrochen; er schlug mit einer Hellebarde nach den Soldaten um sich herum, die ihn verspotteten und mit Schwertstichen und Knüppelschlägen quälten.

»Na, wie gefällt dir das, du verfluchter Ketzer?«, rief einer, nachdem er einem Hieb des Alundiers ausgewichen war und ihm mit dem Falchion die Hellebarde aus der Hand geschlagen hatte. Noch ein paar weitere Schläge, und der Mann lag bewusstlos am Boden.

»Holt Öl«, sagte ein anderer Soldat. »Lasst uns den Drecksack anzünden.«

»Das reicht!« Ich packte ihn an der Schulter und drehte ihn herum. Eamonds Züge waren von hasserfüllter Boshaftigkeit so stark entstellt, dass ich ihn gar nicht gleich erkannte. Zum ersten Mal sah ich Trotz in seinen Augen. *Wie bei Erchel, wenn ich mich zwischen ihn und seine Beute gestellt habe,* dachte ich, während Eamond die Fassung zurückgewann.

»Verzeihung, Hauptmann«, krächzte er und trat mit gesenktem Kopf zurück. Sein Kamerad mit dem Falchion zeigte sich dagegen weniger unterwürfig.

»*Verzeihung*. Dass ich nicht lache«, fauchte er und ging mit finsterem Blick auf mich zu. »Dieses Arschgesicht hat meinen Vetter umgebracht. Ich werde mich dafür rächen, ob's Euch gefällt oder nicht, Hauptmann.«

Ein Leben als Soldat wider Willen hatte mich gelehrt, dass es viele Möglichkeiten gab, Disziplin in eine Truppe zu bringen. Mit einem mitfühlenden Wort oder freundlichen Kompliment gewinnt man die Herzen der Streitlustigen und der Niedergeschlagenen. Bei offener

Meuterei gibt es jedoch kaum eine Methode, die effektiver wäre als ein kräftiger Hieb mit dem Panzerhandschuh direkt ins Gesicht.

Das Falchion des Rekruten landete klappernd auf den Pflastersteinen, als meine Faust sein Gesicht traf. Blut und ausgeschlagene Zähne spritzten umher. Er schwankte noch einen Moment verdattert und brach dann zusammen. Als ich mich seinen Kameraden zuwandte, stellte ich fest, dass sie alle ähnlich zerknirscht wirkten wie Eamond.

»Hebt den Mistkerl auf.« Ich deutete mit dem Schwert auf den bewusstlosen Rekruten. »Und wenn er wieder zu sich kommt, sagt ihm, dass er unehrenhaft entlassen ist. Sollte er mir noch mal unter die Augen kommen, lasse ich ihn zu Tode peitschen. Ihr Übrigen verpisst euch und sucht euren Feldwebel. Und du«, ich schaute Eamond finster an, »geh durch die Mauerlücke zu Prinzessin Leannor. Sag ihr, die Bresche ist gesichert, und Hauptmann Scribe schlägt untertänigst vor, dass sie so viele Truppen wie möglich zu uns schickt.«

Ich sah ihm noch kurz hinterher, während er loslief. In dem Moment stieß der verwundete Alundier ein gepresstes Keuchen aus. »Bitte …« Ein Blick auf sein Gesicht, das unter Blut und Ruß kreidebleich war, sagte mir, dass er nur noch wenige Augenblicke zu leben hatte. »Meine Frau …«, stotterte er zuckend. »Meine Kinder … Sie sind in der Festung des Herzogs … Ihr müsst … es aufhalten …« Er nahm all seine Kraft zusammen, um den Kopf zu drehen und mir mit flehendem Blick in die Augen zu schauen. »Sie aufhalten … Ihr … seid ein guter Mann … nicht wahr?«

Eigentlich nicht, nein. Ich sprach die Worte nicht aus, denn sie hätten grausam geklungen, und in dem Moment war ich zu erschöpft für solche Dinge. Außerdem erregten seine Worte meine Neugier. »Wen soll ich aufhalten?« Ich ging neben dem sterbenden Alundier in die Hocke.

»Die Herzogin …«, krächzte er. Er wurde von Krämpfen geschüttelt, während er die Worte hervorpresste. Sein Kinn war von dem dunklen Blut befleckt, das aus der Tiefe des Körpers stammt. »Sie ist … entschlossen, es zu tun … Sie wollen es alle … sogar meine Frau. Es ist Wahnsinn.« Wieder durchlief ihn ein Krampf, und er hob mit letzter

Kraft seine Hand. Schlaff sank sie auf meine Armschiene und wäre abgeglitten, hätte ich sie nicht festgehalten. »Ihr müsst … sie aufhalten.« Er schaute mir flehend in die Augen, obwohl sein Blick bereits vom nahenden Tod getrübt war. »Ihr seid … ein … guter … Mann …« Sein Flüstern erstarb und ging in das Röcheln seines letzten Atemzugs über.

Ich ließ seine Hand los und ging zur Kompanie, wo Ofihla mit gewohnter Effizienz die Überlebenden versammelt und einen Anschein von Ordnung in die Reihen gebracht hatte. Etwa die Hälfte der Truppe war noch übrig, was weit mehr war, als nach dem nächtlichen Kampf zu erwarten gewesen wäre. Die in der Bresche liegenden Leichen stimmten mich dennoch traurig. Ich konnte nicht behaupten, sie sonderlich gut gekannt zu haben, manche fast gar nicht, aber es waren meine Soldaten gewesen.

Von den Dächern und Fenstern kamen weitere Armbrustbolzen und Pfeile herabgesegelt, stellten jedoch eher ein Ärgernis als eine echte Gefahr dar. Das Feuer im Nordbezirk loderte immer höher, brachte die Wolken am Himmel zum Leuchten und ließ einen steten Ascheregen niedergehen. Der Anblick weckte unweigerlich Erinnerungen an Olversahl, besonders an den Brand, der die große Bibliothek zerstört hatte. Mit dem neu erwachten Hämmern in meinem Schädel und all den hässlichen Erinnerungen, die wieder hochkamen, wünschte ich mir nichts sehnlicher, als diesen Ort verlassen zu können. Ich hegte nicht das Bedürfnis, eine weitere Stadt sterben zu sehen.

Die Herzogin … Sie ist entschlossen, es zu tun. Ich biss die Zähne zusammen, als mir die Worte des sterbenden Soldaten wieder in den Sinn kamen. Was er damit gemeint hatte, blieb ein Rätsel, doch seine Verzweiflung ließ vermuten, dass es etwas Furchtbares sein musste. Außerdem hatte Leannor sicherlich recht damit, dass Herzogin Celynne einen Fluchtweg brauchte. *Meine Kinder … Ihr seid ein guter Mann.*

Ich murmelte ein paar deftige Flüche und zog das Fläschchen mit der Medizin aus der Tasche unter meiner rechten Beinschiene hervor. »Feldwebelin Ofihla!«, rief ich und trank einen großen Schluck.

»Hauptmann!« Sie trat zu mir und nahm Haltung an.

Ächzend schluckte ich das Elixier hinunter. »Haben wir irgendwelche Gefangenen genommen?«

Zwanzigstes Kapitel

Ich nahm die Witwe, Liahm Holzmann und Fletchmann als Begleitung mit und ließ die Zweite Kompanie in Ofihlas Obhut, nachdem in der Bresche Verstärkung aufgetaucht war, die die Niederlage der Stadt endgültig besiegelte. Die Ritter des königlichen Heeres waren das erste Kontigent, das herangeritten kam. In halsbrecherischem Tempo galoppierten sie vorbei, nur um von den schmalen Gassen abrupt aufgehalten zu werden. Während sie sich davor drängten, fielen einige den alundischen Bogenschützen zum Opfer, die sich auf den nahe gelegenen Dächern versteckt hatten; bis die Ritter schließlich absaßen und zu Fuß weiterliefen. Zu diesem Zeitpunkt strömten bereits die Soldaten der Herzöge durch die Bresche, mit den Kompanien der Cordwainer an der Spitze, die keine Zeit verloren und sofort in die nächstbesten Häuser stürmten, um diese zu plündern. Die meisten Wohnstätten in Mauernähe waren in den Wochen vor unserem Angriff von den Bewohnern verlassen worden. Zurück blieben nur alte und kranke Leute oder solche, die zu töricht gewesen waren, um sich in Sicherheit zu bringen. Wie die Soldaten mit diesen armen Seelen umsprangen, weckte erneut grausige Erinnerungen an Olversahl und das Wüten der siegreichen Ascarlianer.

»Die Kompanie des Bundes darf sich solcher Verbrechen nicht schuldig machen«, sagte ich zu Ofihla, bevor ich mich auf die Suche nach der Festung des Herzogs machte. »Bring sie auf den Wehrgang und bleibt dort. Jeder, der die Truppe verlässt, wird ausgepeitscht und entlassen.«

Eigentlich war ich davon ausgegangen, dass uns der Alundier, den wir gefangen genommen hatten, zum Turm führen könnte, doch ein Blick auf den spindeldürren, vor Angst schlotternden Mann überzeugte mich davon, dass von ihm nicht viel zu erwarten war. Immerhin schaffte er es nach ein paar kräftigenden Schlucken Brandy, eine Wegbeschreibung zu brabbeln, worauf ich Ofihla anwies, ihn bei nächster Gelegenheit freizulassen. Sich in den rauchverhangenen, chaotischen Straßen von Hochsahl zurechtzufinden, erwies sich als langwierig und schwierig. Anfangs waren die gewundenen Kopfsteinpflasterstraßen und Gassen noch größtenteils menschenleer. Doch als die hohen Maste der im Hafen liegenden Schiffe über den Dächern in Sicht kamen, drängten sich überall zahllose Flüchtende. Darunter waren viele Familien, die ihr Hab und Gut in Säcken und Truhen mitschleppten. Ihre Gesichter waren bleich und die Augen weit aufgerissen. Die meisten, die uns trotz ihrer Panik bemerkten, hielten uns für alundische Soldaten und schenkten uns keine Beachtung. Manche beschimpften uns als Feiglinge. Eine vornehm gekleidete Frau verfluchte uns, weil wir, wie sie es nannte, »der verrückten Herzogin« dienten, »die uns alle dem Untergang geweiht hat«. Sie hob ihren rundlichen Arm und schüttelte die Faust, während wir um eine Ecke bogen. »Ja, lauft nur, ihr Hasenfüße! Lauft, damit die ketzerischen Mistkerle uns abschlachten können!«

»Sie hat nicht unrecht«, stellte Fletchmann fest, der seinen Bogen mit eingelegtem Pfeil bereithielt und ständig die Gassen und Dächer nach Bedrohungen absuchte. »Die meisten Leute in dieser Stadt haben den Krieg bestimmt nicht gewollt.«

»Dann hätten sie ihre Tore öffnen sollen, nicht wahr?«, gab die Witwe in ungewohnt rechtfertigendem Ton zurück. Ich sah, wie sich ihr Stirnrunzeln mit jedem brennenden Haus und jeder Gruppe panikerfüllter Stadtbewohner, die an uns vorbeikamen, weiter vertiefte. Bei all der Gewalt, die sie schon erlebt und selbst anderen zugefügt hatte, hätte ich gedacht, dass kein noch so grausiges Ereignis sie mehr aus der Fassung bringen könnte. Doch etwas an der Tragödie um uns herum schien ihr unter die Haut zu gehen. *Sogar die Wahnsinnigen haben ihre Grenzen.*

Die Festung des Herzogs ragte von einer felsigen Landzunge auf, die vom Nordarm der Bucht bis ins Hafenbecken hineinreichte. Das Bauwerk war um einiges größer und trutziger als die Burg Walvern und besaß hohe Türme und steile Mauern, die man mit keiner Leiter erklimmen konnte. Die Dammstraße, die sie mit dem Kai verband, war etwa zwölf Schritte breit und einhundert Schritte lang, was sie für eine angreifende Streitmacht zu einem Albtraum machte. Doch als wir zum Torhaus kamen, das den Zugang zur Dammstraße sicherte, fanden wir es leer vor.

»Wahrscheinlich haben die sämtliche Soldaten zu den Breschen oder auf die Wehrgänge geschickt«, vermutete Holzmann.

»Hier ist einer«, meldete Fletchmann und trat gegen ein Paar Stiefel, das aus einem schattigen Durchgang hervorragte. »Aufstehen, du Mistkerl!«, befahl er und zielte mit dem Pfeil auf den Besitzer der Stiefel, senkte jedoch den Bogen und runzelte verwundert die Stirn. »Wenn mich nicht alles täuscht, ist der Scheißer schon tot, Hauptmann.«

Eine genauere Untersuchung ergab, dass er recht hatte. Der Soldat, der in dem Durchgang an der Wand lehnte, trug eine saubere, unversehrte Rüstung. Seine Hellebarde lag mit unbefleckter Klinge quer über seiner Brust. Das Gesicht des Mannes war ebenfalls frei von Blut, doch seine Züge waren schlaff. Der Mund stand offen und war mit Erbrochenem beschmiert.

»Gift.« Ich richtete mich auf. »Von der schnell wirkenden Sorte, würde ich sagen.« Ich wandte mich der Festung zu, und mein Magen sackte mir in die Kniekehlen. Fackeln flackerten auf der Wallanlage, und hinter vielen Pfeilschlitzen leuchtete Licht, doch ich sah keine Wachposten auf den Mauern. Das gewaltige Tor, das eigentlich hätte verschlossen sein müssen, stand offen, und das Fallgitter war hochgezogen.

»Hauptmann«, warnte Fletchmann, als ich die Dammstraße betrat. Er kauerte im Schatten des Torhauses und spähte zu den Zinnen der Festung hoch. »Selbst ein Blinder könnte Euch aus dieser Entfernung niederschießen.«

»Keine Sorge«, sagte ich und ging weiter. »Ich habe das Gefühl, dass dort oben niemand ist, nicht mal ein Blinder.«

Meine treuen Begleiter warteten, bis ich die Hälfte der Dammstraße unverletzt zurückgelegt hatte, bevor sie es wagten, mir zu folgen. Die kegelförmigen Zwillingstürme, die das Torhaus bildeten, fanden wir verlassen vor. Wir entdeckten lediglich die Leichen von zwei weiteren Soldaten, die an Gift gestorben waren. Sie lagen eng umschlungen in einer Mauernische und hatten die Stirnen aneinandergelegt, sodass ich mich fragte, ob es womöglich Liebende gewesen waren, die ihren letzten Atemzug gemeinsam getan hatten. Fletchmann und Liahm machte die Entdeckung eindeutig nervös; sie musterten die leeren Mauertürmchen, Treppen und Gänge so furchtsam, als wären sie voller entschlossener Verteidiger.

»Etwas stimmt hier nicht, Hauptmann«, murmelte Holzmann. Er und Fletchmann waren am Rand des äußeren Burghofs stehen geblieben und schienen nicht mehr weitergehen zu wollen. Ich erkannte die Angst in ihren Gesichtern – ein schauriges Frösteln, das selbst Ungläubige die Märtyrer um Schutz anflehen lässt. Etwas Unheilvolles schien über der Festung zu hängen, unsichtbar und doch dicht wie Nebel. Beide Männer hatten in dieser Nacht furchtbare Dinge gesehen, aber ihr Instinkt warnte sie davor, dass das, was sich im Inneren der Festung befand, noch weit schlimmer war.

»Bleibt hier«, sagte ich verärgert. Ein Schlag ins Gesicht kann manchmal hilfreich sein, doch hier hätte das keinen Zweck gehabt.

»Bewacht den Eingang. Sollten Plünderer auftauchen, dann habt ihr meine Erlaubnis, ihnen Pfeile in die Ärsche zu jagen. Mistress Juhlina?« Ich schaute die Witwe mit hochgezogener Augenbraue an. »Willst du deinem Hauptmann den Rücken freihalten, während er sich in die Höhle des Feindes vorwagt?«

Sie antwortete nur mit einem wortlosen Nicken. Ihre Miene zeigte mehr als nur Furcht, die Muskeln ihres Kiefers waren angespannt, ihre Stirn gerunzelt und der Mund fest zusammengepresst. Aus mir unbekannten Gründen zwang sie sich dennoch weiterzugehen und zu erkunden, was sich im Inneren dieses Ortes verbarg.

Während wir in die Festung vordrangen, zählte ich zwölf weitere Leichen. Anfangs waren es vor allem Soldaten, die – vermutlich an den ihnen zugewiesenen Posten – neben Durchgängen und Treppen lagen. Weiter drinnen entdeckten wir auch Bedienstete. Sie lagen in größeren Gruppen, immer jeweils zu dritt oder zu viert, in den Gärten und Innenhöfen. Wie sie gestorben waren, wurde offensichtlich, als ich zwischen drei Dienstmädchen einige Kelche auf dem Boden liegen sah. Ich hob einen davon auf und entdeckte darin ein paar Tropfen Wein, die einen merkwürdigen, unvertrauten Geruch verströmten.

»Das kenne ich nicht«, murmelte ich und hielt den Kelch der Witwe hin. »Hast du zufällig eine Nase für Gifte?«

Sie starrte den Kelch an und schüttelte den Kopf, ohne ihn entgegenzunehmen. Ich sah, dass die Furcht ihre Entschlossenheit zu überwältigen drohte, und erwartete jeden Moment, dass sie kehrtmachen und die Flucht ergreifen würde, während wir den Innenhof durchquerten und die bislang steilste Treppe hochstiegen. Sie blieb jedoch an meiner Seite, bis wir die Stufen erklommen hatten und in einem breiten ovalen Raum anlangten, den ich sofort als Audienzsaal des Herzogs erkannte. Darin stand ein Stuhl mit hoher Lehne aus reich verziertem Eichenholz. Statt mit Steinfliesen war der Boden des Saals mit Marmor ausgelegt. Von einer gewölbten Decke von beachtlicher Höhe ergossen sich kaskadenartig seidene Behänge, die das Wappen der Familie Cohlsair mit dem aufgerichteten schwarzen Bären zeigten.

Der pompöse Eindruck wurde allerdings von den Leichen zunichtegemacht, die auf dem Boden verstreut lagen, und vom Anblick der Herzogin selbst, die reglos an den Stuhl gelehnt dasaß. Als ich widerstrebend einige Schritte in den Saal machte, sah ich mit Entsetzen, dass die Leichen um sie herum alle bedeutend kleiner waren.

»Miststück«, keuchte die Witwe atemlos. Ich drehte mich um und sah, wie sie die hässliche Szenerie vor uns mit feuchten Augen und ungewohnt geröteten Wangen musterte. »Musste sie mit in den Tod nehmen, das selbstsüchtige Flittchen!« Sie verstummte erstickt, schloss die Augen und senkte den Kopf. Als ich in den unregelmäßigen Kreis der Toten trat, folgte sie mir nicht.

Die vornehmen Gewänder deuteten darauf hin, dass es sich um die Günstlinge und obersten Würdenträger der Herzogin handelte. Auf dem Boden zwischen den Toten lagen Kelche und Becher, und der Geruch nach Gift lag in der Luft. Wenig überraschend war Herzogin Celynne im Tod nicht so hübsch wie zu Lebzeiten. Ihre blicklosen Augen starrten zu den Deckenbögen hinauf, und ihre schlaffen Lippen entblößten Zähne, die, wie ich fand, unnatürlich hell glänzten. Ihre Söhne lagen neben ihr, die Gesichter in den Falten ihres Gewandes verborgen. Ich wollte Wut empfinden, so wie die Witwe, doch ich schaffte es nicht. Stattdessen verspürte ich vor allem Verwirrung. Ich konnte mir nur zu gut vorstellen, was sich in dem Saal abgespielt hatte, bevor die Becher mit dem Gift gehoben wurden: die Schwüre unverbrüchlicher Treue, die Bereitschaft, im Dienste des Glaubens sein Leben zu geben. Dennoch konnte ich nicht begreifen, wie eine Mutter oder irgendjemand sonst, der einigermaßen bei Verstand und des Mitgefühls fähig war, so etwas tun konnte.

»Hast du ihnen geholfen?«, fragte ich Celynnes totes, blickloses Gesicht. »Den Wein gesüßt, damit sie ihn bereitwilliger trinken? Ihnen gesagt, dass sie ihrem Vater begegnen werden?«

»Sie hat gesagt, dass er auf uns wartet.«

Ein erschreckter Aufschrei entwich mir. Ich drehte mich zu der Stimme um und richtete mein Schwert auf die kleine Gestalt, die unter dem Umhang der Herzogin hervorkam. Das Mädchen blinzelte benommen und runzelte die Stirn. »Ich hab nur einen kleinen Schluck genommen.« Sie schaute zu mir hoch, und ihr Gesichtchen kam mir bekannt vor. *Das Mädchen aus dem Zelt am Ufer des Krähenflusses*, erinnerte ich mich. *Ducinda.*

»Es hat mir nicht geschmeckt, deshalb hab ich nur so getan, als würde ich trinken.« Ducinda gähnte und rüttelte mit ihren kleinen Händen am Bein ihrer Mutter. »Jetzt schlafen sie alle und wachen nicht auf.«

Sie hustete, und es klang so feucht und hässlich, dass ich mich vorbeugte und sie hochhob. »Nur einen Schluck?«, fragte ich und schüttelte sie, als ihr Kopf an meine Brust sank.

»Mmm …«, lallte sie und legte ihren kleinen Kopf an meinen Brustharnisch.

»Wach auf!« Ich rüttelte sie erneut, während ich mich umwandte und auf die Treppe zulief. »Nicht einschlafen.«

»Du schreist so laut«, stöhnte das Mädchen. »Genau wie mein Onkel. Er schreit auch ständig herum.« Mit trübem Blick starrte sie vor sich hin, während ich die Stufen hinunterstieg und durch mehrere Innenhöfe lief, dicht gefolgt von der Witwe. »Gehen wir ihn besuchen?«

»Vielleicht später. Zuerst müssen wir zu einem Freund von mir. Er wird dich wieder gesund machen.« Hektisch eilten wir durch das Labyrinth der Festung und gelangten schließlich zum Torhaus, wo Liahm und Fletchmann auf meinen Ruf hochschreckten: »Ein Pferd! Wir brauchen ein verdammtes Pferd!«

Am folgenden Tag wurde Herzogin Celynne Cohlsair mit ihren Kindern im Familienmausoleum unter der Festung des Herzogs zur Ruhe gebettet. Das Begräbnis wurde von einem orthodoxen Kleriker gemäß der Doktrin des Bundes durchgeführt, was mir wie eine letzte, wohlkalkulierte Beleidigung gegen eine Frau vorkam, die für ihren Glauben gestorben war. Da sie jedoch ihre Kinder und zahllose Soldaten und Diener mit in den Tod genommen hatte, hielt sich mein Mitgefühl in

Grenzen. *Es ist Wahnsinn*, hatte der sterbende Alundier gesagt, und er hatte recht behalten. Ich hatte noch die schwache Hoffnung gehegt, die Familie des Mannes lebend zu entdecken. Als die Kompanie jedoch die Festung durchsuchte, wurden außer der kleinen Ducinda keine Überlebenden gefunden. Die Nachkommen der Herzogin waren nicht die einzigen Kinder, die bei der Tragödie gestorben waren; wir stießen auf mehrere Familien, Adlige wie Diener, die gemeinsam in den Tod gegangen waren. Wahnsinn blieb Wahnsinn, selbst wenn er vom Glauben inspiriert war.

Das im Nordbezirk von Hochsahl wütende Feuer war glücklicherweise vom Schneetreiben gelöscht worden, das im Morgengrauen eingesetzt hatte. Der Kälte war es auch zu verdanken, dass den Soldaten die Lust am Randalieren vergangen war. Im Laufe der Nacht waren mehrere Stadtviertel geplündert und die fliehenden Alundier ohne Unterschied niedergemetzelt worden, bis der Schnee dem Blutbad ein Ende setzte. Als das Wetter sich wieder gebessert hatte, wollten einige Banden herzoglicher Soldaten erneut losziehen und nach Beute suchen, sie wurden jedoch von Sir Ehlbert und der Kompanie der Krone daran gehindert. Der Kämpe des Königs legte seine effiziente Brutalität nach einer Schlacht meist schnell wieder ab, aber diesmal nicht. Nachdem er beim Angriff auf die südliche Bresche fast die Hälfte seiner Soldaten verloren hatte, war Ehlbert in anhaltend schlechter Stimmung. Gerüchteweise lag es auch daran, dass seine Attacke fast gescheitert wäre, hätte Evadine mit der Ersten Kompanie die Verteidiger nicht von hinten aufgerollt. Wie dem auch sei, jedenfalls verlor Sir Ehlbert keine Zeit und knüpfte sechs Plünderer an eilig errichteten Galgen vor dem Haupttor auf, worauf die Soldaten ihre kriminellen Neigungen rasch wieder vergaßen.

Nach meiner Schätzung hatte sich Hochsahl zu der Zeit, als endlich Ruhe einkehrte, etwa zu zwei Dritteln geleert. Zahlreiche Stadtbewohner waren von geschäftstüchtigen Kaufleuten auf ihren Schiffen mitgenommen worden und hatten dafür vermutlich stattliche Summen bezahlt. Eine noch größere Zahl, denen es an Geld für einen Platz auf den Schiffen mangelte, war durch die kleinen Tore in den Nord- und Südmauern aus der Stadt geflohen. Die meisten kehrten in den folgenden Tagen nach und nach zurück. Niemand setzt sich gern den Entbehrungen eines Lebens in der Wildnis im Winter aus. Die dicht gedrängten, elenden Grüppchen der Rückkehrer warfen den Nordländern, die ihre Stadt erobert hatten, furchtsame und nervöse Blicke zu. Prinzessin Leannor ordnete an, Almosen verteilen zu lassen. Außerdem sollte kein Alundier ohne ihre ausdrückliche Genehmigung wegen etwas verurteilt werden. Ihre Höflinge gingen ständig durch die Straßen, lobten lautstark die Großzügigkeit von König Tomas und versicherten den Leuten, dass sie weiterhin unter seinem Schutz standen.

Als Leannor deshalb fünf Tage nach der Eroberung der Stadt ihre wichtigsten Hauptleute zum Rat zusammenrief, wirkte sie recht selbstzufrieden. »Unser Bote wird dem König die Nachricht von unserem Erfolg inzwischen schon überbracht haben«, sagte sie von ihrem Platz auf dem hohen, reich verzierten Stuhl des toten Herzogs aus. Der auf den Marmorfliesen im Audienzsaal verschüttete Wein war weggewischt worden und der Boden glänzte im Sonnenlicht, das durch die offenen Fenster hereinfiel.

»Meine Herren, edle Dame«, fuhr Leannor fort, »ich habe dem König über Eure mutigen Taten bei der Einnahme der Stadt ausführlich berichtet. Zweifellos werdet Ihr dafür reich belohnt werden.«

»Der meiste Lohn gebührt Euch selbst, Hoheit«, warf einer der Hauptleute ein – ein gut aussehender niederer Adliger aus Ost-Alberis, der eine Kompanie freier Schwerter befehligte, die er mit seinem eigenen Geld angeheuert hatte. Der bunt zusammengewürfelte Haufen aus Halsabschneidern und Saufbolden war als Letztes durch die Bresche gestürmt und hatte sich vor allem bei den Plünderungen hervorgetan, bis Sir Ehlbert dem Ganzen ein Ende gesetzt hatte.

»War es nicht vor allem Eure kluge Strategie, die diese Stadt für die Krone gewonnen hat?« Der Kerl schaute erwartungsvoll die versammelten Hauptleute an. »Euch verdanken wir alle Ehre, und Ihr sollt wissen …«, er sank auf ein Knie und neigte demütig den Kopf, »… dass mein Schwert für immer in Euren Diensten steht, hochgeschätzte Prinzessin.«

Seine Unterwürfigkeit wurde sogleich vom Rest der Versammelten aufgegriffen; die meisten verloren keine Zeit, seine Geste nachzuahmen. Evadine und ich und – wie ich interessiert bemerkte – Sir Ehlbert waren die einzigen Ausnahmen.

»Ihr seid zu freundlich, edler Elfons.« Leannor machte eine wedelnde Handbewegung in Richtung der Knienden. »Genug davon. Erhebt Euch, meine Herren, wir haben wichtige Dinge zu besprechen. Nachdem dieser Krieg gewonnen ist, müssen wir nun überlegen, wie der Frieden bewahrt werden kann.«

Ich musste ein spöttisches Schnauben unterdrücken. Die geliebte Tochter des Herzogs von Althiene war tot, wenn sie sich auch selbst umgebracht hatte, und das Volk von Alundia befand sich in aufrührerischer Stimmung – es würde in diesem Reich auf absehbare Zeit keinen Frieden mehr geben.

Leannor machte eine einstudiert wirkende Redepause, verzog nachdenklich die Stirn und strich sich mit den Fingern über das Kinn. »Über ein Land im Aufruhr zu herrschen, ist keine leichte Aufgabe. Wir müssen uns fragen, wie wir Untertanen, die nicht von uns regiert werden wollen, am besten regieren.«

»Mit Stahl«, erwiderte der wortgewandte Elfons und packte vielsagend seinen Schwertgriff. »Wer sich gegen einen gerechten König erhebt, hat nichts Besseres verdient.«

»Nein, edler Elfons.« Leannor schüttelte den Kopf und hob majestätisch das Kinn. »Ich habe mehrfach gesagt, dass wir nicht als Eroberer hier sind, und ich werde mich nicht selbst zur Lügnerin machen. Nein, meine Überlegungen lassen nur einen einzigen Schluss zu …«

Ihre Ausführungen wurden in diesem Moment von einem lauten Rumpeln von draußen unterbrochen, begleitet von einem leichten Vibrieren unter unseren Füßen. »Bei den Ärschen der Märtyrer, was war das?«, fragte Leannor und sprang beunruhigt von ihrem Stuhl auf.

»Die Torhausbastion, Majestät«, sagte ich. »Meister Vassier hat vorausgesagt, dass sie heute einbrechen könnte.«

»Dann ist er anscheinend ein besserer Wahrsager als Konstrukteur«, stellte sie mit einem bitteren Seufzen fest.

Die Versammelten lachten. Dass die Bastion trotz des unter ihrem Fundament schwelenden Feuers noch immer nicht eingestürzt war, hatte sich in der Armee zu einem Dauerscherz entwickelt. Viele Soldaten hatten Wetten darüber abgeschlossen, wann genau sie einbrechen würde. Prinzessin Leannor aber wusste, dass dies kein Grund zur Freude war. Das Torhaus zu zerstören, war sinnvoll gewesen, als sich die Stadt noch in den Händen des Feindes befunden hatte; nun jedoch war es schlecht für unsere Verteidigung, solange die Grauen Wölfe Roulgarth Cohlsairs weiter im Herzogtum ihr Unwesen trieben und auf mörderische Rache sannen. Vor zwei Tagen erst war eine Versorgungskarawane von Alberis in einen Hinterhalt geraten. Sämtliche Karrenlenker und Soldaten waren getötet und ihre wertvolle Fracht gestohlen oder verbrannt worden. Leannor mochte sich als Siegerin brüsten, in Wahrheit hatten wir jedoch nur eine Stadt eingenommen in einem ganzen Land voller Unbeugsamer, die jetzt noch mehr Grund hatten, uns zu hassen.

Leannor lächelte gezwungen, doch ihre Miene erstarrte, als ihr Blick auf etwas am Boden fiel. Es war nur ein winziger brauner Fleck, der zum Vorschein gekommen war, als sie aufgesprungen war und den Stuhl dabei verrückt hatte, aber er weckte sofort ihre Aufmerksamkeit.

»Ich hatte doch befohlen, den Fußboden zu schrubben!«, rief sie atemlos und funkelte ihren Kammerherrn, einen ernsten, schlicht gekleideten Mann namens Falk, wütend an. »Ihn von allen Flecken zu säubern!« Ihre Hände krampften sich in den Hermelinsaum ihres Umhangs, die Knöchel traten weiß hervor und zitterten unkontrolliert. »Ich dachte, ich hätte mich sehr deutlich ausgedrückt.«

»Ich bitte vielmals um Verzeihung, Hoheit.« Der Kammerherr verneigte sich tief, seine Miene war genauso ausdruckslos wie sein Tonfall. »Ich werde dafür sorgen, dass die Schuldigen gebührend bestraft werden …«

»Sorgt lieber dafür, dass der Boden richtig geputzt wird«, fauchte Leannor. Dann blinzelte sie und hob den Kopf. Schluckend ließ sie das Hermelinfell los, lockerte ihre Hände und strich ihre Röcke glatt. »Sir Ehlbert, Evadine und Hauptmann Scribe, Ihr bleibt bitte noch hier«, sagte sie. »Alle anderen haben meine Erlaubnis zu gehen.«

Während sich die entlassenen Hauptleute verneigten und den Saal verließen, sah ich auf Elfons' Gesicht kurz Feindseligkeit aufleuchten. Nachdem er sich so bei der Prinzessin ins Zeug gelegt hatte, ärgerte es ihn eindeutig, dass er gehen musste, während ein ehemaliger Gesetzloser bleiben durfte. Mir war es daher eine Genugtuung, mich höflich vor ihm zu verbeugen und ihm ein breites Lächeln zu schenken, als er den Saal verließ.

»Hauptmann Scribe.« Leannor klang jetzt forsch und nicht mehr so selbstgefällig wie zuvor. »Ihr werdet Meister Vassier den Befehl geben, unverzüglich mit dem Wiederaufbau der Torhausbastion zu beginnen.«

»Meister Vassier wartet auf die Erlaubnis zur Abreise, Majestät«, erwiderte ich. »Er hatte den Auftrag, Euch bei der Eroberung der Stadt zu helfen. Dieser Auftrag ist erfüllt.«

»*Ich* bestimme darüber, wann sein Auftrag erfüllt ist«, sagte Leannor ungeduldig. »Jedenfalls wenn er seinen Sohn jemals wiedersehen will. Sir Ehlbert …«, sie wandte sich dem Kämpen des Königs zu, ohne mir Gelegenheit zu einer Antwort zu geben, »… was gibt es Neues von den Patrouillen?«

»Die Grauen Wölfe sind nicht leicht zu fassen«, meldete Ehlbert. »Sie zerstreuen sich nach jedem Überfall und verstecken sich eine Zeit lang, bis sie sich wieder zu Rudeln zusammenfinden, wenn die Gelegenheit günstig ist. Alundia ist groß, und für fähige Soldaten, die sich hier auskennen, gibt es jede Menge Verstecke.«

Mir war auch früher schon aufgefallen, dass er Leannor gegenüber weniger förmlich auftrat, wenn nicht so viele Zuschauer da waren.

Und zu meiner Überraschung schien es sie nicht weiter zu stören. Tatsächlich herrschte zwischen ihr und Ehlbert eine Vertrautheit wie mit niemandem sonst. Da ich wusste, in welchem Verhältnis der Ritter in Wahrheit zum König stand, war es wenig überraschend, dass er die Gunst der Krone genoss, doch dass Tomas' Schwester ihm ebenfalls gewogen war, erschien mir seltsam. *Könnte es sein,* mein Blick ging von ihrem Gesicht zu seinem, *dass der Kämpe des Königs mehr als ein uneheliches Kind gezeugt hat?*

»Das sind keine Soldaten«, sagte Leannor. »Sie erkennen unseren König nicht als rechtmäßigen Herrscher dieses Landes an, deshalb sind sie Gesetzlose. Zum Glück …«, sie wandte sich wieder mir zu, »… ist jemand unter uns, der mit den Gepflogenheiten solcher Halunken wohlvertraut ist. Hauptmann Scribe, was meint Ihr? Wo sollen wir nach diesen lästigen Wölfen am besten suchen?«

Ich war versucht zu behaupten, dass ich mich in diesem Herzogtum nicht so gut auskannte, doch die Frage der Prinzessin war berechtigt. Roulgarth mochte ein Adliger gewesen sein, jetzt aber stand er mit seinen Aufständischen außerhalb des Gesetzes. Ihre Burgen hatten sie aufgeben müssen, weil sie nicht mehr genug Soldaten zu ihrer Verteidigung hatten. Und als Vagabunden würden sie sich mit dem Leben als Gesetzlose abfinden müssen.

»Die Berge und Wälder zu durchkämmen, ist zwecklos«, sagte ich. »Wir könnten jahrelang suchen und würden nicht einen einzigen Aufständischen finden, weil sie sich in diesem Land zu gut auskennen.«

»Wo also sollen wir dann suchen, Hauptmann?« Ehlbert schenkte mir ein fragendes und wie immer gut gelauntes Lächeln.

»Nicht dort, wo sie sich gern aufhalten, sondern dort, wo sie gezwungenermaßen hingehen müssen. Sie können zwar eine Zeit lang auf die Jagd gehen, aber bald wird alles Wild in der Gegend tot sein. Und sie können sich auch nirgends niederlassen, um Nahrungsmittel anzubauen. Roulgarth braucht Vorräte, um seinen Aufstand am Leben zu erhalten, und die bekommt er nur bei den Menschen dieses Landes. Genau dort werden wir ihn finden, beim einfachen Volk.«

»Ein Volk, das uns hasst«, warf Evadine mit trauriger Miene ein. »Das sich weiter an seinen falschen Glauben klammert. Diese Leute werden ihre Landsmänner sicher nicht verraten.«

»In jedem Land gibt es Verräter«, sagte ich. »Das muss irgendwann jeder Gesetzlose erfahren.« Mit säuerlicher Miene wandte ich mich dem Kämpen zu. »Sir Ehlbert kann dies gewiss bezeugen. Schließlich war es ein Verräter, der ihn nach Moosmühle geführt hat, wo er Deckin Scarl gefangen nahm. Habe ich recht?«

»Herzogin Lorine hätte gewiss etwas dagegen, so bezeichnet zu werden«, erwiderte Ehlbert grinsend, »aber es passt durchaus.«

Der Verräter war Todman, nicht Lorine, du Strohkopf, dachte ich, und mein Magen verkrampfte sich, so sehr musste ich mich zusammennehmen, die Worte nicht laut auszusprechen. Stattdessen wandte ich mich wieder der Prinzessin zu und redete sachlich weiter. »Deckin hat immer gesagt: Es gibt stets jemanden, der bereit ist, einen zu verraten, und je berühmter man ist, desto höher ist der Lohn des Verrats. Ist das Kopfgeld für einen Gesetzlosen so hoch, dass man damit für sein ganzes Leben ausgesorgt hätte, wird die Gier schnell stärker als die Furcht.«

Leannor schürzte die Lippen und dachte einen Moment nach. »Fünf Goldmünzen für Roulgarth Cohlsair, tot oder lebendig?«, schlug sie vor.

»Zehn wären besser«, sagte ich. »Aber viel hängt davon ab, dass sich die Neuigkeit bei den richtigen Leuten herumspricht. Sie im ganzen Herzogtum zu verbreiten, wäre schwierig, da unsere Soldaten nur in Kompanien losziehen können, wenn sie nicht in einen Hinterhalt geraten und getötet werden sollen. Außerdem verbreiten Gesetzlose Neuigkeiten schneller als der flinkste Bote.«

»Meine Männer haben in den Wachstuben ein paar Dutzend eingekerkerte Halunken gefunden«, sagte Ehlbert. »Darunter welche von der widerwärtigsten Sorte. Ich wollte sie bei Gelegenheit hängen lassen.«

»Dann könnt Ihr Euch, wie's scheint, die Arbeit sparen«, sagte

Leannor. »Hauptmann Scribe, da Ihr sicher am besten mit ihnen reden könnt, bitte ich Euch, diese Schurken aufzusuchen und sie darüber in Kenntnis zu setzen, dass Prinzessin Leannor Algathinet in ihrer Gnade und Güte ihnen Straffreiheit gewährt und sie aus dem Gefängnis entlässt. Gebt ihnen Essen für mehrere Tage, lasst sie ihrer Wege gehen und sorgt dafür, dass alle die Höhe der Belohnung kennen.«

Ich verneigte mich tief. Wieder einmal kam ich nicht umhin, die Gerissenheit dieser Frau zu bewundern. »Sehr wohl, Majestät.«

Nachdem sie sich ausführlich über die militärische Lage hatte unterrichten lassen, ließ sie uns gehen. Ich hatte jedoch das Gefühl, dass ich mir eine kleine Gefälligkeit verdient hatte, und blieb noch kurz stehen. »Verzeihung, Hoheit«, sagte ich, »dürfte ich mich nach der Gesundheit der kleinen Ducinda erkundigen?«

Leannors Miene erstarrte. Das Schicksal der einzigen überlebenden Erbin der Familie Cohlsair war das Thema, das ihr momentan am wenigsten behagte. Ich erinnerte mich an ihr aufrichtiges Entsetzen, als sie vom Selbstmord der Herzogin und dem Tod ihrer anderen Kinder gehört hatte. Inzwischen wusste ich, dass die Prinzessin ebenso hinterlistig wie selbstsüchtig war. Im Gegensatz zu anderen Menschen dieses Charakters war sie jedoch nicht nachtragend und fand auch keinen Gefallen an Gewalt. Die Vernichtung der Familie Cohlsair war nie Teil ihres Plans gewesen, und das Ganze schaffte viel mehr Probleme, als es löste. Ducindas Überleben war von größter Wichtigkeit, weshalb Leannor das Kind streng bewachen ließ. Nicht einmal ich, der ihr dieses wertvolle Pfand gebracht hatte, wurde zu dem Mädchen durchgelassen.

Nachdem ich Ducinda aus der Festung des Herzogs getragen hatte, hatte die Witwe ein Pferd für mich besorgt. Der Reiter, ein cordwainischer Soldat, hatte sich darüber beschwert und wollte sein Pferd nicht hergeben, doch Mistress Juhlina hatte ihn kurzerhand mit ihrem Kriegshammer aus dem Sattel geschlagen. Nach einem wilden Ritt durch chaotische Straßen war ich endlich durch die Bresche zum Heerlager gelangt. Bruder Delric hatte mit der Versorgung der Verwundeten aus der Schlacht alle Hände voll zu tun gehabt, überließ seine Arbeit jedoch sogleich einem Gehilfen, als er das Kind in meinen Armen entdeckte. Um das Mädchen vor dem Gift in ihren Adern zu retten, wurde ihr ein Abführmittel verabreicht, worauf sie sich die ganze Nacht übergeben musste. Ich saß bei ihr und sah ihr beim Schlafen zu. Dabei plagten mich düstere Gedanken über ihre Zukunft. Mir kam die absurde Idee, sie fortzuschaffen, vielleicht sogar zu ihrem Onkel zu bringen. Leannors Eintreffen mit einer ganzen Eskorte königlicher Soldaten setzte solchen Fantasien ein Ende. Wie schnell sie von Ducindas Überleben erfahren hatte, obwohl ich befohlen hatte, kein Wort darüber verlauten zu lassen, teilte mir mit, dass die Prinzessin mindestens einen Spion in unseren Reihen hatte. Als ich ihr von der grausigen Szenerie berichtete, auf die ich in der Festung des Herzogs gestoßen war, wurde sie kreidebleich. Sie nahm das schlafende Kind flugs auf ihre Arme und ging wortlos davon. Seither hatte ich keinen Blick mehr auf Ducinda werfen können.

»Sie ist wieder vollständig genesen«, teilte Leannor mir mit. »Und fühlt sich in ihrer behaglichen Umgebung pudelwohl.«

Ich wollte noch mehr fragen, wusste jedoch, dass ich ihre Geduld nicht überstrapazieren durfte. Evadine, die meine Gedanken wie stets mühelos erriet, verspürte zum Glück keine solche Zurückhaltung. »Und was habt Ihr mit ihr in Zukunft vor?«, fragte sie mit einer Beiläufigkeit, die Leannor rot werden ließ. Wie sehr ihre Hauptleute ihr auch geschmeichelt haben mochten, in Wahrheit war die Niederlage Hochsahls ein weiterer Triumph, den sich die Gesegnete auf die Fahnen schreiben konnte. Ihre Soldaten waren es gewesen, die die erste Bresche gesichert und Sir Ehlbert gerettet hatten, wodurch das Schicksal der Stadt besiegelt worden war. Leannor war zwar die Generalin des Heeres gewesen, in den Geschichten über die Schlacht würde jedoch ein anderer Name die Liste der Helden anführen.

Leannor zögerte kurz mit der Antwort. Sie ließ sich auf den Stuhl zurücksinken und nahm eine elegante Pose an. Dann sagte sie: »Ich finde das Mädchen sehr charmant und werde es bedauern, wenn sie diese Stadt verlassen muss. Doch die Bedürfnisse des Reiches kommen stets an erster Stelle. Sie wird bald von einem Schiff nach Norden und dann weiter nach Couravel gebracht, wo sie den Schutz des Königshauses genießen wird. Ich hoffe sehr, dass sie, wenn die Umstände es erlauben, in die Obhut ihres Großvaters übergeben werden kann. Dem Herzog von Althiene wird das liebe Kind in seiner Trauer gewiss ein Trost sein.«

»Wenn es die Umstände erlauben?«, fragte Evadine gelassen, ihre Miene wirkte jedoch düster und vorwurfsvoll.

»Ich bin jetzt für Ducindas Zukunft verantwortlich«, erwiderte Leannor. »Und dieser Verantwortung werde ich mich voll und ganz stellen. Bevor sie nach Althiene gebracht wird, wird sie sich mit meinem Sohn Alfric verloben. Dadurch wird die … Missstimmung, die bedauerlicherweise zwischen der Krone und dem Herzog von Althiene entstanden ist, behoben werden.«

Und die Familie Algathinet ist auf ewig mit dem Herzogtum von Alundia verbandelt, dachte ich und war trotz der Trauer, die mich bei ihren Worten überkam, beeindruckt. Ich hatte einem Mädchen das Leben gerettet, nur damit es nun gezwungen wurde, in die Familie einzuheiraten, die den Tod ihrer eigenen verursacht hatte. Das Leben des Adels besaß, wie es schien, kaum weniger Fallstricke als das des einfachen Volkes.

Da ich das Gefühl hatte, dass Evadine noch mehr sagen wollte und die Prinzessin damit womöglich verstimmen würde, kam ich ihr zuvor, indem ich auf ein Knie sank und mich vor Leannor verbeugte. »Eure Weisheit und Güte sind nicht hoch genug zu schätzen, Majestät.«

Kurz herrschte Schweigen, während Leannor Evadine erwartungsvoll musterte. Der Moment zog sich in die Länge, bis die Gesegnete schließlich ebenfalls das Knie beugte.

»Ich danke Euch, Hauptmann Scribe«, sagte Leannor, faltete die Hände im Schoß und bedachte mich mit einem gelassenen Lächeln. »Und jetzt fort mit Euch zur Wolfsjagd. Ich will, dass im Frühjahr jeder Einzelne von ihnen tot ist.«

EINUNDZWANZIGSTES KAPITEL

Der Akzent des Alundiers war schwer zu verstehen, und viele Wörter, die er benutzte, kannte ich nicht, dennoch kam er mir nur allzu vertraut vor. Gesetzlose gibt es viele, und jeder hat eine andere traurige Geschichte zu erzählen, wie ihn das Glück verließ und er sich in einem Leben außerhalb des Gesetzes wiederfand. Bei einer Handvoll von ihnen sind es jedoch nicht Fehltritte oder Missgeschicke, die sie zu Schurken machten, vielmehr sind sie es von Geburt an. So war es auch bei dem drahtigen, von Narben entstellten Halunken mit dem wild wuchernden Bart, der jetzt vor mir saß. Ich fand es immer schon interessant, dass es gerade diese Sorte Gesetzlose ist, die am meisten zum Verrat neigt. Als wäre ihnen die Habgier schon im Mutterleib eingepflanzt worden und würde sich gegen alle anderen Überlegungen durchsetzen, wenn sich die Gelegenheit bot. Für einen solchen Mann waren zehn Goldmünzen ein schier unwiderstehliches Lockmittel. Dennoch sah ich einen Anflug von Scham in den weit geöffneten, blutunterlaufenen Augen des Mannes, als er unruhig auf dem Stuhl hin und her rutschte und seine Geschichte stammelte, wobei er abwechselnd mich und Sir Ehlbert anschaute.

»Der alte Wachturm bei Uhlpins Pass«, sagte er und nickte bei jedem Wort mit dem Kopf. »Sie haben Kieker auf den Wegen. Und Murkser.« Er verstummte, als wäre seine Kehle zugeschnürt, und ein trockenes Husten kam ihm über die rissigen Lippen. Seine Wangenhaut zeigte deutlich die Spuren eines Lebens in der Wildnis. Die eisige Luft hatte tiefe Furchen darin eingegraben, die nie wieder verschwinden würden. Obwohl er in stinkende Schaffelle gehüllt war, zitterte er unablässig. *Zu Tode verängstigt*, dachte ich. In den Augen des Kerls sah ich weitaus mehr Furcht als Scham.

»Trink, guter Mann.« Sir Ehlbert schob ihm über den Tisch einen Humpen Bier hin. Wir waren allein in der Steinhütte, die von den Einheimischen als Wirtshaus bezeichnet wurde. Sie befand sich inmitten einiger noch kleinerer Hütten in den Ausläufern des Gebirges an der Südgrenze Alundias. Die Reise vom Weinland im Osten hierher hatte acht Tage gedauert und war äußerst beschwerlich gewesen. Wochenlang hatten wir inmitten der gefrorenen Weinberge vergeblich nach Roulgarth Cohlsair gesucht, bevor ein Bote mit einer Nachricht von Prinzessin Leannor aus Hochsahl eingetroffen war. Uns wurde befohlen, nach Süden zu reiten, wo sich einer Quelle zufolge, bei der es sich um einen von Leannors zahlreichen Spionen handeln musste, ein Mann befand, der Nützliches zu berichten wusste. Bei unserer Ankunft stießen wir auf diesen zitternden Kerl, der im Wirtshaus der einzige Gast war. Als wegen des Krieges die Vorräte an Nahrungsmitteln knapp geworden waren, hatten die meisten Dorfbewohner ihre Häuser verlassen. Der Inhaber des Wirtshauses war für diesen Abend in seinen Schuppen eingesperrt worden, und eine dichte Absperrkette aus königlichen Soldaten hielt mögliche Lauscher fern.

»Murkser?«, hakte ich nach, als der Alundier einen großen Schluck Bier nahm.

»Ihr wisst schon, Abmurkser, Messerstecher«, sagte er. In seinem struppigen Bart hing Bierschaum. »Leute, die andere umbringen, wenn's sein muss.«

»Gesetzlose also«, sagte ich. »So wie du. Merkwürdige Gesellschaft für einen Adligen, nicht?«

»Roulgarth Cohlsair verurteilt die Leute nicht wegen ihrer Vergangenheit.« Wieder leuchtete Scham in seinem Blick auf, und er nahm einen weiteren großen Schluck aus dem Humpen.

»Du sollst dich nicht betrinken«, sagte ich und griff über den Tisch, um ihm das Bier wegzunehmen. Furcht leuchtete hell in den Augen des Gesetzlosen, als er vor mir zurückwich. Er zog die Schultern nach vorn, und ich hatte den Eindruck, dass er gleich zur Tür laufen würde. Weit wäre er nicht gekommen, aber wenn er wirklich die Wahrheit sagte, dann wäre mehr aus ihm herauszuholen, wenn er weniger verängstigt war.

»Wie wirst du genannt?«, fragte ich und zog den Arm zurück. Ich wusste, dass es zwecklos war, ihn nach seinem echten Namen zu fragen. Wahrscheinlich hatte er ihn seit Jahren nicht mehr benutzt.

»Barbier.« Er entblößte gelbe Zähne und fuhr sich grinsend mit den schmutzigen Fingern durch den Schnurrbart. »Wegen dem hier. Nicht weil ich gut mit 'nem Rasiermesser umgehen könnte oder so, obwohl es in der Bande des Herrn sicher viele gibt, die es können.«

»Ihr scheint mir ein friedfertiger Mann zu sein«, sagte Ehlbert, worauf der Mann noch breiter grinste. Ich konnte sehen, dass er mich mehr fürchtete als den Ritter. In mir sah er einen von seiner eigenen Sorte. Das Gewand des Gesetzlosen ist nicht so leicht abzulegen und wird von anderen desselben Schlages schnell erkannt. Ehlbert dagegen betrachtete er als gutmütigen, einfältigen Adligen, den er an der Nase herumführen konnte. Dieser Barbier war ebenso gierig wie ahnungslos.

Ein paar Wochen zuvor waren wir in ein noch weniger anheimelndes Dorf im Osten gerufen worden, wo uns ein Informant erwartete, der angeblich gesicherte Kenntnisse über Roulgarths derzeitigen Aufenthaltsort besaß. Ehlbert hatte sich die eindeutig erfundene Geschichte des Mannes geduldig angehört, bevor er ihm eine einzige Frage stellte: »Welche Augenfarbe hat Roulgarth?« Zufällig tippte der Informant richtig: Blau. Es war jedoch offensichtlich, dass er nur geraten hatte, und er musste dafür mit Peitschenhieben und lebenslanger Verbannung in die Erzminen bezahlen.

Barbier dagegen musste nicht raten. »Manche sagen, er hat blaue Augen«, erwiderte er prompt auf Ehlberts Frage. »Aber ich würde sagen, sie sind eher grau wie das Meer an einem bewölkten Tag, Herr.« Er hielt inne, um zu rülpsen, und musterte enttäuscht den fast leeren Humpen. »Ich war früher mal Seemann. Und würde es auch gern wieder sein.«

»Erzähl uns die Wahrheit«, sagte Ehlbert, nahm den Humpen und stand auf, um ihn an dem Fass in der Ecke wieder zu füllen, »und du wirst genügend Münzen haben, um dir dein eigenes Schiff zu kaufen. Käpt'n Barbier werden sie dich nennen.« Er schlenderte zum Tisch zurück, stellte den Humpen ab und legte dem Schurken seine große Hand auf die Schulter. »Wäre das nicht großartig, hm?«

»Großartig.« Barbier nickte wieder und griff mit immer noch zittrigen Händen nach dem Humpen.

»Der Mistkerl lügt.« Ich kam auf die Beine und zog meinen Dolch aus der Scheide. Barbier wollte hochkommen, aber Ehlbert hielt ihn mit seiner schweren Hand fest. »Roulgarth Cohlsair, der Wolf von Alundia, soll sich mit stinkendem Lumpenpack wie dir abgeben?«, knurrte ich verächtlich, beugte mich vor und packte sein schmutziges Schaffell. »Hältst du mich für einen adligen Strohkopf?«

»Na, na«, tadelte Ehlbert mich gut gelaunt und hielt Barbier weiter fest, während ich die Spitze meines Dolches dicht an dessen Auge hielt. »Käpt'n Barbier kann sicher beweisen, dass er die Wahrheit spricht.« Er versetzte der Schulter des Gesetzlosen einen freundschaftlichen Stoß. »Nicht wahr, Käpt'n?«

»I-Ihr seid der Schreiber, richtig?«, stammelte Barbier und wollte vor mir zurückweichen, fand sich jedoch gegen den Kämpen des Königs gedrückt, der wie eine unnachgiebige Wand hinter ihm stand. »Der die Burg Walvern gehalten hat?«

»Ja, und?« Ich hielt den Dolch nur eine Haaresbreite von der Pupille seines zuckenden Auges entfernt.

»Der Herr hat gesagt, er hätte Euch beim Fluss umbringen sollen. Er hat gesagt, wenn er gewusst hätte, was noch passieren würde, hätte er an dem Tag Euer Blut und das des ketzerischen Miststücks in den Krähenfluss vergossen.«

Ich unterdrückte den Drang, ihn wegen der Beleidigung abzustechen. Die Worte kamen ihm leicht über die Lippen, und ich bezweifelte, dass er schlau genug war, um sie sich auszudenken. »Das hat er dir erzählt, ja?«, schnaubte ich spöttisch. »Ich könnte wetten, dass er nie ein Wort mit dir gewechselt hat.«

»Nicht mir, seinem Neffen Merick. Sie unterhalten sich manchmal nachts, wisst Ihr? Ich hab mich in die Nähe geschlichen und zugehört.«

»Und worüber unterhalten sie sich so?«

»Hauptsächlich über ihre Pläne. Hinterhalte, Überfälle und Morde.« Barbiers Blick ging zwischen Ehlbert und mir hin und her. »Und über Euch. Er will Euch töten, aber er ist sauer darüber, dass er es nicht kann, weil der Winter in den Bergen so schlimm ist.« Während die Worte aus ihm hervorsprudelten, trat ich einen Schritt zurück. Er schien tatsächlich die Wahrheit zu sagen. »Sie wollen bis zum Frühling dortbleiben. Können ja auch sonst nirgendshin. Im Süden gibt's ein paar Adlige, die ihnen wohlgesonnen sind, bei denen sie Zuflucht finden könnten, aber der Herr will es nicht riskieren, ins Flachland zu gehen, solange die Vorräte so knapp sind. Er wird den ganzen Winter über dortbleiben, das sage ich Euch. Und ich schwöre bei allen Märtyrern, es ist die Wahrheit.«

»Als ob du dich einen Dreck um die Märtyrer scherst«, knurrte ich, war insgeheim jedoch zufrieden. Bislang hatte ich noch keine Anzeichen dafür entdeckt, dass der Mann log. Die Angst, die ich in seinem fiebrigen Blick sah, gab mir jedoch zu denken. Er schien sich nicht bloß vor meiner Klinge zu fürchten.

»Da ist noch mehr«, sagte ich und packte ihn am Hals, während ich den Dolch wieder dicht an sein Gesicht hielt. »Du weißt, was ich bin«, sagte ich. »Und ich weiß, was du bist. Keine Lügen mehr. Keine Geheimnisse. Spuck's aus, oder ich geb dir dein verfluchtes Auge zu fressen.«

Er stieß keuchend seinen sauer stinkenden Atem aus, seine dürre Brust hob und senkte sich schwer. Schweiß lief ihm in die Augen, und er blinzelte ihn fort. Als er weiterredete, sprach er im Flüsterton. Und er klang überrascht, so als würde er etwas beichten, das er eigentlich für sich behalten wollte. »Mein Bruder …«

Ich packte seinen Hals fester. »Was ist mit ihm?«

»Ich hab ihn umgebracht.« Würgend verstummte er, und ich spürte, wie sich seine Kehle zusammenzog, als er schluckte. Die nächsten Worte presste er schluchzend hervor. »Ich hab meinen Bruder umgebracht. Wir sollten Wache halten, und ich hab zu ihm gesagt: ›Lass uns diese Goldmünzen verdienen gehen, bevor wir uns hier den Arsch abfrieren.‹ Aber er wollte nicht, hat gesagt, wir seien dem Herrn was schuldig, weil er uns nicht gehängt hat, damals, als wir die Ziegen gestohlen hatten. Er sagte, ich sei ein nichtsnutziger Feigling, und es sei kein Wunder, dass Mutter mich nie geliebt hat, und ich hab ihn umgebracht …« Tränen stiegen ihm in die Augen, und er kniff sie fest zusammen. Sein dürrer Körper wurde von Schluchzern geschüttelt. »Ich hab meinen Bruder umgebracht«, keuchte er, als ich ihn losließ und zurücktrat. »Hab ihn in den Hals gestochen … Ich hab meinen Bruder getötet …«

Ich ließ ihn eine Zeit lang weinen und nickte Sir Ehlbert zu, dass er von ihm zurücktreten konnte. Der Ritter ließ sich auf dem Schemel neben dem Bierfass in der Ecke nieder, während Barbier um seine Fassung rang. Es dauerte endlos lange, aber ich widerstand dem Drang, ihn gewaltsam wieder zur Vernunft zu bringen. Schuldgefühl ist ein seltsames Gift, es kann einen ebenso stärken wie schwächen. Dieser Mann hatte einen Weg beschritten, von dem es keine Rückkehr gab, und hatte seine Entscheidung mit dem Blut seines Bruders besiegelt.

Nun blieb ihm nichts anderes übrig, als den Verrat zu Ende zu bringen. Ich nahm deshalb wieder Platz und wartete, bis das gierige Wiesel seine Trauer überwunden hatte und schniefend weitersprechen konnte.

»Was hast du mit der Leiche gemacht?«, fragte ich sachlich wie ein Gesetzloser den anderen.

»Hab sie eine Steilwand runtergeworfen.« Barbier unterdrückte ein Schluchzen und wischte sich Rotz von der Nase. »Eine hohe, ein gutes Stück vom Turm entfernt. Sie werden sie nicht finden.«

»Aber ihnen wird auffallen, dass du verschwunden bist«, hielt ich dagegen.

»Aus der Bande des hohen Herrn verschwinden ständig Leute, besonders in den Bergen. Manche haben einfach die Nase voll und gehen nach Hause, andere stürzen in irgendeine Felsspalte. Ich schätze, dass wir etwa vierhundert waren, als er uns nach Süden geführt hat. Als ich … gegangen bin, waren es noch ungefähr fünfzig.«

»Hast du außer deinem Bruder noch jemandem gesagt, was du vorhast?«

»Scheiße, nein.« Er lachte keuchend über die Absurdität dieser Frage. »Der letzte arme Wicht, den der Herr als Verräter verdächtigt hat, wurde mit rausgeschnittener Zunge an einen Baum gefesselt, damit das Blut in seinem Mund gefriert.«

Seine Worte klangen glaubwürdig. Mitten im Winter die Loyalität aufrechtzuerhalten, wäre selbst bei den treuesten Kämpfern nicht leicht. Besonders nach dem Verlust von Hochsahl und dem hässlichen Schicksal von Herzogin Celynne. Anscheinend lief es für Roulgarth Cohlsair gerade ziemlich schlecht. Er konnte nichts tun, außer in einem Turm zu hocken und Morde zu planen, die er wahrscheinlich nie würde ausführen können. *Vielleicht ist er verrückt geworden*, dachte ich, auch wenn die Vorstellung wenig tröstlich war. *Das könnte ihn noch gefährlicher machen. Ein in die Enge getriebener Wolf kann immer noch zubeißen, und sein Biss wird umso gefährlicher, wenn er die Tollwut hat.*

»Gibt es eine Möglichkeit, sich diesem Turm zu nähern, ohne gesehen zu werden?«, fragte Sir Ehlbert, worauf Barbier nickte.

»An der Südmauer gibt es einen Abortschacht«, sagte er. »Der führt bis zum Talboden runter. Nicht leicht zu erklimmen und auch nicht angenehm, aber in einer dunklen Nacht könnte ein Mann das zugehörige Rohr erreichen. Allerdings nicht mehr als einer, sonst würde man bemerkt werden. Ich kann Euch eine Karte zeichnen, wenn Ihr wünscht, Herr …«

»Keine Karte, Käpt'n Barbier.« Ehlbert stand grinsend auf und stellte dem Gesetzlosen einen weiteren vollen Bierhumpen hin. »Du wirst uns den Weg zeigen, wenn du dir deine Goldmünzen verdienen willst.« Barbier sackte ein Stück in sich zusammen, als Ehlbert wieder die Hand auf seine Schulter legte. Sein Blick wirkte trotzig, dann nickte er ruckartig. »Hervorragend!« Barbier hätte beinahe sein Bier verschüttet, als Ehlbert ihm auf den Rücken klopfte, bevor er zur Tür ging. »Wir brechen im Morgengrauen auf. Hauptmann Scribe, wenn ich kurz mit Euch sprechen könnte.«

»Als der König mich ausschickte, um Deckin Scarl zur Strecke zu bringen«, sagte Sir Ehlbert mit einer Pfeife im Mund, deren süßer, würziger Rauch sich mit der Bergluft vermischte, »hörte ich, dass es in seiner Bande einen Jungen gäbe, der die fast schon unheimliche Gabe besaß, Lügen zu erkennen.« Er musterte mit funkelnden Augen mein Gesicht und nahm einen tiefen Zug von seiner Pfeife. Der Rauch weckte in mir unangenehme Erinnerungen an einen anderen Ritter, der ebenfalls Pfeife geraucht hatte.

Sir Ehlbert lehnte sich mit dem Rücken gegen die Mauer der Hütte, sein Gesicht wurde vom Licht, das durch die Fensterläden fiel, nur zur Hälfte beleuchtet. Es war schon spät, und in der Luft lag eine klirrende Kälte, wie sie für die Berge typisch war. Vom Lager der Kompanie der Krone am unteren Dorfrand drang lauter Gesang herüber. Die gellenden Stimmen der Ritter und königlichen Soldaten bildeten einen starken Kontrast zum stillen Lager des Bundes am oberen Ende der Siedlung. Nach der Eroberung von Hochsahl war die Berittene Garde zu einer eigenständigen Einheit unter Wilhums Befehl erklärt worden.

Er war jetzt Hauptmann Dornmahl von den Reitern des Bundes, deren Zahl sich inzwischen verdoppelt hatte, da viele berittene freie Schwerter angeheuert worden waren, die nach dem Sieg über Hochsahl keine Anstellung mehr gehabt hatten. Ich hatte die Zweite Kompanie in Ofihlas Obhut zurücklassen müssen, als ich mich Evadine bei der Wolfsjagd angeschlossen hatte, worauf Prinzessin Leannor ausdrücklich bestanden hatte.

»Ich habe mich oft gefragt«, fuhr Sir Ehlbert fort, als ich nicht antwortete, »weshalb dieser kluge Junge den Verrat nicht entdeckt hatte, bevor meine Falle zuschnappte.«

»Ich kann Lügen nur erkennen, wenn sie in meinem Beisein ausgesprochen werden«, sagte ich ausdruckslos. »Und Deckins Verräter hat nie viel zu mir gesagt, außer ab und zu mal eine Beleidigung.«

»Herzogin Lorine mochte Euch also nicht?« Er trat zu mir, und ich drehte mich zu ihm um. Seine Stirn war neugierig gerunzelt. »Ich habe gehört, sie sei für Euch wie eine Mutter gewesen und Deckin wie ein Vater.«

»Das könnte man sagen. Aszendentin Sihlda Doisselle war für mich jedoch noch viel mehr wie eine Mutter.«

Die Spitze traf ihn offenbar, sein Blick wurde hart, dann leuchtete Bedauern darin auf. Er senkte den Kopf und sog ein paarmal an seiner Pfeife, bevor er mit ruhiger Stimme sagte: »Mit dem, was ihr passiert ist, hatte ich nichts zu tun. Hätte ich gewusst, was Althus vorhatte, dann hätte ich ihn aufgehalten.«

»Was hat Euch daran gehindert, sie aus den Erzminen zu befreien, als Ihr es erfahren habt?«

»Nichts.« Rauch stieg auf, während er in Erinnerungen versunken die Stirn runzelte. »Als ich herausfand, was Althus getan hatte, ritt ich mit einem Gefolge aus Rittern zu den Erzminen und stellte den dort herrschenden Adligen zur Rede.« Er verzog verächtlich das Gesicht. »Ein unangenehmer Mann von bösartigem Temperament, wenn ich mich recht entsinne. Aber auch ein Feigling. Er ließ die Aszendentin sofort aus den Minen hochholen, als ich meine Forderung stellte.« Er wirkte versonnen, als hätte er über diese Begebenheit jahrelang nachgedacht. »Sie weigerte sich zu gehen. Als ich sie nach dem Grund fragte, sagte sie, ihre Freilassung würde das Reich in einen Krieg stürzen. Althus würde sie gewiss umbringen wollen und ich in der Folge ihn. In dem ganzen Durcheinander würde das … Geheimnis, das nur sie allein kannte, zweifellos ans Tageslicht kommen. Sie konnte es nicht ertragen, Auslöser eines Krieges zu sein. Außerdem hatte sie eine Gemeinde, um die sie sich kümmern musste. In Wahrheit kam es mir so vor, als würde sie auf etwas warten, ein Versprechen, das noch nicht eingelöst war. Als sie mir sagte, dass ich weggehen und nie wiederkommen sollte, brachte ich es jedenfalls nicht über mich, ihr zu widersprechen.« Er musterte mich wieder mit seinem scharfsinnigen, fragenden Blick. »Vielleicht könnt Ihr mir ja sagen, worauf sie wartete, Hauptmann? Ich könnte wetten, Ihr habt sie viel besser gekannt als ich.«

So viele Jahre. Ich musste an Sihldas freundliche, stets geduldige Miene denken, wenn sie mich unterrichtete. *So viele Jahre, und sie hätte nicht einmal dort sein müssen.* »Sie hat nicht gewartet«, sagte ich. »Sie hat gearbeitet. Und sie war diejenige, die ein Versprechen eingelöst hat. Eines Tages wird das Testament von Märtyrerin Sihlda der wichtigste heilige Text des Bundes sein.«

»Der wichtigste?« Seine Stimme klang spöttisch, und er schaute vielsagend zum Lager des Bundes hin.

Ich wollte schon barsch erwidern, dass die Gesegnete und ich einer Meinung seien, was die Bedeutung von Sihldas Testament betraf, doch ich tat es nicht. Ich hatte den Eindruck, dass der Kämpe des Königs Lügen fast genauso gut erkennen konnte wie ich. Stattdessen nahm ich mich zusammen und sagte: »Sie hat Euch getäuscht, wisst Ihr.«

»Sihlda? Wie denn?«

»Nein, Lorine. Sie war nicht diejenige, die Deckin verraten hat. Es war ein Mann namens Todman. Sie hat ihn in jener Nacht in Moosmühle getötet.«

Ehlbert lachte und schürzte belustigt die Lippen. »Aber sie hat ihre Rolle so gut gespielt.«

»Lorine hat schon viele Rollen gespielt. Neuerdings ist es die der Herzogin.«

Er lachte wieder und nickte zum Wirtshaus. »Vertraue niemals einem Gesetzlosen, was?«

»Er lügt nicht«, versicherte ich ihm. »Aber vertrauenswürdig ist er deshalb trotzdem nicht. Und ich glaube auch nicht, dass Roulgarth so unachtsam ist, dass ihm das Verschwinden zweier Wachposten nicht auffallen würde, beides Brüder und Gesetzlose.«

»Ihr glaubt, er weiß, dass wir auftauchen werden?«

»Oder er vermutet es zumindest.«

»Dann hat er sich aber eine schlechte Zuflucht ausgesucht. Vor Jahren bin ich mal an dem Turm bei Uhlpins Pass vorbeigeritten, und damals war er eine Ruine. Irgendein alundischer Herzog hat ihn vor langer Zeit errichtet, um caerithische Eindringlinge abzuwehren, ohne zu begreifen, dass die Caerither wenig Interesse daran haben, unsere Grenzen zu überqueren. Er wird schon lange nicht mehr benutzt, und ich bezweifle, dass er einem entschlossenen Angriff standhalten würde. Da es Roulgarth an Truppenstärke mangelt, wird er entweder versuchen, sich an uns vorbeizuschleichen oder über den Pass in die Caerithische Öde zu fliehen. Mir wäre es fast lieber, er würde sich für Letzteres entscheiden, denn dann würden wir mit Sicherheit nichts mehr von ihm hören.«

»Er hätte noch eine dritte Möglichkeit«, warf ich ein.

»Ein glorreicher Tod im Kampf.« Ehlbert zuckte die Achseln und nahm die Pfeife aus dem Mund, um den erkalteten Tabak auf seiner Hand auszuklopfen. »Wenn das sein Wunsch ist, kommen wir ihm gern entgegen. Ob er wohl mich herausfordern würde oder eher Euch?«

Ich starrte nur in sein grinsendes Gesicht, ohne die Miene zu verziehen, dann suchte ich in meinem Geldbeutel nach einem Shek. »Kopf oder Zahl?«, fragte ich, machte eine Faust und legte die Münze auf meinen Daumen.

»Worum wetten wir?«, fragte Ehlbert und verengte verwirrt die Augen.

»Darum, wer von uns einen seiner Leute in den Abortschacht schicken muss, weil ich das nämlich nicht selbst tun werde.« Ich warf die Münze, die glitzernd durch die Luft flog. »Sagt schnell, bevor die Gesetze des Zufalls Euch so oder so zum Verlierer machen.«

ZWEIUNDZWANZIGSTES KAPITEL

Es ist kein Schwanz hier!« Fletchmanns kotverschmiertes Gesicht wirkte elend, als ich Schwarzfuß unter dem halb zerfallenen Tor des Turms zum Stehen brachte. Da ich beim Münzwerfen verloren hatte, war der Wilddieb meine erste Wahl für die Aufgabe gewesen, die er ohne Murren übernahm, obwohl ich das Gefühl hatte, dass er es jetzt bereute. Der Turm stand am Ende eines verschlungenen Pfads, der vom Boden eines engen Tals zu Uhlpins Pass hinaufführte. Selbst aus der Ferne betrachtet wirkte er wenig eindrucksvoll. Er erhob sich aus einem Trümmerhaufen, und seine Mauern waren etwa zu zwei Dritteln dem Zahn der Zeit und den Elementen zum Opfer gefallen.

»Sie sind noch nicht lange weg«, fügte Fletchmann hinzu und wischte sich etwas Dunkles, Klebriges von der Stirn. »Die Asche ist noch warm, und sie haben einiges an Vorräten zurückgelassen. Auch ein paar geschlachtete Pferde, einen Haufen eingesalzenes Fleisch, das noch dort hängt. Ich schätze mal, dass sie nicht beritten sind.«

Evadine und Wilhum blieben neben uns stehen, während die Reiter des Bundes zu Fuß zu den Trümmern des alten Turms hochstiegen. Ich richtete meinen Blick auf die schneebedeckten Abhänge, die hinter den Überresten des Turms unheilvoll und majestätisch zu beiden Seiten der schmalen Schlucht aufragten, die Uhlpins Pass hieß. Es war der offensichtlichste Fluchtweg, aber nur wenige Bewohner Albermaines hatten ihn seit vielen Generationen freiwillig benutzt. Und diejenigen, die es getan hatten, waren nie zurückgekehrt.

»Nicht einmal Roulgarth ist so verrückt«, meinte Wilhum, der meine Gedanken erraten hatte. »Wenn er nach Osten gegangen wäre, hätten wir ihn erwischt, bevor wir hier ankamen.« Er schaute zu den umliegenden Gipfeln hoch, die sich in den dunklen, tief hängenden Wolken verloren, die den Mond verbargen. »Vielleicht kennt er einen Weg über die Berge, den wir nicht kennen.«

Ich drehte mich zu einem der königlichen Soldaten um, die Ehlbert uns als Verstärkung mitgeschickt hatte. »Sagt Sir Ehlbert, der Wolf ist aus der Falle entwischt«, rief ich ihm zu. »Und holt den bärtigen Schurken hier hoch.«

»Kein Wolf, kein Gold«, teilte ich Barbier kurze Zeit später mit. Der Gesetzlose wimmerte, als ich ihn hart gegen die innere Mauer des Turms stieß. »Bevor sein Hals nicht in der Schlinge steckt, bekommst du gar nichts. Also, wo zum Henker ist er?«

»Woher soll ich das wissen?«, jammerte Barbier und kauerte sich in seinem Schaffell zusammen. »Ist nicht meine Schuld, dass er abgehauen ist, bevor Ihr hier aufgetaucht seid.«

»Vielleicht nicht«, Wilhum beugte sich drohend vor, »aber ich frage mich schon, woher er gewusst hat, dass wir kommen.«

»Seine Späher müssen ihn gewarnt haben«, wimmerte Barbier, und seine Augen traten über dem zotteligen Bart aus den Höhlen. »Ich hätte es ihm ja wohl kaum verraten können, oder?«

»Hauptleute, bitte.« Evadine legte Wilhum und mir eine Hand auf die Schulter. »Lasst dem Mann einen Moment Zeit, um seine Gedanken zu ordnen.«

Falls sie erwartet hatte, durch ihr Eingreifen den Schurken zu beruhigen, so wurde sie enttäuscht. Wie viele Alundier hielt Barbier die Gesegnete offenbar nicht bloß für eine Ketzerin, sondern für eine geheimnisumwobene Hexe. Während unserer wenig erquicklichen Reise durch das Herzogtum hatte Evadines Auftauchen überall dieselbe Reaktion hervorgerufen. Uns Soldaten wurden beim Betreten eines Dorfes oder einer Stadt Beleidigungen zugerufen, bei Evadines Anblick wurden die trotzigen Aufrührer jedoch sofort kreidebleich und verstummten. Höchstens ein gedämpftes Flüstern war noch zu hören: »Maleciten-Hexe.« Ein paar Leute machten den Fehler, die ketzerische Verleumdung in Hörweite der Reiter des Bundes zu äußern, und mussten es schmerzlich bereuen, wenn Evadine auch dafür sorgte, dass es kein Blutvergießen gab.

Barbier starrte Evadine, die ihn zu einem Stuhl neben einem eilig entzündeten Feuer führte, nur mit aufgerissenen Augen an. Er erschauerte unter ihrer Berührung, war jedoch vermutlich zu starr vor Angst, um wegzulaufen, daher setzte er sich hin und hörte zu, während sie ihm leise Fragen stellte.

»Kennst du dich in diesen Bergen aus, guter Mann?«

Schmelzwasser spritzte von Barbiers Schnauzbart, als er den Kopf schüttelte.

»Aber Roulgarth Cohlsair kennt sich hier aus, oder?«

Er nickte ruckartig, ohne zu blinzeln.

»Und ich weiß, dass er sich niemals an einem Ort niederlassen würde, an dem es keinen Fluchtweg gibt. Ein kluger und aufmerksamer Mann wie du hat ihn doch sicher über seine Pläne reden hören.«

Barbier erschauerte erneut, als wollte er einen unsichtbaren Druck abschütteln. Sicherlich bildete er sich ein, unter einem unnatürlichen Einfluss zu stehen, einem Zauber, den die Maleciten-Hexe über ihn gelegt hatte. Wenn dieser Zauber auch nur in seiner beschränkten Fantasie existierte, erwies er sich doch als wirkungsvoll, um ihm endlich ein paar nützliche Erkenntnisse zu entlocken.

»Die Brennerrinne«, flüsterte er.

»Und was ist das?«, erkundigte sich Evadine und schaute ihm

freundlich lächelnd in die Augen. Ich fragte mich, ob sie überhaupt bemerkte, wie viel Furcht sie dem Mann einflößte. Vielleicht glaubte sie auch, es läge an der Gunst der Seraphilen, dass er ihr so bereitwillig antwortete, dass – wie bei so vielen anderen – allein der Klang ihrer Stimme religiöse Begeisterung in ihm weckte.

»Das ist ein Weg«, sagte Barbier mit glasigen Augen und starrem Gesicht. »Ein Schmugglerpfad aus der Zeit, als der Herzog so hohe Steuern auf Brandy erhoben hat, dass ihn sich nur noch die Reichen leisten konnten. Die Brenner brachten ihre Waren auf Eseln über die Berge zu den südlichen Häfen. Der Weg wird schon lange nicht mehr benutzt, und kein Schmuggler ist je im Winter dort hochgegangen, aber …«, er nickte zu dem steilen Abhang hinter der Südecke des Turms, »… er verläuft über diesen Bergrücken. Ich hab gehört, wie der Herr ihn erwähnt hat. Aber nur ein Mal.«

»Und er führt zur Südküste?«, fragte Evadine und erhielt ein eifriges Nicken zur Antwort. »Hab vielen Dank.« Sie ergriff Barbiers in Handschuhen steckende Hände, worauf er noch heftiger zitterte. »Keine Sorge«, sagte sie, »der Bund wird dich belohnen, selbst wenn der König dir diese Goldmünzen vorenthalten sollte.«

Sie ließ ihn beim Feuer zurück und ging zu Wilhum und mir. Wir musterten die in Schatten gehüllten, dunstigen Höhenzüge im Süden. »Wenn Roulgarth es bis zur Küste schafft, könnte er ein Schiff in jede beliebige Richtung nehmen«, sagte Wilhum.

»Und würde uns damit allen einen Gefallen tun«, fügte ich mit einem Achselzucken hinzu. »Soll er doch übers Meer fortsegeln, wenn er will. Er ist nur dann eine Bedrohung für die Krone, solange er sich in diesem Herzogtum aufhält.«

»Ein Exilant kann auch wieder zurückkehren«, widersprach Evadine. »Und die Legende eines lebenden Helden ist gefährlicher als die eines toten. Legenden können Armeen anführen, Tote können es nicht.« Sie schaute mir in die Augen und nickte zu Barbier, der jetzt starr in das kümmerliche Feuer blickte.

»Also gut, du stinkender Mistkerl.« Ich stapfte zu ihm, um ihn hochzuziehen. »Wird Zeit, dass du deinen Arsch in Bewegung setzt und uns diese Brennerrinne zeigst.«

»Sie ist wahrscheinlich zugeschneit«, protestierte er mit dünner Stimme, während ich ihn auf den Esel zuschob, den er als Reittier erhalten hatte. »Und im Dunkeln finde ich sie nie.«

»Der Morgen wird schon bald anbrechen.« Ich bugsierte ihn auf den Rücken des Esels, der meine Verachtung für seinen Reiter zu teilen schien, denn er iahte laut, drehte den Hals und biss Barbier in den Fuß. Der Gesetzlose fluchte laut, verstummte jedoch abrupt, als Evadine auf Ulstans Rücken stieg und zu uns geritten kam.

»Da lang«, murmelte Barbier, duckte sich im Sattel und deutete auf einen Pfad, der hinter dem Turm zum Pass hochführte.

Die Vorhersage unseres Führers erwies sich bedauerlicherweise als richtig. Mehrere Stunden lang suchten wir verschiedene Schluchten ab, ohne jedoch die Brennerrinne zu finden. Endlich, als die Sonne schon über dem östlichen Höhenzug aufstieg, richtete Barbier sich auf dem Eselsrücken auf und deutete auf einen zerklüfteten Einschnitt, der südlich des Passes den Steilhang hinaufführte.

»Pferde kommen da nicht hoch.« Wilhum musterte den Pfad, der wie eine gezackte Narbe über den Abhang verlief.

»Dann gehen wir zu Fuß weiter«, sagte Evadine und saß von Ulstan ab. »Meister Barbier leiht uns gewiss gern sein kräftiges Reittier, damit es unseren Proviant tragen kann.«

Barbier überraschte mich, indem er ohne Widerspruch von seinem Esel stieg und ihr die Zügel reichte. Seine starre Miene war während unserer Suche unverändert geblieben. Vermutlich lag es noch immer an seiner Furcht vor der Maleciten-Hexe. Gesetzlose sind ein abergläubischer Haufen, und Barbier bildete da offenbar keine Ausnahme.

»Je eher wir ihn finden, desto schneller bekommst du deine Goldmünzen«, sagte ich zu ihm und lud einen Wasserschlauch auf den Rücken des Esels. »Und dann kannst du die Gesegnete weit hinter dir lassen.«

Er nickte knapp und schaute kurz zu Evadine hin, bevor er den felsigen Einschnitt hochstieg. Er schritt erstaunlich zielstrebig aus – vermutlich wollte er seinen Verrat so schnell wie möglich hinter sich bringen, was ich gut verstehen konnte. Auf der Reise hierher war auch ich des ganzen Unterfangens langsam überdrüssig geworden. Ich konnte es kaum erwarten, diesem Herzogtum endlich den Rücken zu kehren. Bei unserer Suche nach Roulgarth hatte sich nur zu deutlich gezeigt, was wir in diesem Land angerichtet hatten. Überall stießen wir auf Leute, die zu Bettlern geworden waren und nicht wussten, wie sie den kalten Winter überstehen sollten. Die Feldfrüchte, die sie hätten ernähren sollen, waren von Leannors Steuereintreibern beschlagnahmt worden, und die nächste Ernte würde wohl auf den Feldern verrotten, weil es nicht genügend Helfer gab, um sie einzubringen. Dass ich zu dem Ganzen beigetragen hatte, hätte Sihlda gewiss mit Trauer und Wut erfüllt. Und das Wissen darum plagte mich ebenso wie das ständig wiederkehrende Hämmern in meinem Schädel. Nach Roulgarths Gefangennahme würde es keinen Grund mehr geben, noch länger hierzubleiben, und wenn wir erst in den Norden zurückgekehrt waren, konnten Evadine und ich endlich mit der öffentlichen Verbreitung von Sihldas Testament beginnen.

Damit Frieden herrschen kann, muss zuerst Blut vergossen werden. Ein Ausspruch von Mathis dem Dritten, dem letzten Algathinet, der während der Zeit der ersten drei Könige auf dem Thron gesessen hatte. Sihlda hatte ihn mir als Beispiel für einen typischen Fehlschluss genannt. Sie sagte, er verdeutliche sehr gut die absurden Widersprüche, in die Tyrannen sich verwickelten, um ihre Verbrechen zu rechtfertigen. *Blutvergießen führt immer nur zu weiterem Blutvergießen, Alwyn,* hatte sie mir in der dunklen Nische erklärt, in der sie mich unterrichtete.

Sir Ehlbert hatte sich uns bei der Verfolgung angeschlossen und zweimal zwanzig seiner vertrauenswürdigsten Männer mitgenommen. Die restliche Kompanie der Krone wurde am Gebirgsrand entlang zu der Stelle geschickt, an der die Brennerrinne Barbiers Angaben zufolge aus den Bergen hinausführte. Evadine nahm nur Fletchmann und mich auf die Wanderung über die Gipfel mit. Wilhum befahl sie, bei den königlichen Soldaten zu bleiben. »Nur so lange, wie ihr im Gebirge seid. Danach kannst du gern vorausreiten. Unser Gegner hat vermutlich einen Vorsprung. Wenn er bereits im Süden angekommen ist, versuch, seine Spur zu finden. Warte nicht auf mich. Folge ihm und nimm ihn gefangen, wenn du kannst.«

»Du weißt, dass er sich nicht gefangen nehmen lassen wird«, sagte Wilhum.

»Nein«, stimmte Evadine seufzend zu. »Aber ich wäre dir dankbar, wenn du es versuchen würdest. Roulgarth war mal ein guter Mann, auch wenn er jetzt ein gewalttätiger Ketzer ist. Er hat zumindest einen fairen Prozess verdient.«

Wir mussten bis zum Morgen warten, bevor wir losgehen konnten. Den Abhang im Dunkeln hochzusteigen, wäre zu gefährlich gewesen. Selbst bei Tageslicht erwies es sich als äußerst beschwerlich und riskant. Der Hang war derart steil, dass das Klettern mühselig war, und auf dem gefrorenen oder losen Untergrund geriet man leicht ins Stolpern. Ein königlicher Soldat hatte das Pech, sich den Knöchel zu brechen, als er auf einer gefrorenen Stelle ausrutschte. Sir Ehlbert bekam einen seltenen Wutanfall und schimpfte den Kerl aus, da er nun einen weiteren Soldaten zurücklassen musste, der dem Verletzten half, zurück zum Turm zu kommen.

»Ich sollte dich Tollpatsch hier auf dem verfluchten Berg erfrieren lassen!«, knurrte der Kämpe des Königs. Der bleiche Soldat kauerte sich zusammen. Ehlbert wurde zwar selten wütend, doch wenn, dann hatten seine Männer offenbar seine Wut zu fürchten gelernt.

Wir erreichten den Kamm etwa zur Mittagszeit. Dahinter lag eine flache Vertiefung zwischen zwei Berggipfeln. Ein Trampelpfad, der sich durch den ansonsten unberührten Schnee zog, machte deutlich, dass wir auf dem richtigen Weg waren. »Höchstens einen Tag alt«, urteilte Fletchmann, der etwas Eselsdung auf dem Pfad gefunden hatte. Er roch daran und warf ihn weg. »Die Tiere sind schlecht ernährt. Sie werden wahrscheinlich nicht mehr lange durchhalten.«

Nach einer kurzen Pause, um uns von dem Aufstieg zu erholen, gingen wir zügig weiter und behielten dabei die Felswände zu beiden Seiten im Auge. Als Schutz vor einem möglichen Hinterhalt hatte Ehlbert unseren Trupp in vier Grüppchen aufgeteilt. Die kleine Vorhut bestand aus Fletchmann, Barbier, der inzwischen kein Wort mehr sagte, und mir. Der Großteil der Kolonne folgte fünfzig Schritte hinter uns, während an den Flanken Armbrustschützen marschierten. Zum Glück waren die Spuren, die Roulgarths Leute im Schnee hinterlassen hatten, einige Meilen weit gut zu verfolgen, und wir kamen bis zum Abend ohne weitere Zwischenfälle voran. In den Bergen schien es ungewöhnlich schnell Nacht zu werden – die Luft wurde so kalt, dass es in den Lungen wehtat, und der Himmel verwandelte sich in eine von Sternen gesprenkelte Schwärze, bevor wir überhaupt darüber nachgedacht hatten, ein Lager aufzuschlagen.

»Etwa eine Meile vor uns wird der Weg schmaler«, sagte Barbier ausdruckslos. »Der Pfad windet sich um den Sermont herum. Da kann man im Dunkeln nicht weitergehen.«

»Der Sermont?«, fragte ich und zuckte zusammen, als mir eisige Luft in die Kehle drang.

Barbier deutete auf einen kegelförmigen Berg im Süden, einen Monolithen mit glatten Steilwänden, der seine Nachbarn überragte. »Der höchste Gipfel in diesem Gebirge«, sagte er. »Es heißt, dass noch kein Mensch bis ganz nach oben gestiegen ist.«

»Warum sollte man auf den Gipfel eines Berges steigen?«, fragte Fletchmann. »Da oben ist doch nichts.«

Sowohl Evadine als auch Ehlbert wollten die Verfolgung trotz der tiefer werdenden Dunkelheit fortsetzen, doch als wir nach einer weiteren Stunde Fußmarsch am Rand einer senkrecht abfallenden Steilwand anlangten, mussten sie wohl oder übel ein Lager aufschlagen. Hier verengte sich die Brennerrinne zu einem kaum vier Fuß breiten Felssims, der um die Südflanke des Sermont herumführte. Es herrschte Uneinigkeit darüber, ob wir Feuer machen sollten, aber angesichts der klirrenden Kälte war diese Frage schnell geklärt – wir würden unsere Verfolgungsjagd wohl kaum fortsetzen können, wenn wir im Morgengrauen alle erfroren wären. Die königlichen Soldaten hatten Bündel mit Feuerholz mitgebracht. Das wurde nun aufgestapelt und angezündet, und die Soldaten drängten sich dicht um die Wärmeinseln. Die Sorge, dass wir entdeckt werden könnten, erwies sich als unnötig, wie Fletchmann mit seinen Adleraugen herausfand.

»Will er uns verspotten?«, fragte ich, als ich mit Evadine den orangegelben Fleck betrachtete, der einige Meilen entfernt auf dem Bergrücken flackerte. »Uns vielleicht weiterlocken?«

»Oder es ist ihm einfach egal«, sagte Ehlbert, der zu uns gestapft kam. Er trug einen Bärenfellmantel und hatte sich seine Pfeife zwischen die Zähne gesteckt, obwohl er sie wegen der Kälte nicht anzünden konnte. Mit düsterer Gewissheit musterte er das ferne Lagerfeuer. »Ich bezweifle, dass wir ihn noch lange verfolgen müssen.« Sein Atem wölkte sich in der Luft, als er tief seufzte und sich abwandte. »Morgen wird er Rache nehmen wollen. Dann werden wir wohl endlich herausfinden, wen von uns er lieber töten will, was, Hauptmann Scribe?«

Unsere Reise am nächsten Tag war das Furchteinflößendste, was ich je erlebt hatte. An manchen Stellen war der Felssims höchstens einen Meter breit. Höhen hatte ich noch nie gemocht, und so war der Weg für mich eine einzige Tortur. Mehrmals mussten wir uns an die Felswand pressen und uns langsam vorwärtsschieben, während der Wind an uns zerrte. Fletchmann war zwar im Flachland geboren, erwies sich aber dennoch als fähiger Bergführer. Barbier war ähnlich trittsicher, wenn mir sein grimmiges Schweigen auch zunehmend zu denken gab. Am Tag zuvor hatte ich nur die Furcht vor Evadine in seinem Gesicht gesehen, heute jedoch bemerkte ich eine Niedergeschlagenheit und Entschlossenheit, die ich beunruhigend fand. Ich überlegte, ob ich ihm erneut drohen sollte, damit er weiter parierte; ein Blick in seine schlaffe Miene sagte mir jedoch, dass er über jede Furcht hinaus war. Und da wir Roulgarth inzwischen so nahe waren, was hätte der Verräter noch tun können, um uns aufzuhalten?

Den Sims zu überqueren, dauerte den ganzen Morgen. Natürlich schaffte es auch hier wieder ein königlicher Soldat, den Halt zu verlieren und in die dunstige Tiefe zu stürzen. Sein Schrei war ein gedehntes Heulen, das so lange von den Steilwänden widerhallte, dass es fast den Anschein hatte, als würde der Sermont eine Antwort geben. Als ich den Sims endlich hinter mir gelassen hatte, stöhnte ich unwillkürlich erleichtert auf. Ich trat zu Fletchmann, um den Weg vor uns zu betrachten. Erneut herrschte wenig Zweifel daran, welche Strecke wir einschlagen mussten. Wieder führte ein tiefer Trampelpfad durch den Schnee zu einer Anhöhe ein paar hundert Schritte vor uns. Unser Ziel wurde noch offensichtlicher durch die beiden Männer, die oben auf der Anhöhe standen.

»Bleib hier«, sagte ich zu Barbier, der den Befehl kaum zu hören schien. Ohne zu blinzeln, starrte er die Gestalten vor uns an. »Mach deinen Bogen bereit«, wies ich Fletchmann an, der den Eschenholzbogen bereits von seinem Rucksack genommen hatte. Ich wartete, bis er die Sehne aufgezogen hatte, dann ließ ich meinen Rucksack fallen und rannte die Anhöhe hoch. Fletchmann folgte kurz hinter mir, während Barbier nur dastand und seinen ehemaligen Anführer anstarrte. Ich wusste, dass es vernünftiger gewesen wäre, auf Evadine und Ehlbert zu warten. Ich hatte jedoch eine Ahnung, was Roulgarth vorhatte, und hielt es für besser, seine Pläne rasch zu vereiteln.

»Das ist nah genug, Scribe!«, rief er, als Fletchmann und ich etwa die Hälfte der Anhöhe hochgestiegen waren. Die Neigung machte es schwer, sie zu erklimmen, da es sich um die Flanke eines Kamms handelte, der an der Westseite des Bergs nach unten verlief. Ein Blick nach rechts zeigte, dass der Kamm ein paar hundert Schritte vor uns einfach verschwand. Vermutlich befand sich dort eine Steilwand. Ganz gleich, was Roulgarth vorhatte, die Aussicht, in solchem Gelände kämpfen zu müssen, behagte mir gar nicht. Allerdings stellte sich heraus, dass er es an diesem Tag nicht auf mich abgesehen hatte.

»Wo ist sie?«, fragte er, als ich stehen blieb. Inzwischen konnte ich seine Gesichtszüge deutlich erkennen. Seine Wangen unter dem mit

Eis überzogenen Bart wirkten hohl, und ich bemerkte das Zittern seiner Hände, die den Griff seines Schwerts umklammert hielten. Schlechte Ernährung und anhaltende Kälte können selbst dem stärksten Mann die Kraft rauben, seine Augen aber leuchteten hell. In der Nähe lagen die Kadaver zweier Esel, die teilweise von Schnee bedeckt waren. Der Tod der Tiere war für Roulgarth womöglich der Tropfen gewesen, der das Fass zum Überlaufen brachte, ein letztes Unglück, das ihn – wie von Ehlbert vorhergesagt – dazu bewogen hatte, sich umzudrehen und seinem Schicksal ins Auge zu blicken.

»Wo ist die verfluchte Märtyrerin?«, fauchte er. »Die Maleciten-Hure? Bringt sie zu mir!«

Ich hörte hinter mir Schnee knirschen, offenbar hatten die blasphemischen Worte Fletchmanns Zorn erregt. Ich warf dem Wilddieb über die Schulter einen warnenden Blick zu, bevor ich mich wieder Roulgarth und seinem Begleiter zuwandte, einem jungen Mann, den ich an seiner Seite erwartet hatte.

»Der Wahnsinn hat Euren Onkel offenbar jede Höflichkeit vergessen lassen«, sagte ich zu Merick Albrisend, dem Baron von Lumenstor. Er wirkte ebenso ausgezehrt wie Roulgarth, sein junges Gesicht war schmal und vor Hunger gealtert, doch sein Blick war weniger wütend. Sein Arm steckte nicht in einer Schlinge, anscheinend war er seit unserer letzten Begegnung bei der Burg Walvern vollständig genesen. Und sollte er mir gegenüber Groll empfinden, so zeigte er es jedenfalls nicht. Sein Blick ging zwischen seinem Onkel und mir und der wachsenden Zahl königlicher Soldaten, die sich hinter uns versammelten, hin und her. Von ihrem eigenen Trupp sah ich niemanden. Wie es schien, besaß der letzte überlebende Cohlsair keine weiteren Verbündeten mehr.

»Sprich mit mir, Scribe!«, knurrte Roulgarth und trat vor seinen Kameraden. »Aber ich sage dir gleich, dass ich heute nur Kampfregeln vereinbaren werde. Geh und sag der Hexe, der du folgst, dass es unsere Bestimmung ist, auf diesem Berg zu kämpfen. Hier wird sie den Weg zu den ewigen Qualen antreten, die sie verdient hat.«

»Es tut mir leid«, sagte ich mit einer Verneigung, »aber Eure Befehle gelten für mich nicht. Seid so gut und legt Euer Schwert ab und ergebt Euch dem Kämpen des Königs, Sir Ehlbert Bauldry. Nach dem Gesetz der Krone werdet Ihr an einen sicheren Ort gebracht, wo Euch wegen Verrat, Mord, Diebstahl und dem Verbreiten ketzerischer Unwahrheiten über die Märtyrerin Evadine Courlain der Prozess gemacht wird.«

»Ein Prozess?« Roulgarth lachte barsch und fletschte knurrend die Zähne. »Ich habe ein Recht auf einen Entscheidungskampf. Und jetzt geh!« Er deutete mit dem Finger auf den Fuß der Anhöhe, wo soeben Evadines hochgewachsene Gestalt aufgetaucht war. »Sag ihr, dass sie sich mir im Kampf stellen soll. Wenn sie nicht ebenso feige wie bösartig ist.«

»Das wird nicht passieren.« Ich zog mein eigenes Schwert – nicht ohne Schwierigkeiten, weil der Griff an der Scheide festgefroren war. »Wenn Ihr kämpfen wollt, kämpft mit mir.«

»Du bist des Stahls eines Ritters nicht würdig, Scribe.« Roulgarths Gesicht war vor Wut gerötet. Er deutete erneut auf Evadine. »Bring sie zu mir.«

»Würdig oder nicht«, ich hob mein Schwert vor mein Gesicht und senkte es in der traditionellen Begrüßung von Kämpfern, »heute werdet Ihr mit mir vorliebnehmen müssen. Ihr solltet dankbar sein. Barbier dort drüben hat mir gesagt, dass Ihr ganz versessen darauf seid, mich zu töten.«

Roulgarth blinzelte und sah zu dem Mann hin, der ihn verraten hatte. Barbier war auf halbem Weg die Anhöhe hinauf stehen geblieben und stand wie erstarrt, während er seinen ehemaligen Herrn mit bleicher, ausdrucksloser Miene ansah. Ich hätte erwartet, dass Roulgarth wütend werden und ihn verfluchen würde. Stattdessen knurrte er nur und rief grimmig: »Wir haben die Leiche deines Bruders gefunden. Haben ihm ein anständiges Begräbnis gegeben. Jedenfalls soweit es möglich war. Wenn du ihn siehst, danke ihm bitte für seine treuen Dienste.«

Barbier antwortete nicht, aber die Worte trafen ihn offensichtlich, denn er sank schluchzend auf die Knie. Ich warf ihm einen angewiderten Blick zu und wandte mich dann zu Fletchmann um, der zu meiner Befriedigung bereits einen Pfeil in seinen Bogen eingelegt hatte. »Sobald du freie Schussbahn hast«, sagte ich ruhig zu ihm.

Er nickte gleichmütig. Bei aller religiösen Begeisterung war er im Herzen doch ein Gesetzloser geblieben, und ritterliche Vorstellungen von einem fairen Kampf waren ihm ebenso fremd wie mir. Roulgarth befand sich eindeutig in einer prekären Lage, aber ich erinnerte mich noch gut an seine Behauptung, den Mann besiegt zu haben, der mir den Schädel gespalten hatte. Was ich jetzt vorhatte, würde Ehlbert nicht gefallen und Evadine noch weniger. Aber es war meine Aufgabe, sie zu beschützen.

»Und der Junge?«, fragte Fletchmann und sah zu Merick hin.

»Nur wenn er sich einmischt. Prinzessin Leannor wird enttäuscht sein, wenn wir nicht wenigstens einen Gefangenen mitbringen.«

Ich drehte mich um und stieg entschlossen die Anhöhe hinauf, wobei ich darauf achtete, dem Alundier den Blick auf Fletchmann mit seinem schussbereiten Bogen zu verstellen. »Also gut«, sagte ich. »Dann wollen wir mal loslegen.«

Roulgarth sah ohne große Besorgnis zu, wie ich den Hang heraufkam. Er machte sich nicht einmal die Mühe, sein Schwert zu ziehen. Erst als ich nur noch etwa ein Dutzend Schritte entfernt war, änderte sich seine Haltung. Er legte den Kopf schief und musterte mit gerunzelter Stirn etwas hinter mir. Da ich eine Finte vermutete, widerstand ich zunächst dem Drang, mich umzudrehen, und tat es erst, als ich einen lauten Schmerzensschrei von Fletchmann vernahm. Ich wirbelte herum und sah ihn durch den Schnee stolpern. Aus einer Wunde an seinem Hals strömte Blut. Hinter ihm stand Barbier mit einem kleinen rot gefärbten Messer in der Hand. Wo er es versteckt hatte und wie es ihm gelungen war, es vor uns zu verbergen, sollte ich nie erfahren.

Fletchmann wankte noch ein paar Schritte und brach dann unter Todeszuckungen im Schnee zusammen. Wut flammte in mir auf, und ich vergaß Roulgarth und rannte laut fluchend durch den Schnee zurück, um Barbier zu töten. Der Halunke schenkte mir keine Beachtung. Er unternahm nicht mal den Versuch zu fliehen. Stattdessen wandte er sein Gesicht dem über uns aufragenden Sermont zu, öffnete den Mund und stieß einen gellenden Schrei aus. Anfangs war es nur ein heiseres Heulen, dann aber sog er Luft in die Lungen und brüllte so laut, wie ich es einer derart ausgemergelten Gestalt gar nicht zugetraut hätte.

»Das ist das Problem mit Verrätern, Scribe«, stellte Roulgarth fest. Ich blieb stehen und drehte mich mit erhobenem Schwert zu ihm um. Der Alundier hatte sich nicht von der Stelle gerührt oder gar sein eigenes Schwert gezogen. Der plötzliche Wandel in seiner Miene war frappierend. Der irre Wunsch zu kämpfen war einer müden, belustigten Resignation gewichen. Während Barbier weiter seine Trauer hinausschrie, sagte Roulgarth lächelnd: »Verrat liegt ihnen im Blut, egal, wie viel man ihnen zahlt.«

In dem Moment war über uns ein lautes Donnern zu hören, ein gewaltiges Krachen, das mich unwillkürlich zusammenfahren ließ. Fast war es, als hätte der Sermont auf das Brüllen des Gesetzlosen geantwortet. In gewisser Weise hatte er das auch. Als ich die Granitflanken hinaufschaute, dachte ich zunächst, ein Windstoß hätte eine große Wolke den Bergrücken hinuntergeweht. Doch als die Wolke näher kam und immer dichter wurde, erkannte ich meinen Irrtum. Barbier schrie immer noch, obwohl es jetzt nur noch ein dünnes krächzendes Jammern war, das bald vom gewaltigen Tosen des weißen Wirbelns verschluckt wurde, das auf uns zugejagt kam.

Hilflose, ohnmächtige Wut war mir nicht unbekannt. Immerhin hatte ich schon einmal am Strick gebaumelt und damit gerechnet zu sterben und hatte danach einen Tag am Pranger verbracht. Doch obwohl ich wusste, dass Weglaufen zwecklos war, da die Lawine so schnell auf uns zukam, dass weder Pferd noch Mensch davor hätte fliehen können, verbrachte ich meine letzten Sekunden zu meiner Schande nicht damit, die vielen Missetaten meines Lebens Revue passieren zu lassen. Stattdessen nutzte ich – stets ein Sklave meiner

Rachsucht – diese Sekunden für den vergeblichen Versuch, Barbier zu töten. Auch das war vollkommen sinnlos, da wir mit Sicherheit beide gleich sterben würden. Dennoch wollte ich die Befriedigung, ihn umgebracht zu haben, zur Himmlischen Pforte mitnehmen. Ob die Seraphilen mich für meine Boshaftigkeit verurteilt hätten, wird jedoch für immer ein Rätsel bleiben, weil die Flut aus Schnee und Eis mich mit sich riss, bevor ich an den bärtigen Mistkerl herankommen konnte.

DREIUNDZWANZIGSTES KAPITEL

Zweifellos würde es für meine Gelehrsamkeit sprechen, verehrte Leser und Leserinnen, wenn ich an dieser Stelle genauer beschreiben könnte, wie es ist, von einer Lawine mitgerissen zu werden. Bedauerlicherweise habe ich jedoch an das, was geschah, keinerlei Erinnerungen. Vermutlich gibt es Momente, in denen Körper und Geist von Schmerz und Empfindungen so überwältigt sind, dass diese im Gedächtnis keinen Platz mehr finden.

Ich erinnere mich, dass ich an Fletchmann vorbeirannte, der zuckend und blutig im Schnee lag, um mich mit erhobenem Schwert auf Barbier zu stürzen. Ich erinnere mich an das laute Dröhnen und einen eisigen Windstoß, der mir plötzlich ins Gesicht wehte. Ich erinnere mich an Barbier, der den Kopf in den Nacken gelegt hatte und schrie, wenn auch kein Laut mehr zu hören war, und der gleich darauf in einem Schneegestöber verschwand. Danach wurde alles weiß, und ich erinnere mich nur noch, dass ich hochgehoben und davongetragen wurde. Da war ein Druck, aber kein Schmerz. Der kam erst nach meinem Erwachen. Davor musste ich einen weiteren Besuch von Erchel über mich ergehen lassen. Im Rückblick muss ich sagen, dass es vermutlich angenehmer gewesen wäre, hätte ich stattdessen bewusst erlebt, wie ich inmitten einer Kaskade aus Eis und Schnee den Bergrücken hinabstürzte.

»Du warst immer schon ein leichtgläubiger Narr, Alwyn«, begrüßte mich seine Stimme aus der Tiefe eines in Nebel gehüllten Feldes. Anscheinend befand sich sein Schatten jetzt nicht mehr in der Dunkelfeste, sondern an einem noch weniger anheimelnden Ort. Überall lagen Leichen verstreut, große Haufen im dahintreibenden Nebel, die sich beim Näherkommen als die zerhackten und verstümmelten Opfer einer Schlacht entpuppten. Pfeile und Armbrustbolzen steckten in den Leibern, und im Boden und aus den mit Blut und Schmutz verschmierten weißen Gesichtern starrten leblose Augen nach oben. Der Traum war insofern ungewöhnlich, als dass ich den beißenden Gestank nach Schlamm, Blut und Exkrementen riechen konnte, der auf Schlachtfeldern herrschte.

»Du warst nie hier«, sagte ich zu Erchel. »Ayin hat dich Wochen vor der Schlacht auf dem Feld der Verräter getötet.«

Erchel thronte auf dem Kadaver eines Streitrosses, dessen toter Reiter unter dem gewaltigen Leib des Tieres begraben lag. Er machte sich an dem Panzerhandschuh des bedauernswerten Adligen zu schaffen und knurrte zufrieden, als er ihn abgezogen hatte und die mit Ringen geschmückten Finger zum Vorschein kamen.

»Stimmt«, sagte er mit einem Achselzucken und hob einen Dolch vom Boden auf. »Aber wie kommst du darauf, dass wir hier auf dem Feld der Verräter sind?«

Trotz des Nebels erkannte ich, als ich mich umschaute, einige Unterschiede zu dem Ort, an dem die Horde des Prätendenten besiegt worden war. Damals hatte der Kampf neben einem Fluss stattgefunden, in einem flachen Tal zwischen zwei niedrigen Hügeln. Hier befanden wir uns auf einer ebenen Fläche, und ein Fluss war nirgends zu sehen.

»Dachtest du wirklich, dass die Kriege in diesem Königreich vorbei sind?«, murmelte Erchel stirnrunzelnd und schob die Dolchklinge zwischen die Finger des Ritters.

»Eine weitere Warnung?«, fragte ich widerstrebend. Obwohl Erchel nur eine Traumgestalt war, gefiel es mir nicht, auf ihn angewiesen zu sein.

»Eher ein Versprechen.« Erchel verzog angestrengt das Gesicht, während er mit dem Dolch Fleisch und Knochen durchsägte. »Du musst dich übrigens für meine letzte Warnung nicht bedanken.«

»Vielleicht wäre ich auch so noch rechtzeitig wach geworden.« Ich zuckte mit den Achseln, weil ich mir vor dieser Erscheinung nicht die Blöße geben wollte. »Woher soll ich wissen, dass du tatsächlich einen Unterschied gemacht hast?«

»Kannst du nicht.« Er schenkte mir zu meinem Ärger einen wissenden Blick, bevor er sich wieder ans Werk machte. Als er einen Finger des Toten abgesäbelt hatte und den Goldring davon abzog, knurrte er zufrieden. »Betrachte mich als einen Wegweiser, eine Markierung auf einer Karte. Ich kann dir den Weg zeigen, aber ob du ihn beschreitest, ist deine Entscheidung. Die Ereignisse dieses Tages jedoch …« Er verengte die Augen und deutete mit der Hand auf das Blutbad um uns herum. »Leider kannst du nichts tun, um sie zu verhindern.«

»Wann?«, fragte ich mit zusammengebissenen Zähnen. »Wo?«

»Ein unbedeutendes Fleckchen Erde in naher Zukunft. Es wird auf jeden Fall passieren, deshalb ist es nutzlos, nach weiteren Einzelheiten zu fragen.«

»Warum machst du dir dann überhaupt die Mühe, es mir zu zeigen?«

Erchels Miene verfinsterte sich, und er betrachtete den Ring auf seiner Handfläche. »Was denkst du denn?«, murmelte er trotzig. »Glaubst du, ich hätte eine Wahl? Die habe ich ebenso wenig wie du.«

Ich trat näher an ihn heran, und meine Hand ging zu meinem Schwert. Im Traum trug ich noch dieselbe Kleidung wie auf dem Berg, einschließlich der Waffen, und die Mordlust, die sich auf Barbier gerichtet hatte, nagte immer noch an mir. »Wenn du nur ein Sklave bist«, sagte ich, »dann musst du einen Herrn haben.«

»Natürlich habe ich einen.« Sein Lächeln kehrte zurück, und er musterte mich mit selbstzufriedener Boshaftigkeit. »Denselben wie du. Wenn ich ein Sklave bin, was zum Henker denkst du dann, was du bist?«

Es war sein Lächeln, das den Ausschlag gab – dasselbe Lächeln, das mich auch schon in unserer Jugend in Rage versetzt hatte. Zischend glitt die Klinge aus der Scheide, und die Präzision meines Hiebs machten Wilhums Unterricht und meiner mühsam errungenen Kampferfahrung alle Ehre. Erchel zuckte nicht einmal, als der Stahl in seine Schulter hackte und durch seine Rippen bis zum Brustbein schnitt. Blut spritzte in einem hässlichen Geysir hervor, als er vom Kadaver des Streitrosses stürzte und ohne ein Geräusch in den Schlamm fiel.

»Früher hat es dir nie so viel Spaß gemacht.«

Ich wirbelte herum und sah Erchel mit demselben Grinsen auf den Lippen ein paar Schritte hinter mir stehen. Als ich zu seinem frischen Leichnam hinschaute, war dieser verschwunden.

»Das Töten meine ich«, fuhr Erchel fort. »Stets eine Bürde für Alwyn. Eine Strafe, die Deckin dir auferlegte. Die Zeit hat dich grausam gemacht, alter Freund.«

»Dich kann ich nicht oft genug töten«, sagte ich und machte mich für den nächsten Angriff bereit.

Erchel musterte mich ohne große Sorge, als ich auf ihn zustürmte. Stimme und Gesicht verrieten lediglich Langeweile. »Du kannst nicht töten, was bereits tot ist. Ich werde es nicht einmal spüren.«

Ich zögerte, hin- und hergerissen zwischen dem Wunsch, ihn erneut umzubringen, egal, wie wenig es ihn kümmerte, und dem Wissen, dass er die Wahrheit sagte: Es hatte mir Spaß gemacht, ihn zu töten. Und wenn Barbier ein wenig näher gestanden hätte, dann hätte ich auch ihn mit Freuden umgebracht.

Ich senkte mein Schwert und musterte Erchel finster. »Was willst du?«

»Dir den Weg zeigen, wie ich gesagt habe.« Er warf mir den goldenen Ring zu. »Hier, bitte schön.« Ich fing ihn auf und drehte ihn zwischen den Fingern. Es war ein Siegelring mit einem vertrauten Wappen. Mein Blick kehrte zu dem gestürzten Streitross zurück, und eine unangenehme Erkenntnis stieg in mir auf.

»Du wusstest, dass sie etwas verändern würde, Alwyn.« Erchels spöttische Worte folgten mir, als ich zu dem Pferd ging und um den blutigen Kopf mit dem offen stehenden Maul herum trat, um einen Blick auf den Reiter zu werfen. »Du wusstest, was sie mit sich bringen würde, und du bist ihr trotzdem gefolgt.«

Wie der Reiter gestorben war, ließ sich am schiefen Winkel seines Halses unschwer erkennen. Er hatte sich beim Aufprall auf den Boden das Genick gebrochen. Das Visier seines Helms war abgesprungen und enthüllte sein Gesicht. König Tomas Algathinet, Erster seines Namens, hatte ein nobles Ende gefunden. Seine Rüstung wies zahllose Dellen und Kratzer auf, und er war mit dem Schwert in der Hand gestorben. Die Klinge war bis zum Griff blutig. Weder Mut noch die Hinterlist seiner Schwester hatten ihn jedoch vor einem stürzenden Pferd und einem gebrochenen Hals retten können.

»Kein großartiger König, muss man sagen«, fuhr Erchel fort. »Aber auch bei Weitem nicht der schlechteste. Du hättest sehen sollen, was sein Ururgroßvater so alles getrieben hat.« Er lachte und schüttelte angewidert den Kopf. »Und du hast mich für ein Ungeheuer gehalten.«

Ich stellte fest, dass ich den Blick vom Gesicht des toten Königs nicht abwenden konnte. In meinem Kopf überschlugen sich fieberhaft die Gedanken. *Ein Königreich ohne König. Wer wird an seiner Stelle regieren? Und wie viel Blut wird vergossen werden, um darüber zu entscheiden?*

»Evadine wird das hier tun?«, fragte ich, als es mir endlich gelang, meinen Blick von Tomas loszureißen und Erchel anzuschauen. Er stieß mit dem Zeh das Kinn eines toten Soldaten an und machte sich einen Spaß daraus, den Mund des Leichnams auf- und zuklappen zu lassen, als würde er sprechen.

»Alwyn hat Angst«, sagte Erchel mit hoher kindlicher Stimme und bewegte den Mund des Toten im Rhythmus seiner Worte. »Weil Alwyn ein alberner, leichtgläubiger Dummkopf ist, der wirklich denkt, seine falsche Märtyrerin wird eines Tages Sihldas Testament zum Gesetz machen.«

Wieder kochte Wut in mir hoch, und ich ging erneut auf ihn zu, fest entschlossen, ihm diesmal wirklich den Kopf abzuhacken, ganz gleich, ob er es spürte oder nicht. Bevor ich jedoch in seine Nähe kommen konnte, blies ein eisiger Wind über das Feld – so heftig, dass er mich zum Stehen brachte.

»Das ist der Moment, in dem es wirklich beginnt«, sagte Erchel jetzt ernst, aber mit merklichem Widerwillen, wie ein Sklave, der eine ungeliebte Pflicht versah.

»In dem was beginnt?«

Er lachte, und es klang ebenso mitleidig wie spöttisch. »Die Wahnsinnige, die du zur Märtyrerin gemacht hast, liegt nicht gänzlich falsch, Alwyn. Die zweite große Plage wird bald anbrechen, und hier …«, er nickte zum Leichnam von König Tomas, »… nimmt sie ihren Anfang.«

Wieder kam ein unerbittlich kalter Wind auf, und als ich ihn auf der Haut spürte, krümmte ich mich zusammen. Dichte Schneeflocken wirbelten durch die Luft und ließen Erchel nur noch wie einen vagen Schatten erscheinen. »Ihre Visionen sind real, Alwyn!«, rief er, um das Heulen des Windes zu übertönen. »Aber sie sieht Wahrheit, wo nur Lügen sind! Inzwischen ist sie vollkommen darin verstrickt! Für sie gibt es keine Rettung mehr! Irgendwann wirst du das einsehen müssen! Aber …«

Ein Windstoß warf mich auf die Knie, und eine eisige Welle jagte durch meinen ganzen Körper. Ich zitterte und spürte, wie der Traum sich auflöste, hörte jedoch noch Erchels letzte Worte.

»… für dich ist es noch nicht zu spät …«

»Zeiteth dien uhl?«

Stimmen. Worte. Leise und fern. Sie hallten durch eine Welt aus sanft dahinziehenden Wolken.

»Eila Tierith.«

Die Stimmen wurden lauter. Neugierig, melodiös und hoch. Ich wünschte mir, dass sie weggingen. Ich wollte weiterschlafen, mich in den weichen Wattewolken verlieren. Sie waren warm und hüllten mich ein wie die Decke, die eine Hure mir vor langer Zeit in einer frostigen Nacht gegeben hatte …

»Ai, Ishlichen!« Etwas Kleines, Hartes stach mir in den Rücken. *»Lihl zeiteth?«*

Wieder das Stechen, fest genug, um wehzutun. Meine wundervolle Decke wurde weggerissen, und Kälte strömte herein, die mich wie die eisige Faust eines sadistischen Riesen umschloss. Ein Aufschrei entwich mir, und ich kam zuckend und zitternd wieder zu Bewusstsein. Schnee rutschte von meinem Gesicht, und ich sah mich mit trübem Blick um. In der Nähe ragten zwei längliche verschwommene Flecken auf. Ich blinzelte ein paarmal, und aus den Flecken wurden zwei kleine in Fell gekleidete Gestalten, die mich mit runden, ängstlichen Augen anstarrten. Wieder durchlief mich ein Kälteschauer, und ich zuckte zusammen. Eine der Gestalten ließ daraufhin den Stock fallen, mit dem sie mich angestupst hatte.

»Wartet …«, krächzte ich, als die beiden einen erschrockenen Blick austauschten. Mühsam befreite ich einen Arm aus Schnee und Eis und winkte ihnen zu, was sie natürlich erst recht die Flucht ergreifen ließ. Verzweifelt ächzend sank ich zurück, während ihre durch den Schnee stapfenden Schritte in der Ferne verklangen.

Eine Weile lang lag ich einfach nur mit dem Gesicht nach unten da. Überall in meinem Körper machten sich Schmerzen bemerkbar. Ein Brennen auf meiner Stirn und an meinem Kinn sagte mir, dass ich mir einige Schnitte zugezogen hatte, die mein bereits lädiertes Gesicht noch unansehnlicher machen würden. Meine Rippen knirschten; offenbar hatte meine Brust einigen Druck und wiederholte Stöße aushalten müssen. Meine Beine machten mir jedoch am meisten Sorge, denn sie blieben komplett taub.

Nachdem ich mich unter gequälten Schreien ein paarmal hin und her gedreht hatte, stellte ich fest, dass ich bis zur Hüfte in einem großen Haufen Schnee und Eis feststeckte. Im Umkreis standen mehrere Bäume, die von der Lawine halb verschüttet waren, und nachdem ich unter Mühen den Hals gereckt hatte, entdeckte ich in der Nähe einen Wald. Kiefern mit schneebedeckten Ästen ragten hoch über den dunklen Tiefen auf, in denen die Fußabdrücke der beiden Kinder verschwanden, die ich erschreckt hatte. Ich hörte ihre Rufe zwischen den Bäumen widerhallen. Sicherlich würden sie bald die Aufmerksamkeit von Erwachsenen erregen. Ihre Sprache klang vertraut, wenn ich sie auch nicht verstehen konnte. Die Lawine, die der verfluchte Barbier ausgelöst hatte, hatte mich eindeutig auf die falsche Seite einer Grenze getragen, die niemand, der bei Verstand war, würde übertreten wollen.

Ich biss die Zähne zusammen, grub meine Finger in den Schnee und versuchte, mich aus dem Berg, in dem ich gefangen war, herauszuziehen. Ohne die Hilfe meiner gefühllosen Beine kam ich jedoch nur wenige Zoll weit, bevor ich erneut zusammenbrach. Kälte und Erschöpfung haben eine seltsame Wirkung; zusammen erzeugen sie eine unangenehme Hitze in einem. Eine Zeit lang lag ich bloß schwitzend da, während in meinem Inneren ein Fieber wütete. Irgendwann ließ es nach, und ein trügerisches Nachglimmen breitete sich in mir aus. Wieder kehrten meine Gedanken zu der Decke zurück, die ich vor langer Zeit von der Hure bekommen hatte. Sie war so weich gewesen, nie hatte ich besser geschlafen …

Das stete Knirschen von Schritten im Schnee ließ mich hochschrecken. Ich hob den Kopf und sah ein Paar Fuchsfellstiefel auf mich zukommen. Verzweifelt unternahm ich einen weiteren Versuch, mich zu befreien. Doch alles Zappeln und Fluchen reichte nicht aus, meine Beine hatten sich in zwei nutzlose Eisklötze verwandelt.

»Fertig?«, fragte eine barsche Stimme mit starkem Akzent. Die Fuchsfellstiefel waren nur wenige Zoll vor meinem Gesicht stehen geblieben. Wahrscheinlich hatte der Kerl eine ganze Zeit lang meinen sinnlosen Anstrengungen zugesehen.

Ich sagte nichts. In Gedanken suchte ich fieberhaft nach allem, was ich je über die Caerither in Erfahrung gebracht hatte. Wie so oft in Momenten der Panik wollte mir jedoch nichts einfallen, und ich konnte nur ärgerlich die Stirn runzeln, als der Mann mit den Fuchsfellstiefeln vor mir in die Hocke ging. Er hatte ein breites Gesicht mit kantigem Kinn und einen schwarzen Bart. Seine Haut war hellbraun und mit den roten Malen übersät, die für sein Volk typisch waren. Sie bedeckten seine Stirn bis zu den grün leuchtenden Augen. Letztere hätten angenehm gewirkt, hätte der Mann nicht so finster dreingeschaut. Er mochte keine Besucher, so viel stand fest. Das sichelförmige Messer in seiner Hand machte das noch deutlicher. Ich erkannte darin ein Jagdmesser, das offenbar vor Kurzem erst benutzt worden war, denn obwohl die Klinge sauber war, waren der Griff und die Hand des Mannes reichlich mit Blut bespritzt.

Der Anblick des Blutes war es, der endlich die Blockade in meinem Kopf löste, und mir fiel ein Wort ein, das ein anderer Narr, der sich einst in einer ähnlichen Lage befunden hatte, aufgeschrieben hatte. »*Espetha!*«, schrie ich voller Angst. Um zu zeigen, dass ich wusste, wovon ich sprach, spreizte ich die Finger und hob die Hände. »Offene Hände«, fügte ich mit hoffnungsvollem Lächeln hinzu.

Der Grünäugige schaute daraufhin etwas weniger finster drein, wenn auch nicht so, wie ich es mir gewünscht hätte. Vielmehr drückte seine Miene jetzt grimmige Belustigung aus. Ob seine Heiterkeit von meiner Betonung herrührte oder von dem absurden Vorschlag, er möge sich an diesen angeblich heiligen Brauch halten, konnte ich nicht sagen. Wie sich herausstellte, war er entweder ein Mann, der für Traditionen wenig übrighatte, oder Ulfin hatte diesen Aspekt der caerithischen Kultur falsch beschrieben.

»*Ishlichen* niemals offene Hände«, sagte der Grünäugige in gebrochenem Albermainisch, packte meine Haare und riss meinen Kopf nach hinten, um meine Kehle zu entblößen. »Warum meine öffnen?«

Als seine Klinge meine Haut berührte, stieß ich ein weiteres Wort hervor, eines, das endlich die gewünschte Wirkung zeigte. »*Doenlisch!*«

Ich spürte den Biss der scharfen Klinge, als er zögerte. Ein Blutrinnsal lief mir über die Haut und wärmte sie, wenn auch nur kurz. Bedeutsamer war jedoch das Zittern seiner Hand, mit der er mein Haar gepackt hielt. »*Doenlisch*«, wiederholte ich leise, damit die Bewegung meines Kehlkopfes die Klinge nicht noch tiefer in meine Haut drückte. »Ich bin … ein Freund von ihr. Sie ist … mir wohlgesonnen.« Keine ganz richtige, aber auch nicht ganz falsche Beschreibung meiner Bekanntschaft mit der Sackhexe, aber dieser unfreundliche Kerl konnte das nicht wissen. Er wusste nur, dass ich einen Namen ausgesprochen hatte, der ganz offensichtlich Macht besaß.

Der Caerither hielt mich noch einen Moment lang fest, entweder aus Unentschlossenheit oder aus Grausamkeit, bevor er mich mit einem wütenden Schnauben losließ. »*Ishlichen* Freund von *Doenlisch*«, knurrte er misstrauisch, allerdings hatte ich das Gefühl, dass er nur seine Gedanken laut aussprach. Er beobachtete mich eine Zeit lang, während ich unbeholfen das Blut von meinem Hals wischte. Dann ging er erneut in die Hocke, packte mich unsanft an den Armen und zog daran. Obwohl er eindeutig ein kräftiger Mann war, brauchte er mehrere Versuche, um mich aus dem Schneehaufen herauszuziehen. Nachdem er mich befreit hatte, ließ er mich los und machte eine ungeduldige Geste mit dem Messer.

»Hoch!«

Ich wollte gehorchen, aber meine Beine ließen mich im Stich. Ich konnte mich lediglich auf alle viere aufrichten, worauf Wellen von Schmerz durch meine überanstrengten Muskeln jagten. Dann brach ich wieder zusammen. Der Caerither warf mir ein paar Worte an den Kopf – vermutlich deftige Flüche in seiner Sprache – und ging unschlüssig auf und ab. Ich konnte unschwer erkennen, dass er überlegte, mich hierzulassen.

»Die *Doenlisch*«, sagte ich und rollte mich herum, um zu ihm hochzuschauen, »sie wird dich verfluchen, wenn du mir nicht hilfst.«

Der Mann runzelte die Stirn und zog einen Mundwinkel nach oben, als hätte ich etwas gesagt, das ebenso absurd wie beunruhigend war. Nachdem er noch einen Moment nachgedacht hatte, seufzte er schließlich, beugte sich vor und packte meine Knöchel. Er drehte mich herum und zog mich durch den Schnee. Unterwegs passte er nicht sonderlich wegen Hindernissen auf, und ich stieß mehrmals schmerzhaft gegen Baumstümpfe, herabgefallene Äste oder verborgene Steine. Zum Glück überkam mich erneut Erschöpfung, und ich sank in die Bewusstlosigkeit zurück, während ich den Caerither noch etwas in seiner Sprache rufen hörte.

Natürlich wusste ich damals noch nicht, was seine Worte bedeuteten, ich habe sie jedoch in Erinnerung behalten und kann deshalb jetzt eine Übersetzung liefern: »Macht den Kuhstall auf! Ich hab Dung für den Misthaufen mitgebracht!«

VIERUNDZWANZIGSTES KAPITEL

Die Kuh war von einer mir unbekannten Rasse, und sie schaute mich über ihre Schulter mit traurigem und nur mäßig interessiertem Blick an. Dabei spähten ihre Augen unter einem dichten Vorhang aus braunen Zotteln hervor, die so dicht waren wie Fuchsfell. Sie muhte leise und fragend, und als sie keine Antwort erhielt, leckte sie sich mit der Zunge über die Nüstern, schnaubte und wandte sich wieder wichtigeren Dingen zu, zum Beispiel Heufressen. Ihre drei Schwestern waren daneben angebunden; zottige, gehörnte Köpfe hoben und senkten sich über dem Futterhaufen, wenn sie mich nicht gerade mit übel riechenden Fürzen traktierten. Der Gestank ihrer Ausdünstungen war es, der mich geweckt hatte. Bald schon nahmen jedoch die schmerzhaften Wellen, die meine Beine durchliefen, meine ganze Wahrnehmung ein. Von Krämpfen geschüttelt lag ich auf dem Boden des Stalles. Anstelle von Taubheit breitete sich jetzt ein Brennen in den eben noch gefühllosen Muskeln und Sehnen aus. Trotz der Schmerzen fand ich das unkontrollierte Zucken ermutigend, immerhin bedeutete es, dass die Knochen nicht gebrochen waren. Als ich endlich nur noch ein quälendes Zittern in den Gliedmaßen verspürte, nahm ich meine Umgebung genauer in Augenschein.

Trotz meiner Erschöpfung konnte ich mich noch vage daran erinnern, dass der Caerither mich hier abgeladen hatte. Zu dem Zeitpunkt war es Tag gewesen, genau wie jetzt; mein knurrender Magen und meine ausgedörrte Kehle machten jedoch deutlich, dass es wohl nicht derselbe Tag war. Zu meiner Überraschung war der Türriegel zugeschoben, aber nicht mit einer Kette oder einem Seil gesichert. Vielleicht hoffte mein unfreiwilliger Retter ja, ich könnte mich einfach davonmachen und ihn nicht weiter mit meiner Anwesenheit belästigen, die für ihn nur Probleme verursachte. Doch obwohl das Gefühl in meine Beine zurückgekehrt war, wusste ich, dass ich noch nicht in der Lage sein würde zu laufen. Und selbst wenn ich die Kraft besessen hätte, von dem kalten, mit Heu bestreuten Lehmboden aufzustehen, wären meine Chancen, in der Wildnis außerhalb des Stalls zu überleben, ohne Nahrung oder Hilfe äußerst gering.

Nachdem das Zucken in meinen Beinen zu einem Pochen geworden war, unternahm ich den Versuch, sie wieder zu benutzen. Sie rollten jedoch nur kraftlos hin und her, und meine Füße vollführten seltsame kreisende Drehungen, die komisch gewesen wären, hätten sie mir nicht solche Schmerzen verursacht. Nach etwa einer Stunde schaffte ich es immerhin, die Knie zur Brust zu ziehen. Keine große Errungenschaft, aber zumindest schien ich keine bleibenden Schäden davongetragen zu haben, wie ich zunächst befürchtet hatte.

Als der Winkel des hereinfallenden Sonnenlichts darauf schließen ließ, dass es nahe Mittag war, wurde die Tür geöffnet. Der Grünäugige trat als Erster ein, gefolgt von einem älteren, etwas kleineren Mann. Die dritte Gestalt war eine winzige alte Frau mit gebeugtem Rücken, die sich auf einen knorrigen Stock stützte. Obwohl sie körperlich am wenigsten beeindruckend war, ließ die Ehrerbietung, mit der die beiden Männer ihr begegneten, keinen Zweifel daran, wer von den dreien das Sagen hatte. Ihr langes weißes Haar schwankte hin und her, als sie mühsam auf mich zukam. Ihr Stock erzeugte ein rhythmisches Klopfen auf dem Boden, das mir unnatürlich laut vorkam. Vor mir blieb sie stehen und beugte sich näher heran. Ihr Gesicht war von Falten durchzogen und mit Altersflecken übersät und wurde von herabhängenden weißen Zöpfen eingerahmt. Ihre Augen waren ebenso grün wie die meines Retters, wenn sie auch zu meiner Überraschung noch heller leuchteten, wie zwei glitzernde Smaragde in einer Ledermaske.

Ich erwiderte ihren Blick – die Augen abzuwenden, wäre mir in dieser Situation falsch erschienen. Ich überlegte, ob ich erneut die *Doenlisch* erwähnen sollte, ließ es dann jedoch bleiben. Der Blick der Frau wirkte ungewöhnlich wissend und schien mich davor zu warnen, ungefragt zu sprechen. Ihre Augen verengten sich, und sie streckte eine Hand aus, deren Zittern wohl eher auf Altersschwäche denn auf Angst zurückzuführen war. Ihre Finger verharrten über der Schnittwunde an meiner Stirn, dann zog sie sie zurück.

Ich sah Ärger und Besorgnis in ihrem Gesicht, bevor sie sich straffte und in klarem Albermainisch fast ohne Akzent sagte: »Du hast also nicht gelogen.« Ihre Worte klangen nachdenklich, sie schien eher mit sich selbst zu sprechen als mit mir. Entschlossen presste sie ihre rissigen Lippen aufeinander und wandte sich ihren Gefährten zu. Sie knurrte etwas auf Caerithisch, worauf die beiden aus dem Stall eilten.

»Hat sie dich geschickt?« Ächzend ging die Alte vor mir in die Hocke. Natürlich war mir klar, von wem sie sprach, ich fragte mich jedoch, was es für Konsequenzen haben könnte, wenn ich alles preisgab, was ich über die Sackhexe wusste. Offensichtlich war sie unter diesen Leuten eine wichtige Persönlichkeit, sonst hätte mich nicht allein die Erwähnung ihres Namens gerettet. Aber dass jemand wichtig war, hieß nicht zwangsläufig, dass man ihn auch respektierte oder wertschätzte. Womöglich war die Sackhexe hier genauso eine Gesetzlose, wie ich einst einer gewesen war.

»Ihr kennt sie?«, fragte ich. Eine Frage mit einer Gegenfrage zu beantworten, war eine altbewährte Taktik, doch die Alte war zu schlau, um darauf hereinzufallen.

»Keine Spielchen!«, fauchte sie, hob ihren Stock und schlug mir damit schmerzhaft auf den Kopf. »Und lüg mich nicht an, Junge. Ich hab keine Geduld dafür, und mein Enkelsohn besitzt eine sehr scharfe Axt.«

Ich rieb mir den Kopf und runzelte vorwurfsvoll die Stirn, was mein Gegenüber jedoch offensichtlich völlig kalt ließ. Vielmehr verfinsterte sich ihr Blick noch mehr, und sie hob drohend den Stock.

»Nein, sie hat mich nicht geschickt.« Ich hob die Hände. »Aber ich bin mit ihr befreundet, wie Ihr sicher feststellen könnt.«

»Befreundet.« Sie verzog verächtlich die Lippen. »Ein dummes Wort. Eines von vielen, die dein dummes Volk benutzt. Sie ist nicht deine *Freundin*, Junge.« Sie ging wieder in die Hocke und hielt den Stock mit beiden Händen, während sie mich strafend ansah. Ich ließ das Schweigen andauern. Mein Blick fiel auf ein geflochtenes Armband an ihrem Handgelenk, von dem mehrere Anhänger herabhingen. Bei den meisten handelte es sich nur um unförmige Metallstückchen, aber einer davon sah aus wie ein Krähenschädel, ähnlich dem, den Raith vor so vielen Jahren getragen hatte.

»Hast du das schon mal gesehen?«, fragte die Alte, die mein Interesse bemerkt hatte.

»Ein … Bekannter von mir hatte einen Anhänger, der ganz ähnlich aussah«, sagte ich, da ich keinen Grund zum Lügen sah. »Er war auch Caerither. Ein Zauberer, jedenfalls hat er das behauptet.«

Diese Worte ließen die Alte unerwartet auflachen, allerdings klang es verächtlich. »Zauberer«, sagte sie kopfschüttelnd. »Und was ist aus ihm geworden, deinem caerithischen Bekannten?«

»Er wurde ermordet. Und zwar von einem anderen Caerither.« Ich schaute der Alten in die Augen, weil ich wissen wollte, wie sie darauf reagieren würde. »Ein Mann, der dazu verflucht war, die Stimmen der Toten zu hören. Vielleicht habt Ihr von ihm gehört.«

Ich hatte auf ein Anzeichen von Furcht gehofft, doch stattdessen trat ein grimmiger, wissender Ausdruck auf das Gesicht der alten Caeritherin. »Ja, das habe ich. Ich nehme an, er ist ebenfalls tot?«

»Ja.«

»Hast du ihn umgebracht?«

»Ich wünschte, es wäre so. Eine Bekannte von mir hat es getan, um eine Schuld mir gegenüber zu begleichen.«

Sie schnaubte und murmelte etwas in ihrer eigenen Sprache, das mir zufällig ebenfalls im Gedächtnis geblieben ist, sodass ich es hier wiedergeben kann. »Du hast also zu lange gebraucht, um zu sterben. Aber zumindest ist es ein passendes Ende, durch die Hände derjenigen zu sterben, denen du nacheifern wolltest.«

»Ich habe mich immer gefragt, wie er eigentlich verflucht wurde«, sagte ich, als die Frau in ein Schweigen verfiel, das nach meinem Geschmack zu lange andauerte. »Und weshalb er als Kettenmann durch das Land meines Volkes zog.«

»Kettenmann?« Ihre Augen verengten sich. Offenbar verstand sie die Bedeutung des Wortes, wenn ihre Stimme auch zweifelnd klang. »So hat er sich also durchgeschlagen?«

»Ja. Und er verstand sich auch unheimlich gut auf sein Handwerk. Sein … Fluch machte ihn dafür bestens geeignet. Wie könnte sich ein Missetäter befreien, wenn die Geister seiner Opfer seinem Wächter Warnungen ins Ohr flüstern?«

In ihren hellen Augen leuchtete deutlich wahrnehmbarer Spott. Sie erinnerte mich an Sihlda in den Momenten, wenn mein Mundwerk mal wieder schneller gewesen war als mein Verstand. »Du bist ein Kind«, murmelte sie eher nachdenklich als abfällig. »Verloren in einer Welt der Geheimnisse, die du kaum verstehst. Ich sollte Mitleid mit dir haben, aber ich tue es nicht.«

Sie stieß ein forsches Knurren aus und stand mithilfe ihres Stockes auf. Ihr Kopf war kaum einen Zoll höher als meiner, dennoch nahmen meine geübten Instinkte deutlich die Bedrohung wahr, die von ihr ausging. Wenn sie es wünschte, würde ich hier sterben. Daran bestand kein Zweifel.

»Die *Doenlisch* hat dir ihr Zeichen aufgedrückt«, sagte sie, »und ich bin nur eine müde Alte, die kein Interesse an ihren Spielen hat. Dennoch nimmt man ihr Zeichen besser ernst. Du wirst zu essen erhalten, und deine Wunden werden behandelt werden. Irgendwann wird der *Eithlisch* kommen, und dann werden wir wissen, was mit dir zu tun ist.«

»*Eithlisch?*«, fragte ich, aber offensichtlich war die Alte des Gesprächs nun überdrüssig. »Was bedeutet das?«, rief ich ihr hinterher, während sie mit klopfendem Stock zum Ausgang ging.

»Es bedeutet, dass mein Enkelsohn sich wahrscheinlich seine Axt nicht schmutzig machen muss«, sagte sie. Ihre letzten Worte waren leise, weil sie bereits aus dem Stall getreten war, aber ich hörte sie dennoch: »Oder du könntest verschwinden und im Schnee sterben und uns die ganzen Mühen ersparen.«

Wie die alte Frau gesagt hatte, erhielt ich kurz darauf etwas zu essen, und meine zahlreichen Schnittwunden wurden mit einem übel riechenden, aber wirkungsvollen Balsam behandelt. Darüber hinaus gab man mir einen bitteren Trank, der meine Schmerzen linderte. Nach etwa einem Tag konnte ich bereits wieder stehen, wenn es mich auch sehr anstrengte. Nach zwei weiteren Tagen gelang es mir, zur Tür meines ungesicherten Gefängnisses zu humpeln. Beim Aufstoßen der Tür sah ich etwa ein Dutzend Schritte entfernt einen Wald aus schneebedeckten Bäumen, aber als ich vorsichtig nach links und rechts schaute, entdeckte ich auch einige Häuser. Wegen des Schnees waren ihre Umrisse schwer auszumachen, doch ich glaubte, eine fremdartige Bauweise mit breiten, schrägen Dächern und niedrigen Wänden zu erkennen. Zwischen den Häusern gingen Menschen umher, von denen mir die meisten neugierige Blicke zuwarfen. Vor der Stalltür stand keine Wache – offenbar hatte die Alte ihren Wunsch, ich möge einfach verschwinden, ernst gemeint.

Die Tage vergingen, und ich fand die wachsende Langeweile und die Gleichgültigkeit meiner Gastgeber immer ärgerlicher. Der einzige Caerither, der mich regelmäßig besuchte, war der kräftige Kerl, der mich gerettet hatte. Offenbar fiel ihm deshalb auch die Aufgabe zu, mir Essen zu bringen, was er alle drei Tage tat, ohne dabei auf meine Versuche, ein Gespräch anzufangen, einzugehen.

»Sie ist Eure Großmutter, nicht wahr?«, fragte ich eines Tages, als er mit einem Sack Brot und Zwiebeln an der Tür auftauchte. »Die alte Frau mit dem Stock«, fügte ich hinzu, als er nur argwöhnisch die Stirn runzelte. »Ich sehe es an Eurem Gesicht. Dieselbe Nase, dasselbe Kinn. Sie hat sicherlich einen Namen? Und Ihr bestimmt auch. Ich heiße übrigens Alwyn.«

»Essen«, wies mein Besucher mich an und warf mir den Sack vor die Füße. »Und scheißen …«, er suchte nach den richtigen Worten, während er auf den Wald deutete, »… weiter weg von hier. Du stinken schlimmer als Kühe.«

»Das, guter Mann, ist unmöglich.« Ich lächelte. Er jedoch erwiderte mein Lächeln nicht, sondern machte kehrt und stapfte ohne ein weiteres Wort davon.

Wie so oft bei Heilungsprozessen verspürte ich am nächsten Tag eine sprunghafte Verbesserung meines Zustands. Das Atmen fiel mir weniger schwer, und die Schmerzen hatten nachgelassen oder waren sogar ganz verschwunden. Meine Freude wurde allerdings davon gedämpft, dass zugleich das Pochen in meinem Schädel zurückkehrte. Oder vielleicht fiel es mir auch nur jetzt erst wieder auf. Ich wusste, dass die Kopfschmerzen schon bald über ein reines Ärgernis hinausgehen würden. Und dass ich kein Elixier mehr besaß, um sie zu lindern, bereitete mir zusätzlich Sorge.

Um mich abzulenken, schob ich meine Ängste beiseite und unternahm meinen ersten Ausflug in die Umgebung des Stalls. Es war noch früh am Morgen, und nur wenige Leute waren unterwegs, während ich durch das Dorf wanderte, das recht groß war. Anscheinend hielten die Caerither es nicht für notwendig, den Wald abzuholzen, um Platz für ihre Häuser zu schaffen. Stattdessen waren die einstöckigen Hütten mit den breiten Schrägdächern einfach unter die Bäume oder in manchen Fällen sogar um sie herum erbaut worden. Die größeren Häuser ragten kreisförmig um die dicken Stämme alter Eichen oder

Eiben auf. Ich zählte dreißig Behausungen, bevor das Pochen in meinem Schädel mich dazu zwang, mir eine weniger anstrengende Beschäftigung zu suchen. Der Schmerz war so heftig, dass ich stehen bleiben und mich gegen den Stamm einer Kiefer lehnen musste; mir wurde schwarz vor Augen, und mein Herz hämmerte laut.

Nachdem ich ein paarmal tief durchgeatmet hatte, ließ der Schmerz endlich etwas nach, und mein Blick wurde wieder klarer. Ich befand mich am Westrand des Dorfes auf einer weiten, mit Felsbrocken übersäten Fläche, von der sich in einiger Entfernung beinahe senkrecht eine gewaltige Steilwand erhob. Sie gehörte zur Flanke eines riesigen Berges, der es an Höhe mit dem Sermont aufnehmen konnte. Während mein Blick über die schneebedeckten Felsbrocken glitt, fiel mir auf, dass sie ein wenig zu gleichmäßig verteilt waren. Wahrscheinlich war hier nicht bloß die Natur am Werk gewesen. Ich ging darauf zu, um mir die Sache genauer anzusehen, und als ich näher kam, entdeckte ich harte Ecken und Kanten, die eindeutig von Menschenhand geschaffen waren. Es handelte sich nicht um Felsbrocken, sondern um Ruinen.

Bei genauerer Betrachtung traten Straßen zutage, die zwischen den Trümmern hindurchführten. Offenbar hatte sich hier einmal eine größere Siedlung befunden, vielleicht sogar eine Stadt, wie die zahlreichen hohen und niedrigen Steinhaufen, die sich um den Fuß des Berges herumzogen, vermuten ließen. Ich folgte einer Straße und kam zu einer Kreuzung, von der mehrere Wege abgingen. Eine breite Straße führte direkt auf den Berg zu. Meine neu gewonnene Kraft begann langsam nachzulassen, als ich sie entlangging. Mehrmals musste ich stehen bleiben, weil meine Beine unter mir nachgaben und das lästige Pochen in meinem Schädel sich wieder verstärkte. Ich wollte mich davon jedoch nicht unterkriegen lassen und zwang mich weiterzugehen. Ich war neugierig, wohin die breite Straße führte, da es mir seltsam vorkam, dass sie direkt auf die Steilwand zuging.

Tatsächlich wurde ich für meine Mühen schon bald belohnt, als vor mir am Fuß der Steilwand eine große Öffnung auftauchte. Aus einer

Entfernung von einhundert Schritten wirkte sie nur wie der schmale, gezackte Eingang einer Höhle, doch als ich näher kam, offenbarte sich ihre beeindruckende Größe. Interessanter noch war die Tatsache, dass die Straße nicht bei der Höhle endete, sondern in die dunklen Tiefen des Berges hineinzuführen schien.

Meine durch zahlreiche Schlachten geschulten Instinkte hatten unter meiner jüngsten Erfahrung gelitten, waren jedoch nicht so geschwächt, dass ich das Sirren der Bogensehne überhört hätte. Ich warf mich zur Seite und spürte einen Luftzug. Ein Pfeil flog nur einen Fuß von meinem Kopf entfernt vorbei und prallte mit stählernem Klirren von einem Stück Mauerwerk in der Nähe ab. Ich suchte sofort hinter einem großen Steinbrocken Deckung. Inzwischen war ich mit meinen Kräften jedoch am Ende, konnte nur gegen den Stein sinken und mit erschöpftem und zugleich erleichtertem Seufzen daran nach unten rutschen.

»Kulihr zeiten oethir ohgael!«

Die Stimme klang laut und befehlend. Wie immer verstand ich die Worte nicht, auch wenn die Bedeutung klar war. Ich blinzelte rasch, um den Nebel zu vertreiben, der sich vor lauter Erschöpfung über mich senken wollte. Aus den Ruinen auf der anderen Seite der Straße kam eine junge Frau auf mich zu. Sie trug Hosen und ein Wams aus Hirschleder und einen kurzen Umhang aus Biberfell um die Schultern. In den Händen hielt sie einen Langbogen mit eingelegtem Pfeil. An ihrem Gürtel baumelten die Leiber zweier frisch erbeuteter Kaninchen, deren weißes Fell rot befleckt war. In ihrem dunkelhäutigen Gesicht prangten um die Augen herum einige rote Male. War mir schon die Miene meines Retters unfreundlich vorgekommen, so wirkte die der jungen Frau geradezu feindselig.

»Ihsa uthir lihl!«, bellte sie, deutete mit dem Pfeil auf mich und dann auf den Weg, den ich gekommen war. *»Kulihr zeiten, Ishlichen!«*

»Ishlichen«, wiederholte ich mit dumpfer Stimme. »Das höre ich in letzter Zeit häufig. Was bedeutet es?«

Die junge Frau hatte jedoch offenbar keine Lust auf Gespräche, denn sie hob entschlossen ihren Bogen. Das Holz knirschte, als sie ihn weiter auszog. Mir fiel auf, dass sie sich vor die gezackte Öffnung in der Steilwand gestellt hatte.

»Gibt's da drin was, das ich nicht sehen soll?«, erkundigte ich mich, was sie jedoch nur noch wütender machte.

»*Zeit!*«, presste sie hervor. Die Bogensehne berührte jetzt ihre Lippen, und sie wirkte konzentriert und bereit zu töten. Ich hatte solche Mienen schon öfter gesehen und wusste deshalb, dass sie es ernst meinte.

»Nur einen kleinen Moment.« Seufzend hob ich eine Hand und versuchte aufzustehen.

Anscheinend war die Jägerin nicht sonderlich geduldig. Sie fletschte die Zähne und trat näher – genau genommen zu nah, denn es ist nie eine gute Idee, sich einer geschwächten Beute zu nähern, bevor sie sicher tot ist. Ich nahm all meine verbliebene Kraft zusammen, drehte mich herum und trat der Jägerin gegen die Beine, worauf sie ungebremst zu Boden fiel. Die Bogensehne sirrte, und der Pfeil schoss hoch in den Himmel hinauf. Sie war flink, zog sofort ein Messer aus dem Gürtel und richtete es auf mich. Aber ich konnte dennoch sehen, dass sie keine Kämpferin war. Eine Kämpferin hätte sich längst weggerollt, bevor ich mich auf sie werfen konnte. Ich packte ihr Handgelenk, um sie am Zustechen zu hindern, und verdrehte es in einem bestimmten Winkel, sodass ein Nerv abgeklemmt wird und die Finger die Kraft verlieren. Das herabfallende Messer fing ich auf und drückte ihr die Spitze unters Kinn, worauf sie klugerweise erstarrte.

»Ein Mensch ist nicht so leicht zu töten wie ein Kaninchen«, sagte ich.

Ihre Nasenflügel blähten sich, und ihre Augen blitzten, während ich ihr weiter das Messer an die Kehle hielt. In der Aufregung des Moments stellte ich fest, dass meine Schmerzen verschwunden waren. Meine Erleichterung währte jedoch nur kurz. Stattdessen wurde mir bewusst, dass ich ein recht großer Mann war, der auf einer wesentlich kleineren Frau lag und ihr ein Messer an die Kehle hielt. *Erchel wäre stolz gewesen*, dachte ich beschämt und richtete mich auf. Ich schnitt eine der Schnüre durch, mit denen die Kaninchen an ihrem Gürtel befestigt waren.

»Ich bin es leid, immer nur Zwiebeln zu essen«, sagte ich und kam mit dem Kaninchen in der Hand auf die Beine. »Verzeih mir, falls ich dich beleidigt haben sollte«, fügte ich hinzu, warf das Messer auf den Boden und ging den Weg zurück, den ich gekommen war.

Ich hatte damit gerechnet, dass man mich in irgendeiner Weise bestrafen würde, aber die Nacht und ein Großteil des darauffolgenden Tages vergingen ohne Zwischenfall. Da ich keinen Kochtopf besaß, zog ich dem gestohlenen Kaninchen mit der abgebrochenen Spitze einer alten Sense, die ich unter einem Heuhaufen in der dunkelsten Ecke des Stalls gefunden hatte, das Fell ab und spießte es auf. Zur Mittagszeit war das Tier gut durchgebraten, und mir lief bereits das Wasser im Mund zusammen. Als ich aus Richtung des Dorfes einen plötzlichen Aufruhr hörte, gefolgt vom Trommeln rennender Füße, war ich deshalb ziemlich verärgert. Der Enkelsohn der alten Frau erschien just in dem Moment, als ich mit meiner behelfsmäßigen Klinge ein Stück Fleisch abschneiden wollte. Sein Gesicht war gerötet, und er trug einen dicken Knüppel bei sich, dessen Zweck unschwer zu erraten war.

»Hättest du nicht letzte Nacht schon kommen können, um mich zu verprügeln?«, erkundigte ich mich. Er musterte mich verwirrt und verärgert und deutete dann mit dem Knüppel auf das Dorf.

»Du kommen!«, befahl er. »Jetzt!«

Hoffentlich haben sie keinen Pranger, dachte ich, schnitt ein großes Stück Fleisch ab und stopfte es mir in den Mund, bevor ich seiner Aufforderung nachkam. Ich fand es merkwürdig, dass die Jägerin einen ganzen Tag gewartet hatte, bevor sie mein Vergehen meldete. Aber ich war selbst sehr nachtragend und wusste, dass jemand, der auf Rache sann, mitunter erst eine Weile vor sich hin schmorte, ehe er zur Tat schritt.

Im Dorf drängten sich mehr Menschen, als dort nach meiner bisherigen Schätzung lebten. Auf dem Hauptplatz unweit des größten Hauses hatten sich weit über einhundert Caerither versammelt. Da ich noch nie so viele Angehörige dieses Volkes an einem Ort gesehen hatte, fiel mir auf, wie unterschiedlich sie alle waren. Bei manchen war die Haut weiß wie Marmor, bei anderen bronzefarben oder dunkel wie bei den Menschen, die jenseits des Südmeers lebten. Auch ihre Haarfarben waren sehr verschieden, von glänzendem Rot bis hin zu Tiefschwarz und Silbergrau. Ihre Statur variierte weit mehr, als es von Natur aus zu erwarten gewesen wäre, sechs Fuß große Hünen standen neben stämmigen Kerlen, die kaum fünf Fuß maßen, und anderen, die geschmeidig und schlank waren. Das Einzige, was sie alle gemeinsam hatten, waren die roten Flecken, die ihre Gesichter und die frei liegende Haut an Händen und Unterarmen bedeckten. Muster und Anzahl waren bei jedem anders, doch damals wie heute ist mir nie ein Caerither begegnet, der nicht mindestens ein solches Mal besessen hätte.

Als ich mich der Menge näherte, nahm ich eine spürbare Anspannung wahr, obwohl nicht laut gesprochen wurde. Wut und Furcht schienen in der Luft zu liegen. Die Menge bildete einen dichten Kreis, und die Blicke waren auf etwas in ihrer Mitte gerichtet. Mein Begleiter bellte ein paar Worte auf Caerithisch, worauf die Menge sich vor uns teilte und ich endlich sehen konnte, was die Aufmerksamkeit der Leute fesselte.

Die alte Frau stand dort, gebeugt wie zuvor. Mit ihren hell leuchtenden Augen musterte sie zwei gefesselte, kniende Männer. Als ich ihre Gesichter sah, die ich trotz der dichten Bärte, der Blutergüsse und von Hunger und Kälte hohlen Wangen sofort erkannte, konnte ich ein Auflachen nicht unterdrücken.

»Meine Herren.« Ich ging durch die Menge und verneigte mich. »Seid herzlich willkommen.«

Roulgarth Cohlsair, der offensichtlich kurz vor dem Zusammenbruch stand, konnte nur noch knurren. Er schüttelte kraftlos den Oberkörper, wodurch sich jedoch das Seil, das um seine Brust und seine Arme gebunden war, kein bisschen lockerte. Seine Augen wirkten dagegen äußerst lebendig und leuchteten vor Hass. Merick Albrisend neben ihm schien etwas weniger mitgenommen und bewies unerwartete Klugheit, indem er keinerlei Regung zeigte.

»Meine Großnichte hat diese beiden in einer Höhle ein paar Meilen weiter nördlich entdeckt«, sagte die Alte und bedeutete einer vierten Gestalt vorzutreten. Die junge Jägerin vom Tag zuvor warf mir einen finsteren Blick zu, der jedoch eher wachsam als wütend wirkte. Wenn sie ihrer Tante erzählt hatte, was zwischen uns vorgefallen war, dann ließ es sich die Alte jedenfalls nicht anmerken.

»Du kennst diese Männer also«, fuhr sie fort. »Sind sie Feinde?«

Ich sah jetzt, dass hinter den beiden gefangenen Adligen fünf Caerither mit Äxten standen – zwei Frauen und drei Männer von zähem Aussehen, die ihre Waffen mit geübtem Griff hielten. Ihre Kleidung ähnelte der der jungen Jägerin, zusätzlich waren jedoch ihre Handgelenke und Schultern mit gehärtetem Leder geschützt. Die Hautfarbe ihrer Gesichter unterschied sich ebenso wie bei den anderen, doch sie hatten weitaus mehr Narben. Die Jägerin mochte keine erfahrene Kämpferin sein, diese Leute hingegen waren es. Sie wirkten zwar nicht blutrünstig, aber ihre Haltung war entschlossen, und sie schauten erwartungsvoll die alte Frau an.

Ich bin Euch nichts schuldig, Roulgarth, dachte ich und sah dem Adligen fest in die hasserfüllten Augen. Wäre die Burg Walvern diesem Mann in die Hände gefallen, hätte er mir oder den Soldaten unter meinem Befehl keine Gnade erwiesen. Doch obwohl ich in meinem Leben schon häufiger dem Rachedurst nachgegeben hatte, stellte ich fest, dass ich Roulgarth oder seinem Neffen gegenüber keinen empfand. Die Grauen Wölfe hatten zweifellos das Blut von Unschuldigen vergossen – einfache Karrenlenker und Kutscher, die nur deswegen getötet worden waren, weil sie der Armee der Krone Vorräte gebracht hatten. Aber konnte man in einem Krieg das Töten wirklich als Mord bezeichnen? Und hatte ich selbst nicht mindestens ebenso viel auf dem Kerbholz?

»Sind sie Feinde?«, wiederholte die Alte ungeduldig.

Warum fragt sie mich das überhaupt?, überlegte ich, und mein Blick wanderte von den unglückseligen Adligen zu der alten Caeritherin. *Warum bringt sie die beiden Eindringlinge nicht einfach gleich um?* Da kam mir eine Erkenntnis, die mir schon bei unserem ersten Treffen hätte dämmern sollen, wäre ich nicht zu erschöpft gewesen.

»Soeben fällt mir auf«, sagte ich und wandte mich der Alten zu, »dass ich Euren Namen gar nicht kenne. Und auch von sonst niemandem in diesem Dorf. Ich würde ihn jetzt gern erfahren.«

Das unnatürliche Leuchten ihrer Augen wurde noch heller. »Ich habe dich nicht rufen lassen, um Höflichkeiten auszutauschen, *Ishlichen*.«

»Da«, ich deutete mit dem Finger auf sie, »ein Name. Euer Name für mich. Ich vermute, dass Ihr mein ganzes Volk so nennt. Und ich könnte wetten, es ist keine sehr schmeichelhafte Bezeichnung.«

»Die Wette gewinnst du«, presste die Alte hervor. »Wir bezeichnen damit etwas, das wenig oder keinen Wert hat. Nutzlosen Müll, der entsorgt werden kann.«

»Und dennoch habt Ihr es nicht getan.« Ich ging auf sie zu, worauf die fünf Krieger und Kriegerinnen mit den Äxten sich kampfbereit machten. Die Alte hob jedoch eine Hand, um sie zu beruhigen. »Ihr habt mich behalten«, fuhr ich leise fort. Kaum einen Schritt vor ihr blieb ich stehen und blickte in ihre wütend verengten Augen. »Ich glaube, ich weiß, warum.« Ich beugte mich so dicht zu ihr hinab, dass nur sie mich hören konnte, und murmelte: »Ihr tut so, als wäre Euch die *Doenlisch* egal. In Wahrheit fürchtet Ihr Euch vor ihr. Und darum auch vor mir.« Ich hielt inne und sah die beiden Alundier an. »Warum bräuchtet Ihr sonst meine Erlaubnis, diese beiden zu töten?« Ich schaute zu ihr zurück. Ihr Blick war ruhig, aber sie hatte die Lippen fest zusammengepresst, und ein faltiger Mundwinkel zuckte.

»Diese Männer sind wichtig für die Pläne der *Doenlisch*«, sagte ich. »Auch wenn Ihr behauptet, dass Euch diese Pläne nicht kümmern. Ihr werdet sie verschonen, und Ihr werdet mir Euren Namen verraten.

Wenn ich falschliege, dann könnt Ihr uns alle auf der Stelle von Euren Kriegern erschlagen lassen.«

Bis auf die zusammengekniffenen Augen und das leichte Zucken ihres Mundes war nicht zu erkennen, dass sie nachdachte. Dennoch war ich mir sicher, dass sie meinen letzten Vorschlag in Erwägung zog. Nur ein Wort von ihr, und unsere lästige Anwesenheit hier hätte ein Ende. Ein so alter Mensch weiß jedoch, dass jede Tat Konsequenzen hat, manche weitreichender als andere.

»Uhlla«, sagte sie mit einer Stimme, die trocken war wie eine Wüste. »Mein Name ist Uhlla.«

»Alwyn Scribe.« Ich verneigte mich. »Zu Euren Diensten.« Ich richtete mich auf und deutete auf die Gefangenen. »Darf ich vorstellen: Merick Albrisend und Roulgarth Cohlsair aus dem Herzogtum Alundia. Diese edlen Herren haben gegenwärtig kein Zuhause und wären Euch für Eure Gastfreundschaft dankbar.«

Ich musterte sie streng und fügte mit fester Stimme hinzu: »Wir benötigen ein Haus. Ich bin die verdammten Kühe leid.«

FÜNFUNDZWANZIGSTES KAPITEL

Soweit ich feststellen konnte, war das Haus, das man uns zuwies, die Wohnstätte eines kürzlich verstorbenen alten Mannes gewesen. Schief und mit Moos bewachsen lehnte dieser Prunkbau am Stamm einer alten, knorrigen, nicht sehr hohen Eibe. Baum und Haus befanden sich ein Stück vom Dorf entfernt, in der Nähe eines schnell fließenden Baches. Als ich die schief in den Angeln hängende, halb vermoderte Tür aufzog, schlug mir ein muffiger Geruch entgegen. Überall hingen Spinnweben, und eine nicht geringe Zahl kleiner Hausbewohner krabbelte eilig außer Sicht.

»Immer noch besser als der Kuhstall«, sagte ich zu Merick, während wir seinen halb bewusstlosen Onkel ins Haus trugen. In der Mitte des dunklen Raums entdeckte ich ein altersschwaches Bett, und wir hievten den durchhängenden Leib auf eine Matratze aus Sackleinen und Fellen, wobei wir viel Staub aufwirbelten. Roulgarth protestierte schwach und murmelte einige Worte, die ich nicht verstand, bis auf eines, das unangenehme Erinnerungen in mir wachrief: »Celynne …«

»Fieber«, sagte ich barsch, nachdem ich Roulgarth eine Hand auf die Stirn gelegt hatte. »Wie lange ist er schon in diesem Zustand?«

Merick antwortete nicht sofort, sondern starrte mich nur mit tief in den Höhlen liegenden Augen an. Sein Blick wirkte erschöpft und verwundert. »Warum habt Ihr uns gerettet?«, fragte er mit ausdrucksloser Stimme.

»Weil ich der Meinung war, Ihr könntet mir nützlich sein.« Eine blanke Lüge. In Wahrheit würden mir diese beiden sicher nichts als Ärger bereiten. Hätte ich das jedoch ausgesprochen, hätte der junge, halb verhungerte Adlige angenommen, ich wollte ihn an der Nase herumführen. »Wie lange?«, hakte ich nach.

»Seit Tagen schon«, sagte er und musterte seinen Onkel traurig. »Wir wären weitergegangen, nachdem wir von dem Berg abgestürzt waren, aber er wurde krank. Ich habe im Wald ein paar Nüsse gefunden, von denen habe ich mich eine Zeit lang ernährt. Aber er hat höchstens eine Handvoll davon runterbekommen. Ich habe nach weiterer Nahrung gesucht, konnte jedoch nichts finden. Meine Spuren müssen die verfluchte Caeritherin zu unserer Höhle geführt haben.«

»Dann hat die verfluchte Caeritherin Euch beiden wahrscheinlich das Leben gerettet.«

Ich warf einen Blick zur Tür hin, wo Uhllas Enkelsohn stand. Auf dem kurzen Weg zum Haus hatte ich seinen Namen aus ihm herausgeholt: Kuhlin. Er hatte ihn mir bereitwillig genannt, obwohl seine Miene Argwohn und Furcht verriet. Offenbar hatte es Eindruck bei ihm gemacht, seine Großmutter gedemütigt zu sehen. »Wir brauchen einen Heiler«, sagte ich und musterte ihn mit strengem Blick, als er nicht gleich antwortete. »Kennst du dieses Wort?«

Kuhlin runzelte die Stirn, nickte dann und verschwand. »Und beeil dich!«, rief ich ihm hinterher, doch er antwortete nicht.

»Warum hören die auf Euch?«, fragte Merick, dessen Miene jetzt ebenso argwöhnisch aussah wie die des Caerithers.

»Die Gunst der Gesegneten erreicht selbst die Herzen der schlimmsten Ketzer.« Ich griff nach Roulgarths Beinen. »Helft mir, ihm die Stiefel auszuziehen.«

Kuhlin kehrte tatsächlich einigermaßen zügig mit dem caerithischen Heiler zurück. Er war ein stämmiger Mann mit beeindruckend muskulösen Armen, wie ich bemerkte, als er nach einer kurzen Untersuchung des fiebernden Roulgarth seinen Umhang ablegte und die Ärmel seines Wollhemdes hochkrempelte. Mit einer Hand wischte er über das Gesicht des Adligen und roch an dessen Schweiß, bevor er ein paar Worte knurrte.

»Wasser«, übersetzte Kuhlin. »Viel Wasser und heiß.«

Da Merick zu schwach war, um zu helfen, durchsuchte ich das Haus und grub inmitten der Berge von Gerümpel einen großen Bronzetopf aus. Den füllte ich mit Wasser aus dem Bach. Kuhlin zündete freundlicherweise neben der Tür ein Feuer an und holte einen eisernen Dreifuß, an dem wir den Topf aufhängen konnten. Vermutlich handelte es sich bei dem Ganzen aber nur um ein Ablenkungsmanöver des Heilers. Ich wusste, dass Leute seiner Zunft am liebsten ungestört arbeiteten, ohne dass besorgte Freunde oder Verwandte im Weg herumstanden – obwohl ich weder das eine noch das andere war. Merick war aus dem Haus verbannt worden, weil es ihm nicht gefallen hatte, dass der Heiler den nackten Körper seines Onkels reichlich mit einer übel riechenden Paste einschmierte.

»Ihr seid unterwegs nicht zufällig Barbier begegnet?«, erkundigte ich mich bei Merick, während wir in den Dampf des kochenden Wassers gehüllt dasaßen. »Ich würde ihn nur zu gern wiedertreffen.«

»Dem werdet Ihr schon bald wiederbegegnen«, erwiderte der junge Adlige. Wärme und eine Schüssel Haferschleim hatten ihn so weit wiederhergestellt, dass er zu Spott fähig war. »Wir haben ihn tatsächlich getroffen. Er wurde gegen den Stamm eines Baumes geschleudert, und ein Eissplitter hatte sich ihm in den Hals gebohrt. Er wartet vor der Himmlischen Pforte auf Euch, zusammen mit all den anderen Sündern, denen der Zutritt zum Ewigen Reich verwehrt bleibt.«

Ich runzelte bedauernd die Stirn und musterte Merick abschätzend. »Euer Arm ist verheilt, wie ich sehe. Aber ich könnte mir vorstellen, dass er bei Kälte immer noch wehtut, oder?«

»Tut er, ja.« Er betrachtete mich ruhig. »Eine weitere Rechnung, die zwischen uns offen ist, Scribe. Und ich werde dafür sorgen, dass sie früher oder später beglichen wird, verlasst Euch drauf.«

Ich verzog in gespielter Furcht das Gesicht und sah den verwirrt dreinblickenden Kuhlin mit hochgezogenen Brauen an. »Er ist verärgert, weil ich ihm den Arm gebrochen habe«, erklärte ich ihm.

»Ihr habt weit mehr getan als das«, murmelte Merick finster. »Wegen Euch und dem verrückten Maleciten-Weib sind meine Tante, meine Cousins und Cousinen jetzt tot.«

Meine Belustigung schwand, als die Erinnerung an das, was ich in jener Nacht in der Festung des Herzogs gesehen hatte, mit unangenehmer Klarheit zurückkehrte. Und seine verächtliche Erwähnung von Evadine ließ die Besorgnis, die mich seit meinem Erwachen im Kuhstall verfolgte, erneut hochlodern. Sicherlich war sie von der Lawine verschont geblieben, ich fragte mich jedoch, wie sie auf meinen vermeintlichen Tod reagieren würde. Womöglich würde sie nach meiner Leiche suchen, was für sie und alle Caerither, denen sie begegnen mochte, unschön enden konnte. Meine Sorge ging aber noch tiefer. Ich hatte die unheilvolle Ahnung, dass der Verlust ihres wichtigsten Vertrauten eine Wut in ihr wecken könnte, der sie bislang widerstanden hatte. Seltsamerweise fürchtete ich ihre Wut mehr als die Möglichkeit, dass sie sich in Gefahr begeben könnte.

»Eurer Tante wurden faire Bedingungen für eine Kapitulation angeboten«, sagte ich barsch. »Stattdessen hat sie sich dazu entschlossen, in den Tod zu gehen und ihre Kinder zu ermorden. Das macht sie in meinen Augen noch verrückter, also erspart mir Eure Empörung.«

Sein Gesicht lief rot an, und seine Lippen teilten sich, um noch mehr hitzige Worte auszustoßen. Das Ganze hätte in einer Prügelei enden können, hätte uns nicht in diesem Moment der Heiler unterbrochen.

Er trat aus dem Haus, um sich die Hände in dem Wasser zu waschen, das wir erwärmt hatten, und sagte ein paar knappe Sätze zu Kuhlin. »Er sagen, Fieber ist …«, der Caerither suchte nach dem passenden Wort, »… tief. Er sagen, Krankheit kommt von zu viel Kälte und schlechte Essen. Er geben etwas zum Schlafen.« Der Heiler ging zu einer Ledertasche, die an der Tür stand, und nahm ein irdenes Fläschchen heraus. »Trinken einmal morgens, wenn Fieber weg sein«, sagte Kuhlin, als der Heiler mir das Fläschchen reichte.

»Und wenn es nicht weggeht?«, fragte ich.

Der Heiler zuckte nur mit den Schultern, als Kuhlin ihm meine Frage übersetzte. Dann sagte er ein Wort, das ich inzwischen auch ohne Übersetzung verstand: *»Zeiteth.« Tot.*

Ich müsste lügen, verehrte Leser und Leserinnen, wollte ich sagen, dass ich während jener ersten Nacht nicht ein paarmal hoffte, Roulgarth Cohlsair würde nicht mehr das Licht des Morgens erblicken. Am nächsten Tag begann ich damit, das Haus aufzuräumen, während Merick an der Seite seines Onkels saß. Der geschwächte Adlige war die meiste Zeit bewusstlos, nur ab und zu murmelte er ein unverständliches Kauderwelsch oder wedelte in einer beinahe komischen Parodie eines Schwertkampfs mit den Händen. Anscheinend kämpfte Roulgarth im Schlaf weiter. Ich bezweifelte, dass seine Träume sonderlich angenehm waren.

Der frühere Besitzer des Hauses schien die Angewohnheit besessen zu haben, unnütze Dinge anzuhäufen. Eine besondere Schwäche hatte er offenbar für seltsam geformte Steine, Tierschädel und, aus mir unbekannten Gründen, Tannenzapfen. Fein säuberlich vom Boden bis zur Decke aufgestapelt, füllten sie eine Ecke der Hütte. Die Tannenzapfen behielt ich, da sie gutes Brennmaterial darstellten, den Rest jedoch entsorgte ich. Gerade als ich die Tierschädel in ein Gebüsch werfen wollte, tauchte die Jägerin auf.

Sie trat nur ein Dutzend Schritte von mir entfernt hinter dem Stamm einer großen Weide hervor, deren schneebeladene Äste in den Bach hingen. Ich war beeindruckt und ein wenig beunruhigt, weil mir ihr Näherkommen gar nicht aufgefallen war. Meine Angst legte sich jedoch, als ich sah, dass sie ihren Bogen umgehängt und ihr Messer weggesteckt hatte. Ihre Miene drückte Vorsicht aus, aber auch Entschlossenheit. Anscheinend war sie nicht gekommen, um mich umzubringen. Ich konnte mir allerdings nicht vorstellen, welchem Zweck ihr Besuch sonst dienen sollte. Deshalb sagte ich nichts, als sie ein paar Fuß entfernt stehen blieb.

»Lilat«, sagte sie, nachdem wir uns eine Weile schweigend mit Blicken gemessen hatten, und deutete auf den Schädel in meiner Hand. Es handelte sich um den eines Fuchses. Von seinen Abmessungen her war das Tier etwas kleiner als seine nördlichen Artgenossen, hatte aber größere Ohren.

»Fuchs«, sagte ich und hielt den Schädel hoch. »Willst du ihn haben?«

Sie runzelte entrüstet die Stirn, deutete dann erneut auf den Schädel, sagte *»Lilat«* und drückte sich die Hand auf die Brust. *»Lilat.«*

»Ah«, sagte ich. »Dein Name. Du bist nach diesem Tier benannt.« Ich drehte den Schädel hin und her und schaute zu der Jägerin hin. »Ich muss sagen, das passt zu dir.«

Einen Moment lang kaute sie unentschlossen auf ihrer Unterlippe, dann griff sie zu meinem Erschrecken nach dem Messer an ihrem Gürtel. Als ich einen Schritt zurücktrat, hob sie jedoch beruhigend die Hand. Dann packte sie ihr Handgelenk und schüttelte es, bis das Messer herunterfiel. Kurz war ich verwirrt, doch schließlich begriff ich, dass sie den Trick meinte, den ich bei unserer ersten Begegnung benutzt hatte, um sie zu entwaffnen.

Sie ging in die Hocke, hob das Messer auf und wiederholte die Geste. Schließlich reichte sie es mir. *»Eilicha«*, sagte sie.

»Du willst, dass ich dir zeige, wie es geht, was?«, fragte ich.

Sie runzelte verärgert die Stirn und hielt mir noch einmal das Messer hin. *»Eilicha«*, sagte sie mit Nachdruck.

»Bezahlung in Naturalien, meine Liebe«, sagte ich, ohne das Messer entgegenzunehmen. Stattdessen warf ich den Fuchsschädel in den Busch und hob meine Hände zur Brust. »Kaninchen«, sagte ich und deutete ein Hüpfen an. Kurz glaubte ich, ein verwundertes Lächeln ihre Lippen umspielen zu sehen, bevor sie wieder die Stirn runzelte. Ich zeigte auf ihren Bogen und tat so, als würde ich einen Pfeil abschießen. »Du bringst Kaninchen. Ich zeige es dir.« Ich ergriff mein eigenes Handgelenk und schüttelte es. »Du bringst Kaninchen, dann *eilicha.*«

Wie passend der Name der Frau war, zeigte sich in dem raubtierhaften Blick, den sie mir zuwarf, bevor sie sich abwandte und davonging. Ich rechnete damit, sie nie wiederzusehen, doch als sie am nächsten Morgen zurückkam, brachte sie ein frisch gejagtes Reh mit. Danach musste ich während meines Aufenthalts bei den Caerithern, der mir heute, aus der Sicht eines alten Mannes, viel zu kurz erscheint, nie wieder Hunger leiden.

Lilat erwies sich als weitaus gelehrigere Schülerin als Eamond oder sonst irgendjemand, den ich je im Kämpfen unterwiesen habe. Sie besaß eine natürliche Kraft, Schnelligkeit und durch die Jagd geschärfte Instinkte und saugte jede meiner Lektionen wie ein Schwamm auf. Das Verdrehen des Handgelenks zum Einklemmen des Nervs beherrschte sie beispielsweise schon nach wenigen Minuten. Wie ihr Cousin Kuhlin sprach auch sie etwas Albermainisch. Zwar waren es nur ein paar Brocken, dennoch konnte sie mir damit begreiflich machen, dass ich ihr sämtliche Messertricks beibringen sollte, die ich kannte.

»Du kämpfen … viel?«, fragte sie, nachdem sie es geschafft hatte, mir das Messer aus der Hand zu schütteln. »Du … töten viel? Du *taolisch* … Krieger?«

Ich runzelte die Stirn. Seit ich gezwungenermaßen der Kompanie des Bundes beigetreten war, sah ich mich selbst als Soldat. Meine Tätigkeit als Schreiber und Verkünder von Sihldas Testament empfand ich jedoch immer noch als meine wahre Berufung. Allerdings war ich inzwischen ein Hauptmann, der in vielen Schlachten gekämpft und zahllose Menschenleben auf dem Gewissen hatte. Krieger erschien mir dennoch ein zu hochgestochener Titel für einen ehemaligen Gesetzlosen ohne einen Tropfen adliges Blut in den Adern.

»Etwas in der Art«, meinte ich und fügte hinzu: »Ja«, als ich ihren verständnislosen Blick sah.

»Du *eilicha* … mir zeigen.« Sie nickte zu dem gehäuteten und ausgenommenen Reh, das an einem Ast in der Nähe hing. »Du zeigen, ich bringen.«

Ich wollte sie fragen, weshalb sie solche Fähigkeiten unbedingt erlernen wollte, wusste jedoch, dass unsere Verständigung nicht ausreichte, um eine sinnvolle Erklärung zu erhalten. »Du kannst mir auch etwas beibringen«, sagte ich und hob das Messer auf. »Messer«, sagte ich, hielt es hoch und zog fragend eine Augenbraue in die Höhe.

Wieder bewies sie ihren scharfen Verstand, indem sie prompt antwortete: *»Tuhska.«*

»Tuhska«, wiederholte ich und deutete auf den Kadaver: »Reh.«

»Pehlith.« Ein Lächeln erschien auf ihren Lippen, doch als sie Kuhlin mit der täglichen Ration Zwiebeln auftauchen sah, runzelte sie die Stirn. »Ich kommen … morgen«, murmelte sie und vollbrachte dann ein weiteres Mal das Kunststück, vollkommen geräuschlos im Unterholz zu verschwinden.

Als ich ins Haus ging, stellte ich fest, dass Roulgarth wach war und das Fieber sich gelegt hatte. Allerdings war er noch so schwach, dass er mich nur mit Worten traktieren konnte, obwohl er sicher lieber eine Peitsche in der Hand gehabt hätte.

»Dreckiger Abschaum!«, krächzte er und spannte die unterernährten, aber immer noch beeindruckenden Muskeln an, um sich vom Bett hochzustemmen. Zum Glück war er jedoch so schwach, dass er lediglich auf den Boden fiel.

»Euch ebenfalls einen schönen guten Morgen, edler Roulgarth«, erwiderte ich.

»Beruhige dich, Onkel«, sagte Merick, half dem um sich schlagenden Adligen hoch und legte ihn wieder aufs Bett.

»Du solltest mich lieber gleich umbringen, Scribe«, keuchte Roulgarth zitternd und mit wütendem Blick. »Solange du noch kannst.«

Ich beachtete ihn nicht weiter, sondern heizte den Kamin in einer Ecke des Raums mit Tannenzapfen an. Dann bereitete ich den Spieß vor, an dem ich das Reh braten wollte. Roulgarth belegte mich weiter mit teils recht einfallsreichen Beleidigungen, die in mir jedoch höchstens Mitleid erweckten. Nach außen hin mochte ich das Ziel seines Hasses sein, doch ein Blick in sein aschfahles Gesicht zeigte mir einen Mann, der von schrecklichen Schuldgefühlen geplagt wurde.

»Heute Abend gibt es Wildbret«, sagte ich, als seine Tirade endlich von einem Hustenanfall unterbrochen wurde. »Das Fleisch der Könige und Adligen. Das müsste Euch doch gefallen, oder?«

Speichel befleckte seine Lippen, als er zu einer Antwort ansetzte. »Mir gefällt nichts außer deinem Tod.«

»Dann solltet Ihr lieber etwas essen. Wie wollt Ihr sonst wieder zu Kräften kommen, um mich zu töten?«

Wenn ich diese Episode heute als eine Zeit der Ruhe in einem Leben voller Stürme betrachte, so kam sie mir damals eher wie eine Art langweilige Gefangenschaft vor. Roulgarth ging es von Tag zu Tag besser, zugleich belegte er mich immer seltener mit Schimpfwörtern. Sein harter Blick machte jedoch deutlich, dass sich an seiner Haltung mir gegenüber nichts geändert hatte. Manchmal schrie er nachts so laut im Schlaf, dass Merick und ich davon erwachten. Voller Schuldgefühl und Bedauern rief er immer wieder denselben Namen.

»Celynne … warum?«, schrie er in Richtung einer dunklen Ecke des Raums. »Warum habe ich es dir niemals gesagt? Warum habe ich es ihm nicht gesagt …?« Meist ertrug ich seine Ausbrüche in stoischem Schweigen, in dieser Nacht hatte er mich jedoch aus einem angenehm traumlosen Schlummer geweckt.

»Ach, halt die Klappe, du adliger Esel!«, fauchte ich, worauf Merick von seinem Bett aufstand.

Der junge Alundier warf mir einen warnenden Blick zu, während er zu Roulgarth ging und ihn wieder auf die Felle hinabdrückte. »Ruh dich aus, Onkel«, murmelte er. »Alles ist gut.«

»Onkel, hm?«, brummte ich. Immer noch ärgerlich, weil ich wusste, dass es eine Weile dauern würde, bis ich wieder in den Schlaf zurückfand, stand ich auf, ging zum Pinkeleimer und hob mein Hemd an. »Seid Ihr ein Anwärter auf den Titel des Herzogs von Alundia?«, erkundigte ich mich, während ich mich seufzend erleichterte. »Oder nur ein Bastard wie ich? Ein Fehltritt, dem ein Titel verliehen wurde, um ihn ruhigzustellen? Wie ich hörte, kommt das bei Euch Adligen nicht gerade selten vor.«

»Passt auf, was Ihr sagt, unwissender Nichtsnutz«, zischte er zurück. »Ich bin der legitime Sohn von Ehlissa Albrisend, Schwester von Verissa, der verstorbenen Frau dieses ehrwürdigen und mutigen Mannes, dessen Füße Ihr nicht wert seid zu küssen.«

»Roulgarth hatte also eine Frau.« Ich schüttelte die letzten Tropfen ab und setzte mich auf mein Bett. »Keine eigenen Kinder?«

Merick verzog das Gesicht. Vermutlich fand er die Vorstellung, mit jemandem aus dem einfachen Volk über persönliche Dinge zu reden, ungeheuerlich. Seine Antwort überraschte mich deshalb, da es so klang, als hätte er noch nie mit jemandem darüber gesprochen. »Verissa ist bei der Geburt ihres ersten Kindes gestorben«, flüsterte er, als fürchtete er, sein Onkel könnte es hören. »Und ihre kleine Tochter ebenfalls. Roulgarth hat mich als Kind in sein Haus aufgenommen, da mein Vater in einer Schlacht gestorben war und meine Mutter vor Trauer den Verstand verloren hatte.« Zögernd griff er nach Roulgarths Hand, berührte sie jedoch nicht. »Dieser Mann ist stets mein Vater gewesen, und ich bin sein Sohn.«

Mir lag eine spöttische Bemerkung auf der Zunge, doch ich schluckte sie hinunter. Viele Familien wurden durch den Krieg zerstört oder auseinandergerissen und in alle Himmelsrichtungen zerstreut. Immerhin hatten diese beiden noch einander. Es machte mich ein wenig neidisch, vor allem aber traurig. Wenn ein einfacher Mann seinen Herrn verliert, weil dieser verbannt oder getötet wurde, tritt einfach ein neuer an dessen Stelle oder der Knecht zieht weiter zu anderen Ländereien, wo Arbeiter gebraucht werden. Doch welchen Nutzen hatte ein Adliger, der seine Ländereien und seinen Titel verloren hatte?

Seufzend legte ich mich auf mein behelfsmäßiges Bett und kehrte Merick den Rücken zu.

Als Roulgarth wieder so weit genesen war, dass er laufen konnte, hatte ich es mir zur Gewohnheit gemacht, tagsüber mit Lilat durch den umliegenden Wald zu streifen. Dann musste ich wenigstens nicht ständig sein finsteres Gesicht sehen und mir vor Augen führen, dass ich ihn schon bald würde töten müssen. Meine Kenntnisse des Caerithischen verbesserten sich stetig, sodass ich bereits ganze Sätze bilden konnte, wenn meine holprige Aussprache Lilat auch häufig zum Lachen brachte. Zugleich wurde ihr Albermainisch so gut, dass sie mir ein paar meiner drängendsten Fragen beantworten konnte.

»Uhlla mir beibringen«, sagte sie, als ich sie fragte, woher sie die Sprache der *Ishlichen* kannte. »Sie … lernen von …«, sie runzelte die Stirn und suchte nach dem passenden Begriff, »… Großmutter.«

»Uhllas Großmutter ist in das Land der *Ishlichen* gereist?«

Lilats Blick wurde vorsichtig, als hätte ich sie etwas sehr Persönliches gefragt. »Caerither manchmal … reisen in deine Land.« Sie wandte ausweichend den Blick ab und deutete auf die fernen Berggipfel, die über den Bäumen im Osten aufragten. »Sie gehen. Kommen lange Zeit später zurück.«

»Warum?«

Ihr Ausdruck wurde noch zurückhaltender. »Werden geschickt … um zu lernen«, sagte sie und nahm ihren Bogen. »Wir jagen jetzt. Du mich unterrichten danach.«

»Geschickt von wem?«, hakte ich nach, doch sie schaute mich nur finster an und schwieg die nächste Stunde über, während sie einen Hasen mit weißem Pelz aufspürte und erlegte. Erst als sie den Pfeil aus dem zuckenden Körper des Tiers zog, knurrte sie widerwillig eine Antwort. »*Eithlisch*, er sie schicken.«

»Der *Eithlisch?*« Ich erinnerte mich daran, dass Uhlla diesen Namen bei unserer ersten Begegnung erwähnt, ihn aber nicht weiter erklärt hatte. Als ich jetzt Lilats Anspannung sah, schloss ich daraus, dass es sich wohl um eine bedeutende Persönlichkeit handeln musste, die von den Caerithern gefürchtet wurde. »Wer ist das?«

Sie mied meinen Blick und nahm etwas Schnee, um die Pfeilspitze sauber zu reiben, bevor sie den Pfeil wieder in ihren Köcher steckte. »Er kommen bald.«

»Und das ist schlecht?«, fragte ich.

Lilat zögerte und wandte sich mir dann zu, um mir einen mitfühlenden, unsicheren Blick zu schenken. »Noch nicht wissen. Komm.« Sie stand auf und nahm den Hasen. »Du mir beibringen Messer jetzt.«

»Ich glaube, du kannst schon fast alles, was ich dir dazu beibringen kann.« Ich schaute mich um und entdeckte inmitten der schneebedeckten Sträucher einen herabgefallenen Ast. »Sag mir«, ich ging zu dem Ast, der zwei Längen brauchbaren Holzes liefern würde, und hob ihn auf, »wie gut kennen sich die Caerither mit Schwertern aus?«

»Doch nicht so!« Mericks Stimme war von herablassendem Spott erfüllt, und sein Lächeln schürte auf nicht unbeträchtliche Weise meinen Ärger. »Wer hat Euch denn das Kämpfen beigebracht, Scribe? Ein Tanzmeister?«

Ich senkte meinen Ast, den ich von Rinde befreit und zu einem einfachen Schwert zurechtgeschnitzt hatte, und richtete mich aus der En-garde-Haltung auf, die Wilhum mich gelehrt hatte. Ich hatte Lilat gerade beigebracht, wie man eine Parade macht, und ihre unbeholfenen Stöße mit den schwungvollen Schlägen abgewehrt, die ich so mühevoll erlernt hatte. Ich wandte mich dem überheblichen jungen Adligen zu und sagte säuerlich: »Ich wurde von einem Ritter unterrichtet, der einen tadellosen Ruf genießt und seinerseits bei einem der besten Schwertkämpfer seiner Generation in die Lehre gegangen ist.«

»Ihr meint wohl den Verräter Dornmahl«, gab Merick zurück. »Wenn ich mich recht erinnere, stand er in dem Ruf, jedes Turnier zu verlieren, bei dem er antrat. Außerdem hat er seinen Eid gegenüber dem König gebrochen, um sich dem Prätendenten anzuschließen. Nach der Schlacht auf dem Feld der Verräter wäre ihm sicher der Kopf abgeschlagen worden, hätte das Maleciten-Weib ihn nicht als Schoßhündchen behalten.«

»Ein Turnier ist keine Schlacht.« Ich spürte Wut in mir aufsteigen. »Und Ihr hütet besser Eure Zunge.«

Mericks Gesicht lief rot an. Von einem ehemaligen Gesetzlosen so abgekanzelt zu werden, empörte ihn offenbar. »Dann lasst es mich Euch zeigen.« Er kam vom Hauseingang herübergeschlendert, wo er gelehnt hatte, um bei meinem Unterricht zuzuschauen. »Darf ich?« Er verneigte sich und streckte die Hand nach Lilats hölzerner Klinge aus. Die Jägerin wirkte ebenso verwirrt wie belustigt, reichte ihm jedoch gehorsam das Übungsschwert, nachdem ich zustimmend genickt hatte.

»Das haben wir doch schon hinter uns«, hielt ich Merick entgegen, als er sich mir zuwandte. »Ihr habt verloren und hattet den Schaden.«

»Im Chaos einer Schlacht kann viel passieren.« Er lächelte dünn und nahm selbst En-garde-Haltung ein. Sie war weniger steif als die, die Wilhum mir eingebläut hatte. Er beugte nur leicht die Knie und hielt das Schwert auf Höhe der Hüfte. Er wollte schon angreifen, hielt jedoch inne, als die Stimme seines Onkels ertönte.

»Merick.«

Roulgarth stand gebeugt im Hauseingang und hielt sich mit einer Hand am Rahmen fest. Sein Gesicht kam mir etwas weniger bleich vor als sonst, und sein hochgewachsener, schlanker Körper war trotz der Kälte nur mit Hemd und Hose bekleidet. Den Blick hielt er ruhig auf seinen Neffen gerichtet.

»Onkel, ich …«, setzte Merick an, verstummte jedoch, als Roulgarth den Kopf schüttelte.

»Du willst eine Lektion, Scribe?«, fragte er und trat aus dem Haus. Er ging zu Merick und streckte die Hand aus, der junge Mann gab ihm nach kurzem Zögern das Eschenholzschwert. Roulgarth wirbelte es einmal in der Hand herum, dann hob und senkte er es in einer Parodie des ritterlichen Grußes. »Versuch es mit mir.«

Ich lachte mitleidig. »Das wäre wohl kaum ein fairer Kampf. Bei Eurem derzeitigen Zustand.«

»Ja«, stimmte er zu, und ein hauchdünnes Lächeln trat auf seine Züge. »Ich sollte mir wirklich ein paar Steine um den Hals hängen, damit du überhaupt eine Chance hast.«

Er richtete den Blick auf mich und hob das Schwert, bis ich seufzend einwilligte. Es geschah so schnell, dass ich mit dem Blick kaum folgen konnte. Nur ein leichtes Senken seines Schwerts, während er einen halben Schritt vortrat, ein Gefühl unangenehmer Vorahnung, dann wurde mir das Schwert aus der Hand geschlagen. Schmerz explodierte in meinem Bauch, und ich fand mich würgend und nach Luft ringend auf dem Rücken wieder. Erst da erinnerte ich mich an Evadines Worte nach meinem ersten Zusammentreffen mit Roulgarth damals an der Furt: *Du hast zwar schon vieles gelernt, aber Roulgarth ist eine Klasse für sich.*

Gegen die Gefahren des verletzten Stolzes war ich jedoch nicht gefeit. Als der Schmerz in meinen Eingeweiden nachgelassen hatte und ich wieder Luft bekam, rappelte ich mich auf und ergriff mein zu Boden gefallenes Holzschwert. Ich drehte mich zu Roulgarth um, dessen Haltung sich kaum verändert hatte. Seine Miene wirkte ausdruckslos, er hob nur müde und erwartungsvoll die Augenbrauen. Hätte er mich verspottet, dann wäre meine Wut vielleicht verraucht. Diese gleichgültige Sicherheit brachte mich jedoch in Rage, und ich griff ihn ohne Pause ein weiteres Mal an. Ich packte das Holzschwert mit beiden Händen, schwang es hoch und zielte auf Roulgarths Scheitel. Er bewegte sich kaum von der Stelle, drehte sich lediglich ein wenig, sodass die Eschenholzklinge in den Boden hackte und meine Körperseite ungeschützt war.

Wieder eine Schmerzexplosion, diesmal in den Rippen. Während der nächsten Minuten sollte ich eine Demütigung erfahren, wie ich sie eigentlich im Hurenhaus oder dem von Gesetzlosen bevölkerten Wald meiner Kindheit zurückgelassen zu haben glaubte. Ich versuchte es mit jedem Trick, den Wilhum mir beigebracht hatte, jeder Taktik, die ich auf dem Schlachtfeld gelernt hatte, und erntete doch nur weitere Schläge an verschiedenen Stellen meines Körpers. Ich hatte Althus Levalle für den tödlichsten Kämpfer gehalten, mit dem ich es je zu tun bekommen würde, doch im Vergleich zu Roulgarth wirkte er bloß wie ein unbeholfener Dilettant.

Als ich nach einem weiteren schmerzhaften Hieb seines Holzschwerts zurücktaumelte, wusste ich mit ärgerlicher Gewissheit, dass er nur mit mir spielte. Meine Unvernunft nahm Ausmaße an, die mich alle Qualen vergessen ließ. Ich ignorierte einen Hieb auf meinen Schwertarm und machte einen Satz nach vorn, um Roulgarth einen Faustschlag auf die Nase zu verpassen. Wäre er erst betäubt, müsste ich ihm nur noch beide Arme fest um den Leib schlingen, und der Tanz würde sich in einen Ringkampf verwandeln. Diese Taktik hatte bei Sir Althus funktioniert, bei Roulgarth sollte sie sich allerdings als wirkungslos erweisen.

Er wich meinem Faustschlag aus und versetzte mir stattdessen mit dem Holzschwert einen Hieb auf die Nase. Augenblicklich schoss Blut hervor. Dann schlug er mir das Schwert gegen die Knie. Erst im Fallen gelang es mir, einen Treffer zu landen – den einzigen in diesem Duell. Ich schlug blindlings mit dem Holzschwert um mich und traf dabei rein zufällig krachend seine Hüfte.

In diesem Moment packte auch Roulgarth die Wut. Er trat mir fest in den Bauch und versetzte mir einen Hieb aufs Handgelenk, worauf mein Holzschwert wegflog. »Ein echter Ritter, Scribe«, sagte er keuchend und trat mir ein weiteres Mal in den Bauch, »verbringt jede freie Stunde mit dem Erlernen der Kampfkunst. Ein echter Ritter weiß, was Ehre ist. Ein echter Ritter«, die Spitze seines Holzschwerts bohrte sich in meine Schläfe, und ein roter Dunst trübte mein Blickfeld, »hat nichts mit einem eingebildeten Schreiberling gemein, der sich auf einer Höhe mit denen wähnt, die in Wahrheit weit über ihm stehen …«

»*Ascha!*«

Der Druck auf meine Schläfe ließ nach, als Roulgarth das Holzschwert zurückzog. Blinzelnd schaute ich hoch und sah ein paar Schritte entfernt Lilat stehen, die ihren Bogen erhoben hatte und mit einem Pfeil auf den Hals des Alundiers zielte. Ihr konzentrierter Blick machte deutlich, dass sie bereit war zu schießen. Roulgarth hatte das offenbar ebenfalls bemerkt.

»Also«, stöhnte er müde und trat von mir zurück, »wenn ich dich töte, töten diese Wilden uns. Als wäre ich vom Leben nicht schon genug gestraft worden.«

Er ging zu meinem am Boden liegenden Holzschwert und hob es ächzend auf. »Mein Neffe ist jetzt an der Reihe«, sagte er zu Lilat, die den Bogen ein kleines Stück gesenkt hatte, ihn aber immer noch argwöhnisch anfunkelte. Roulgarth lachte hohl und warf ihr sein Holzschwert vor die Füße, bevor er das andere Merick reichte. »Ich rate dir, dich lieber von ihm unterrichten zu lassen. Dieser Halunke da«, er nickte in meine Richtung, »ist ein Dieb und Halsabschneider, der sonst von nichts eine Ahnung hat.«

Mit einem weiteren Lachen, das trotz seiner Schwäche erstaunlich kräftig klang, kehrte er ins Haus zurück.

Es hatte eine Zeit gegeben, da hätte ich nach einer solchen Niederlage auf Rache gesonnen. Als ich an diesem Abend jedoch mit Blutergüssen übersät im Bett lag, von denen keiner so sehr schmerzte wie mein gekränkter Stolz, machte sich die Rachsucht, die mich mein Leben lang geplagt hatte, überraschenderweise kaum bemerkbar. Zwar kamen mir alle möglichen Grausamkeiten in den Sinn, mit denen ich Rache nehmen könnte, doch nichts davon wollte mir wirklich gefallen. Verärgert und übellaunig, wie ich war, empfand ich Roulgarth gegenüber dennoch vor allem Mitleid. War ich etwa endlich darüber hinaus, nachtragend zu sein? Zumindest was besiegte, landlose Adlige betraf?

Als ich von dem Haufen aus Fellen glitt, auf dem ich schlief, und zu Roulgarths Bett ging, stellte ich fest, dass er wach war. Sein Blick war trübe und seine Miene ausdruckslos. Lediglich ein Hauch müder Erwartung lag darin. »Kein Messer?« Mit hochgezogener Braue blickte er zu meinen leeren Händen. Offenbar hatte er damit gerechnet, dass ich eine Waffe ziehen würde. Hatte er mich womöglich absichtlich so angestachelt, damit ich Rache nahm? Vielleicht wollte er, dass ich seinem Leben ein Ende setzte, weil er selbst es nicht fertigbrachte.

»Kein Messer«, sagte ich, holte einen Schemel heran und setzte mich darauf, wobei ich vor Schmerzen das Gesicht verzog. »Tut mir leid, Euch enttäuschen zu müssen.« Ich musterte ihn schweigend.

»Was willst du dann, Scribe?«, seufzte er schließlich in der Dunkelheit.

»Eine weitere Lektion«, sagte ich. »Eigentlich sogar mehrere. Ich möchte alles lernen, was Ihr mir beibringen könnt.«

Roulgarth legte sich den Unterarm über die Augen. »Warum?«

»Ihr habt recht, ich bin kein Ritter und werde nie einer sein. Gegen einen Soldaten oder ungeübten Adligen kann ich bestehen, aber nicht gegen jemanden wie Euch. Und ich weiß, wenn ich ins Königreich zurückkehre, wird es dort alles andere als friedlich sein.«

»Das zumindest stimmt. Es ist nur eine Frage der Zeit, bis deine Maleciten-Märtyrerin und der König einander an die Kehle gehen werden. Du willst also unbedingt in ihrem Namen kämpfen?«

»Sie hat meinen Beistand und Schutz verdient.«

»Aber nicht meinen. Also, Scribe, warum im Namen der Märtyrer, der Seraphilen und allem Guten auf dieser Welt sollte ich dir auch nur einen Bruchteil dessen beibringen, was ich mein Leben lang gelernt habe?«

»Erstens: Habt Ihr momentan etwas Besseres zu tun?«

Ein kurzes Schnauben drang unter seinem Arm hervor. »Und zweitens?«

»Könnt Ihr mich dann jeden Tag verprügeln.«

Roulgarth schwieg eine Zeit lang. Daran, wie sich seine Brust hob und er die Lippen aufeinanderpresste, erkannte ich jedoch, dass er sich innerlich für etwas wappnete. Ich fürchtete schon, dass er sich auf mich stürzen wollte, und rückte ein Stück auf dem Schemel zurück, bereit, ihm auszuweichen. Stattdessen senkte er den Unterarm, und ein harter, entschlossener Blick kam zum Vorschein. »Wenn ich das tue, will ich im Voraus bezahlt werden.«

»Bezahlt?« Ich runzelte die Stirn. »Ihr wollt Münzen?«

»Nein, Dummkopf.« Roulgarth verzog das Gesicht, richtete sich halb zum Sitzen auf und beugte sich vor. »Ich will Antworten auf ein paar Fragen. *Ehrliche* Antworten, Scribe.«

Ich atmete ein wenig auf, obwohl sein unerbittlicher Blick mich weiterhin nervös machte. Was immer er wissen wollte, offenbar rechnete er damit, dass ihm meine Antworten nicht gefallen würden. »Dann fragt«, sagte ich.

»Nach der Eroberung von Hochsahl«, begann er und musterte mit starrem Blick mein Gesicht, »haben sich alle möglichen wilden Gerüchte im Herzogtum verbreitet. Man sagt, du seist der Erste gewesen, der in der Festung des Herzogs ankam. Du hättest deine Bande ketzerischer Halsabschneider in den Audienzsaal geführt, wo …« Er hielt inne und schluckte, bevor er sich zwang weiterzusprechen. »Wo die Herzogin aus lauter Frömmigkeit Gift getrunken hat, um sich deinen unsittlichen Avancen zu entziehen.«

»Sagt man das, ja?«

»Das ist eine Version der Geschichte. Es gibt noch viele weitere.«

»Wenn Ihr das für wahr halten würdet, dann hättet Ihr mich heute doch gewiss getötet, egal, welche Konsequenzen das nach sich ziehen würde, oder?«

In seinem Gesicht zuckte es, und sein Körper zitterte, so sehr strengte es ihn an, sich aufrecht zu halten. »Aber du warst da? In der Festung … am Ende? Was hast du gesehen?«

Ich spielte mit dem Gedanken, ihn anzulügen, mir eine fantasievolle Geschichte auszudenken, um ihm Trost zu spenden. Aber so wie ich einen Instinkt dafür besaß, Lügen zu erkennen, so wusste ich auch, wen man besser nicht anlügen sollte. Außerdem war Roulgarth in diesem Moment wahrscheinlich nicht auf Trost aus. Sein Hass auf mich war nichts im Vergleich zu seinem Hass auf sich selbst, und Hass ist eine machtvollere Droge als die stärkste Mohnmilch.

»Sie waren alle tot, als wir in der Festung ankamen«, sagte ich. »Alle Soldaten, alle Diener, alle Adligen. Durch ihre eigene Hand gestorben. Vermutlich haben sie das Gift getrunken, sobald sie hörten, dass die Mauern gefallen waren.«

»Die Herzogin?«, fragte er. »Und die Kinder?«

»Dasselbe bis auf die kleine Ducinda. Ihre Mutter hatte ihr den Becher gegeben, aber sie hatte nur einen Schluck daraus getrunken. Wir schafften es noch rechtzeitig, sie zu unserem Heiler zu bringen. Ihr wisst wahrscheinlich, dass Prinzessin Leannor sie nach Couravel bringen lässt, wo sie mit dem jungen Alfric verlobt werden soll.«

Roulgarth verzog den Mund, und aus dem Zittern wurde ein heftiges Beben. »Eine Heirat, die niemals stattfinden wird, solange noch Blut durch meine Adern strömt.« Sein Körper wurde von einem Krampf geschüttelt, und er musste ein paarmal husten, wodurch unglücklicherweise Merick aufwachte.

»Was geht hier vor?«, fragte er und kletterte aus seinem behelfsmäßigen Bett. Ich sah, dass er ein kleines Messer besaß, das er vermutlich in dem allgemeinen Durcheinander im Haus gefunden hatte. Er richtete die Klinge auf mich und stellte sich eilig zwischen seinen Onkel und mich. »Zurück, du Schurke!«

»Schon gut«, krächzte Roulgarth. Sein Husten legte sich, er sank auf das Sackleinen der Matratze zurück und schloss die Augen. »Morgen, Scribe«, murmelte er. »Und such besseres Holz. Es ist unter meiner Würde, mit solch krummen Stöcken zu fechten.«

SECHSUNDZWANZIGSTES KAPITEL

Meine zweite Lektion war länger und kaum weniger schmerzhaft als die erste. Diesmal verprügelte Roulgarth mich mit einem der beiden Holzschwerter, die ich an diesem Morgen geschnitzt hatte. Beinahe eine ganze Stunde lang stand er in der Mitte der kreisrunden freien Fläche vor unserer schiefen Hütte und befahl mir, ihn anzugreifen. Diesmal versuchte ich es mit einer Mischung aus Wilhums Tricks und meinen eigenen und legte so viel Energie in meine Schläge und Stöße, wie ich es auch in einem echten Kampf getan hätte. Dennoch hatte ich nicht mehr Erfolg als am Tag zuvor und handelte mir nur zahlreiche weitere Blutergüsse ein. Ich erreichte lediglich, dass sich Roulgarth etwas mehr bewegen musste.

»Das reicht für heute«, sagte er, nachdem er einem Aufwärtshieb ausgewichen war und mir mit der Holzklinge auf die überstreckten Arme geschlagen hatte.

»Ich muss feststellen«, knurrte ich mit vor Schmerz zusammengebissenen Zähnen, als ich mich nach meinem wieder einmal am Boden liegenden Schwert bückte, »dass ich bislang noch kein einziges Wort der Anleitung von Euren Lippen vernommen habe.«

Er wollte mich schon ignorieren, blieb jedoch im Hauseingang noch einmal stehen. »Wie mir mein eigener Lehrer früher gesagt hat, Scribe«, rief er mir über die Schulter hinweg zu, »Kämpfen ist Sache des Körpers, und Übungen beeinflussen den Körper mehr als Worte. Kämpfen lernt man nur durch Kämpfen.« Er schenkte mir ein freudloses Lächeln und verschwand im Haus. »Und jetzt bring mir mein Abendessen.«

So verlief von nun an jeder Tag. Am Morgen erledigte ich Hausarbeiten oder ging mit Lilat auf die Jagd, am Nachmittag ließ ich mich verprügeln. Merick und Lilat hielten es ähnlich, wenn auch mit weniger schmerzhaften Resultaten. Ich hatte der Jägerin dazu geraten, Roulgarths Vorschlag zu folgen und sich von seinem Neffen im Schwertkampf unterrichten zu lassen, und der junge Adlige erwies sich zu meinem Neid als weit weniger strenger Lehrmeister als sein Onkel. Interessanterweise fiel mir auf, dass sich in Mericks Sprache mit der Zeit immer mehr caerithische Wörter mischten, während Lilat inzwischen fast fließend Albermainisch beherrschte. Ihre Aussprache klang merkwürdig, wie eine Mischung aus der Satzmelodie der Adligen und den abgehackten Vokalen des einfachen Volkes. Ihr beeindruckend großes Vokabular hatte sie jedoch ausschließlich mir zu verdanken, wie ich hinzufügen möchte.

»Unelegant«, sagte sie und runzelte missbilligend die Stirn, als Merick sie mit einem Tritt gegen die Fußgelenke zu Fall brachte.

»Aber wirkungsvoll«, sagte er und reichte ihr die Hand. »Auch ein hässliches *pehlith* kann schmackhaft sein.«

Im Verlauf der nächsten Woche sollten sich Roulgarths Worte bewahrheiten, denn ich bemerkte eine zunehmende Verbesserung meiner Fähigkeiten. Mir fielen immer mehr Muster in seinen Bewegungen auf – der Winkel, in dem er die Klinge hielt, um meine ungelenken Stöße zu parieren, und wie er seinen Oberkörper drehte, wenn er zum Gegenschlag ansetzte. Dadurch gelang es mir erstmals, seine Schläge abzuwehren. Unsere Holzschwerter trafen klappernd aufeinander, als ich einen Hieb ablenkte, der mit Sicherheit einen Schnitt auf meiner Stirn hinterlassen hätte. Ich sah eine kleine Veränderung in Roulgarths Gesicht, ein Verengen der Augen, das vielleicht Zufriedenheit bedeutete. Wenn ja, so gereichte es mir nicht zum Vorteil, denn ebenso schnell, wie ich mich an seine Tricks anpasste, setzte er immer wieder neue ein. Dass sich mein Lehrmeister inzwischen etwas mehr bewegen musste, zeigte mir jedoch, dass ich besser wurde. Natürlich kam Roulgarth auch immer mehr zu Kräften, aber es war nicht nur das. In der dritten Woche wäre mir sogar beinahe ein weiterer Treffer gelungen, und ich hatte das Vergnügen zu sehen, dass er nach unserer Übung etwas außer Atem war.

Mit der Zeit begannen unsere Duelle Zuschauer anzulocken. Ein paar Dorfbewohner fanden Ausreden, um bei uns vorbeizukommen und uns verwundert oder spöttisch anzugaffen, häufig beides. Am ausdauerndsten waren jedoch die *taolisch*, das halbe Dutzend Krieger, die im Dorf zu wohnen schienen. Im Gegensatz zu den anderen Caerithern wirkten ihre Mienen nicht belustigt, stattdessen beobachteten sie uns abschätzend mit verengtem Blick. Ihre ständige schweigende Anwesenheit verärgerte mich zunehmend, nicht zuletzt, weil sie wiederholt Zeugen meiner Niederlagen wurden.

Einmal war ich ohnehin schon schlecht gelaunt, weil Roulgarth mich mit einer mir unbekannten Finte auf dem Hosenboden hatte landen lassen, und als ich hochschaute, sah ich zu allem Überfluss die Caerither in ihren Lederrüstungen gemurmelte Kommentare austauschen. Wenn sie auch nicht spöttisch klangen, war ich mir doch sicher, dass sie nichts Schmeichelhaftes sagten.

»Wenn Ihr nicht mitmachen wollt, dann verpisst Euch!«, rief ich ihnen zu, während ich auf die Beine kam.

Die Krieger warfen verwirrte Blicke in Lilats Richtung, bis diese mit sichtlicher Genugtuung für sie übersetzte. Mir war schon aufgefallen, dass sie mit den *taolisch* nur selten sprach und diese ebenso wenig mit ihr. In ihrer Nähe wirkte die Miene der Jägerin stets abweisend.

Eine der *taolisch*, eine Frau, die ein paar Jahre älter war als die anderen, warf Lilat einen ausdruckslosen Blick zu, bevor sie von dem Holzklotz aufstand, auf dem sie gesessen hatte, und mit erhobener Waffe auf mich zukam. Lilat hatte die Waffe einmal als *tahlik* bezeichnet, was »Speer« bedeutete. Die Ähnlichkeit war jedoch höchstens oberflächlicher Natur. Der *tahlik* bestand aus einem anderthalb Meter langen, doppelt gebogenen Eichenholzstab, an dessen Ende eine längliche sichelförmige Klinge saß.

Mir warf die Frau nur einen kurzen Blick zu und ging gleich weiter zu Roulgarth, um ein paar Schritte von ihm entfernt stehen zu bleiben. »*Elthtao*«, sagte sie und hob ihre Waffe zur Brust.

»Das heißt ›kämpfen‹«, erklärte ich dem verwunderten Roulgarth. »Anscheinend hält sie Euch für den würdigeren Gegner.«

Zum ersten Mal seit seiner Genesung zeichnete sich auf dem Gesicht des Ritters Belustigung ab. Es war nur ein leichtes Hochziehen der Mundwinkel, doch es deutete die Rückkehr von Gefühlen an, die ich bei ihm schon für verloren gehalten hatte. »Dagegen lässt sich nichts einwenden.« Er trat zurück und hob sein Holzschwert zum Gruß. »Dann gebt Euer Bestes, gute Frau, aber ich warne Euch ...«

Die *taolisch* schlug zu, bevor er weitersprechen konnte. Ihre Waffe mit der sichelförmigen Klinge wirbelte blitzend auf Roulgarths Hals zu. Er duckte sich noch gerade rechtzeitig und ging in die Hocke, um der Frau sein Holzschwert in die Brust zu stoßen. Sie war jedoch schon zum nächsten Angriff übergegangen, sprang mit erhobener Waffe hoch und vollführte in der Luft eine Drehung, worauf Roulgarth sich vor der herabsausenden Klinge wegrollen musste.

Danach umkreisten sie einander mit konzentrierten Mienen. Roulgarth hatte offenbar gleich begriffen, dass er dieser Gegnerin weit mehr Respekt entgegenbringen musste als mir, und ließ sich Zeit, bevor er selbst angriff. Er täuschte einen Stoß mit der Schwertspitze in ihr Gesicht an und holte dann zu einem weiten Schlag aus, der sie von den Beinen reißen sollte. Die *taolisch* wirbelte erneut herum und sprang über Roulgarths Klinge hinweg. Wieder schlug sie mit dem *tahlik* zu, dessen Klinge die Nase des Ritters nur um Haaresbreite verfehlte. Die

Fähigkeiten der Frau waren beeindruckend, doch ich erkannte schnell, dass Roulgarths vorherige Kombination insgesamt eine Finte gewesen war, um sie zu einem Gegenschlag zu verleiten, der sie in Reichweite seines Hauptangriffs brachte.

Roulgarth sprang aus der Hocke vorwärts, während die *taolisch* noch aus der Drehung herauskam. Anstatt mit dem Holzschwert zuzuschlagen, stieß er ihr die Schulter in die Rippen und schickte sie zu Boden. Die *taolisch* versuchte, wieder hochzukommen, indem sie sich abrollte und halb in die Hocke aufrichtete, doch der Ritter ließ ihr keine Zeit dafür. Blitzschnell sauste sein Schwert herab und klemmte ihren *tahlik* unter der Klinge ein, worauf er ihr mit dem Handrücken ins Gesicht schlug. Der Schlag war fest genug, dass die Frau blutete, und eigentlich hätte sie betäubt sein müssen. Stattdessen bog sie geschmeidig wie eine Schlange ihren Körper durch und verpasste Roulgarth einen Tritt gegen den Hinterkopf. Der Ritter taumelte rückwärts, sein Kopf pendelte auf der Brust hin und her, und das Schwert baumelte in seiner Hand.

»Onkel«, rief Merick und machte einen Schritt nach vorn, während die *taolisch* auf die Füße sprang und ihren *tahlik* herumwirbelte, um Roulgarth einen letzten Hieb zu verpassen.

»Nein«, sagte Lilat streng und trat dem jungen Adligen mit ernster Miene in den Weg.

Anscheinend war es gegen den Brauch, sich in das Spektakel einzumischen. Merick wollte widersprechen und versuchte, um die Jägerin herumzukommen, doch sie stieß ihn rückwärts. Womöglich wäre die Lage eskaliert, wäre ich nicht zu Merick getreten und hätte ruhig auf ihn eingeredet.

»Wenn Ihr Euch einmischt, töten sie uns«, sagte ich und sah vielsagend zu den anderen *taolisch* hin, die in der Nähe standen. Sie hatten sich aufgerichtet und hielten ihre Äxte und *tahliks* in geübtem Griff. Ihre missbilligenden Blicke waren auf Merick gerichtet. »Das ist mehr als nur eine Übung. Außerdem …«, ich nickte zu Roulgarth hin, »… solltet Ihr mehr Vertrauen zu Eurem Onkel haben.«

Obwohl der Tritt recht hart gewesen war, kannte ich Roulgarths Körperkraft inzwischen gut genug, um zu wissen, dass er nicht so benommen war, wie es den Eindruck hatte. Er wartete, bis er das Zischen des *tahliks* hörte, und ließ sich dann auf ein Knie fallen, sodass dieser über ihn hinwegpfiff. Dann packte er sein Schwert fester und stieß es von unten in das Gesicht der Frau. Die Spitze traf sie am Kinn, ihr Kopf flog nach hinten, und Blut floss aus ihrer bereits lädierten Nase. Bevor die *taolisch* sich erholen konnte, vollführte Roulgarth eine Drehung und verpasste ihr mit der flachen Klinge einen Hieb gegen die Schläfe. Die Wucht des Schlags war gekonnt so bemessen, dass er die Frau bewusstlos schlug, ohne sie jedoch zu töten. Als sie zu Boden ging, begriff ich, dass Roulgarth sich bei all seiner Grausamkeit mir gegenüber noch zurückgehalten hatte. Ich fragte mich, warum.

Angespannt sah ich zu den anderen *taolisch* hinüber. Wie würden sie auf die Niederlage ihrer Kameradin reagieren? Zum Glück sah ich zwar Enttäuschung, aber keine Wut in ihren Mienen, als sie herbeikamen, um die Bewusstlose wegzutragen. In manchen Gesichtern zeichnete sich sogar grimmige Zufriedenheit ab, als hätte sich soeben ein lang gehegter Verdacht bestätigt. Nachdem sie ein paar Worte mit Lilat gesprochen hatten, trugen sie die Frau in Richtung Dorf.

»Sie sagen, sie kommen morgen wieder«, übersetzte Lilat und klang dabei trotzig und enttäuscht. »Sie wollen jetzt auch den Schwertkampf erlernen.«

Und so kam es, dass der berühmte Ritter und ehemalige Obermarschall von Alundia, Roulgarth Cohlsair, zum Lehrmeister der Caerither wurde und sie in der Kampfkunst der *Ishlichen* unterwies. Mit der Zeit sollte er, wie die Gebildeteren unter euch wissen, für die Caerither weit mehr werden als nur ein Lehrmeister, aber das ist eine Geschichte für einen anderen Zeitpunkt.

Bis heute bedaure ich, dass ich damals nicht genau mitzählte, wie viele Tage ich bei den Caerithern verbrachte. Mir wurde jedoch zunehmend bewusst, dass aus Wochen Monate wurden und der Winterschnee in Matsch und tropfendes Eis überging, die vom nahenden Frühling kündeten. Mein Caerithisch war inzwischen gut genug, dass ich einfache Unterhaltungen führen und dem stämmigen Heiler begreiflich machen konnte, dass ich ein Mittel gegen das Pochen in meinem Schädel brauchte. Aus nicht nachvollziehbaren Gründen hatte es nachgelassen, seit ich in das verfallene Haus eingezogen war und meinen Unterricht bei Roulgarth begonnen hatte. Ich hoffte schon, dass mein gespaltener Schädel endlich verheilt war. Doch mit dem Wechsel der Jahreszeiten häuften sich wieder die Tage, an denen ich morgens das Gefühl hatte, mein Kopf sei in einen unsichtbaren Schraubstock eingezwängt, und mir wurde klar, dass mir nur eine vorübergehende Atempause vergönnt gewesen war.

»Hmm«, grübelte der Heiler und betastete mit seinen dicken, aber geschickten Fingern die unebene Fläche meiner Kopfhaut. Sein Urteil, nachdem er eine Weile darauf herumgedrückt hatte, war kurz und nicht schwer zu übersetzen: »Du solltest eigentlich tot sein.«

»Eine Binsenwahrheit, wie sie im Buche steht, guter Mann«, erwiderte ich. Auf sein verwirrtes Stirnrunzeln fügte ich auf Caerithisch hinzu: »Schmerzen.« Ich deutete auf meinen Kopf. »Du machen, dass weggehen, ja?«

Seine Stirn blieb gerunzelt, doch sein Ausdruck wandelte sich zu einer Mischung aus Zustimmung und Bedauern, die mich mit Sorge erfüllte. »Für eine Weile«, sagte er und griff nach einem der zahllosen irdenen Gefäße auf einem Regal in der Nähe. Als er den Deckel entfernte, kam darunter eine körnige graue Paste zum Vorschein. Dazu sagte er etwas auf Caerithisch, das zu schnell gesprochen war und zu viele unbekannte Wörter enthielt.

»Hier auftragen«, sagte er auf mein verständnisloses Stirnrunzeln hin langsam und tat so, als würde er den Finger in das Gefäß tauchen und sich die Paste auf Stirn und Schläfen streichen. »Morgens und abends.«

»Vielen Dank.« Ich zögerte einen peinlichen Moment lang, da mir nicht klar war, welche Bezahlung er erwartete. Bislang hatte ich mit

Lilat noch nicht darüber gesprochen, auf welche Weise die Caerither untereinander Handel trieben, und mir wurde bewusst, dass ich im Dorf noch nicht eine einzige Münze den Besitzer hatte wechseln sehen. »Ich haben …«, setzte ich an und suchte nach dem passenden Wort, konnte jedoch keines finden, »… schuldig bei dir.«

Wieder runzelte er die Stirn, diesmal jedoch eher belustigt als verwirrt. »Schuldig?«, fragte er.

»Du geben.« Ich hielt das Gefäß hoch. »Ich auch geben.«

»Ich bin ein Heiler«, sagte er, was die einzige Erklärung zu sein schien, die er für nötig hielt. Als er mich kurz darauf aus seiner Behausung geleitete, überstiegen seine Abschiedsworte meinen Horizont. Ich verstand nur so viel, dass er eine Menge zu tun hatte und seine Zeit nicht weiter auf einen nichtsnutzigen *Ishlichen* verschwenden wollte.

Von der Paste ging ein strenger, dungähnlicher Gestank aus, und die körnige Textur ließ mich zögern, bevor ich sie an diesem Abend zum ersten Mal auf meine Stirn auftrug. Angesichts des wieder stärkeren Pochens vergaß ich jedoch meine Skepsis. Die Wirksamkeit des Mittels wurde sogleich offensichtlich, als es meine Haut berührte. Es erzeugte eine nicht unangenehme Kühle, die zu einer schmerzstillenden Taubheit wurde. Das Pochen ließ rasch nach, und ich seufzte erleichtert, wenn meine Mitbewohner auch weniger begeistert waren.

»Bei den Eiern der Märtyrer, das stinkt!«, beschwerte sich Merick. »Macht wenigstens die Fenster auf.«

Am nächsten Morgen erwachte ich aus einem ruhigen Schlaf, wie ich ihn seit Wochen nicht mehr gekannt hatte. Als ich aufstand, wollte das Pochen meinen Kopf wieder in die Zwinge nehmen, und ich zog große Befriedigung daraus, es mit einer weiteren Anwendung der Paste zu unterdrücken. In Albermaine hätte ein solches Heilmittel gewiss ein Vermögen gekostet, umso mehr erstaunte es mich, dass der Heiler es mir ohne Bezahlung überlassen hatte.

»Bezahlung?«, fragte Lilat, als ich mich während unserer morgendlichen Jagd bei ihr danach erkundigte. »Was ist Bezahlung?«

Wir stiegen gerade eine bewaldete Anhöhe im Süden des Dorfes hinauf, und Lilat führte mich auf einen Hügelkamm zu, der das Tal überblickte. Ich nahm an, dass sie neue Jagdgründe erkunden wollte, da wir in letzter Zeit in den Hügeln nahe des Dorfes sehr viel Wild erlegt hatten. Der Anstieg war steil und der frisch aufgetaute Boden an vielen Stellen rutschig, was die Jägerin jedoch nicht zu bemerken schien. Obwohl auch ich an unwegsames Gelände gewöhnt war, konnte ich mit ihrem flinken, trittsicheren Gang kaum mithalten.

»Dein Volk hat keine Münzen?«, fragte ich, als wir zu einer Verschnaufpause anhielten.

»Münzen?«

»Ja.« Ich holte eine der wenigen Münzen, die ich noch übrig hatte, aus meinem Stiefel, einen einzelnen Shek, der die Lawine überlebt hatte. »Hier.« Ich warf ihn ihr zu. »Das ist eine Münze.«

Lilat drehte die Kupferscheibe zwischen den Fingern. Der geprägte Kopf von König Tomas' Vater schien sie zu interessieren, doch sie hatte augenscheinlich keine Ahnung, wozu die Münze gut sein könnte. »Was macht man damit?«

»Man kann damit Dinge kaufen.«

»Kaufen?«

In diesem Moment begriff ich zum ersten Mal, wie groß die Kluft zwischen den Caerithern und den Völkern jenseits ihrer Grenzen wirklich war. Der endlose Kreislauf aus Arbeit, Handel und Gier, der die Außenwelt beherrschte, war hier völlig unbekannt. Um das alles jemandem zu erklären, der keine Vorstellung davon hatte, was Geld überhaupt war, brauchte es mehr als nur ein eiliges Gespräch während einer Jagdpause.

»Tihlun«, versuchte ich es auf andere Weise. »Der Heiler. Er hat mir etwas gegeben, erwartete jedoch nicht, dass ich ihm etwas dafür zurückgebe.«

»Er ist Heiler«, sagte sie schlicht und stand auf, um weiter die Anhöhe hochzusteigen.

»Er arbeitet also und verlangt für seine Arbeit keine Gegenleistung?«, hakte ich nach und strengte mich erneut an, mit ihrem leichtfüßigen Gang Schritt zu halten.

»Heiler verstehen sich aufs Heilen. So wie Jäger aufs Jagen.« Sie sah über die Schulter zurück und schenkte mir ein Grinsen. »Und Krieger aufs Kämpfen.«

»Ich bin eigentlich kein Krieger …« Ich verstummte, als sie plötzlich im dichten Unterholz verschwand. Das kam häufig vor, wenn wir auf der Jagd waren. Meistens tauchte sie Sekunden später wieder auf, aber mitunter blieb sie auch einige Stunden fort, und ich musste allein zum Dorf zurückfinden. Ich wartete eine Weile und kam dann zu dem Schluss, dass sie ihre Beute wohl weiter verfolgen wollte, ohne dass ich unbeholfen hinter ihr herstolperte. »Ich bin ein Schreiber«, murmelte ich, drehte mich um und machte mich an den Abstieg.

»Was ist das?«, fragte Lilat, die von der gegenüberliegenden Seite des Pfads wieder in Sicht kam. Diese ungewöhnliche Fähigkeit hatte sie bereits ein paarmal unter Beweis gestellt, und obwohl ich vermutete, dass sie es zum Spaß machte, strahlte sie dabei nie Selbstzufriedenheit oder Stolz aus.

»Ich schreibe«, sagte ich, worauf sie mich nur verständnislos anstarrte. Seufzend bedeutete ich ihr, weiter die Anhöhe hochzusteigen, und folgte ihr, so gut es ging. »Schreiben«, begann ich, »heißt, Wörter aufzuzeichnen …«

Eine Stunde später wurde klar, dass Lilat nicht bloß die Bedeutung von Geld nicht kannte. Die Tätigkeit des Schreibens stellte für sie ein schier unlösbares Rätsel dar. »Wie kann man Wörter aufzeichnen?«, fragte sie, als wir endlich den Hügelkamm erreicht hatten. »Nur mit … Tinte und Papier?«

Ich ließ mich schwer atmend auf einem Felsbrocken in der Nähe nieder und suchte nach einem Stock, um ein paar Buchstaben in den Boden zu kratzen und es ihr vorzuführen. Ich hielt inne, als mein Blick auf etwas fiel, das ich zunächst für einen ungewöhnlich großen und dicken Baum hielt. Bei näherer Betrachtung wurde mir jedoch klar, dass es sich um ein von Menschenhand geschaffenes Bauwerk handelte. Kletterpflanzen überwucherten die gerundeten Mauern eines Turms.

»Was ist das?« Ich drehte mich zu Lilat um, die mich mit geheimnistuerischem Grinsen ansah.

»Etwas, das ich dir zeigen wollte«, sagte sie und ging auf das Bauwerk zu.

Als wir uns dem Fuß des Turms näherten, stellte ich fest, dass er etwas größer und höher war, als es zunächst den Anschein gehabt hatte, mindestens vierzig Fuß hoch. Durch Lücken im Bewuchs war altes, rissiges Mauerwerk zu sehen, das jedoch ebenso sauber aufgeschichtet war wie bei den Ruinen unten im Tal. In den Obergeschossen waren die Umrisse von Fenstern zu erkennen, inmitten des dichten Blattwerks und der Baumwurzeln konnte ich jedoch keinen Eingang entdecken.

»Den hab ich gefunden, als ich noch klein war«, sagte Lilat. »Ich habe Uhlla davon erzählt, und sie sagte, ich solle mich von ihm fernhalten. Aber da bin ich erst recht immer wieder hierhergekommen. Ich musste einen Eingang finden. Irgendwie hatte ich das Gefühl, dass es … wichtig ist. Drei Winter lang hab ich jeden Zoll im Umkreis abgesucht, bis ich ihn gefunden habe.« Sie drehte sich um und bedeutete mir, ihr zu folgen, während sie auf eine flache Vertiefung im Nordhang der Anhöhe zuging. Wie überall war auch hier alles stark überwuchert, und das Dickicht wirkte auf den ersten Blick undurchdringlich, nicht jedoch für Lilat.

»Alte Gebäude sind wie verwesende Kadaver«, sagte sie auf Caerithisch. Sie ließ sich auf alle viere nieder und kroch durch eine kleine Öffnung im Bewuchs, die ich gar nicht bemerkt hatte. »Wenn sich das Fleisch von den Knochen schält, bilden sich Lücken. Es hat lange gedauert, bis ich eine gefunden hatte, die groß genug war, dass ich hindurchpasste.«

»Du bist da drin gewesen?«

Sie nickte. »Ich komme immer zum Wechsel der Jahreszeiten hierher.«

»Warum?«

»Das wirst du schon sehen.«

Die feuchte Erde ging nach kurzer Zeit in das dicke Mauerwerk des uralten Fundaments über. Lilat führte mich durch einen schmalen Spalt zwischen zwei monumentalen Granitblöcken. Im Raum dahinter herrschte undurchdringliche Finsternis bis auf ein paar schmale, schräg von oben herabfallende Lichtstrahlen. »Hier.« Lilat nahm meine Hand, während ich blind umhertastete. Sie führte mich zur gewölbten inneren Mauer des Turms, und ich stolperte über eine unversehrte Treppe. Als wir sie hochstiegen, wurde es etwas heller, aber nicht so sehr, dass ich sicherer auf den Beinen gewesen wäre. Meine Gefährtin hingegen schritt schnell voran. Aufgrund des Alters des Bauwerks rechnete ich jeden Moment damit, ins Leere zu treten, hinabzustürzen und mir sämtliche Knochen zu brechen. Zum Glück blieb die Katastrophe jedoch aus, und wir erreichten schließlich eine breite kreisrunde Kammer. Durch ein hohes Fenster, das nur zum Teil von Kletterpflanzen überwuchert war, fiel Licht herein, sodass ich mit einiger Sicherheit den flachen staubbedeckten Boden betreten konnte.

»Was soll denn hier Interessantes sein?«, fragte ich. Lilat stieß mich an und deutete nach oben.

»Warte, es ist gleich so weit.«

Eine ganze Zeit lang blickte ich nach oben, begann mich aber irgendwann zu langweilen und schaute stattdessen aus dem Fenster. Bei unseren täglichen Jagdausflügen hatte ich schon mehrere Hügel im Umkreis des Dorfes erklommen. So hoch war ich jedoch nie gewesen und hatte das, was mein Volk als die Caerithische Öde bezeichnete, auch noch nie so gut überblicken können.

Obwohl der Frühling noch nicht ganz Einzug gehalten hatte, waren die sanft gewellten Hügel, tiefen Täler und weiten Wälder in ein saftiges Grün getaucht. Im Südwesten ragten weitere Berge auf – nicht so hoch wie die, die ich überquert hatte, um hierher zu gelangen, aber dennoch beeindruckend. Ulfins *Reisen* hatten keine Beschreibung enthalten, die dem nahekam. Bei seiner Darstellung des Heimatlandes der Caerither hatte er lediglich von schlechtem Wetter und heimtückischen Gipfeln gesprochen. Mir kam der Verdacht, dass Ulfin von diesem Land und seinen Bewohnern in Wahrheit weit weniger gesehen hatte, als er zugeben wollte. Entweder das, oder er war ein schlechter Gelehrter. Welcher Schreiber würde schon einen solchen Anblick in seinen Beschreibungen auslassen? Ich war in der Natur aufgewachsen, dennoch hatte dieses Land etwas Unvertrautes an sich, und nach kurzem Nachdenken erkannte ich auch, was es war. *Es ist wild*, dachte ich, während mein Blick über die ungezähmte Schönheit hinwegglitt, die nirgendwo von einer Hecke, Mauer oder Straße verunziert wurde. *Es ist wahrhaft wild.*

»All das …«, ich deutete auf die Wildnis jenseits des Fensters, »… ist caerithisches Land?«

»Das Land der Caerither«, bestätigte Lilat, die den Blick noch immer auf die Schwärze über uns gerichtet hatte.

»Wie viele gibt es? Wie viele Caerither?«

Die Frage fand sie offenbar nicht weiter wichtig, denn sie zuckte nur mit den Achseln und sagte: »Viele.« Plötzlich richtete sie sich auf und packte mich am Unterarm. »Jetzt passiert es. Schau.«

Ich hob wieder den Blick und zuckte überrascht zusammen, als in der Schwärze über uns ein helles Licht aufflammte. Fluchend blinzelte ich mir die Tränen aus den Augen und stolperte rückwärts. Als ich wieder klar sehen konnte, entdeckte ich einen einzelnen Lichtstrahl, der vom Dach des Turms in die Mitte der Kammer fiel. Für einen Sonnenstrahl, der durch einen Riss eindrang, war er zu hell, und er gab außerdem Wärme ab, wie ich bemerkte, als ich näher herantrat. Er war nicht so heiß, dass ich die Hand nicht in das Licht hätte halten können. Doch wenn es länger meine Haut berührt hätte, würde die Stelle bald verbrennen, das ahnte ich.

»Wie ist das möglich?«, fragte ich.

»Ich habe es nie geschafft hochzuklettern, um es herauszufinden«, sagte Lilat. »Aber es muss eine Art Glas sein. Das ist jedoch noch nicht das Interessanteste.« Sie ging in die Hocke und wischte mit der Hand den Staub weg, sodass auf dem Stein ein verblasstes Bild zum Vorschein kam. Vermutlich war es nur aufgemalt und nicht eingebrannt, dennoch waren die Farben kräftig genug, um erkennen zu können, worum es sich handelte: eine Sonne mit einem Flammenkranz.

»Zum Frühlingsanfang fällt das Licht hierhin«, sagte Lilat. »Und beim Winteranbruch dorthin.« Sie ging einen Meter weiter nach rechts und wischte an der Stelle den Staub weg. Dort war ebenfalls die Sonne zu sehen, nur hatte sie keinen Flammenkranz, sondern war in Wolken gehüllt.

»Eine Sonnenuhr, die statt der Tageszeit die Jahreszeiten anzeigt«, mutmaßte ich. Ich ging in die Hocke und strich über den Boden, worauf noch mehr Bilder zum Vorschein kamen: Berge und Tiere, die in einem Kreis um die Symbole für Winter und Frühling angeordnet waren. Bei genauerer Betrachtung entdeckte ich zwischen den Bildern auch ein paar vertraute Buchstaben.

»Das hier«, ich deutete darauf, »ist Schrift.«

Sie runzelte die Stirn und betrachtete die Buchstaben. »Du kennst die Bedeutung?«

»Nein. Es ist nicht meine Sprache.« In diesem Moment hätte ich nur zu gern das Buch bei mir gehabt und die Anleitung zur Übersetzung der caerithischen Schrift, die mir einst eine Bibliothekarin gegeben und die ich an die Frau weitergereicht hatte, die von den Caerithern *Doenlisch* genannt wurde. Tagelang hatte ich es bei mir getragen, ohne auch nur ein einziges seiner Geheimnisse zu entschlüsseln, und jetzt würde ich dazu wahrscheinlich auch keine Gelegenheit mehr erhalten.

»Ich brauche Papier«, sagte ich und ging gebückt von einem Bild zum nächsten. »Und Tinte. Das muss aufgezeichnet werden.«

Lilats Miene nahm einen widerstrebenden Ausdruck an. »Ich glaube, Uhlla würde das nicht gefallen.«

Scheiß drauf, was ihr gefällt. Ich schluckte die Worte hinunter und zwang mich zu einem geduldigen Lächeln. »Das ist wichtig«, sagte ich und deutete auf die Schriftzeichen und Symbole. »Es ist Geschichte. Eure Geschichte. Eines Tages wird dieser Turm zu Staub zerfallen, und all das wird verloren sein. Denkst du nicht, dass es bewahrt werden sollte?«

Lilat war offensichtlich nicht überzeugt. Als sie hochkam, wirkte ihre Miene argwöhnisch. »Die Ruinen unten am Berg, was im Berg liegt und das hier.« Sie deutete auf den Boden. »Uhlla sagt, es seien Warnungen. Und …«, ihr Blick wurde besorgt, »… der *Eithlisch* ist derselben Meinung.«

»Warum? Warnungen wovor?«

Sie sagte ein Wort, das ich auch schon einmal von der Sackhexe gehört hatte. »Vor dem Niedergang.« Damit wandte sie sich ab und ging zur Treppe. »Wir sollten jetzt gehen.«

Meine Bitte zu warten erstarb mir auf der Zunge, als sie eilig die Treppe hinunterstieg. Offensichtlich war sie nicht in der Stimmung, auf mich zu hören. Mir wurde bewusst, dass ich ohne sie niemals den Ausgang des Turms finden würde. Meine Wissbegier musste deshalb warten. Hoffentlich konnte ich sie dazu überreden, noch einmal hierher zurückzukommen. Dann würde ich auf jeden Fall Schreibmaterial mitbringen.

Nachdem wir den Turm verlassen hatten, schwieg Lilat auf dem gesamten Rückweg. Sie wich meinem Blick aus; ich hatte aber den Eindruck, dass sie eher auf sich selbst wütend war als auf mich. Ich wartete, bis wir uns dem Dorf genähert hatten und ihr Jagdinstinkt sie in die Hocke gehen und etwas betrachten ließ, das für mich nur wie ein paar Kratzer in der Erde aussah, erst da brach ich das Schweigen.

»Kaninchen?«, fragte ich und erntete einen belustigten Blick.

»Eber«, sagte sie. Mit enttäuschtem Seufzen richtete sie sich auf. »Ist geflüchtet. Er muss uns gewittert haben.«

»Er? Woran erkennst du das?«

»Die Spuren sind tief und weit auseinander. Er ist groß und alt. Klug genug, um zu fliehen, wenn es ihm seine Nase befiehlt.«

»Du hast beeindruckende Fähigkeiten. Ich hätte gedacht, dass du bei den *taolisch* willkommen wärst.«

Ihr Gesicht nahm einen verschlossenen Ausdruck an, und sie

wandte sich ab. Ich blieb jedoch hartnäckig. »Wenn du kämpfen lernen willst, warum lässt du es dir nicht von ihnen beibringen?«

»Nicht erlaubt«, sagte sie leise und verbittert. Seufzend wandte sie sich mir wieder zu. »Um *taolisch* zu werden, wird man …« Sie hielt inne und suchte stirnrunzelnd nach dem passenden albermainischen Wort. »*Ohlat*«, sagte sie schließlich auf Caerithisch – ein Wort, das ich zum Glück kannte.

»Beurteilt?«, fragte ich und fügte auf ihr Stirnrunzeln hinzu: »Geprüft?«

»Geprüft, ja«, bestätigte sie.

»Und du … hast die Prüfung nicht bestanden?«

»Prüfungen«, berichtigte sie. »Es sind mehrere.« Ihre Miene nahm einen traurigen Zug an. »Aber nicht für mich.«

»Du durftest es nicht einmal versuchen?«

Sie nickte und deutete auf das Gebirge, das am westlichen Horizont aufragte. »Vor Jahren bin ich zum *Taowild* gereist, dem Haus der *taolisch*. Jedes Jahr gehen junge Leute dorthin für *Ohlat*. Der *Ohlisch*, der Herr des *Taowild*, traf mich am Fuß des Berges. Ich hatte ihn noch nie gesehen, aber er kannte mich. Er sagte mir: ›Du bist *veilisch* – Jägerin –, nicht *taolisch*.‹ Aber ich wollte immer eine *taolisch* sein. Ich bin mit ihren Geschichten aufgewachsen.« Die Trauer in ihrem Gesicht vertiefte sich. »Damals mochten sie mich noch. Also kam ich hierher zurück und bat sie, mich zu unterrichten. Sie lehnten ab und wollten danach nicht mehr mit mir reden. Ich habe Uhlla nach dem Grund gefragt. Sie sagte, der *Ohlisch* hätte es ihnen verboten. Und dass ich mich an seine Worte halten sollte, weil er weise sei. Ich sagte, er sei ein dummer alter Mann.« Lilat zuckte reumütig die Achseln. »Uhlla hat mich nur einmal geschlagen. Und da begriff ich, dass sie selbst es war, die dem *Ohlisch* gesagt hatte, dass er mich wegschicken soll. Sie wollte nicht, dass ich eine *taolisch* werde. Lange Zeit war ich wütend, aber dann kamst du, und du trägst das Zeichen der *Doenlisch* und bist nicht an die Bräuche meines Volkes gebunden. Uhlla kann dir nicht verbieten, mich zu unterrichten.«

»Krieg«, sagte ich, »*tao*, ist nichts, das Freude bereitet. Ich hoffe, du wirst es nie erleben. Uhlla wollte dich beschützen.«

»Ich weiß. Aber sie weiß, dass es mein …«, sie legte eine Hand auf ihre Brust, »… *mielah* ist, *taolisch* zu sein. Jemandem sein *mielah* zu verweigern, ist falsch.« Das Wort *mielah* kannte ich ebenfalls, seine Bedeutung ist jedoch schwer zu beschreiben. Es wird in Bezug auf das Herz oder die Seele verwendet, aber auch im Hinblick auf das eigene Lebensziel. Die Caerither betrachten das Wesen eines Menschen als gleichbedeutend mit seiner Bestimmung im Leben. Jeder ist das, was er tut. Und wenn man Lilat glauben wollte, war es Blasphemie, sich dem in den Weg zu stellen.

Ich dachte an den Tag auf der Flanke des Sermont, als ich Fletchmann angewiesen hatte, Roulgarth zu erschießen, wenn sich die Gelegenheit bot, obwohl ich den Ritter zuvor zu einem fairen Kampf herausgefordert hatte. Ich erinnerte mich auch, dass ich befürchtet hatte, Evadine könnte deswegen wütend sein, mein Handeln sogar unverzeihlich finden. Für sie war Adel mehr als nur ein Wort. Ich dagegen hatte ihn stets für eine Illusion gehalten, einen praktischen Deckmantel, unter dem Leute wie Althus Levalle oder Deckins verhasster Vater tun und lassen konnten, was sie wollten. Evadines *mielah* glich in vielerlei Hinsicht Roulgarths, meines jedoch sah gänzlich anders aus.

»Manchmal«, sagte ich, »tun wir etwas, das falsch ist, um die zu beschützen, die wir lieben. Geh nicht zu hart mit deiner Tante ins Gericht.«

Lilat schenkte mir ein schmales Lächeln, das Verständnis ausdrückte, aber nicht Zustimmung. Ihr Lächeln verschwand jedoch, als von Süden her eine frische Brise über den Hügelkamm wehte. Sie richtete sich auf und wirkte wachsam und bereit, wie immer, wenn sie einen neuen Geruch auffing.

»Der Eber?«, fragte ich.

Sie schüttelte den Kopf. »Rauch.«

Ich ließ den Blick über die Landschaft schweifen, sah jedoch kein Anzeichen von Feuer. »Schwierigkeiten?«

»Lagerfeuer. Noch weit entfernt, aber er wird morgen hier sein.«

»Er?«

Lilat wandte sich mir mit einem Ausdruck zu, in dem sich Bedauern und Vorahnung mischten. »Der *Eithlisch*. Er kommt zu dir.«

SIEBENUNDZWANZIGSTES KAPITEL

Entgegen Lilats Ankündigung dauerte es noch weitere zwei Tage, bis der *Eithlisch* eintraf. Und als er ankam, geschah es auf gänzlich unerwartete Weise.

Ich verbrachte den nächsten Tag in angespannter Aufregung und kämpfte mich tollpatschig durch Roulgarths Unterricht. Seit Neuestem gab er mir beim Kämpfen doch ein paar knappe Anweisungen, meist begleitet von schmerzhaften Schwerthieben zu Demonstrationszwecken.

»Bleib stets in Bewegung«, sagte er und stieß mir die Schwertspitze fest gegen die Schulter. »Steh nicht einfach nur rum wie ein Eunuch in seiner Hochzeitsnacht.«

Ich nickte vage zur Antwort, mein Blick wanderte jedoch schon wieder zum Dorf hin. Obwohl ich seit der Rückkehr vom Turm nichts mehr vom *Eithlisch* gehört hatte, fiel mir auf, dass auch die Caerither angespannt waren. Ihre Gespräche waren kurz, ihre Mienen verschlossen. Eilig und mit stummer Effizienz gingen die Dorfbewohner ihrer täglichen Arbeit nach. Die *taolisch* wirkten ebenso nervös. Waren sie sonst recht wortkarg, so schienen sie bei ihren täglichen Übungen unter Roulgarths Anleitung ungewöhnlich reizbar. Normalerweise warfen sie sich gegenseitig ein paar Ausdrücke an den Kopf, die nach dem Wettkampf schnell wieder vergessen waren. Heute jedoch waren sie unbeherrscht und verdrießlich. Ihre Übungen arteten in einen echten Kampf aus, der zwar beeindruckend anzuschauen war, jedoch mit einigem Blutvergießen einherging. Nachdem mehrere von ihnen Schnittwunden und Blutergüsse davongetragen hatten, befahl Roulgarth ihnen aufzuhören und schickte sie weg.

»Aufwachen, Scribe!« Verärgert über meine Unaufmerksamkeit schlug der Ritter mir mit der flachen Seite seines Schwerts auf den Kopf. Für seine Verhältnisse war es nur ein leichter Hieb, und normalerweise hätte ich ihn einfach an mir abprallen lassen. Heute jedoch machte mich sein beiläufiger Sadismus wütend, und ich reagierte, ehe ich mich eines Besseren besinnen konnte. Es war der zweite von nur zwei Treffern, die ich bei Roulgarth Cohlsair je landen konnte. Der Schlag gegen seine Hüfte bei unserem ersten Kräftemessen hatte ihn zornig gemacht; der feste Stoß in seine Magengrube, den ich ihm jetzt verpasste, rief jedoch eine andere Reaktion hervor.

Statt wütend zu knurren, verengte er anerkennend die Augen. Ein zufriedenes Brummen kam ihm über die Lippen, bevor er ohne jede Vorwarnung zum Angriff überging. Sein Schwert fuhr rasend schnell auf und nieder und zwang mich zurückzuweichen. Die Holzschwerter trafen klappernd aufeinander, während ich mich verzweifelt mühte, seine Schläge zu parieren. Gnadenlos drang er auf mich ein und ließ mir mit seinen fließenden Bewegungen keine Zeit und keinen Platz, auszuweichen und einen Gegenschlag anzubringen. Ich konnte ihn nur abwehren und wusste dabei sicher, dass er irgendwann eine ungeschützte Stelle finden und schmerzhafte Rache nehmen würde. Doch während wir kämpften, wurde mir zum ersten Mal bewusst, dass ich gegen diesen Ritter mit seinen beispiellosen Fähigkeiten tatsächlich bestehen konnte. Stöße und Hiebe, die mich früher aus dem

Gleichgewicht gebracht oder zu Boden geworfen hätten, parierte ich jetzt ebenso schnell, wie er sie austeilte. Und sein unerschöpfliches Repertoire an Tricks konnte mich nicht mehr dazu verleiten, meine Deckung aufzugeben oder einen falschen Schritt zu machen, und ich bin mir sicher, er hat sie alle ausprobiert.

Für Merick und Lilat war es vermutlich kein sehr beeindruckendes Schauspiel, mir jedoch ist der Kampf mit Roulgarth an diesem Tag als ein Augenblick vollendeter Kunst in Erinnerung geblieben, vergleichbar mit jedem Schriftstück, das ich je verfasst hatte. Dass ich seinem entschlossenen und unermüdlichen Angriff standhalten konnte, zeigte mir, dass ich seine Lektionen endlich wirklich verinnerlicht hatte. Dank meinen Reflexen und den durch zahllose Wiederholungen gestählten Muskeln war ich zu einem echten Schwertkämpfer geworden.

Am Ende war es schlicht Erschöpfung, die dem bedeutsamen Ereignis ein Ende setzte. Obwohl Roulgarth inzwischen fast vollständig genesen war, ermüdete sein beeindruckender Körper immer noch bei längerer Anstrengung. Zudem war er fast fünfzehn Jahre älter als ich, wenn ich es auch nie gewagt hätte, ihn darauf hinzuweisen. Dass er mit seiner Kraft am Ende war, erkannte ich an einem leichten, kaum wahrnehmbaren Zurückweichen. Ein uneingeweihter Zuschauer hätte gedacht, er wollte lediglich die Füße umsetzen, um zum nächsten Angriff überzugehen, aber ich wusste es besser. Und auch, dass er wahrscheinlich so lange weitermachen würde, bis er zusammenbrach. Deshalb senkte ich mein Schwert leicht und tat so, als könnte ich einen Stoß in die Magengrube nicht mehr rechtzeitig abwehren, sodass mich seine Schwertspitze unter dem Brustbein traf.

Mir wurde die Luft aus den Lungen gepresst, und ich fiel mit gesenktem Kopf keuchend auf die Knie. Lilat kam zu mir und half mir hoch, während Merick sich vor seinem Onkel verneigte und bewundernde Worte sprach, die der Ritter jedoch mit einer ärgerlichen Handbewegung wegwischte. Hatte ich es vorher nicht geschafft, ihn wütend zu machen, so war er es jetzt.

»Mach das nie wieder, Scribe!«, knurrte er und richtete sein Schwert auf mich. Anscheinend hatte er meine freundlich gemeinte Täuschung bemerkt und war erbost darüber. »Ich bin kein kranker Tattergreis, mit dem man Mitleid haben muss.«

Seine Worte machten wiederum mich wütend, und beinahe hätte ich mit einer spöttischen Bemerkung geantwortet. *Nein, Ihr seid ein landloser Bettler.* Doch als ich sein zorniges Gesicht sah, verkniff ich es mir. Sein Stolz war alles, was er noch hatte.

»Verzeihung, edler Roulgarth«, sagte ich und verneigte mich respektvoll.

Roulgarths Gesicht lief rot an, und er wirkte einen Moment lang unschlüssig, was für ihn untypisch war. Dann wandte er sich Lilat zu. »Sag deinen Leuten, wenn ich sie weiter unterrichten soll, müssen sie sich in Zukunft an ein paar Regeln halten. Schlimm genug, dass ich den Schwertmeister für Ketzer spielen muss, aber ich werde nicht zusehen, wie sinnlos Blut vergossen wird.«

Lilat verzog das Gesicht, als wollte sie ebenfalls eine schnippische Antwort geben. Sie hielt jedoch inne, als ich sie am Arm ergriff. »Ich werde es ihnen ausrichten«, murmelte sie und senkte trotzig den Blick.

»Tu das.« Roulgarth richtete sich schniefend auf und bedeutete uns dreien, uns in einer Reihe aufzustellen. »Und jetzt führt mir die Kombinationen vor, die ich euch gestern gezeigt habe. Ja, du ebenfalls, Merick. Auch das, was man schon kann, muss geübt werden.«

Es war die Stimme, die mich weckte. Sie war nicht laut, eigentlich sogar eher sanft und melodisch. Dennoch besaß sie einen unvertrauten Klang, der direkt durch die Wände des alten Hauses in meinen schlafenden Geist eindrang.

»Der Sklave des Hasses ist der elendste aller Gefangenen«, sagte die Stimme. »Denn er hat sich seine Ketten selbst geschaffen …«

Ich hob den Kopf von meinem Kissen aus Kaninchenfell. Im Inneren des Hauses war es dunkel und still. Merick schlief, doch Roulgarths Bett war leer. Auf dem Boden zeichnete sich ein schmales

Rechteck aus Mondlicht ab, das durch die angelehnte Tür hereinfiel. Wäre Roulgarth nicht fort gewesen, hätte ich die Stimme gewiss für eine Traumfantasie gehalten und wäre wieder in die sanfte Umarmung des Schlafes zurückgesunken. So jedoch schaute ich mich blinzelnd im Dunkeln um, bis die Stimme erneut zu hören war.

»Ihr fordert Gewissheit in einer unbeständigen Welt. Alles, was ich Euch geben kann, ist die Wahrheit. Und meine Wahrheit könnte eine andere sein als Eure.«

Ich stand auf und ergriff das Holzschwert, das am Fußende meines Bettes lag. Dann schlich ich vorsichtig auf die Tür zu. Ich spähte durch den Spalt und entdeckte Roulgarths groß gewachsene Gestalt. Mit gesenktem Kopf saß er auf dem Baumstumpf, auf dem wir uns zwischen den Schwertübungen ausruhten. Die Stimme, die ich gehört hatte, war nicht Roulgarths gewesen, der stets auf alundische Art die Vokale in die Länge zog.

Als der Ritter den Kopf hob, sah ich ihn schlucken, dann antwortete er ungewohnt zittrig und leise: »Und Ihr wisst das ohne jeden Zweifel?«

»Ja, *Vahlisch*«, erwiderte der unsichtbare Sprecher. »Ihr Herz war ein Spiegelbild von Eurem. Doch genau wie Ihr stellte sie die Pflicht über alles andere. Es muss schwer gewesen sein, zuzuschauen, wie die Frau, die Ihr liebtet, Euren Bruder geheiratet hat. Und das, nachdem Ihr in all den Jahren nie ein Wort von dem gesagt habt, was in Eurem Herzen wirklich vorging.«

Roulgarth erschauerte, und zu meiner Beunruhigung sah ich, dass er ein Schwert in der Hand hielt. Nicht das Holzschwert, das ich so mühsam für ihn geschnitzt hatte, sondern ein echtes Langschwert, wie es Ritter für gewöhnlich trugen. Die Klinge steckte in einer Scheide, die Roulgarth erstaunlich zögerlich festhielt. Er musterte das Schwert, und sein Blick blieb an dem glänzenden Messingknauf hängen. »Warum habt Ihr mir das gegeben?«, fragte er.

Die Stimme kicherte. »Was bitte ist ein *Vahlisch* ohne ein Schwert?«

»*Vahlisch?*«

»In Eurer Sprache bedeutet es ›Meister der Klingen‹ oder auch Schwertmeister. Es ist lange her, dass jemand diesen Titel getragen hat, aber ich finde, er passt zu Euch.« Roulgarth musterte das Geschenk einen Moment lang schweigend, dann rief die Stimme belustigt: »Willst du dich nicht zu uns gesellen, Meister Scribe, oder gedenkst du, noch etwas länger zu lauschen?«

Roulgarth versteifte sich und schaute zur Tür. Sein Blick wirkte anklagend, als ich sie aufschob. Die Lichtung war von Mondlicht gesprenkelt und voller Schatten. Mein geübtes Auge entdeckte dennoch sogleich die gebeugte Gestalt, die auf dem herabgefallenen Ast einer Eiche saß, auf dem sich die *taolisch* für gewöhnlich ausruhten. Es war ein großer Mann, so viel konnte ich erkennen. Sein Gesicht war unter der Kapuze des Gewands verborgen, das ihn von Kopf bis Fuß bedeckte.

»Der *Eithlisch*, nehme ich an?«

»Ja.« Ein Ächzen drang unter der Kapuze hervor, als er aufstand. Gebückt kam er auf mich zu. Das Gewand hing merkwürdig von seinem Körper herab, wie ein Vorhang, der über einen unförmigen Steinbrocken gebreitet war. Es schwankte hin und her, als er ein Stück entfernt stehen blieb – zu weit weg, als dass ich sein Gesicht hätte erkennen können. Dennoch spürte ich seinen Blick unangenehm schwer auf mir ruhen. Während sich der Moment in die Länge zog, wusste ich unwillkürlich, dass er mich nicht bloß mit den Augen betrachtete.

»Ja«, sagte ich, als das Schweigen andauerte, »die *Doenlisch* hat mich gezeichnet. Können wir die Formalitäten jetzt hinter uns lassen?«

Wieder erklang unter der Kapuze ein Kichern. »Formalitäten«, sagte er. »Das ist das Einzige, was ich an deinem Volk als angenehm in Erinnerung habe. Die Rituale, die Etikette, die höflichen Anreden. Zahllose unsinnige Regeln, die sich je nach Laune der Reichen und Mächtigen verändern. Das Ganze war so sinnlos, dass es etwas Faszinierendes an sich hatte. Bei den Caerithern verschwendet man keine Zeit mit geistlosem Geplänkel.«

In diesem Moment flatterte sein Gewand, und die Gestalt darunter schien anzuwachsen, obwohl der Mann sich nicht von der Stelle bewegt hatte. Er war ebenso groß wie Roulgarth und schien an Körpermasse sogar uns beide noch zu übertreffen. Ich musste gegen den Drang ankämpfen, einen Schritt zurückzutreten und mein Holzschwert zu heben. Als der *Eithlisch* weitersprach, klang seine Stimme schärfer.

»Aber selbst wir wissen, was die Höflichkeit gebietet, wenn man mit dem betagten Vertreter eines anderen Volkes spricht. Eines Volks, das dich Undankbaren vor dem Erfrieren gerettet hat.«

Eine Brise bewegte den Rand seiner Kapuze, und kurz war im Mondlicht ein von Adern durchzogenes, missgestaltetes Gesicht zu sehen. Es verschwand jedoch sogleich wieder im Dunkeln. Schon in meiner Kindheit hatte ich einen Instinkt für Gefahren entwickelt, und mir war klar, dass dieser Mann eine große Bedrohung darstellte. Dennoch ließ es mein widerspenstiger Charakter nicht zu, Reue zu zeigen.

»Ich bin nur am Leben, weil *sie* es so will«, sagte ich und starrte in die Tiefen seiner Kapuze. »Wofür sollte ich also dankbar sein?«

Der *Eithlisch* gab ein Geräusch von sich, das wie eine Mischung aus Knurren und Seufzen klang. Es wirkte so unnatürlich, dass ich mich fragte, ob der Mann vor mir überhaupt menschlich war. Dennoch schien mein Trotz ihn nicht wütend zu machen. Stattdessen wirkte er zufrieden, als er in sich zusammensank und nun wieder gebeugt vor mir stand.

»Ich wünsche Euch einen tiefen Schlaf und angenehme Träume, *Vahlisch*«, sagte er zu Roulgarth, der unserem Gespräch schweigend gelauscht hatte. »Morgen reise ich nach Westen weiter und würde mich freuen, wenn Ihr mich begleitet. Du dagegen, komm mit«, fuhr er in schärferem Ton an mich gewandt fort. Unter seinem Gewand kam eine bleiche, von dunklen Adern durchzogene Hand zum Vorschein, mit der er mir bedeutete, ihm zu folgen. »Wir haben viel zu besprechen.«

Trotz seiner Ankündigung sagte der *Eithlisch* kein Wort mehr, als ich eilig Stiefel und Wams anzog und hinter ihm herging. Er führte mich zum Dorfrand und weiter zu den Ruinen, die auf der freien Fläche vor dem Berg aufragten. Inzwischen war der Schnee geschmolzen, und es war klarer zu erkennen, wie die Stadt einmal ausgesehen hatte. Das Mauerwerk war zwar über die Jahre verwittert, die präzise aufgeschichteten Steine zeugten jedoch von hoher Handwerkskunst, mit der einst eine beeindruckende Architektur geschaffen worden war. Unwillkürlich stellte ich mir große Häuser vor, die Straßen säumten, Säulen, die auf breiten Plätzen und Rondellen aufragten, vielleicht gekrönt von Statuen angesehener Persönlichkeiten.

»Hatte sie einen Namen?«, fragte ich. »Die Stadt, die einmal hier gestanden hat?«

Eine Zeit lang ging der *Eithlisch* schweigend weiter, dann sagte er schließlich leise: *»Tier Uthir Oleith.«*

Das letzte Wort kannte ich nicht, aber *»tier uthir«* hieß Tür oder Durchgang. Die Stadt hatte also Tor zu irgendetwas geheißen. Es war nicht schwer zu erraten, dass damit das Innere des Berges gemeint war. Hinter der gezackten Öffnung an seinem Fuß musste etwas Wichtiges liegen. Inzwischen ragte die Öffnung weitaus größer vor mir auf als bei meinem ersten Ausflug an diesen Ort, und ich erinnerte mich, wie vehement Lilat mich daran gehindert hatte weiterzugehen.

»Du fürchtest dich zu Recht«, sagte der *Eithlisch*. »Mein Volk meidet diesen Ort aus gutem Grund.«

»Was machen wir dann hier?« Wieder stapfte der *Eithlisch* gebückt weiter, ohne zu antworten. »Was passiert, wenn ich nicht mit Euch gehe?« Verärgert blieb ich stehen.

Der *Eithlisch* drehte sich nicht um, diesmal antwortete er jedoch sofort und im Ton ruhiger Gewissheit. »Dann töte ich dich.«

»*Ihr* würde das nicht gefallen«, sagte ich, doch zu meinem Ärger klang meine Stimme etwas zu schrill.

»Nein«, murmelte der *Eithlisch* nachdenklich, »wahrscheinlich nicht.«

Ich sah ihm noch kurz hinterher, dann folgte ich ihm, gab mir jedoch Mühe, nicht zu rennen. »Man hat nach Euch geschickt, bevor Lilat Roulgarth und seinen Neffen entdeckt hatte«, sagte ich, um vom Thema abzulenken und unsere Ankunft bei der Höhle möglichst noch etwas hinauszuzögern. Zwar war Neugier immer schon eine Schwäche von mir gewesen, doch mitunter hielt mein Instinkt für Gefahren sie im Zaum. »Wie kamt Ihr darauf, ihm ein Schwert mitzubringen?«

»Tu nicht so dumm«, sagte der *Eithlisch*. »Wer wie du die Berührung der *Doenlisch* gespürt hat, kann so unwissend nicht sein.« Vor der Öffnung im Berg blieb er stehen. Was dahinter lag, war von Finsternis verborgen. »Offenbar hast du die Angewohnheit, viele Fragen zu stellen. Aber ich warne dich, Alwyn Scribe, gib acht, welche Fragen du in der Dunkelheit stellst. Ich bringe dich hierher, damit du begreifst, das ist alles. Wenn du klug bist – und ich weiß, dass du es nicht bist –, nimmst du nur das Wissen mit, das ich dir anbiete, und machst dich damit auf den Weg. Was du dort drinnen erfährst, liegt ganz bei dir. Ich habe damit nichts zu tun.«

Bevor er in die Dunkelheit hineinging, wuchs seine Gestalt ein weiteres Mal an, jedoch nicht ganz so beeindruckend wie zuvor. Er schien nur Luft zu holen und sich zu wappnen. Danach ging er ohne zu zögern weiter und verschwand in der undurchdringlichen Finsternis. Unschlüssig blieb ich stehen. *Dann töte ich dich*, hatte er gesagt – Worte, die ich in meinem Leben schon oft genug gehört hatte, um zu wissen, wann sie ernst gemeint waren. Dennoch wurde ich den Verdacht nicht los, dass das, was mich in diesem Berg erwartete, noch um einiges schlimmer sein könnte.

»Ich bin Hauptmann Alwyn Scribe von der Kompanie des Bundes«, flüsterte ich, um mir Mut zu machen. »Ich habe in den schlimmsten Schlachten gekämpft, mich den furchtbarsten Feinden gestellt.« Dennoch kostete es mich einige Überwindung, den ersten Schritt in die Dunkelheit zu gehen. Und auch der zweite fiel kaum leichter.

ACHTUNDZWANZIGSTES KAPITEL

Bald schon war ich vollständig von Finsternis umgeben. Während ich mich zögerlich ins Innere des Berges vortastete, kam mir voller Panik der Gedanke, dass ein so dunkler Ort nicht auf natürlichem Wege entstanden sein konnte. Während der langen Jahre in den Erzminen hatte ich mich an lichtlose Gänge unter der Erde gewöhnt, doch ich wusste auch, dass es in dieser Höhle so nah am Eingang eigentlich nicht so finster sein durfte. In der Schwärze fühlte ich mich vollkommen verloren. Ich vernahm nicht einmal den Widerhall meiner eigenen Schritte auf dem felsigen Boden. Ich musste gegen den Drang ankämpfen, umzukehren und dieser geheimnisvollen Falle zu entfliehen. Einfach zum Haus zurückzukehren, meine Sachen zu packen und mein Glück in den Bergen zu versuchen. Trotz des nahenden Frühlings waren viele Wege noch nicht passierbar, das wusste ich. Doch dank Lilat kannte ich einen Pfad nach Süden, der vielleicht frei war. Allerdings hatte sie auch gesagt, der Pfad sei gefährlich und für jemanden, der so wenig Erfahrung hatte wie ich, wahrscheinlich unbegehbar. In diesem Moment war er mir dennoch lieber, als weiter durch die Dunkelheit zu stolpern.

Ich wollte gerade stehen bleiben, als vor mir in der Schwärze endlich ein Lichtschein auftauchte. Anfangs war es nur eine etwas hellere Stelle in der massiven Wand der Finsternis, aber nachdem ich langsam ein paar Schritte darauf zu gemacht hatte, verwandelte sie sich in das Flackern einer frisch entzündeten Fackel.

Gleich darauf flammte zu meiner Linken eine weitere auf, und ich erhaschte einen Blick auf die massige Gestalt des *Eithlisch,* die sofort wieder im Dunkeln verschwand. Metall kratzte über einen Feuerstein und eine dritte Fackel erwachte zischend zum Leben. Zu dritt bildeten sie einen hellen Lichtkreis auf dem Steinfußboden. Der Boden war uneben und schartig und wirkte wie natürlicher Fels und nicht wie von Menschenhand geschaffen. Der dreibeinige Eisenständer mit der Fackel in der Nähe war ziemlich verrostet und der Boden darunter mit roten Flocken übersät. Auf den ersten Blick schien die Dunkelheit jenseits des Fackelscheins undurchdringlich – eine Leere, in die man hineingehen und nie wieder herausfinden mochte. Doch dann schälten sich einige hellere Flecken heraus.

Was ist das hier für ein Ort?, wollte ich fragen, schluckte die Worte jedoch hinunter. Die Warnung des *Eithlisch,* im Inneren des Berges keine unnötigen Fragen zu stellen, klang mir noch in den Ohren. Stattdessen durchforstete ich meine Kenntnisse über caerithische Sagen und Legenden. Vielleicht fand sich darin ja ein Hinweis, warum er mich in diese unterirdische Höhle gebracht hatte. Das meiste, was ich wusste, hatte ich den Kritzeleien Ulfins entnommen, der alles andere als verlässlich war. Außerdem hatte Lilat mir das ein oder andere über die spirituelle Welt der Caerither erzählt. Natürlich hatte ich auch einmal ein einzigartiges Buch besessen, dem ich sicher so manches über diesen Ort hätte entnehmen können, wenn es sich noch in meinem Besitz befunden hätte. Ich hatte mir schon ein paarmal ausgemalt, welche uralten Schätze oder Bedrohungen in dem Berg verborgen sein mochten. Ihn leer vorzufinden, enttäuschte und erleichterte mich daher im selben Maße, wenn ich aufgrund meiner Neugier auch eher zu Ersterem neigte.

»Je ruhiger deine Gedanken«, riet mir der *Eithlisch* und steckte den Zündstein weg, »desto leichter wird es für dich.«

Ohne Vorwarnung legte er plötzlich sein Gewand ab. Darunter trug er ein ärmelloses Wams aus einem lockeren, dünnen Material, das einen Körper umschloss, den ich nur als grotesk und zugleich beeindruckend beschreiben kann. Was ich zunächst für eine Missbildung gehalten hatte, entpuppte sich als enorme Muskulatur. Bleich und von Adern durchzogen wölbte sie sich in riesigen Paketen an den Schultern des *Eithlisch* bis hinunter zu seinen Handgelenken. Sein Kopf wirkte im Vergleich fast komisch klein, eine haarlose, marmorierte Kugel, die auf einem dicken, sehnigen Hals saß. Nachdem das Gewand zu Boden gefallen war, schien er beinahe einen Fuß in die Höhe zu wachsen. Alle vorgetäuschte Schwäche fiel von ihm ab, und ein Geschöpf von beachtlicher Stärke kam zum Vorschein.

»Komm, Alwyn Scribe«, sagte er und nahm die Fackel neben ihm aus dem Halter. »Es wird Zeit, dass du deine Wahl triffst.«

Was für eine Wahl? Wieder verkniff ich mir die Frage. *Gib acht, welche Fragen du in der Dunkelheit stellst.* Ich hatte das Gefühl, dass er mich mit seinen rätselhaften Äußerungen aufs Glatteis führen wollte. War es eine Prüfung? Oder doch nur verächtlich gemeint? Dennoch folgte ich ihm, als er in die Dunkelheit ging. Das Fackellicht enthüllte, was vor uns lag.

Anfangs glaubte ich, die alten Caerither hätten in dem Berg aus unerfindlichem Grund Stapel von Brennholz aufgeschichtet. Doch als der flackernde Fackelschein auf einen rissigen, aber unversehrten und vom Alter geschwärzten Totenschädel fiel, erkannte ich meinen Irrtum. »Knochen«, sagte ich laut. Mein Blick glitt über den Haufen hinweg, der sich bis in die dunklen Tiefen der weitläufigen Höhle erstreckte. Ein Durcheinander aus Rippen, Armknochen und Wirbelsäulen ragte wie ein obszönes Dickicht vor uns auf. Nicht alle waren menschlich – es waren auch die Schädel von Bären, Vögeln und Wölfen darunter, und der Boden der Höhle war mit Zähnen in allen Größen und Formen übersät.

»Ihr habt mich in eine Gruft gebracht«, stellte ich fest. Der *Eithlisch* schnaubte nur abschätzig.

»Euer Wort und euer Brauch«, sagte er. »Du siehst hier nur Tod, weil dein Verstand zu beschränkt ist, um etwas anderes zu erkennen.« Er ging in die Hocke und beleuchtete mit der Fackel ein menschliches Skelett. Entweder durch Zufall oder durch seine Lage inmitten der anderen schien es weitgehend unversehrt zu sein. Es sah aus wie jemand, der entspannt und ruhig dalag.

»Diese Frau hat einmal große Macht besessen«, sagte der *Eithlisch.* Er streckte die freie Hand aus und legte sie auf den Schädel des Skeletts. Seine Berührung wirkte für einen derart kräftigen Mann merkwürdig sanft. Er schloss die Augen und sprach leise weiter. »Vielleicht auch große Weisheit, wer weiß das schon? Sie hat viele Jahre gelebt, Tage der Dunkelheit überstanden und sich an Tagen des Lichts erfreut. Einmal schloss sie sich den *taolisch* an, um einen großen Überfall an der Südküste zu verhindern. So erbittert kämpfte sie, dass die Angreifer viele Jahre nicht mehr zurückkehrten.«

Seufzend zog er die Hand zurück und richtete sich wieder auf. »Triff deine Wahl«, sagte er und deutete auf den Haufen. Das strenge Funkeln in seinen Augen teilte mir mit, dass ich keine weiteren Erklärungen erhalten würde.

Immer noch verwirrt betrachtete ich das Durcheinander aus Knochen und versuchte vergeblich, einen Sinn darin zu erkennen. Zugleich wusste ich, dass ich nicht nach einem Hinweis fragen durfte. Schließlich wandte ich mich ratlos ab. Der Riese hatte mich lange genug mit seinen Rätseln gequält. Doch da fiel mein Blick auf etwas am Rand des Haufens, und ich hielt inne: ein Krähenschädel.

Blitzartig kehrte die Erinnerung zurück. Die Fahrt zu den Erzminen im Wagen des Kettenmannes. Der schlimmste Tag in den Fängen dieses Ungeheuers. Damals hatte er Raith getötet. *»Caihr teasla?«*, hatte er gefragt, bevor er mit seinen schrecklichen Pranken seinem caerithischen Landsmann den Schädel zerquetscht hatte. Dabei hatte er Raith den bronzenen Krähenschädel vor die Nase gehalten, den er von seiner Halskette abgerissen hatte. Jetzt erinnerte ich mich, dass der Kettenmann den Talisman noch kurz in der Hand behalten und ihn dann weggeworfen hatte, als hätte er überlegt, ob er irgendeinen Wert besaß.

»*Caihr teasla*«, wiederholte ich jetzt die Worte, beugte mich vor und hob den Schädel auf. Inzwischen wusste ich, dass *teasla* »hier« oder »gegenwärtig« bedeutete, sich aber auch auf den Inhalt eines Gefäßes beziehen konnte. Das Wort *caihr* blieb mir jedoch weiterhin ein Rätsel.

Der Krähenschädel fühlte sich in meiner Hand wie ein gewöhnlicher alter Knochen an, leicht, zerbrechlich und ohne jeden Wert. Die leeren Augenhöhlen musterten mich gleichgültig. Doch dann stieß er einen Laut aus. Ich hörte ihn in meinem Kopf, nicht mit den Ohren – ein wütendes, unwilliges Krächzen. Erschrocken schrie ich auf und ließ den Schädel fallen. Ich wich zurück und wischte mir die Hand an meinem Hemd ab.

»Er mag dich nicht«, stellte der *Eithlisch* fest. »Mach dir nichts draus. Bei den meisten, die hierherkommen, ist es ähnlich. Nur sehr wenigen von uns ist es vergönnt, den Segen der *Oleith* zu erhalten.« Er betonte das Wort *Oleith*, wie um mich zu ködern. Damit ich eine unerlaubte Frage stellte.

»*Caihr*«, sagte ich, nachdem sich das wilde Pochen meines Herzens wieder einigermaßen beruhigt hatte. »Es bedeutet … Macht. Diesen Knochen wohnt eine obskure Macht inne.«

»Obskur.« Der *Eithlisch* kicherte belustigt. »Dein Volk und seine albernen Wörter. Aber du liegst nicht ganz falsch. *Caihr* ist die Macht, die den Überresten der einstmals Lebenden hier innewohnt. *Vaerith* ist die Macht, die sie zu Lebzeiten durchflossen hat. Bei manchen von uns ist diese Macht stark. Im Leben kommen wir hierher, um ihren Segen zu erhalten. Im Tod schließen wir uns ihnen an.« Er hob die Arme und machte eine weite Geste, die die ganze Höhle mit einschloss. »Die

Oleith, das sind all diejenigen, deren *Caihr* auch nach dem Tod noch erhalten geblieben ist, um uns zu lenken, wenn es ihnen gefällt.«

»Bei manchen von uns«, wiederholte ich, und mir kam eine Erkenntnis. »Die *Doenlisch*. Das *Vaerith* fließt stark in ihr. Sie ist bestimmt auch hierhergekommen. Und sie hat den Segen erhalten.«

Im Licht der Fackel konnte ich die Züge des *Eithlisch* deutlich erkennen. Sie wirkten wie das Zerrbild eines gut aussehenden Mannes, als hätte sie ein Bildhauer geschaffen, der keinen Sinn für Proportionen besaß. Seine vollen, wohlgeformten Lippen verzogen sich zu einem Schmollmund. »Anscheinend hat sie doch jemand Kluges ausgewählt«, sagte er leise, bevor er lauter fortfuhr: »Wie ergeht es ihr in deinem Land?«

»Das ist eine Frage«, warf ich ein. Er schenkte mir ein freudloses Lächeln.

»Ja. Nicht alle Fragen sind hier drin gefährlich. Man muss nur wissen, welche man stellen darf.« Sein Blick verengte sich, und sein Tonfall wurde barscher. »Die *Doenlisch*. Sag mir, wie es ihr in deinem Land ergeht.«

Ich zuckte die Achseln. »Als ich sie das letzte Mal gesehen habe, ging es ihr gut. Wenn sie es auch für nötig hielt, einen Sack über dem Kopf zu tragen.«

»Und sie tut recht daran. Deine Leute sind Bestien. Wilde, die nur von Gier und fleischlichen Gelüsten beherrscht werden.« Er sprach in mildem Ton, aber ich nahm die Spitze deutlich wahr. Vermutlich erwartete er hitzigen Widerspruch, doch den Gefallen tat ich ihm nicht. Das Lächeln verschwand von seinen Lippen, als er weitersprach. »Ich war immer schon dafür, dein Volk einfach untergehen zu lassen. Bei euren endlosen Kriegen und wiederkehrenden Hungersnöten würde es nicht lange dauern. Aber die *Doenlisch* …« Er verstummte, und die Adern über seinen Brauen traten hervor, als er die Stirn runzelte. Schließlich sprach er versonnen weiter. »Vor einer Weile kam sie hierher und stellte den *Oleith* eine Frage. Wie genau die Antwort lautete, weiß ich nicht, doch sie folgerte daraus, dass dein Volk gerettet werden muss. Trotzdem hat sie dich ausgewählt, um dieses Ziel zu erreichen. Offenbar gab es keine besseren Kandidaten.«

»Eigentlich hat sie mich gar nicht ausgewählt«, erwiderte ich. Ich weigerte mich, auf seine Sticheleien einzugehen, und genoss es stattdessen, einmal mehr zu wissen als er. »Mein Leben ist Teil einer Prophezeiung, die in einem uralten caerithischen Buch niedergeschrieben ist.«

Die Miene des *Eithlisch* erstarrte, seine seltsam verzerrten Züge zuckten im Fackelschein. »Ein Buch?«, wiederholte er. Seine Stimme klang plötzlich heiser, und jede Belustigung war aus seinem Gesicht gewichen. Als ich seinen wilden Blick sah, fragte ich mich, ob er mit seinen monströsen Muskeln nicht doch die wahre Gefahr an diesem Ort war. Mir wurde schmerzlich bewusst, dass ich keinerlei Waffe besaß – bis auf meinen Verstand. Und so wie ich es kräftemäßig mit diesem Mann nicht aufnehmen konnte, wäre er mir vermutlich auch im Denken überlegen gewesen.

»Hast du es bei dir?«, fragte er, und die Sehnen an seinem Hals spannten sich an. Ich konnte sehen, dass er sich am liebsten auf mich stürzen wollte, um die Antwort gewaltsam aus mir herauszuholen. Ich musste an das Gesicht des Kettenmannes denken, kurz bevor Lorine ihn getötet hatte. Die Erwähnung des Buches hatte ihn genauso sehr erschüttert. Offensichtlich war es um einiges bedeutsamer, als mir bislang klar gewesen war.

»Ich hatte es«, sagte ich. »Eine Zeit lang. Sie hat es mir gegeben, als Teil einer Abmachung. Ich konnte es natürlich nicht entziffern, bin aber später einer Frau begegnet, die es übersetzt hat. Es war die Geschichte meines Lebens, vor hunderten von Jahren auf Alt-Caerithisch verfasst. Leider musste ich es der *Doenlisch* wiedergeben, bevor … ich es richtig nutzen konnte. So war es vereinbart. Soweit ich weiß, befindet es sich jetzt in ihrem Besitz.« Ich hielt inne und fügte hinzu: »Und die Anleitung zum Übersetzen, die habe ich ihr auch gegeben.«

Hatte ich mir bislang einen Spaß daraus gemacht, nicht die Reaktion zu zeigen, die der *Eithlisch* von mir erwartete, so kehrte er den

Spieß nun um. Ich rechnete mit Wut oder Furcht, doch er starrte mich nur an, ohne etwas von dem inneren Aufruhr zu verraten, der zweifellos in ihm tobte. Schließlich blinzelte er und wandte den Blick ab.

»Wie dir inzwischen sicher aufgefallen ist«, sagte er, »bleiben nicht alle Caerither ihr Leben lang in unserem Land. Manche werden verbannt, weil sie böse sind. Wir besitzen keine Gesetze so wie ihr und töten unsere eigenen Landsleute nicht. Doch auch unter uns gibt es welche, die wir nicht dulden können. Andere, die besonders stark von *Vaerith* durchflossen sind, gehen freiwillig in die Fremde, um neue Sprachen und Bräuche zu erlernen. Wir haben schon vor Langem erkannt, dass unser Überleben nicht allein von den Fähigkeiten der *taolisch* abhängt, sondern auch von Wissen. Um eine Bedrohung abzuwenden, muss man sie zuerst verstehen.«

»Deshalb sprecht Ihr so gut Albermainisch«, sagte ich. »Ihr habt mein Reich bereist.«

»Ja, vor vielen Jahren. Anfangs mieden mich die Leute dort und vertrieben mich aus Hütten und Dörfern, weil sie nur eine missgestalte Kreatur in mir sahen, die Zerstörung und Krankheit über sie bringen wird. Irgendwann begegnete ich jedoch einem klugen Mann, der mir zu essen gab und die Wunden behandelte, die die Leute mir zugefügt hatten, nachdem ich sie versehentlich erschreckt hatte. Dieser Mann hielt mich für einen Einfaltspinsel, groß in Gestalt, aber von geringem Verstand und daher leicht zu beherrschen. Als ich am nächsten Morgen aufwachte, hatte er mir eine Kette um den Hals gelegt. Ich hätte mich natürlich befreien können, er war kein sonderlich starker Mann, aber ich war neugierig, deshalb spielte ich weiter den friedfertigen Dummkopf und blieb sein Gefangener. Er legte mir einen Umhang um und führte mich durch die Dörfer und Städte, immer hinter den fahrenden Jahrmärkten her. Die Leute versammelten sich, um für einen Shek das Ungetüm zu begaffen. Wenn jemand mehr zahlte, erlaubte er ihm, mich mit Stöcken zu piesacken. Zehn Sheks, und die Leute durften mit Knüppeln auf mich eindreschen. Er versprach, ihnen ihr Geld zurückzuzahlen, sollten sie es schaffen, mich von den Beinen zu holen. Es gelang keinem von ihnen. Ein ganzes Jahr lang ließ ich das alles über mich ergehen und erlernte dabei eure Sprache und Gebräuche. Ich will nicht behaupten, dass ich nur Grausamkeit und Gier erlebte. Es gab auch Freundlichkeit, aber sie war flüchtig.

Mir wurde klar, dass die Leute, die mich quälten, es nicht aus Hass taten, sondern aus Furcht und Machtlosigkeit. Diese zerlumpten, ausgezehrten Gestalten hatten nichts und waren den Launen der vornehm gekleideten Herren ausgeliefert, die ich nur selten zu Gesicht bekam. Bis eines Tages ein Adliger beschloss, mich mitzunehmen. Mein Herr verlangte einen hohen Preis für mich, der Edelmann handelte ihn jedoch auf einen einzigen Shek herunter und ließ ihn für seine Frechheit von seinen Männern verprügeln. Man brachte mich zu einem fremdartigen Steingebäude, das Burg genannt wurde, und steckte mich dort in ein Verlies. Mein einziger Gefährte war ein magerer Geselle mit einer blumigen Ausdrucksweise, von dem ich lernte, fließend Albermainisch zu sprechen. Wie sich herausstellte, war er der Lehrer einer der Töchter des Adligen gewesen, ein hübsches Mädchen, dessen Reize allzu verlockend für ihn gewesen waren. Dieser Mann wusste vieles über die Geschichte eures Landes und, was mich am meisten interessierte, den seltsamen Glauben, der euer Leben bestimmt.«

Er grinste und schüttelte verwundert den Kopf. »Märtyrer«, sagte er. »Seraphilen. Maleciten. Der Bund. Eine faszinierende Mischung aus Mythen und Legenden und, wie ich zugeben muss, auch ein paar Körnchen Weisheit.«

Sein herablassender Ton ärgerte mich, obwohl ich nie sonderlich gläubig gewesen war. »Soweit ich feststellen kann«, sagte ich, »besitzt Euer Volk gar keinen Glauben. Oder jedenfalls nichts, was diese Bezeichnung verdient hätte.«

»Und wie ist es mit dir, Alwyn Scribe?« Er hob spöttisch eine haarlose Braue. »Bist du etwa gläubig? Hast du das selbstsüchtige Ding in deiner Brust, das du Herz nennst, in den Dienst der Seraphilen gestellt?« Er sah mir einen Moment in die Augen. »Ich denke nicht. Und was den Glauben betrifft«, er seufzte und wandte den Blick ab. »Für

Mystik haben die Caerither nichts übrig. Natürlich machen auch wir uns Gedanken über die Welt, doch unser Glaube beruht allein auf dem, was man erfahren und beobachten kann. Euer Bund ist jedoch insofern ungewöhnlich, als euer Glaube in gewisser Weise die Realität widerspiegelt. Aber dazu kommen wir noch.« Er runzelte die Stirn. »Wo war ich stehen geblieben?«

»Im Verlies«, sagte ich und wünschte mir insgeheim, er wäre für immer dortgeblieben.

»Ach ja. Leider war meine Zeit mit dem Lehrer nur kurz, wenn er mir auch noch vieles beibrachte, bevor der Adlige ihn holen kam. Ich hörte die Wachen über sein Schicksal reden. Anscheinend ließ der Adlige ihn in einem nahe gelegenen Wald frei und hetzte dann ein Rudel hungriger Hunde auf ihn. Ich fragte mich, ob er mit mir wohl dasselbe vorhatte, doch für mich hatte er sich etwas Raffinierteres ausgedacht.

Es war während irgendeines Fests mitten im Winter, dass man mich aus dem Verlies holte. Der Edelmann und all seine adligen Freunde saßen an einem Tisch im Burghof und stopften sich mit gebratenem Fleisch voll – bis auf seine Tochter, die gar nichts aß. Sie wirkte auch dermaßen elend, dass es mich schmerzte, sie anzuschauen. Ich wurde nackt ausgezogen und von meinen Ketten befreit. Dann wurde ein anderer Gefangener herbeigebracht.«

Der *Eithlisch* hielt erneut inne. Hatte er zuvor belustigt geklungen, war sein Ton nun traurig. »Eine derart beeindruckende Kreatur in solch erbärmlichem Zustand zu sehen, traf mich zutiefst. Braunbären sind von Natur aus groß, aber dieser war ein wahrer Riese, doppelt so groß wie ich, wenn er sich auf die Hinterbeine stellte. Die Qualen, die er hatte erdulden müssen, hatten ein Ungeheuer aus ihm gemacht. Sein Fell war räudig und verfilzt, seine Schnauze mit Peitschenstriemen überzogen. Ich konnte sehen, dass er sich nur noch den Tod wünschte, und beschloss, ihm zu geben, was er wollte, aber nicht seinen eigenen Tod.« Er lachte leise. »Ein Sammler kurioser Geschöpfe tut gut daran, das Wesen seiner Gefangenen zu verstehen. Alles andere ist töricht. Im Falle des Bären sah mein adliger Herr jedoch nur eine verängstigte Bestie, die er zu blutigen Spektakeln anstacheln konnte. Und mich hielt er für ein Wesen, das kaum menschlich war, aber etwas länger durchhalten würde als ein einfacher Gesetzloser oder Knecht. Eigentlich wende ich nicht gern Gewalt an, aber ich muss zugeben, an diesem Tag war es mir ein Vergnügen, diesen Mann eines Besseren zu belehren.«

Der *Eithlisch* kam auf mich zu und blieb ein paar Schritte entfernt mit geballten Fäusten stehen. Seine Muskelberge wölbten sich erneut vor, sodass ich schon meinte, seine Haut müsste jeden Moment aufplatzen.

»Die Bezeichnung *Vaerith* ist äußerst passend«, sagte er mit tiefer Stimme. »Denn es bedeutet auch Fluss. *Vaerith* fließt in jedem von uns anders, genau wie es bei Flüssen ist. Sie suchen sich ihren eigenen Weg, und nichts kann sie aufhalten, weder Stahl noch Pfeile oder Feuer.« Seine Knochen und Muskeln gaben ein hässliches Knirschen von sich, als er noch weiter anwuchs, bis ein gewaltiger Riese vor mir stand. »Oder«, fügte er mit einem Lächeln hinzu, das eher wie ein Zähnefletschen aussah, »das Flehen eines grausamen Herrn, der sich in die Hose macht und feige um sein Leben bettelt, wenn der Tod in seiner Burg Einzug hält.«

Bis dahin hatte ich ihn nur entsetzt und fasziniert angestarrt. Das Unfassbare dessen, was ich vor mir sah, verschlug mir die Sprache. Aus den merkwürdigen Dingen, die ich im Norden gesehen und bei meinen Begegnungen mit der Sackhexe erlebt hatte, konnte ich nur schließen, dass es tatsächlich geheimnisvolle Mächte auf dieser Welt gab. Nie hätte ich jedoch erwartet, einmal Zeuge ihres ebenso eindrucksvollen wie grauenhaften Wirkens zu werden.

»*Vaerith* durchströmt diese Welt«, sagte der *Eithlisch*, »wie das Blut unsere Adern. Hat man es einmal angezapft, kann man es freisetzen und beherrschen.« Sein Lächeln nahm einen entschieden grausamen Ausdruck an, als er noch näher kam und nun wie ein Monolith übermenschlicher Stärke über mir aufragte. »Willst du eine Kostprobe davon, Alwyn Scribe? Der Bär damals wusste es eindeutig zu schätzen.

Nachdem ich seine Ketten zerschmettert hatte, stürzte er sich mit großer Begeisterung auf die Gäste des Adligen.«

»Nein«, stotterte ich mit vor Furcht starren Lippen. Auch mein restlicher Körper war steif, und ich musste meine Beine zwingen zurückzuweichen, als er noch einen Schritt näher trat. »Geht … geht weg von mir!«, brabbelte ich und kauerte mich zusammen wie ein zitterndes Kind vor seinem wütenden Vater.

»Bleib stehen, du Narr!«, murmelte er ärgerlich und packte blitzschnell meinen Kopf. Was ich als Nächstes spürte, erinnerte mich an das, was ich bei der Heilung Evadines durch die Sackhexe erlebt hatte, nur dass es noch stärker und schmerzhafter war. Damals hatte ich das Gefühl gehabt, eine Kraft würde aus meinem Körper in ihren fließen. Diesmal war es umgekehrt: Etwas strömte in mich hinein. Ein helles Licht blendete mich, und eine tiefe pulsierende Wärme flutete meinen Körper. Am heißesten brannte sie an meinen Schläfen, wo die Hände des *Eithlisch* mich gepackt hielten wie eine Schmiedezange, die frisch aus der Esse kam. Voller Panik schlug ich nach ihm, hämmerte mit meinen Fäusten auf seine Arme, seine Schultern und seinen Kopf ein, doch ich hätte genauso gut auf massiven Felsen einschlagen können.

»Genug!«, knurrte der *Eithlisch* ungeduldig und schüttelte mich so heftig, dass meine Gliedmaßen schlotterten und alle Kraft aus ihnen wich. »Weißt du denn nicht, dass du stirbst, du dummer Wicht? Dein gespaltener Schädel ist schlecht verheilt, und die üble Medizin, die du gegen die Schmerzen genommen hast, lässt dein Inneres verrotten. Wenn dich das nicht umbringt, dann wachsen die Knochen in deinem Schädel so zusammen, dass ein Wulst entsteht, der innerhalb eines Jahres dein Ende sein wird. Und wie du schon festgestellt hast: Das würde *ihr* nicht gefallen.«

Aus dem Brennen wurde eine alles verzehrende Feuersbrunst, die meinen Kopf ganz ausfüllte und jeden Gedanken vertrieb. Trotz meiner Furcht und Panik spürte ich ein Knirschen in meinem Schädel, hörte das fasrige Kratzen von Knochen, die verschoben wurden. Einen Moment lang kehrte das Pochen zurück, ein letztes grauenhaftes Auflodern von Schmerz, so heftig, dass ich schon glaubte, mein letztes Stündlein hätte geschlagen. Als der Schmerz nachließ, sank ich auf alle viere nieder und schluchzte keuchend, während mir Speichel aus dem Mund lief.

»Der Bär hat sie nicht alle getötet«, sagte der *Eithlisch* nun wieder im Plauderton. Mit trübem Blick konnte ich seine kleiner gewordene Gestalt ausmachen, die von mir zurücktrat. »Die meisten Diener verschonte er und auch die hübsche Tochter des Adligen. Ich muss sagen, in all meinen zahlreichen Lebensjahren habe ich nie ein Kind gesehen, das sich über den Tod seines Vaters mehr gefreut hat als sie. Sie und der Bär wurden an jenem Tag beste Freunde, und als ich ihr vorschlug, mich in meine Heimat zurückzubegleiten, willigte sie ein. Hier ging es ihr gut, und sie fand eine Zufriedenheit, die ihr in deinem grauenhaften Königreich verwehrt geblieben wäre. Uhllas Gesicht erinnert mich immer noch an sie. Sie war ihre Urgroßmutter, weißt du? Die albermainische Sprache gehört hier deshalb zur Familientradition.«

Mein Zittern ließ langsam nach, während er sprach. Der Schmerz seiner Berührung verblasste, und zurück blieb das ungewohnte Gefühl, wieder ganz gesund zu sein. Das Pochen in meinem Schädel war spurlos verschwunden.

»Ihr …«, keuchte ich und drehte den Hals, um zu ihm hochzuschauen, »… Ihr habt mich geheilt.«

»Ja«, murmelte er resigniert. »Vor dir liegen noch viele Lebensjahre, Alwyn Scribe. Oder auch nicht, je nachdem, wofür du dich in den Tagen des Aufruhrs, die dich erwarten, entscheidest. Die Zeit wird es zeigen …« Er verstummte und richtete den Blick auf das andere Ende der Höhle. Eine Zeit lang starrte er ins Dunkel und stieß schließlich ein lang gezogenes Zischen aus. Ich hätte nicht sagen können, ob es ein Laut der Enttäuschung oder der Überraschung war. »Anscheinend wurde dir doch eine Frage gewährt.«

Ich folgte seinem Blick, sah aber nur das trübe Flackern des Fackelscheins auf weiteren Knochen. Allerdings hörte ich etwas, das mich an das beleidigte Krächzen des Krähenschädels erinnerte, nur dass es um einiges einladender klang. Ich hatte den Eindruck, aus weiter Ferne gerufen zu werden.

Stolpernd kam ich auf die Beine und ging über den nackten Felsboden zu dem Knochenhaufen, um ihn benommen zu betrachten. Anfangs schien es mir völlig unmöglich, den richtigen zu finden, aber dann hörte ich in meinem Kopf erneut den Ruf, und ich hätte schwören können, dass eine fremde Stimme meinen Namen sagte. *»Alwyn … Alter Geist. Du bist also zurückgekehrt.«*

Der Schädel lag tief im Haufen, sodass ich durch das Gewirr aus Knochen waten musste, bis ich ihn gefunden hatte. Leere Augenhöhlen starrten von den Überresten eines zerbrochenen Brustkorbs zu mir hoch. Die Stimme in meinem Kopf wurde lauter, als ich mich vorbeugte, um ihn aufzuheben.

»Deine Frage«, sagte der *Eithlisch* drängend. »Stelle sie jetzt. Eine weitere Chance wirst du wahrscheinlich nicht bekommen.«

Während ich in die dunklen Augenhöhlen des Schädels sah, kam mir die Frage leicht über die Lippen, als wäre es das Einzige, was sich zu fragen lohnte. »Wer hat das Buch verfasst?«

NEUNUNDZWANZIGSTES KAPITEL

Eine Zeit lang war ich völlig blind. Ich erschauerte, als der Schädel in meiner Hand explodierte und ein gleißendes Licht aufblühte, das alles überstrahlte und durch meine Augen bis in mein Innerstes vordrang. Die Kälte der gewaltigen Höhle verschwand, und ich hatte das Gefühl, in einem endlosen weißen Meer dahinzutreiben. Ängstlich tastete ich umher, spürte jedoch nichts. Zweifellos hätte mich das Fehlen jeglicher Empfindungen in den Wahnsinn getrieben, hätte es länger angehalten. Dieser Zustand des Nichtseins ist eine schlimme Art der Folter.

Als ich plötzlich wieder etwas sah, war ich deshalb zunächst völlig verwirrt. Zahllose Bilder strömten gleichzeitig auf mich ein: ein heller, klarer Himmel, eine Ansammlung hoher Gebäude in der Ferne, die am Fuß eines Berges aufragten, ein schneidender Wind, der von der warmen Mittagssonne kaum abgemildert wurde. Der Wind trug einen deutlich wahrnehmbaren Brandgeruch mit sich, und trotz des Pfeifens glaubte ich, aufgebrachtes Stimmengewirr zu hören. Der Ansturm der Bilder und Geräusche ließ mich stolpern, und ich stieß mit dem Bauch hart gegen eine Barriere.

»Du bist also zurückgekehrt, alter Geist.«

Die fremde Stimme mit dem seltsamen Akzent erklang hinter mir. Ich wirbelte herum und sah undeutlich eine Gestalt im Schatten eines Torbogens stehen. Ein kurzer Blick nach links und rechts bestätigte mir, dass ich mich auf einem Balkon befand, offenbar hoch oben auf einem Turm.

»Und jetzt um einiges jünger«, sagte die Gestalt und trat ins Licht. Ich blinzelte verwirrt und musterte den groß gewachsenen dunkelhäutigen Mann, der zum Vorschein kam. Sein Haar lichtete sich schon an einigen Stellen, aber sein kräftiges Kinn war von einem gepflegten stahlgrauen Bart bedeckt. Er trug ein vornehmes Gewand aus blassblauer Seide und tiefrotem Samt, das mit eleganten Goldmustern bestickt war.

»Seid Ihr der König dieses Landes?«, fragte ich. Der Mann trug zwar keine Krone, aber jemand, der so offensichtlich wohlhabend war und in einem Turm wohnte, musste von königlicher Abstammung sein.

Der Bärtige musterte stirnrunzelnd mein Gesicht. Sein prüfender Blick wirkte so, als würde er mich erkennen. »Es ist also doch eingetroffen«, sagte er nachdenklich, und ein Lächeln huschte über seine Züge. Ich sah jetzt, wie zerfurcht sie waren. Trauer hatte sich tief in sein Gesicht eingegraben, die verschatteten Augen waren von Falten umgeben. Es war das Gesicht eines Mannes, der schon lange keine Freude im Leben mehr gekannt hatte.

Ich schüttelte den Kopf, als mich erneut Verwirrung überkam. Die Heilung durch den *Eithlisch* machte mir noch zu schaffen, und jetzt befand ich mich plötzlich an einem mir unbekannten Ort und sprach mit einem Mann, der rätselhafte Dinge von sich gab. »Was ist eingetroffen?«, fragte ich und drehte mich, um den Blick über die Umgebung des Turms schweifen zu lassen. Er befand sich auf einem Hügel und war etwa eine Meile von einer Stadt entfernt, deren Anblick mir zugleich fremd und vertraut erschien. Der Berg war derselbe, nur die Öffnung an seinem Fuß fehlte. Die Stadt hingegen erstreckte sich viele Meilen weit in alle Richtungen. Noch nie hatte ich eine derart große und schöne Siedlung gesehen und werde es wohl auch nie wieder. Überall ragten Türme auf, die noch höher waren als der, auf dem ich stand, und schmale Schatten auf die Häuser und Plätze in ihrem Umkreis warfen. Das Muster der Straßen wirkte chaotisch – saubere, gerade Gitter stießen auf verschlungene Labyrinthe. Meine Ehrfurcht wuchs bei diesem Anblick jedoch nur noch mehr. Mir wurde klar, dass dies auf Wachstum hindeutete. Es war eine sehr alte Stadt, die sich über viele Jahrhunderte hinweg entwickelt hatte. Die Aussicht hätte überwältigend sein können, wären nicht die zahllosen Rauchsäulen gewesen, die überall aufstiegen, und das dichte Gedränge der Leute auf den Straßen und Plätzen. Das Stimmengewirr war so misstönend, dass man es nur als Heulen bezeichnen konnte. Anscheinend war ich mitten in einer Katastrophe eingetroffen.

Trotz der Unterschiede hatte ich das starke Gefühl, etwas zu betrachten, das ich bereits kannte. Und im nächsten Moment wurde mir auch klar, woran das lag. Als ich den Turm selbst musterte, sah ich glatten, hellen Stein, der nicht von Kletterpflanzen überwuchert war. Dennoch war dies eindeutig der Turm, zu dem Lilat mich vor einigen Tagen geführt hatte.

»Unser erstes und letztes Treffen«, sagte der Mann mit dem Bart. Als ich ihn ansah, bemerkte ich wieder dasselbe schwache Lächeln auf seinen Lippen, bevor er sich abwandte. »Komm.« Er winkte mich mit sich und verschwand in der Dunkelheit unter dem Torbogen. »Uns bleibt nicht viel Zeit.«

Unschlüssig blieb ich stehen und musterte ein weiteres Mal die Stadt, als aus der Ferne plötzlich ein lautes Donnern zu hören war. Eine riesige Rauchwolke stieg auf, Flammen loderten hoch und verschlangen eines der herrlichen Bauwerke der Stadt. Innerhalb von Sekunden war es verschwunden. Die Flammen fraßen sich durch den Stein, als wäre es Holz, und der Lärm der Zerstörung mischte sich mit dem lauten Heulen zahlloser Stimmen. Seltsamerweise klang es eher wie das Jubeln von Feiernden als nach Panik oder Verzweiflung.

»Schnell, alter Geist!« Die drängende Stimme des Bärtigen riss mich aus meiner morbiden Faszination, und ich folgte ihm durch den Torbogen. Im Inneren herrschte Finsternis, bis meine Augen die Helligkeit von draußen fortgeblinzelt hatten. Ich erkannte den Raum sofort. Auf dem jetzt staubfreien Boden waren die Symbole von Frühling und Winter zu sehen. Außerdem war es eindeutig das Reich eines Schreibers; an den gerundeten Wänden waren Bücher aufgereiht, und auf drei Stehpulten lagen Pergamentseiten, die zum Teil mit Text beschrieben waren. Mein Blick ging unweigerlich zu dem hin, das mir am nächsten war, und ich musterte die Seite in der Hoffnung, etwas darauf erkennen zu können. Mit einem enttäuschten Zischen musste ich jedoch feststellen, dass ich die Schrift zwar kannte, aber nicht entziffern konnte.

»Caerithisch ...«, sagte ich und ging von einem Schreibpult zum nächsten. »Ihr seid ein caerithischer Schreiber.«

»Nein«, sagte der Bärtige ungeduldig. Er wühlte in einem Haufen Pergamente auf einem Rosenholzschreibtisch in der Mitte des Raums. »Ich bin Historiker, wie ich dir bereits sagte ...« Er hielt inne und stieß ein freudloses Lachen aus. »Aber das kannst du natürlich nicht wissen.«

»Ihr besitzt keine Male.« Ich trat an den Schreibtisch, um sein Gesicht zu betrachten. Die dunkle Haut war faltig, wies jedoch keine Spur der Verfärbungen auf, von denen sein Volk sonst gezeichnet war.

»Nein«, sagte er leise und mit kaum verhohlener Furcht. Seine Augen leuchteten, als er mich ansah. »Nein. Aber das wird sich sicher bald ändern. Also«, er schob hastig die Seiten auf dem Schreibtisch zusammen und griff nach einem leeren Pergament, »ich denke, dass ich alles in die richtige Reihenfolge gebracht habe. Bei unserer letzten Unterhaltung hast du mir von deiner Gefangennahme auf der Burg Duhbos erzählt. Deckin war tot, und du wärst beinahe gehängt worden ...«

»Halt!« Ich hob eine Hand und geriet ins Schwanken, als mich erneut Verwirrung überkam. Ich musste mich am Schreibtisch festhalten, um nicht hinzufallen. Während ich mich an dem harten, polierten Holz festhielt, kam mir ein Gedanke. »Wenn ich hier nur ein Geist bin, wie kann ich dann Dinge berühren?«

»Das haben wir alles schon einmal durch …« Der Bärtige seufzte und schloss die Augen. »Du berührst sie eigentlich gar nicht«, sagte er gezwungen geduldig. »Es hat für dich nur den Anschein. Dein Bewusstsein ist in diesem Moment anwesend, aber dein Körper ist es nicht.«

Sein herablassender Tonfall und das Merkwürdige des Ganzen machten mich wütend. Ich wollte den Stapel Papiere vom Schreibtisch wischen, spürte jedoch nur die grobe Struktur des Pergaments, als meine Finger hindurchglitten, ohne eine Spur zu hinterlassen.

»Siehst du?« Mein Gastgeber griff nach einer Schreibfeder und tauchte sie in ein Tintenfässchen. Er setzte sich, glättete das Pergament und schaute mich erwartungsvoll an. »Deckin ist gestorben, und du wurdest gefangen genommen. Ich habe alles aufgeschrieben, was danach geschah, aber nicht, wie es dazu gekommen ist.«

Seine Hand zitterte, und ein winziger Tropfen Tinte löste sich von der Spitze seiner Schreibfeder und fiel herab. »Woher wisst Ihr das?«, fragte ich.

Ein weiterer Tropfen platschte aufs Pergament. »Weil du es mir erzählt hast«, sagte der Historiker gepresst. »Woher sonst?«

»Ich habe Euch noch nie zuvor gesehen. Ich bin noch nie hier gewesen …« Ich verstummte, als mir etwas Bedeutsames klar wurde. »Ihr wisst, was mit mir geschehen wird. Ihr kennt den Verlauf meines Lebens von diesem Moment an …«

»Uns bleibt keine Zeit, alter Geist!« Sein Blick ging kurz zum Balkon hin, als von der Stadt ein weiteres Donnern zu hören war. »Erzähl mir den Anfang deiner Geschichte, damit ich von hier verschwinden kann. Es hängt so vieles davon ab.«

Ich schaute ihm in die Augen und sah ein Leuchten darin, das ich schon viele Male gesehen hatte. Es war der verzweifelte fiebrige Glanz in den Augen eines Mannes, der nicht sicher war, ob er diesen Tag überleben würde. Anstatt zu fliehen, blieb er jedoch, um die Worte eines Geistes aufzuschreiben.

»Wenn Ihr meine Geschichte hören wollt«, sagte ich, »will ich zunächst ein paar Antworten.«

Der Historiker blähte die Nasenflügel, seine Wangen wirkten noch hohler als zuvor, und er knirschte mit den Zähnen. »Du hast mich immer gewarnt, dass dein jüngeres Ich meine Geduld auf eine harte Probe stellen würde«, murmelte er. »Also frag, aber mach schnell.«

Ich nickte zum Balkon. »Was geschieht in der Stadt?«

»Das, was du vorausgesagt hast. Und was ich nicht verhindern kann.«

»Rätsel nützen mir nichts. Sprecht in klaren Worten.«

Er seufzte erneut und zuckte zusammen, als ein weiteres Donnern den Boden erzittern ließ. »Der Niedergang«, sagte er. »Dein Volk wird es die große Plage nennen. Es hat begonnen. Als du vor vielen Jahren zum ersten Mal hier warst, hast du mir vom Niedergang erzählt und mich davor gewarnt. Ich habe dir nicht geglaubt …« Er verstummte und schüttelte mit geschlossenen Augen den Kopf. »Es ist das unvermeidliche Schicksal aller, die sich für weise halten, dass ihnen deutlich vor Augen geführt wird, wie sehr sie sich irren.«

Ich hörte ihn kaum, da ich nicht fassen konnte, was er mir gerade erzählt hatte. Ich kehrte auf den Balkon zurück und ließ den Blick über die ferne Szenerie des wachsenden Chaos gleiten. Noch mehr Gebäude standen jetzt in Flammen, die von Bäumen gesäumten Alleen brannten, das Stimmengewirr war noch lauter geworden, von Panik oder Wahnsinn erfüllt. Die Stadt war zu weit entfernt, die Menschen in den Straßen erschienen mir nur wie eine wogende Masse, ich konnte jedoch sehen, dass sie die Urheber des Ganzen waren. Flammen und Zerstörung folgten ihnen.

Alles wird Feuer sein! Vor vielen Jahren hatte ein Mann, den ich für einen verblendeten Narren gehalten hatte, diese Worte gesagt. *Alles wird Schmerz sein! Wie es einst war, so wird es wieder kommen, wenn wir die Gunst der Seraphilen verlieren …*

»Es ist wirklich passiert«, flüsterte ich und musste an die zahllosen Gespräche denken, die ich mit Sihlda in den Erzminen geführt hatte. Sie hatte die große Plage stets nur für eine nützliche Metapher gehalten. *Wahrscheinlich war es nicht bloß ein einzelnes Ereignis,* hatte sie zu mir gesagt. *Ich bin der Ansicht, dass sich das, was in den Schriftrollen als große Plage bezeichnet wird, in Wahrheit auf eine ganze Reihe katastrophaler Begebenheiten in grauer Vorzeit bezieht. Ein Zeitalter des Krieges, der Seuchen, Überflutungen und Hungersnöte, dem vergessene Königreiche im Laufe von Jahrzehnten oder Jahrhunderten zum Opfer fielen. Was es genau war, spielt keine Rolle, mein junger Alwyn. Wichtig ist nur, was es bedeutet.*

»Ihr habt Euch geirrt, verehrte Lehrerin«, murmelte ich. In der Stadt war es jetzt dunkel, der Himmel so dicht von Rauch verhangen, dass die ganze Szenerie wie ein schattenhafter Albtraum aus roten Flammen und kreischenden Menschen erschien. »Ihr habt Euch gänzlich geirrt.«

»Bitte.« Ich drehte mich um und sah den Historiker neben mir stehen, der mich flehentlich anschaute. »Dein Testament. Wir brauchen es. Irgendwann wirst du wissen, warum. Aber jetzt musst du erst einmal deine Geschichte vollenden.«

Ich musterte ihn benommen und ließ den Blick ein weiteres Mal über das Blutbad schweifen. »Wer hat das Buch verfasst?« Ein schrilles Lachen entwich mir, das immer lauter wurde und gar nicht mehr aufhören wollte.

»Du hast dein Buch selbst verfasst, Alwyn Scribe!« Der Historiker sah jetzt wütend aus. Wenn er mich hätte schlagen können, dann hätte er es gewiss getan. »Ich schreibe nur nieder, was du mir diktierst. Jetzt müssen wir die Geschichte vollenden. Damit sie eine Bedeutung haben kann, braucht sie einen Anfang.«

Meine Belustigung legte sich abrupt. »Wozu?«, knurrte ich und deutete auf den lodernden Albtraum unter uns. »Lässt sich damit vielleicht das dort aufhalten?«

»Nein. Aber es wird der Same sein, den mein Volk braucht, um eines Tages zurückzugewinnen, was es verloren hat. Und es ist der

Schlüssel, um zu verhindern, dass es wieder geschieht. Das ist die Abmachung, die ich vor Jahren mit einem Geist getroffen habe. Ich weiß, du kannst dich nicht daran erinnern, dass du mir dein Wort gegeben hast. Aber ich fordere dich dennoch auf, es zu halten.«

In dem Moment vernahm ich einen Aufruhr und sah zur Stadt hin. Eine wogende Menschenmenge hatte sich über den Stadtrand verteilt. Ihr gemeinschaftliches Heulen klang jetzt noch lauter und schmerzte mir selbst aus der Entfernung in den Ohren. Eine Wildheit lag darin, ein gewaltiger Hunger, der mich aus meiner Starre erwachen ließ. Ich mochte in diesem Turm in einem verlorenen Zeitalter nur als Geist anwesend sein, aber was sich vor meinen Augen abspielte, war eindeutig real. Mein Gastgeber hatte recht: Uns blieb nicht viel Zeit.

»Ich muss wissen, wie es dazu gekommen ist«, sagte ich. »In meinem Volk herrscht eine gewisse Überzeugung … ein Glaube vor …«

»Der Bund.« Er nickte. »Du hast mir davon erzählt. Vieles an eurem Glauben ist absurd und widersinnig, es steckt aber auch einiges an Wahrheit darin. Was ihr die Seraphilen und Maleciten nennt – ihr ewiger Krieg ist es, der das hier über uns gebracht hat. So viel ist wahr.«

»Die Seraphilen und die Maleciten. Es gibt sie wirklich?«

»Sie sehen nicht so aus, wie euer Bund sie sich vorstellt, aber ja, sie sind nur allzu real. Ich kann es nicht weiter erklären.« Er hob eine Hand, um meinen Fragen Einhalt zu gebieten. »Nur so viel: Die Welt, die ihr kennt, ist nur ein kleiner Teil von etwas weit … Komplexerem. Wie genau es dazu kam …«, er musterte traurig die sterbende Stadt am Fuße des Bergs, »… das kann ich dir nicht sagen, nur dass Unfriede und Leid die Nahrung der Maleciten sind. Wenn ich genug Zeit hätte, könnte ich dir erzählen, was die Menschen deines Zeitalters zu demselben Schicksal führen wird, aber die habe ich nicht.«

»Die zweite große Plage.« Eine unangenehme Erkenntnis ließ meinen Magen verkrampfen. »Ich habe dir davon erzählt. Evadine hatte recht …«

»Evadine …« Wieder loderte Wut in seinem Blick, aber was immer er hatte sagen wollen, ging in einem Donnern unter, das lauter war als alle vorhergehenden. Ich drehte mich um und sah den letzten der hohen Türme einstürzen und auf Straßen hinabfallen, die jetzt zu Flüssen aus Feuer geworden waren. Ich entschied, dass ich eindeutig genug von der Vergangenheit gesehen hatte.

»Wie komme ich von hier weg?«, fragte ich den Historiker. Verwundert und gekränkt sah er mich an.

»Du erscheinst«, sagte er, »erzählst mir einen Teil deiner Geschichte – nicht unbedingt in chronologischer Reihenfolge, wie ich hinzufügen möchte –, und dann verschwindest du wieder.« Er hob seine zitternden Hände und zuckte hilflos mit den Schultern. »Mehr weiß ich nicht.«

»Dann wollen wir es hinter uns bringen.« Ich eilte durch den Torbogen und bedeutete ihm, mir zu folgen. Als ich sah, wie er mit fahrigen Bewegungen nach Schreibfeder, Tinte und Pergament griff, fragte ich mich, ob dies das erste Mal in seinem Leben war, dass er ernsthaft in Gefahr schwebte.

»Ihr werdet das alles überleben«, sagte ich, um ihn zu beruhigen.

»Woher willst du das wissen?«

»Das Buch.« Ich deutete auf den Pergamentstapel. »Mein … Testament. Ich habe es gesehen. Ihr müsst überleben, sonst würde es in meiner Zeit nicht existieren.«

Er nickte und holte zittrig Luft. Dann ließ er sich auf dem Stuhl nieder und glättete mit gezwungener Sorgfalt das Pergament mit dem Ärmel seines edlen, aber jetzt fleckigen Gewands. Er tauchte die Schreibfeder in die Tinte und sah mich erwartungsvoll an.

»Die unschönen Einzelheiten meines Lebens im Hurenhaus kann ich sicherlich auslassen«, sagte ich.

Der Historiker verkniff sich ein ungeduldiges Seufzen. »Ich denke, da reicht eine kurze Erwähnung.«

»Also gut. Es fing wohl an dem Tag an, als wir dem königlichen Boten auflauerten. Deckin hatte es auf das abgesehen, was er bei sich trug, und damit er es an sich bringen konnte, musste ich einen Mann umbringen. Ich fand es immer beruhigend, die Bäume anzuschauen …«

DREISSIGSTES KAPITEL

Lügner!« Mit einem Aufschrei kehrte ich in die Wirklichkeit zurück. Der Atem wölkte sich vor meinem Gesicht, und ich sog eisige Luft in meine Lungen ein. Ich hatte erwartet, das verzerrte Gesicht des *Eithlisch* über mir zu sehen, stattdessen erblickte ich jedoch Lilat, die mich mit besorgtem Stirnrunzeln anschaute.

»Du bist … zurück?«, fragte sie zögerlich.

»Wo ist …?«, setzte ich an, verstummte jedoch, als ich wieder die Atemwolken sah, die aus meinem Mund drangen. Mir wurde bewusst, wie unfassbar kalt es war. Als ich mich umschaute, sah ich überall Berge. Dass ich auf ihre Gipfel hinabblickte, machte mir klar, dass ich mich in einiger Höhe befand.

Einen Moment lang betrachtete ich verwirrt die Aussicht. Die letzten Worte, die ich mit dem caerithischen Historiker gewechselt hatte, klangen mir noch in den Ohren. Seine Tücke hatte mich wütend gemacht. Wenn ich ihn auch kaum länger als eine Stunde gekannt hatte, war offensichtlich gewesen, dass mein älteres Ich ihn als Freund betrachtete. Deshalb waren mir die Lügen, mit denen er mich nach

Vollendung meiner Erzählung hinters Licht hatte führen wollen, wie ein Verrat vorgekommen. Vor allem fand ich es seltsam, wie selbstverständlich er mich anlog, als würde er mir etwas erzählen, was ich längst wusste. Auf meine Fähigkeit, Lügen zu erkennen, war nie vollständig Verlass gewesen. Manche Menschen können Lügen so erzählen, als wäre es die reinste Wahrheit. Dennoch war mir bisher noch kein Schwindler begegnet, der überzeugender gewesen wäre als dieser uralte, längst tote Schreiber.

In diesem Moment stupste Lilat mich fragend an und riss mich aus meinen Gedanken. »Wie bin ich hierhergekommen?«, fragte ich sie.

»Du bist gelaufen.« Ihre Miene wirkte jetzt nicht mehr zweifelnd, und sie ging zu einem kleinen Feuer, das im Windschatten eines breiten Felsbrockens loderte. Sie streute Kräuter in einen Eisentopf, von dem ein appetitlicher Duft in die dünne Bergluft aufstieg. »Er hat gesagt, dass du dich nicht erinnern wirst.«

»Der *Eithlisch*? Er hat das gesagt?«

»Ja.« Lilat tauchte einen Holzlöffel in den Topf, kostete den Inhalt und schürzte zufrieden die Lippen. »Wir essen jetzt.«

»Wie lange?«, fragte ich, als sie mir eine Schüssel mit Hasenragout reichte.

»Drei Tage.« Sie aß einen Löffel Ragout und deutete auf meine Schüssel. »Du musst hungrig sein. Du hast die ganze Zeit nichts gegessen und nicht gesprochen.«

Mehr Fragen stiegen in mir auf, aber sie waren schnell vergessen, als mir der Duft des Ragouts in die Nase stieg. Mein Magen gab ein forderndes Knurren von sich. In Windeseile löffelte ich schlürfend die Schüssel leer und nahm mir dann noch mehr aus dem Topf.

»Was ist mit Roulgarth?«, fragte ich, nachdem ich die letzten Reste ausgekratzt hatte. »Und Merick?«

»Die sind mit dem *Eithlisch* gegangen. Ich werde dich begleiten.«

»Begleiten? Wohin?«

Ihre Mundwinkel zuckten belustigt, und sie nickte zu etwas hinter mir. »Wohin wohl?«

Als ich hinter mich schaute, kamen mir die schneebedeckten Gipfel dort nicht bekannt vor, ich vermutete jedoch, dass wir in östliche Richtung unterwegs waren. »Nach Hause«, schloss ich. »Er hat dir befohlen, mich nach Hause zu begleiten.«

»Und noch einiges mehr.« Ihre Stimme klang entschlossen, aber auch besorgt, während ihr Blick über die östlichen Gipfel glitt. Sie wirkte wie jemand, dem eine große Verantwortung übertragen worden war.

»Du sollst in meinem Heimatland nach etwas suchen«, sagte ich. »Oder nach jemandem. Darf ich erfahren, wonach?«

Lilat lächelte nur und begann, den Topf zu säubern. »Es wird bald dunkel«, sagte sie, nachdem sie das Kochgeschirr in ihrem Bündel verstaut hatte. »Wir müssen klettern. Entweder schaffen wir es vorher über den Berg, oder«, sie zuckte die Achseln, bevor sie mit forschem Schritt weiter den Abhang hochstieg, »wir erfrieren hier.«

»Mir fällt nur eine Person ein, nach der du suchen könntest«, sagte ich, während ich mich über den schmalen Grat vortastete und mir dabei Mühe gab, nicht in den bodenlosen Abgrund zu schauen, der sich zu beiden Seiten auftat. Lilat antwortete nicht, sondern konzentrierte sich ganz auf die gefährliche Brücke vor ihr, wenn ihre Schritte auch um einiges sicherer waren als meine. Kurz nachdem wir am Morgen unser Lager abgebrochen hatten, waren wir an dieser Stelle angelangt, an der ein Grat aus gefrorenem Granit wie eine gezackte Messerschneide zwischen zwei Bergen verlief. Dies musste der Pass sein, von dem sie mir erzählt hatte, als ich überlegt hatte, aus dem Dorf zu fliehen. Ein Blick auf die steilen Flanken und die dunstigen Tiefen unter uns, und ich war froh, meinem ursprünglichen Instinkt nicht nachgegeben zu haben. Diesen Pass im Winter entlangzugehen – wenn ich ihn ohne einen Führer überhaupt gefunden hätte –, wäre blanker Selbstmord gewesen.

»Die *Doenlisch* ist kein Reh, das sich einfach aufspüren lässt«, fuhr ich fort, und meine Stimme hallte die rasiermesserscharfen Flanken des Grats hinunter. »Du wirst sie nicht finden, es sei denn, sie will es so.«

»Du kennst sie gut?«, fragte Lilat und sprang geschmeidig über eine schmale Lücke zwischen zwei Felsbrocken. »Ihr beide seid … Freunde?«

Über diese Frage hatte ich noch nicht viel nachgedacht. Was genau war ich für die Sackhexe? Und was war sie für mich? Unsere Begegnungen waren zwar bedeutsam, aber auch selten und kurz gewesen. Dennoch spürte ich eine Verbindung, wenn ich an sie dachte, ein instinktives Wissen, das ich von Anfang an gehabt hatte, aber jetzt erst richtig beschreiben konnte: *Unsere Schicksale sind miteinander verflochten.*

»Vermutlich könnte man es so nennen.« Ich blieb bei der Lücke stehen, die Lilat gerade hinter sich gelassen hatte. Sie war nur wenige Fuß breit, und im Flachland wäre ich ohne zu zögern darüber hinweggesprungen. Jetzt jedoch kletterte ich lieber umständlich in die Vertiefung zwischen den Felsbrocken. »Kennst du sie?«, fragte ich und zog mich an der anderen Seite wieder hoch. Lilat war stehen geblieben und wartete geduldig auf mich.

»Alle Caerither kennen die *Doenlisch*«, sagte sie und ging weiter. »Aber begegnet bin ich ihr noch nie. Uhlla hat, als sie noch ein kleines Mädchen war, einmal die *Doenlisch* getroffen, vor vielen Sommern. Sie redet nicht viel darüber.«

Ich runzelte die Stirn, als mir die Bedeutung ihrer Worte klar wurde. *Vor vielen Sommern …* »Wie viele Sommer ist Uhlla denn schon alt?«

Obwohl sich Lilats Albermainisch dank meines Unterrichts stark verbessert hatte, war ich bislang daran gescheitert, ihr die Grundlagen des Rechnens beizubringen. »Viele«, sagte sie, dachte kurz nach und spreizte dann alle zehn Finger. »Ich bin so viele alt.« Sie ballte viermal die Fäuste und hielt drei Finger hoch. »Uhlla noch viel mehr.«

Sie runzelte die Stirn, als ich sie ungläubig anstarrte. »Was? Du bist dreiundvierzig Jahre alt?«

»Jahre sind vier Jahreszeiten hintereinander, ja?«

Ich nickte.

»Dann ja. Dreiundvierzig.«

Ich war immer davon ausgegangen, Lilat sei höchstens ein paar Jahre älter als ich. In Wahrheit schien es jedoch mehr als ein Jahrzehnt zu sein. *Sie altern nicht so wie wir.* Im Geiste ging ich die Gesichter aller Caerither durch, denen ich bislang begegnet war. Uhlla sah wie eine Greisin aus, war jedoch offenbar noch älter, als ich vermutet hatte. Und sie war der Sackhexe begegnet, als sie noch ein kleines Mädchen gewesen war. Als die *Doenlisch* den Sack abgenommen und mir ihr Gesicht gezeigt hatte, war sie mir kaum älter erschienen als ich selbst.

»Wie viele Sommer ist die *Doenlisch* alt?«, fragte ich.

»Wer weiß das schon? Für sie und den *Eithlisch* vergeht die Zeit anders. Das liegt am *Vaerith.*«

Vaerith, die Kraft, die das Gefüge der Welt durchströmte. Die meinen Geist aus meinem Körper gerissen und in die Vergangenheit versetzt hatte. Sie besaß eindeutig viele Eigenschaften. Die Caerither verdankten ihr ihre Langlebigkeit, wenn sie in manchen auch offenbar stärker wirkte als in anderen. *Wie lange ist die Sackhexe schon in Albermaine unterwegs?*, fragte ich mich. *Und war ihr einziges Ziel, mich zu finden?*

»Was sollst du tun, wenn du die *Doenlisch* aufgespürt hast?«, fragte ich. Ich sah Lilat fest in die Augen, um ihr klarzumachen, dass ich eine Antwort erwartete, auch wenn sie vielleicht den Befehl erhalten hatte, nichts zu sagen. Zum Glück war sie bereit, mir zumindest das mitzuteilen, allerdings widerwillig.

»Ich soll ihr eine Nachricht überbringen«, sagte sie und setzte flink ihren Weg über den Berggrat fort.

»Was für eine Nachricht?«, rief ich ihr hinterher, aber diesmal hatte sie offensichtlich nicht vor, auf mich zu warten. Den Rest des Wegs herrschte Schweigen, das bis zum nächsten Morgen anhielt.

Nach zwei weiteren Tagen des mitunter gefährlichen Kletterns und Balancierens über beunruhigend schmale Felsvorsprünge tauchten zu meiner Erleichterung endlich die Täler des südwestlichen Alundias vor uns auf. Die sanft geschwungenen Wiesen, die am Fuß der Berge noch spärlich und unkultiviert waren, am fernen Horizont aber in terrassenförmig angelegte, ummauerte Weingüter und Bauernhöfe übergingen, waren frühlingshaft grün.

»Was ist mit diesem Land passiert?«, fragte Lilat. Wir standen auf einer hohen Steilwand unter einem niedrigen Gipfel. Im Norden sah ich majestätisch den Sermont aufragen, dessen Spitze eine Furche in die Wolken grub. Ich schätzte deshalb, dass wir uns mehrere Meilen von der Stelle entfernt befanden, an der die Schneelawine, die der verräterische Barbier ausgelöst hatte, mich über die Grenze getragen hatte.

»Menschen«, sagte ich und ging am Rand der Steilwand entlang, die in einem weiten Bogen ins Vorgebirge hinabführte. Ich wollte die Hänge noch vor Einbruch der Dunkelheit hinter mir gelassen haben.

»Werden wir ihnen bald begegnen?«, fragte Lilat und ging hinter mir her. »Deinem Volk?« Vermutlich war sie begierig darauf, ihr Albermainisch an jemand anderem als mir auszuprobieren.

»Wenn hier in der Gegend noch Leute übrig sind«, murmelte ich und warf einen vorsichtigen Blick auf das Tal unter uns. »Sollten wir jemandem begegnen, dann sag nichts und halte deinen Bogen bereit.«

»Die Leute hier sind deine Feinde?«

»Manche ja. Hier hat es einen Krieg gegeben. Vielleicht ist er noch nicht vorbei.«

»Einen Krieg? Weswegen?«

»Glauben, Land … Gier. Das Übliche.«

»Böse Menschen sind also hierhergekommen, und du hast gegen sie gekämpft? Hast du gewonnen?«

Ich blieb stehen und warf ihr einen Blick zu, der vermutlich genauso widerwillig wirkte wie ihrer, als ich sie zu ihrem Auftrag befragt hatte. Ich hätte mich geschmeichelt fühlen sollen, dass sie mich in der Rolle des Helden sah, stattdessen machte es mich ärgerlich. Selbst als ich ein echter Verbrecher gewesen war, hatte mir das nie gefallen. »Meine Leute … Meine Kompanie ist in dieses Land eingedrungen, um gegen die Menschen hier zu kämpfen. Und ja, wir haben gewonnen.«

An diesem Abend schlugen wir auf einer bewaldeten Anhöhe, ein paar Meilen vom Fuß der Berge entfernt, unser Lager auf. Während des Tages war uns keine Menschenseele begegnet. Das einzige Gebäude, das ich sah, war ein baufälliger Schuppen, der mit verfaulten Steckrüben gefüllt war. Die Schäden sahen recht alt aus, er war also vermutlich schon länger verlassen, allerdings enthielt er eine Ernte, die eingebracht, aber nicht verzehrt worden war. Den ganzen Tag über hatte ich eine wachsende Anspannung verspürt, die mich in dem Moment befallen hatte, als wir den Berg hinuntergestiegen waren. Meine Schultern versteiften sich, und ich hielt ständig Ausschau nach Gefahren, wo eigentlich keine waren. Das Ganze war lästig und zugleich vertraut. Einen Großteil meines bisherigen Lebens als Gesetzloser und als Soldat hatte ich in diesem Zustand verbracht, wie mir jetzt klar wurde. Während meiner Zeit bei den Caerithern war die Anspannung verschwunden, und ich fragte mich, weshalb.

In ihrem Land herrscht Frieden, erinnerte ich mich, während ich die erste Wache hielt und Lilat schlief. *Hier dagegen nicht.*

Den Erhängten fanden wir am nächsten Tag. Er baumelte über einer breiteren Stelle des Weges, dem wir bislang hauptsächlich gefolgt waren. Er war an Händen und Füßen gefesselt und hing vom dicken Ast einer hohen Kiefer herab. Das Seil an seinem Hals knarzte, während er hin und her schwang. Sein aufgedunsenes Gesicht und die bleiche Haut ließen darauf schließen, dass er seit etwa drei Tagen tot war. An seinen Zügen war nicht viel zu erkennen – im Tod sehen alle Menschen gleich aus –, seine schlichten, aber gut sitzenden Kleider zeugten jedoch davon, dass er ein alundischer Bauer gewesen war. Am aufschlussreichsten war das Holzschild, das er um den Hals trug und in das mit einer Kerze Buchstaben eingebrannt worden waren.

»Was steht da drauf?«, fragte Lilat, nachdem ich den Toten und das Schild eine Zeit lang schweigend betrachtet hatte.

»Dort steht: ›Ich war ein Gegner der Gesegneten.‹«

»Die Gesegnete? Ist sie hier die … Königin?« Bislang war es mir nur teilweise gelungen, Lilat die Komplexität der albermainischen Gesellschaft zu erklären. Die Unterscheidung in verschiedene Schichten, die der Adligen und des einfachen Volkes, fand sie vollkommen unbegreiflich. Die Existenz von Königen und Königinnen war für sie hingegen leichter zu verstehen, weil diese auch in den alten caerithischen Legenden vorkamen.

»Nein«, sagte ich. »Aber sie ist die Frau, der ich diene.« Ich schaute mich um und entdeckte in der Nähe den Stamm eines umgefallenen Baumes. »Hilf mir mal hiermit.«

»Die Frau, der du dienst, hat das hier getan?«, fragte Lilat, während wir den schweren Baumstamm unter den Leichnam zogen.

»Sie selbst hätte das nicht getan.« Ich sprang auf den Stamm und zog mein Messer, um den stinkenden Leichnam von dem Seil loszuschneiden. »Aber irgendjemand war wohl der Meinung, in ihrem Sinne zu handeln.«

Wir begruben den Mann, so gut es ging, und häuften Steine und Erde über der Leiche auf, worüber Lilat sich sehr zu wundern schien. »Begraben die Caerither ihre Toten nicht?«, fragte ich. Mir fiel auf, dass ich während des Winters in ihrem Dorf nicht ein einziges Begräbnis gesehen hatte.

»Die Toten sind unser Geschenk an den Wald«, sagte sie und schüttelte den Kopf. »Vom Wald erhalten wir Wild und Holz und andere Dinge. Und als Dank geben wir ihm unsere Toten als Nahrung. Es ist traurig und zugleich ein Grund zur Freude.«

Ich warf noch einen letzten Blick auf die aufgedunsenen grauen Gesichtszüge des Erhängten, die noch nicht von Erdklumpen bedeckt waren, und bemerkte die tiefen Falten um seine Augen. Er war ein alter Mann gewesen, vermutlich allein und schutzlos zurückgeblieben, nachdem die jungen Leute im Kampf gefallen oder geflohen waren. »Gute Reise durch die Himmlische Pforte, Großvater.« Seufzend streute ich Erde über sein lebloses Gesicht.

Ich hegte die leise Hoffnung, dass dies der einzige Tote wäre, den wir entdecken würden, doch leider irrte ich mich da. Vor Mittag stießen wir noch auf vier weitere Erhängte, drei Männer und eine Frau. Jeder von ihnen hatte ein Schild mit derselben Aufschrift um den Hals, das sie als Ketzer und Gegner der Gesegneten brandmarkte. Wir schnitten sie herunter und beschlossen, sie nach caerithischem Brauch einfach unter den Bäumen zu bestatten. Auf jeder Meile unseres Weges entdeckten wir weitere Opfer, und irgendwann sagte ich Lilat, sie solle sie einfach hängen lassen. Bis auf das letzte Opfer, das wir kurz vor Einbruch der Nacht fanden.

Es war der Leichnam eines kleinen Jungen. Seine Mörder hatten ihn an den hohen Ästen einer alten Eiche aufgeknüpft, wo er zwischen den schattigen Zweigen baumelte. Ich hätte ihn übersehen, aber Lilats Augen waren schärfer. Sie warf mir ihren Bogen zu und kletterte flink den breiten Eichenstamm hoch, um den Jungen herunterzuschneiden. Ich wollte nicht, dass sein Leichnam auf den Boden prallte, deshalb fing ich ihn auf. Er war noch nicht lange tot, aber sein Gesicht war geschwollen, und die Augen traten aus der bleichen, von schwarzen Adern durchzogenen Haut hervor. Die Mörder hatten offenbar kein Schild mehr übrig gehabt und ihm das Wort »Ketzer« direkt in die Stirn geritzt. Der Menge an getrocknetem Blut nach zu urteilen, noch bevor sie ihn aufgeknüpft hatten. Ich schätzte das Alter des Jungen auf höchstens zehn Jahre.

»Spuren«, sagte ich heiser zu Lilat, als sie die Eiche wieder hinabgestiegen war. Mehr Aufforderung brauchte sie nicht, sie machte sich sofort auf die Suche und hatte mit ihrem geübten Blick innerhalb kürzester Zeit eine Fährte entdeckt.

»Zuerst begraben wir ihn«, sagte ich und trug den Leichnam des Jungen zu den Bäumen.

»Hast du schon mal einen Menschen umgebracht?«

Während wir die Spur verfolgten, war Lilats Gesicht die konzentrierte Miene einer Jägerin gewesen. In ihren Augen hatte eine Wut gefunkelt, die ich bei ihr noch nie gesehen hatte. Als wir nun jedoch in den Büschen am Rand des vor uns liegenden Dorfes kauerten, leuchteten ihre Augen weniger hell. Wir hatten uns viele Male im Ringkampf gemessen, und ich zweifelte nicht an ihrem Mut, aber wir wussten beide nur zu gut, dass dies ihr erster echter Kampf werden würde.

Vom Dorf drangen laute Stimmen herüber, und vor dem großen Feuer, das in der Mitte zwischen den Hütten loderte, gingen die Gestalten von einem halben Dutzend Männern hin und her. Sechs Männer waren nicht gerade wenig, aber das vertraute Lallen ihrer Stimmen machte mich zuversichtlich. *Betrunkene sind leichter zu töten.*

Lilats ovales Gesicht fing den schwachen Feuerschein ein, als sie den Kopf schüttelte. »Es ist nicht wie bei einem Reh, einem Bären oder irgendeinem anderen Tier, das du vielleicht schon mal getötet hast«, sagte ich in meinem stockenden Caerithisch. Es war wichtig, dass sie mich verstand. »Wenn wir das wirklich tun wollen, muss ich wissen, dass du es fertigbringst.«

Sie antwortete nicht, sondern wandte sich ab und strich mit den Fingern über die Befiederung des Pfeils, den sie bereits in ihren Bogen eingelegt hatte.

»Bleib hier«, sagte ich und stand aus den Büschen auf. »Du wirst wissen, wann der richtige Zeitpunkt gekommen ist.« Die scherzhafte Bemerkung, dass sie mir nicht versehentlich einen Pfeil in den Hintern schießen sollte, verkniff ich mir – an diesem Abend war mir der Humor vergangen. Außerdem wusste ich, dass sie ohnehin niemals danebenschoss.

Es mag euch tapfer vorkommen, verehrte Leserinnen und Leser, nur mit einem Jagdmesser bewaffnet in das Lager von Mördern einzudringen. Als Gesetzloser lernt man jedoch schnell, jeden Vorteil zu nutzen. Die meisten sind winzig und für Unerfahrene leicht zu übersehen, zusammengenommen können sie aber scheinbar schlechte Chancen in das Gegenteil verkehren. Zum einen waren diese Männer betrunken. Zum anderen fühlten sie sich vermutlich unbesiegbar, nachdem sie tagelang umhergezogen waren und Wehrlose getötet hatten. Das führte nicht selten zu Selbstüberschätzung, und tatsächlich hatten sie sich nicht einmal die Mühe gemacht, Wachposten aufzustellen. Außerdem würden diese – bald schon toten – Männer denken, dass ich auf ihrer Seite war.

»Hallo, alle miteinander!«, rief ich, als ich das Dorf vom Südende her betrat. Natürlich sorgte mein Erscheinen für Aufruhr, das Johlen der Betrunkenen verstummte. Ich hörte das Klirren und Zerschellen von weggeworfenen Flaschen, als sie hochkamen und nach ihren Waffen griffen. Ein kurzes Umschauen im Dorf offenbarte eingeschlagene Türen und verstreute Haushaltsgegenstände. Aus einem Hauseingang ragten die nackten und blutverschmierten Beine einer Toten hervor. Als ich mich dem Feuer näherte, stellte ich zu meiner Zufriedenheit fest, dass keiner der Männer eine Armbrust in der Hand hielt. Allerdings bekam meine Zuversicht Risse, als mir klar wurde, dass ich ihre Zahl unterschätzt hatte: Es waren nicht sechs, sondern acht. Sie wirkten jedoch alle stark betrunken. Um das Lagerfeuer aus aufgestapelten Möbeln herum lagen zahlreiche leere Weinflaschen. Die Männer, die mir am nächsten waren, blickten mir aus trüben Augen misstrauisch entgegen, wirkten aber nicht übermäßig beunruhigt.

»Das is nah g'nug«, lallte einer von ihnen, ein kräftiger Kerl mit einer beeindruckenden Mähne aus struppigem Haar, der eine kleine Axt in der Hand hielt. Er sah aus wie ein Soldat, sein breiter Oberkörper war mit einer fleckigen Brigantine bedeckt. »Wer zum Henker bist du?«, fragte er und hob drohend die Axt, als ich ins Licht trat.

»Hauptmann Alwyn Scribe von der Kompanie des Bundes«, sagte ich und ging ohne Eile weiter auf ihn zu. »Wer zum Henker bist du?«

»Hauptmann Scribe ist tot«, sagte einer der Kameraden des kräftigen Kerls. Er war deutlich kleiner und besaß scharf geschnittene Züge und eine frisch verheilte Narbe, die von seiner Braue bis zum Kinn verlief. In der Hand hielt er einen Rossschinder, der um einiges größer war als er selbst. Der Soldat in mir bemerkte voller Verachtung, dass er sich nicht die Mühe gemacht hatte, die Klinge seiner Waffe von Blut zu säubern. »Getötet im heldenhaften Zweikampf mit dem Ketzer Roulgarth Cohlsair«, fuhr er fort. »Wir haben die Predigt der Gesegneten selbst gehört. Sie hat sogar um ihn geweint.«

Die anderen murmelten bekräftigend. Der Feuerschein funkelte auf den Schwertern und Äxten in ihren Händen, die sie nun hoben, bereit, jeden Moment über mich herzufallen.

»Nein«, sagte eine Stimme auf der anderen Seite des Feuers. »Er ist es wirklich.«

Anfangs glaubte ich, der Mann, der jetzt vortrat, würde eine Maske tragen, so unförmig war sein Gesicht. Die Nase war platt und schien förmlich mit den Wangen zu verschmelzen, und seine Oberlippe bestand nur aus vernarbter Haut, als hätte er eine schwere Verletzung erlitten, die schlecht genäht worden war. Wenn er den Mund aufmachte, kamen schartige Zähne zum Vorschein, die an die eines Raubfisches erinnerten. Er sprach krächzend und nasal, und von seinen Lippen sprühte Speichel.

»Ich hatte die Ehre, in Hochsahl unter ihm zu dienen.« Seine verunstalteten Lippen verzogen sich zum grausigen Zerrbild eines Lächelns. »Oder erinnert Ihr Euch etwa nicht an mich, Hauptmann?«

Das war also der Möchtegernaufrührer mit dem vorlauten Mundwerk, dem sich Eamond damals angeschlossen hatte, um den verletzten Alundier zu quälen. Wie der Raufbold mit der Axt trug auch er eine mit Nieten besetzte, gesteppte Brigantine, die mit Wein und Blut befleckt war. Anscheinend hatte ein Schlag mit dem Panzerhandschuh mitten ins Gesicht nicht ausgereicht, um diesem Mann seine Bosheit auszutreiben. Außerdem war er um einiges nüchterner als seine Kameraden, weshalb ich direkt auf ihn zuging.

»Ich erinnere mich durchaus«, sagte ich und warf den anderen einen kurzen Blick zu. »Und auch daran, dass ich dich aus der Kompanie des Bundes entlassen habe. Womit sich die Frage stellt, wem du jetzt dienst?«

»Der Gesegneten natürlich.« Der Kerl mit der platten Nase lächelte noch breiter, sodass weitere abgebrochene Zähne zum Vorschein kamen. Er hob die geballte Faust und wandte sich seinen Kameraden zu. »Nicht wahr, Jungs?«

Die anderen reagierten mit trunkenem Eifer und stießen den gellenden Ruf aus, den ich so gut kannte: »Wir kämpfen für die Heilige! Wir leben für die Heilige! Wir sterben für die Heilige!«

»Und doch sehe ich hier kein Banner«, stellte ich fest und blieb in sorgsam gewähltem Abstand vor dem Kerl mit der platten Nase stehen.

»Wer im Namen der Gesegneten marschiert, braucht kein Banner«, erwiderte er. Das Lächeln verschwand von seinen unförmigen Lippen, und sein Blick wirkte nun merklich vorsichtiger. »Das hat sie selbst gesagt. Ihr habt mich vielleicht entlassen, Hauptmann, aber sie nicht. Bei ihren Predigten ist jeder willkommen, und die Wahrheit ihrer Mission steht über allem.«

»Ihrer Mission?« Ich ließ den Blick von einer geplünderten Hütte zur nächsten schweifen. »Hat sie euch den Befehl gegeben, das hier zu tun?«

»Ja, das hat sie!« Plattnase klang überzeugt. So als hätte er nicht bloß aus Niedertracht geraubt und gemordet. »Mit ihrer Wahrheit! Mit ihrem Wort!«

»Ihrer Wahrheit! Ihrem Wort!«, wiederholten die anderen. Sie sprachen alle durcheinander, dafür aber mit lautstarker Begeisterung. Dieses Motto war mir bis dahin unbekannt gewesen, mein Instinkt sagte mir aber, dass ich es wohl leider nicht zum letzten Mal gehört hatte. Die Parolen von Gläubigen sind wie eine Seuche. Sie verbreiten sich ebenso schnell und sind ebenso schwer wieder auszumerzen.

»Wo habt ihr sie das letzte Mal reden gehört?«, fragte ich und überprüfte dabei möglichst unauffällig, welche Waffen Plattnase bei sich trug. Rechts an seinem Gürtel hing ein Dolch und links in einer Scheide ein Langschwert. Der Messingknauf glänzte hell – vermutlich die Waffe eines Ritters, die er in Hochsahl an sich gebracht hatte.

»Die Gesegnete bereist alle Ecken des Landes«, sagte Plattnase. Seine Stimme klang jetzt leiser, und sein Blick war misstrauischer. Die Grausamen haben oft das beste Gespür für Gefahren. »Sie verbreitet ihre Botschaft unter den Ketzern und hofft, sie zur Wahrheit zu bekehren. Bei manchen klappt es, aber bei den meisten nicht.« Er deutete auf die geplünderten Hütten, in denen sich zweifellos noch mehr Leichen verbargen. »Wer die Worte der Gesegneten ablehnt, hat keine Gnade verdient. Denn damit nährt er die Maleciten und bringt uns der zweiten großen Plage näher.«

»Das gilt für jede böse Tat.« Ich musterte ein letztes Mal die Bande und merkte mir genau, wo jeder Einzelne von ihnen stand. Dann richtete ich den Blick wieder auf Plattnase. Ich überlegte, ihn nach seinem Namen zu fragen, aber eigentlich wollte ich mich gar nicht an ihn erinnern. »Hübsche Klinge«, sagte ich und nickte zu dem Langschwert an seinem Gürtel. »Dir ist sicher aufgefallen, dass ich momentan keine habe. Also gib mir deine«, sagte ich im Befehlston.

Wäre Plattnase ein Gesetzloser gewesen, dann hätte er jetzt angegriffen. Eine direkte Aufforderung zum Gehorsam erforderte eine schnelle und brutale Antwort. Trotz seiner Raubzüge und Morde war dieser Mann jedoch noch nicht lange ein Verbrecher. Er reagierte daher genau so, wie ich es erwartet hatte: Er hielt bloß trotzig das Schwert fest, anstatt die Klinge zu ziehen. Mit Gerede halten Gesetzlose sich vor einem Kampf nur dann auf, wenn sie daraus einen Vorteil ziehen können. Und dass der Kerl mich so nah hatte herankommen lassen, gereichte mir zum Vorteil.

Er öffnete den Mund, um etwas zu erwidern – was genau, wird nie jemand erfahren, weil ich nämlich geübt darin war, mich blitzschnell auf meine Gegner zu stürzen. Nach dem Unterricht bei Roulgarth war ich zudem so flink wie noch nie. Plattnase kam nicht mehr dazu, seine letzte, zweifellos unhöfliche Bemerkung zu machen. Er riss erschrocken die Augen auf und schaffte es immerhin noch, nach seinem Schwert zu greifen, bevor ich ihm mit meinem Messer die Kehle aufschlitzte. Ich packte ihn an der Schulter und hielt ihn lange genug fest, um seine zuckenden Hände beiseitezuschlagen und das Langschwert aus der Scheide zu ziehen. Als ich mich zu den anderen umdrehte, hörte ich zwei Pfeile durch die Luft zischen.

Lilat wählte ihre Ziele klug. Einen Pfeil versenkte sie im Auge des Raufbolds mit der Axt und einen weiteren in einer hochgewachsenen Gestalt am anderen Ende des Lagerfeuers. Letztere stürzte sofort zu Boden, der Mann mit der Axt hielt sich jedoch aufrecht und schwankte stotternd und sabbernd umher. Seine Kameraden starrten ihn entsetzt an. Offenbar waren sie von seinem hässlichen Ende so fasziniert, dass sie nur weiter gafften, anstatt sich dem mörderischen Hauptmann zuzuwenden, der soeben ein Schwert ergattert hatte.

Den Mann mit den scharf geschnittenen Gesichtszügen und dem Rossschinder machte ich als Nächsten nieder. Er trug keine Brigantine und auch sonst keinen Schutz, sodass das Langschwert leicht in seine Schulter schnitt. Ich trieb es tief hinein, bis ich sicher sein konnte, dass der Hieb tödlich war. Dann trat ich den Leichnam fort. Da endlich schienen die restlichen Banditen aus ihrer Starre zu erwachen. Und weil sie betrunken waren, beschlossen sie, Widerstand zu leisten, anstatt den vernünftigen Weg zu wählen und einfach in die Nacht davonzulaufen.

Ein stämmiger Kerl mit rotem Gesicht, das vor Wut dunkel angelaufen war, kam mit vorgestrecktem Falchion auf mich zugestürmt. Ich trat beiseite und parierte den Stich, dann hieb ich ihm das Langschwert in die Beine. Mit rudernden Armen fiel er zu Boden, während sich im selben Moment ein anderer Kerl mit zwei langen Messern auf mich stürzte. Ich wich den blitzenden Klingen aus und machte einen Schritt nach links. Der Messerstecher folgte mir knurrend, hieb jedoch ins Leere. Seine Gestalt zeichnete sich nun deutlich vor dem lodernden Feuer ab und bildete ein gutes Ziel für Lilats nächsten Pfeil. Der ungestüme Angriff des Mannes endete abrupt, als ihn ein Pfeil in die linke Hinterbacke traf. Er blieb stolpernd stehen und ließ die Messer fallen, um nach dem Pfeil zu greifen – ein sinnloses Unterfangen, da er sich dadurch nur einen weiteren Pfeil einhandelte, der ihn diesmal von hinten durch den Mund traf. Sein Kopf wurde erst nach vorn und dann nach hinten gerissen. Er stürzte ins Feuer und wirbelte eine Funkenwolke in den Nachthimmel auf.

Abgesehen von dem immer noch brabbelnd umherstolpernden Raufbold mit dem Pfeil im Auge waren jetzt bloß noch zwei Gegner übrig. Ihren bartlosen, von Entsetzen erfüllten Gesichtern nach zu urteilen, waren es die Jüngsten der Bande. Ich hätte Mitleid mit ihnen empfunden, wäre ich nicht sicher gewesen, dass sie auf die Verwüstung des Dorfes ganz anders reagiert hatten. Einer der beiden war eindeutig schlauer als der andere, denn er ergriff die Flucht. Allerdings kam er nicht weit, bevor Lilats Pfeil aus der Dunkelheit schoss und sich in seinen Rücken bohrte. Der andere ließ seine Waffe fallen – eine verrostete Holzaxt mit schartiger Klinge –, fiel auf die Knie und starrte mich flehend an.

»Du feiger Blödkopf!«, krächzte der Kerl mit dem roten Gesicht, der auf dem Boden lag und vergeblich versuchte, sich auf seinen verstümmelten, blutigen Beinen aufzurichten. »Der Schweinehund wird dich sowieso umbringen!« Er tastete umher und schaffte es, sein Falchion zu fassen zu bekommen. »Da sterbe ich doch lieber im Kampf …«

Ich trat auf seinen Rücken und erledigte ihn, indem ich ihm das Schwert in den Nacken stieß. Ich hörte ein Zischen, und als ich hochschaute, sah ich den Mann mit der Axt und dem Pfeil im Auge auf mich zuwanken. »Pfforte …«, lallte er. Blutiger Speichel rann ihm übers Kinn. »Die Gesssegnete hat esss versprochen …«

»Klar hat sie das.« Ich trat auf ihn zu, um ihn endgültig niederzustrecken. Er jedoch fiel mit dem Gesicht voran zu Boden, bevor ich zuschlagen konnte. Durch den Aufprall wurde der Pfeil noch tiefer in seinen Schädel getrieben, und er lag zum Glück endlich still.

»Bitte, Hauptmann«, sagte der kniende Junge und sah mich mit feuchten Augen flehend an. Er hob die Hände über den Kopf und bettelte: »Ich hab nichts getan. Bin nur dem Leuchtfeuer der Gesegneten gefolgt. So wie wir alle. Als der Krieg im Norden vorbei war, wollten wir uns ihr anschließen, aber sie brauchte keine Soldaten mehr …«

»Halt den Mund«, sagte ich, und er gehorchte, sah mich jedoch weiter bittend an. Als Lilat auftauchte, stieß er ein furchtsames Wimmern aus. Sie trat hinter dem Feuer aus den Schatten und ging von einem

Leichnam zum anderen. Jeder Zweifel, den ich vielleicht gehabt hatte, ob sie für das Leben als Kriegerin geeignet war, verflüchtigte sich, als sie ihr Messer zückte und es, ohne zu zögern, nacheinander den Toten in die Brust stach.

»Die Gesegnete«, sagte ich zu dem Jungen. »Wo ist sie jetzt?«

»Hab sie als Letztes in Richtung Norden reiten sehen, Hauptmann. Zurück zu ihrer Burg, hieß es.«

»Du meinst die Burg Walvern?«

Er wackelte mit dem Kopf. »Es heißt jetzt Reich der Märtyrerin. Der König hat ihr die Burg als Belohnung geschenkt und das Land drumherum auch.«

Ich nickte. Das ergab Sinn, und er schien auch die Wahrheit zu sagen. »Hat sie euch wirklich befohlen, das hier zu tun?«, fragte ich. Er erschauerte und hätte vielleicht die Flucht ergriffen, wäre nicht Lilat mit ihrem blutigen Messer in der Hand hinter ihm aufgetaucht.

»Sie hat es nicht direkt befohlen oder uns den Auftrag gegeben«, brabbelte der Junge. »Aber ihre Predigten … Sie sind jetzt so wütend. Ihr habt sie gehört, Ihr wisst, wie sie die Leute mitreißen kann. Und was sie mit den anderen Aufständischen gemacht hat …«

»Was für andere Aufständische?«

»Da war eine Stadt im Süden, nahe der Küste. Mersvel hieß sie, glaube ich. Als die Gesegnete mit ihrer Kompanie an den Toren ankam, haben die Einwohner sie verriegelt und die Köpfe von Wahrgläubigen auf den Mauern aufgespießt. Die Gesegnete hat die komplette Stadt niedergebrannt, heißt es. Keiner wurde verschont.«

Ich trat näher und sah ihm in die verweinten Augen. »Du hast das selbst gesehen?«

»Nein …«, flüsterte er und schüttelte den Kopf. »Nur die Asche danach. Es war nichts mehr übrig. Das ist der Grund, versteht Ihr? Warum die anderen dachten, alles wäre erlaubt …«

»Die anderen, aber nicht du, ja? Wir haben hier in der Nähe einen erhängten Jungen gefunden, kaum zehn Jahre alt. Das waren auch die anderen?«

Sein Zittern wurde stärker. »Ich hatte damit nichts zu tun, ich schwöre es! Bei meiner Mutter, ich schwöre es!«

Dieses Mal hörte ich, dass er log, wenn auch eine gehörige Portion Schuldgefühl in seiner Stimme lag. An den grausigen Taten, die die Bande in diesem Tal begangen hatte, war er nicht unbeteiligt gewesen. Allerdings hätten ihn seine Kameraden vermutlich ebenfalls umgebracht, wenn er nicht mitgemacht hätte. Als ich in seine verzweifelten Augen sah, fühlte ich mich an meine eigene Jugend erinnert. Damals war ich Deckin vollständig ergeben gewesen, aus Furcht ebenso wie aus Respekt und Dankbarkeit. Hätte er mir befohlen, Bauern zu töten, dann hätte ich es sicherlich getan. Allerdings hätte er etwas Derartiges nie angeordnet – bei ermordeten Dorfbewohnern wäre auf lange Sicht nichts mehr zu holen gewesen.

»Verschwinde«, sagte ich, trat zurück und nickte in Richtung der Dunkelheit hinter den Hütten. »Wenn du anderen Banden begegnest, berichte ihnen, was hier passiert ist. Und, Junge …«, ich packte seine Schulter, was ihn in seinem dankbaren Gebrabbel innehalten ließ, »ich will dich wertlosen Drecksack nicht noch einmal zu Gesicht bekommen.«

Lilat sah dem davonlaufenden Jungen mit fragender Miene hinterher. »Warum die anderen und nicht er?«, erkundigte sie sich und trat gegen die Füße des toten Kerls mit der Axt.

»Wer der Gesegneten dient, weiß, was Gnade bedeutet.« Selbst in meinen Ohren klangen die Worte hohl – wie ein alter Scherz, der längst nicht mehr lustig war. Ich wandte mich ab und trat ein paar leere Weinflaschen beiseite. »Ich brauch was zu trinken. Diese Mistkerle müssen mir doch irgendwas übrig gelassen haben.«

EINUNDDREISSIGSTES KAPITEL

Der Wein war sicher ein hervorragender Jahrgang. So hervorragend, dass seine kürzlich ermordeten Besitzer ihn unter einer Falltür in ihrem Holzschuppen versteckt hatten. Dennoch schmeckte er auf meiner Zunge wie Essig, als ich dasaß und zusah, wie die Leichen der Banditen in ihrem eigenen Lagerfeuer verbrannten. Ich hatte viele Monate lang nichts mehr getrunken, doch jetzt wollte sich die verlockende Besinnungslosigkeit des Rauschs nicht einstellen. Nachdem ich ein paar Schlucke genommen hatte, die gewünschte Taubheit aber auf sich warten ließ, reichte ich die Flasche an Lilat weiter.

»Früchte des Herzogtums von Alundia«, sagte ich, als sie misstrauisch am Inhalt roch. »Wohl bekomm's.«

Nach dem ersten Schluck runzelte sie die Stirn, allerdings mochte sie offenbar den Geschmack, denn sie behielt die Flasche. Nach außen hin schien ihr das, was wir gerade getan hatten, nichts auszumachen, doch als unter den Leichen ein brennendes Holzscheit knackend zusammenbrach, erschauerte sie.

»Du hattest recht«, sagte sie, den Blick auf die Flammen gerichtet. »Mit Rehen hat das nichts zu tun.«

»Du hast dich gut geschlagen.« Ich zwang mich zu einem kleinen Lächeln. »Wie eine echte *taolisch*.«

Trotz des Kompliments blieb ihre Stirn gerunzelt, und sie starrte weiter den Scheiterhaufen an. »Ist es im Krieg immer so?«

»Mehr oder weniger. Nicht schön, oder?«

Sie schüttelte den Kopf und nahm noch einen Schluck aus der Flasche.

»Bei den Caerithern muss es doch auch Kriege geben«, sagte ich – ein Gedanke, der mir bislang noch gar nicht gekommen war. »Wozu habt ihr sonst Krieger?«

»Es gibt …« Sie hielt inne, suchte nach dem passenden Wort und begnügte sich schließlich mit einer unbeholfenen Umschreibung: »Böse Leute auf Schiffen. Sie dringen im Süden vom Meer her in unser Land ein. Die *taolisch* kämpfen gegen sie, und dann kommen sie viele Jahreszeiten nicht mehr wieder. Aber sie kehren immer dann zurück, wenn die Erinnerung an sie nachlässt.«

»Ihr kämpft also gegen Angreifer, aber nicht untereinander?«

Diese Frage schien Lilat zu verwirren. Offenbar hatte sie Schwierigkeiten, sich vorzustellen, dass es unter den Caerithern Unfrieden geben könnte. »Nein«, sagte sie nach längerem Nachdenken. Sie trank wieder einen Schluck, und ein leicht benebeltes Lächeln erschien auf ihren Lippen. »Das ist eine gute Frucht.«

»Viele meiner Landsleute würden dir zustimmen.«

Ich verfiel in Schweigen und betrachtete nur weiter das grausige Feuer. Nach einer Weile hatten die Flammen die Kleider der Toten verzehrt, und der vertraute Gestank von brennendem Fleisch stieg in die Luft auf. Ich hielt mir den Umhang vor die Nase. Mein Blick ging nach Westen, wo sich das Massiv des Sermont dunkel vor dem sternübersäten Himmel abzeichnete. Von dem Land dahinter hatte ich nur eine kleine Kostprobe erhalten, so wie Lilat von dem Wein. Aber genau wie sie wollte ich mehr davon.

»Eigentlich sollte das alles längst vorbei sein.« Ich deutete auf das zerstörte Dorf. »Wir haben einen Krieg gewonnen, der für Jahrzehnte Frieden bringen sollte. Stattdessen wurden wir nach Norden geschickt, um dort weiterzukämpfen.« Ich lachte freudlos. »Diesen Krieg haben wir verloren, und als wir zurückkehrten, sandte man uns als Nächstes hierher, um einen neuen anzufangen. Die Gesegnete predigt Frieden, aber der Krieg folgt ihr stets auf dem Fuß, wo immer sie hingeht.«

»Du kannst wieder umkehren.« Als ich mich umdrehte, schaute mich Lilat mitfühlend an. »Die Caerither kennen dich jetzt. Sie werden dich nicht umbringen.«

»Vielleicht nicht. Aber Uhlla oder der *Eithlisch* wären über meine Rückkehr sicher nicht erfreut. Außerdem …«, ich hob mein neu gewonnenes Schwert auf und kam auf die Beine, da der Gestank des Feuers mir auf den Magen schlug, »… muss ich ein Buch schreiben. Komm, wir schlagen ein Stück weiter die Straße hinunter unser Lager auf.«

Als wir die Hügelkette südlich der Burg Walvern hinaufstiegen, war der alte Steinhaufen kaum wiederzuerkennen. Mauern und Turm waren eingerüstet, und das Gehämmer zahlloser Steinmetze und Zimmerleute klang zu uns herüber. Das Burggelände war von einer hohen Holzpalisade umgeben, die sich mindestens über eine Viertelmeile erstreckte. Auf dem unbefestigten Weg, der seit meinem letzten Aufenthalt hier zu einer richtigen Straße ausgebaut worden war, fuhren Wagen hin und her.

»Das Reich der Märtyrerin«, sagte ich leise und ließ den Blick über die umliegenden Hügel schweifen, wo noch mehr Handwerker beschäftigt waren. Auf dem Bergkamm im Osten stand jetzt ein hoher Turm, der nicht mehr eingerüstet und offenbar kürzlich erst vollendet worden war. In den übrigen drei Himmelsrichtungen waren weitere Türme zu sehen, die sich noch im Bau befanden. Wer immer für den Umbau der einst verwundbaren Burganlage zuständig war, wollte eindeutig verhindern, dass noch einmal ein gegnerisches Heer unbemerkt anrücken konnte.

»Das ist eine Burg?« Mit zweifelndem Stirnrunzeln betrachtete Lilat die Szenerie. Bei den Caerithern gab es keine Festungen, und auf unserer Reise nach Norden hatten wir bisher auch keine gesehen. Ich hatte sorgsam darauf geachtet, mich von dichter bevölkerten Orten fernzuhalten. Im Grenzland waren wir auf viele Hinweise für Unruhen gestoßen: geplünderte Dörfer und zahlreiche Leichen, darunter auch die des Jungen, den ich am ersten Abend verschont hatte. Nach drei Tagen Wanderschaft fanden wir ihn mit aufgeschlitztem Bauch auf den Boden eines zerstörten Märtyrerschreins genagelt. Ob er rachsüchtigen Alundiern in die Hände gefallen war oder gläubigen Banditen, ließ sich schwer sagen. Und ich gab auch nicht der Versuchung nach, Lilat auf die Mörder des Jungen anzusetzen. Würden wir für jede in diesem Land begangene Gräueltat Gerechtigkeit üben wollen, dann würde unsere Reise niemals enden, so viel stand fest.

Je weiter wir nach Norden kamen, desto weniger Verwüstung sahen wir. Wir hielten uns abseits der Straßen und verließen uns auf Lilats Fähigkeiten als Jägerin, um uns zu ernähren. Wir kamen sogar an ein paar zerstörten Märtyrerschreinen vorbei, die wiederaufgebaut wurden. Sie wurden von größeren Soldatentrupps bewacht, die vermutlich aus der Kompanie des Bundes stammten, ich widerstand jedoch dem Drang, mich ihnen zu erkennen zu geben. Wenn ich Evadine wiedersah, wollte ich nicht, dass sie vorgewarnt war. Ich hatte Fragen an sie, und in Momenten der Überraschung war es schwerer zu lügen.

»Sie war alt«, sagte ich Lilat. »Und ist jetzt … wiedergeboren.«

Von dem halb fertigen Turm in unserer Nähe ertönten Alarmrufe, und ich sah ein halbes Dutzend Soldaten zu den Waffen greifen und auf uns zulaufen. Als der stämmige Kerl an der Spitze mein Gesicht sah, blieb er abrupt stehen. Unter den Soldaten waren nur wenige Veteranen, die jedoch ebenso erschrocken wirkten wie er, während ihre jüngeren Kameraden ihnen verwunderte Blicke zuwarfen, bis einer von ihnen schließlich seine Hellebarde auf mich richtete.

»Das hier ist bewohntes Land!«, knurrte er und kam auf mich zu. »Was habt Ihr hier zu suchen?«

Der Stämmige verpasste ihm eine Kopfnuss, worauf er verstummte. »Sei still, du Esel!« Er wandte sich mir zu und verbeugte sich entschuldigend. »Hauptmann … Ich … Wir dachten …«

»Kastellan Estrik«, unterbrach ich ihn, um ihm weitere gestotterte Höflichkeiten zu ersparen. »Wie schön, dich zu sehen.« Ich nickte zur Burg hin. »Wie ich sehe, warst du beschäftigt.«

Er hob den Kopf und lächelte erleichtert. Übers Bauen sprach er immer am liebsten. »Die Gesegnete hat mir bei der Planung freie Hand gelassen«, sagte er. »Das Reich der Märtyrerin wird die Burg Walvern weit in den Schatten stellen. Und der König hat so viele Münzen rüberwachsen lassen, dass wir bis zum Winter wohl schon fast fertig sein werden. Ich habe die Ehre, für die Gesegnete eine Festung zu errichten, die nie mehr jemand einnehmen wird.«

»Daran habe ich keinen Zweifel. Ist die Gesegnete derzeit anwesend?«

»Ja.« Estrik musterte Lilat mit unverhohlener Neugier, aber besonnen, wie er war, stellte er keine Fragen. »Wir begleiten Euch …«

»Nicht nötig.« Ich ging den Hang hinunter und nickte Lilat zu. »Du bist sicher sehr beschäftigt. Ich freue mich schon darauf, mir deine Pläne genauer erklären zu lassen.«

Als wir uns an den Abstieg machten, hörte ich die Soldaten untereinander murmeln. »Ich dachte, er sei tot … Die Gesegnete hat gesagt, sie hätte selbst gesehen, wie er zum Märtyrer wurde … Heißt das, er ist auch wiederauferstanden?«

Bei ihrem Gerede verdüsterte sich meine Stimmung, während wir über die Ebene auf die Holzpalisade zugingen. Mein vermeintliches Ableben schien zum Stoff für Legenden geworden zu sein, was natürlich verständlich war. Dafür, dass man mich zum Märtyrer erklärt hatte, hatte ich jedoch kein Verständnis und war auch alles andere als erfreut darüber.

»Erinnerst du dich noch, was ich dir übers Lügen erzählt habe?«, fragte ich Lilat, als wir uns dem Tor des Palisadenzauns näherten.

»Dass es bei deinem Volk gang und gäbe ist«, erwiderte sie. Zwar

war Unehrlichkeit auch bei den Caerithern bekannt, wurde dort jedoch viel stärker geächtet.

»Ja«, sagte ich. »Und ich werde bald viel lügen müssen. Für uns beide wäre es am besten, wenn du einfach … nichts sagst.«

»Nichts?«

»Genau, gar nichts. Lass sie in dem Glauben, dass du unsere Sprache nicht sprichst. Es ist zu deinem eigenen Schutz.« Ich fügte nicht hinzu, dass es auch von Vorteil sein konnte. Wenn die Leute glaubten, jemand verstehe sie nicht, plauderten sie in seiner Gegenwart gern alle möglichen interessanten Dinge aus.

Zum Glück war das Tor fast ausschließlich mit Veteranen besetzt, die uns ungehindert durchließen, wenn sie sich auch ein paar ehrfürchtige Kommentare nicht verkneifen konnten. »Unsere Kompanie ist wahrhaft von den Seraphilen gesegnet, Hauptmann!«, rief eine ernste junge Frau, die – wie ich mich erinnerte – in dem Trupp gewesen war, den ich durch die Mauerbresche in Hochsahl geführt hatte. »Dass sie Euch für die kommenden Kämpfe zu uns zurückschicken!«

Der Empfang, der uns beim Betreten der Burg erwartete, war ebenso überwältigend wie ärgerlich. Fast wünschte ich mir, ich wäre in Verkleidung hergekommen. Soldaten legten ihr Werkzeug weg oder hielten in der Arbeit inne, um den wiederauferstandenen Hauptmann zu begaffen, der, noch dazu mit einer Caeritherin im Schlepptau, durch das Tor geschritten kam. Bald schon waren herzliche Willkommensrufe zu hören, und viele liefen herbei, um vor mir zu salutieren oder sich zu verneigen. Manche brachen sogar mit den Konventionen und klopften mir auf die Schulter.

»Ich hatte lange noch gehofft …« Eamond war unter den Ersten, die sich um mich versammelten. Erstaunt schüttelte er den Kopf. »Aber es hieß, jede Hoffnung sei vergebens«, sagte er mit erstickter Stimme. »Es ist ein Wunder …«

»Nein«, unterbrach ich ihn und legte eine Hand in seinen Nacken, »nur etwas Glück und«, fügte ich mit einem Blick zu Lilat hinzu, die etwas abseits stand und unsicher zu uns herübersah, »freundliche Hilfe.«

Ich stieß scharf die Luft aus, als sich eine schlanke Gestalt durch die Menge drängte und die Arme um meine Hüfte warf, um mich ungestüm an sich zu ziehen. Ayin vergrub ihren Kopf mit geschlossenen Augen an meiner Brust. Dann lehnte sie sich zurück und boxte mir gegen die Schulter. »Nicht noch mal sterben!«, befahl sie und boxte mich erneut so fest, dass ich mit Sicherheit einen Bluterguss davontragen würde. »Ich mag das nicht.«

»Für mich war es auch nicht gerade ein Zuckerschlecken.« Ich erwiderte ihre Umarmung und schob sie dann von mir, als eine vertraute Stimme erklang.

»Lasst dem Hauptmann ein bisschen Platz.« Die Versammelten traten ein wenig zurück, und eine hochgewachsene Gestalt in einer Rüstung kam herangeschritten. Wilhum überraschte mich mit einem herzlichen Lächeln, während er meine zerlumpten Kleider musterte. Sein Blick blieb schließlich an dem Langschwert an meinem Gürtel hängen. »Das ist neu. Hast du deins verloren?«

»Ich bin einen Berg runtergefallen. Da kann man schon mal sein Schwert verlieren.«

Er lachte kurz und stellte mir dann eine ernsthaftere Frage, die ich bereits erwartet hatte. »Roulgarth. Hast du ihn umgebracht?«

Ich schüttelte den Kopf. »Ein ganzer Haufen Schnee und Eis hat das für mich erledigt. Ich hab die Leiche gesehen. War nicht mehr viel übrig.«

»Gut. Vielleicht hört dann auch endlich der Mist auf, den sich die Alundier über die Rückkehr des Schwerts der Gerechtigkeit erzählen, aber ich bezweifle es.«

»Schwert der Gerechtigkeit?«

»So nennen sie Roulgarth jetzt. Wenn man die Geschichten so hört, könnte man denken, er hätte den Krieg gewonnen und dann lediglich beschlossen, einen kleinen Ausflug zu machen. Die Legende besagt, dass er irgendwann zurückkehren wird, um uns ketzerischen Eindringlingen den Garaus zu machen.«

»Nein, das ist ziemlich unwahrscheinlich.« Damals kam mir das nicht mal gelogen vor. Zwar hatte ich mich von Roulgarth nicht mehr verabschieden können, doch mir war aufgefallen, wie er das Schwert betrachtet hatte, das der *Eithlisch* ihm geschenkt hatte. Meine Intuition sagte mir, dass der rachsüchtige Mann von früher nicht mehr existierte oder sich zumindest verändert hatte. *Vahlisch,* hatte der *Eithlisch* ihn genannt. Meister der Klingen. Ein Titel, der ihn gewiss einen neuen Weg hatte einschlagen lassen, der ihn so bald nicht wieder in dieses Herzogtum zurückführen würde.

»Willst du mir nicht deine interessante Begleiterin vorstellen?«, fragte Wilhum und verneigte sich elegant vor Lilat.

»Sie nennt sich Lilat«, sagte ich. »Ich brauche mir aber nicht die Mühe zu machen, ihr deinen Namen zu nennen, denn sie spricht kein Wort der zivilisierten Sprache.« Ich hielt inne und hob die Stimme, damit die versammelten Soldaten mich hören konnten. »Wer diese Frau beleidigt oder ihr Schaden zufügt, bekommt es mit mir zu tun. Ihr habe ich es zu verdanken, dass ich noch am Leben bin. Sie hat mich gefunden«, fügte ich an Wilhum gewandt leiser hinzu. »Verletzt und blutend am Fuß des Sermont. Sie hat mich monatelang in einer Höhle versteckt und mir zu essen gegeben. Als es mir wieder besser ging, ist sie mir über die Berge gefolgt.« Ich senkte die Stimme zu einem Flüstern und beugte mich vor. »Ehrlich gesagt, glaube ich, sie ist ein bisschen vernarrt in mich. Ich habe den Verdacht, dass sie wegen irgendeines bizarren caerithischen Brauchs denkt, wir zwei seien verheiratet.«

Lilat besaß ein scharfes Gehör, und zu ihrer Ehre muss gesagt werden, dass sie sich diesen ganzen Unfug anhörte und dabei weiterhin tat, als verstünde sie nichts davon.

»Die Ärmste.« Wilhum seufzte. »Mit Blindheit und schlechtem Geschmack gleichzeitig geschlagen zu sein.« Er schüttelte auf eine Weise den Kopf, die mir verriet, dass er wenig bis gar nichts von meiner Geschichte glaubte. Dennoch spielte er dankenswerterweise weiterhin mit.

»Achtung, Kompanie! Beiseitetreten!«

Die heisere befehlsgewohnte Stimme brachte mich zum Lächeln.

Ich drehte mich um und begrüßte Swain mit einer respektvollen Verneigung. Seine Miene dagegen blieb starr, und er nickte nur knapp. Um uns herum nahmen die Soldaten Haltung an und richteten den Blick nach vorn, selbst Wilhum, von dem ich gedacht hätte, dass er mehr Freiheiten genoss. Füße scharrten über Pflastersteine, als die Soldaten der Gesegneten Platz machten.

Sie trug an diesem Tag keine Rüstung, sondern nur die einfache dunkle Baumwollhose und das Hemd, ihre bevorzugte Kleidung, und einen dünnen Umhang um die Schultern. Dennoch strahlte sie etwas Herrschaftliches aus, ein Gefühl von Präsenz, das sich in meiner Abwesenheit noch verstärkt hatte. Ihre Soldaten waren ihr immer schon mit Respekt begegnet, in ihrer Nähe hatte ich sie jedoch selten so still und reglos gesehen. In ein paar Gesichtern zuckte es, während sie auf ihre Befehle warteten. Viele blinzelten, als würden sie ihre Anführerin ebenso schätzen wie fürchten.

Evadine selbst wirkte gelassen, fast wie auf den zahllosen Gemälden der Wiederauferstandenen, die seither entstanden sind. Sie musterte mich mit einem Blick, den ich bei anderen als feindselig bezeichnet hätte.

»Feldherrin«, sagte ich, beugte ein Knie und neigte den Kopf. »Ich bitte untertänigst um Verzeihung für meine lange Abwesenheit …«

Ich verstummte, als ihre kühle, weiche Hand über meine Stirn strich und sie mein Kinn anhob. »Steh auf«, flüsterte sie. Ich gehorchte, und sie sah mir lange blinzelnd in die Augen. Dann schlang sie mir die Arme um den Hals und drückte mich an sich. Und dort auf dem Burghof, während ihre Soldaten wie Statuen dastanden und vorgaben, nichts zu sehen, brach Märtyrerin Evadine Courlain in Tränen aus.

»Wie konntest du das über mich denken?«

Die Wut in Evadines Augen loderte ebenso hell wie das Kaminfeuer in ihren Gemächern. Inzwischen war sie die Einzige, die den Turm bewohnte. Lediglich auf dem Dach befanden sich ein paar Wachen, die jedoch über Leitern von außen die Mauer hochsteigen mussten. Wie es aussah, duldete die Gesegnete niemanden mehr in ihrer Nähe – mit Ausnahme von mir.

»Hältst du mich jetzt etwa für eine Mörderin, Alwyn?« Ihre Stimme klang ruhig, aber eindeutig verärgert. »Denkst du, ich würde Unschuldige abschlachten?«

»Ich denke gar nichts«, erwiderte ich und bemühte mich um einen Ton, der weder anklagend noch unterwürfig klang. »Ich gebe lediglich wieder, was ich gehört habe, und möchte wissen, ob es wahr ist.«

Nach der merkwürdigen Szene im Burghof war Evadine von mir zurückgetreten und hatte mir befohlen, ihr zum Turm zu folgen. Dann hatte sie sich umgedreht und war ohne ein weiteres Wort davongegangen. Die Soldaten hatten strammgestanden, bis Swain den knappen Befehl gegeben hatte, dass sie entlassen seien. Ich bat Ayin, für Lilat eine passende Unterkunft zu suchen, hielt jedoch inne, als Wilhum mir eine Hand auf den Arm legte.

»Wähle deine Geschichte mit Bedacht«, sagte er leise und sah kurz zu Evadines sich entfernender Gestalt hin. »Sie ist nicht mehr … wie sie früher war.«

Er ging davon, bevor ich fragen konnte, was er damit meinte. Der Hauptsaal des Turms sah noch genauso aus, wie ich ihn in Erinnerung hatte, bis auf die Banner an den Wänden. Die Wappenzeichen waren mir größtenteils unbekannt. Vermutlich waren es Trophäen – die beschlagnahmten Wappen alundischer Adelshäuser. Der Feldzug der Kompanie in diesem Herzogtum hatte also wahrscheinlich nicht in Hochsahl geendet. Deshalb hatte ich mich nach dem Schicksal von Mersvel erkundigt. Bevor der unglückselige junge Bandit mir davon berichtet hatte, war mir dieser Ort unbekannt gewesen, dennoch war mir die Geschichte auf dem Weg zur Burg nicht mehr aus dem Kopf gegangen.

»Wer hat dir das überhaupt erzählt?«, fragte Evadine. »Darf ich etwa nicht erfahren, wer mich beschuldigt?«

»Ein ehemaliger Soldat und Bandit, der jetzt tot ist«, erwiderte ich. »Aber ich habe ihn nicht als Lügner eingeschätzt. Er und die anderen

Übeltäter, mit denen er umherzog, sahen das, was in Mersvel geschehen war, als Freischein, um Gräueltaten an den Alundiern zu begehen.«

»Für die Taten von Banditen und Wahnsinnigen bin ich nicht verantwortlich.« Sie starrte mich noch einen Moment mit feurigem Blick an, dann wandte sie sich ab und stützte sich mit gesenktem Kopf auf den Kaminsims. »In Mersvel sind furchtbare Dinge geschehen, aber ich trage keine Schuld daran. Ich bin dorthin geritten, um die Stadt für den König einzunehmen und einige Anhänger des wahren Glaubens zu befreien, die von Ketzern als Geiseln genommen worden waren. Die Ketzer starben und rissen ihre Familien mit in den Tod. Das Feuer, das die Stadt vernichtete, wurde nicht auf meinen Befehl hin gelegt. Allen Überlebenden habe ich Unterstützung gewährt.« Sie stieß ein heiseres Seufzen aus. »Auch wenn es nicht viele waren. Wärst du dabei gewesen, wäre uns vielleicht etwas eingefallen, irgendeine Strategie, um die Stadt zu erobern, ohne dass die Fanatiker sie in Brand steckten. Aber wie du weißt, verstehe ich mich auf solche Dinge nicht sonderlich gut, und in der Kompanie gibt es sonst niemanden mit deinen Fähigkeiten.«

Den Vorwurf, der in ihren Worten mitschwang, nahm ich schweigend zur Kenntnis, was sie jedoch nur umso wütender machte. »Bist du mit meinem Bericht zufrieden, Alwyn?« Ärgerlich funkelte sie mich an. »Bin ich damit in deinen Augen von allen Sünden reingewaschen?«

Ich konnte nicht feststellen, ob sie mir die ganze Geschichte erzählt hatte, aber ihrer Haltung und ihrer Stimme waren keine Anzeichen von Lüge anzumerken. Der Vorfall machte ihr sichtlich zu schaffen, aber sie schien sich zumindest selbst keiner Schuld bewusst zu sein. Ich erinnerte mich an die letzten Worte des Historikers, die Lüge, die er mir aufgetischt hatte. Beim Anblick von Evadines Gesicht kam sie mir nur umso absurder vor. Evadine hatte für ihren Glauben viel gelitten, das wusste ich, und sie war willens, noch mehr zu erdulden.

»Ich habe lange die Hoffnung nicht aufgegeben«, fuhr sie fort und wandte wieder den Blick ab. »Nachts, allein in der Dunkelheit und geplagt von Zweifeln und Schuldgefühlen, hoffte ich, die Seraphilen hätten in ihrer Gnade dein Leben verschont. Sie schenkten mir keine Vision, keinen Traum, der mir verraten hätte, wo du bist. Und doch wusste ich tief in mir drin, dass du noch am Leben bist und zu mir zurückkehren würdest, wenn du kannst. Und jetzt bist du hier und bringst statt Liebe nur Vorwürfe mit.«

Da ich darauf nichts zu erwidern wusste, trat ich zum Kamin und musterte sie schweigend. Ihr vollkommenes Profil leuchtete im Feuerschein in einem sanften Rot. Es wäre eine starre Maske gewesen, wären nicht ihre Augen so unstet umhergewandert. Sie schien die Flammen zu betrachten und nach einer Bedeutung im Chaos zu suchen.

»Unterwegs habe ich viel Grausiges gesehen«, sagte ich. »Du und ich, wir hatten einen großen Anteil daran, dieses Herzogtum ins Verderben zu stürzen. Wenn es also um Vorwürfe geht, so will ich mich selbst davon nicht ausnehmen, solange ich sicher sein kann, dass das, was wir erreichen wollen, das Blutbad wirklich wert ist.«

»Zweifelst du daran?« Sie klang jetzt nicht mehr wütend, nur noch etwas säuerlich. »Oder hast du dich während deiner Zeit bei den heidnischen Wilden vom Bund abgewandt? In den Legenden heißt es, ihre Bräuche können sehr … verführerisch sein.«

Ich überlegte, ihr dieselbe Lüge zu erzählen, dass ich angeblich monatelang in einer Höhle zugebracht hatte, war mir jedoch instinktiv sicher, dass sie die Unwahrheit erkennen würde. Sie hatte ein ebenso gutes Gehör für Lügen wie ich, besonders was mich betraf.

»Heiden sind sie wirklich«, sagte ich, »aber keine Wilden. Sie hätten mich umbringen können, doch sie haben es nicht getan. Und sie haben auch nicht versucht, mich zu ihren ketzerischen Sitten zu bekehren, von denen ich wenig zu sehen bekam. Eigentlich wollten sie nur, dass es mir bald wieder besser ging, damit ich von dort verschwinde.« Meine Antwort kam der Wahrheit nah genug, um sie zufriedenzustellen, dennoch wirkte ihr Blick immer noch misstrauisch.

»Bis auf das Mädchen, das dir hierher gefolgt ist«, sagte sie, und ich hörte deutliche Eifersucht in ihrer Stimme. »Was genau will sie hier?«

»Sie ist bei Weitem kein Mädchen mehr«, erwiderte ich, von Beschützerinstinkt erfasst. Ich hatte Evadine noch nie eifersüchtig gesehen, und ihre sonst so hübschen Züge bekamen auf einmal etwas Abstoßendes. »Und was sie hier will, ist ihre Sache. Ich stehe jedoch tief in ihrer Schuld und werde deshalb nicht zulassen, dass jemand sich ihr in den Weg stellt.«

»Was ist das nur mit dir und den Caerithern? Erst lässt du dich nach der Schlacht auf dem Feld der Verräter mit dieser Hexe ein und jetzt das hier.«

Diese Hexe hat dir das Leben gerettet. Es gab Momente, da konnte es schlimme Folgen haben, seinem Ärger freien Lauf zu lassen und die Wahrheit auszusprechen, und dies war mit Sicherheit einer davon. Deshalb biss ich die Zähne zusammen und wandte mich ab, um so beherrscht wie möglich zu antworten. »Aszendentin Sihlda hat mich gelehrt, allen Menschen auf dieser Welt mit Wohlwollen zu begegnen, es sei denn, ihre Taten beweisen, dass sie es nicht verdient haben. Ich werde nicht ein ganzes Volk verurteilen, nur weil die Menschen dort nicht in den Bund hineingeboren wurden.«

Evadine antwortete nicht, und ein kurzer Seitenblick offenbarte, dass ihr Gesicht immer noch dem Feuer zugewandt war, wenn sie auch nicht mehr suchend die Flammen betrachtete. Ich seufzte bedauernd. »Ich weiß noch, was du damals im Shavine zu deinem Vater gesagt hast«, meinte ich leise. »Über die Visionen, die dich als Kind gequält haben, und über die caerithische Zauberin …«

»Ich will davon nichts mehr hören und auch nicht über den Rest«, fauchte sie und wandte sich mit verschränkten Armen von mir ab. Nachdem sie ein paarmal tief Luft geholt hatte, sagte sie: »Ich habe Ofihla zur Anführerin der Zweiten Kompanie gemacht. Sie hat gute Arbeit geleistet, und ich möchte sie ungern ersetzen. Und Wilhum befehligt jetzt fast vierhundert gepanzerte Reiter, die in einer Schlacht besser aufgehoben wären als auf Erkundungsmissionen. Ich werde dir deshalb einen neuen Posten zuweisen, und zwar als Hauptmann der Späher. Du darfst dir deine Rekruten selbst wählen, in angemessenem

Rahmen versteht sich. Wilhum würde es nicht gefallen, wenn du ihm seine besten Reiter wegnimmst. Außerdem solltest du dir ein paar Leute suchen, die neben Reiten und Spurenlesen noch andere Fähigkeiten besitzen. Welche, die scharfe Augen und Ohren haben und in einer Menge nicht auffallen. Wenn mich dieser Feldzug eines gelehrt hat, dann dass verlässliche Informationen mehr wert sein können als tausend Soldaten.«

Dann hast du also doch noch den Wert der Hinterlist erkannt, dachte ich. Laut sagte ich: »Wenn ich dein Meisterspion werden soll, wäre es hilfreich zu wissen, in welchem Zustand das Reich sich derzeit befindet.«

Evadine ging zu ihrem hohen Stuhl und legte eine Hand auf die Lehne, die inzwischen mit Leder gepolstert war. »Prinzessin Leannor hat den Winter über in Hochsahl Hof gehalten«, sagte sie, »ist aber vor einem Monat nach Couravel abgereist, wo sie sich um die Verlobungszeremonie ihres Sohnes mit der jungen Ducinda kümmern will. Elfons Raphine wurde zum königlichen Protektor von Alundia ernannt und vertritt in diesem Herzogtum die Krone. Die Prinzessin hatte die Güte, mir vor ihrer Abreise auszurichten, dass ihr Bruder mir diese Burg und das umliegende Land als Geschenk vermacht hat. Zudem hat der Rat der Eminenzen mich in den Rang einer Aszendentin erhoben.«

»Was mehr als verdient ist.«

Sie zuckte nur verärgert die Schultern. »Titel und Ländereien haben jetzt keine Bedeutung mehr. Sie waren vom König und dem Rat wohl als Belohnung gedacht. Ein Versuch, mich in dieser vergessenen Ecke des Reiches ruhigzustellen, während sie weiter ihre endlosen Intrigen spinnen.«

»Apropos, wie steht es mit dem Herzog von Althiene? Das Letzte, was ich über ihn hörte, war, dass er über den Tod seiner Tochter derart erbost ist, dass er seine Truppen sammelt.«

»Die Berichte sind lückenhaft, aber bislang bleibt Herzog Guhlton hinter seinen Grenzen. Dass sich sein einziges überlebendes Enkelkind jetzt in den Händen der Algathinets befindet, könnte ausreichen, um ihn zumindest vorübergehend in Schach zu halten. Dennoch«, sie sah mir nun doch wieder in die Augen und formulierte ihre nächsten Worte sorgfältig, »wäre es für uns von Vorteil, wenn wir über die Situation im Norden einen besseren Überblick hätten. Besonders was die Aktivitäten des Rates betrifft. Uns sind Gerüchte zu Ohren gekommen, dass mit dem Geld des Rates eine neue Kompanie aufgestellt werden soll.«

»Eine Kompanie, die nicht unter dem Banner der Gesegneten marschiert, was?« Wieder zuckte sie nur die Achseln, und ich stieß ein Lachen aus. »Freie Schwerter, Bettler und Verbrecher sind vermutlich alles, was sie rekrutieren können. Wer ernsthaft den Wunsch hegt, für den Bund zu kämpfen, den zieht es nur zu *einem* Banner.«

»Nichtsdestoweniger würde ich gerne mehr darüber erfahren.«

Ich nickte. Ihre Strategie war sinnvoll. Ob sie nun einen Krieg gewonnen hatte und als Märtyrerin anerkannt war oder nicht, der Rat der Eminenzen würde sich mit ihrem Aufstieg niemals abfinden. Dafür ließ sie den Rat allzu bedeutungslos erscheinen. »Ich werde mich sofort auf den Weg machen, sobald ich meine Leute für die Kompanie der Späher ausgewählt habe …«

»Nein!« Wieder blitzten ihre Augen, diesmal eher beunruhigt als wütend. »Nein, von jetzt an ist dein Platz an meiner Seite. Das habe ich gesehen. Das weiß ich.« Ich sah, wie ihre Finger zuckten, bevor sie sie zur Faust ballte. Dann ließ sie sich auf dem Stuhl nieder und redete ruhiger weiter: »Es tut mir leid, dass ich so harsch mit dir gesprochen habe, Alwyn. Du sollst wissen, dass ich es nur aus Besorgnis getan habe. Ich habe deutlich gesehen, dass ich den Auftrag der Seraphilen nur erfüllen kann, wenn ich … auf deinen Rat, deine Erkenntnisse bauen kann. Du sagst es zwar nicht offen, aber ich sehe deine Zweifel. Sihlda war gewiss eine hervorragende Lehrerin, aber als du … nicht da warst, habe ich in meiner Trauer endlich ihr Testament gelesen. Diese Seiten enthalten viel Weisheit und großes Mitgefühl, was sie aber über die zweite große Plage sagt …«

»Sie hat sich geirrt«, fiel ich ihr ins Wort und schloss die Augen, als mich die Erinnerung an die große Stadt aus der Vergangenheit überkam, an die unzähligen Menschen, die dem Wahnsinn verfallen waren. »Ich weiß. Die große Plage hat es wirklich gegeben. Ich kann dir versichern, dass ich keine Zweifel mehr daran habe, dass unsere Sache richtig ist.«

Evadine legte den Kopf schief und musterte mich mit leicht zusammengekniffenen Augen. »Was ist auf der anderen Seite der Berge geschehen, Alwyn?«, fragte sie. »Was hast du gesehen?«

Mir war deutlich bewusst, dass es wegen ihrer Abneigung gegen die Caerither und deren ketzerischen Sitten unklug wäre, ihr die ganze Geschichte zu erzählen, deshalb entschied ich mich für eine Halbwahrheit. »Die Caerither schreiben zwar nichts nieder, aber auch bei ihnen gibt es Legenden. Alte Geschichten über ein Ereignis, das bei ihnen der Niedergang heißt – eine Zeit, als alle Menschen von Wahnsinn erfasst wurden und große Städte untergingen. Ich bin durch die Ruinen eines einstmals großen Reiches geschritten. Etwas derart Majestätisches kann nur von einer schlimmen Katastrophe vernichtet worden sein.«

Evadine lehnte sich zurück, und ihre Wut war einer vorsichtigen Zufriedenheit gewichen. »Dann sind wir also endlich einer Meinung. Es trifft sich gut, dass dies jetzt geschieht, wo uns bald unsere vermutlich härteste Prüfung erwartet.«

Ihre Worte schienen eine unterschwellige Bedeutung zu besitzen, die ich schon öfter wahrgenommen hatte und daher sofort erkannte. »Du hattest wieder eine Vision«, sagte ich.

»Ja. Genau genommen letzte Nacht, was kein Zufall sein kann.«

»Was hast du gesehen?«

Sie seufzte schwer und schaute wieder mit unstetem Blick in die tanzenden Flammen. »Eine wunderbare und schreckliche Gelegenheit«, sagte sie in einem Tonfall, der klarmachte, dass sie mehr nicht verraten würde.

Sie zog die Knie an die Brust und schlang die Arme darum. Plötzlich war sie nicht mehr die Gesegnete, sondern eine junge Frau, auf der eine schwere Verantwortung lastete. »Bleibst du eine Weile bei mir sitzen, Alwyn?«, fragte sie leise. Sie presste die Lippen zusammen und blinzelte hektisch, während sie ins Feuer sah. »Wenn du willst, können wir über Sihldas Testament reden. Meiner Meinung nach ist es längst überfällig, dass sie vom Rat offiziell als Märtyrerin anerkannt wird.«

In ihrem Gemach gab es außer einem Schemel in einer schattigen Ecke keine Stühle. »Das würde ich sehr gern«, sagte ich, holte den Schemel und setzte mich ihr gegenüber. »Über welche Stelle möchtest du denn als Erstes sprechen?«

Ihre Mundwinkel zuckten nach oben. »Ich überlasse die Auswahl dir, Hauptmann.« Evadines Blick blieb auf das Feuer gerichtet, während ich kurz Sihldas Bemerkungen über den Wert der Nächstenliebe zitierte. Bis heute frage ich mich, was sie wohl in den zuckenden Flammen sah.

Dritter Teil

◆ ◆ ◆

Oft schreiben Gelehrte allerlei Poetisches über das Grauen und die Verheerungen des Krieges. Der schrecklichen Wahrheit gegenüber bleiben sie dennoch blind: Krieg ist ebenso verlockend wie zerstörerisch. Wahrer Friede kommt erst dann, wenn wir unsere Herzen vor den Versprechungen des Krieges verschließen, die sich stets als Lügen erweisen.

Aus *Das Testament der Aszendentin Sihlda Doisselle*,
niedergeschrieben von Sir Alwyn Scribe

ZWEIUNDDREISSIGSTES KAPITEL

Deckin hat mir einmal gesagt: *Bestünde meine Bande nur aus Dieben, die ich mag, dann hätte ich gar keine Bande.* Diese Weisheit war nie passender, als wenn ich mit Tiler zu tun hatte. Ich fand es nicht bloß schwer, den drahtigen Kerl mit dem verkniffenen Gesicht zu mögen, ich verabscheute ihn von ganzem Herzen. Und das schon seit dem Moment, als ich ihn vom Leichnam Sir Eldurm Gulattes vertrieben hatte, der nach der Schlacht auf dem Feld der Verräter aus einem Fluss gezogen worden war. Die zum Glück nicht sehr zahlreichen Begegnungen mit Tiler danach hatten diesen Eindruck noch verstärkt. Nach jeder Schlacht hatte er sich als eifriger Leichenfledderer hervorgetan, der einen Schwerverwundeten auch schon mal schneller ins Jenseits beförderte, wenn ihm sein Sterben zu lange dauerte – besonders wenn er in dessen schmerzverzerrtem Mund Goldzähne funkeln sah.

Dennoch kann selbst der widerlichste Mensch nützlich sein, und Tiler besaß unzweifelhafte Qualitäten. In den vielen Monaten bei der Kompanie hatte er sich nicht den Ruf eines Feiglings erworben, was hieß, dass er kämpfen konnte oder zumindest in Reih und Glied stehen, ohne sich dabei vor Angst in die Hose zu machen. Am nützlichsten für meine Zwecke waren jedoch seine Fähigkeiten als Dieb, wegen denen er einst im Sanktuarium von Callintor gelandet war. Tatsächlich war mir noch nie ein besserer Taschendieb begegnet. Selbst die hübsche diebische Gerthe hätte es mit ihm nicht aufnehmen können, wenn er die Wertsachen anderer Leute in die eigenen Taschen wandern ließ. Natürlich fragte ich mich, wie er bei seinen meisterhaften Fähigkeiten überhaupt nach Callintor gelangt war.

»Gemeiner Verrat, Hauptmann«, sagte er verdrießlich, wenn auch um einen respektvollen Ton bemüht. Menschen, die man hasst, zahlen es einem bekanntlich mit gleicher Münze heim. »Gewinnt man gegen einen stolzen Mann im Kartenspiel, dann findet er eine Möglichkeit, seine Schulden zu begleichen. So ist es auch mir passiert. Eines Morgens bin ich im Hurenhaus aufgewacht und sah mich von den Männern des Sheriffs umstellt, die mich aufknüpfen wollten. Die Kerle zu bestechen, damit sie ein Auge zudrückten und mich nach Callintor entkommen ließen, hat mich meine letzten Münzen gekostet. Das war natürlich alles, bevor ich die Rede der Gesegneten gehört hab. Seither habe ich alle Verbrechen hinter mir gelassen, und meine Seele ist vom Licht der Seraphilen erfüllt ...«

»Schon gut, Klappe halten«, unterbrach ich ihn müde, was das gekränkte Funkeln in seinen Augen noch verstärkte. Wie viele der ehemaligen Gesetzlosen in der Kompanie beherrschte Tiler das Kunststück, einerseits der Gesegneten völlig ergeben zu sein, zugleich aber auch seine kriminellen Gewohnheiten nahezu unverändert beizubehalten. »Ich habe gehört, du kannst lesen?«, fragte ich und reichte ihm ein Stück Pergament. »Was steht hier?«

Er betrachtete den Text und las dann holprig, aber fehlerfrei den Anfang der Schriftrolle von Märtyrer Lemeshill vor. »Groß ... war die ... T-Trauer und die ... Schuld des m-mächtigen ... Lemeshill. Er v-verließ seinen ... Palast und seine ... Gemahlinnen und ging ... in die Wüste, wo ... der heilige Stevanos einst wandelte ...«

»Gut, das reicht«, sagte ich und nahm ihm das Pergament wieder ab, um ihn einer eingehenden Musterung zu unterziehen, was ihm sichtlich unangenehm war. Er ließ es jedoch klugerweise schweigend über sich ergehen. Ich war in den bereits fertiggestellten Wachturm auf dem südlichen Hügelkamm eingezogen und hatte ihn zum Stützpunkt für meine neue Kompanie ernannt. Ich hielt es für das Beste, wenn die Ausbildung der Spione an einem Ort stattfand, wo es keine neugierigen Augen und Ohren gab. In den Wochen seit meiner Rückkehr hatte ich neben Ayin, Eamond und der Witwe noch dreiundfünfzig weitere Rekruten gefunden, die ich vor allem deswegen ausgewählt hatte, weil sie mir gut bekannt waren. Die meisten waren fähige Reiter, von denen Wilhum sich dennoch bereitwillig getrennt hatte, weil sie entweder nicht kräftig oder aggressiv genug für den Kampf zu Pferd waren. Alle waren jedoch in der Lage, schnell viele Meilen auf dem Pferderücken zurückzulegen. Jäger oder geübte Fährtenleser waren nicht darunter, was mich Fletchmann sehr vermissen ließ, allerdings konnte ich notfalls auf Lilats Fähigkeiten zurückgreifen. In der ganzen Kompanie fanden sich höchstens ein halbes Dutzend Leute mit den Fähigkeiten, die für die weniger offensichtlichen Aufgaben meiner neuen Kompanie nötig waren – die ehemaliger Gesetzloser. Ehrliche Leute geben nur selten gute Spione ab, was wohl kaum überrascht.

»Deinem Akzent nach stammst du aus dem Shavine«, sagte ich zu Tiler. »Aber eher von der Küste als aus dem Wald, habe ich recht?«

»Teilweise, Hauptmann. Meine Mam war Schmugglerin aus den Hafenstädten im Norden. Mein Pa war ein Dieb in einer der alten Banden im Wald. Denen der Garaus gemacht wurde, als sich Deckin Scarl zum König der Gesetzlosen aufgeschwungen hat.« Sein ruhiger Blick teilte mir mit, dass er sehr genau wusste, zu welcher Bande ich früher gehört hatte. Aber die Geschichte war inzwischen weithin bekannt und Deckin schon lange tot.

»Ja«, sagte ich. »Das war damals keine Seltenheit, wie ich gehört hab. Kennst du den Namen Shilva Sahken?«

Er zog die dünnen Brauen hoch. »Natürlich. Jeder Taschendieb an der Küste musste ihr Tribut zahlen, und bei den Seefahrern in den Häfen gibt's 'ne Menge zu holen. Meine Mam war mit ihr verwandt. Nur über vier Ecken, aber Blut ist Blut.«

»Du könntest sie also aufspüren, wenn ich dir den Auftrag gebe?«

»Denke schon. In den Häfen gibt's bestimmt ein paar Schurken, die sich noch an den Namen Tiler erinnern.« Plötzlich nahm seine Miene einen vorsichtigen Ausdruck an. »Wenn es der Wunsch der Gesegneten ist.«

Als ich den leichten, aber wahrnehmbaren Zweifel in seiner Stimme hörte, sah ich ihm fest in die Augen. »Ja, das ist es«, murmelte ich und schaute ihn an, bis er den Blick senkte.

»Du wirst das hier lesen und auswendig lernen.« Ich reichte ihm ein zweites Schriftstück. »Sobald ich mich überzeugen konnte, dass du es dir eingeprägt hast, wirst du nach Norden in die Shavine-Marschen reisen, Shilva Sahken ausfindig machen und jedes Wort so wiederholen, wie es hier steht. Danach überbringst du mir ihre Antwort.«

»Soweit ich gehört habe«, Tiler faltete das Schriftstück auseinander und betrachtete es mit leicht zusammengekniffenen Augen, »ist sie in letzter Zeit launisch und unberechenbar geworden. Was, wenn es ihr in den Kopf kommt, mich umzubringen?«

»Dann betrachte ich das als ihre Antwort.«

Er schnaubte freudlos durch die schmale Nase, erhob jedoch keine Einwände mehr. »Ich brauche Geld für die Reise.«

»Das bekommst du. Und eine Begleitung für unterwegs, damit du sicher ankommst.« Ich winkte die kräftige Gestalt zu mir, die im Windschatten des Turms stand. »Meister Liahm wird mit dir gehen.«

Der Dieb und der Holzfäller musterten einander abschätzend, und ihre Blicke sprachen von sofortiger gegenseitiger Abneigung. Tiler mochte gläubig sein, im Herzen blieb er jedoch ein Bösewicht. Liahm hingegen hatte ich wegen seines scharfen Verstands und seiner unauffälligen Erscheinung ausgewählt. Er war zwar kräftig, aber nicht so groß, dass er Aufsehen erregt hätte. Außerdem verstand er sich auf unterwürfiges Verhalten, sollte es notwendig sein, und selbst die aufmerksamsten Adligen übersahen meist die, die sich am tiefsten verneigten.

»Geh zu Ayin«, wies ich Tiler an. »Sie wird dir alle Wörter erklären, die du nicht kennst. Und sei vorsichtig in ihrer Gegenwart«, fügte ich hinzu, als er auf den Turm zuging, »es heißt nicht umsonst, dass sie gerne mal einem Kerl die Eier abschneidet.«

Der finstere Blick, mit dem der Holzfäller Tiler hinterhersah, der soeben im Turm verschwand, machte mich zufrieden. Es war mir nur recht, wenn die beiden keine Freunde waren. »Er ist von Natur aus gerissen und misstrauisch«, sagte ich. »Aber der Gesegneten treu ergeben. Wenn er erst wieder unter anderen Schurken ist, könnte er jedoch in Versuchung geraten. Solltest du auch nur den leisesten Verdacht hegen, dass er abtrünnig geworden ist, dann zögere nicht.«

Liahm neigte zustimmend, wenn auch etwas verhalten den Kopf. »Hast du Vorbehalte gegen diesen Auftrag, Meister Holzmann?«, fragte ich.

»Es ist nur …« Er richtete sich auf und verzog unbehaglich das Gesicht. Ich erinnerte mich, dass dieser Mann in seinem Leben bislang vermutlich nur selten nach seiner Meinung gefragt worden war, außer vielleicht wenn es ums Wetter ging oder darum, ob das Holz schon trocken genug war.

»Sprich«, ermunterte ich ihn. Ein Spion, der immer nur blind gehorchte, nützte mir wenig.

Zu seiner Ehre formulierte er seine Frage vorsichtig, sodass ich mich innerlich dazu beglückwünschte, mich für ihn entschieden zu haben. »Gehe ich recht in der Annahme, dass wir diese Shilva Sahken aufspüren sollen, um sie zu einer Art Bündnis zu überreden?«

»Das ist richtig«, sagte ich. »Ich schicke euch, um Verhandlungen über einen Tauschhandel zu führen: Informationen gegen Münzen.«

»Verzeihung, Hauptmann.« Hüstelnd trat er von einem Fuß auf den anderen. »Aber den Ruf der Gesegneten zu gefährden, indem wir uns mit dem, nun ja, Abschaum des Reiches verbünden, kommt mir … falsch vor.«

»Abschaum des Reiches?« Ich genoss es, wie er sich unter meinem Blick wand. »Und was bin dann ich? Oder die Hälfte der Soldaten dieser Kompanie? Die Gesegnete hat noch nie einen Gesetzlosen abgewiesen. Warum sollte ich es tun?« Ich ließ ihn noch eine Weile zappeln und nach einer passenden Antwort suchen, bis ich seinen Qualen schließlich ein Ende setzte. Liahm Holzmann war sicherlich ungebildet, aber ein Dummkopf war er nicht, und als pragmatischer Mensch kam er vermutlich mit Ehrlichkeit am besten zurecht.

»In diesem Reich gibt es jetzt drei Mächte«, sagte ich. »Die Krone, den Bund und die Gesegnete. Das Gleichgewicht zwischen den dreien ist unbeständig, und es ist nur eine Frage der Zeit, bis es in eine Richtung kippt. Meine Aufgabe ist es, dafür zu sorgen, dass es zugunsten der Gesegneten geschieht. Dafür stehen mir jedoch nur eine Handvoll Spione zur Verfügung. Prinzessin Leannor hat Spione in allen Ecken des Reiches. Und der Rat der Eminenzen kann auf die Augen und Ohren sämtlicher Kleriker in den Schreinen dieses Herzogtums zurückgreifen. Shilva Sahken ist der Kopf eines riesigen Netzwerks aus Schmugglern, Dieben und Huren, und ich gebe dir mein Wort als ehemaliger Verbrecher darauf, dass es keine bessere Wissensquelle geben kann, und wenn es der Abschaum des Reiches ist.«

Ich hob die Brauen und lächelte, bis er sich wieder verneigte.

»Wir leben für die Heilige …«

»Jawohl, das tun wir!«, unterbrach ich ihn, klopfte ihm auf die Schulter und lenkte ihn zum Turm hin. »Komm, lass uns nachsehen, ob Meister Eamond endlich mal was Essbares fürs Abendessen zustande gebracht hat. Schließlich wollen wir dich ja nicht mit knurrendem Magen losschicken, nicht wahr?«

Nachdem Tiler und Liahm zu ihrem Abenteuer im Norden aufgebrochen waren, verging etwa ein Monat, bevor ein königlicher Bote im Reich der Märtyrerin eintraf. Heute betrachte ich jene Tage als angenehmes Zwischenspiel, vielleicht weil sie einen so starken Kontrast zu dem bilden, was danach geschah. Ich ernannte Eamond zum Feldwebel und überließ die berittenen Späher größtenteils seiner Führung, wenn sie zu ausgedehnten Patrouillen in das umliegende Land aufbrachen. Inzwischen lebte dort kaum noch jemand – die wenigen Dörfer, die ursprünglich die nahe gelegenen Täler gesprenkelt hatten, waren jetzt verkohlte und verlassene Ruinen, von denen wenig Gefahr ausging. Lilat schickte ich als Fährtenleserin mit. Obwohl die Kunst des Reitens in dem Teil des caerithischen Gebietes, aus dem sie stammte, offenbar unbekannt war, wollte sie es gern erlernen. Ich tat so, als würde ich ihr in bemerkenswert kurzer Zeit Albermainisch beibringen, was mein Ansehen bei den jungen Rekruten stark erhöhte. Die Witwe war die Einzige, die das Theater sofort durchschaute.

»Sie scheint viele Wörter zu kennen, die den meisten von uns unbekannt sind, Hauptmann«, stellte Mistress Juhlina eines Tages fest. »Und ich erinnere mich auch nicht, dass Ihr sie schon einmal in ihrer Gegenwart benutzt habt.«

»Die Heiden lernen Sprachen überraschend schnell«, erwiderte ich kurz angebunden. Ihre scharfe Beobachtungsgabe kratzte ein wenig an meinem Stolz. Dennoch wäre es für die Kompanie sicherlich von Nutzen, wenn diese Frau lernen könnte, ihre gewalttätigen Neigungen im Zaum zu halten.

Als ich anfing, meinen kleinen Kader Spione in die Kunst der Gesetzlosen einzuweisen, tat sich Juhlina schnell als meine gelehrigste Schülerin hervor. Doch ebenso rasch, wie sie neue Fähigkeiten erlernte, verlor sie auch die Geduld. Eine Anleitung, wie man beim Siebener-Spiel gewann, artete beispielsweise in einen Faustkampf aus, als einer der anderen Rekruten einen echten Würfel durch einen gezinkten ersetzte, ohne dass Juhlina es bemerkte.

»Natürlich hat er geschummelt«, sagte ich, als ich sie von dem armen Wicht herunterzerrte, dem sie die Nase blutig geschlagen hatte. »Das sollte er doch auch.«

Ich gab ihr etwas Zeit, um abzukühlen, indem ich ihr in dieser Nacht zur Strafe eine doppelte Wachschicht aufbrummte. Als der

Himmel dunkel war, verließ ich mit einer Flasche Brandy in der Hand den Turm. Juhlina saß auf einem Felsvorsprung auf dem Hügelkamm, der einen guten Aussichtspunkt bildete. Griesgrämig starrte sie in die Landschaft, sprang jedoch auf, als sie mich herannahen hörte. »Hier«, sagte ich und reichte ihr die Flasche. »Um die Kälte abzuhalten.«

»Es ist eine milde Nacht«, sagte sie, hob aber dennoch die Flasche zu den Lippen. Nachdem sie einen zu großen Schluck genommen hatte, hustete sie blinzelnd. »Ein ziemlich starkes Gebräu, Hauptmann.«

»Du bist wohl nicht gewohnt zu trinken?«, fragte ich, als ich sah, wie sie das Gesicht verzog.

»Bevor ich mich Euch angeschlossen habe, hab ich kaum je einen Tropfen angerührt.« Sie lächelte, hob erneut die Flasche an die Lippen und nahm einen noch größeren Schluck. »Eigentlich bin ich nicht mal sicher, ob es mir schmeckt.« Sie fuhr sich mit der Zunge durch den Mund, bevor sie weitertrank. Ich sah zu, wie sie die halbe Flasche leerte. Die Anspannung wich von ihr, und ihre Wut löste sich in Trunkenheit auf. »Es war nicht gern gesehen, wisst Ihr«, lallte sie schließlich, »bei den Begünstigten.«

»Den Begünstigten?«

»So nannten wir uns, die Begünstigten.« Sie taumelte ein wenig, und ich bedeutete ihr, sich wieder hinzusetzen, und ließ mich neben ihr auf dem Felsvorsprung nieder. »Die von den Seraphilen Begünstigten, das waren wir. Jedenfalls haben es Mutter und Vater mir und meinen Schwestern so gesagt.« Sie beugte sich näher heran und zog verschwörerisch die Brauen hoch. »Eigentlich soll ich keinem, der nicht begünstigt ist, davon erzählen, aber was soll's?« Sie rülpste und seufzte dann bitter. »Warum zum Henker nicht, hm?«

»Mir was erzählen?«, erkundigte ich mich, was sie zum Kichern brachte.

»Na, die unbestreitbare Wahrheit natürlich, dass Ihr und alle anderen, die nicht begünstigt sind, bei Eurem Tod nicht durch die Himmlische Pforte treten werdet. Für Euch unwissende Sünder gibt's keine heilige Ewigkeit. Die ist allein uns vorbehalten, weil die Begünstigten als Einzige ihre Ärsche jeden einzelnen verdammten Pilgerpfad in diesem verdammten Reich entlanggeschleppt haben.«

Ich zuckte zusammen. Zwar hatte ich in meinem Leben schon einiges an Flüchen gehört, aus ihrem Mund kamen sie mir aber unpassend vor, so als würde ein Kind zum ersten Mal verbotene Worte sprechen.

»Das iss der Schlüssel, versteht Ihr?« Ihre Augenbrauen zuckten dabei. »So gelangt man durch die Himmlische Pforte. Natürlich muss man auch noch 'n Haufen andere Sachen machen. Nicht saufen …«, sie schaute grinsend auf die Flasche in ihrer Hand, »… nicht vögeln, außer mit dem eigenen Ehemann, den die Ältesten für einen auswählen. Ich kannte den Mistkerl kaum in der Nacht, als er das erste Mal mit mir geschlafen hat. Ist das nicht witzig?«

Witzig fand ich das nicht. Es klang eher traurig. »Vielleicht hatten sie ja recht«, meinte ich. »Vielleicht haben sie durch ihre Frömmigkeit die Ewigkeit erlangt, die sie sich wünschten.«

Sie lachte erneut, doch diesmal klang es barsch. »Quatsch! Frömmigkeit macht die eigenen Sünden nicht ungeschehen, egal, wie viele Meilen man zurücklegt oder vor wie vielen Märtyrerknochen man sich verneigt. Und unter den Begünstigten gab es viele Sünder. Die Meistbegünstigten, so nannten wir unsere frommen Anführer, die haben die halbe Gemeinde gevögelt – natürlich im Geheimen, obwohl wir es alle wussten und nur vorgaben, ahnungslos zu sein. Und das war noch nicht alles. Sie waren ein gemeiner Haufen, Hauptmann. Ständig gab es Klatsch und Tratsch und Eifersucht. Jeder wollte sich bei den Anführern beliebt machen.« Sie verstummte und nahm einen kleineren Schluck Brandy, während ihr Blick in die Ferne ging. »Ich will nicht behaupten, dass ich besser war als die anderen. So ist das, wenn man glaubt, Teil von etwas Größerem zu sein. Man verliert sich darin, wird genauso ein gemeines Lästermaul wie die anderen. Und dann …«

Sie schwieg erneut, und ich hakte nicht nach, weil ich das Gefühl hatte, es wäre ein Fehler, sie zum Weitersprechen zu ermuntern. »Dann bekam ich ein Kind«, sagte sie schließlich. »Lyssotte habe ich sie genannt. Die Begünstigten blieben nur selten lange an einem Ort. Unser Leben war eine ständige Reise von einem Schrein zum nächsten. Also trug ich mein Mädchen, bis sie alt genug war, um selbst zu laufen. Geboren, um ihr Leben lang auf Pilgerschaft zu sein. Eigentlich hätte sie deshalb ein trauriges Kind sein müssen, aber das war sie nicht. Sie war immer so … fröhlich, kaum mal eine Träne oder ein Wutanfall. In meiner Frömmigkeit hielt ich sie für eine Belohnung, ein Geschenk der Seraphilen für dieses Leben, das ich unter Leuten verbrachte, die ich mehr und mehr verabscheute. Sie hat mich gerettet oder jedenfalls meine Seele, lange bevor Ihr aufgetaucht seid, um mich zu retten, wofür ich mich, wie mir gerade auffällt, nie bedankt habe.«

Ich zuckte die Achseln. »Ich glaube, du hast deine Dankbarkeit seither hinreichend unter Beweis gestellt.«

»Nein.« Sie schüttelte den Kopf. »Ich hab bloß eine Menge Leute umgebracht, und das nicht aus Dankbarkeit. Ich hab getötet, weil ich wütend war. Ich bin es immer noch. Lyssotte war vier Jahre alt, als ich zusehen musste, wie sie ihr die Kehle durchgeschnitten haben. Ich bin nicht sicher, ob diese Wut jemals nachlässt.«

»Sie könnte es, mit der Zeit. Wenn du aufhörst, sie weiter anzufachen. Du musst das nicht mehr machen. Du könntest einfach gehen. Ich würde dich nicht aufhalten.«

»Wohin sollte ich gehen? Was könnte ich jetzt noch tun?« Sie hob erneut die Brandyflasche, hielt jedoch inne. »Nichts für ungut, Hauptmann«, sagte sie und warf die Flasche weg, »aber ich glaube, Schnaps ist doch nichts für mich.«

Ich sah der Flasche hinterher, bis sie in der Dunkelheit verschwand, und hörte sie klirrend auf den Felsen unter dem Vorsprung zerschellen. »Du schuldest mir zehn Sheks.« Ich seufzte bedauernd. »Das war ein guter Tropfen …« Ich verstummte, als ich auf der dunklen Ebene etwas entdeckte.

»Reiter?« Juhlina musterte die helle Wolke aus aufgewirbeltem Staub.

»Nur einer«, bestätigte ich. »Und er reitet schnell, wer immer es ist.«

Ich beobachtete, wie die Gestalt in das schmale Tal zwischen den beiden Hügeln ritt, die das Reich der Märtyrerin umgaben. Als ich zur anderen Seite des Hügelkamms gelaufen war, sah ich, wie Pferd und Reiter vor dem Palisadenzaun zum Stehen kamen. Offensichtlich handelte es sich um eine wichtige Person, denn ihr wurde schon nach wenigen Augenblicken Einlass gewährt.

»Geh und tauch deinen Kopf in einen Pferdetrog«, sagte ich zu Juhlina und lief auf den Pfad zu, der den westlichen Hang hinunterführte. »Dann bist du schnell wieder nüchtern. Und hol die anderen aus den Betten. Ich hab das Gefühl, dass wir bald marschieren oder kämpfen müssen.«

Der königliche Bote sah mit seinem groben, vernarbten Gesicht und dem kräftigen Körperbau aus wie ein ehemaliger Soldat. Dabei passte seine Erscheinung schlecht zu seiner Stimme. Er sprach mit angenehm melodiösem dulsianischem Akzent, der eher an einen Balladensänger erinnerte. Doch selbst der hübsche Singsang konnte die düstere Bedeutung seiner Botschaft nicht verbergen.

»Herzog Guhlton von Althiene ist ein Bündnis mit dem Prätendenten Magnis Lochlain eingegangen«, teilte er Evadine und ihren versammelten Hauptleuten mit. Wir waren alle im Turm zusammengekommen, ohne dass die Gesegnete uns hätte rufen müssen. Inzwischen kannten wir die Vorzeichen, wenn sich das Schicksal plötzlich wandelte. »Herzog Guhlton zweifelt öffentlich die Abstammung von König Tomas an«, fuhr der Bote fort, »und bezeichnet den Prätendenten als den wahren Herrscher von Albermaine. Vor drei Wochen haben sie mit einem Heer von schätzungsweise dreitausend Berittenen und zwanzigtausend Fußsoldaten die Grenze zu den Nordgebieten von Alberis überquert. König Tomas reagierte mit dem Mut, für den er berühmt ist, sammelte sein ganzes Heer und ritt aus, um den Aufstand niederzuschlagen. Durch Verrat und Tücke geriet er jedoch auf der Straße nach Norden in einen Hinterhalt, und seine Streitkräfte wurden auseinandergetrieben.« Der Bote hielt inne. Die steife Haltung, die von jemandem seines Amtes erwartet wurde, blieb unverändert, er gestattete sich jedoch ein leises Hüsteln, ehe er weitersprach. »Gegenwärtiger Aufenthaltsort und Gesundheitszustand des Königs sind unbekannt. Prinzessin Leannor war gerade auf dem Weg nach Norden, als die Nachricht sie erreichte. Sie ruft alle wahren und treuen Diener des Reiches dazu auf, sich schnellstmöglich in Couravel zu versammeln und so viele Gefolgsleute und Knechte mitzubringen, wie eingezogen und bewaffnet werden können. Euch, Herrin, wird hiermit ebenfalls der Befehl erteilt.«

Das ist der Moment, in dem es wirklich beginnt. Ich unterdrückte ein Schaudern, als die Stimme von Erchels Traumgestalt laut in meinem Kopf widerhallte und Erinnerungen an König Tomas' lebloses Gesicht wachrief. Ich hatte seither versucht, die Vision zu vergessen, sie in der schwachen Hoffnung unterdrückt, dass sich alles doch nur als die wirren Bilder eines Verstandes erweisen könnte, der eine starke Erschütterung erlitten hatte. Leider wurde nun schrecklich offensichtlich, dass Erchels Geist zwar sonst alle Züge seiner Persönlichkeit zu Lebzeiten besaß, gelogen hatte er aber nicht.

Mein Herz schlug um einiges schneller, als ich sah, wie der Bote sich vor Evadine verbeugte und ihr einen Brief überreichte, der hastig mit Wachs versiegelt worden war und das königliche Wappen trug. Evadine nahm ihn ohne Zögern entgegen und schenkte dem Boten ein freundliches Lächeln. »Ein Befehl, den ich umgehend bestätige und annehme, guter Mann. Ihr habt Euren Auftrag hervorragend ausgeführt und macht der Krone damit Ehre. Geht jetzt, erfrischt Euch und ruht Euch aus.«

»Ich kann nur kurz ausruhen, Herrin«, erwiderte der Bote. »Ich habe den Auftrag, die Botschaft auch dem edlen Elfons in Hochsahl zu überbringen. Wenn ich Euch jedoch um ein frisches Pferd bitten könnte?«

»Natürlich. Richtet dem Stallmeister in meinem Namen aus, er soll Euch mit seinem schnellsten Pferd ausstatten.«

Als der Bote den Turm verließ, erbrach Evadine das Siegel des Briefes. Sie warf nur einen flüchtigen Blick auf den Inhalt, dann begann sie, Befehle zu geben. »Hauptmann Swain, Hauptmann Dornmahl, sammelt Eure Kompanien und marschiert im Morgengrauen los. Hauptfrau Ofihla, Ihr habt in meiner Abwesenheit den Oberbefehl über die Burg …«

»Wenn ich kurz unterbrechen dürfte«, sagte ich so laut und mit Nachdruck, dass Evadine innehielt. Auch alle anderen im Saal erstarrten und blickten mich erschrocken an. »Ich würde gern einen Moment allein mit Euch sprechen«, fügte ich hinzu und blickte Evadine in die leicht zusammengekniffenen Augen. »Ich habe den Eindruck, dass es Wichtiges zu bereden gibt.« Evadine gab den anderen den Befehl, mit den Vorbereitungen für den Marsch zu beginnen, und wies mich dann knapp an, ihr zur Spitze des Turms zu folgen. Die Wachen dort wurden zu ihren Kompanien beordert, sodass wir nun ganz allein waren. Kurz herrschte angespannte Stille, bevor Evadine das Wort ergriff.

»Ich weiß, was du mir raten willst. Und ich möchte es nicht hören.«

»Und trotzdem werde ich es aussprechen«, erwiderte ich. Natürlich hätte sie mir auch befehlen können, zu schweigen und mich lieber darum zu kümmern, die Kompanie der Späher abmarschbereit zu machen, doch das tat sie nicht. Stattdessen kehrte sie mir den Rücken zu, stützte sich mit den Händen auf der Steinbalustrade ab und richtete den Blick nach Norden. Die Wolken am östlichen Horizont waren von einem tieferen Rot als sonst im Morgengrauen, was für die kommenden Tage schlechtes Wetter verhieß.

»Könige und Königinnen kommen und gehen«, sagte ich hinter ihr. »Du hast mit einem König eine Übereinkunft getroffen, warum nicht auch mit einem anderen?«

»Weil«, sagte sie und schaute weiter nach Norden, »ich dem einen König mein Wort gegeben habe und nicht dem anderen.«

»Worte sind nur Worte. Sie besitzen Macht, aber eine, die sich verändern lässt. Was einst ein aufrichtiges Versprechen war, kann, im richtigen Kontext dargestellt, auch als reine Notlösung erscheinen.«

»Und wer könnte den Kontext besser darstellen als der erfahrene

Schreiber Alwyn Scribe, hm? Willst du eine Lügnerin aus mir machen?«

Ich unterdrückte den plötzlichen Drang, ihr den Inhalt meines Traums mitzuteilen. Das wäre unklug gewesen. Weshalb ein Toter mich in meinen Träumen mit Visionen der Zukunft verfolgte, begriff ich schließlich selbst nicht und wollte es erst recht nicht erklären müssen. Ich wusste nur mit Sicherheit, dass König Tomas tot war und Evadine sich von dem kommenden Chaos fernhalten sollte. *Die zweite große Plage wird bald anbrechen, und hier nimmt sie ihren Anfang.*

»Ich würde dich zu dem machen, was du sein musst«, sagte ich. »Und was bist du den Algathinets schuldig? Wären sie mit ihren Intrigen erfolgreich gewesen, dann wärst du längst tot und ebenso alle, die dir folgen. Wenn Tomas ein Gefangener oder gestorben ist, könnte der Prätendent den Thron gewaltsam an sich reißen. Ohne den Segen des Bundes oder der Gesegneten könnte er ihn aber niemals halten. Ich würde vermuten, dass er auf deinen Segen mehr Wert legt als auf den des Rates, der seine Ansprüche stets strikt abgewiesen hat. Er kann auf dem Thron sitzen, wenn er will, und sich jeden beliebigen Titel zulegen, aber die Zügel der Macht wirst du in den Händen halten. Du hast von einer wunderbaren und schrecklichen Gelegenheit gesprochen. Jetzt ist sie gekommen.«

Evadine schwieg eine Weile und schien immer noch das Land nördlich des Krähenflusses zu betrachten. »Die Gelegenheit, die ich meinte«, sagte sie schließlich nachdenklich, »haben die Seraphilen mir gezeigt, und sie hat mit Verrat nichts zu tun. So viel weiß ich. Die Gesegnete darf nicht zur Hure des Prätendenten werden, denn genau so wird man mich nennen.«

Sie drehte sich um und musterte mich mit einem Ausdruck, der nicht streng, aber doch entschlossen wirkte. »Die Kompanie des Bundes wird nach Couravel marschieren und sich Prinzessin Leannors Heer anschließen. Danach werden wir der neuen Horde des Prätendenten im Kampf entgegentreten und ihn ein für alle Mal besiegen.«

Sie trat zu mir und ergriff meine Hände. »Ich schätze deinen Rat noch immer über alles, Alwyn, das weißt du. Aber mein Weg steht fest und lässt sich nicht ändern.« Sie schaute mir tief in die Augen und flehte um mein Verständnis und vielleicht auch noch um mehr. Es war mir vorher schon aufgefallen, besonders nachdem die Sackhexe sie geheilt hatte. Jetzt nahm ich es so deutlich wahr wie noch nie: Evadine Courlain, die Wiederauferstandene, sah in mir mehr als nur einen Vertrauten und Ratgeber. Von einer solchen Frau gewollt zu werden, ist ein merkwürdig berauschendes Gebräu, so stark und süchtig machend wie keines, das ich je getrunken hatte. Ich will nicht lügen, denn ich gab der Versuchung nach, obwohl sie mich tiefer ins Verderben stürzte als alles, was ich in meinem Leben je getan hatte, seien es nun Diebstahl, Lügen oder Mord.

Vom Hof hallten Swains Befehle herauf, der seine Truppen Aufstellung nehmen ließ. Das Gebrüll von Feldwebeln und das Trampeln von Stiefeln waren laut genug, dass der Bann gebrochen wurde und Evadine sich wieder daran erinnerte, wer und wo sie war. Sie senkte den Blick wie ein schüchternes Mädchen, was ich bei ihr zum ersten Mal sah.

»Ich werde«, sie räusperte sich und ging zur Treppe, »in den kommenden Tagen mehr denn je deinen Rat benötigen, Hauptmann Scribe. Geh mit deiner Kompanie so schnell wie möglich nach Norden und sammle dort verlässliche Informationen.«

Das ist der Moment, in dem es wirklich beginnt. Erchels Stimme verhöhnte mich wieder, während ich Evadine die Treppe hinuntersteigen sah, aber ich war zu sehr in meiner neu erwachten Besessenheit gefangen, um ihr Gehör zu schenken. Ich hatte die erste Kostprobe von Evadines Zuneigung erhalten, und wie jeder Süchtige wollte ich mehr.

DREIUNDDREISSIGSTES KAPITEL

»Ich hab ihnen gesagt, sie sollen sich verpissen«, murrte die Witwe und warf der kleinen Gruppe Knechte, die ihrem Pferd folgte, säuerliche Blicke zu. »Ich konnte sie ein paarmal abschütteln, aber sie haben mich immer wieder eingeholt.«

Die Kompanie der Späher lagerte an einer Wegkreuzung etwa zwanzig Meilen nördlich des Krähenflusses; dem Heer des Bundes, wie es jetzt bezeichnet wurde, einen halben Tagesmarsch voraus. In meiner Abwesenheit war Evadines Streitmacht derart angewachsen, dass der Begriff »Kompanie« nicht mehr passte. Eher war sie jetzt eine kleine Armee, und wenn ich mir die Verfolger der Witwe so anschaute, würde sie wohl noch um einiges größer werden.

»Wir sind hier, um für die Gesegnete zu kämpfen, Herr«, sagte ein Mann – offensichtlich der Anführer der Gruppe. Er war ein kräftiger Kerl, dessen breite Schultern von jahrelanger Plackerei mit Pflug und Sense zeugten. Wie bei den etwa ein Dutzend Leuten hinter ihm war der Stoff seiner Kleider vom langen Tragen dunkel verfärbt und zerschlissen. Keiner von ihnen wirkte sonderlich gut genährt, und ich sah manche mit hohlen Wangen und tief liegenden Augen, die offenbar schon seit Längerem Hunger litten.

»War wohl ein harter Winter, wie?«, fragte ich. Der Mann blinzelte überrascht. Wahrscheinlich hatte er erwartet, dass ich ihn aus den heiligen Schriften zitieren ließ, um seine Frömmigkeit zu beweisen.

»Die Steuereintreiber des Königs haben mehr als sonst verlangt, Herr«, sagte er und nickte. »Und der Frost war dieses Jahr besonders schlimm.«

»Wir haben die Gunst der Seraphilen verloren«, sagte die Frau neben ihm. Ihr Blick wirkte wilder als der des Mannes, und ihre Stimme zitterte trotz ihrer offensichtlichen Entschlossenheit. »Der König hat die Gesegnete fortgeschickt, sodass uns ihr Segen verwehrt blieb.«

Die anderen Leute murmelten zustimmend. Ihre Stimmen klangen leicht bedrohlich. Sie waren wütend, und das nicht ohne Grund. In ruhigeren Zeiten hätte ich sie gefragt, ob sie wussten, dass die Gesegnete, deren Banner sie folgen wollten, für denselben König zu kämpfen gedachte, den sie für ihre Not verantwortlich machten. Doch das tat ich nicht. Momentan waren wütende Leute wertvoll.

»Gibt es in diesem Landkreis noch andere, die genauso denken wie ihr?«, fragte ich, worauf viele Köpfe zustimmend nickten.

»Hunderte, Herr«, sagte die Frau mit dem wilden Blick. »Bis auf die feigen Hunde oben in Gallsbreck. Die hatten's viel zu gut. Bleiben lieber auf ihren Ärschen sitzen und saufen Ale, anstatt für die Gesegnete zu kämpfen.« Ihre weit aufgerissenen Augen verengten sich berechnend. »Ihr könntet dort vorbeigehen, edler Herr, und ihr Dorf niederbrennen.«

»Ich bin Hauptmann, kein edler Herr«, stellte ich klar und hob meine Stimme, um das Gebrabbel der anderen zu übertönen. »Und die Gesegnete schickt ihre Soldaten nicht aus, um mutwillige Zerstörung zu begehen.« Ich deutete auf den Straßenrand. »Setzt euch dorthin und wartet auf das Heer des Bundes. Sie werden bis zum Nachteinbruch hier sein. Meldet euch bei Hauptmann Swain.«

Ich gab Ayin und Eamond den Auftrag, unter den Leuten Brot zu verteilen, und ließ mir die Namen aller Dörfer und Gehöfte innerhalb eines Tagesritts nennen und die Richtung, in der sie zu finden waren. Als wir am frühen Abend unser Lager abbrachen, teilte ich die Späher in Zweiergruppen ein und wies ihnen Listen von Orten zu, die sie aufsuchen und den Bewohnern dort vom Marsch der Gesegneten in Richtung Norden berichten sollten.

»Manche werden willens sein, viele aber nicht«, warnte ich sie, bevor ich sie losschickte. »Haltet euch nicht damit auf, sie zu überreden, sondern verbreitet lediglich die Nachricht. Alle, die für die Gesegnete kämpfen wollen, sollen nach Gildtren gehen.« Ich betrachtete die Leute am Straßenrand, die hungrig ihr Brot aßen. Keiner hatte eine Axt oder auch nur ein Messer dabei. »Und sie sollen alles an Waffen und Vorräten mitbringen, was sie tragen können.«

Acht Tage später stand ich mit Schwarzfuß auf einem Hügel ein paar Meilen von der Mühlenstadt Gildtren entfernt. Das Schlachtross war für den Erkundungsdienst schlecht geeignet, da es für den Kampf gezüchtet worden war. Bei meinem Wiederauftauchen in der Burg war der Hengst überraschend aufgeregt gewesen, hatte den Kopf hochgerissen und sogar zugelassen, dass ich ihm zur Begrüßung über die Nüstern strich. Nachdem er mich nun aber schon einige Tage lang über vom Regen schlammige Wege getragen hatte, war seine alte Hochnäsigkeit zurückgekehrt. Er schnaubte nur verächtlich, als ich ihm den Hals tätschelte.

»Da haben wir anscheinend eine Armee für sie aufgestellt«, bemerkte Juhlina. Gildtren bestand aus einigen Wassermühlen, Hütten und Lagerhäusern, die sich am Ufer des Mergild entlangzogen und eine mittelgroße Stadt bildeten. Aus dieser Entfernung sah es aus, als hätte sich am Stadtrand eine seltsame Geschwulst gebildet. Zahllose Zelte und behelfsmäßige Unterkünfte drängten sich im Umkreis, und die Straßen und Felder waren dicht bevölkert. Mein Leben als Soldat hatte mich gelehrt, dass eine derart große Menschenmenge schwer zu zählen war, ich schätzte jedoch, dass es mindestens achttausend sein mussten.

Auf unserer Reise durch die Südgebiete von Alberis waren wir auf große Begeisterung gestoßen. Die Bewohner des Herzogtums – viele ähnlich aufgebracht wie die kleine Schar, die Juhlina zu der Kreuzung gefolgt war – lauschten der Kunde vom Marsch der Gesegneten mit gebannter Faszination. Jede unserer Ansprachen gipfelte in der Frage: »Wer hat den Mut und den Glauben, für die Gesegnete zu kämpfen?« Trotz der vielen Hände, die sich daraufhin hoben, übertraf die Anzahl der hier Versammelten bei Weitem meine Erwartungen. Eine feurige Rede vor einem empfänglichen Publikum kann wahre Begeisterungsstürme auslösen, doch wenn der Jubel erst vorbei ist und die Aussicht auf einen echten Kampf droht, stehlen sich viele oft davon. Die Vorstellung, den Segen der Wiederauferstandenen zu erhalten, flößte jedoch selbst den Verzagtesten Mut ein.

»So viele Leute zu versorgen, wird nicht leicht werden«, sagte ich grimmig, worauf die Witwe mir mit einiger Genugtuung das Offensichtliche entgegenhielt: »Das Ganze war Eure Idee.«

Ich zog eine finstere Miene, doch sie lächelte nur, was sie inzwischen häufiger tat, wie mir aufgefallen war. Das viele Umherreisen schien ihre Stimmung zu heben, da es sie von ihrer Wut ablenkte.

»Kehr zum Heer zurück«, wies ich sie an, packte Schwarzfuß' Zügel fester und setzte ihn in Bewegung. »Berichte der Gesegneten, was sie hier erwartet. In der Zwischenzeit werde ich versuchen, ein wenig Ordnung ins Chaos zu bringen.«

Bei neu gebildeten Gruppen schält sich meist schon bald ein Anführer oder eine Anführerin heraus, die aufgrund ihrer Fähigkeiten oder Erfahrungen für die Rolle geeignet sind oder weil sie sich den Respekt der anderen verdient haben. Manche hingegen wie der große bärtige Mann in Pilgerkleidung, der jetzt aus der Menge trat und mir den Weg versperrte, schwingen sich zum Anführer auf, indem sie Leichtgläubige hinters Licht führen. Nicht jeder Gesetzlose verdient sich sein

Brot mit Diebstahl oder Gewalt. Manche – Deckin nannte sie »Nepper« – besitzen die unheimliche Gabe, andere allein mit Worten um ihren Besitz zu bringen. Lorine gehört mit Sicherheit dazu. Ihr fiel es nie schwer, andere zu täuschen, und sie ging dabei weitaus subtiler und überzeugender vor als der bärtige Schwindler vor mir.

»Wer seid Ihr, dass Ihr im Namen der Gesegneten sprecht?«, fragte er mit einer Stimme, der anzumerken war, dass er häufiger vor größeren Menschenmengen redete. Dazu hob er einen Stab über den Kopf. Das erwartungsvolle Schweigen der Umstehenden teilte mir mit, dass die Leute in den letzten Tagen schon so einiges an Predigten von diesem Kerl gehört hatten. »Wir, die wir uns versammelt haben, um für den Bund zu kämpfen, werden nur *ihrer* Stimme lauschen!«

Ich erkannte auf den ersten Blick, dass dieser Pilger ein Nepper war. Zwar leuchteten seine Augen wie die eines Fanatikers, zugleich blickte er aber auch immer wieder verstohlen zur umstehenden Menge hin, um abzuschätzen, welche Wirkung seine Worte auf sie hatten. Wahre Gläubige sind ganz in ihren Überzeugungen versunken und scheren sich nicht darum, ob sie mit ihren Predigten andere erreichen. Als ich keine Antwort gab und nur gelassen den Kopf schief legte, sah ich, wie der Mann für einen Moment die Fassung verlor. Ein kluger Dieb weiß, wann es Zeit ist, die Flucht zu ergreifen. Dieser hier bewies seinen Mangel an Klugheit dadurch, dass er stehen blieb und weiter dreiste Reden schwang. Vermutlich fühlte er sich durch die Menge hinter ihm dazu ermutigt.

»Visionen hatte ich«, rief er beschwörend und packte seinen Stab mit beiden Händen. Er schloss die Augen, und seine Arme zitterten, wie überwältigt von einer himmlischen Eingebung. »Von der großen Plage, die war und wieder sein wird«, sagte er noch lauter. »Von der Gesegneten, die uns durch Dunkelheit und Verzweiflung zur Erlösung führen wird. Nur vor ihr werden wir uns verneigen! Wenn Ihr wirklich ihr Bote seid, Soldat, dann geht und richtet ihr das aus.« Er öffnete die Augen und breitete die Arme aus, bebend vor frommer Rechtschaffenheit. »Sagt ihr, ihre Gemeinde erwartet sie!«

Der Trick ist, nicht die Rolle zu spielen, die einem zugedacht ist, hatte Lorine mir vor langer Zeit einmal am Lagerfeuer gesagt. *Dadurch schafft man es, sich der Falle des Neppers zu entziehen.* Anstatt also meinen Namen zu nennen, saß ich bloß im Sattel und musterte den Bärtigen unfreundlich. Die Menge hatte bei seiner Rede freudig gejubelt, nun jedoch wurden die Stimmen leiser, je mehr sich der Moment in die Länge zog. Der vermeintlich Erleuchtete runzelte verwirrt die Stirn, womit sich meine Einschätzung bestätigte. Er hatte damit gerechnet, dass ich laut meinen Namen verkündete, nur damit er als selbst ernannte Stimme der Gesegneten mich niederbrüllen konnte. Mein Widerspruch würde im Toben der Menge untergehen, die der Nepper gefährlich anheizen würde, worauf ich mich zurückziehen müsste. Danach könnte er noch ein oder zwei Tage länger den Leuten das Geld aus den Taschen ziehen.

Als der Mann sich unsicher über die Lippen leckte und dann wieder seine Maske aufsetzte, war ich versucht, einfach an Schwarzfuß' Zügeln zu ziehen, damit der Hengst mit den Vorderhufen austrat. *Reite den Mistkerl nieder und fertig.* Doch ich unterdrückte den Drang, der, wie ich wusste, aus Zorn erwuchs. Seit jenem Moment auf der Spitze des Turms hatte ich nur noch an Evadine denken können, und alles oder jeder, der ihr in irgendeiner Weise schaden könnte, machte mich wütend. Ich zweifelte nicht daran, dass es Evadine mit einer einzigen Predigt gelingen würde, die Herzen und Seelen dieser Menschen für sich zu gewinnen, aber jemand wie dieser Mann durfte sich nicht in den Reihen ihrer neu aufgestellten Armee verbergen. Ihn einfach umzubringen, würde aber bei den Leuten, die sich zu einem höheren Zweck berufen fühlten, einen schlechten Eindruck hinterlassen.

Ich setzte deshalb ein Lächeln auf, stieg aus dem Sattel und ging mit ausgebreiteten Armen auf den falschen Pilger zu. »Willst du mich umarmen?«, fragte ich und sah ihn zu meiner Befriedigung hektisch blinzeln. »Ich erkenne einen Bruder im Geiste, wenn ich ihn sehe.«

Ich schloss meine Arme um ihn, bevor er ausweichen konnte, umarmte ihn fest und drehte ihn so, dass die Menge nicht sehen konnte, wie ich ihm ins Ohr flüsterte: »Du bist so fromm wie ein Haufen Hundescheiße, mein Freund.« Er zuckte zusammen und wollte sich losreißen, erstarrte jedoch, als ich ihn noch fester umarmte. Er war ein kräftiger Mann, aber offensichtlich nicht an Gewalt gewöhnt, wie es bei Leuten, die ihren Lebensunterhalt mit Worten bestreiten, häufig der Fall ist. »Wenn ich dich loslasse, wirst du mich zum Boten des Heeres der Gesegneten erklären«, zischte ich ihm zu. »Dann wirst du netterweise verschwinden. Wenn ich dich morgen früh noch hier im Lager sehe, hack ich dir die Eier ab und serviere sie dir zum Frühstück.«

Ich drückte ihn noch einmal fest und ließ ihn dann los. Ein gieriger Lügner war er sicherlich, aber kein völliger Dummkopf, denn er beeilte sich, seinen Stab zu heben und laut zu verkünden: »Heißt den Boten der Gesegneten willkommen!«

»Neuntausenddreihundertzweiundachtzig«, formulierte Ayin präzise. »Das sind die, die ihr Kreuz gemacht und den Schwur geleistet haben.« Das dicke Kompaniebuch sah in ihren Händen fast komisch aus, als hätte sie es aus der Bibliothek eines Riesen gestohlen. Von den Anwesenden hätte jedoch niemand gewagt, über sie zu lachen. Wir waren in Evadines Zelt versammelt, die, einen Tag nachdem ich den falschen Pilger fortgeschickt hatte, unter lauten Jubelrufen eingetroffen war. Zu meiner Befriedigung hatte ich bislang keine Spur von ihm mehr entdeckt – und ich hatte gründlich nachgesehen.

»Wie viele sind schon mal unter einem Banner marschiert?«, fragte Swain.

Diese Frage wurde allen Rekruten der Kompanie gestellt, und Ayins Antwort ließ die meisten Anwesenden enttäuscht aufseufzen. »Achthundertneun.«

»Man sollte meinen, dass es mehr wären«, sagte Wilhum. »Bei all den Kriegen, die es in letzter Zeit gegeben hat.«

»Wer sich dem Banner anschließt, kehrt nur selten zurück«, wandte ich ein. »Diesen Leuten mangelt es nicht an Kampfeifer. Besser noch, sie sind wütend und«, ich gestattete mir einen Blick zu Evadine, »ihre

Liebe für die Gesegnete ist aufrichtig. Neuntausend willige Kämpfer sind nicht zu verachten, selbst wenn es ihnen an Fähigkeiten mangelt.«

»Es ist nicht bloß die Anzahl der Soldaten, die eine Armee ausmacht«, sagte Swain. »Und wir haben keine Zeit, sie auszubilden.« Er richtete sich auf und wandte sich an Evadine. »Gesegnete, ich muss darauf hinweisen, dass es unseren Zielen schaden könnte, wenn wir uns mit einem undisziplinierten Mob belasten. Sie in Marschordnung zu bringen und diese bis nach Couravel einzuhalten, wird ein Ding der Unmöglichkeit sein. Ganz zu schweigen davon, dass wir kaum genug Vorräte haben, um unsere eigenen Soldaten zu ernähren. Die Lagerhäuser in der Stadt sind jetzt schon so gut wie leer. Ich schlage vor, dass wir nur die Veteranen aufnehmen und morgen früh weiterziehen.«

Evadine hatte bis jetzt nachdenklich geschwiegen und schien die Zahlen, die Ayin genannt hatte, nur am Rande mitbekommen zu haben. Nun straffte sie sich und musterte Swain mit einem Blick, der fast schon wütend wirkte. »Ihr tut so, als sei das nur irgendein Feldzug, guter Hauptmann«, sagte sie. »Aber das ist er nicht. Keiner von uns sollte irgendeinen Zweifel daran haben, wie bedeutsam die vor uns liegende Mission ist. Unter den Bewohnern von Althiene und dem nördlichen Alberis hatte der Prätendent stets die meisten Unterstützer. Jetzt hat er einen Sieg errungen, und das einfache Volk wird wieder zu ihm strömen, vielleicht sogar noch zahlreicher als zuvor. Wenn wir gegen ihn bestehen wollen, brauchen wir jeden Einzelnen der wahren Anhänger des Bundes. Viele haben unsere Mission in Alundia einen Kreuzzug genannt, aber das ist falsch. Der wahre Kreuzzug beginnt hier, und ich werde den Menschen dieses Reiches ihren Platz darin nicht verwehren. Ob nun undiszipliniert, schlecht ausgebildet oder halb verhungert, jeder und jede, die mit mir marschieren wollen, um ihre Zukunft zu sichern, sind willkommen. Genau das werde ich ihnen sagen, wenn ich heute zu ihnen spreche. Und ich werde es jeden Tag sagen, bis wir auf die Horde des Prätendenten treffen und die Schlacht beginnt.«

Mein Herz schlug doppelt so schnell, als sich ihr Blick auf mich richtete. Ich gierte nach jedem bisschen Aufmerksamkeit, das sie mir gönnte. Ihr, verehrte Leser und Leserinnen, seid mit dem, was danach kam, sicherlich gut vertraut, und ich behaupte nicht, an den Verbrechen, die uns zur Last gelegt werden, unschuldig zu sein. Ja, inzwischen war auch ich in Evadines Bann geraten, genau wie einst der arme, verblendete Sir Eldurm Gulatte, als er mir seine unbeholfenen Liebesbriefe diktiert hatte. Damals hatte ich ihn bemitleidet so wie jetzt mich selbst, wenn ich aus der Entfernung des Alters auf mein jüngeres Ich zurückblicke. Gulatte war jedoch nur der unpassende Verehrer einer Frau gewesen, die ihm so viel Zuneigung entgegenbrachte, wie man für ein Schoßhündchen übrighat. Evadine und ich hingegen waren einander verbunden, sie empfand dasselbe Bedürfnis nach meiner Nähe wie ich nach ihrer. Und das – wie ich jetzt mit schrecklicher Klarheit erkenne – machte alles, was danach kam, nur umso schlimmer. Wir haben zahllose Verbrechen begangen, und es begann an jenem Tag mit dem, was die Chronisten später den Opfermarsch nannten.

Seltsam, wie schnell sich der Verstand an Grausiges gewöhnt. Anblicke, die einen sonst vor Schreck erbleichen lassen, rufen kaum mehr als ein Achselzucken hervor, wenn man ihnen ständig begegnet. So war es auf dem Opfermarsch vom ersten Tag an. Es begann mit den Alten und Kranken, die eine solch anstrengende Reise niemals unternommen hätten, wären sie nicht vom Licht der Gesegneten dazu inspiriert worden.

Ihre Predigt an diesem Morgen war kürzer gewesen als sonst und auch weniger wortgewandt. Evadines Fähigkeit, die Menschen mitzureißen, hatte noch nie allein davon abgehangen, die richtigen Worte zu finden. Vielmehr war es sie selbst, ihr Anblick: groß gewachsen und schön, mit einer schwarzen Rüstung, die im Licht der aufgehenden Sonne funkelte. Sie war alles, was sich ihre gläubigen Anhänger erträumten, und erst ihre Stimme …

»Ich trete als Büßerin vor euch.« Laut hallten ihre Worte über die versammelten Massen hinweg, klarer und aufrichtiger als je zuvor.

Das Schuldgefühl, das darin mitschwang, verstärkte noch diesen Eindruck. Sie stand auf einer Rampe, die aus dem Dach der höchsten Mühle von Gildtren hervorragte. Unter ihr drängten sich in den Gassen und auf den Plätzen die Menschen und lauschten gebannt. »Ich bin hier und bitte nicht um eure Treue, sondern um Vergebung. Denn es ist meine Pflicht, euch zu sagen, dass wir nur deshalb an diesen Punkt gelangt sind, weil ich versagt habe.«

Widerspruch wurde in der Menge laut, verstummte jedoch, als sie die Hände hob. »Ein Versagen darf man nicht leugnen«, fuhr sie fort. »Nur wenn man dazu steht, stellt man sich der Wahrheit. Ich habe lange darum gekämpft, die zweite große Plage zu verhindern, doch ich habe es nicht entschlossen und mutig genug getan, und deshalb habe ich versagt. Ich habe mein Herz weich werden lassen, wenn es hätte wie Stahl sein müssen. Ich habe innegehalten, als ich hätte zuschlagen sollen. Meine Schwäche, mein Versagen, meine Wahrheit. Das ist meine Bürde, und es schmerzt mich, dass ihr sie mit mir tragen müsst.«

Wieder erklangen Zwischenrufe, Beteuerungen aus tränenüberströmten Gesichtern. »Wir werden alle Bürden mit Euch tragen, Gesegnete! Gebt uns Eure Befehle!«

Diesmal ließ sie dem Aufruhr freien Lauf, bis er nicht mehr lauter werden konnte, dann deutete sie nach Norden. »Heute marschiere ich los, um mich den Nachfahren der letzten großen Plage entgegenzustellen. Der verderbte Herzog von Althiene und der Elende, der als Prätendent bekannt ist, sind die Diener der Maleciten. Das haben die Seraphilen in ihrer Gnade mir gezeigt.« Der Jubel der Menge wurde noch lauter, nun mischte sich jedoch auch ein hässliches, wütendes Knurren mit hinein. Evadines Stimme wurde davon jedoch nicht übertönt, im Gegenteil schien der Tumult sie sogar noch lauter zu machen, als würden ihre Worte von den Wogen der Bewunderung mitgetragen.

»Marschiert!«, rief sie, zog ihr Schwert und deutete auf den nördlichen Horizont. »Marschiert im Namen der Märtyrer!«

Später vermutete ich, dass dies wohl als Schlachtruf ihres Kreuzzugs gedacht war, ein Sprechchor, der in den kommenden schweren Tagen von der Menge aufgegriffen werden sollte. Die Menschen hingegen stimmten einen anderen Ruf an, den sie von den Soldaten des Bundes in ihrer Mitte aufgeschnappt hatten.

»Wir leben für die Heilige!« Anfangs waren es nur vereinzelte Stimmen, doch bald schon vereinten sie sich zu einem lauten Chor. »Wir kämpfen für die Heilige! Wir sterben für die Heilige!«

Evadine blieb noch einen Moment lang stehen, dann steckte sie ihr Schwert ein und kehrte auf den Speicher der Mühle zurück, wo ich auf sie wartete. Ihr wohlwollendes Lächeln wich rasch einem zweifelnden Stirnrunzeln, als sie mich ansah. »Hier geht es nicht um mich«, murmelte sie. »Das weißt du, oder?« Die Momente, in denen sie zweifelte, waren so selten, dass sie mich stets beunruhigten.

»Ich weiß«, sagte ich und ergriff ihre gepanzerte Hand, wenn auch nur kurz, um kein Aufsehen zu erregen. »Aber wir sollten froh sein über alles, was die Leute bei Laune hält, denn es wird ein langer Marsch.«

Und so begannen wir den Marsch, eine Kolonne aus Bauern und Stadtbewohnern, die ohne jede militärische Ordnung Richtung Norden stapften. Die Kreuzzügler trugen Säcke mit Vorräten bei sich – alles, was sie hatten sammeln können, was leider nicht viel war. Ein schwankender Wald aus Heugabeln und improvisierten Speeren stellte ihre Waffen dar. Bis auf Kinder waren alle Altersgruppen vertreten. Einige Mütter hatten schreiende Säuglinge mitnehmen wollen, hier jedoch hatte Evadine eine Grenze gezogen und ihnen streng befohlen, wieder nach Hause zu gehen. Ansonsten war jeder und jede, die unter dem Banner der Gesegneten marschieren wollte, willkommen. Verpflegen mussten sich aber alle selbst. Auf Unterstützung konnten die Marschierenden nicht hoffen, denn das Heer des Bundes hatte weder Essen noch Waffen übrig. Eigentlich hätte das die meisten Leute bis auf die kühnsten unter ihnen abschrecken müssen, doch weit gefehlt.

Am ersten Tag sah ich eine ganze Weile einem alten Mann beim

Sterben zu. Der dürre Kerl – einstmals ein kräftiger Schmied, wie er mir versicherte – lehnte an einem Markstein und tat keuchend seine letzten Atemzüge. Es war schon der sechste Alte, den ich an diesem Tag in ähnlichem Zustand gesehen hatte. Sie brachen aus der Kolonne aus, schwankten zum Wegrand und ließen sich dort nieder, um nie wieder aufzustehen. Aus Gründen, die ich bis heute nicht nachvollziehen kann, blieb ich ausgerechnet bei diesem stehen.

»Hier, Großvater«, sagte ich und setzte ihm meine Feldflasche an die Lippen.

Er nahm einen großen Schluck, hustete und würgte. Die Muskeln an seinem dürren Hals arbeiteten schwach. »Immer … zu viel … Pfeife geraucht«, murmelte er abgehackt. »Ruiniert … den Magen.« Er deutete mit einem zittrigen Finger auf mich. »Merkt Euch das … junger Herr.«

»Ich bin kein Herr …«, setzte ich an, verstummte dann aber und ließ mich neben ihm nieder. Erschöpft versuchte er, mir die Feldflasche zurückzureichen, und ich nahm sie entgegen. Ich sah zu, wie er mühsam ein paar Atemzüge tat. Sein Kopf schaukelte kraftlos hin und her, während er die vorbeistapfenden Leute betrachtete.

»So viele«, murmelte er, und sein Mund verzog sich zu einem Lächeln. »Marschieren … endlich … für eine gute Sache.«

»Seid Ihr deswegen hergekommen?«, fragte ich, und er nickte langsam.

»All die anderen Kriege …« Er schüttelte den Kopf. »Die waren nicht unsere. Adlige, die um Land kämpfen … Nicht unser Land … Niemals unser Land.«

Ich wusste, dass ihm nicht mehr zu helfen war, deshalb saß ich nur bei ihm und betrachtete die vorbeiziehenden Leute, bis die Sonne langsam unterging. Stockend und mit schwächer werdender Stimme erzählte er von seinem Leben in der Schmiede, von seiner ersten Frau, die er geliebt und begraben hatte, und von der zweiten, die er gehasst und erduldet hatte. Er schämte sich dafür, dass sein Sohn vor seinen Launen geflohen war und unter dem Banner angeheuert hatte, um niemals wiederzukehren. Und er gestand, einen Mann ermordet zu haben, der ihn bei einem Geschäft übers Ohr gehauen hatte – ein Verbrechen, für das er nie bestraft worden war, weil das Opfer in seinem Landkreis bei vielen verhasst gewesen war und der Sheriff deshalb ein Auge zugedrückt hatte.

»Vielleicht … wartet er auf mich«, keuchte der Alte flach, als die ersten Sterne am Abendhimmel funkelten. Die gebeugten, erschöpften Gestalten, die der Gesegneten nach Norden folgten, sah er gewiss schon nicht mehr. »Bei der Himmlischen Pforte … Vielleicht wartet er dort … um den Seraphilen zu sagen … was ich getan hab.« Sein Kopf schwankte in meine Richtung, und seine zuvor trüben Augen leuchteten plötzlich vor Verzweiflung, während er mit letzter Kraft Worte formte: »Das … wird mich retten … nicht wahr, edler Herr? Ich … bin mit der … Gesegneten … marschiert … Sie werden über mich richten … Sie werden mir verzeihen, nicht wahr?«

»Das Mitgefühl der Seraphilen kennt keine Grenzen«, sagte ich. »So hat es die Gesegnete mir versichert.«

»Den Märtyrern sei Dank …« Er lehnte den Kopf gegen den Markstein und schloss die Augen. Seine Brust hob und senkte sich ein letztes Mal. Ich ließ ihn bei dem Stein liegen, denn für Begräbnisse und Zeremonien blieb keine Zeit. Als ich auf Schwarzfuß' Rücken stieg und losgaloppierte, schalt ich mich dafür, dass ich den alten Schmied nicht nach seinem Namen gefragt hatte. Später fand ich die Art seines Dahinscheidens sogar tröstlich. Verglichen mit vielen anderen, die während des Opfermarsches ihr Leben lassen sollten, war es fast ein beneidenswert angenehmes Schicksal.

»Zweiundneunzig heute.« Ayin zog konzentriert die Brauen zusammen, während sie etwas ins Kompaniebuch kritzelte. »Besser als gestern. Da waren es wieder über zweihundert.«

»Ist das wirklich nötig?«, fragte die Witwe und musterte missbilligend die ordentlichen Einträge auf der aufgeschlagenen Seite. Als gewissenhafte Buchführerin hatte Ayin eine Tabelle gezeichnet, in der sie die täglichen Verluste eintrug, die unser Kreuzzug seit dem Abmarsch aus Gildtren vor acht Tagen erlitten hatte.

»Die Gesegnete legt Wert auf genaue Zahlen«, gab Ayin zurück und warf Juhlina einen scharfen Blick zu, bevor sie sich wieder an die Arbeit machte.

Die Kompanie der Späher befand sich auf einem Hügel, an dessen Fuß das Hauptheer lagerte. Die täglichen zwanzig Meilen Marsch hatten die Soldaten des Bundes weit vor Sonnenuntergang hinter sich gebracht. Die übrigen Marschierenden tröpfelten jedoch wie üblich erst nach und nach ein, um kreuz und quer ihre Lager aufzuschlagen, was bis weit in die Nacht hinein dauerte. Ebenso typisch waren die vielen Toten und Erschöpften, die wir hinter uns auf der Straße zurückließen. Nach dem ersten Tagesmarsch hatte ich den Spähern Befehl gegeben, vorauszureiten und im Umland nach Vorräten zu suchen. Evadine und mir selbst gegenüber stellte ich es als Akt der Nächstenliebe dar – selbst die geringste Menge ergatterter Nahrungsmittel konnte die Zahl der Toten verringern. Eigentlich war es jedoch vor allem Feigheit, die mich dazu trieb. Ich wollte einfach keine alten Männer oder hinkenden Krüppel mehr am Straßenrand sterben sehen. Ayin schien da weniger Skrupel zu haben. Sie ritt auf ihrem Pony ständig die Kolonne auf und ab und zählte mit fröhlicher Hingabe die Toten.

Ihre Zahl hätte weniger hoch sein können, wenn wir beim Fouragieren erfolgreicher gewesen wären. Leider gab dieses Land jedoch nur wenig her. Kluge Kaufleute und Bauern, die mit den Gewohnheiten durchziehender Armeen vertraut waren, schafften ihre Ernte rasch beiseite oder trieben ihr Vieh auf abgelegenere Weiden. Manche, mit denen ich auf dem Marsch nach Süden Handel getrieben hatte, waren jetzt verschwunden. Ihre Gehöfte und Lagerhäuser waren leer, bis auf das wenige, das sie nicht hatten mitnehmen können.

Mit den Dörfern und Städten, durch die wir kamen, sah es anders aus – hier hatte die Gesegnete bislang nicht an Anziehungskraft verloren. Die Leute lauschten ihren Predigten und strömten zu Dutzenden oder gar hunderten herbei, um ihrem Banner zu folgen. Dadurch wuchs unser Heer noch mehr an, zugleich aber auch die Zahl der Opfer. Dennoch geriet der Marsch niemals ins Stocken. Manche, die klüger oder weniger gläubig waren als andere, desertierten, wenn ihre Träume vom Ruhm der täglichen Tortur des Hungers und der Erschöpfung wichen. Die meisten jedoch, die Evadines Ruf gefolgt waren, blieben bis zum Ende. Es ist seltsam, ja deprimierend, dass Ayin bei ihrer Zählung am letzten Tag vor der Schlacht feststellte, dass der Kreuzzug der Knechte noch um einiges größer geworden war als am Tag unseres Abmarsches.

Schnelles Huftrommeln auf schlammiger Erde ließ mich hochschauen, und ich sah Eamond von Norden herangaloppieren. Inzwischen war er ein geübter Reiter und einer meiner besten Späher, der ein scharfes Auge und einen ebenso scharfen Verstand besaß, nur getrübt von seinem unverminderten Glauben.

»Fünf Meilen vor uns befindet sich eine berittene Kompanie, Hauptmann«, meldete er und brachte sein langbeiniges Jagdpferd zum Stehen. »Ich würde sagen, etwa einhundert Ritter und Soldaten, alle gepanzert und bewaffnet.«

»Banner?«, fragte ich.

»Ich hab eins gesehen, aber es war zu weit entfernt, um das Wappen erkennen zu können, und ich hielt es für das Beste, schnell umzukehren. Sie reiten geordnet die Straße entlang. Keine Wachen an den Flanken oder Späher.«

»Aufsitzen!«, rief ich den restlichen Spähern zu und warf Schwarzfuß eilig den Sattel auf den Rücken. Dass der Prätendent so weit südlich von Couravel vorgerückt sein könnte, hielt ich für unwahrscheinlich, aber da er für seine Durchhaltekraft berühmt war, war es besser, vorsichtig zu sein. Ich stieg in den Sattel und gab den Spähern Befehl, nach Osten und Westen auszuschwärmen, dann galoppierte ich zum Hauptlager. Evadine würde unsere Besucher gewiss begrüßen wollen.

VIERUNDDREISSIGSTES KAPITEL

»Vater.« Evadines Begrüßung klang völlig ausdruckslos. Offenbar hielt sie es auch nicht für nötig, sich zu verneigen. Sir Altheric Courlain wirkte dagegen freundlicher, er schenkte seiner Tochter sogar ein schmales Lächeln.

»Evadine«, sagte er und musterte ihr Gesicht mit einem Ausdruck, der mit der reservierten Missbilligung bei unserem Treffen im Shavine nichts mehr gemein hatte.

Sein weiß lackierter und mit der schwarzen Rose der Familie Courlain verzierter Brustharnisch war zerschrammt und mit getrocknetem Schlamm und braunen Blutflecken bespritzt. Der Helm neben ihm war ebenfalls schmutzig und an manchen Stellen eingedellt. Als ich seine Männer betrachtete, sah ich viele bandagierte Köpfe und mit Blutergüssen und Schnittwunden übersäte Gesichter. Das Gefolge eines so berühmten Ritters umfasste für gewöhnlich mindestens hundert Soldaten, ich zählte jedoch nur etwas mehr als fünfzig.

Ein harter und vielleicht verlorener Kampf, schlussfolgerte ich und musterte wieder Altherics grüblerische Miene. *Ein Mann, der nur knapp dem Tod entronnen ist, neigt dazu, über seine Fehler nachzudenken.*

»Ich nehme an, Ihr seid kürzlich erst der Horde des Prätendenten begegnet?«, fragte ich, um nicht lange um den heißen Brei herumzureden.

Seine Antwort kam prompt und klang nicht beleidigt. »Genau genommen ein hässlicher Schlagabtausch mit der Leibwache des Herzogs von Althiene, Meister Scribe. Offenbar nennen sie sich die Silberlanzen. Sind ihnen an einem regnerischen Abend vor zwei Tagen über den Weg gelaufen. Beinahe hätte ich den Herzog selbst erwischt, aber der Mistkerl konnte entkommen.«

»Wie schade«, sagte Evadine. »Wäre Herzog Guhlton tot oder in Gefangenschaft, dann hätte sich das Ganze vielleicht ohne Blutvergießen regeln lassen.«

»Leider bezweifle ich das«, sagte ihr Vater. »Die Horde des Prätendenten hat sich verdoppelt, seit er die Grenze übertreten hat. Das Kontingent des Herzogs macht höchstens noch ein Viertel seines Heeres aus. Anscheinend haben viele unzufriedene Leute nur auf den Tag gewartet, an dem der verfluchte Thronräuber wieder sein Banner erhebt.«

»Die Aussicht auf Hoffnung ist stets verlockend für die Hoffnungslosen«, erwiderte Evadine. »Auch wenn sie offenkundig falsch ist. Hinter mir marschieren mehr als zehntausend wahre Anhänger des Bundes, Vater. Sag mir, wo der Thronräuber ist, und wir werden mit ihm kurzen Prozess machen.«

Als Altheric den Eifer in ihrer Stimme hörte, runzelte er die Stirn, was mich daran erinnerte, wie viele Jahre er schon von seiner Tochter entfremdet war. Vielleicht wünschte er sich, dass sie ihm verzieh, aber eigentlich kannte er sie gar nicht. Für ihn war sie nur ein Mädchen mit Wahnvorstellungen, wofür er sie einst bestraft und von sich gestoßen hatte. Das schien ihm jetzt leidzutun – vermutlich umso mehr, wenn er erst begriff, wozu sie inzwischen geworden war.

»Prinzessin Leannor hat mir die Ehre erwiesen, mich zum Obermarschall des königlichen Heeres zu ernennen«, sagte Sir Altheric vorsichtig. »Unsere Patrouillen haben uns berichtet, dass der Prätendent seinen Marsch nach Couravel vor zwei Tagen unterbrochen hat. Er hat nur eine Meile von der Stadt entfernt sein Lager aufgeschlagen, während Prinzessin Leannor im Westen achttausend Fußsoldaten und eintausend Berittene zusammengezogen hat. Kontingente von Königstreuen aus Cordwain und den Shavine-Marschen eilen an ihre Seite, aber es wird noch ein paar Tage dauern, bis sie eintreffen. Allerdings …«, er hielt inne und verlagerte sein Gewicht im Sattel, wobei er Evadines Gesicht genau musterte, »… ist hier weit mehr im Gange als nur marschierende Armeen. Es gibt noch eine weitere Komplikation.«

»Der König«, sagte ich.

Der Obermarschall neigte den Kopf. »Ganz recht, Meister Scribe.«

»Hauptmann Scribe«, sagte Evadine leise, aber präzise. »Sprich meinen engsten Vertrauten bitte mit seinem korrekten Titel an, Vater.«

Altherics Augen verengten sich, während er zwischen uns hin und her sah. Düsteres Begreifen zeichnete sich auf seiner Miene ab. »Meinen Glückwunsch, Hauptmann«, sagte er in ausdruckslosem Ton, der nicht zu dem plötzlichen wütenden Funkeln in seinen Augen passte.

Ich nahm seine gezwungene Höflichkeit mit einem Nicken zur Kenntnis und wandte mich dann wieder wichtigeren Dingen zu. »Der König ist in Gefangenschaft?«

»Es scheint so, ja. Gestern traf eine Botin mit dem Waffenstillstandswimpel im königlichen Lager ein, die eine Einladung zu Verhandlungen überbrachte. Prinzessin Leannor wünscht insbesondere, dass Ihr daran teilnehmt, Hauptmann. Ich soll Euch so schnell wie möglich zu ihr geleiten. Du dagegen«, er wandte sich Evadine zu, »sollst dein Heer in voller Stärke zum königlichen Lager führen, wo ihr euch der Armee anschließen werdet. Einer meiner Männer wird euch den Weg zeigen.«

Evadine und ich tauschten nur einen kurzen Blick. Unsere Fähigkeit, uns ohne Worte zu verständigen, machte sich wieder einmal bemerkbar. *Geh*, sagten ihre Augen, *und berichte mir alles, was sich zuträgt.*

Wir drehten uns gleichzeitig um und verneigten uns vor Sir Altheric. »Wie die Prinzessin befiehlt«, sagte Evadine ernst.

»Sie hat wieder eine ihrer Visionen gehabt, nicht wahr?«

Während der Reise zum Lager des königlichen Heeres hatte Sir Altheric die meiste Zeit über eisern geschwiegen. Erst als wir die Kette der Wachposten hinter uns gelassen hatten und in die große Ansammlung aus Zelten, Karren und Koppeln hineingeritten waren, ließ er sich dazu herab, mich anzusprechen. Seine missbilligende Haltung war nicht zu übersehen, ich bemerkte darunter jedoch auch tiefe Sorge.

»Ich habe die Ehre, der Gesegneten bereits recht lange zu dienen«, erwiderte ich, »und in dieser Zeit wurden ihr viele Visionen zuteil.«

»Und doch hat sie all das hier nicht vorausgesehen.« Er nickte zu dem Heerlager um uns herum und stieß ein freudloses Lachen aus. »So ist das immer mit ihr ... Geheimes Wissen. Aber wenn sie damit herausrückt, ist es längst zu spät.«

»Wann die Visionen sie erreichen, liegt in der Hand der Seraphilen«, sagte ich.

»Ach ja?« Seine Stimme klang neugierig. Er musterte mich prüfend und zügelte sein Schlachtross, sodass ich mit Schwarzfuß ebenfalls anhalten musste. »Glaubt Ihr das wirklich?«

»Ich glaube, dass sie eine Dienerin des Bundes ist, die durch die Gnade der Seraphilen von den Toten wiedererweckt wurde, um die Welt vor der zweiten großen Plage zu bewahren.« Mein hitziger Tonfall überraschte mich selbst. Wut stieg in mir auf, die ich nicht im Zaum zu halten vermochte, wenn es auch unklug war. Wie konnte dieser Mann sich anmaßen, die Tochter infrage zu stellen, die er im Stich gelassen hatte? An deren himmlische Visionen er nicht geglaubt und sie deswegen jahrelang gequält hatte?

»Dann seid Ihr ein Narr«, stellte er fest. Dass seine Stimme eher mitleidig als spöttisch klang, machte mich nur noch wütender. »Wenn Ihr das nächste Mal die Gelegenheit habt, fragt sie nach ihrer ersten Vision. Fragt sie, wie ihre Mutter gestorben ist ...«

»Meister Scribe!«, rief in diesem Moment eine Stimme, die so angespannt und besorgt klang, dass ich sie kaum erkannte. Erst als ich mich umdrehte und Sir Ehlbert auf uns zueilen sah, begriff ich, dass sie von ihm gekommen war. Sein Gesicht wirkte ebenso verändert wie seine Stimme. Er war bleich und unrasiert, und sein sonst kurz geschnittenes Haar stand verfilzt und wirr von seinem Kopf ab. Er sah mich mit tief liegenden, übermüdeten Augen an und winkte mir eindringlich zu.

»Ihr seid da, gut«, sagte er. »Kommt, Ihr werdet gebraucht.«

Beim ersten Anblick der Botin in Prinzessin Leannors Zelt konnte ich mich des Verdachts nicht erwehren, dass der Prätendent sie absichtlich ausgewählt hatte, weil ihr Erscheinungsbild einen solch starken Kontrast zu dem von Evadine bildete. Ihr honigblondes Haar war kinnlang und rahmte ein ovales und unbestreitbar hübsches Gesicht ein. Allerdings war es zu einem feindseligen Stirnrunzeln verzogen, das fast schon an offene Verachtung grenzte. Ihre polierte Rüstung glänzte silbern, Brustharnisch und Schulterstücke waren mit himmelblauen Kringeln verziert. Sie hatte eine Hand auf den verschnörkelten Griff ihres Langschwerts gelegt, und ihre gepanzerte Faust schloss sich darum, als Ehlbert uns in das Zelt hineinführte.

Die Frau musterte Sir Altheric kurz und richtete dann ihren Blick auf mich. Ihre Miene wirkte nun etwas weniger feindselig, und sie enthüllte weiße Zähne in einem wölfischen Grinsen. »Der Schreiber, aber nicht die Märtyrerin, wie?«, fragte sie mit glatter Stimme und einem Akzent, der so vornehm klang, dass dagegen Sir Ehlbert wie ein ungehobelter Bauer erschien.

»Kenne ich Euch, edle Dame?«, fragte ich, worauf sie noch breiter grinste.

»Noch nicht«, sagte sie und neigte den Kopf. »Aber Ihr werdet es, wenn auch nicht für lange.«

»Diese … Person«, Prinzessin Leannor stand hinter ihrem allgegenwärtigen Schreibtisch auf, »ist keine Dame, Hauptmann, sondern eine Verräterin, die von ihrer Familie und der Krone geächtet wurde.«

»Der Wahre König hat mir den Titel Gräfin Desmena Lehville verliehen«, sagte die Botin, ohne auf Leannors Worte einzugehen, und verneigte sich überraschend tief vor mir. »Der einzige Titel, den ich je akzeptieren werde, weil ich ihn dem einzig würdigen Monarchen verdanke …«

»Genug!« Sir Ehlberts Stimme klang fast so befehlsgewohnt wie früher. Mit geballten Fäusten trat er an die Seite der Prinzessin. Mir fiel auf, dass Leannor ihm beschwichtigend eine Hand auf den Unterarm legte, er schien es jedoch kaum zu bemerken. »Eure Botschaft«, sagte er und nickte in meine Richtung, »wiederholt sie für Hauptmann Scribe.«

»Die Bedingungen des Wahren Königs habe ich Euch bereits genannt«, erwiderte die Gräfin und hob verächtlich das Kinn. »Jetzt ertrage ich Eure Gesellschaft nur noch so lange, bis Ihr mir Eure Antwort gebt …«

»Wiederholt. Eure. Botschaft«, unterbrach Sir Ehlbert sie mit zusammengebissenen Zähnen. Seine Ausdrucksweise zeugte von kaum verhohlenem Zorn.

Zum Glück besaß die Botin bei all ihrem Hochmut auch einen Funken Verstand. Alles andere wäre ihr nicht gut bekommen. Ihre Wangen färbten sich rosig, sie presste die Lippen zusammen und richtete den Blick auf mich. Sie wiederholte ihre Botschaft in knappen Worten, aus denen wenig herauszulesen war, lediglich ihre Wut erschien mir aufschlussreich. Anscheinend war ich hierhergerufen worden, um herauszufinden, ob diese Frau die Wahrheit sprach. Ihr war jedoch vermutlich nicht klar, dass sie dieses Zelt nicht lebend verlassen würde, sollte ich sie zur Lügnerin erklären.

»Hiermit verkünde ich«, begann Gräfin Desmena, »dass sich die Person Tomas Algathinet, falscher König von Albermaine, unter dem Schutz des Wahren Königs Magnis Lochlain befindet. Er wurde im fairen Kampf gefangen genommen. Obwohl die Verbrechen des falschen Königs zahlreich sind, ist König Magnis weise und gnädig. Dieses Reich hat aufgrund der jahrelangen Missherrschaft durch die Familie Algathinet genug Unfrieden erlebt. Deshalb ist König Mathis bereit, auf die Verurteilung und Hinrichtung des Gefangenen zu verzichten. Die edle Leannor Algathinet ist hiermit aufgefordert, ihr Heer aufzulösen und ihre Gefolgsleute zu entlassen, die König Magnis zu einem Zeitpunkt und an einem Ort seiner Wahl die Treue schwören sollen. Im Gegenzug darf Tomas Algathinet zu seiner Familie zurückkehren, unter der Bedingung, dass er und seine Schwester Albermaine verlassen und den Schwur leisten, niemals zurückzukehren.«

Als sie fertig war, sah ich, wie Ehlbert eine Frage stellen wollte. Leannor packte jedoch seine Hand, worauf er verstummte. »Eure Worte wurden gehört«, sagte sie der Gräfin. »Die Wachen draußen werden Euch zu einem Ort geleiten, wo Ihr unsere Antwort abwarten werdet.«

»Eine Frage noch bitte.« Ich hielt eine Hand hoch, als die Botin das Zelt verlassen wollte. »Habt Ihr den König gesehen?«, fragte ich und ließ mir dabei nicht anmerken, dass ich sie sehr genau beobachtete. »Mit eigenen Augen, meine ich?«

»Ich habe den falschen König gesehen, der die Gastfreundschaft meines Herrschers genießt«, sagte sie. Es war nur ein kleines Zucken des Mundes, von Ungeübten leicht zu übersehen, das sie als versierte Lügnerin auswies. Der Prätendent hatte seine Botin gut gewählt, und sie hätte mit ihren Lügen gewiss Erfolg gehabt, wären ihr Hass und ihre Wut auf die Anwesenden im Zelt nicht so offensichtlich gewesen. Starke Gefühle machen jede List durchschaubar, und ich hatte einige Übung darin.

»Ihr könnt also dafür bürgen, dass er wohlauf ist?«, hakte ich nach.

Sie schnaubte. »Der Wahre König lügt nicht, Meister Scribe.« Sie wandte sich Leannor zu und schenkte ihr ein dünnes Lächeln. »Das überlässt er seinen Feinden.«

»Der König wurde im Kampf gefangen genommen«, beharrte ich. »Hat er irgendwelche Verletzungen davongetragen?«

»Nur ein paar unbedeutende Kratzer«, sagte sie geringschätzig. »Hätte er sich stärker gewehrt, hätte es vielleicht anders kommen können.«

»Halt den Mund, Verräterin!«, zischte Leannor und machte mit mordlustigem Funkeln in den Augen einen Satz nach vorn. Diesmal war es Ehlbert, der sie zurückhielt.

»Ich danke Euch, edle Dame.« Ich hielt die Zeltklappe auf und verneigte mich tief, während die Gräfin hinaustrat.

»Eure Höflichkeit weiß ich zu schätzen, Meister Scribe.« Sie schenkte mir noch ein Lächeln, das ihre weißen Zähne enthüllte. »Es schmerzt mich jedoch, wenn ich an Euer weiteres Schicksal denke.«

Darauf lachte ich nur. Sie trat nach draußen, und die beiden Wachen eskortierten sie weg. Ich wartete, bis sie außer Hörweite waren, bevor ich die Zeltklappe schloss.

»Nun?«, fragte Ehlbert. Die schrille Verzweiflung in seiner Stimme schien er gar nicht zu bemerken.

»Ich kann die Aufrichtigkeit des Angebots nicht bezeugen«, sagte ich. »Und ich glaube auch nicht, dass diese Frau den König wirklich gesehen hat, ob nun verletzt oder nicht. Natürlich bedeutet das nicht, dass er nicht tatsächlich noch am Leben ist und im Lager des Feindes gefangen gehalten wird. Nur dass, aus welchem Grund auch immer, ihr geschätzter Wahrer König ihn ihr nicht gezeigt hat.«

»Das heißt, mein Bruder könnte verwundet sein«, schloss Leannor.

»Aber warum das verbergen?«, fragte Sir Altheric. »Solange der König am Leben ist, sind sie im Vorteil, ganz gleich, wie stark er verletzt ist.«

»Der Prätendent weiß, dass ein verletzter König weniger wertvoll ist als ein gesunder«, erwiderte die Prinzessin und drückte wieder Ehlberts Hand. »Wahrscheinlich glaubt er, wir werden nicht mit ihm verhandeln, wenn wir den Verdacht haben, Tomas könnte seinen Verletzungen erliegen. Natürlich eine Fehleinschätzung. Aber Intriganten denken nun mal stets das Schlimmste über die, die sie hinters Licht führen wollen.«

»Eure Majestät, edler Kämpe.« Altheric trat vor und verneigte sich ernst. »Gebt mir alle Ritter in diesem Lager, und ich werde in das Nest der Verräter reiten und den König ihren Fängen entreißen. Darauf gebe ich Euch mein Ehrenwort.«

Ehlbert erstarrte, und ich wusste, er hätte nichts lieber getan, als sich selbst auf sein Schlachtross zu schwingen und genau das zu tun. Doch in diesem Moment war er nicht länger Kämpe, sondern ein Vater, der sich um die sichere Rückkehr seines Sohnes sorgte. »Sie werden ihm die Kehle durchschneiden, sobald ihre Wachposten Euch erblicken«, seufzte er. Seine Schultern sackten herab, und er schüttelte den Kopf.

»Wenn wir in der Abenddämmerung angreifen, haben wir eine Chance«, beharrte Altheric. »Ich werde das Heer teilen und aus zwei Richtungen gleichzeitig einfallen, um sie zu verwirren.«

»Wir wissen nicht mal, wo in ihrem Lager sich Tomas befindet«, wandte Leannor ungeduldig ein. Offenbar hatten sie ein ähnliches Gespräch schon einmal geführt. Sir Altheric ließ sich jedoch nicht beirren, sondern setzte sich weiter für seinen Vorschlag ein, diesmal brachte er zusätzlich noch eine Kompanie Armbrustschützen ins Spiel.

Während die anderen stritten, hing ich meinen Gedanken nach. Ich musste an den Blick in die Zukunft denken, den Erchel mir im Traum gewährt hatte. *Tomas Algathinets Leichnam, eingeklemmt unter seinem gestürzten Pferd, sein Genick gebrochen wie ein Zweig. »Das ist der Moment, in dem es wirklich beginnt …«* Gräfin Desmena hatte gelogen; daran hatte ich keinen Zweifel. Dennoch wäre es verrückt gewesen, allein auf hässliche Traumbilder zu vertrauen – hätte ich nicht gewusst, dass es weit mehr als nur ein Traum war. Sir Altheric könnte das Lager des Prätendenten stürmen und würde doch nur die Leiche des Königs vorfinden. Den anderen jetzt schon mitzuteilen, dass der König tot war, wäre jedoch ein Fehler gewesen. Stattdessen hatte in meinem eifrigen Verstand eine Strategie Gestalt angenommen, bei der meine eigene nicht unbeträchtliche Fähigkeit zur Täuschung gefragt war.

»Das ist alles unnütz«, sagte ich, und der zunehmend hitzige Schlagabtausch zwischen der Prinzessin und dem Obermarschall kam jäh zum Erliegen.

»Ihr vergesst Euch, Scribe«, fauchte Sir Altheric und funkelte mich tadelnd an.

Ich verzog das Gesicht und gab vor, zerknirscht zu sein. Dann verneigte ich mich tief und wandte mich zum Gehen. »Verzeihung, Majestät, edle Herren. Ich überlasse Euch dann Eurem …«

»Halt«, befahl Leannor. »Warum sagt Ihr das?«

Ich blieb stehen und richtete mich auf. Einen Moment lang wartete ich und ergriff dann scheinbar widerwillig das Wort. »Eure Majestät, ich bin der Überzeugung, dass der Prätendent gar nicht vorhat, den König wieder freizulassen, egal unter welchen Umständen. Und er wird Euch auch nicht friedlich ins Exil gehen lassen. Um in diesem Reich an der Macht zu bleiben, muss er die Familie Algathinet auslöschen.« Ich hielt inne und fügte dann mit sorgfältiger Betonung hinzu: »*Alle* Mitglieder der Familie Algathinet.« An ihrem heftigen Blinzeln erkannte ich, dass sie begriff, was ich meinte, und vielleicht sogar schon zu derselben Schlussfolgerung gelangt war: Das Leben ihres Sohnes hing davon ab, dass der Prätendent besiegt wurde.

»Warum bietet er dann überhaupt an, den König freizulassen?«, fragte Altheric. »Warum tötet er ihn nicht einfach – vorausgesetzt, er ist noch am Leben – und greift an? Er ist uns zahlenmäßig überlegen.«

»Ich habe schon genug Kriege erlebt, um zu wissen, dass ein Sieg nicht allein von der Größe einer Armee abhängt«, sagte ich. »Kampffähigkeit spielt ebenfalls eine wichtige Rolle. Ich würde vermuten, dass Herzog Guhltons Männer, und was immer sie an freien Schwertern anheuern konnten, die einzigen echten Soldaten in der Horde des Prätendenten sind. Der Rest sind unausgebildete, schlecht bewaffnete Knechte genau wie auf dem Feld der Verräter, und wir haben alle gesehen, was dort geschehen ist. Lochlain will offenbar seine Fehler nicht wiederholen.«

»Er will uns lähmen«, sagte Leannor. »Er sammelt weiter Unterstützer, während wir dank seinem unehrlichen Angebot zaudern und zweifeln.«

»Auch unsere Verstärkung sollte bald eintreffen«, warf Altheric ein. »Die Soldaten des Herzogs der Shavine-Marschen müssten morgen hier sein und die Cordwainer nur ein oder zwei Tage später …«

»Nicht genug.« Leannor schüttelte den Kopf. »Und das Heer, das wir versammelt haben, könnte den Mut verlieren, wenn sich die Kunde von Tomas' Gefangenschaft verbreitet. Schlimmer noch, falls er …« Sie verstummte und wandte sich mit traurigem Blick Ehlbert zu.

Der Kämpe des Königs senkte den Kopf und strich sich mit zittrigen Fingern über die breite Stirn. »Wäre ich doch nur an seiner Seite gewesen …«, murmelte er. Dann richtete er sich wieder auf und musterte Leannor. »Ob dieses Angebot nun unehrlich ist oder nicht«, presste er hervor, »wir müssen es wissen. *Ich* muss es wissen.«

Ich will nicht behaupten, dass ich meine nächsten Worte lange erwogen hätte, denn zu diesem Zeitpunkt war mir meine Strategie bereits klar. Die Risiken waren groß, aber so ist es in jedem Krieg. Wenn ich jetzt darüber nachdenke, schmerzt mir angesichts des Eifers, mit dem ich meine Falle stellte, dennoch mein altes Herz. Die Verbrechen, die ich mit Evadine gemeinsam beging, sind zahlreich, doch dieses hier ist allein mir zuzurechnen.

»Wenn ich die Lüge aus dem Mund des Prätendenten persönlich höre«, sagte ich, »dann könnte ich sie mit Sicherheit erkennen, wenn es denn eine ist. Er wird niemals einwilligen, uns den König zu zeigen, solange wir sein Angebot nicht angenommen haben. Wir könnten die Gräfin jedoch mit einem Gegenangebot zurückschicken: dass Ihr die Bedingungen des Prätendenten nur dann in Betracht ziehen werdet, wenn er persönlich mit Euch spricht, Prinzessin. Ihr könntet so tun, als erwartet Ihr eine Versicherung von ihm, und einen Kleriker des Bundes mitnehmen, vor dem er einen Schwur leisten kann.«

»Er wird vermuten, dass es eine Falle ist«, sagte Altheric. »Die Märtyrer wissen, er ist schon aus vielen entkommen.«

»Dann sagt ihm, er soll sein Heer mitbringen.« Ich sprach zu Leannor und Ehlbert, da ich wusste, dass sie hier die Befehlsgewalt hatten. »Und Ihr bringt Eures. Besteht darauf, dass die Verhandlungen ein paar Meilen südlich von hier geführt werden, und zwar in zwei Tagen. Sir Altheric wird einen Ort auswählen, der für uns vorteilhaft ist. Dann bleibt der Gesegneten noch genügend Zeit, mit ihrem Heer einzutreffen und Zeugin der Verhandlungen zu werden. Die meistverehrte Klerikerin des Reiches, die den Schwur des Prätendenten entgegennimmt. Wenn er das ablehnt, werden alle wissen, dass er lügt. Und nicht zuletzt gewinnen wir mehr Zeit, denn ich sage Euch, Evadines Heer kann es mit Leichtigkeit mit seinem aufnehmen, vor allem was den Kampfeifer betrifft.«

Ich hatte Leannor bereits in Situationen erlebt, in denen sie sich unbehaglich fühlte. Trotz ihrer Hinterlist war sie nicht sehr geschickt darin, ihre Gefühle zu verbergen. Ihr Kummer in diesem Moment war so stark, dass ich fast Mitleid mit ihr verspürte, aber nur fast. Sie war mir nie sehr sympathisch gewesen. »Sir Altheric«, sagte sie mit zittriger Stimme und wandte sich dem Obermarschall zu. »Was würdet Ihr mir raten?«

Altheric strich sich mit der Hand durch den Bart und musterte mich eine Weile lang schweigend. Er war nicht so leicht zu durchschauen wie Leannor, aber ich sah, dass sein scharfer Verstand arbeitete. »Es ist kein schlechter Vorschlag«, sagte er schließlich. »Wir sollten uns jedoch vorher auf einen Notfallplan einigen.«

»Notfallplan?«, fragte Leannor.

»Wenn Hauptmann Scribe feststellen konnte, ob der Prätendent lügt oder nicht, was dann? Wie reagieren wir, falls Lochlain die Wahrheit sagt, da wir ihm so oder so nicht trauen können? Und wenn er lügt, greifen wir sofort an?«

»Er sagt die Wahrheit«, meinte Ehlbert, dessen Blick in die Ferne gerichtet war. »Das spüre ich. Wenn mein … Wenn der König tot wäre, wüsste ich es. Sobald sich bestätigt hat, dass er am Leben ist, werden wir über ein anderes Angebot nachdenken müssen. Ich werde mich selbst im Austausch für den König anbieten, mit allem Reichtum, den ich zu bieten habe. Das Glück hat mich in den letzten Jahren wohlhabend gemacht. Der Prätendent giert ständig nach Gold, nicht wahr?«

Noch mehr giert er nach Macht. Auf einen warnenden Blick von Leannor hin sprach ich die Worte nicht aus. Sir Ehlbert wirkte wie ein Mann, der kaum noch bei Verstand war. Dass mich dies damals mit grimmiger Zufriedenheit erfüllte, dafür schäme ich mich heute. Ich rief mir die Erinnerungen an Moosmühle und an die vielen Toten auf der Burg Walvern ins Gedächtnis, um meine Entschlossenheit zu stärken. Lange unterdrückter Zorn mündete in einer bitteren Feststellung: *Ich bin diesen verfluchten Adligen gar nichts schuldig.*

»Freie Schwerter müssen bezahlt werden, das ist wahr«, sagte ich. »Und wie bei jedem klugen Kaufmann wird das erste Angebot des Prätendenten nur eine Fassade für etwas ganz anderes sein.«

»Die kleine Ducinda«, sagte Ehlbert. Er wirkte wie ein Mann auf stürmischer See, der sich an einem Seil festklammerte. »Herzog Guhlton wird ihre Rückkehr wünschen. Sie wird unser Angebot sein.«

»Vielleicht«, sagte Leannor und ergriff mit beiden Händen Sir Ehlberts geballte Faust. Dann wandte sie sich mir zu, straffte sich und sagte forsch: »Jedenfalls hat der Kämpe meines Bruders recht: Wir müssen wissen, wie es um den König bestellt ist. Erst dann können wir wirklich diesen Krieg planen. Hauptmann, Ihr werdet dieser widerwärtigen Frau unser Gegenangebot mitteilen. Ich habe ihre Gesellschaft heute schon lange genug ertragen. Außerdem habe ich den Eindruck, sie mag Euch.«

FÜNFUNDDREISSIGSTES KAPITEL

Eine Verhandlung nach der anderen«, murrte Gräfin Desmena und griff nach ihrem Schwert. »Genau wie damals, als der Wahre König das Bündnis mit Herzog Guhlton eingegangen ist.«

»Lieber Verhandlungen als Kampf«, gab ich zurück.

»Seid Ihr etwa ein Feigling, Meister Scribe?« Sie ergriff die Zügel ihres Schlachtrosses. »Was ich gehört habe, spricht eigentlich dagegen. Wie enttäuschend.«

»Als Feigling wird häufig beschuldigt, wer die Vernunft der Gewalt vorzieht. Beispielsweise war es sehr vernünftig von dem Mann, den Ihr den Wahren König nennt, vom Feld der Verräter zu fliehen, nachdem er ein oder zwei Schläge mit der Gesegneten ausgetauscht hatte. Dennoch gibt es viele, die ihn deswegen einen Feigling nennen.«

Ich hatte Wut erwartet, doch sie grinste nur. »Ich mag Euch wirklich«, seufzte sie und setzte ihren Fuß in den Steigbügel. »Wie schade. Sagt, ist Wilhum Dornmahl noch an der Seite Eurer falschen Märtyrerin?« Keuchend schwang sie sich in den Sattel.

Auf den Seitenhieb gegen Evadine ging ich nicht weiter ein, sondern sagte nur unverbindlich: »Ja, und die Gesegnete ist äußerst dankbar für seine Dienste. Sie sind Kindheitsfreunde, wisst Ihr.«

»Ich weiß.« Sie klang verbittert, als sie zu mir hinabschaute. »Richtet dem Verräter aus, ich werde auf dem Schlachtfeld nach ihm Ausschau halten. Er war der Liebe eines Mannes unwürdig, der so viel besser war als er, und es wird mir eine Ehre sein, dafür Wiedergutmachung zu verlangen – in Blut.«

»Er sagt immer noch Gutes über den Prätendenten. Auch wenn er inzwischen natürlich erkannt hat, dass er sich mit dem Falschen verbündet hatte.«

»Ich spreche nicht vom Wahren König. Ich spreche von Aldric Redmaine.« Sie funkelte mich wütend an. »Er war mein Bruder.«

Damit gab sie ihrem Schlachtross die Sporen und ritt in einer Wolke aus aufspritzendem Schlamm davon. Nicht wenige Soldaten des Königs mussten eilig beiseitespringen, um nicht von ihr umgeritten zu werden. Ich spürte ein paar Regentropfen und schaute hoch. Der Himmel besaß die Farbe eines Blutergusses, und die Sonne war hinter dahinziehenden Wolken verborgen. Ich beschloss, das ferne Donnergrollen nicht als schlechtes Omen zu werten.

»Desmena ist also noch am Leben.« In Wilhums Miene mischte sich Enttäuschung mit grimmiger Belustigung, als hätte er die Neuigkeit gefürchtet, aber bereits erwartet. »Das ist nicht überraschend. Wenn es jemanden gibt, der alles überleben kann, dann ist sie es.«

»Ihr Familienname ist Lehville«, sagte ich. »Aber sie behauptet, Aldric Redmaine sei ihr Bruder gewesen.«

Wir saßen allein an einem Lagerfeuer in einiger Entfernung von unseren Kompanien, die jetzt in Vorbereitung auf den Kampf zusammengelegt waren. Das Heer des Bundes war nur noch etwa zehn Meilen vom neuen Standort des königlichen Lagers entfernt. Sir Altheric hatte eine breite Hügelkette ausgewählt, um dort auf die Antwort des Prätendenten zu warten. Meine Hochachtung vor den Fähigkeiten des

Obermarschalls wuchs, als ich die Stelle begutachtete. Sie bot eine hervorragende Aussicht auf die umliegende Landschaft, ohne dabei allzu vorteilhaft zu wirken. Am Horizont entdeckte ich einen graubraunen Fleck; Wilhum erklärte mir, dass es sich um den Rauch der vielen Schornsteine von Couravel handelte. Wir befanden uns weniger als einen Tagesmarsch von der Hauptstadt entfernt, über deren Schicksal die vor uns liegende Konfrontation gewiss entscheiden würde. Bei Nachteinbruch kehrten meine Späher zurück und berichteten mir von zahllosen Menschen, die mit allem, was sie tragen konnten, aus der Stadt flohen. Offenbar mangelte es ihnen beträchtlich an Vertrauen in ihre derzeitigen Herrscher.

Evadine und Swain befanden sich beim Hauptheer und gaben sich die größte Mühe, alle, die den Marsch überlebt hatten, noch einen Tag länger auf den Beinen zu halten. Ich war ganz froh über ihre Abwesenheit; damit meine Strategie Erfolg hatte, brauchte ich jemanden, der eher bereit war, moralische Kompromisse zu schließen. Wilhum kam mir da gerade recht.

»Ich habe dir von Aldric Redmaine erzählt, oder?« Er stocherte mit einem Stock im Feuer herum.

»Du hast mir erzählt, sein Vater hätte dich in den ritterlichen Künsten unterwiesen«, sagte ich und fügte nach einem Moment hinzu: »Er klang wie ein sehr strenger Mann.«

Wilhum stieß ein freudloses Lachen aus und schaute ins Feuer. »Das war er tatsächlich. Ein stolzer und selbstsüchtiger Mensch. Aber aus Gründen, die zu den ewigen Rätseln des weiblichen Verstandes gehören, fühlten sich Frauen aller Stände von ihm angezogen wie Motten von einer Flamme. Aldric riss immer Witze über die große Zahl unehelicher Kinder, die sein Vater in Burgen überall im Reich gezeugt hatte. Von ihnen allen war Desmena die Einzige, die er tatsächlich als seine Schwester betrachtete.«

»Sie und Aldric wurden zusammen aufgezogen?«

»Wenn man es aufziehen nennen will. Ob nun durch den Einfluss ihres Vaters oder durch natürliche Neigung zeigte Desmena stets mehr

Interesse am Kampf als an Puppen oder Kleidern. Redmaine war dafür bekannt, ein strenger Lehrmeister zu sein, aber, wie Aldric mir berichtete, nicht bei ihr. Wenn sein Sohn bei einer Schwertübung stolperte, erhielt er eine Tracht Prügel, bei Desmena hingegen lachte er nur und gab ihr ein paar freundliche Ratschläge. Um es offen zu sagen, war sie ein verwöhntes kleines Miststück und blieb es auch als Erwachsene. Aldric hat sie dennoch immer geliebt, weil er mit seinem großen arglosen Herzen nicht anders konnte. Sie und ich dagegen konnten uns von Anfang an nicht leiden. Als wir davonliefen, um uns dem Wahren König anzuschließen, hatte ich gehofft, sie würde zu Hause bleiben. Doch leider irrte ich mich da. Desmena wollte Blut vergießen für ihren ermordeten Vater, für ihre entehrte Mutter und für all die schlimmen Beleidigungen und Demütigungen, die sie als uneheliches Kind hatte erdulden müssen. Eigentlich mochte sie aber wohl vor allem das Blutvergießen, und Magnis Lochlain ließ ihr dabei freie Hand. Mit der Zeit liebte sie den Wahren König sogar mehr noch als ihren Bruder. Ich bezweifle aber, dass er ihre Zuneigung je in der Weise erwiderte, wie sie es sich wünschte.«

Er verstummte und betrachtete mit gerunzelter Stirn die tanzenden Flammen. Ich wartete kurz, bevor ich leise fragte: »Es würde dir also nichts ausmachen, sie zu töten, wenn es sein muss?«

Wilhum sah mir in die Augen und zog misstrauisch die Brauen hoch. »Nimmt in deinem schlauen Kopf etwa schon wieder eine Strategie Gestalt an, Alwyn?«

»Dieser Krieg kann morgen vorbei sein«, sagte ich, »mit vielleicht nur ein paar hundert Toten. Oder er kann sich jahrelang hinziehen, und die Märtyrer allein weiß, wie viele tausend Leben er dann fordern wird. Wenn das geschieht, wird Evadine ihrem Ziel, wahren Frieden in diesem Land zu schaffen, keinen Schritt näher sein. Das weißt du.«

Ein säuerliches Grinsen umspielte Wilhums Lippen. »Ich habe darüber schon öfter nachgedacht. Auch wenn ich es an Weitsicht und Gerissenheit offensichtlich nicht mit dir aufnehmen kann.«

»Nenn es Gerissenheit oder Vernunft. Oder auch Verrat, wenn du willst. Es ist mir egal. Wir haben ihr schon einmal das Leben gerettet und dabei vielleicht unsere Seelen der Verdammnis preisgegeben, aber getan haben wir es trotzdem. Jetzt müssen wir wieder handeln. Ich muss jedoch wissen, ob du bereit bist, gegen den Mann, den du früher König genannt hast, und gegen die Schwester deines einstigen Geliebten die Hand zu erheben.«

Alle Heiterkeit schwand aus seinem Gesicht, und an ihre Stelle trat die grimmige Resignation des pflichtbewussten Soldaten. Er seufzte leise und fragte dann: »Was hast du vor?«

Nachdem ich mit Wilhum gesprochen hatte, suchte ich als Nächstes Lilat auf. Ich fand sie bei den Pferden. Sie hatte eine starke Zuneigung zu den Tieren entwickelt und sich das Reiten mit beneidenswerter Schnelligkeit angeeignet. Dem langbeinigen schwarzen Hengst, auf dem sie ritt, hatte sie den Namen *Kaelihr* gegeben, das caerithische Wort für eine steife Brise oder einen Sturm, je nach Betonung. Der Hengst schnaubte zufrieden, während sie ihm mit einer feinen Bürste das Fell glättete. Er drehte den Kopf und stupste sie mit der Nase an, was mir einen eifersüchtigen Stich versetzte. Wenn ich bei Schwarzfuß dasselbe machte, erntete ich dafür höchstens ein Aufstampfen mit dem Huf und ein ungeduldiges Schütteln.

»Sie sind nervös«, sagte Lilat und blickte auf. »Ich glaube, sie riechen die anderen Leute und ahnen, was auf sie zukommt.«

Obwohl ich schon mehrfach versucht hatte, ihr die Ursachen des Konflikts zu erklären, hatte sie es immer noch nicht ganz verstanden. Sie wusste nur, dass sie mit einer Streitmacht reiste, die bald Krieg gegen eine andere führen würde. Das Wer oder Warum entzog sich jedoch ihrem Begreifen. Die Horde des Prätendenten war für sie nur »die anderen Leute«, während sie das Heer des Bundes als »deine Freunde, also auch meine Freunde« bezeichnete.

In der Kompanie der Späher begegnete man ihr mit Respekt und unterdrückter Neugier, nicht zuletzt, weil die Soldaten sich zu Recht vor meiner Reaktion fürchteten, sollten sie Lilat in irgendeiner Weise beleidigen. Ayin bildete wie immer eine Ausnahme. Sie plagte Lilat ständig mit unzähligen Fragen und schrieb ihre Antworten nieder, sodass die Bündel aus Pergamenten in ihren Satteltaschen immer mehr anwuchsen.

»Woher hast du das?«, fragte ich und nickte zu dem Falchion, das an einer Wassertonne in der Nähe lehnte.

»Eamond«, sagte Lilat, was mich nicht überraschte. Er schenkte ihr auffällig viel Aufmerksamkeit, auch wenn er in ihrer Gegenwart ständig rot anlief und ins Stottern geriet. »Er hat gesagt, ich würde es morgen brauchen. Außerdem hat er mir das hier gegeben.« Sie legte die Bürste beiseite und hob eine eisenbeschlagene Brigantine hoch. »Die ist ganz schön schwer«, fügte sie widerwillig hinzu. »Muss ich die wirklich tragen?«

»Nein«, sagte ich und nahm ihr das Kleidungsstück ab. »Du wirst sie nicht brauchen, und die Waffe auch nicht.«

Ich legte die Brigantine auf den Boden und nahm ihren Sattel. »Es wird Zeit«, sagte ich und legte ihn auf Kaelihrs Rücken.

»Zeit?« Lilat schaute mich verwirrt an.

»Dass du die Aufgabe erfüllst, die dir übertragen wurde.« Ich rückte den Sattel zurecht und griff nach dem Gurt. »Zeit, die *Doenlisch* aufzuspüren.«

»Aber die Schlacht …«

»Ist nicht deine Schlacht.« Ich zog die Schnalle fest, richtete mich auf und sah ihr in die Augen. »Und es ist auch nicht dein Krieg. Du musst jetzt aufbrechen, und ich will keine Widerrede hören.«

»Der *Eithlisch* hat mir befohlen, auf dich achtzugeben.«

»Und das hast du getan, in den Bergen. Das war dein Zuhause. Das hier ist meines, und ich kann nicht für deine Sicherheit sorgen, nicht morgen und auch nicht an den Tagen, die danach kommen. Hier ist das Leben anders, wie du jetzt weißt. Du hast gesehen, was wir uns gegenseitig antun, die ermordeten Kinder, die niedergebrannten Dörfer. Und wie Leute hungern, nur um für eine Sache zu sterben, die sie kaum besser verstehen als du. Du hast gesehen, wie mein Volk ist, und ich bin nicht anders.«

Meine Stimme war beim Sprechen immer rauer geworden, deshalb verstummte ich. Als ich Lilat wieder ansah, lagen in ihrem Blick Schmerz und Widerwillen. Ich räusperte mich und befestigte das Falchion, das Eamond ihr gegeben hatte, hinten an ihrem Sattel.

»Ich habe schon einmal eine Freundin mit in eine Schlacht genommen«, sagte ich und wich ihrem Blick aus. »Und sie hat mich dafür gehasst. So ist das mit Schlachten, sie verändern uns, formen uns um und selten zu etwas Besserem. Wenn ich dir das nächste Mal begegne, möchte ich keinen Hass in deinem Blick sehen. Außerdem ist es viel wichtiger, dass du die *Doenlisch* findest. Und Uhlla hatte recht. Ich sehe es, auch wenn du es vielleicht nicht siehst. Du bist keine *taolisch*, sondern eine *veilisch*, eine Jägerin. Und das ist auch gut so.«

Sie weigerte sich immer noch zu gehen, und unser Streit wurde immer hitziger, bis ich damit drohte, sie fesseln, in einen Karren werfen und in zwanzig Meilen Entfernung wieder absetzen zu lassen. Es war keine leere Drohung. Ich war entschlossen, um jeden Preis zu verhindern, dass sie am nächsten Tag an der Schlacht teilnahm, nicht nur weil ich ihr das Grauen ersparen wollte. Nein, eigentlich waren meine Gründe viel selbstsüchtiger. Ich wollte nicht, dass sie Zeugin meines Verbrechens wurde. Wenn sie auch vermutlich nie die ganze Tragweite dessen verstehen würde, was ich vorhatte, wollte ich dennoch nicht, dass sie mit ansah, wie ich meine Seele der Verdammnis preisgab.

»Wo?«, murmelte sie, nachdem sie endlich auf ihr Pferd gestiegen war. »Wo soll ich suchen? Dieses Land ist riesig.«

»Du bist eine Jägerin«, erinnerte ich sie und schenkte ihr ein Lächeln, das sie jedoch nicht erwiderte. »Außerdem habe ich das Gefühl, dass die *Doenlisch* dich finden wird, wenn die Zeit gekommen ist.« Ich trat immer noch lächelnd zurück, wenn mir auch die Kehle etwas eng wurde. »Hüte dich vor den Leuten, die du unterwegs triffst. Traue niemandem und betrachte jedes Wort als Lüge.«

Lilat wandte den Blick ab und packte die Zügel fester. Ich dachte schon, sie würde einfach ohne ein Abschiedswort in die Dunkelheit davonreiten. Doch dann hielt sie inne. Ihre Miene wirkte immer noch vorwurfsvoll, aber ihr Blick war weicher. »Der *Eithlisch* hat dasselbe über dich gesagt«, meinte sie. »›Sein Volk besteht nur aus Lügnern, und er ist einer der schlimmsten.‹ Das hat er mir gesagt.«

»Ich mochte ihn auch nicht besonders«, erwiderte ich und lachte gezwungen. »Aber seine Weisheit steht außer Frage.«

Sie nickte, und ihre Wut ließ nach, als sie sich aufrichtete. »Stirb morgen nicht«, sagte sie, dann gab sie Kaelihr die Sporen, und der Hengst galoppierte los. Der Nachthimmel war von Wolken verdunkelt, und ich verlor Pferd und Reiterin schon recht bald in der Finsternis aus den Augen.

SECHSUNDDREISSIGSTES KAPITEL

Der Prätendent stellte seine Horde an diesem Tag mit großer Sorgfalt auf. Die erfahrenen Althiener unter der Führung von Herzog Guhlton befanden sich an der rechten Flanke, die freien Schwerter und die Reste seiner loyalen Anhänger in der Mitte. Die wohlgeordnete Reihe ging in eine große Menge aus einfachen Leuten an der linken Flanke über, denen es zwar an militärischer Disziplin mangelte, die aber dennoch ein beeindruckendes Bild abgaben. Ayin mit ihren überlegenen Zählkünsten schätzte sie auf über zehntausend und damit ebenso viele wie das restliche Heer. Im Gegensatz dazu zählte Prinzessin Leannors Streitmacht zwischen fünfzehn- und achtzehntausend. Genau war es nicht zu sagen, da noch während die Trommeln und Trompeten die Soldaten auf ihre Positionen riefen, weiter Verstärkung eintraf. Evadine war mit dem Heer des Bundes kurz vor Morgengrauen angekommen und hatte zusätzlich noch etwa sechstausend Knechte mitgebracht. Die restlichen befanden sich noch auf der Straße ins südliche Alberis, ein langer Zug dahintrottender zerlumpter Gestalten, der das königliche Heer den ganzen Morgen über mit erschöpften, aber kampfwilligen Leuten fütterte.

In den Stunden vor der Verhandlung half ich Swain dabei, die Knechte, so gut es ging, in Formation zu bringen, wobei wir diejenigen, die am wenigsten ausgezehrt und am besten bewaffnet waren, in die erste Reihe stellten. Sie hatten sich ein paar Stunden ausruhen können und etwas zu essen erhalten, die Entbehrungen des Opfermarsches waren ihren Gesichtern jedoch deutlich anzusehen. Viele besaßen den leeren Blick von Leuten, die kürzlich erst jemanden verloren hatten, der ihnen nahestand. *Sie trauern um Familie und Freunde, die unterwegs gestorben sind,* dachte ich. Doch trotz allem, was sie erlitten hatten, sah ich in ihren Gesichtern keine Zweifel, was mich beruhigte und zugleich mit Schuldgefühl erfüllte. Ihr Glaube an die Gesegnete brannte so hell wie eh und je, geschürt von Evadines täglichen Predigten, deren Macht, wie ich inzwischen begriffen hatte, den mystischen Kräften der Sackhexe oder des *Eithlisch* gleichkam.

Wenn meine Strategie aufging, würde es heute jedoch keine Predigt geben, keine Rede der Märtyrerin, um die Leute anzufeuern, damit sie gegen die Horde der Maleciten bestehen konnten. Die Predigt, die Evadine auf dem Feld der Verräter gehalten hatte, machte ich zu einem großen Teil dafür verantwortlich, dass die Kompanie des Bundes an diesem Tag nicht bloß überlebt hatte, sondern sogar einen Sieg hatte erringen können. Jetzt musste ich darauf vertrauen, dass die Hingabe der einfachen Leute Evadine gegenüber sie im entscheidenden Moment schnell handeln lassen würde.

Ein wenig Aufmunterung konnte nicht schaden, deshalb stieg ich auf Schwarzfuß' Rücken und ritt ein paarmal vor den Reihen der Zerlumpten auf und ab. Nachdem ich ihre Aufmerksamkeit geweckt hatte, brachte ich den Hengst zum Stehen, richtete mich in den Steigbügeln auf und rief, so laut ich konnte: »Für wen kämpft ihr?«

Die Antwort folgte prompt. »Die Heilige!«, riefen die Leute laut im Chor.

»Für wen lebt ihr?«

»Die Heilige!«

»Für wen sterbt ihr?«

»DIE HEILIGE!«

Unaufgefordert begannen die Leute, mit den Füßen zu stampfen und die Griffe ihrer Waffen auf den Boden zu schlagen. »Wir kämpfen für die Heilige! Wir leben für die Heilige! Wir sterben für die HEILIGE!«, riefen sie rhythmisch im Gleichtakt.

Und nicht nur die einfachen Leute, das ganze Heer des Bundes, das in ordentlichen Reihen davorstand, griff schon bald den Ruf auf. Danach breitete er sich weiter aus, auf die Soldaten der Herzöge rechts und links von uns. Das Heer des Bundes war neben den Kompanien der Krone in der Mitte der Streitmacht platziert worden. Kurze Zeit später hatte die gesamte königliche Armee den Ruf übernommen, der über das flache Tal zur Horde des Prätendenten hinüberschallte.

»DIE HEILIGE! DIE HEILIGE! DIE HEILIGE!«

Evadine selbst stand mit Ulstan unter dem Banner der Algathinets bei den Mitgliedern der Königsfamilie und anderen Adligen, die sich dort versammelt hatten. Leannor verlagerte angesichts des anhaltenden Sprechchors unbehaglich das Gewicht, sie war jedoch zu weit entfernt, als dass ich ihren Gesichtsausdruck hätte erkennen können. Ob ihre Sorge um ihren Bruder wohl Raum für Eifersucht ließ? Allerdings war die Prinzessin sicherlich fähig, beides zu empfinden, Furcht und Neid. Evadine hingegen zeigte keine Reaktion auf den Sprechchor, sondern saß nur da und musterte ungerührt das gegnerische Heer. Ihre scheinbare Gleichgültigkeit verstärkte noch den Eindruck von selbstloser Entschlossenheit und Rechtschaffenheit.

»Wir sollten die Leute besser noch etwas dichter zur Kompanie aufrücken lassen«, sagte ich zu Swain. Er war zu Fuß unterwegs, wie immer während einer Schlacht, sodass ich mich weit aus dem Sattel hinunterbeugen musste, damit er mich wegen des anhaltenden Tumults überhaupt hören konnte. »Und Feldwebel in ihren Reihen stationieren, die im Ernstfall schnell Befehle weiterleiten können.«

Swain sah mit zusammengekniffenen Augen zu mir hoch. Eine

Spur seines alten Misstrauens zeichnete sich in seiner Miene ab. »Du erwartest also, dass die Verhandlungen scheitern?« Als erfahrenster Soldat im Dienst der Gesegneten wusste er, dass Verhandlungen vor Schlachten eine unsichere Sache waren. Mitunter konnte eine Übereinkunft erreicht werden, weil eine oder beide Parteien angesichts der sehr realen Möglichkeit, eines gewaltsamen Todes zu sterben, den Mut verloren. Aus Sihldas Unterricht wusste ich von mehreren Kriegen, die auf diese Weise abgewendet werden konnten. Ich hatte Swain jedoch nicht verraten, dass an diesem Tag nicht damit zu rechnen war.

»Auch wenn der Prätendent behauptet, ein König zu sein, ist er doch im Herzen ein Dieb und nicht vertrauenswürdig«, sagte ich etwas leiser. »Und ich sollte es wissen, nicht wahr? Behaltet die Situation genau im Auge und seid bereit, schnell zu handeln, Hauptmann.«

Seine Miene wirkte noch misstrauischer, als ich Schwarzfuß' Kopf herumzog und ihn auf das königliche Banner zulenkte. Dennoch nickte Swain nur ernst, bevor ich davongaloppierte. Ich war noch nicht weit geritten, als eine vertraute Stimme meinen Namen rief, von der ich nicht geglaubt hatte, sie je wieder zu hören.

»Ich hätte dich nie für einen Redenschwinger gehalten.«

Lorine Blousset, Herzogin der Shavine-Marschen, saß auf einer hohen weißen Stute und war zu beiden Seiten von Soldaten mit Rüstungen in den Farben des Herzogtums umgeben. Als ich ihr das letzte Mal begegnet war, war ihr Gesicht in der Dunkelheit nur halb zu sehen gewesen und mit dem Blut des Kettenmannes bespritzt, dem sie einen Dolch in den Hals gestochen hatte. Jetzt wirkte es wie das einer Adligen; ihre Schönheit hatte im Laufe der Jahre eher noch zugenommen. Der hermelingesäumte blaue Samtumhang, den sie trug, passte hervorragend zu ihrer Haarfarbe. Sie sah aus wie eine Frau, die in ihren Stand hineingeboren worden war, was jedoch – wie das meiste an ihr – eine Lüge war. Ihre Miene wirkte freundlich, ich sah aber auch, wie sorgfältig sie mich musterte. Sie war einer der klügsten Menschen, denen ich je begegnet war, und die jüngsten Ereignisse hatten ihr sicherlich Anlass zum Nachdenken gegeben.

»Herzogin.« Ich verneigte mich im Sattel. »Verzeiht bitte, wenn ich nicht absteige, aber die Prinzessin erwartet mich.«

Lorine lachte kurz. »Du bist weit aufgestiegen«, sagte sie. »Vielleicht sogar weiter als ich, hm?«

»Ein Ding der Unmöglichkeit, edle Dame.« Ich schaute mich nach links und rechts um, sah jedoch nur Wachen, aber keinen Herzog. »Euer Gatte ist nicht hier?«

»Du hast es noch nicht gehört?« Lorines Miene nahm mühelos den Ausdruck der trauernden Witwe an. »Herzog Rouphon, mein geliebter Ehemann, ist vor ein paar Wochen dahingeschieden. Eine Magenerkrankung, die kein Arzt und kein Gebet an die Märtyrer heilen konnte.«

»Ein schrecklicher Verlust«, sagte ich und machte mir gar nicht erst die Mühe, Bedauern vorzutäuschen. Ich hatte Herzog Rouphon kaum gekannt, jedoch den Eindruck gehabt, dass er ein kleiner Mann war, der eine Rolle auszufüllen versuchte, der er nie ganz gerecht werden konnte – im Gegensatz zu seiner Frau. »Und Euer … Kind?«, erkundigte ich mich.

»Meinem Sohn geht es gut. Er befindet sich in der Obhut einiger vertrauenswürdiger Diener auf der Burg Ambris, auch wenn es mich sehr schmerzt, von ihm getrennt zu sein. Sein Name ist Bouldin.«

Wir lächelten einander wissend an: Bouldin war der Name von Deckins Großvater mütterlicherseits gewesen. Zwar war der kleine Erbe des Herzogtums kein leibliches Kind des toten Königs der Gesetzlosen, dennoch hatte Lorine Deckin zu seinem Vater auserkoren. In dem Moment wusste ich, dass Herzogin Lorine Blousset nicht noch einmal heiraten würde und dass sie in ihrem Leben nur einen Mann wirklich geliebt hatte. Erinnerungen an unsere alte Bande und das Leben im Wald stiegen in mir auf, von denen ich mich jedoch nicht allzu lange ablenken lassen durfte, denn ich hatte ein Verbrechen zu begehen.

»Achtet darauf, dass Eure Truppen heute kampfbereit sind.« Ich schaute Lorine in die Augen, damit sie begriff, was ich ihr sagen wollte.

Lorine sah kurz zur Prinzessin und ihren Begleitern hin, dann trabte sie auf ihrer Stute näher heran und sagte leise: »Hat der Prätendent wirklich den König in seiner Gewalt, Alwyn? Oder ist das alles nur eine Farce?«

Wenn ihr Ton auch gleichmütig klang, wusste ich doch, was sie mich damit eigentlich fragen wollte. *Sie überlegt, ob sie die Seiten wechseln soll.* Ich unterdrückte ein Lachen. Ich konnte es Lorine nicht verübeln, dass sie über Verrat nachdachte. Genauso hätte man eine Wölfin dafür verurteilen können, dass sie nach allem biss, was ihrem Jungen gefährlich werden könnte.

»Sorgt dafür, dass Eure Truppen kampfbereit sind«, wiederholte ich. »Achtet besonders auf die linke Flanke des Gegners, und alles wird gut.«

Sie runzelte verwirrt die Stirn. »Meine Hauptleute sagen mir, Lochlains beste Truppen befinden sich in der Mitte.«

»Ihre linke Flanke.« Lächelnd ergriff ich Schwarzfuß' Zügel und lenkte ihn auf das Banner der Algathinets zu. »Vertraut mir.« Ich hielt inne und drehte mich noch einmal zu ihr um. »Es hat mich gefreut, Euch wiederzusehen.«

Ihre Stirn blieb weiter gerunzelt, aber sie neigte elegant wie eine Herzogin den Kopf, während ich Schwarzfuß zum Galopp antrieb. Die drei Reihen der königlichen Soldaten teilten sich vor mir, sodass ich zur Prinzessin durchreiten konnte. Dort angekommen, zügelte ich mein Pferd und musterte sorgfältig die rechte Flanke des Heeres. Zu meiner Befriedigung sah ich, dass Wilhum die berittenen Späher und die Reiter des Bundes ein Stück vor den Fußsoldaten positioniert hatte, damit sie, wenn die Zeit gekommen war, schnell angreifen konnten.

Als ich mich den Adligen unter dem Banner der Algathinets näherte, war mir zugegebenermaßen etwas mulmig zumute. Wenn ich auch keinen Zweifel daran hegte, dass ich die richtige Entscheidung getroffen hatte, war es nichts, was ich auf die leichte Schulter nahm. Außerdem war ich mir nicht ganz sicher, ob mein Plan aufgehen würde, immerhin hatte bislang noch nie jemand etwas Derartiges versucht. Zumindest sind mir aus der Geschichte keine Parallelen bekannt. Die Strategie, die ich an jenem Tag verfolgte, wird hier zum ersten Mal zu Papier gebracht. Mein schlimmstes Verbrechen war zugleich meine langlebigste Lüge, und ihr, verehrte Leser und Leserinnen, seid die Ersten, denen ich sie enthüllen werde. Ich weiß, euer Urteil über mich wird fair und gerecht sein.

»Der Mistkerl ist spät dran«, knurrte Sir Altheric, als ich Schwarzfuß zum Stehen brachte. Der Obermarschall musterte das gegnerische Heer mit Adlerblick, dann wandte er sich mir zu und sagte missbilligend: »Aber Ihr seid es auch, Hauptmann.«

»Ich musste mich noch um meine Kompanie kümmern, Obermarschall.« Ich kämpfte vergeblich gegen ein nervöses Rumoren in meinen Eingeweiden an, das aber zum Glück durch meine Rüstung kaum zu hören war. Im Gegensatz zu den anderen Anwesenden trug ich weiterhin die bunt zusammengewürfelte Mischung verschiedener Rüstungsteile. Mein Mangel an ritterlicher Eleganz wurde von Sir Ehlbert an diesem Tag jedoch noch übertroffen. Er saß auf seinem mächtigen Schlachtross in eine von Meisterhand hergestellte, aber schmutzige Rüstung gehüllt. Er war unrasiert, und sein unsteter Blick suchte ständig die Horde des Prätendenten ab. Wieder verspürte ich einen Hauch von Mitgefühl. Einen solchen Mann derart verzweifelt zu sehen, kann selbst das kälteste Herz erweichen. Und wieder unterdrückte ich es. *Was bin ich diesen verfluchten Adligen überhaupt schuldig?*

»Wenn der Prätendent eintrifft«, sagte Prinzessin Leannor streng, »wird die Verhandlung auf die übliche Weise stattfinden. Ihr werdet nur zuhören. In diesem Moment wird sich noch nichts entscheiden. Über unser weiteres Vorgehen beraten wir, nachdem wir uns zurückgezogen und uns Euer Urteil angehört haben.« Ihre Miene nahm einen warnenden Ausdruck an. »Habt Ihr verstanden, Hauptmann Scribe?«

Ich verneigte mich tief und salutierte – ganz der demütige Untertan, den sie sehen wollte. »Jawohl, Majestät.«

In der Ferne ertönten Trompeten, und alle Blicke richteten sich auf das gegnerische Heer. Die erste Reihe teilte sich, und ein hohes Banner erschien. Hochrufe ertönten, als eine Gestalt in einer prächtigen bronzefarbenen Rüstung durchgeritten kam. Die Aufständischen jubelten dem Prätendenten zu. Mir fiel auf, dass das einfache Volk auf der linken Seite viel lauter war als die Althiener. Die Soldaten und freien Schwerter jubelten zwar mit, aber nicht mit derselben Lautstärke und Begeisterung. Als der Mann aus der Menge heraus war, wendete er sein Schlachtross und hob sein Banner, während das Pferd sich aufbäumte. Es war ein durchaus beeindruckender Anblick, der das einfache Volk zu noch lauteren Jubelrufen anspornte.

Der Prätendent wendete erneut und galoppierte auf die Prinzessin mit ihrem Gefolge zu. Das seidene Banner wehte hinter ihm her. Einen Moment lang glaubte ich, der Prätendent wollte die Verhandlungen allein führen, was für mich von Vorteil gewesen wäre, doch dann lösten sich aus dem gegnerischen Heer noch einige weitere Reiter. Herzog Guhlton ritt unter seinem eigenen Banner, begleitet von einem Gefolge aus einem Dutzend gepanzerten Rittern. Das waren sicherlich die Silberlanzen, von denen Sir Altheric gesprochen hatte. Die Spitzen ihrer angehobenen Speere glänzten einen Moment lang in der Sonne, bevor sich eine Wolke davorschob und das flache Tal in Schatten tauchte.

Magnis Lochlain, Prätendent des Thrones von Albermaine, blieb ein Dutzend Meter von der Prinzessin entfernt stehen. Er trug keinen Helm, und als ich nun zum ersten Mal sein Gesicht sah, fiel mir auf, dass er König Tomas oder Prinzessin Leannor nicht im Geringsten ähnlich sah. Er war definitiv gut aussehend, mit kantigem Kinn und schmaler Nase. Sein langes, dunkles Haar wehte im Wind und ließ ihn wie einen Kriegerkönig erscheinen. Ich sah jedoch keinen Hinweis darauf, dass er in irgendeiner Weise mit den Algathinets verwandt war, was meine Überzeugung stärkte, dass es sich bei diesem Mann um den größten Lügner von allen handelte. Seine Behauptungen waren ebenso falsch wie meine eigenen Lügen, nur dass er damit weitaus mehr Erfolg hatte, was es noch schlimmer machte. In seinen

Augen sah ich einen wachen Verstand, aber auch hungrigen Ehrgeiz, während er die versammelten Adligen musterte. Deshalb überraschte es mich, als er auf seinem Schlachtross zuerst zu Evadine ritt.

»Evadine Courlain«, sagte er und verneigte sich tief. Ebenfalls überraschend war, dass er sich nicht einmal die Mühe machte, einen adligen Akzent vorzutäuschen. Seine Stimme war wohltönend und vermutlich geübt im Redenhalten, aber sie klang eher wie die eines gebildeten Bauern oder Kaufmannes. »Wir sind uns natürlich schon begegnet, konnten uns einander aber noch nie richtig vorstellen. Bei Eurem Anblick heute bedaure ich das sehr.«

Er gab sich unbestreitbar charmant, wie ein Verehrer, der seine zukünftige Braut begrüßt. Statt Eifersucht regte sich in mir jedoch nur Belustigung, denn ich kannte Evadine, er jedoch offensichtlich nicht.

Evadine selbst sagte nichts und reagierte auch sonst nicht auf seine Begrüßung. Stattdessen starrte sie Lochlain nur mit eisigem Blick an, wie ich ihn bei ihr schon oft in der Schlacht gesehen hatte. Es war die Miene, mit der sie tötete.

Die Mundwinkel des Prätendenten zuckten spöttisch, während Evadine weiter schwieg. Er lehnte sich im Sattel zurück. »Habt Ihr mir nichts zu sagen, edle Dame? Sich unter dem Zeichen des Waffenstillstands derart … unhöflich zu verhalten, passt nicht zu Eurer viel gerühmten Frömmigkeit.«

Evadines Blick verengte sich. »Ja, ich habe Euch etwas zu sagen«, sagte sie mit kaum verhohlenem Zorn. »Beendet diese sinnlose Scharade, damit ich Eure verdorbene Seele zu Euren Herren, den Maleciten, zurückschicken kann.«

Der Humor wich aus Lochlains Gesicht. Da er schon einmal gegen diese Frau gekämpft hatte, wenn auch nur kurz, kannte er ihre Fähigkeiten – ihre kalte Abneigung gegen ihn musste daher ernüchternd sein. »Ich bin kein Diener der Maleciten«, gab er betrübt zurück. »Ich habe den Bund immer geachtet.« Er deutete auf das Heer hinter sich. »In den Reihen dieser Armee gibt es nicht wenige Kleriker.«

»›Hütet euch vor den Stimmen der Verderbten‹«, zitierte Evadine aus der Schriftrolle des Märtyrers Stevanos. »›Die Maleciten umgarnen mit ihren Lügen jedes Herz.‹«

»›Bewahrt eure Seelen vor Ehrgeiz und Stolz‹«, gab Lochlain zurück – ein Zitat der Märtyrerin Melliah. Offensichtlich kannte er sich mit den heiligen Schriften aus, obwohl ich die Wahl der Textstelle so ironisch fand, dass es schon an Heuchelei grenzte. »›Nur wer ehrlich ist, wird es im Leben zu etwas bringen. Alles andere ist Eitelkeit.‹«

Sie hätten sich wohl noch mehr Zitate aus den heiligen Schriften an den Kopf geworfen, hätte in diesem Moment nicht lautes Huftrommeln die Ankunft von Herzog Guhlton mit seinem Gefolge angekündigt. »Lochlain!«, rief er und brachte sein Schlachtross unter aufspritzendem Schlamm zum Stehen. »Vertrödelt Eure Zeit nicht mit der jungen Heiligen. Wir haben einen Krieg zu gewinnen.«

Herzog Guhlton konnte es an Körpergröße fast mit Sir Ehlbert aufnehmen, wenn sein Leibesumfang auch um einiges üppiger war. Er trug eine nahezu schmucklose Rüstung. Nur auf dem Brustharnisch prangte das silberne Wappen der Familie Pendroke: der Fischadler mit den ausgebreiteten Schwingen. Im Gegensatz zum Prätendenten war er behelmt. Unter dem aufgeklappten Visier war ein bärtiges Gesicht mit zerfurchter Stirn zu sehen. Auch die Augen waren von tiefen Falten umgeben. Ebenfalls im Gegensatz zu Lochlain war seine Aufmerksamkeit ganz auf die Prinzessin und ihr Gefolge gerichtet.

Er saß schweigend da und starrte Leannor und Ehlbert finster an, ohne sie zu begrüßen, während seine Männer sich um ihn herum auffächerten. Das Schweigen zog sich in die Länge. Lochlain verneigte sich vor Evadine und ritt dann an Guhltons Seite. Die Anspannung war so groß, dass erneut mein Magen rumorte und mein Herz schneller schlug. *Was bin ich diesen verfluchten Adligen überhaupt schuldig?* Die Frage klang immer hohler, jedes Mal wenn ich sie mir stellte, und meine Zweifel wuchsen.

Schließlich wandte sich Leannor um und nickte Altheric zu, der laut die üblichen Formalitäten zitierte. »Wer sich unter diesem Wimpel versammelt, ist sich bewusst, dass in seinem Schatten kein Blut vergossen werden darf. Wir treffen im Frieden aufeinander und trennen uns im Frieden. Schwört dies jetzt oder geht und kämpft.«

Die Prinzessin straffte sich als Erste und hob eine Hand. »Ich schwöre es, im Namen der Krone, der Familie Algathinet und vor den Augen der Märtyrer und der Seraphilen.«

Ehlbert war als Nächster an der Reihe. In seinem Gesicht zuckte es, und die Hand, die er hob, zitterte leicht. »Ich schwöre es.«

Lochlains Schwur klang glatt und unbekümmert, wenn die Blicke, die er Evadine zuwarf, auch von brodelndem Ärger zeugten. »Für mein Volk und das Reich schwöre ich es.«

»Ich schwöre es«, knurrte Herzog Guhlton ungeduldig. »Macht weiter, Courlain.«

Sir Altheric wechselte einen Blick mit Leannor, und als diese nickte, fuhr er fort: »Die Bedingungen, die von Magnis Lochlains Botin an Prinzessin Leannor überbracht wurden, werden hiermit abgelehnt. Weitere Gespräche darüber wird es nicht geben. Die Liebe der Prinzessin zu ihrem Bruder und ihr dringender Wunsch, weiteres sinnloses Blutvergießen in diesem Reich zu verhindern, zwingen sie aber dazu, eine Einigung zumindest zu versuchen.«

Der Obermarschall hielt nur kurz inne, um Luft zu holen, Herzog Guhlton nutzte jedoch sogleich die Pause, um seine eigenen Bedingungen zu stellen. »Meine Enkelin«, rief er barsch. »Gebt sie mir, wenn Ihr sie nicht schon getötet habt.«

»Die junge Ducinda ist unverletzt«, sagte Leannor. Röte stieg ihr in die Wangen. »Sie befindet sich sicher in der Obhut meiner Familie.«

»Ihr wollt sie an Euren Welpen ketten«, knurrte Guhlton bedrohlich. »Kommt nicht infrage. Das Blut meiner Familie wird niemals mit Eurem besudelt werden, Frau. Gebt mir meine Enkelin und …«, er knirschte mit den Zähnen, »… wir geben Euch Euren Bruder.«

Lügen lassen sich meist an kleinen Anzeichen erkennen. Ein Zögern, ein leichtes Befeuchten der Lippen oder ein hektisches Blinzeln. In diesem Fall war es die Mischung aus Wut und Selbstvorwürfen, die sich in Guhltons Miene spiegelte, als er die Lippen zusammenpresste.

Ich hätte beinahe gelacht, als mir die Erkenntnis kam. Meine Strategie änderte sich dadurch zwar im Detail, nicht aber in ihrer Auswirkung. Ich war hierhergekommen, um anklagend in eine Richtung zu deuten, ob nun schuldig oder nicht. Jetzt hatte ich einen echten Schuldigen, auf den ich zeigen konnte.

Die meisten Anwesenden bemerkten mein überraschtes Zusammenzucken nicht, bis auf Sir Ehlbert, dessen gerötete Augen sich auf mich richteten. »Was habt Ihr gesehen?«, fragte er so leise, dass die anderen es nicht hörten, zumal im selben Moment Sir Altheric wieder das Wort ergriff.

»Jede Einigung, die hier zustande kommt«, sagte der Obermarschall, »hängt vom Wohlergehen des Königs ab. Prinzessin Leannor verlangt, dass Ihr schwört, dass König Tomas lebendig und unverletzt ist.«

»Was habt Ihr gesehen, Scribe?«, hakte Ehlbert nach, diesmal laut genug, dass die Augen der anderen Anwesenden sich auf uns richteten.

Ich schaute vom Kämpen des Königs zum Herzog von Althiene, der im Sattel das Gewicht verlagerte, weil sein Schlachtross eine nervöse Bewegung gemacht hatte. Womöglich hatte es die Beunruhigung seines Reiters gespürt. Der Herzog musterte mich verwundert, aber auch unverhohlen misstrauisch. Es war die Miene eines schuldbewussten Mannes.

»Gebt mir meine Enkelin«, sagte er noch einmal zu Leannor, »und wir geben Euch Euren Bruder.«

»Scribe?«, fragte Ehlbert erneut, dessen Stimme jetzt von einer schrecklichen Gewissheit erfüllt war.

An dieser Stelle möchte ich anmerken, dass ich einen Moment zögerte. Die Bedeutung meiner Aufgabe lastete schwer auf mir, und ebenso störte mich das ärgerliche Rumoren in meinen Eingeweiden, das nicht aufhören wollte. Ich schaute in Ehlberts verzweifelte Miene und wusste, dass dieser Mann durch meine Worte gleich am Boden zerstört sein würde. Mein Zögern währte jedoch nur kurz. Hier stand mehr auf dem Spiel als bloß das Herz eines Vaters.

»Ich glaube, dass König Tomas tot ist«, sagte ich laut und deutlich und richtete den Blick auf den Herzog von Althiene. »Er wurde vor ein paar Tagen von Herzog Guhlton im Kampf getötet.«

Guhlton Pendroke war gewiss sein Leben lang ein furchtloser Mann gewesen. Bestimmt war er viele Male mutig in den Kampf gezogen, jedem berühmten Ritter der Geschichte ebenbürtig. Als Ehlbert sich ihm jetzt jedoch zuwandte, sah ich, wie ein Held zu einem Feigling wurde.

»Ich wollte ihn nicht töten«, sagte er mit dünner Stimme. Seine weit aufgerissenen Augen waren auf Ehlbert gerichtet, dessen Miene mit einem Mal schrecklich ruhig wirkte. »Es …«, stotterte Guhlton, während der Kämpe des Königs ohne große Eile sein Schwert zog, »es war ein Unfall … Sein Pferd ist gestürzt. Ich hatte nicht vorgehabt …«

Ob sein feiges Flehen ihn vor Ehlberts Zorn bewahrt hätte, darf bezweifelt werden. Wir werden es jedoch nie erfahren, weil Ehlbert nämlich nicht der Einzige war, der in diesem Moment auf Rache sann. Prinzessin Leannor bewegte sich mit einer Schnelligkeit und Wildheit, die ich ihr nie zugetraut hätte. Sie stieß einen grässlichen Schrei aus und ließ ihre Stute einen Satz nach vorn machen. Dabei stand die Prinzessin im Sattel auf und riss einen Dolch hoch. Wäre Herzog Guhltons furchtsamer Blick nicht auf den Kämpen des Königs gerichtet gewesen, hätte er sich vielleicht noch retten können. Zu seinem Unglück schaffte er es jedoch nicht mehr, abwehrend den Arm zu heben, bevor sich Leannors Dolch in sein rechtes Auge bohrte. Der Hieb wurde mit tödlicher Kraft ausgeführt, sodass der Dolch bis zum Griff versank. Herzog Guhlton ruderte mit den Armen, und er und Leannor stürzten gemeinsam zu Boden. Ich wusste jedoch, dass es seine letzten Zuckungen waren.

Was alles in den nächsten Momenten geschah, lässt sich unmöglich vollständig berichten. Zumal ich vieles davon gar nicht mitbekam, weil mein Blick auf den toten Herzog und sein Gefolge gerichtet war. In der Zeit danach konnte ich einiges an Einzelheiten in Erfahrung bringen. Auffällig ist jedoch, dass die wichtigsten Ereignisse dieses Tages alle stattfanden, bevor die von vielen Gelehrten studierte Schlacht überhaupt begann.

Etwa zwei Herzschläge lang saßen die Silberlanzen einfach nur da und starrten ihren gefallenen Herzog an, während Leannor von seinem Leichnam hochkam. Sie zog den Dolch aus Guhltons zuckender Augenhöhle, kniete sich auf seine gepanzerte Brust und hieb ihm die Klinge noch ein paarmal in seinen Hals. Dabei stieß sie kaum verständliche Flüche aus. Endlich erwachte das Gefolge des Herzogs aus seiner Starre. Empörte und rachsüchtige Schreie ertönten, die Soldaten senkten ihre Lanzen, und ihre Pferde bäumten sich in Erwartung eines Kampfes auf. Gewiss wäre die Prinzessin von den Hufen der Schlachtrosse zertrampelt worden, wäre Sir Ehlbert nicht in diesem Moment in die Mitte der Silberlanzen geprescht. Sein Langschwert hackte blitzschnell nach links und rechts und tötete zwei Männer, bevor diese seinen Schlägen ausweichen konnten. Ihre Kameraden versuchten, ihre Pferde zu wenden, um sich dem Angriff zu stellen, aber Ehlbert stürzte sich auf sie wie ein Hai auf einen Fischschwarm und tötete mit dem Können und der Präzision, für die er berühmt war. Allein gegen eine solche Übermacht zu kämpfen, wäre jedoch selbst für ihn ein hoffnungsloses Unterfangen gewesen, und hätte Sir Altheric nicht so schnell reagiert, dann hätte Ehlbert an diesem Tag sicherlich den Tod gefunden.

Der Obermarschall hatte ebenso erschrocken auf Guhltons Leiche gestarrt wie alle anderen. Zum Glück setzten sich seine militärischen Instinkte jedoch schnell gegen die Verpflichtung zur Ritterlichkeit durch. »Soldaten vorwärts!«, bellte er, zog sein Schwert und klappte sein Visier zu. Dann trieb er sein Schlachtross zum Galopp an. Die etwa zwanzig Berittenen der Kompanie der Krone folgten ihm, ohne zu zögern, in den Kampf, und bald schon entstand ein unübersichtliches Gemetzel. Lanzen zerbrachen, und Keulen wirbelten herum. Pferde wieherten laut, und Ritter stürzten zu Boden. Ich beobachtete alles mit einer seltsamen Losgelöstheit wie offenbar auch die Armeen, die einander im Tal gegenüberstanden.

Vielleicht das Merkwürdigste an dem, was später »die Schlacht im Tal« heißen sollte, war die Reglosigkeit der versammelten Truppen in diesem kritischen Moment. Genau wie ich standen die langen Reihen aus Soldaten und Knechten nur da und sahen zu, wie die Adligen einander in zunehmend wildem Kampf umbrachten – mit einer wichtigen Ausnahme. Meinem Plan folgend, der zwar etwas durcheinandergeraten war, aber immer noch Bestand hatte, rief Wilhum die Berittene Kompanie des Bundes sofort zum Angriff, als die Verhandlung in Gewalt umschlug. Die Entfernung von der rechten Flanke des königlichen Heeres bis zum Ort des Geschehens betrug vielleicht zweihundert Meter, nicht viel für Pferd und Reiter im vollen Galopp. Dennoch schien es ewig zu dauern, nicht zuletzt, weil in diesem Moment auch Magnis Lochlain endlich zur Tat schritt.

Mir kam es so vor, als würde er wie durch verdickte Luft an mir vorbeireiten. Weil so viel auf einmal geschah, schien sich in meiner Wahrnehmung die Zeit zu verlangsamen. Lochlain hatte sich nicht die Mühe gemacht, seinen Helm aufzusetzen. Sein langes schwarzes Haar wehte hinter ihm her, als er sein Schwert über den Kopf hob. Der Anblick wäre beeindruckender gewesen, hätte es sich bei seinem Ziel nicht um eine wehrlose junge Frau gehandelt, die schluchzend auf der Brust des Mannes hockte, den sie soeben getötet hatte. Viele sagen dem Prätendenten große Taten nach, manches davon ist sicherlich wahr, anderes geht allein auf die Hirngespinste von Leuten zurück, die ihn wie einen Helden verehrten. Mit der Zeit sollte ich erkennen, dass er eigentlich kein schlechter Mensch war. Sein Versuch, Leannor zu töten, beweist aber, dass er auch nicht zu den Guten gehörte. Der Prätendent sah seine Chance, ein weiteres Hindernis auf dem Weg zur Macht beiseitezuräumen, und er ergriff sie. Vermutlich hätte er sich später deswegen Vorwürfe gemacht, hätte ich ihm Gelegenheit gegeben, sein Vorhaben in die Tat umzusetzen.

Als Ehlbert seinen mörderischen Angriff auf die Silberlanzen begann, hatte ich nach meinem eigenen Helm gegriffen, ihn aber noch nicht aufgesetzt. Die Entfernung zwischen Lochlain und mir war zu groß, als dass ich rechtzeitig hätte bei ihm sein können, aber ich war immer schon recht gut im Werfen gewesen. Mein Helm flog durch die Luft und traf Lochlain mit genügend Schwung an der Schläfe, dass er aus dem Sattel rutschte. Ein paar Meter schaffte er es noch, sich festzuklammern, zog dabei aber die Zügel seines Pferdes herum, sodass es Leannor auswich, stolperte und in den aufgewühlten Schlamm fiel.

Das war meine Chance! Ich riss mein Langschwert aus der Scheide und gab Schwarzfuß die Sporen, der sofort losgaloppierte. Als ich herangeprescht kam, kroch Lochlain gerade unter seinem strampelnden Pferd hervor. Er drehte sich zu mir um und sah mir mit der leeren Miene eines Mannes entgegen, der sich seinem unvermeidlichen Ende stellt. Bevor ich ihn jedoch niederreiten konnte, schaffte es leider sein treues Pferd, wieder auf die Beine zu kommen. Das Schlachtross stieß ein beleidigtes Wiehern aus und warf sich gegen Schwarzfuß' Flanke, sodass wir von unserem Ziel weggestoßen wurden. Schwarzfuß gab sich alle Mühe, auf den Beinen zu bleiben, aber der Aufprall war zu stark gewesen. Er stolperte und rutschte, dann gaben seine Vorderbeine nach, und ich fiel aus dem Sattel. Inzwischen hatte ich ausreichend Übung darin, mich vor einem stürzenden Pferd in Sicherheit zu bringen, sodass ich außer ein paar blauen Flecken keine Verletzungen davontrug. Ich zog meine Füße aus den Steigbügeln und rollte mich im Moment des Aufpralls zur Seite. Außerdem schaffte ich es, mein Schwert festzuhalten. Zum Glück, denn dadurch konnte ich die Klinge des Prätendenten abwehren, die dieser in dem Moment auf meinen Kopf hinabsausen ließ.

Knirschend traf Stahl auf Stahl, und er ragte über mir auf. Statt Gleichmut stand jetzt Wut in seine Züge geschrieben. »Du bist der Schreiber, oder?«, fragte er mit zusammengebissenen Zähnen, während er sein Gewicht in sein Schwert legte. »Schade, ich wollte dich eigentlich verschonen.«

»Ach ja?« Ich rollte mich zur Seite und drehte mein Schwert herum, um ihm den Knauf kräftig gegen die Nase zu schlagen. »Ich hatte nicht vor, Euch zu verschonen.«

Er keuchte vor Schmerz auf und wich zurück, sodass ich nun genügend Platz hatte, um wieder auf die Beine zu kommen. Es war jedoch nur eine kurze Pause. Wie ein Sturm kam Lochlain über mich, sein Schwert hieb immer wieder in Richtung meines ungeschützten Kopfes. Eine wichtige Lektion, die ich im Unterricht mit Roulgarth gelernt hatte, lautete, niemals zu parieren, wenn man auch ausweichen kann. Eine Klinge abzuwehren, kann ebenso viel Kraft kosten, wie selbst zuzuschlagen, und im Schwertkampf gewinnt für gewöhnlich derjenige, der am längsten seine Kräfte bewahrt. Während der Prätendent mich also angriff, wich ich seiner Klinge aus, anstatt mit meinem eigenen Schwert gegenzuhalten, und wartete auf den Moment, wenn er unweigerlich kurz Luft holen musste. Und als dieser kam, griff ich selbst an, täuschte einen Stich in Lochlains Gesicht vor, schwang dann die Klinge hoch und wieder hinunter auf seinen Schwertarm. Ich wusste, dass der Stahl seine gut gefertigte Rüstung nicht durchschlagen würde, der Schwung des Aufpralls könnte jedoch ausreichen, um ihm den Arm zu brechen. Er trat rechtzeitig zurück, um dem Schlag zu entgehen, allerdings traf ich seinen Panzerhandschuh am Handgelenk. Fluchend machte Lochlain einen weiteren Schritt rückwärts und versuchte, sein Schwert in die andere Hand zu wechseln. Ich ließ ihm jedoch keine Zeit dafür, sondern stürmte vorwärts und schlug mit der Klinge nach seinen Beinen und seinem Bauch. Keuchend vor Schmerz wich er weiter zurück, während er meine Schläge mit der verletzten Hand parierte. Ich trieb ihn vor mir her, und dabei kam mir eine erstaunliche Erkenntnis, die laut in meinem Geist widerhallte: *Ich bin besser als er.*

Lochlain war bei Weitem kein schlechter Schwertkämpfer, aber auch kein sonderlich guter. Ein kräftiger Krieger und sicherlich ein inspirierender Anführer, mehr jedoch nicht. Ich bezweifle, dass er noch lange gegen mich hätte bestehen können, selbst wenn Evadine sich nicht in diesem Moment aus dem Gemetzel hinter ihm gelöst hätte und herangaloppiert wäre. Sie beugte sich tief aus dem Sattel und hob ihr Schwert, das bereits mit dem Blut eines anderen glücklosen Gegners besudelt war, um es dem Prätendenten in den Hals zu schlagen. Lochlains berühmtes Glück ließ ihn jedoch auch jetzt nicht im Stich. Vom Huftrommeln gewarnt, warf er sich zur Seite. Das Glück mochte ihm wohlgesonnen sein, er selbst traf aber leider die falsche Entscheidung. So rettete er sich zwar vor Evadines Klinge, nicht jedoch vor ihrem Pferd, dem er direkt in den Weg sprang.

Wie eine Lumpenpuppe prallte Lochlain von Ulstans Flanke ab. Sein Schwert flog davon, und er segelte mit rudernden Armen ein Stück durch die Luft, bevor er mit dem Gesicht voran zu Boden fiel und durch den Schlamm rutschte. Direkt vor meinen Füßen blieb er liegen. Eine braunrote Flüssigkeit rann ihm aus dem Mund, während er sich vergeblich abmühte, wieder hochzukommen.

»Töte ihn, Alwyn!«, rief Evadine, die Ulstan herumzog. »Bring es ein für alle Mal zu Ende!«

Später behauptete ich, zu abgelenkt gewesen zu sein, um ihrem Befehl Folge leisten zu können, da in diesem Moment die Horde des Prätendenten ein vielstimmiges Wutgebrüll ausstieß und nun doch zum Angriff überging. Aber auch diese Behauptung war eine Lüge. Als ich hinabblickte und den Mann, der sich selbst König nannte, in einem letzten trotzigen Aufbegehren Blut und Schlamm auf meine stählernen Stiefel spucken sah, regte sich Mitgefühl in meinem Herzen. Ich hatte schon hilflose Männer umgebracht, und die meisten hatten es verdient. Als Lochlain sich jedoch mühsam hochstemmte, um mich mit finsterem, furchtlosem Blick anzusehen, fand ich, dass ihm ein würdigeres Ende beschieden sein sollte.

»Ruht Euch eine Weile aus, Majestät«, sagte ich, stellte meinen Fuß auf seine Schulter und drückte ihn nach unten. »Um Euch kümmern wir uns später.«

Ich schaute mich um und verschaffte mir einen raschen Überblick über die beginnende Schlacht, der mich jedoch kaum beruhigte. Herzog Guhltons Silberlanzen waren alle tot oder geflohen, und Wilhum war damit beschäftigt, die Reiter des Bundes in Formation zu bringen. Hinter ihnen sah ich das gesamte Heer der Aufständischen zum Angriff übergehen. Die Althiener in der Mitte marschierten diszipliniert los, bald aber zerfiel ihre Ordnung, und sie stürmten wütend voran. Die Ermordung ihres Herzogs hatte sie offensichtlich in Rage versetzt, doch Wut ist ein schlechter General. Zur Linken kamen brüllend und Waffen schwingend die einfachen Leute angerannt, um den Mann zu retten, den sie den Wahren König nannten. Sie hatten nur einen Gegner vor sich, einen Ritter zu Pferd, der mitten in die angreifende Menge hineingaloppierte. Anscheinend war Sir Ehlberts Blutdurst an diesem Tag noch nicht gestillt.

»Alwyn!«, wiederholte Evadine mit strenger Miene, während sie Ulstan in der Nähe zum Stehen brachte. Ihr Gesicht war zu einem ungeduldigen Stirnrunzeln verzogen, und sie deutete mit dem Schwert auf den am Boden liegenden Lochlain.

»Die Schlacht hat begonnen.« Ich nickte zu der heranstürmenden Horde hin. »Außerdem hat dieser Mann sich bereits ergeben. Ihr wollt doch sicher nicht, dass ich etwas Unehrenhaftes tue.«

»Verfluchter Lügner!«, keuchte Lochlain. Stöhnend kämpfte er gegen meinen Fuß an, drehte den Hals und rief Evadine zu: »Ich habe mich nicht ergeben! Töte mich, wenn du es wagst, Maleciten-Hure!«

»Na, na«, sagte ich und drückte ihn fester hinab, sodass seine Worte gurgelnd im Schlamm erstarben. »Das ist genug, törichter König.« Ich hielt den Blick auf Evadine gerichtet, die enttäuscht das Gesicht verzog. Dann schloss sie die Augen und holte tief Luft.

»Wenn du den Eindruck hast, dass sie zu ihm durchdringen könnten, dann zögere nicht«, sagte sie und setzte Ulstan wieder in Bewegung.

Damit ritt sie davon und rief Wilhum zu, auf Leannor achtzugeben. Ich versetzte Lochlain vorsichtshalber einen kräftigen Hieb in den Nacken, bevor ich seinen schlaffen Leib zum königlichen Heer schleppte. Als ich einen Blick über die Schulter warf, sah ich zu meinem Entsetzen, dass das Heer der Aufständischen kaum noch hundert Schritte von mir entfernt war und schnell näher kam, wenn auch in einem Zustand, der mit militärischer Ordnung nichts gemein hatte.

Kurz überlegte ich, Evadines Anweisung zu befolgen. Wahrscheinlich würde ich es nicht mehr schaffen, den Prätendenten weit genug wegzuschleppen. Zum Glück hatte sich Hauptmann Swain aber meine Warnung augenscheinlich zu Herzen genommen, denn das Heer des Bundes ging in diesem Moment zum Angriff über. Im Laufschritt rannten die Soldaten an mir und der Berittenen Kompanie vorbei und bildeten die klassische dreireihige Verteidigungsformation. Die Kompanie der Krone wollte sich nicht lumpen lassen und folgte ihrem Beispiel, während sich zur Linken die Soldaten aus den Shavine-Marschen ebenfalls in Bewegung setzten. Später sollte ich erfahren, dass sich Herzogin Lorine über die Bedenken ihres Oberhauptmannes hinweggesetzt und den Angriff befohlen hatte. Die herzoglichen Soldaten rückten bedeutend langsamer vor als die von Krone und Bund. Sie gingen diagonal zu den königlichen Soldaten in Stellung – gerade noch rechtzeitig, bevor die Masse der angreifenden Knechte sie erreichte.

Als die Horde des Prätendenten auf die Mauer der Verteidiger traf, brach ein Durcheinander aus Schmerzensschreien und Wutgebrüll los. Menschenleiber prallten hart gegen Rüstungen und Hieb- und Stichwaffen. Von der leichten Anhöhe, auf der ich stand, hatte ich einen guten Überblick über das gegnerische Heer, das sich wie Meereswellen an einer felsigen Küste an der Linie der Verteidiger brach. An der Stelle, an der die Flut gegen die herzoglichen Soldaten strömte, wurde die Heerlinie etwas zurückgedrängt, gab jedoch nicht nach. Gleich darauf verlagerte sie sich weiter nach links, als einige angriffslustige Knechte versuchten, um die Flanke herumzukommen. Zum Glück waren zu diesem Zeitpunkt die Kompanien der Cordwainer eingetroffen und schlossen die Aufständischen ein, während einhundert oder mehr Ritter losritten, um sie von den Seiten anzugreifen.

In der Mitte warfen sich die Althiener mit ungebremster Wut gegen die Kompanien von Krone und Bund, jedoch ohne großen Erfolg. Hätten sie wenigstens einen Anflug von Disziplin besessen, dann hätten sie durch ihre Überzahl vielleicht einen Durchbruch erzielen können, doch als der Schwung ihres Angriffs verbraucht war, konnten sie nur noch auf die Hecke der vorgereckten Spieße und Hellebarden einhacken und -stechen. Ich sah eine größere Gruppe berittener Aufständischer, die versuchten, um die rechte Flanke des königlichen Heeres herumzukommen, sich jedoch im chaotischen Gedränge der Masse der Kreuzzügler wiederfanden. Mit beeindruckender Entschlossenheit hackten sich die Reiter durch die sie umzingelnde Menge, doch die meisten wurden schon nach kurzer Zeit überwältigt und vom Pferd gerissen. Als ich den Blick auf den Hang hinter den Althienern richtete, sah ich zu meiner Befriedigung zahlreiche Gestalten über die Hügelkuppe verschwinden – angeheuerte Schwerter sehen nur wenig Grund weiterzukämpfen, wenn ihr Zahlmeister tot ist.

Zwar war ich mir einigermaßen sicher, wie die Schlacht ausgehen würde, sie war jedoch bei Weitem noch nicht vorbei. Seufzend ließ ich Lochlains Brustharnisch los und suchte mit dem Blick die Reihen der Reiter in der Nähe ab. Ich rief Eamond und Mistress Juhlina, die beide zu Pferd und anscheinend noch weitgehend unverletzt waren.

»Hauptmann?«, fragte Eamond, während er und die Witwe auf mich zutrabten. Die Gesichter der beiden waren mit Blut und Schlamm beschmiert. Eamond hatte eine tiefe Schnittwunde auf der linken Wange, die bis zu seiner Schläfe reichte. Ein Stück seines linken Ohrs fehlte ebenfalls, was ihm jedoch kaum Schmerzen zu bereiten schien.

»Fesselt ihn und bringt ihn vom Schlachtfeld«, sagte ich und trat dem Prätendenten in die gepanzerte Seite. »Bewacht ihn gut«, fügte ich hinzu und an Juhlina gewandt: »Wehe, er ist nicht mehr am Leben, wenn die Schlacht vorbei ist.«

»Und Ihr, Hauptmann?«, fragte Eamond, während er abstieg und nach dem Seil an seinem Sattel griff.

Ich schaute mich um und entdeckte Schwarzfuß in der Nähe, der mit den Hufen aufstampfte. »Ich hab hier noch ein bisschen was zu tun«, murmelte ich. Mir wurde schmerzlich bewusst, dass ich immer noch keinen Helm trug. Auf dem Weg zu meinem Pferd ging ich deshalb neben einem toten Soldaten der Silberlanzen in die Hocke und nahm mir seinen. Er passte schlecht, aber letzten Endes sollte er mir noch gute Dienste leisten. Die Horde des Prätendenten lieferte uns an diesem Tag einen zähen Kampf, ihr Ende war jedoch nicht mehr abzuwenden.

SIEBENUNDDREISSIGSTES KAPITEL

Ich fand Sir Ehlbert auf dem Kadaver seines Schlachtrosses sitzend, umgeben von einem Teppich aus Leichen. Einige davon hatte er sicher selbst getötet, aber die meisten waren mit einem Wald aus Armbrustbolzen gespickt. Während sich die Schlacht in die Länge zog, hatte Sir Altheric seine Schützen in Stellung gebracht. Der Bolzenhagel, den sie, geschützt von den Soldaten von Krone und Bund, entfesselten, machte dem Heer der Aufständischen endgültig klar, dass sie die Schlacht verloren hatten. Wie so oft während einer Schlacht wurden auf dem Rückzug mehr Leute getötet als beim Kampf selbst. Königstreue Ritter hielten blutige Ernte unter den fliehenden Anhängern des Prätendenten. Einige Gegner fanden sich zu Grüppchen zusammen, um sich gegenseitig zu schützen, gaben dadurch aber nur noch bessere Ziele für die Armbrustschützen ab. Ich sah manche Schützen sogar Wetten darüber abschließen, wie viele Gegner sie vor Sonnenuntergang abschießen würden.

Am Ende setzte der Regen dem Gemetzel ein Ende – ein heftiger

Schauer aus dunkelgrauen Wolken, die sich schon den ganzen Tag über am Himmel zusammengeballt hatten. Der eisige Regen schien die Mordlust abzukühlen, die siegreiche Soldaten häufig nach dem Kampf befällt. Sie ließen von ihren Grausamkeiten ab und verzogen sich vom Schlachtfeld, auf dem nur die Toten zurückblieben und die wenigen Leichenfledderer, deren Gier stärker war als ihre Abneigung gegen das schlechte Wetter.

Ich sah Sir Ehlbert seinen Kopf in den Nacken legen. Sein Gesicht war kurz vom Regen verborgen, der einen Großteil des Blutes fortspülte. Als er den Kopf wieder senkte, war seine Miene starr. Ich sah jedoch kein Anzeichen von Wahnsinn darin, wie ich zunächst vermutet hatte. Sein Blick wirkte wissend, obwohl seine Stimme ausdruckslos war.

»Ihr habt es gewusst, nicht wahr, Scribe?«, fragte er. »Ihr wusstet, dass mein Sohn tot war.«

»Es war nur ein Verdacht«, sagte ich. Das war immerhin nicht ganz gelogen, schließlich hatte meine Strategie allein auf einer Vision beruht, die ich einem bösartigen Geist in einem Traum verdankte. »Aber ich wusste, wenn es tatsächlich wahr ist, dann würde es bei der Verhandlung ans Tageslicht kommen. Ich will nicht behaupten, dass ich es bereue. Dieser Krieg musste heute beendet werden, sonst hätte dieses Reich für die nächsten zehn Jahre nur noch Blutvergießen gekannt.« Ich hielt inne und schluckte. Eigentlich hätte ich nach über einer Stunde des Kampfes gegen jede Furcht immun sein müssen. Doch trotz meiner Erschöpfung und all der grausigen Bilder, die mir noch deutlich vor Augen standen, jagte dieser Mann mir weiterhin Angst ein. »Und ich werde mich auch den Konsequenzen stellen«, fuhr ich fort, »falls Ihr Rache nehmen wollt.«

»Wie überaus mutig von Euch.« Ein solcher Spott von einem sonst so ernsten Mann hätte meine Furcht noch mehr schüren müssen, aber ich sah, dass er erschöpft war und zu sehr von Trauer überwältigt, um weiterzukämpfen. »Tomas hätte nie König werden sollen.« Sein Blick ging in die Ferne. »Das wisst Ihr sicher. Wenn Mathis noch etwas länger regiert und der törichte Arthin sich nicht den Hals gebrochen hätte …« Ehlbert stieß ein freudloses Lachen aus und schüttelte den Kopf. Ich dachte schon, er sei mit mir fertig, dass ich davongehen und ihn mit seiner Trauer im Regen allein lassen könnte, von der er sich vielleicht nie mehr erholen würde. Doch stattdessen hatte er mir eine Geschichte zu erzählen.

»Zwei Prinzen, die unter denselben Umständen gestorben sind.« Er hob den Kopf und seufzte bitter. »Wäre ich kein so abgeklärter Mensch, würde ich glauben, dass ein Fluch dahintersteckt. Ich erinnere mich an den Tag, als wir es erfuhren. Königin Laudine, Leannor, Tomas und ich befanden uns im Palastgarten, wo die Kinder häufig spielten. Es war ein schöner Sommermorgen, die Sonne schien hell, und die Luft war von Rosenduft erfüllt. Tomas' Mutter liebte Rosen. Sie hatte sie alle selbst gepflanzt. Laudine mochte alles, was wuchs und gedieh. Es schmerzt mich bis heute, dass sie nicht mehr miterleben durfte, wie ihr erster Sohn heranwuchs, denn ich glaube, er war ein guter Mann. Doch ihr Gesicht an jenem Tag, als der Bote kam und uns die Nachricht von Arthins Tod überbrachte … Zu sehen, wie der Frau, die man liebt, das Herz bricht … Es war furchtbar. In dem Moment wusste sie, was Tomas erwartete. Mathis würde ihn zu seinem Sohn erklären und aus ihm den Prinzen machen, den er haben wollte, ein Abbild seiner kalten Tyrannei. Es versetzte ihr den Todesstoß, körperlich wie seelisch. Sie lebte nur noch zwei weitere Jahre, wurde von ihrer Trauer langsam dahingerafft. Aber vor ihrem Tod fand sie noch die Kraft, mich einen Schwur leisten zu lassen. Im Namen unserer gemeinsamen Liebe musste ich ihr versprechen, auf unseren Sohn achtzugeben. Und das habe ich all die Jahre getan. All das Blut, das ich vergossen habe, all die Verbrechen, die ich begangen habe, das alles nur, um das Versprechen an eine Tote zu erfüllen.«

Sein Blick wurde warnend. »Eine solche Liebe kann gefährlich sein, Scribe. Ich sehe, wie Ihr die Gesegnete anschaut, und ich weiß, dass es nicht bloß die Anbetung eines Gläubigen für eine Märtyrerin ist. Und mir ist auch nicht entgangen, welche Blicke sie Euch zuwirft. Ihr seid doppelt verflucht, genau wie Tomas' Mutter und ich.« Ehlbert hob seine Panzerhandschuhe, die trotz des Regens immer noch mit Blut verschmiert waren, und deutete auf das Gemetzel um uns herum. »Seht nur, was uns mein Fluch eingebracht hat. Was wird Eurer Euch einbringen?«

Ich musterte ihn eine Zeit lang schweigend, ohne auf den Regen zu achten, der auf mich niederprasselte. Meine Furcht hatte nachgelassen, stattdessen empfand ich jetzt Wut, wie immer, wenn jemand Wahrheiten ausspricht, die man nicht hören will. Der Zorn, den ich ihm gegenüber jahrelang empfunden hatte, war jedoch verschwunden. Es war nicht zu übersehen, dass er mit sich selbst haderte. Wenn dieser Mann ein Mörder war, was war dann ich? Das Blutvergießen an diesem Tag war meine Schuld, nicht seine oder die von irgendjemand sonst.

»Prinzessin Leannor ist am Leben«, sagte ich. »Sie ist bereits auf dem Weg nach Couravel, um ihren Sohn zum König von Albermaine auszurufen. Ich bin sicher, dass sie über Eure Anwesenheit froh wäre.« Ich verneigte mich tief und wandte mich ab. Dann stapfte ich durch den Matsch zu Schwarzfuß, der den Fuß eines Toten beschnüffelte, dem eine zerbrochene Lanze aus dem Rücken ragte.

»Ich hätte es wissen müssen, Scribe«, rief Ehlbert mir nach. Obwohl seine Stimme herausfordernd klang, drehte ich mich nicht um. Ich wollte nur möglichst schnell aus der Nähe dieses viel zu ehrlichen Mannes entkommen. »Sihlda hat mich vor all den Jahren gewarnt, in ihrem Schrein im Sumpf. ›Am besten verlässt du dieses Land und nimmst dein Kind und die Frau, die du liebst, mit‹, hat sie gesagt. ›Wenn du hierbleibst, erwarten euch nur Trauer und Leid.‹ Warum habe ich nicht auf sie gehört?«

Ich stieg auf Schwarzfuß' Rücken und setzte ihn in Bewegung, obwohl er wegen des Regens nicht sehr schnell vorankam. Im Wegreiten hörte ich den Kämpen des Königs ein weiteres Mal rufen: »Warum habe ich nicht auf sie gehört?«

»Am heutigen Tag erklären wir Arthin Algathinet, den Fünften seines Namens, zum König und Herrscher über alle Ländereien und Herzogtümer von Albermaine.«

Die Decke der Kathedrale von Couravel schwang sich zu schwindelerregender Höhe auf, ein riesiges Gewölbe, das die Stimme von Seiner Eminenz Durehl Vearist laut widerhallen ließ. Ich erinnere mich, dass schwerer Weihrauch in der Luft hing, der den Schweißgeruch der vielköpfigen Gemeinde überdeckte. Das Unwetter, das nach der Schlacht im Tal über das Land hereingebrochen war, hatte ganze zwei Tage lang angehalten, ehe wieder klarer Himmel herrschte und die Sonne für die Jahreszeit ungewöhnlich warm erstrahlte. Eine Stunde lang abwechselnd niederknien und wieder aufstehen zu müssen, während Durehl die zahlreichen Krönungsrituale vollzog, wurde dadurch erst recht zur Qual. Ich habe seither einige Nachforschungen über die Rolle des obersten Klerikers des Bundes bei dieser Zeremonie angestellt und kann zu meinem Erstaunen berichten, dass viele der Rituale, die Durehl an diesem Tag durchführte, gänzlich neu waren. Was ich und vermutlich die meisten Versammelten für althergebrachte Gebete und Gesänge hielten, um den Segen der Seraphilen und Märtyrer zu beschwören, hatte sich der Mistkerl in Wahrheit einfach ausgedacht. Der Glaube mag echt sein, aber ich komme nicht um die Schlussfolgerung herum, dass Rituale immer schon bloß eine Farce waren.

Der Thron stand auf einem erhöhten Podest vor dem Reliquiar – einer Wand, an der sich Goldgefäße mit den Knochen von Märtyrern und andere Andenken reihten, die in diesem Monumentalbau des Bundes als wichtige Devotionalien galten. König Arthin der Fünfte wirkte auf dem riesigen vergoldeten Samtstuhl wie ein Zwerg – ein kleiner Junge, der kaum so lange still zu sitzen vermochte, wie Durehl die Krone über sein Haupt hielt. Vermutlich war es Leannors Entscheidung gewesen, Alfric in Arthin umzubenennen, weil das königlicher klang und während der jahrzehntelangen Herrschaft der Algathinets immer schon gang und gäbe gewesen war. Das diskrete Weglassen des Familiennamens seines Vaters Keville war ein weiteres Zeichen dafür, dass jeder Zweifel an der Rechtmäßigkeit seiner Thronbesteigung ausgelöscht werden sollte. Die meisten Arthins genossen unter Gelehrten einen guten Ruf. Ihre Herrschaft bildete in der Regel einen friedlichen Kontrast zu den streitsüchtigen und despotischen Mathis und Jardins. Als ich sah, wie der Junge mit dem bleichen Gesicht seiner Mutter einen Blick zuwarf, konnte ich ihn mir kaum als Kriegstreiber oder Tyrannen vorstellen, aber die Zeit würde es zeigen.

»Alle Versammelten werden jetzt niederknien«, verkündete Durehl, der die Krone über den Kopf des jungen Königs hielt, »und König Arthin ihre Treue schwören.« Er machte eine kurze Pause, und ich sah, wie es in seiner Kehle arbeitete, bevor er weitersprach. »Vor den Augen des Rates der Eminenzen und der Märtyrerin Evadine Courlain.«

Evadine stand neben Leannor auf der rechten Seite des Throns, die versammelten Geistlichen auf der linken, ein eindeutiges Zeichen dafür, wie sich der Einfluss der Kleriker gewandelt hatte. Ich hatte mich für eine weniger offensichtliche Aufstellung ausgesprochen, aber seit der Schlacht im Tal war Evadine in unnachgiebiger Stimmung. »Die Zeit für Intrigen und kleinliches Herumlavieren ist vorbei, Alwyn«, sagte sie. »Um unsere Mission zu erfüllen, muss ich so viel Macht gewinnen, wie ich kann.«

»Ich schwöre es«, sagte ich, nachdem ich mit gesenktem Kopf ein Knie gebeugt hatte. Die Kathedrale hallte von zahlreichen Stimmen wider, die in ehrfürchtigem Ton dieselben Worte sprachen. Bei den Versammelten handelte es sich um sämtliche Adligen Albermaines, die auf die Schnelle herbeigerufen werden konnten. Lorine war da und ebenso Herzog Ayerik Tahlsier aus Cordwain, ein hochgewachsener, leichenblasser Mann mit misstrauischem Blick. Außerdem waren Botschafter aus Dulsian und Rhianvel erschienen, um im Namen ihrer Herzöge dem König die Treue zu schwören, und darüber hinaus noch einige geflohene Kaufleute aus dem Fjordland, das vor Kurzem von den Schwesterköniginnen von Ascarlia eingenommen worden war. Aus Alundia waren selbstverständlich keine Adligen anwesend, und das Herzogtum von Althiene war nur durch die kleine Ducinda vertreten. Im Gegensatz zu ihrem Verlobten wagte es das Mädchen, während der Zeremonie herumzuzappeln. Sie hielt zwar bereitwillig Sir Ehlberts Hand, verdrehte jedoch immer wieder die Augen und stieß gelangweilte Seufzer aus, was mich insgeheim zum Lächeln brachte.

»Hiermit beginnt nun also der erste Tag einer langen und glorreichen Herrschaft«, verkündete Durehl schließlich in endgültigem Ton, was bei den Anwesenden für Erleichterung sorgte. »Lang lebe König Arthin!«

»Lang lebe König Arthin!«

Als die Hochrufe verstummt waren, zog Durehl sich zurück, und Leannor trat vor. Die Erscheinung der Prinzessin beunruhigte mich, weil sie nicht im Geringsten gekünstelt wirkte. Ihr Kleid war bis auf ein paar Silberstickereien schwarz, und ihr Gesicht war nur leicht gepudert und ansonsten ungeschminkt. Ihre Miene machte mir jedoch am meisten Sorge, denn sie musterte die versammelten Würdenträger mit gerunzelter Stirn. Ihr Blick wirkte anklagend und vorwurfsvoll, was sicher ein paar der Adligen in Unruhe versetzte. Doch als sie sprach, klang ihre Stimme fest und befehlsgewohnt.

»Nach dem Gesetz fällt mir als Mutter des Königs die Rolle der Regentin zu«, setzte sie an. »Bis mein Sohn volljährig ist, liegt die Herrschaft über dieses Reich in meinen Händen. Ich kann Euch versichern, dass ich ebenso wie mein geliebter Bruder in Güte und Gerechtigkeit herrschen werde. Die Anführer des Aufstandes sind inzwischen tot oder eingekerkert, um verurteilt zu werden. Frieden und Wohlstand sind zum Greifen nahe. Lasst uns alle früheren Streitigkeiten begraben, alle schlecht gewählten Worte oder falschen Ansichten verzeihen. So spreche ich, Regentin Leannor Algathinet, im Namen des Königs.«

Sie hielt inne, und ihr Blick ging zur ersten Bankreihe, wo die Hauptleute des königlichen Heeres mit einigen hochrangigen Höflingen Platz genommen hatten. »Wir wollen jetzt den selbstlosen Mut und Einsatz unserer Soldaten ehren«, fuhr Leannor fort. »Hauptleute Swain, Dornmahl und Scribe, tretet bitte vor.«

Mir fiel ein leichtes Zucken in Leannors Gesicht auf. Ihr Blick ging ganz kurz zu Evadine hin, wodurch klar wurde, wer in Wahrheit hinter dieser überraschenden Wendung steckte. Swain, Wilhum und ich tauschten verwunderte Blicke aus, während wir aufstanden und zum Podest gingen, wo Leannor uns ein gezwungenes Lächeln schenkte.

»Beugt das Knie, Ihr Herren«, sagte sie, »und empfangt die Belohnung Eures Königs.«

Arthin hatte Schwierigkeiten, das Schwert zu halten, das seine Mutter ihm in die Hand drückte, während er vorsichtig die Stufen des Podests herabstieg. Zum Glück war es ein reines Schmuckschwert mit stumpfer Klinge, sodass kein Blut hervorquoll, als es über mein Ohr kratzte, bevor es auf meiner Schulter landete.

»Hiermit ernenne ich Euch zu Sir Alwyn Scribe«, sagte der Junge präzise. Offenbar hatte er die Worte auswendig gelernt. Dasselbe unbeholfene Ritual führte er auch bei Swain und Wilhum durch. Bei Letzterem stolperte er etwas über die umfangreichere Rede.

»Eure Ehre ist …«, begann der junge König und verstummte stirnrunzelnd, bis seine Mutter ihm leise soufflierte, »… hiermit wiederhergestellt. Als … König verzeihe ich alle Verbrechen, wenn … der Schuldige Reue zeigt und Buße tut.«

Offensichtlich zufrieden mit sich selbst, beschloss der neu ernannte Arthin spontan, der Sache ein wenig Theatralik zu verleihen. »Erhebt Euch, meine Ritter!«, rief er und hob das Schwert hoch über den Kopf. »Und zerschmettert meine Feinde! Alle hier Anwesenden sollen wissen, dass König Arthin jedem Aufständischen den Garaus machen wird genau wie dem Prätendenten und dem verräterischen Herzog!«

»Gut gesprochen, Majestät.« Leannor trat rasch hinzu, um dem Jungen das Schwert abzunehmen. Sie bedeutete einem Höfling, den kleinen Monarchen zu seinem übergroßen Thron zurückzubringen, und wandte sich dann uns frischgebackenen Adligen zu. »An dieser Stelle ist es üblich, Ländereien und Geld zu verschenken«, sagte sie, »aber ich hörte, die einzige Belohnung, die Ihr Herren wünscht, ist es, weiter dem Bund und der Gesegneten dienen zu dürfen.«

»So ist es, Majestät«, stimmte Swain mit einer steifen Verbeugung zu, sodass Wilhum und ich seinem Beispiel folgen mussten, worüber ich nicht wenig verärgert war. Zu ein paar Kisten königlicher Münzen für die Kompaniekasse hätte ich nicht Nein gesagt.

»Die Großzügigkeit meines Sohnes lässt dies jedoch nicht zu.« Leannor winkte drei Höflingen, die daraufhin aus den schattigen Tiefen hinter dem Reliquiar hervortraten. Mit steifer Förmlichkeit kamen sie näher. Jeder von ihnen trug ein Langschwert. »Macht von diesen Klingen guten Gebrauch, Ihr Herren«, sagte Leannor, als die Höflinge vor uns niederknieten und uns die Schwerter überreichten. »Im Namen des Königs und zum Ruhm des Bundes.«

Ich nahm mein Schwert sofort in die Hand, Wilhum und Swain waren dagegen zögerlicher. Vermutlich waren es die Verzierungen, die sie innehalten ließen, die für Soldaten im Dienst des Bundes viel zu prunkvoll waren. Bei meinem Schwert bestanden Ortband und Beschläge der Scheide aus geprägtem Silber. Auf den Beschlägen prangte das Motiv eines Schwerts flankiert von zwei Schreibfedern. Dasselbe Motiv befand sich auch auf dem silbernen Griff und dem Knauf, in den zudem ein großer funkelnder Granat eingelassen war.

Als ich aufsah, musterte Leannor mich mit hochgezogener Augenbraue und einem kleinen Lächeln – das erste, das ich seit der Schlacht im Tal bei ihr sah. »Ein herrliches Schwert, Majestät«, sagte ich und verneigte mich tief. »Mein aufrichtiger Dank an den König für seine Freigiebigkeit.«

»Ich danke Euch, Sir Alwyn«, erwiderte Leannor. Ihr Lächeln verschwand, stattdessen klang ihre Stimme nun härter. »Und denkt immer daran: Das Geschenk eines Königs verlangt die Treue eines Ritters.«

Sie wandte sich ab, raffte ihre Röcke und stieg das Podest herunter, um von einem weiteren katzbuckelnden Höfling eine Schriftrolle entgegenzunehmen. »Wir müssen uns nun der Gerechtigkeit zuwenden«, sagte sie wieder laut, sodass ihre Stimme durch die Kathedrale hallte, und öffnete die Schriftrolle. »Alle, die gleich genannt werden, sind Verräter des Reiches und werden unverzüglich festgenommen. Sämtliche Titel und Rechte, die diese treulosen und unwürdigen Missetäter momentan besitzen, werden ihnen hiermit aberkannt. Ihre Ländereien und Besitztümer gehen auf die Krone über.« Damit begann sie, eine Liste von Namen zu verlesen. Es war eine lange Liste, aber zum Glück stand keiner der Anwesenden darauf, sodass die Zeremonie ohne den peinlichen Anblick von Adligen, die panisch zum Ausgang flohen, zu Ende gehen konnte.

Ich spähte durch den Schlitz in der Zellentür. Dahinter war es dunkel, nur eine einsame Kerze flackerte im Luftzug und warf tanzende Schatten auf den breiten Rücken eines kräftigen Mannes, der an einem Tisch saß. Zu seiner Linken lag ein Stapel Pergamente, und zu seiner Rechten stand ein Tintenfässchen. Der Mann beugte sich vor; für mich als Schreiber klang das Kratzen seines Federkiels langsam und mühsam.

»Er hat tatsächlich nach mir verlangt?«, fragte ich den obersten Gefängniswärter.

»Nach Euch und keinem anderen, Herr«, sagte er. »Im Laufe der letzten Wochen haben ihn viele Kleriker besucht, sogar ein paar Aszendenten. Er hat sie alle weggeschickt, selbst die Kammerdiener des Königs. ›Holt mir den Schreiber oder lasst mich in Frieden‹, hat er gesagt. Sonst hat er nur wenig von sich gegeben. Sitzt bloß den ganzen Tag da und kritzelt vor sich hin, auch wenn seine Schreibkünste eher bescheiden sind.« Er stieß ein kurzes, verächtliches Lachen aus. »Das könnte selbst ich besser, dabei kann ich kaum meinen eigenen Namen schreiben.«

Nach meiner Erfahrung sind Wärter häufig noch schlimmer als ihre Gefangenen. Brutalität und krankhafter Argwohn gehören bei ihnen zum Beruf. Dieser hier war so grobschlächtig, wie ich erwartet hatte, dabei aber auch erstaunlich umgänglich. Obwohl ich nicht daran zweifelte, dass er den mit Messingnieten besetzten Knüppel, der an seinem Gürtel hing, ohne zu zögern einsetzen würde.

Ein königlicher Bote, der um einiges hochmütiger auftrat als der,

der damals ins Reich der Märtyrerin geritten war, hatte mich in den Palastkerker gerufen. Das Heer des Bundes war in einer Reihe von Lagerhäusern am Flussufer untergebracht, die aufgrund der Wirren des Krieges und des eiligen Aufkaufens von Waren leer standen. In den fünf Tagen seit der Krönung von König Arthin war das Heer noch weiter angewachsen. Die Verluste, die wir in der Schlacht im Tal erlitten hatten, wurden durch Freiwillige unter den Kreuzzüglern mehr als ausgeglichen. Eine überraschend große Zahl der ausgezehrten Bettler hatte die Schlacht überlebt und war davon offenbar nicht so stark abgeschreckt worden, wie ich erwartet hätte. Deshalb war das Heer der Gesegneten inzwischen so groß, dass es sich im Palast oder in einem Gebäude des Bundes nicht mehr unterbringen ließ.

Ich verbrachte meine Zeit damit, ungeeignete Rekruten auszusortieren und meine unauffälligsten Spione in die Stadt zu schicken, um so viel wie möglich über die Stimmung unter der Bevölkerung herauszufinden. Diese Unterbrechung war mir deshalb lästig, einen königlichen Boten konnte ich aber schlecht ignorieren. Die Botschaft stammte von Leannor selbst und war recht kurz: »Geht in den Palastkerker und schreibt das Testament des Prätendenten auf. Er weigert sich, mit sonst jemandem zu reden. Gezeichnet: Regentin Leannor Algathinet.«

Ich fragte mich, warum sie es so wichtig fand, die letzten Worte des Rebellenführers aufzuzeichnen, nahm aber an, dass es nur darum ging, den Anstand zu wahren. Alle Verurteilten erhielten die Gelegenheit, ein Testament zu verfassen. Es dem Prätendenten zu verwehren, hätte wie eine Ungerechtigkeit ausgesehen. Außerdem vermutete ich, dass Leannor hoffte, Lochlain könnte beim Erzählen seiner Geschichte noch ein paar mehr Namen für ihre Verräterliste preisgeben. Die königliche Schatzkammer war durch die jüngsten Beschlagnahmen gut gefüllt, gegen weitere Güter hatte die Regentin aber sicher nichts einzuwenden, da die Schulden der Krone gerüchteweise hoch waren.

»Also gut«, sagte ich. »Schließt auf.«

Als die Tür quietschend aufging, warf Magnis Lochlain mir einen kurzen Blick zu und stellte in überraschtem Ton fest: »Ihr seid also doch gekommen.« Dann widmete er sich wieder seinem Gekritzel. Der Wärter war so aufmerksam gewesen, mir einen Stuhl zu besorgen, den ich nun auf der anderen Tischseite abstellte. Die Tür schlug mit lautem Knall zu – vermutlich wurden Kerkertüren absichtlich so gebaut, dass sie diesen eigentümlichen Widerhall erzeugten. Danach sah ich schweigend zu, wie der Federkiel des Gefangenen über das Pergament kratzte. Mein Blick wanderte von der schweren Kette, die mit einem Eisenring an der Wand befestigt war, bis zu der Schelle an Lochlains Knöchel und dann weiter zu dem Stapel Pergamenten. Der Wärter hatte sich bei der Beurteilung der Schreibkünste seines Gefangenen nicht geirrt. Die Schrift war ungelenk und der Text voller Rechtschreibfehler. Überdies waren die Seiten mit Tintenklecksen und durchgestrichenen Stellen übersät.

»Meine Mutter hat es mir beigebracht«, sagte er und blickte auf. »Sie hat es von einem Dienstmädchen in der Burg des Herzogs gelernt, die ihre Kenntnisse wiederum einem Stallburschen verdankte, den der Sohn des Herzogs vögelte. Mich wollte er ebenfalls vögeln, als ich alt genug war, um ihm ins Auge zu fallen. Ich hab ihm die Finger gebrochen, mit denen er mich betatschen wollte, und bin noch in derselben Nacht weggelaufen. An seine Schreie erinnere ich mich heute noch. Der erste Adlige, den ich in seine Schranken gewiesen habe. Ein Gedanke, der mich in kalten Nächten warm hält.«

»Ist es das, was Ihr da niederschreibt?«, fragte ich und nickte zu den Seiten. »Eine Liste aller Adligen, die Ihr in ihre Schranken gewiesen habt?«

»Unter anderem. Allerdings sollte ich mich darüber wohl nicht zu sehr auslassen, das schmeckt sonst so nach Eigenlob.« Er legte den Federkiel beiseite und lehnte sich auf dem Stuhl zurück. Das Holz knarrte auf eine Weise, die mich an seine Größe und Kraft erinnerte. Stöhnend drehte Lochlain den Kopf hin und her und rieb sich die Nackenmuskeln. »Das ist schlimmer als Schwertübungen. Ich hab keine Ahnung, wie ihr Schreiber das den ganzen Tag lang aushaltet.«

»Leinöl vermischt mit Nelken hilft gegen die Schmerzen«, sagte ich. »Außerdem ist es wichtig, regelmäßig pinkeln zu gehen.«

Er lachte kurz und richtete dann wieder den Blick auf mich. »Danke, dass Ihr gekommen seid, Meister Scribe.« Er hielt inne und hob erwartungsvoll die Augenbrauen. Wahrscheinlich dachte er, dass ich ihn sogleich hitzig berichtigen würde, denn von meiner Erhebung in den Adelsstand hatte er sicherlich gehört. Als ich nur schweigend dasaß, lachte er erneut. »Titel bedeuten Euch wohl nichts, wie? Mir eigentlich auch nicht, obwohl ich sie zur Genüge verteilt habe. Der größte Feigling kann sich zum Helden mausern, wenn man seinem Namen ein ›Sir‹ voranstellt, oder was meint Ihr?«

»Ich meine, dass zwischen Feigling und Held kaum ein Unterschied besteht«, erwiderte ich. »Die Umstände sind entscheidend. Ein Mann kann vor einem Faustkampf in einer Schenke weglaufen, aber bis zum Tod kämpfen, um seine Familie zu verteidigen. Ein Ritter, der auf dem Schlachtfeld große Taten vollbringt, kann weinend zu Kreuze kriechen, um die Gunst seines Herrschers zurückzuerlangen. Zu viel Mut kann durchaus tödlich sein.«

Er nahm die Spitze mit reumütig hochgezogener Braue zur Kenntnis und griff dann nach dem irdenen Krug, der neben dem Tintenfässchen stand. »Nur Wasser, leider«, sagte er und goss etwas davon in einen Becher. »Ich habe dem obersten Wärter eine Schatzkarte angeboten im Austausch für ordentlichen Wein, aber ohne Erfolg.«

»Dieses Angebot hat er wohl schon öfter gehört.«

»Also.« Lochlain nahm einen Schluck. »Wie findet Ihr Couravel?«

»Es stinkt nach zu vielen Menschen, und die Häuser stehen zu eng beieinander. Selbst an einem klaren Tag kann man vor lauter Rauch kaum den Himmel sehen.«

»Ja.« Der Prätendent seufzte wehmütig. »Ich hatte so große Pläne für diese Stadt. Plätze, Statuen, Brücken und so weiter. Unter meiner Herrschaft wäre sie die wahre Hauptstadt eines herrlichen Reiches geworden und nicht bloß ein Haufen armseliger Hütten. Sagt mir, Scribe, habt Ihr je die Städte der östlichen Königreiche gesehen? Die hohen Türme von Ishtakar, elegant geschwungene Mauern aus reinweißem Marmor, die von glänzenden bronzefarbenen Minaretten gekrönt werden. Mit Kirschbäumen gesäumte Straßen, deren Blüten die Luft mit süßem Duft erfüllen. Das ist eine Hauptstadt, die den Namen verdient hat.«

»Außerdem der Schauplatz des schlimmsten Massakers der jüngsten Geschichte«, wandte ich ein. Ich erinnerte mich an eine Lektion Sihldas zu dem Thema.

»Saluhtan Alkads berühmte Säuberung, meint Ihr? Ja, wahrlich ein Blutbad. Zum Glück konnte ich die Stadt kurz vorher verlassen.«

»Ihr wart dort?«

»Ja. In meiner Jugend bin ich weit gereist. Ich wurde schon in jungen Jahren in den Kampfkünsten unterwiesen, deshalb war es nicht allzu schwer, Arbeit als freies Schwert zu finden. Irgendwann kam ich dann nach Ishtakar, wo ich mehrere Jahre lang wohnte. Für den Saluhtan ist es langjährige Tradition, fremdländische Söldner als Leibwache anzuheuern. Da ist die Wahrscheinlichkeit geringer, dass sie ihm wegen einer alten Familienfehde ein Messer in den Rücken stechen. Die angeheuerten Söldner waren es, die zu Beginn der Säuberung zahlreiche Kehlen aufschlitzten, aber damit wollte ich nichts zu tun haben. Das steht alles hier drin.« Er legte eine Hand auf den Stapel Pergamente, und sein Gesicht nahm einen erwartungsvollen Ausdruck an. »Ihr könnt es Euch gern anschauen.«

»Wenn Ihr es bereits aufgeschrieben habt, wozu braucht Ihr dann mich?«

»Lest und seht selbst.«

Seufzend griff ich nach der obersten Seite. Ein kurzer Blick auf die kaum lesbare Schrift sagte mir bereits viel über Lochlains Fähigkeiten als Schreiber.

»Furchtbar, nicht wahr?«, sagte er, als er meinen Gesichtsausdruck sah. »Das, edler Scribe, ist der Grund, warum ich Euch brauche.«

Die besten Schreiber sind zugleich immer auch Gelehrte, denn um einen Text richtig aufschreiben zu können, muss man ihn zunächst verstehen. In diesem Moment konnte ich nicht leugnen, dass meine Neugier als Gelehrter geweckt war. Was immer dieser Mann zu sagen hatte, wäre in jedem Fall von historischem Interesse, egal, wie unehrlich oder eigennützig es sein mochte. Trotz meines anfänglichen Widerwillens konnte mein Schreiberherz der Versuchung am Ende nicht widerstehen.

»Ich werde nicht für Euch lügen«, warnte ich ihn. »Und wie Ihr sicher besser wisst als die meisten, besitze ich ein scharfes Ohr für Unwahrheiten.«

»Ich verlange nicht, dass Ihr lügt, Scribe.« Sein Gesicht verzog sich zu einem grimmigen Stirnrunzeln. »Lügen nützen mir nichts. Meine Geschichte muss ganz erzählt werden, all meine Verbrechen aufgedeckt und alle Wunden aufgerissen werden, selbst wenn es noch so sehr wehtut. Ich möchte, dass jeder weiß, wie ich gelebt habe, nur dann werden die Menschen verstehen, wofür ich gestorben bin.« Plötzlich wirkte er viel älter, als ich gedacht hatte – ein Mann, der sich dem Ende eines entbehrungsreichen, aber zweifellos bedeutsamen Lebens näherte.

Ich griff in die Umhängetasche, die ich mitgebracht hatte, holte mein Schreibzeug heraus und legte es auf dem Tisch ab. »Wenn das so ist«, sagte ich, »dann bleibt nur noch eine Frage, bevor wir anfangen.«

»Und die wäre?«

»Seid Ihr wirklich ein königlicher Bastard?«

Er lachte erneut, diesmal schallender als zuvor. Als er sich wieder beruhigt hatte, rechnete ich mit einer zweideutigen Antwort, einer scherzhaften Bemerkung oder einem Hinweis auf die Dehnbarkeit der Wahrheit. Stattdessen war seine Erwiderung kurz, und ich muss leider berichten, dass ich keine Lüge darin hörte. Und auch nicht in allem anderen, was er mir danach erzählte. Magnis Lochlain war viele Dinge; manche gut oder erstaunlich, andere zweifellos böse und verachtenswert. Ein Lügner aber war er – zumindest am Ende – nicht.

Achtunddreissigstes Kapitel

Am Tag, als der Prätendent hingerichtet wurde, betrank ich mich. Obwohl »betrinken« den Rausch, in den ich mich stürzte, kaum hinreichend beschreibt. In den schlaflosen Stunden, seit ich das letzte Gespräch mit Lochlain beendet hatte, sehnte ich mich nach Vergessen. Am liebsten hätte ich den Tag seines Todes gar nicht erleben wollen oder zumindest nur als vagen Albtraum, an den man sich besser nicht erinnert. Aber es geschah wirklich. Lochlain starb, und ich musste zusehen. Danach trank ich noch mehr. Es half nicht.

»Du stinkst wie ein Schweinekübel«, sagte Ayin und krauste die Nase, als ich meinen Platz in der ersten Reihe des Heeres einnahm. Etwa ein Drittel der Soldaten des Bundes hatte auf dem breiten gepflasterten Platz zwischen der Kathedrale und dem Königspalast Aufstellung bezogen. Ihnen stand auf der anderen Seite eine noch größere Zahl königlicher Soldaten in ordentlichen Reihen gegenüber. In der Mitte dazwischen erhob sich ein eilig errichteter Pavillon, in dem Leannor saß, flankiert von ihren größten Leibwächtern. Selbst in meinem benebelten Zustand erschien es mir bedeutsam, dass sowohl der König als auch Sir Ehlbert fehlten.

»Ihnen erspart sie das Schauspiel, aber uns nicht«, murmelte ich und sehnte mich in die Schenke zurück. »Die Glückspilze.«

Neben mir hielt sich Ayin eine Hand vor den Mund, um ein Kichern zu unterdrücken. Das Geräusch weckte Evadines Aufmerksamkeit. Von Ulstans Rücken herab warf sie Ayin einen tadelnden Blick zu und musterte dann mich. Ihr missbilligendes Stirnrunzeln wirkte wie ein strenger Befehl. Dank unserer Verbindung konnte ich wie üblich mühelos deuten, was sie mir damit sagen wollte: *Wenn du mich blamieren willst, dann geh lieber.*

Die Märtyrer mögen verhüten, dass ich dich blamiere, erwiderte ich wortlos. *Denn das ist sicher das schlimmste Verbrechen, das am heutigen Tag begangen wird.* Meine Miene musste ziemlich trotzig gewirkt haben, denn sie verzog nur ärgerlich das Gesicht und wandte sich wieder dem Schafott zu.

Die Hinrichtung wurde von einem dürren Oberhofmeister durchgeführt, den ich zu meinem Bestürzen kannte. Seine Stimme hatte sich seit der Hinrichtung von Deckin Scarl nicht verändert. Für einen so schlaksigen Kerl war sie ungewöhnlich laut und schrill.

»Will jemand vortreten und diesen Verräter mit Waffen verteidigen?«

Die übliche Frage, die bei solchen Anlässen der Menge gestellt wurde, nur dass es heute keine Menge gab. Das Publikum bei diesem tödlichen Schauspiel bestand ausschließlich aus Soldaten von Bund und Krone und Höflingen. Stadtbewohner, die sich in den frühen Morgenstunden auf dem Platz versammelt hatten, waren rasch fortgejagt worden, und an ausgewählten Kreuzungen wurden Absperrketten aus Wachen aufgestellt, damit niemand zum Ort der Hinrichtung kam bis auf diejenigen, die dazu eingeladen worden waren, das Ende des Prätendenten mit anzusehen. Gegen Leannors Vorsichtsmaßnahmen war an sich nichts einzuwenden; Lochlain für seine letzten Worte ein Publikum zu geben, wäre eine Einladung zum Aufstand gewesen. Zwar waren viele seiner Anhänger in der Schlacht im Tal getötet worden, aber längst nicht alle. Dank des Unwetters hatten zahlreiche Aufständische nach Norden entkommen können, darunter auch Desmena Lehville. Meine Spione überbrachten mir viele Gerüchte über Aufrührer, die sich angeblich in die Stadt eingeschlichen hatten, um ihren geliebten Wahren König zu befreien. Bei genauerer Nachforschung fanden sich dafür aber außer ein paar rebellischer Gespräche unter unzufriedenen Knechten keine echten Beweise. Und derartige Ansichten ließen sich mit einer Tracht Prügel in einer Hintergasse rasch austreiben.

Womöglich lag es daran, dass kein Publikum anwesend war, dass Lochlain auf eine Rede verzichtete. Als Durehl Vearist vortrat, um dem Prätendenten die Beichte abzunehmen, schüttelte dieser nur den Kopf. Seine Antwort klang durch die Entfernung gedämpft, aber ich hörte sie trotzdem: »Ich habe meine Beichte bereits abgelegt, Eure Eminenz«, sagte er mit klarer und fester Stimme. »Aber ich danke Euch für das Angebot.«

Hand- und Fußgelenke waren gefesselt, dennoch konnte er in Richtung des überdachten Podests, auf dem Leannor saß, die Arme heben. »Willst du mich nicht umarmen, Vetterin?«, rief er. »Sollten sich Angehörige in Zeiten wie diesen nicht gegenseitig Trost spenden?« Seltsamerweise klangen seine Worte nicht im Geringsten spöttisch, so als wäre es die ernst gemeinte Bitte eines Verurteilten. Doch ob nun aufrichtig oder nicht, Leannor ließ sich nicht zu einer Antwort herab. Ihr Gesicht lag im Schatten der Überdachung, ich zweifelte jedoch nicht daran, dass ihre Miene grimmige Zufriedenheit zeigte. Inzwischen kannte ich sie gut genug, um zu wissen, dass sie den grausigen Anblick, der uns erwartete, nicht genießen würde, aber davon abwenden würde sie sich auch nicht. Der Tod ihres Bruders musste gerächt werden, und das viele Blutvergießen in der Schlacht im Tal hatte dafür noch nicht ausgereicht.

Ich richtete den Blick auf das Schafott und versuchte zu erkennen, ob Lochlain die kleine in Wachs gehüllte Kapsel aus der Backe hervorholte, die ich ihm am Abend zuvor gegeben hatte. »Beißt fest zu und lasst den Inhalt auf Eure Zunge fließen«, hatte ich gesagt. »Mir wurde versichert, dass die … Wirkung sehr schnell eintritt.«

»Wollt Ihr etwa, dass ich als Feigling vor die Seraphilen trete?«, fragte er, während er das bohnengroße Geschenk betrachtete.

»Ihr wisst sicher, welche Qualen einen Erzverräter erwarten«, erwiderte ich. »Den Tod habt Ihr verdient. Den will ich Euch nicht ersparen. Aber den Rest …«

»Wenn ich den Tod verdient habe, wie steht es dann mit Euch? Würde man unser beider Verbrechen gegeneinander aufwiegen, würden sie nicht gleich schwer sein? Vergesst nicht, ich kenne Eure Geschichte, Alwyn Scribe.«

»Ihr habt ein Dutzend Jahre der Sünde mehr auf dem Kerbholz als ich.«

»Kann man einen König als Sünder bezeichnen, wenn alles, was er je getan hat, im Dienste seines Volkes war? Und wenn ja, müsste dann nicht auch Eure Gesegnete als Sünderin gelten?«

Ich wandte mich von ihm ab und biss die Zähne zusammen, um einen Aufschrei zu unterdrücken, der gewiss die Wachen zur Zellentür gerufen hätte. Während unserer Treffen hatte mich dieser Mann oft in Rage gebracht, vermutlich machte er sich sogar einen Spaß daraus. »Nehmt sie oder nehmt sie nicht«, sagte ich und ging zur Tür. »Ich habe für Euch getan, was ich konnte.«

»Nicht ganz.«

Ich hatte gerade an die Tür klopfen wollen, um den Wärter zu rufen, hielt nun jedoch inne.

»Ihr könnt morgen dabei sein«, fuhr Lochlain fort. »Ich möchte, dass Ihr Zeuge werdet und aufschreibt, was Ihr seht – als Epilog dieses Testaments, in das wir so viel Arbeit gesteckt haben. Das ist alles, worum ich Euch bitte.«

Also war ich gekommen, betrunken und wütend und mit dem Wunsch, weit weg zu sein. Aber dennoch war ich hier, weil er mich darum gebeten hatte. Schon beim ersten Herabfahren der Klinge des Folterknechts wusste ich, dass Lochlain den Inhalt der Kapsel nicht geschluckt hatte. Ich erkannte es daran, wie seine nackte Brust beim Kuss der Klinge zuckte, wie er die Zähne zusammenbiss und sich standhaft weigerte zu schreien. Dieser Mann war sich des Schmerzes, den er spürte, vollständig bewusst. Die Liste der Qualen, die der Prätendent erleiden musste, ist berüchtigt für ihre Länge und ihren Einfallsreichtum – vom Häuten seiner Brust, um seine Rippen freizulegen, bis zu den weiß glühenden Brenneisen, die ihm auf die Oberschenkel gedrückt wurden. Ihr, verehrte Leser und Leserinnen, werdet es mir gewiss danken, wenn ich hier nicht alle Einzelheiten aufführe. Das Blenden verdient es jedoch noch, erwähnt zu werden, denn das war der einzige Moment, in dem er schrie. Es war nur ein einzelnes Wort, das er wie einen Schlachtruf ausstieß, als ihm die Nägel in die Augenhöhlen getrieben wurden.

»MUTTER!«

Es hallte eine Zeit lang wider, sogar noch, als Lochlain in der anwachsenden Pfütze seines eigenen Blutes zusammensank und der Henker vortrat, um ihm endlich die Schlinge um den Hals zu legen. In späteren Jahren wurde über dieses Wort viel spekuliert und versucht, das vermeintliche Geheimnis zu entschlüsseln. Warum das und nicht etwas Würdevolleres? Etwas, das die Zeiten überdauern würde? Ein Zitat aus den heiligen Schriften oder ein Aufruf zu weiterem Widerstand? Da ich sein Testament aufgezeichnet hatte, kannte ich den Grund. Obwohl er immer wieder seine Liebe für das einfache Volk von Albermaine beteuert hatte, hatte Magnis Lochlain in Wahrheit nur einen einzigen Menschen geliebt. Ich bin der Überzeugung, dass er in sein anonymes Grab ging in der Hoffnung, dass sie auf der anderen Seite der Himmlischen Pforte auf ihn wartete.

Ihr werdet mich hoffentlich für meine Feigheit am Ende nicht zu sehr verurteilen, verehrte Leser und Leserinnen, denn ich blieb nicht bis zum Schluss, um mit anzusehen, wie der Prätendent aufgeknüpft wurde. Als sich die Schlinge um Lochlains Hals festzog, wandte ich mich ab und drängte mich durch das Heer des Bundes, um das Vergessen zu finden, nach dem es mich verlangte. Natürlich vergebens, denn am Boden einer Flasche findet man nur Glas und sonst nichts. Ist es sauber poliert, hat man vielleicht sogar das Pech, sein eigenes trunkenes Spiegelbild zu sehen, so wie es mir in einer schäbigen, übel riechenden Spelunke zu unfrommer Stunde geschah.

»Mehr!«, rief ich dem Wirt zu und warf die Flasche, die mir mein hässliches Spiegelbild gezeigt hatte, auf den rußigen Ziegelboden, wo sie zerschellte. »Mehr Brandy für den König der Lügner! Und wehe, er ist verwässert, du elender Geizhals! Ich bin ein verfluchter Adliger, dass du's weißt!«

In meinem Traum klang Lochlains Stimme genauso wie zu Lebzeiten: ruhig, gemessen und furchtlos. »Der Kleriker warnte mich vor dem Risiko.« Genau das hatte er auch wenige Tage vor seiner Hinrichtung gesagt. »Und dass die Aussicht auf Erfolg so gering sei wie ein schmaler Lichtstreifen in einem Meer aus Dunkelheit. Aber er sagte mir auch, was auf dem Spiel stand, also was blieb mir für eine Wahl?«

Ich muss sagen, dass mir selbst Erchels nächtliche Besuche lieber waren als die schmerzlich klare Erscheinung des Prätendenten. Sie hatte nichts Merkwürdiges an sich, keine plötzlichen Ortswechsel oder das Auftauchen längst verstorbener Leute. Die Zelle, der Tisch, die Pergamente und Schreibfedern, alles wirkte so echt und greifbar, wie es auch in Wirklichkeit gewesen war.

»Der Kleriker?«, fragte ich. Die besondere Betonung des Wortes hatte mein Interesse geweckt.

»Ein durchreisender Betbruder aus Cordwain, jedenfalls behauptete er das«, erwiderte Lochlain. »Auch wenn er nicht wie ein Cordwainer klang. Er blieb nur eine Nacht im privaten Schrein des Herzogs, ein Pilger, der sich auf dem Pfad der Märtyrer befand. Meine Aufgabe war es, ihm an diesem Abend das Essen zu servieren, der einzige Abend, an dem ich ihn je gesehen habe. Seltsam, dass so viel von nur einem Zusammentreffen abhängen kann, aber so war es. Er hat mir Dinge erzählt, die eigentlich niemand wissen konnte – was ich in meiner kindlichen Unbedarftheit damals aber nicht bemerkte. Und doch wusste er sie.«

»Könnt Ihr ihn beschreiben?«

In diesem Moment geschah doch etwas Merkwürdiges: Die Zellenwand verschwand, zerschmettert von einer Flutwelle aus weißem Wasser. Sie verschluckte Lochlains gelassenes Gesicht und riss mich in ihre kalte Umarmung, strömte in meinen Mund, in meine Lungen …

Spuckend erwachte ich und schmeckte grasiges Wasser. Ich zuckte zusammen, als mein Kopf zum ersten Mal seit Monaten wieder wehtat. Der Schmerz loderte erneut auf, als ein Eimer auf das Pflaster knallte. Mein Blick verschwamm und wurde dann klarer. Ayins lächelndes Gesicht tauchte vor mir auf.

»Musste das sein?« Stöhnend sank ich auf meine durchtränkte Bettrolle zurück.

»Du bist nicht aufgewacht«, sagte sie und zuckte mit den Achseln. »Hee«, fügte sie hinzu und tippte mir beharrlich mit dem Finger gegen die Schulter, als mir wieder die Augen zufielen. »Zeit aufzustehen, fauler Herr. Tiler und Holzmann sind wieder da und wollen unbedingt mit dir reden.«

Fluchend stemmte ich mich hoch und spürte plötzlich, wie sich mir der Magen anhob. »Lass den mal lieber da«, sagte ich, als Ayin den Eimer mitnehmen wollte. Mit einem angewiderten Seufzen stellte sie ihn wieder ab und floh aus dem Raum.

Tiler und Holzmann hatten sich, ihrer Haltung nach zu urteilen, auf ihrer Mission nicht angefreundet. Beide standen mit einigem Abstand zueinander in der Stube des ehemaligen Lagerhausverwalters, die mir als Privatquartier diente. Ihren Gesichtern war die gegenseitige Abneigung deutlich anzusehen. Dass beide dennoch lebend zurückgekehrt waren, zeugte immerhin davon, dass sie die Gesellschaft des anderen der Sache wegen erduldet hatten, und ließ hinsichtlich ihres Auftrags zudem Gutes ahnen.

»Shilva Sahken hat zugestimmt, Hauptmann«, teilte Tiler mir mit. »Aber unter einer ganzen Reihe von Bedingungen. Es geht vor allem ums Geld, wie Ihr Euch sicher denken könnt.« Er tippte sich gegen die Schläfe. »Ist natürlich alles hier drin. Ich hielt es für das Beste, nichts aufzuschreiben.«

Ich schob ihm über den Schreibtisch Pergament und Feder hin. »Dann mach es jetzt. Und auch alles andere, was dir wichtig vorkommt, vor allem, was ihren momentanen Aufenthaltsort und die Stärke ihrer Bande betrifft.«

»In Ordnung.« Tiler zögerte und tauschte einen kurzen Blick mit Holzmann aus. »Allerdings gibt es noch etwas, worüber wir reden sollten, Hauptmann. Etwas, das sie uns erzählt hat, kurz bevor wir aufgebrochen sind.«

Ich unterdrückte ein ärgerliches Seufzen und griff nach dem Krug mit frischem Wasser auf meinem Schreibtisch. Ich wünschte mir, ich hätte noch etwas von Tihluns schmerzstillendem Balsam übrig. »Worum geht's?«

»Sie hat da was gesagt. ›Richtet dem Schreiber aus, dass es nicht schaden würde, wenn er in der nächsten Zeit mal bei der Dunkelfeste vorbeischaut.‹«

Ich wollte gerade Wasser in einen Becher gießen, hielt jedoch inne. Eine ganze Menge Kindheitserinnerungen kamen in meinem vernebelten Verstand hoch. »Hat sie sonst noch was gesagt?«, fragte ich.

»Nur das«, bestätigte Holzmann. »Es klang jedoch wichtig. Eine Art Geste ihres guten Willens oder so.«

»Von der Dunkelfeste hab ich schon gehört«, fügte Tiler hinzu. »Eine alte Geistergeschichte, wenn ich mich nicht täusche. Die liegt am Ostrand des Shavine, nahe der Küste. Ich würde wahrscheinlich dorthin finden, wenn es sein müsste.«

»Ich kenne den Weg«, sagte ich und nickte zur Tür. »Geht und schreibt euren Bericht, dann ruht euch aus. Ich habe bald eine neue Aufgabe für euch.«

»Nein.« Evadines Stimme klang ebenso scharf, wie es der Blick war, den sie mir zuwarf.

»Es wird nicht lange dauern«, beharrte ich. »Höchstens einen Monat.«

»Und so lange soll ich auf meinen wichtigsten Ratgeber verzichten, während die Regentin im Palast sitzt und Intrigen spinnt? Letzte Woche erst hat sie meinen Vater beauftragt, einen Feldzug zu planen, um das Fjordland zurückzuerobern. Und zweifellos soll das Heer des Bundes als Vorhut mitsegeln.« Evadine schüttelte den Kopf. »Das ist nicht der richtige Zeitpunkt, um im Wald zu verschwinden, nur weil eine Gesetzlose es so will.«

»Ich werde nicht allein gehen. Und du weißt, es ist nicht meine Art, unvorsichtig zu sein.«

»Ach ja? Ich erinnere mich, dass du wegen deiner berühmten Vorsicht einen Berg hinuntergestürzt bist, in den sicheren Tod, wie ich meinte.«

Sie holte tief Luft und legte ihre Hände auf den Knauf von Ulstans Sattel. Ich saß neben ihr auf Schwarzfuß, und wir schauten gemeinsam dem Heer des Bundes bei seinen täglichen Übungen zu. Die flachen Wiesen am Ufer des Alber nördlich der Stadtmauer waren zu unserem Übungsplatz geworden. Jeden Morgen marschierte das gesamte Heer zur Stadt hinaus, um hier seine Manöver durchzuführen. Die Verluste in der Schlacht im Tal bedeuteten, dass die Veteranentrupps mit neuen Rekruten aufgefüllt werden mussten. Mit meinem geübten Blick sah ich, dass die Disziplin in den Reihen mit der Kompanie der Krone oder den Soldaten der Herzöge noch immer nicht mithalten konnte. Dank Swains steter Bemühungen verbesserte sie sich jedoch zusehends. Nach Ayins letzter Zählung umfasste das Heer inzwischen über neuntausend Soldaten. Sie alle zu ernähren und zu bewaffnen, war teuer. Der Sold, den wir erst kürzlich von der Krone erhalten hatten, war da nur ein Tropfen auf dem heißen Stein gewesen. Ich fand es bezeichnend, dass der Rat der Eminenzen trotz wiederholter Versprechen bislang noch keine einzige Münze zum Erhalt des Heeres beigetragen hatte. Zugleich erreichten mich Berichte, dass in der Nähe von Athiltor ein zweites Heer des Bundes aufgestellt wurde. Als oberster Spion hatte ich also immer noch alle Hände voll zu tun, und doch war der Verlockung der Dunkelfeste nur schwer zu widerstehen.

»Du hast mir diese Aufgabe selbst übertragen«, erinnerte ich Evadine. »Und Shilva Sahken hat mir diesen Ort bestimmt nicht ohne Grund genannt.«

»Du vertraust ihr, dieser Schmugglerkönigin?«

»Deckin hat ihr vertraut und sie ihm. Außerdem weiß sie, dass er mich mochte. Ich glaube nicht, dass sie mir Böses will.«

»Damit wäre sie wohl so ziemlich die Einzige im Reich.« Dagegen konnte ich nichts einwenden. In letzter Zeit war mir deutlicher denn je aufgefallen, welch finstere Blicke mir die Leute zuwarfen. Kleriker, die auf der Seite des Rates standen, musterten mich mit offener Feindseligkeit. Adlige und Höflinge rümpften über den Aufstieg eines ehemaligen Gesetzlosen die Nase. Weit beunruhigender war jedoch, dass offenbar auch viele Anhänger der Gesegneten so dachten, insbesondere einige Männer, die Evadine bei ihren Predigten mit den Blicken verschlangen und am lautesten von allen ihre Hingabe herausbrüllten. Männer, die nicht nur Frömmigkeit, sondern auch Lust an Evadines Seite gelockt hatte, obwohl sie es nie offen zugeben würden. Meine offensichtliche Vertrautheit mit ihr weckte die Eifersucht dieser Leute. Ich will nicht leugnen, dass ich Shilvas rätselhaften Worten auch deshalb auf den Grund gehen wollte, um eine Zeit lang der Feindseligkeit um mich herum zu entkommen.

»Und was genau ist das?«, fragte Evadine widerwillig. »Die Dunkelfeste?«

»Eine Ruine«, sagte ich. »Einstmals eine Burg von beeindruckender Größe, die aber über die Jahre verfallen ist. Der einstige Besitzer hat sich wegen irgendetwas mit dem damaligen Herzog der Shavine-Marschen überworfen. Es kam zu Kämpfen und blutigen Rachefeldzügen, und am Ende wurde die Burg auf Befehl des Herzogs geschleift. Wie es mit alten Ruinen so ist, soll sie von Geistern bewohnt sein. Angeblich durchstreifen der zu Unrecht getötete Burgherr und seine Gefolgsleute noch heute die alten Gemäuer auf der Suche nach lebenden Seelen, die sie verschlingen können, und so weiter und so fort.«

»Klingt wie ein Ort, den man besser meiden sollte.«

»Und dadurch nützlich für Leute, die etwas zu verbergen haben. Zum Beispiel Leute, die unserer Sache schaden wollen.«

Evadine versank in Schweigen und runzelte nachdenklich die Stirn. Wie üblich fiel es mir nicht schwer, ihre Gedanken zu erraten. »Du wirst hier gebraucht«, sagte ich ebenso nachdrücklich wie zuvor sie.

Sie biss die Zähne zusammen, als müsste sie sich eine Zurechtweisung verkneifen. »Du wirst die gesamte Kompanie der Späher mitnehmen«, sagte sie. »Und nirgendwo allein hingehen. Keine Widerrede.«

»Wie Ihr wünscht, Gesegnete.«

Ihre Züge wurden weicher, als sie wiederum meine Gedanken las. »Du hast schon einen Verdacht, was du dort finden wirst, oder?«

»Wie du schon sagst, unsere Regentin spinnt Intrigen. Und der Rat ebenso. Wenn in der Dunkelfeste tatsächlich etwas zu finden ist, dann steht zu vermuten, dass es mit dem einen oder dem anderen oder sogar mit beidem zu tun hat.« Ich schwieg kurz, unsicher, ob ich ihre Antwort auf meine nächsten Worte wirklich hören wollte. »Damit stellt sich die Frage, was wir tun sollen, wenn uns von dort tatsächlich eine Gefahr droht.«

Evadines Antwort kam leise, aber prompt: »Dem Ganzen ein Ende setzen. Ohne Gnade. Und falls dort Übles im Gange ist, bring mir Beweise. Welche, die nicht abzuleugnen sind. Die Krone kann ich als unsicheren Verbündeten gerade noch hinnehmen – oder den Bund. Aber nicht beide auf einmal. Damit wir mit unserer Sache Erfolg haben können, darf das Gleichgewicht im Reich nicht so … instabil sein.« Sie lächelte reumütig. »Und pass auf dich auf, Sir Alwyn Scribe. Unsere Feinde wissen jetzt, dass ich ohne dich nichts bin.«

NEUNUNDDREISSIGSTES KAPITEL

Im Wald vermisste ich Fletchmanns Fähigkeiten. Und Lilats ebenso. Durch das grüne Labyrinth aus Blattwerk vorzudringen, das in meiner Abwesenheit noch dichter geworden zu sein schien, machte mich unruhig. Eigentlich hätte ich das Gefühl haben müssen, heimzukehren – so viele Anblicke und Gerüche, an die ich mich erinnerte. Der Chor aus Vogelgezwitscher und knarrenden Ästen hätte wie ein Willkommenslied klingen sollen. Doch so war es nicht. Als ich jetzt wieder unter dem dichten Blätterdach dahinritt, wurde mir klar, dass ich dieses Unbehagen im Wald immer schon verspürt hatte – das Gefühl, dass von überallher Gefahr drohte.

Auf Evadines Wunsch hin hatte ich die Kompanie der Späher mitgenommen, die meisten jedoch kurz nach Betreten des Waldes zurückgelassen. Ich hatte sie zur Leffold-Lichtung gebracht, eher aus Neugier als auf der Suche nach einem sicheren Lagerplatz. Ich wusste, dass nach Deckins Hinrichtung der Wald größtenteils von Gesetzlosen gesäubert worden war. In den Jahren danach hatten sich aber sicherlich neue Banden gebildet. Dennoch fand ich inmitten der alten Steine auf der Lichtung keine Hinweise darauf. So wie es aussah, hatte in der moosbedeckten Mitte des alten Amphitheaters seit ewigen Zeiten schon kein Feuer mehr gebrannt. Die geheimen Vorratsverstecke waren so gut wie leer, und wenn sie doch etwas enthielten, dann war es verdorben oder von Spinnweben eingehüllt. Offenbar hatte dieser Ort seine Bedeutung als neutraler Treffpunkt der Gesetzlosen verloren, was mir einen Stich des Bedauerns versetzte. Jetzt war es nur noch eine Ruine, die darauf wartete, vom Wald überwuchert zu werden. Meine Gefährten dagegen fanden sie faszinierend, besonders Ayin, die überall umherlief und in jeden Spalt und jede Nische spähte und darin Stoff für neue Lieder fand, die ihr nie auszugehen schienen. Anfangs waren es nur einfache Melodien, aber bald schon kamen auch Strophen hinzu, die sie wie immer fleißig aufschrieb.

»In alten Zeiten kamen sie …«, summte sie leise und zupfte die Saiten der Mandoline, die sie sich irgendwo auf dem Weg nach Alundia besorgt hatte. Wir saßen in der Mitte des Amphitheaters, und von unseren Lagerfeuern stieg Rauch in den Abendhimmel auf. »Zum Tanz und zum Kampf auf Leben und Tod …«

»Ich glaube, dafür war dieser Ort nicht gedacht«, unterbrach ich sie. Als ich die Ruinen jetzt nach so langer Zeit wiedersah, kamen sie mir seltsam vertraut vor. Die verlassene Stadt der Caerither am Fuß des Berges hatte ganz ähnlich ausgesehen. *Tier Uthir Oleith*, hatte der *Eithlisch* sie genannt. Eine Stadt, die zugleich ein Tor war, vor unzähligen Jahren untergegangen, genau wie dieser Ort hier. Inzwischen war ich mir sicher, dass das Volk, das jene Stadt gebaut hatte, auch an der Errichtung dieses Steinovals beteiligt gewesen sein musste. Und ich zweifelte nicht daran, was ihm letztlich zum Verhängnis geworden war: die erste große Plage.

»Wofür dann?«, fragte Ayin, die mit ihren schlanken Fingern weiter die Saiten anzupfte.

»Oh, viele Dinge, vermute ich.« Ich betrachtete den überwucherten

Stein und erinnerte mich an die darin eingeritzten Buchstaben, die ich einmal entdeckt hatte, die jetzt aber größtenteils unkenntlich waren. »Ich glaube, die Leute, die das hier erbaut haben, kamen hierher, um Gespräche zu führen, wie bis vor Kurzem noch die Gesetzlosen. Und um Lieder zu spielen, so wie du, vielleicht auch um sich Komödien anzuschauen. Aber ich bezweifle, dass hier auf Leben und Tod gekämpft wurde.«

»Etwa eine Meile im Umkreis ist alles frei, Hauptmann«, meldete Eamond. Wie die übrigen Späher hielt auch er sich an mein Gebot, mich nicht »edler Herr« zu nennen. Dieser Titel gefiel mir nicht, jedenfalls nicht aus dem Mund meiner Leute. Da die Hinrichtung des Prätendenten noch nicht allzu lange her war, kam es mir wie eine Lüge, ja wie Hohn vor.

»Stellt auf den Mauern Wachposten auf und holt euch etwas zu essen«, sagte ich. »Morgen früh reite ich mit der Witwe, Tiler und Holzmann zur Feste. Ihr bleibt mit der restlichen Kompanie hier und haltet im Wald Ausschau nach Anzeichen von durchziehenden Soldaten. Wenn ihr welche seht, will ich wissen, woher sie kommen und wohin sie gehen. Zeigt euch nicht, wenn es nicht unbedingt sein muss. Dasselbe gilt für Kleriker, denen ihr vielleicht begegnet. Momentan ist nicht klar, wem wir noch vertrauen können.«

»Verzeihung, Hauptmann«, meldete sich Tiler zu Wort. »Aber was, wenn wir bei der Feste auf Schwierigkeiten stoßen? Mehr, als womit wir vier klarkommen, meine ich.«

Ich hätte ihn zurechtweisen können, aber ich hatte inzwischen gelernt, auf vernünftige Fragen einzugehen, selbst wenn sie aus Tilers Mund kamen, den ich nicht ausstehen konnte. Ein Hauptmann, der sich die Bedenken seiner Soldaten nicht anhört, hat den Rang nicht verdient. »Ich habe nicht vor, mich zu zeigen, sollten wir dort auf jemanden stoßen«, sagte ich. »Wenn wir in voller Truppenstärke dorthin ziehen, erregen wir zu viel Aufmerksamkeit. Sollte in der Feste etwas im Gange sein, um das wir uns kümmern müssen, kehren wir hierher zurück und holen die Kompanie nach. Vielleicht müssen wir auch vom Heer Verstärkung anfordern. Das wissen wir erst, wenn wir den Ort ausgekundschaftet haben.«

Auf den ersten Blick wirkte die Dunkelfeste genau so, wie ich sie in Erinnerung hatte: ein halb eingestürzter, etwa dreißig Fuß hoher Turm, der in der einzigen Ecke der ehemaligen Burg aufragte, die noch leidlich unversehrt war. Es war schon spät, als wir ankamen, absaßen und uns durchs Unterholz anschlichen. Holzmann hatten wir eine halbe Meile entfernt bei den Pferden zurückgelassen. Wenn er sich in der Wildnis auch auskannte, waren seine Schritte im Vergleich zu Tilers und Juhlinas etwas zu schwer. Der Burgturm ragte ein paar hundert Schritt vor uns über den sanft schwankenden Baumwipfeln auf. Ich wusste, dass zwischen uns und der Burg ein gurgelnder Bach verlief, der mögliche Geräusche, die wir bei unserer Annäherung machten, verschlucken würde.

»Ich sehe überhaupt nichts«, sagte Tiler im Flüsterton. »Und wir sind nah genug dran, um das Leuchten eines Lagerfeuers ausmachen zu können.«

»Auch kein Rauchgeruch«, stellte Juhlina fest. »Vielleicht sind wir den langen Weg umsonst hergekommen.«

»Wir müssen ganz sicher sein.« Ich löste meinen Schwertgürtel und schnallte ihn mir quer über die Brust, sodass die Klinge auf meinem Rücken hing und mich beim Kriechen durchs Gebüsch nicht behinderte. Ich ließ Tiler vorgehen; der drahtige Dieb hatte einen besseren Blick für Verstecke. Juhlina war nicht so geübt im Schleichen wie wir, doch ihre natürliche Geschmeidigkeit gereichte ihr zum Vorteil. So gelang es uns, nahezu geräuschlos an die Burg heranzukommen; die schattigen Umrisse des Turms ragten immer höher zwischen den Bäumen auf. Doch noch immer war kein Holzrauch zu riechen, und an den Mauern der Dunkelfeste war kein Flackern von Feuer zu sehen. Ich sog ständig prüfend die Luft ein, nahm jedoch keinen Menschengeruch wahr, bis wir den Bach überquert hatten.

Ich war Tiler zum anderen Ufer gefolgt, Juhlina kämpfte sich noch durch das schnellfließende Wasser, als ich plötzlich etwas wahrnahm: einen Hauch von schweißfeuchtem Leder. Die erste Schleuder knallte, als ich Tiler gerade warnen wollte. Der Stein, schnell und unsichtbar in der Dunkelheit, traf ihn an der Schläfe und ließ ihn umfallen. Ich warf mich zu Boden, über meinem Kopf zischten noch mehr Geschosse vorbei, dann war das Trampeln von Füßen zu hören, als unsere Angreifer aus ihren Verstecken kamen.

»Lauf!«, rief ich Juhlina zu, doch als ich mich umdrehte, sah ich sie mit dem Gesicht nach unten reglos im Wasser liegen. Es wäre klug gewesen, meinen eigenen Rat zu befolgen, aber die Instinkte des Gesetzlosen waren inzwischen denen eines Soldaten gewichen, deshalb rannte ich stattdessen zur Witwe. Ich packte sie am Wams und zog sie ans Ufer. Mit einem gequälten Stöhnen fiel sie auf den Rücken. An der Stelle, wo der Stein sie getroffen hatte, war ihr Haar von Blut verklebt.

Schleudern, aber keine Bögen. Ich zog mein Langschwert aus der Scheide. *Die wollen uns lebendig gefangen nehmen.* Ich ging in die Hocke und lauschte auf die schnell näher kommenden Schritte. Ich packte den Schwertgriff mit beiden Händen, aber nicht zu fest, so wie Roulgarth es mir gezeigt hatte. *Sollen sie es nur versuchen.*

Ich wartete, bis ich die Beine des ersten Angreifers sah, ließ ihn noch einen Schritt herankommen, sprang dann auf und riss gleichzeitig das Schwert hoch. Der erste Mann, den ich an diesem Abend tötete, hatte ein rußgeschwärztes Gesicht, aus dem nur seine Augen hell hervorleuchteten. Als die Klinge ihm über die Brust fuhr, taumelte er nach hinten. Blut spritzte mir ins Gesicht. Die schwere Keule, die er bei sich trug, fiel ihm aus der zuckenden Hand.

Ich hörte rechts von mir weitere Schritte, trat zurück und hob das Schwert auf Brusthöhe, um es dem nächsten Angreifer in die Kehle zu stoßen. Wieder schnelle Schritte und das Zischen geschwungener Keulen, als ich mein Opfer von mir wegtrat. Ich bekam ein paar Schläge auf Schultern und Rücken ab, bevor ich herumwirbelte und das Schwert in tödlichen Bögen nach links und nach rechts schwang. Schreie und wüste Flüche ertönten, die Stimmen klangen barsch, aber ihre schlichte Sprache war mir vertraut; das waren Gesetzlose, keine Soldaten.

Ich duckte mich unter einem Hieb, der auf meinen Kopf gezielt war, und bestrafte den Angreifer mit einem Schlag gegen den Rumpf. Danach wich ich zurück und parierte einen Hieb, der von oben auf meine Schulter herabsauste. Die Schwertklinge ließ die Eschenholzkeule zersplittern und hackte tief ins Gesicht ihres Besitzers. Darauf herrschte Pause. Die Angreifer hatten einen Kreis um mich gebildet, etwa ein Dutzend waren es insgesamt. Die Augen in den geschwärzten, angespannten Gesichtern funkelten wütend.

Worte nützen im Kampf nichts, hatte Roulgarth gesagt. *Außer als Ablenkung*.

Ich holte tief Luft und lachte spöttisch. »Wollt ihr Mistkerle hier etwa die ganze Nacht lang rumst …?« Ich schlug zu, bevor das letzte Wort meine Lippen verlassen hatte, sprang vor, um einem Angreifer mein Schwert in den Bauch zu stoßen. Dann senkte ich die Schulter und warf mich zwischen ihn und den Mann neben ihm. Ich drehte mich um, und im nächsten Moment stürzten sich die Übrigen auf mich. Mein Schwert fuhr auf und nieder und fällte einen weiteren Keulenschwinger. Damit war nun eine Lücke entstanden, durch die ich hätte fliehen können, wenn ich wollte. *Tiler*, dachte ich. Dann mit einem Anflug von Schuldgefühl: *Juhlina*.

Mein Zögern währte nur kurz, doch lange genug, dass jemand mit einer Schleuder zielen und einen Stein abfeuern konnte. Er traf mich hinter dem Ohr, und ich sah Sterne. Ich erinnere mich, dass ich trotzdem noch auf den Beinen blieb und mein Schwert herumschwang, allerdings so ungezielt, dass die Männer mit den Keulen mich ohne Schwierigkeiten niederschlagen konnten. Dabei legten sie großen Enthusiasmus an den Tag, wovon ich aber meiner betäubten Sinne wegen zum Glück nicht viel mitbekam. Zweifellos hätte ich unter ihren Keulen mein Ende gefunden, hätte sich nicht in diesem Moment eine barsche, verärgert klingende Stimme eingemischt.

»Genug, ihr Dumpfbirnen! Erinnert euch an eure Befehle!«

Ich rollte mich auf den Rücken und schaute mit trübem Blick hoch. Der Anblick des wolkenlosen, sternbedeckten Nachthimmels, vor dem sich das Geflecht der dunklen Äste abzeichnete, war seltsam tröstlich. *Ich habe immer schon gerne die Bäume betrachtet.* Ich war selbst überrascht, als ich auflachen musste. Meine Heiterkeit schwand jedoch, als sich eine massige Gestalt vor den schönen Anblick schob und mit trübe funkelnden Augen zu mir herabsah.

»Ein Dieb, aber kein Kämpfer«, sagte die barsche Stimme amüsiert und leicht bewundernd. »Das hat Deckin einst über dich gesagt. Da hat er sich wohl geirrt, wie, Junge?«

»Er hat sich … über vieles … geirrt«, murmelte ich, während ich das Bewusstsein verlor. »Aber … ich genauso …«

VIERZIGSTES KAPITEL

Eine Weile lang schwankte ich zwischen Ohnmacht und Erwachen, während mich unsanfte Hände davontrugen. Ich sah verschwommene Fackeln und aufgeschichtete Lagerfeuer, die zum Leben erwachten. Dazu hörte ich das Murmeln eines geschäftigen Lagers. Mein Kopf schaukelte hin und her, und ich sah zahlreiche Zelte, die zwischen den halb zerfallenen Mauern und Säulen der Dunkelfeste errichtet waren. Trotz meiner Verwirrung kratzte es an meinem Stolz, dass ich einfach so in eine Falle gestolpert war. Dass um mich herum striktes Schweigen herrschte, zeugte davon, dass es sich um eine disziplinierte Gruppe handelte und nicht um einen wilden Haufen. Vorbeigehende Gestalten waren wie Soldaten gepanzert und bewaffnet. Zwar waren die meisten nicht sehr sauber gekleidet, sie musterten mich jedoch alle mit demselben finsteren Stirnrunzeln, als ich durch ihr Lager getragen wurde.

»Überlasst die verfluchten Ketzer uns, Hauptmann«, hörte ich eine raue Stimme. »Wir werden sie schon zum Singen bringen.«

Spöttisches Gelächter ertönte und verhallte in meinen Ohren, als mich eine neue Welle der Erschöpfung durchströmte und mir die Sinne raubte. Es war, als würde ich in einen dunklen, eisigen Schlund fallen.

Ein widerhallendes Platschen weckte mich, fern, aber unheimlich klar. Mein Schlaf – wenn man es so nennen kann – war zum Glück traumlos geblieben, eine schwarze Leere, frei von Gedanken und Gefühlen, nach der ich mich augenblicklich zurücksehnte, als der Schmerz sich bemerkbar machte. Ich spürte feurige Qualen in Schultern und Armen, die sich bis in meine Brust erstreckten. Keuchend schreckte ich auf, von dem instinktiven Drang erfüllt zu fliehen. Mein Körper schwankte, und meine nackten, eiskalten Füße fanden nirgendwo Halt. Das unnütze Zappeln machte mir deutlich, dass ich an den Handgelenken an einem Seil aufgehängt war. Blinzelnd verdrehte ich den Hals und schaute hoch, doch die Knoten, mit denen meine Handgelenke gebunden waren, wirkten fachmännisch geknüpft. Um mich davon zu befreien, müsste ich stundenlang daran herumrütteln und würde mir dabei nur die Haut aufschürfen.

»Endlich erwacht«, sagte dieselbe barsche Stimme, die ich gehört hatte, bevor ich das Bewusstsein verlor. Ich zappelte erneut und versuchte mit trüben Augen in der Dunkelheit etwas zu erspähen. »Geh und sag ihm Bescheid«, fügte die Stimme hinzu.

»Muss ich wirklich?« Die Antwort klang weinerlich und widerwillig. Sie schien von echter Furcht zu zeugen statt nur von Faulheit. Der erste Sprecher gab keine Erwiderung, und kurz herrschte Schweigen, bis ich Füße über Stein scharren hörte.

»Es wäre besser, wenn Ihr ganz wach wärt, Meister Scribe«, riet mir die erste Stimme. In den Schatten sah ich eine Bewegung, und eine Gestalt schälte sich heraus, ein kräftiger Mann etwa von meiner Größe, dessen Gesicht ich jedoch durch den Schleier meiner Schmerzen nicht erkennen konnte. »Ihr wollt ihm nicht mit getrübtem Verstand begegnen.«

»Es heißt … ›edler Herr‹«, keuchte ich angestrengt und blinzelte ein paarmal. Ich bedauerte es sofort, als ich das Gesicht des Mannes ausmachen konnte. Anfangs glaubte ich, er trüge eine Maske, so schief und vernarbt waren seine Züge. Ich kann unmöglich jede Entstellung aufzählen, die ich sah, denn die Missbildungen gingen an manchen Stellen ineinander über. Es soll deshalb nur gesagt sein, dass sein Gesicht so aussah, als sei es auseinandergerissen und dann schlecht wieder zusammengenäht und an seinem Schädel befestigt worden. Seltsamerweise waren seine Lippen noch am wenigsten verunstaltet, sodass er keine Schwierigkeiten beim Sprechen hatte.

»Erkennt Ihr mich denn nicht wieder?«, fragte er gespielt beleidigt. Er legte den Kopf schief und hob fragend seine vernarbten Brauen. »Nein? Nicht den blassesten Schimmer, wie? Verständlich. Wir sind uns nur ein Mal begegnet. Und damals sah ich auch noch etwas anders aus.«

»Hier geht es vermutlich nicht bloß um längst vergessene Schulden oder eine kleinliche Fehde, oder?«, ächzte ich und musterte meine Umgebung genauer. Hinter dem Kerl mit dem verunstalteten Gesicht fiel schwaches Licht auf Steinwände und einen rissigen Fußboden. Ich sah niemanden sonst, Tiler und Juhlina wurden wohl – wenn sie noch am Leben waren – an einem anderen Ort gefangen gehalten. Der Anblick einer kreisrunden Öffnung im Fußboden brachte eine Flut von Erinnerungen mit sich, und ich erkannte immerhin, wo ich mich befand, wenn mir mein Bewacher auch weiterhin Rätsel aufgab. Im Inneren der Dunkelfeste, wo Erchel mich im Traum heimgesucht hatte. In gewisser Weise ergab also alles einen Sinn, obwohl mir die Zusammenhänge noch immer unklar waren.

»Schulden?«, fragte der Narbige. »Nein, edler Herr, du schuldest mir keinen einzigen Shek. Fehde trifft es da schon eher, auch wenn es nicht gegen dich geht. Jedenfalls nicht dich persönlich. Aber mach dir trotzdem keine Illusionen, dass sich dadurch etwas ändert.«

»Also …«, ich richtete den Blick wieder auf ihn und zwang mich zu einem Lächeln, das bestimmt eher wie eine Grimasse aussah, »… wenn ich dir so viel Gold verspräche, dass du bis ans Ende deiner Tage in Wohlstand leben kannst, wäre das vermutlich sinnlos, oder?«

»Ja, das wäre es. Und ebenso das Versprechen, vom König begnadigt oder barmherzig behandelt zu werden. Also beleidige mich bitte nicht damit.« Auch wenn sein Tonfall unbekümmert klang, jedenfalls soweit es seine krächzende Stimme zuließ, leuchteten seine Augen warnend. Ich schloss daraus, dass dieser Mann nicht bloß haltlose Drohungen ausstieß.

»Ich würde nicht im Traum daran denken«, sagte ich. »Allerdings wüsste ich gern deinen Namen, da du mich nun schon in deiner Gewalt hast.«

Er trat einen Schritt zurück und straffte den Rücken, um eine soldatische Haltung anzunehmen. »Danick Thessil. Und ich muss sagen, es ist mir eine Ehre, jemand so Berühmtes zu treffen, auch wenn du deinen Ruhm im Dienste einer üblen Sache erworben hast. Deckin Scarl wäre sicher stolz darauf gewesen, was aus dir geworden ist.«

»Danick Thessil«, wiederholte ich und musterte skeptisch sein verunstaltetes Gesicht. Das grausige Schicksal der Thessil-Brüder war eine der bekanntesten Geschichten, die aus dem Massaker in Moosmühle hervorgegangen waren. »Du siehst gut aus für einen Mann, der vor Jahren an seinen Gedärmen an den Flügeln einer Windmühle aufgehängt wurde.«

Er schüttelte den Kopf, und sein Blick ging in die Ferne. Sein vernarbtes Gesicht verzog sich zu einem Ausdruck des Widerwillens. »Das war ein anderer armer Kerl mit verbranntem und zerhacktem Gesicht, den sie in jener Nacht aus dem Haufen der Verwundeten hervorholten. Das Schicksal eines Menschen hängt manchmal von den seltsamsten Zufällen ab, findest du nicht? Ein Würfelrollen kann einen reich oder zum armen Schlucker machen. Die richtige Frau macht einen glücklich, und die falsche macht einem das Leben schwer. In meinem Fall war es der Moment, als ich auf einen Haufen geworfen wurde, zu einem anderen Gesetzlosen, der fast dieselben Verletzungen hatte wie ich. Er war es, den sie hervorzerrten, um ihn zusehen zu lassen, wie sie die Leiche meines Bruders schändeten. Ihm schlitzten sie den Leib auf und knüpften ihn an der Mühle auf, um dann Wetten darüber abzuschließen, wie lange er durchhalten würde. Währenddessen lag ich bei den Toten und Sterbenden und unterdrückte meine Schreie. Im Morgengrauen erwürgte ich den Wachposten, der die Toten bewachen sollte, und ergriff die Flucht. Fast genau wie du, hm?«

Nicht ganz, dachte ich. *Ich habe einen Kameraden ermordet, um zu fliehen.* »Du hattest von einer Fehde gesprochen«, erinnerte ich ihn.

»Jawohl. Wie's aussieht, kann es das Leben verändern, wenn man halb tot zwischen Leichen liegen muss.« Er ließ sich ächzend auf der niedrigen Brunnenumrandung nieder. »Ohne das Andenken an deinen einstigen Mentor beschmutzen zu wollen, aber mit Deckins Gerede darüber, das Herzogtum an sich reißen zu wollen, hatten mein Bruder und ich damals nichts am Hut. Wir wollten nur das Gold und die Waffen, die wir uns bei der Erstürmung der Burg Duhbos holen konnten. Mit genügend Münzen und ausreichend bewaffnet, wollten wir nach Osten ziehen und fern von den Königen und Herzögen von Albermaine eine freie Kompanie gründen. Wir hätten unsere Ehre nicht mehr mit Diebstählen besudeln und uns nicht mehr mit dem Abschaum der Marschen abgeben müssen. Solche Dinge hielten wir damals für unter unserer Würde. Uns hatten lediglich Pech und die Ungerechtigkeit des Adels dazu gezwungen. Wir wollten wieder Soldaten sein, der einzige Beruf, in dem wir uns je hervorgetan hatten. Jenseits der Ostgrenzen herrscht ständig Krieg, und zahllose Prinzen und Stammesfürsten sind bereit, Fremdländer dafür zu bezahlen, dass sie für sie kämpfen.«

Danick hielt inne und seufzte verbittert. »Heute schäme ich mich dafür, Scribe. Wir wurden einzig von Gier beherrscht, ohne einen Gedanken daran zu verschwenden, welches Leid durch Kriege entsteht. Als ich damals inmitten der zuckenden, verstümmelten Leiber lag, kam mir eine Erkenntnis: Deckins Traum, das Herzogtum an sich zu reißen, war hoffnungslos. Wie könnte ein einfacher Mann jemals so hoch aufsteigen? Das kann erst dann geschehen, wenn es niemanden mehr gibt, der über ihm steht. In dem Moment begriff ich, dass es von nun an nur noch *einen* Krieg für mich gab, eine Rechnung, die ich noch offen hatte.« Seine Stimme nahm einen inbrünstigen Ton an, wie bei einem Glaubensbekenntnis. »Ich würde meinen Bruder rächen und die Fassade der Verderbtheit niederreißen, die dieses Reich in den Zustand versetzt hat, in dem es jetzt ist. Der Bund, die Krone, die gierigen, bestechlichen Herzöge und ihre adligen Speichellecker. All das musste beseitigt werden.«

Da ich an die gefährlichen Stimmungsschwankungen von Fanatikern gewöhnt war, hielt ich es für das Beste, nichts dazu zu sagen. Ich hing nur reglos in meinen Fesseln und ließ den Blick schweifen, um mehr über meine Umgebung in Erfahrung zu bringen. Inzwischen hatten meine Augen sich an die Dunkelheit gewöhnt, und ich sah an den Wänden eine lange Reihe Fässer stehen. Außerdem funkelte Licht auf einem großen Haufen Waffen: Hellebarden und Rossschinder – dem Glanz nach zu urteilen frisch geschmiedet.

»Die Waffen hast du also bekommen«, stellte ich fest und verzog das Gesicht, als meine Handgelenke erneut schmerzten. »Die waren sicher nicht billig. Es macht sich wohl bezahlt, ein Aufständischer zu sein?«

»Dein Blick ist so scharf wie eh und je«, erwiderte Danick und wich damit meiner Frage aus. »Deckin sagte immer, du wärst sein bester Spion.«

»Sag mir, hast du Shilva Sahken dafür bezahlt, mich hierherzulocken?«

»Sie hat keine Ahnung, dass ich noch am Leben bin. Um dir diese Falle zu stellen, musste ich nur ein paar Worte in die richtigen Ohren flüstern. Mir wurde versichert, dass du jede Gefahr für deine geliebte Gesegnete schnellstens ausräumen würdest.« Es war schwer zu sagen, aber sein verunstaltetes Gesicht schien einen vorwurfsvollen Ausdruck anzunehmen. »Deckin wäre stolz auf deine Stärke gewesen, Junge, aber nicht darauf, mit wem du dich eingelassen hast. Adlige und Bund sind die morschen Äste desselben kranken Baums.«

Ich überlegte zu widersprechen und aufzuzählen, was Evadine alles vom Bund und vom Adel unterschied, aber inzwischen wusste ich, mit was für einem Menschen ich es zu tun hatte. Widerspruch wäre bei ihm zwecklos gewesen. Sein Hass und sein Vorhaben hatten sich ihm an dem Tag, als sein Bruder gestorben war, zu tief eingeprägt.

»Ich muss sagen, ich bin überrascht, dass du nicht in der Schlacht im Tal dein Leben gelassen hast«, sagte ich stattdessen. »Bei deinen Ansichten, meine ich. Der Prätendent hätte einen Mann wie dich gebrauchen können.«

Danick schnaubte verächtlich. »Der stolze Geck war von Anfang an zum Scheitern verurteilt. Ich gebe zu, dass ich eine Zeit lang mit ihm marschiert bin. Aber irgendwann wollte ich mich nicht mehr von jemandem anführen lassen, den ich nicht respektieren kann. Nach der Schlacht auf dem Feld der Verräter wusste ich, dass ich meinen eigenen Weg gehen, mein eigenes Heer aufbauen musste oder«, fügte er leiser hinzu, als in der Dunkelheit Schritte zu hören waren, die eine Steintreppe hinabkamen, »zumindest andere davon überzeugen, eines für sie aufzubauen.«

Als ich den schlanken Mann sah, der nun aus den Schatten trat, war ich darüber so wenig überrascht, dass ich nur ein kurzes, barsches Lachen ausstieß. Aszendent Arnabus trug immer noch denselben schlichten grauen Umhang eines einfachen Betbruders. Seine Kapuze war zurückgeschlagen, und sein Gesicht zeigte diesmal nicht den freundlichen und zuweilen spöttischen Ausdruck wie damals bei unserem Zusammentreffen in der Bibliothek des Bundes in Athiltor. Stattdessen war es zu einem fragenden Stirnrunzeln verzogen; um seine Augen und den Mund zuckte es leicht. Ich kannte den Anblick von Furcht, und Arnabus schien Todesangst zu verspüren. Er schaute mir zwar direkt in die Augen, begrüßte mich aber nicht. Unser Austausch feindseliger Blicke wurde durch die Ankunft einer zweiten Gestalt unterbrochen. Auch diese trug das Gewand eines Klerikers, hatte jedoch die Kapuze übergezogen und blieb in einer dunklen Ecke des Raums stehen.

Das Schweigen zog sich in die Länge, und mir fielen zahllose spöttische Bemerkungen ein, die ich in dieser Situation hätte machen können. Allerdings war meine Abneigung gegenüber Arnabus so stark, dass ich ihm nicht einmal das gönnen wollte. Schließlich stöhnte ich ungeduldig. »Was zum Henker wollt Ihr?«, knurrte ich.

Arnabus' schmales Gesicht lief rot an und er zog eine finstere Miene. »Hat er irgendwas gesagt?«, fauchte er Danick an.

»Wir haben nur ein bisschen über alte Zeiten geplaudert.« Danick zuckte die Achseln.

Arnabus wandte sich wieder mir zu und musterte mich sorgfältig. Besonders lange blieb sein Blick an den Knoten hängen, mit denen meine Handgelenke gefesselt waren. Offenbar zufrieden kam er näher und machte dabei einen weiten Bogen um die dunkle Öffnung des Brunnens. Der Blick, mit dem er mich ansah, wirkte beinahe verzweifelt. »Ist sie in der Nähe?«, flüsterte er zittrig.

Ich sagte nichts, sondern blinzelte nur und schwenkte den Kopf herum, um seinen Kameraden in der dunklen Ecke anzusehen. »Warum kommt Ihr nicht näher, Eure Eminenz?«, fragte ich, und meine Stimme hallte in den Tiefen des Brunnens wider. »Ich bin ja sonst kein Freund von Förmlichkeiten, aber einen Ritter des Reiches nicht zu begrüßen, ist ein wenig unhöflich, findet Ihr nicht?«

Durehl Vearist zögerte nur kurz, dann trat er vor. Seine kräftigen Arme tauchten in den Ärmeln seines Gewands auf, und er zog die Kapuze zurück. Im Gegensatz zu Arnabus wirkte seine Miene gelassen. Die zusammengezogenen Brauen sprachen eher von Entschlossenheit als von Furcht. Allerdings kam mir der Ausdruck etwas gekünstelt vor. Warum sollte jemand, der sich seiner Sache so sicher war, sein Gesicht verbergen?

»Scribe«, sagte er. »Ich möchte betonen, dass ich die … Notwendigkeit des Ganzen sehr bedaure.«

»Ach, hör doch auf, du alter Heuchler.« Ich lachte erneut.

Danick Thessil musste sich offenbar ebenfalls ein Lachen verkneifen. Ich drehte mich ihm zu. »Jetzt, da ich weiß, wer dir all die hübschen neuen Waffen gekauft hat: Ich schätze, ich habe die Ehre, mit dem Marschall des Bundes zu sprechen?«

Danick neigte den Kopf, und sein verunstaltetes Gesicht verzog sich zu einem schiefen Lächeln. »Was soll ich sagen? Ich habe spät zum Glauben gefunden.«

»Jeder Hund, der nicht beißt, ist ein Freund, wie?« Es war ein altes Sprichwort unter Gesetzlosen. Danicks Lächeln schwand.

»Ich hab's dir ja gesagt, Junge.« Seine Miene wirkte weder ängstlich wie die von Arnabus noch gekünstelt wie Durehls. »Alles muss beseitigt werden. Und mir ist egal wie.«

»Genug«, sagte Arnabus, warf Danick einen scharfen Blick zu und nickte in Richtung der Treppe. »Kümmert Euch um Eure Kompanie, Hauptmann.«

Der Blick aus verengten Augen, den Danick dem Aszendenten zuwarf, verriet mir, dass er Arnabus ebenso wenig leiden konnte wie ich. Wortlos stand er auf und stapfte in die Dunkelheit davon, kurz darauf waren seine Schritte auf der Treppe zu hören.

»Seine Eminenz hat Fragen«, sagte Arnabus. »Ich rate Euch, schnell und ehrlich zu antworten.«

Er machte Durehl Platz, der mit einem Ausdruck der Rechtschaffenheit und Geduld vortrat – ein Mann, der eine unangenehme Aufgabe zu erfüllen hatte, vor der er dennoch nicht zurückscheute. »Aspirantin Viera war so freundlich, mir die Berichte zu zeigen, die Ihr der Bibliothek des Bundes in Athiltor vermacht habt«, sagte er. »Außergewöhnliche Arbeiten, junger Mann. Derartige Meisterwerke verlangen nach Bewunderung, unabhängig davon, wer sie geschaffen hat.«

»Deine Bewunderung bedeutet mir so viel wie ein Scheißhaufen, du alter Sesselfurzer«, erwiderte ich. Meine Situation würde zweifellos bald sehr viel unangenehmer werden, deshalb wollte ich so viele Beleidigungen loswerden wie möglich, solange ich noch konnte.

Durehl Vearist enttäuschte mich jedoch, indem er nur mit einem milden Lächeln reagierte. »Wie Ihr Euch vielleicht vorstellen könnt«, fuhr er in demselben gemessenen Ton fort, »fand ich Euren Bericht über die Wiederauferstehung von Märtyrerin Evadine in Farinsahl besonders interessant. Ich glaube nicht, dass mir schon einmal eine Lügengeschichte untergekommen ist, die ähnlich beeindruckend strukturiert und poetisch formuliert war.«

Ich schenkte ihm ein leeres Lächeln. Leider war ich wegen meiner schmerzenden Arme nur zu einer gekeuchten Erwiderung fähig. »Im Verfassen von Lügengeschichten habt Ihr sicher Übung.«

»Ihr gebt also zu, dass es Unwahrheiten sind?« Er trat näher heran und musterte mich eingehend. »Dass Ihr Euch das Ganze nur ausgedacht habt?«

Meine Schmerzen wurden immer schlimmer, und ich fletschte die Zähne. »Märtyrerin Evadine ist dank dem himmlischen Eingreifen der Seraphilen von den Toten zurückgekehrt. Ich erinnere mich gern an diesen Moment zurück und werde bis an mein Lebensende dankbar sein, ihn miterlebt zu haben.«

Durehl verzog bedauernd das Gesicht und schüttelte den Kopf. »So viel Talent«, sagte er. »Verschwendet an einen Unwürdigen. Sagt mir, Scribe: Weiß sie, dass alles nur eine Farce ist, oder hält sie sich wirklich für wiederauferstanden?«

»Märtyrerin Evadine ist die wahre Stimme der Seraphilen.« Das Seil knarzte und schwankte, während ich ihm die Worte entgegenspie. »Eine Kämpferin des Bundes. Durch sie wird er zu dem, was er von Anfang an sein sollte, und nicht zu einem Haufen geldgieriger, machthungriger Mistkerle.«

In die Entschlossenheit in Durehls Miene mischte sich Wut. »Jahrhundertelang war es der Rat, der dieses Reich vor dem Chaos bewahrt hat«, sagte er. »Könige kommen und gehen, aber der Rat und der Bund bleiben bestehen und damit auch alles andere. Der Rat ist es, der Ordnung in dieses Land bringt, den Menschen Hoffnung gibt und Ungerechtigkeit bestraft.«

»Vor dem Chaos bewahrt?« Ich wollte spöttisch lachen, es klang jedoch nur wie ein Knurren. »Hast du die letzten zehn Jahre etwa geschlafen, alter Mann? In diesem Land herrscht nichts als Chaos, und ich sehe keinen Hinweis darauf, dass dein Rat irgendetwas getan hätte, um das zu verhindern. Und wenn wir schon von Ungerechtigkeiten sprechen, vielleicht kannst du mir erklären, wieso eine unschuldige Aszendentin ihr Leben in den Erzminen fristen musste, nur weil sie die Wahrheit erkannt hatte?«

»Es gibt Zeiten, da muss man tun, was notwendig ist. Aszendentin Sihlda wusste das, auch wenn Ihr es nicht begreifen wollt. Leider sehen wir uns jetzt wieder in einer ähnlichen Lage.« Durehl senkte den Blick und holte tief Luft, als würde er sich für etwas wappnen. »Ihr werdet keine weitere Gelegenheit erhalten, um freiwillig zu beichten, Scribe«, sagte er, sah mir in die Augen und sprach gelassen, fast schon bekümmert weiter. »Wenn Ihr nur unter Zwang gestehen wollt, dann werde ich dafür sorgen. Aber ich bitte Euch: Zwingt mich nicht dazu. Bekennt, dass Ihr gelogen habt. Erklärt in eigenen Worten, dass Evadine Courlain eine falsche Märtyrerin ist.« Er hielt inne, und ich sah, wie er schluckte, als er kurz zu Arnabus hinschaute. »Gebt zu, dass Ihr eine caerithische Hexe zu Evadine Courlains Krankenlager gebracht habt und die falsche Märtyrerin durch ihre schändliche Magie wiederauferstanden ist.«

Ich unterdrückte ein Stöhnen, als mir eine Erkenntnis kam. Mein Blick ging zu Arnabus. Vermutlich war es sein Verdienst, dass die Anwesenheit der Sackhexe in Farinsahl ans Licht gekommen war. Er wusste von der *Doenlisch*. Er beherrschte die caerithische Sprache und konnte auf Leannors Netzwerk aus Spionen zurückgreifen, das ihm alle möglichen Gerüchte überbrachte. Ich hätte ein triumphierendes, bösartiges Lächeln erwartet, als ich ihn ansah, stattdessen wirkte er immer noch furchtsam. Wie Durehl schien er sich für etwas zu wappnen, das er eigentlich nicht tun wollte. Allerdings wusste er vermutlich besser als Durehl, was die Folgen wären. Sein Verständnis der ganzen Situation ging wahrscheinlich sogar noch tiefer als meines. Ich hatte jedoch noch ein paar Asse im Ärmel. Ich machte mir keine Illusionen darüber, wie das Ganze ausgehen würde, doch wenn man sich Folter und Tod gegenübersieht, wird man alles tun, um den ersten Kuss von Klinge oder Peitsche möglichst lange hinauszuzögern.

Ein Zittern der Anstrengung und Furcht durchlief mich. »Da wir schon über absurde und unnatürliche Dinge reden: Ich musste gerade an ein Gespräch denken, das ich kürzlich geführt habe«, sagte ich. »Ihr erinnert Euch sicher, dass ich das Testament des Prätendenten aufgeschrieben habe, Eure Eminenz.« Obwohl meine Worte an Durehl gerichtet waren, behielt ich Arnabus fest im Blick. »Was er mir nicht alles zu erzählen hatte …«

»Still!«, fauchte Arnabus. Das Zucken in seinem Gesicht verstärkte sich.

Ohne ihn zu beachten, wandte ich mich wieder Durehl zu. »Sagt mir, Eure Eminenz, wie viel wisst Ihr eigentlich über diesen Mann hier? Wer er wirklich ist, meine ich. Erinnert Euch an den Moment, als Ihr ihm zum ersten Mal begegnet seid. Wie alt schien er da zu sein?«

»Seid still!«, zischte Arnabus noch einmal und trat näher, blieb jedoch abrupt stehen, als ich ihn auf Caerithisch ansprach.

»In Euren Adern fließt Vaerith.« Ich sah ihm grinsend in sein zittriges Gesicht. *»Wurdet Ihr damit geboren, oder habt Ihr es irgendwie gestohlen?«*

»Was sagt er da?«, fragte Durehl, aber Arnabus schien ihn nicht gehört zu haben. Stattdessen stürzte er sich mit rudernden Armen auf mich, was komisch ausgesehen hätte, wäre ich nicht die Zielscheibe für seine Wut gewesen. Seine Schläge waren unbeholfen, aber von beträchtlicher Wucht. Selbst ein Dilettant kann einem Schaden zufügen, wenn er nur lange genug auf einen einprügelt. Und ich hörte Durehl zwar ein paar verwunderte Fragen stellen, er fühlte sich aber offenbar nicht bemüßigt einzugreifen.

»Wo ist sie?!«, schrie Arnabus, während er auf mich einschlug. »Ist sie in der Nähe? Sag es mir, du wertloser Hund!«

Mit einem nur allzu vertrauten Knacken brach meine Nase, Blut lief mir in die Kehle und drohte mich zu ersticken. Begleitet von Arnabus' schrillem Kreischen glitt ich in die Bewusstlosigkeit zurück. »Warum ist sie verschwunden? Wohin ist sie gegangen? Wo ist die verfluchte *Doenlisch*?!«

EINUNDVIERZIGSTES KAPITEL

Wieder holte mich ein Platschen ins Bewusstsein zurück. Diesmal spürte ich beim Erwachen kalten Stein an meinen Rippen, und der Schmerz in Armen und Schultern war verschwunden. Dennoch entwich mir ein gequältes Stöhnen, als ich mich langsam aufrichtete. Während ich ohnmächtig gewesen war, war es Nacht geworden, und die Lichtflecken auf den grob gemauerten Wänden waren fort. Stattdessen sah ich das Flackern einer Laterne, das auf eine schlanke Gestalt im Gewand eines Betbruders fiel.

Arnabus saß auf der anderen Brunnenseite an eine Treppenstufe gelehnt und hatte einen Arm auf sein angewinkeltes Bein gelegt. Seine Augen funkelten, als er sah, dass ich wach war. Dann machte er eine Bewegung aus dem Handgelenk, und ein Kieselsteinchen flog durch die Luft und fiel in den Brunnen. Es schien sehr lange zu dauern, bis das gedämpfte Platschen zu hören war.

»Was hat Lochlain dir erzählt?«, fragte Arnabus. Seine Furcht schien sich weitgehend verflüchtigt zu haben ebenso wie seine Wut. Stattdessen wirkte er zutiefst niedergeschlagen. Offenbar hatte er mit etwas gerechnet, das nicht eingetreten war, und schien nun verzweifelt.

»So einiges«, sagte ich und kam mit verzogenem Gesicht hoch. Das grobe Seil schnitt mir in Hand- und Fußgelenke. Es war nach dem Verknoten mit Pech bestrichen worden, das seither abgekühlt war. Die Fesseln waren nun so fest wie eine Eisenkette. Ich erkannte auf den ersten Blick, dass ich sie nicht würde lösen können. Und wenn ich versuchte, sie durchzunagen, würde ich mir vermutlich nur die Zähne abbrechen. An Händen und Füßen gefesselt, hätte ich Arnabus unmöglich erreichen können, höchstens mit ein paar langsamen, komischen Hüpfern. Obwohl er mich verprügelt hatte, verspürte ich ihm gegenüber seltsamerweise keine Feindseligkeit. Ich hatte eher das Gefühl, dass er derjenige war, der im Moment am meisten litt. Zwar wollte ich ihn immer noch töten, wenn sich die Gelegenheit bot, aber vermutlich würde ich es schnell machen.

»Was wollt Ihr denn hören?«, fuhr ich fort. Ich lehnte mich mit dem Rücken an die Brunnenumrandung und tastete mit den gefesselten Händen mein schmerzendes Gesicht ab. Er hatte mit seinen Hieben wahrlich nicht gespart.

»Hör auf mit deinen Spielchen.« Arnabus seufzte schwer. »Das ist ermüdend. Und außerdem sinnlos.«

Ich schaute mich in der Dunkelheit jenseits des Laternenscheins um. »Wird Seine Eminenz sich nicht zu uns gesellen?«

»Ich konnte ihn überzeugen, dass ich bei einer Befragung unter vier Augen das gewünschte Geständnis aus dir herausholen könnte.«

»Aber daran habt Ihr gar kein Interesse, oder?«

Das Gewand des Klerikers wackelte, als er mit den Achseln zuckte. »Geheimnisse, die bereits aufgeklärt sind, interessieren mich nicht. Dein beträchtlich angewachsenes Wissen hingegen schon, Scribe. Aber das will ich von dir hören, ohne dass jemand uns belauscht.«

Ich hob die Augenbrauen und verzog den Mund zu einem spöttischen Grinsen. »Nützliche Informationen haben ihren Preis, und bislang habt Ihr noch nicht gesagt, was Ihr mir dafür bietet.«

»Ist die Verzögerung von Folter und Tod etwa keine Belohnung?«

»Keine, die für mich in Betracht kommt, da Ihr von einer Verzögerung sprecht, nicht aber davon, mich zu verschonen. Da müsst Ihr schon mehr bieten.«

Der Laternenschein flackerte auf Arnabus' schmalem grimmigen Gesicht, als er einen weiteren Kiesel aufhob und in den Brunnen warf. »Du warst früher schon mal hier«, sagte er, als aus der Tiefe ein leises Platschen ertönte. »Als Junge. Du und dieser tote Schurke, ihr habt in eurem kindlichen Stolz den Zorn der Geister herausgefordert.«

Mein verletztes Gesicht schmerzte, als ich die Stirn runzelte. »Woher wisst Ihr das?«

»Du willst einen Tauschhandel? Ich schlage dir Folgendes vor: Du sagst mir, was Lochlain dir über mich erzählt hat, und ich erkläre dir, woher ich weiß, was du in deiner armseligen Kindheit so alles getrieben hast.« Jetzt war er es, der spöttisch eine Augenbraue hob. »Und vielleicht sogar noch etwas mehr. Ich glaube, das könnte mir Spaß machen.«

Vielleicht werde ich ihn doch nicht schnell umbringen, dachte ich. Ich schnaubte, um mir meine Verärgerung nicht anmerken zu lassen, worauf jedoch scharfer Schmerz meine gebrochene Nase durchzuckte. »Lochlain sprach von einem Kleriker, der in der Burg, in der er aufgewachsen war, haltmachte«, sagte ich. »Ein Kleriker, der ihm von seiner wahren Herkunft berichtete. Er erzählte mir von einem Dienstmädchen, das von einem betrunkenen Prinzen vergewaltigt wurde, der in der Burg seines Herrn zu Gast war. Eine Vergewaltigung, die sonst niemand gesehen und über die das Dienstmädchen nie gesprochen hatte, und doch kannte dieser Kleriker die Geschichte bis ins kleinste hässliche Detail. Noch bevor Lochlain seine Mutter zur Rede stellte, wusste er bereits, dass es die Wahrheit war. Er musste die Furcht in ihren Augen nicht sehen oder die Geschichte aus ihrem Mund hören. Er war in dem Glauben aufgewachsen, der Sohn eines durchziehenden Barden mit einem charmanten Lächeln zu sein – ein Mann, zu dem sich junge Mädchen hingezogen fühlen, wenn reichlich

Ale geflossen ist. Er war der Meinung gewesen, sein Vater würde noch irgendwo außerhalb der Burgmauern umherziehen und seine Lieder singen. Zu entdecken, dass sein Vater in Wahrheit niemand anderes als Prinz Arthin, Erbe des Throns von Albermaine, gewesen war, stellte für Lochlain eine große Enttäuschung dar. Wer möchte schon auf so schändliche Weise gezeugt worden sein?

Den Kleriker sah er nie wieder, erinnerte sich jedoch noch gut an ihn. Und nicht bloß an sein Gesicht, sondern auch an seine Sprechweise. So gut sogar, dass ich, als er mir seine Geschichte erzählte, keine Schwierigkeiten hatte, Euch zu erkennen, Aszendent Arnabus. Ist das eigentlich überhaupt Euer richtiger Name?«

Arnabus' Lippen verzogen sich zu einem gleichgültigen Lächeln. »Nach einer Weile bedeuten einem Namen nichts mehr. Namen sind für Könige und Prinzen oder Märtyrerinnen. Für uns dagegen sind sie unwichtig. Darin liegt dein großer Fehler, Sir Alwyn Scribe. Dein Ruhm hat dich geschwächt, dich für Durehl und andere zur Zielscheibe gemacht. Es wäre besser für dich gewesen, wärst du im Verborgenen geblieben, so wie ich es tue.«

»Unser Tauschhandel«, sagte ich. Auf seine Worte wollte ich nicht eingehen, obwohl er zweifellos recht hatte. »Ihr wusstet, dass ich schon einmal hier war. Und ich habe den Verdacht, es hat etwas damit zu tun, warum ich mich jetzt wieder hier befinde.«

Er sah mich schweigend an, dann legte er den Kopf schief, und sein Gesicht verzog sich zu einem spöttischen Ausdruck, der mir auf unheimliche Weise vertraut vorkam. Die Stimme, die aus seinem Mund kam, war nicht seine eigene, aber ich hatte sie schon einige Male gehört. »Bist du hier, um es dir anzuschauen, Alwyn?«

Eigentlich hätte ich nicht in der Lage sein dürfen, etwas anderes als Schmerz zu empfinden, dennoch durchlief jetzt ein eisiger Schauer meinen Körper. *Erchel!* Er sprach mit Erchels Stimme.

»Willst du dein Werk nicht bewundern?« Arnabus redete weiter mit der Stimme eines Toten, und sein Ausdruck wurde noch spöttischer, als er sich vorbeugte, genau wie Erchel es im Traum getan hatte.

Ich sagte nichts, konnte ihn nur entsetzt anstarren. Arnabus stieß ein kurzes Lachen aus. Seine Miene wirkte nun wieder gelassen, und er lehnte sich zurück. »*Vaerith* ist ein Wort mit vielen Bedeutungen«, sagte er. »Es bezeichnet zahllose Fähigkeiten – bedeutende und unbedeutende. Manche von uns können sich ihre Fähigkeiten aussuchen, aber das ist nur wenigen vergönnt. Die meisten, so wie ich, müssen aus dem bisschen, was ihnen zuteilwurde, das Beste machen.«

»Ich … habe geträumt …«, stotterte ich, als ich endlich meine Sprache wiedergefunden hatte.

»Ja«, sagte Arnabus mit einem leeren Lächeln. »Du hast den Traum geträumt, den ich für dich geschaffen habe. So haben die Caerither mich genannt, als ich bei ihnen lebte: *Oleith Ethaleha,* Traummacher. Herauszufinden, wer von deinen ehemaligen Bekannten als Überbringer von Botschaften am besten geeignet war, war nicht ganz leicht. Aber nachdem Sir Althus dich bewusstlos geschlagen hatte, blieb mir zum Glück genügend Zeit, um dein Gedächtnis zu durchforsten.«

»Erchel hat mich gewarnt«, sagte ich. »Auf dem Weg nach Süden. Die Meuchelmörder …«

»Ein notwendiges Zwischenspiel, damit du Vertrauen zu deinem Traumgefährten gewinnst. Es war nicht schwer, den Rat der Eminenzen davon zu überzeugen, ein paar Silbermünzen herauszurücken, um Attentäter anzuheuern. Der Auftritt deiner Märtyrerin in Athiltor hat sie in ziemliche Aufregung versetzt, muss ich sagen. Natürlich wusste ich, dass das Attentat fehlschlagen würde, aber Durehl und die anderen ahnen natürlich nichts von den Hintergründen. Oder dachtest du, Leannor steckte dahinter?« Er musterte mich abschätzend. »Nein, so dumm bist du nicht.«

»Erchel wusste Dinge«, beharrte ich. Mir fiel es immer noch schwer zu glauben, dass ich meine nächtlichen Besuche den geheimnisvollen Fähigkeiten dieses Mannes verdankte. »Er hat mir Dinge gezeigt, bevor sie passiert sind. König Tomas' Tod …«

»Weil ich davon wusste.« Das Grinsen schwand aus dem Gesicht des Klerikers, und er wirkte wieder so grimmig wie zuvor. »Die *Doen-*

lisch – die bei unserem Wiedertreffen hier interessanterweise fehlt, obwohl ich mir die größte Mühe gegeben habe, sie einzuladen – hat es mir gezeigt.«

Dass die Sackhexe sich mit diesem Mann abgeben sollte, machte mich aus unerfindlichem Grund wütend. »Mit einem wie Euch würde sie nie gemeinsame Sache machen.«

»Warum? Sie umgibt sich ja sonst auch gern mit dem Abschaum des Reiches. Oder hältst du dich etwa für etwas Besseres, Alwyn Scribe? Du tanzt erst seit ein paar Monaten nach ihrer Pfeife, ich dagegen kenne sie schon seit vielen Lebenszeiten.«

»Sie tut Gutes. Sie heilt. Sie schenkt Leben …«

»Und was glaubst du, was ich mache?«, schrie Arnabus und sprang mit gefletschten Zähnen vor. »Was ich verflucht noch mal schon seit Jahrhunderten mache, du unwissender Grünschnabel? Alles, was ich mache, tue ich für sie.«

Wir maßen uns gegenseitig mit wütenden Blicken. »Ihr seid ein Intrigant«, sagte ich. »Ein Lügner. Ein Mann, der eine unschuldige Frau hinrichten wollte …«

»Ach, erzähl mir nichts über deine Märtyrerin, Scribe.« Arnabus lachte verächtlich. »Ich habe sie schon so oft gesehen. Ein anderes Gesicht, ein anderes Geschlecht, aber immer dieselbe Geschichte. Eine Heldin, die allein durch ihre Güte zu Ruhm und Ehre gelangt. Eine Retterin der Armen und Unterdrückten, von himmlischer Hand berührt. Das ist alles Unfug, und es endet stets in Blut.« Wieder grinste er. »Ich habe versucht, dich zu warnen, erinnerst du dich? Erchel hat dir gezeigt, was sie anrichten wird.«

»Die *Doenlisch* hat sie gerettet«, sagte ich. »Das hätte sie nicht ohne Grund getan.«

Die Anspannung verließ Arnabus' Körper, und er sank zurück und wiederholte leise: »Ohne Grund …« Eine Abfolge von Gefühlen glitt über seine Züge, von Selbstmitleid über Trauer bis hin zu Wut. Schließlich runzelte er verwirrt die Stirn. »Ich habe es schon seit … hm, einem Jahrhundert oder so aufgegeben, sie nach ihren Gründen zu fragen«, sagte er. »Mir reichte es aus, dass sie meine Hilfe brauchte. Dass sie mir erlaubte, in ihrer Nähe zu sein. Sie hat mich vor langer Zeit gerettet, weißt du, als ich noch ein Waisenjunge war und eine Menschenmenge mich aufknüpfen wollte. Die Leute verabscheuten mich, ohne zu wissen, warum. Ich dagegen wusste es: Sie hatten Angst vor mir. Irgendwie wussten sie, dass ich derjenige war, der ihnen diese düsteren Albträume sandte. Angst treibt uns zu den schlimmsten Verbrechen an, sogar zum Mord an einem Kind. Die Sackhexe dagegen fürchteten die Leute noch mehr als mich. ›Komm, kleiner Bruder‹, sagte sie, nahm mich an der Hand und führte mich weg. ›Ich habe dir vieles zu zeigen.‹«

Die Trauer wich aus seinem Gesicht, und sein Blick ging in die Ferne. »Und das hat sie auch getan. Eine Zeit lang wurde sie wie eine Mutter für mich. Ich bereiste mit ihr alle Ecken des Reiches und darüber hinaus, wenn es nötig war. Die Aufgabe der *Doenlisch* beschränkt sich nicht bloß auf Albermaine. Ich lernte von ihr, während sie sich um die Kranken kümmerte. Ich lauschte ihren caerithischen Liedern. Als ich fast schon zum Mann herangewachsen war, nahm sie mich mit über die Berge, um unter ihrem Volk zu leben. Damals hat sie mich zum ersten Mal allein gelassen. Ich mochte die Caerither nicht und sie mich ebenso wenig, aber sie nahmen meine Anwesenheit hin, weil *sie* es so wollte. Irgendwann kehrte ich nach Albermaine zurück, wo sie schon auf mich wartete. ›Dieser neue Glaube, kleiner Bruder‹, sagte sie. ›Dieser Bund, er wird immer stärker. Ich möchte mehr darüber erfahren.‹ Und damit wurde der Bund meine Aufgabe. Jahrelang habe ich zugesehen, wie er zu dem dekadenten Monolithen wurde, der er heute ist. Wie eine große, kranke Bestie, die nicht weiß, dass sie mit jedem Schritt auf ihr eigenes Grab zuschlurft. Ich gebe zu, dass ich hier und da nachgeholfen habe, weil sie es mir befohlen hat. Aber es hätte ohnehin immer so geendet. Deine Märtyrerin ist nur das Messer, das der alten Bestie den letzten Stich versetzt. Aber wenn die Krähen kommen, um sich an ihrem Kadaver zu laben«, er lachte freudlos, »tja, das wird ein Anblick. Vielleicht will die *Doenlisch* ja zuschauen, obwohl euer Schicksal sie ansonsten nicht zu kümmern scheint.«

Seufzend kam er auf die Beine und nahm die Laterne. »Morgen wird ein anstrengender Tag. Ich rate dir, dein Leid abzukürzen und Durehl einfach zu geben, was er will. Dieser Grobian Thessil hat drei deiner Gefährten gefangen genommen, und sein Folterknecht wird ihnen vor deinen Augen die Haut abziehen, bevor er mit dir anfängt. Gestehe deine schändliche Niedertracht ein. Schreib es in deinen hübschen Worten auf. Das wird Durehl sicher gefallen. Und eigentlich spielt es ja auch keine Rolle mehr, oder?«

»Ihr habt gesagt, sie hätte Euch verlassen«, sagte ich, worauf er innehielt. »Was habt Ihr damit gemeint?«

Er stand mit dem Rücken zu mir, und die Laterne beleuchtete nur einen Teil seines Gesichts, als er mir einen letzten Blick zuwarf. »Ich meinte damit, dass sie schon seit vielen Jahren nicht mehr an mich gedacht hat. Und ich spüre auch nicht mehr ihren ... Blick, so wie früher. Am Tag vor der Schlacht auf dem Feld der Verräter stand ich im Lager des königlichen Heeres nur wenige hundert Schritt von ihr entfernt, und doch kam es mir so vor, als befände sie sich am anderen Ende der Welt. Mich hat sie nicht an sich herangelassen, aber *dich*.« Seine Miene verzog sich vor Eifersucht und Abscheu. »Dich hat sie willkommen geheißen. Zwanzig Jahre sind es jetzt. Zwanzig Jahre, in denen ich mir meinen eigenen Weg durch die Geschichte dieses Reiches gebahnt habe, in der Hoffnung, in ihrem Sinne zu handeln, ihre Wünsche zu erfüllen. Aber sicher wusste ich es nie. Ich wollte deine Märtyrerin hinrichten, um die *Doenlisch* herbeizurufen, weil ich von ihrer Einmischung in Farinsahl erfahren hatte. Wenn sie das Miststück Courlain schon einmal gerettet hatte, hoffte ich, dass sie wiederauftauchen würde, um es ein weiteres Mal zu tun. Stattdessen bist *du* erschienen, ein Schreiber und Gesetzloser in schlecht sitzender Rüstung, der aus der Menge trat. Und ich spürte, dass sie dich berührt hatte.« Er zögerte, und ich sah, dass er den Griff der Laterne so fest packte, dass das Messing knirschte. »Ich hielt dich für eine Botschaft, ein Zeichen dafür, dass sie sich wieder für mich interessierte, oder zumindest für einen lustigen Zeitvertreib. Jetzt begreife ich, dass sie uns beide im Stich gelassen hat. Ich hatte gehofft, dass sie zumindest auftauchen würde, um mir den Grund dafür zu erklären.«

Die Laterne schwankte, als er davonging. Sein Gesicht konnte ich nicht mehr sehen, doch er rief mir zum Abschied noch etwas zu: »Übrigens, die Gerüchte sind wahr. In dieser Burg spukt es tatsächlich, aber die Geister sind übellaunig und tauchen nur selten auf. Trotzdem wirst du in deinen letzten Stunden vielleicht etwas Gesellschaft haben. Schlaf gut, Alwyn Scribe.«

Wie ihr euch sicher vorstellen könnt, verehrte Leserinnen und Leser, fiel es mir an diesem Abend nicht leicht einzuschlafen. Als Gefangener grübelt man ohnehin ständig über sein Schicksal nach, und wenn man – wie ich – mit einer lebhaften Fantasie geschlagen ist, wird das allein schon zur Qual. Doch simple Erschöpfung überwältigt irgendwann auch den furchtsamsten Verstand, und, obwohl es kaum zu glauben ist, ich schlief tatsächlich eine Weile. Unter solchen Umständen sind einem düstere Träume gewiss, und sie plagten mich, sobald mir die Augen zufielen.

Ich habe mich oft gefragt, ob ich das Grauen, das mich in jener Nacht im Traum heimsuchte, Arnabus' rätselhafter Gabe zu verdanken hatte; die Traumbilder scheinen mir jedoch zu seltsam und einfallsreich zu sein, als dass sie von ihm stammen könnten. Trotz seines Alters und seines unbestreitbaren Scharfsinns war er in vielerlei Hinsicht ein sehr beschränkter Mann. König Tomas war es, der als Erster in meinem Albtraum auftauchte. Er wankte in seiner Rüstung über eine graue, in Nebel gehüllte Ebene, sein Kopf stand in unnatürlich schiefem Winkel ab. Es hätte beinahe komisch ausgesehen, wäre sein Gesicht nicht von Verzweiflung und Schmerz erfüllt gewesen. Aus seinem sabbernden Mund drangen Worte, ein zischendes Murmeln, das wie eine Frage klang, die ich jedoch nicht verstehen konnte.

»Tut mir leid, Majestät«, sagte ich. Obwohl ich mit seinem Tod nichts zu tun gehabt hatte, überkamen mich bei seinem Anblick Schuldgefühle. Ich hatte ihn nicht umgebracht, aber ich hatte seinen Tod dazu benutzt, um den Prätendenten zu Fall zu bringen. Kaum hatte ich an Lochlain gedacht, erschien er auch schon auf der aschegrauen Ebene. Sein Oberkörper war nackt und wies die Spuren sämtlicher Qualen auf, die er auf dem Schafott hatte erdulden müssen. Im Gegensatz zu Tomas waren seine Worte deutlich zu verstehen.

»Nutzloser Mistkerl, was?« Er nickte zu dem umherwankenden König mit dem gebrochenen Hals hin. »Ich wäre der bessere König gewesen, das musst du doch zugeben, oder, Scribe? Nicht zuletzt, weil ich im Gegensatz zu diesem Hochstapler wirklich von den Algathinets abstammte.«

Mit wütendem Knurren sprang er vor und stieß Tomas zu Boden. Dunkler Staub wirbelte auf, als der König wie eine verunstaltete Krabbe, die aus dem Topf eines Fischers gefallen ist, auf dem Boden umherkroch. »Schau ihn dir an!«, spottete Lochlain. Aus seinen frei liegenden roten Muskeln quoll Blut, als er auf Tomas deutete. Er klang nur wie eine armselige Parodie des Mannes, mit dem ich so viele Stunden verbracht hatte. »König Schiefhals von Albermaine, der beschissenste Monarch aller Zeiten!«

»Lass ihn in Ruhe!«, fauchte ich und trat auf Lochlain zu. Seine Wunden waren jedoch so ekelerregend, dass ich ihn nicht wegstoßen wollte.

»Oder was?« Knurrend drehte sich Lochlain zu mir um. »Schreibst du sonst ein weiteres verlogenes Testament über mich?«

»Ich habe die Wahrheit geschrieben!«, beharrte ich.

»Es gibt keine Wahrheit, du verfluchter Dummkopf. Du hast aufgeschrieben, was ich dir erzählt habe, das ist alles. Und ich bin einer der größten Lügner, die es je gegeben hat.«

Er lachte wieder, aber es klang schrill und verzweifelt, und dann schluchzte er erstickt. »Warum hast du das getan, Scribe?«, fragte er anklagend. »Warum hast du mich daran gehindert, mir zu nehmen, was mir gehörte? Warum hast du für diese wertlosen Adligen gekämpft? Hättest du nicht so viel Glück gehabt, dann wäre dein Leben sicher schon vor Jahren in der Gosse geendet. Was hat die Krone dir jemals geboten außer Hunger und Ungerechtigkeit?«

»Ich habe nicht für die Adligen oder die Krone gekämpft«, sagte ich. »Sondern für etwas Besseres.« Selbst in meinen Ohren klangen meine Worte schwach und wenig überzeugend.

»Nein«, gab Lochlain zurück. »Du wolltest es so, das war der Grund. Du wolltest dieser Wahnsinnigen und ihren verrückten Visionen den Weg frei machen. Dachtest du, sie würde zur Belohnung mit dir vögeln? War es das?« Seine Stimme wurde mit jedem Wort lauter, Wut und irrer Stolz ließen seine blutende Brust anschwellen. »Ich war der Wahre König!«, brüllte er und schlug sich mit der Faust klatschend auf das feuchte Fleisch. »Meine Herrschaft hätte ein goldenes Zeitalter eingeläutet. Für mich hätte es keine Herren und Knechte gegeben und keine bestechlichen Kleriker. Nur die Würdigen und die Wertlosen, und die Würdigen hätten es in meinem Königreich weit gebracht. Ich hätte dich zu meinem Kammerherrn gemacht, Scribe. Und Wilhum zum Kommandanten meiner Wache. Swain wäre mein Obermarschall gewesen. Sogar für das kleine Biest, das du so magst, das Männern die Eier abschneidet, hätte ich einen Posten gefunden. Jetzt werden sie, dank dir, innerhalb eines Jahres alle tot sein.«

»Das hier ist ein Traum.« Ich schloss die Augen, um mich zu beruhigen. »Ein Traum, der aus meinen Ängsten entsteht. Du weißt nur, was ich weiß. Und ich kann nicht in die Zukunft blicken.«

»Vielleicht nicht.« Diesmal klang Lochlains Lachen grausam. »Aber du kannst die Vergangenheit sehen. Öffne deine Augen. Schau genau hin.«

Wie so oft im Traum hatte ich auf mein eigenes Handeln keinen Einfluss, und so sah ich nun auf der grauen Ebene zahllose grausige Dinge vor mir. Umherstolpernde Gestalten, denen das Blut aus offenen Wunden floss. Andere, die über den Boden krochen – viele ohne Gliedmaßen, die sich wie Würmer dahinschlängelten. Es waren hunderte, ja tausende, als ich den Blick in die Ferne richtete. Eine ganze Armee wankender und kriechender Leute. Jedes Gesicht, in das ich sah, war das eines Toten, aus frischen Wunden blutend oder alt und vertrocknet.

»So umtriebig warst du«, stellte Lochlain fest. »Viel umtriebiger, als es Deckin jemals war.«

»Ich habe getötet«, murmelte ich und sah von einem toten Gesicht zum nächsten, »aber niemals so viele …«

»Hier siehst du meine Armee«, hielt er mir entgegen. »Und all die Toten von der Burg Walvern. Von der Eroberung Hochsahls, vom Opfermarsch und von all den Scharmützeln dazwischen. Das sind jede Menge Leichen, die deinen Weg pflastern, Scribe. Wenn es Zeit wird, dein eigenes Testament zu verfassen, solltest du es in Rot schreiben.«

»Kriege, die ich nicht angefangen habe.« Panik stieg in mir auf, als die leblose Horde näher kam. Sie machten kein Geräusch, außer dem Schlurfen und Rascheln in der Asche, dennoch hatte ich das Gefühl, als würden sie mir ihre Anklage aus tausenden Kehlen entgegenschreien. »Schlachten, die ich nie wollte.« Meine Stimme war jetzt von Verzweiflung gefärbt. Die Gewissheit, dass es vor der Rache meiner Opfer kein Entrinnen gab, erfüllte mich mit Grauen. Ich kniff die Augen zu, als sie sich um mich scharten, ihre Arme ausstreckten und mit tropfenden oder verwesenden Fingern nach mir griffen. »Es tut mir leid …«, wimmerte ich und keuchte auf, als mich die erste eisige Hand eines Toten berührte …

»Warum tust du das?«, fragte eine neue Stimme, und die kühle Berührung an meiner Wange verschwand. Die Stimme klang ruhig, aber auch leicht tadelnd. Außerdem war mir ihr caerithischer Akzent vertraut.

Als ich die Augen öffnete, waren die Toten fort. Lochlain und der brabbelnde Tomas mit dem gebrochenen Hals waren nirgendwo zu sehen. Stattdessen stand auf der grauen Ebene nun eine junge Frau vor mir, deren blondes Haar im Wind wehte. Ihre Stirn, die von einem einzelnen roten Muttermal gezeichnet war, war anklagend gerunzelt.

»Warum quälst du dich so?«, fragte die Sackhexe, die *Doenlisch*, verärgert. Offenbar fand sie es unerwartet, mich in dieser misslichen Lage zu sehen. Ich wusste sofort, dass sie nicht bloß ein Bild meiner Erinnerung war. Ihre eigenen geheimnisvollen Kräfte hatten sie hierhergebracht, ein ungebetener, aber sehr willkommener Eindringling.

»Ich kann mir meine Träume nicht aussuchen«, sagte ich.

»Nicht?« Einen Moment lang schien sie aufrichtig verwirrt, bis ihr offenbar eine Erkenntnis kam. »Ach ja. Manchmal vergesse ich, wie jung du bist.«

Ihr unbekümmerter Ton ließ meine Wut hochkochen. Sie kam zu mir, in der Nacht bevor ich zu Tode gefoltert werden sollte, und tat so, als hätten wir uns nur zufällig auf dem Markt getroffen. »Außerdem«, fuhr ich fort, »hat in letzter Zeit Arnabus meine Träume bestimmt. Sie waren nicht sehr angenehm.«

»Das kann ich mir denken. Mein kleiner Bruder hat immer schon am liebsten Albträume erschaffen.«

»Du hättest mir sagen können, dass ihr beiden euch kennt.«

»Wozu? Hätte es deine Meinung über ihn verändert?«

»Vielleicht. Zu wissen, dass er in deinem Auftrag handelt, wäre sicher hilfreich gewesen.«

»Das tut er schon lange nicht mehr, auch wenn er es behauptet.« Ihre Miene wirkte düster, und sie presste die Lippen zusammen. »Es ist nicht leicht, sich seine Fehler einzugestehen, Alwyn. Und ich habe nicht immer den nötigen Willen aufgebracht, um sie auszubügeln. Der böswillige, grausame Mann, zu dem er heranwuchs, war so gänzlich anders als der ängstliche, niedliche Junge, der er einst war. Als mein Versagen offensichtlich wurde, mischte ich Nacht für Nacht die Kräuter zusammen, die ihn hätten friedlich einschlafen und nie wieder aufwachen lassen. Doch ich brachte es nicht fertig, ihm den Becher zu reichen.«

»Er hat schreckliche Dinge getan, nur um deine Aufmerksamkeit zu erregen. Und er wird es zweifellos wieder tun.«

»Dann bitte ich dich, das zu tun, was ich nicht konnte.« Sie schenkte mir ein schmales Lächeln, trat näher und strich mir mit der Hand über die Wange. Ich schreckte vor ihrer Berührung zurück. »Ich verstehe deinen Zorn«, sagte sie bedauernd. »Aber bei allem, was ich getan habe, wollte ich dir niemals wehtun.«

»Man wird mir morgen die Haut abziehen«, sagte ich. »Und du könntest es ohne Weiteres verhindern. Du weißt, wo ich bin, nicht wahr?«

»Ja.« Sie hob belustigt eine Augenbraue. »Weißt du, wo *ich* bin?«

Plötzlich löste sich die graue Ebene in einem Staubwirbel auf, der uns wie ein Mahlstrom einhüllte und die Farbe wechselte, von Schwarz zu Grau und dann zu Blau und Weiß. Nach und nach setzte sich der Staub, und eine Bergkette tauchte auf. Ich hatte gedacht, die hohen Gipfel an der Grenze zum Land der Caerither wären die beeindruckendste Landschaft, die ich je zu Gesicht bekommen würde. Doch das, was ich jetzt vor mir sah, stellte sie noch weit in den Schatten. Steilwände aus schneegesprenkeltem Granit ragten hoch über mir auf, die Gipfel zahlloser Berge, die über den Wolken lagen. Die unteren Hänge und auch die schmalen Täler waren von einem dichten Teppich aus Wäldern bedeckt, der nur hier und da von gewundenen Flüssen durchbrochen war.

»Meine Aufgabe erfordert weite Reisen«, sagte die Sackhexe. »Diese Berge erheben sich in einem Land, das nur wenige deines Volkes je gesehen haben. Ich habe sonnenheiße Wüsten durchquert und bin über stürmische Meere gesegelt. Ich habe Inseln aus Feuer und aus Eis gesehen. Ich habe viel Schönes erlebt, bin aber auch vielen Gefahren begegnet. Alles im Dienste meiner Aufgabe, genau wie du, Alwyn.«

»Ob ich nun will oder nicht?«

»Warum denkst du, dass wir je eine Wahl hatten? Du hast das Buch geschrieben, vergiss das nicht.«

»Du weißt also, dass ich dem *Eithlisch* begegnet bin.«

»Natürlich. Der Historiker hat schon vor Jahrhunderten einen Bericht über euer Treffen verfasst, weil du ihm davon erzählt hast.«

»Dann weißt du auch, dass der *Eithlisch* unbedingt will, dass du in euer Land zurückkehrst. Er hat eine *veilisch* geschickt, um dich aufzuspüren.«

»Ja. Sie ist entzückend, nicht wahr? Aber ich glaube, ihre Fähigkeiten können dir nützlicher sein als mir, da du noch so viel zu tun hast.«

»Das steht auch alles in dem Buch, nehme ich an?«

Sie neigte den Kopf und lächelte entschuldigend. Ich seufzte bitter, verspürte aber gleichzeitig auch ein Körnchen Hoffnung.

»Ich habe noch viel zu tun«, sagte ich. »Vieles, das aufgeschrieben wurde. Ich muss das hier also überleben.«

»Hmm.« Sie verzog das Gesicht. »An der Stelle wird es … verwirrend.«

»Inwiefern?«

»Auf den ersten Blick scheint sich die Zeit im Kreis zu drehen – in deinem Fall zumindest. Um einen so umfangreichen Bericht deines Lebens zu schreiben, musst du lange genug gelebt haben, um ihn dem Historiker zu diktieren. Je mehr ich über die Zeit herausfinde, desto mehr erscheint sie mir jedoch wie ein Fluss und nicht wie ein Rad. Sie fließt immer weiter und ändert häufig die Richtung. Manchmal wendet sie sich rückwärts, dann wieder teilt sie sich unerwartet in unzählige Richtungen auf. Irgendwann fließt alles wieder zusammen, aber manche Nebenarme gehen auch verloren, ganz gleich, was Prophezeiungen oder Visionen voraussagen.«

»Du meinst also, ich könnte morgen wirklich sterben.«

»Du könntest jeden Tag sterben, Alwyn. Warum ist morgen so wichtig?«

Ich knirschte mit den Zähnen. »Die sichere Aussicht auf Folter und Tod scheint mir nicht ganz unwichtig zu sein.«

»Hast du nicht zugehört? Nichts ist sicher oder unvermeidlich. Ich würde vermuten, dass du noch etliche Tage vor dir hast, oder vielleicht hoffe ich das auch nur, weil mich dein Tod so schmerzen würde. Morgen früh wird der Fluss seine Richtung ändern. Ich glaube, er wird dich weitertragen. Andere könnten dagegen in der Strömung verloren gehen.« Ein hartes Funkeln trat in ihre Augen. »*Sie* könnte verloren gehen.«

Mir war völlig klar, wen sie meinte, das erkannte ich an ihrer scharfen Betonung. »Evadine? Sie weiß nicht mal, was geschehen ist.«

»Um sie zu heilen, musste ich dir etwas wegnehmen, einen Teil dessen, was dich ausmacht. Ihr wurdet aneinander gebunden, und der Knoten ist undurchtrennbar. Sie hat schon kurz nach deinem Aufbruch gespürt, dass du in Gefahr bist. Wahrscheinlich hat sie es für eine weitere Vision gehalten. Verlass dich darauf, sie wird dich retten kommen. Und wenn sie eintrifft, könnte es ihr Ende sein. Denn die Liebe lässt uns jede Vorsicht vergessen.«

Mein Herz schlug plötzlich schneller, und ich machte einen Schritt auf sie zu. »Wie kann ich das verhindern?«, fragte ich. »Wie kann ich entkommen?« Ich packte sie an den Schultern und schrie ihr die Fragen ins Gesicht, doch ihre Miene zeigte nur leichte Besorgnis. »Du weißt es! Es steht in dem Buch. Sag es mir!«

»Du hast in dem Buch vieles geschrieben, Alwyn«, sagte sie traurig. »Nicht alles ist wirklich passiert. Dieses Leben, das Leben, in dem du an diesen Ort gelangt bist, war nicht auf den Seiten zu finden. Der Fluss hat seine Richtung geändert und du mit ihm. Ich habe dir alles gesagt, was ich weiß.« Sie streichelte wieder meine Wange, und ich sah Tränen in ihren Augen schimmern. »Bitte überlebe und rette sie, wenn du kannst. Davon hängt vieles ab. Und jetzt«, sie zog schniefend die Hand zurück, »wird es Zeit, dass du aufwachst.« Ihre Hand traf einem Hammer gleich mein Kinn und zerschmetterte den Traum wie Glas. Die Berge zersplitterten und fielen in die Leere, und ein Zucken durchlief meinen geschundenen Körper. Ein leises rhythmisches Kratzen drang an mein Ohr, das nicht aufhören wollte.

Ich erwachte mit einem Schaudern und spürte feuchten, körnigen Stein an meinem Gesicht. Ich musste mich im Schlaf herumgewälzt haben und war dabei dicht an den Brunnenrand gerollt. Keuchend vor Angst lag ich da. Das rhythmische Kratzen schien aus der Tiefe der dunklen Öffnung zu kommen. *Ratten*, dachte ich sofort, obwohl ich in der Feste bislang noch keine Nagetiere gesehen hatte. Dann kam mir ein anderer düsterer Gedanke, als mir Arnabus' Abschiedsworte wieder einfielen: *Die Geister der Dunkelfeste. Es gibt sie wirklich.*

Wegen meiner Fesseln bereitete es mir einige Mühe, vom Brunnenrand wegzukriechen. Bald stieß ich gegen die Steinumrandung und kam nicht mehr weiter. So konnte ich nur zitternd vor Furcht daliegen und dem Kratzen lauschen, bis sich schließlich ein schwerer Stein rumpelnd aus der Brunnenwand löste. Nach der vertrauten langen Zeitspanne ertönte das Platschen, das dermaßen laut war, dass ich schon glaubte, die Wachen müssten jeden Moment angelaufen kommen. Inzwischen war meine Angst so groß, dass ich über ihr Auftauchen wahrscheinlich sogar erleichtert gewesen wäre. Doch es kamen keine Wachen. Stattdessen war aus dem Brunnen ein Ächzen und dumpfes Klatschen zu hören, so als würde etwas darin nach oben klettern.

Unweigerlich musste ich an die Geschichten über die Dunkelfeste und ihre untoten Bewohner denken, während ich den Rand der Öffnung anstarrte, die reißerischen Beschreibungen des ermordeten rachsüchtigen Burgherrn und seiner Phantomritter, die sich die Seelen der Lebenden holten. *Sie ziehen dich hinunter, zu den dunklen Stätten tief unter der Erde. Sie machen dich zu einem der Ihren, einer Seele, die niemals durch die Himmlische Pforte treten kann, sondern auf ewig dazu verdammt ist, in der Burg umherzuirren …*

Man möge mir deshalb das Wimmern verzeihen, das ich ausstieß, als die Hand auftauchte. In meiner Furcht sah ich die schwarze Skeletthand eines Untoten, die sich mit unnatürlicher Kraft um den Brunnenrand schloss. Wieder ertönte ein schauriges Ächzen, als ihr Besitzer sich hochhievte. Das Gesicht, das gleich darauf erschien, sah genau so aus, wie ich es mir in meiner Angst ausgemalt hatte: schwarz und verrottet, die weißen Augen von feurigem Hass erfüllt, der die untote Kreatur seit Jahrhunderten am Sterben hinderte.

Ich konnte sie nur starr vor Entsetzen anschauen, als sie den Blick auf mich richtete und fragte: »Bist du allein?«

Meine Furcht verwandelte sich augenblicklich in Verwunderung, denn der Geist hatte nicht nur im Flüsterton, sondern auf Caerithisch gesprochen. Die Erscheinung runzelte verärgert die schwarzen Brauen und stemmte sich aus dem Brunnen. Eine athletische und sehr lebendige, wenn auch ziemlich schmutzige Gestalt kam zum Vorschein. Erleichterung durchströmte mich, als ich sie endlich erkannte. Lilat ging vor mir in die Hocke, musterte meine Fesseln und stieß ein verärgertes Zischen aus.

»Das wird eine Weile dauern«, murmelte sie, zog ihr Messer und machte sich an dem pechbestrichenen Knoten zu schaffen, mit dem meine Fußgelenke gebunden waren.

ZWEIUNDVIERZIGSTES KAPITEL

»Alte Gebäude sind wie verwesende Kadaver«, sagte Lilat und ging kampfbereit neben der dicken Eichentür in die Hocke, die den Eingang des unterirdischen Kerkers bildete. »Wenn sich das Fleisch von den Knochen schält, bilden sich Lücken. Es hat lange gedauert, bis ich eine gefunden hatte, die groß genug war, dass ich hindurchpasste.«

Mit unterdrücktem Stöhnen rieb ich mir die Fußgelenke und beugte die Zehen. Schmerzhaft strömte das Blut in die abgeschnürten Adern und Muskeln zurück. »Ich erinnere mich irgendwie, dass ich dich losgeschickt hatte, um deine Aufgabe zu erfüllen«, sagte ich.

»Und jetzt bist du froh, dass ich es nicht getan habe.« Ich konnte ihr Gesicht im Dunkeln nicht sehen, hörte jedoch das zufriedene Grinsen in ihrer Stimme.

»Du bist mir die ganze Zeit gefolgt?«

»Das war nicht weiter schwer. Außerdem konnte ich keine Spur von der *Doenlisch* entdecken.«

»Nein.« Ich kam auf die Beine und verzog wegen der Schmerzen das Gesicht. »Und das wirst du auch nicht, solange sie es nicht will.«

Lilat gab ihren Platz an der Tür auf, ging zum Brunnen und hob das Seil hoch, das sie mitgebracht hatte. »Ich binde das hier dort fest.« Sie nickte zu einer Säule. »Du gehst als Erster …«

»Ich kann nicht weg von hier«, sagte ich. »Die haben ein paar Freunde von mir. Und …« Ich verstummte, die Warnung der Sackhexe hallte mir noch in den Ohren. Sie *könnte verloren gehen.*

»Die Kompanie«, sagte ich. »Die Frau, der ich folge. Hast du sie in der Nähe gesehen?«

Lilat schüttelte den Kopf und zuckte die Achseln. »Es hat einen ganzen Tag gedauert, durch das Abflussrohr bis zum Brunnen zu kriechen. Vielleicht sind sie inzwischen eingetroffen, aber ich habe nichts gesehen.«

»Sie werden kommen.« Ich trat zu den Gestellen mit Waffen an der Wand. Ich suchte mir einen Dolch und ein Kriegsbeil aus, beide schlicht, aber gut gefertigt, mit scharfer Klinge.

»Wir sind zu zweit; die da oben sind viele«, gab Lilat zu bedenken, als ich mich vorbeugte und das Schloss an der Tür untersuchte.

»Ich habe nicht vor, sie alle zu töten.« Ich knurrte enttäuscht, als ich sah, dass das Schloss schwer und robust war. Toria hätte sicher kurzen Prozess damit gemacht, aber ich besaß nicht ihre Fähigkeiten, und Lilat kannte sich mit Schlössern erst recht nicht aus. »Versteck dich«, sagte ich. »Und halt dir lieber die Ohren zu.«

Nachdem sie sich in einer schattigen Ecke verborgen hatte, holte ich tief Luft, warf den Kopf zurück und begann zu schreien.

»Bei den Ärschen der Märtyrer«, brummte der Mann, der herbeikam, um nach mir zu sehen. »Hör auf zu jaulen, du Mistkerl! Die Soldaten des Rates brauchen ihren Schlaf.«

Um ihn herzulocken, hatte ich beinahe eine halbe Stunde lang verzweifelte Schreie ausgestoßen und lauthals damit gedroht, mir selbst den Kopf einzuschlagen. Inzwischen war ich schon ganz heiser. Der

Wärter war ein großer Mann, zum Glück war er jedoch nicht allzu schlau, sonst wäre er nicht allein gekommen.

Nachdem er die Tür aufgestoßen hatte, zögerte er. Seine Laterne klapperte; er schwenkte sie herum, um sich in der Kammer mit der gewölbten Decke umzuschauen. Als er meine gefesselte Gestalt nirgends entdecken konnte, verzog er überrascht das Gesicht. In dem Moment trat ich aus den Schatten neben der Tür und rammte ihm den Dolch ins Kreuz, worauf seine Miene erstarrte. Mit einer schnellen Handbewegung schlitzte ich ihm die Kehle auf, um ihn am Schreien zu hindern, als er zu Boden fiel. Manche Fähigkeiten verlernt man nie.

Rasch zog ich dem toten Wärter die Stiefel aus, die mir einigermaßen passten. Aus seiner Kleidung förderte ich zudem eine etwa zu einem Viertel gefüllte Geldbörse und ein Messer zutage, bevor wir ihn in eine dunkle Ecke schleppten.

Hinter der Tür befand sich eine schmale steinerne Wendeltreppe, die weitgehend im Dunkeln lag. Nur weiter oben war das schwache Flackern von Kerzenlicht zu sehen. Ich ging in die Hocke und lauschte eine Weile. Gedämpfte Stimmen waren zu hören. Mit meinem geübten Ohr erkannte ich, dass oben nur zwei Männer waren. Anfangs klangen ihre Stimmen gelangweilt, nach einer Weile mischte sich jedoch widerwillige Besorgnis hinein. Die Minuten vergingen. Bald würden sie herunterkommen, um nachzusehen, was mit ihrem Kameraden passiert war. Lilat und ich konnten wieder in den Kellerraum zurückgehen und sie dort erwarten, aber die Zeit wurde knapp, und es ließ sich nicht sagen, wie lange die Männer noch zögern würden.

»Wir müssen uns beeilen«, flüsterte ich Lilat zu und stieg dann mit dem Beil in der einen und dem Dolch in der anderen Hand die Treppe hoch. Oben angekommen, schaute ich mich schnell um. Dort saßen zwei kräftige Männer, einer mit einer rauchenden Pfeife im Mund, der andere hob gerade einen Krug, um einen Schluck daraus zu nehmen. Letzteren tötete ich gleich, da er bei meinem Anblick sofort den Krug fallen ließ und nach dem Falchion an seinem Gürtel griff. Das Beil zerhackte ihm die Stirn, bevor er die Klinge ziehen konnte. Ich blinzelte die rote Flüssigkeit weg, die mir in die Augen gespritzt war, und zog das Beil heraus. Mein Opfer glitt die Wand hinunter, aus seinem gespaltenen Schädel sprühte eine grau-rote Fontäne hervor. Als ich mich dem Mann mit der Pfeife zuwandte, saß dieser stocksteif da. Anscheinend war er von der Starre erfasst, die Leute, die an unerwartete Gewaltausbrüche nicht gewöhnt waren, in solchen Momenten häufig befiel. Der Schreck stand ihm ins Gesicht geschrieben, und er hatte die Zähne fest zusammengebissen. Aus der Pfeife stieg weiter süß duftender Rauch auf.

»Du bist wohl kein echter Soldat, was?«, fragte ich und hielt eine Hand hoch, als Lilat hinter dem erstarrten Wachmann auftauchte und ihr Messer hob.

»I-Ich …«, stotterte der Mann in althienischem Akzent, worauf ihm die Pfeife aus dem Mund fiel, »… bin e-ein Viehtreiber … Herr. Hab im Krieg meine Herde verloren …«

Er verstummte, als ich näher trat, seinen Schwertgürtel packte und ihn mit dem Messer durchtrennte. »Die Leute, die mit mir gefangen genommen wurden. Wo sind sie?«

Er antwortete, ohne zu zögern: »In den alten Zellen am Fuß des Turms, Herr.«

»Wie viele Soldaten hat Thessil hier?«

Er blinzelte mich verwundert an. »Thessil, Sir?«

»Euer Hauptmann«, sagte ich. Wahrscheinlich hatte Danick seinen wahren Namen schon vor Jahren abgelegt. »Danick Thessil, früher ein berühmter Gesetzloser in dieser Gegend. Wusstest du das nicht?«

Aus seinem schnellen Kopfschütteln und dem Schweiß, der ihm auf die Stirn trat, schloss ich, dass der Kerl über die Herkunft seines Hauptmanns nichts gewusst hatte und es ihn auch nicht kümmerte. »Wir sind hier insgesamt siebzig, Sir«, antwortete er zu seinem Glück so schnell, dass ich mich nicht wiederholen musste. »Alle, die reiten können. Das restliche Heer des Rates befindet sich in Athiltor.« Wieder bewies er seine Klugheit, indem er mir Informationen lieferte, nach denen ich noch gar nicht gefragt hatte. »Ich hab gehört, wie der

Hauptmann zu Seiner Eminenz gesagt hat, wir wären inzwischen an die fünftausend.«

»Das wird nicht reichen.« Ich deutete auf die Treppe. »Warte dort unten, bis es vorbei ist. Dann geh nach Hause und arbeite wieder als Viehtreiber. Dieses Leben hier ist nichts für dich.«

Der Viehtreiber nickte eifrig und wich zurück. »Ich danke Euch, Sir«, sagte er und rannte so schnell die Treppe hinunter, dass er ins Stolpern geriet. Ich frage mich manchmal, ob er sich womöglich den Hals gebrochen hat, ehe er unten ankam.

Das Schwert des Viehtreibers war alt und die Klinge schartig, aber gut gefertigt. Ich legte mir den Gürtel des toten Wächters um und tauschte das Falchion gegen das Schwert aus. Das Kriegsbeil steckte ich auf der anderen Seite hinein. Dazu ließ ich noch das Messer in meinem Stiefel verschwinden.

»Er ist der Letzte, den wir verschonen«, sagte ich zu Lilat. »Von jetzt an töte schnell und geräuschlos.«

Das einzige Licht in der Kammer stammte von einem Kerzenstummel in einer Wandnische. Ich pustete ihn aus, ging zu der klapprigen Tür des engen Wachhauses und schob sie ein Stück weit auf. Draußen befand sich ein Korridor ohne Dach, dessen Wände teilweise eingestürzt waren und viele Lücken aufwiesen, durch die das Heerlager zu sehen war, in dem sich bislang zum Glück nichts regte. Sorgfältige Blicke nach links und rechts enthüllten keine Wachposten in der Nähe, deshalb schob ich die Tür so weit auf, dass ich hindurchschlüpfen konnte. Geduckt trat ich in den Korridor hinaus. Der Turm befand sich etwa zwanzig Meter weiter links. Sein Fuß lag im Dunkeln, aber ich sah Feuerschein auf den Klingen zweier Hellebarden funkeln.

Lilat und ich schlichen näher und hielten uns dabei in den Schatten des Ganges. An seinem Ende ging er in eine kurze Grasfläche über, die den Turm von den restlichen Ruinen trennte. Zum Glück war das Gras lang, und die trüben Umrisse der Wachposten ließen erkennen, dass die beiden an der Turmwand lehnten und sich gelangweilt unterhielten. Während ich auf sie zuschlich, wunderte ich mich über die geringen Ansprüche, die Danick offenbar an seine Rekruten stellte. Feige ehemalige Viehtreiber und Männer, die nicht mal ein paar Stunden wachsam bleiben konnten, ergaben keine gute Armee.

Die beiden Wachposten waren besser ausgerüstet als die im Kerker. Sie trugen Helme, Kettenhemden und robuste Hellebarden. Beide geräuschlos zu töten, hätte schwierig sein sollen, aber ihre Unaufmerksamkeit wurde ihnen zum Verhängnis. Lilat und ich schafften es, uns ihnen bis auf drei Meter zu nähern, ohne entdeckt zu werden, und als wir mit Messern in der Hand aus der Deckung sprangen, schafften die beiden es nicht einmal mehr, einen Warnruf auszustoßen. Der, den ich tötete, versuchte immerhin noch, seine Hellebarde zu heben, war jedoch so langsam, dass Swain ihn dafür schlimm bestraft hätte. Mein Messer bohrte sich in den Hals des Kerls, genau an der Stelle, wo er vergessen hatte, den obersten Haken seines Kettenhemds zu schließen. Ich stieß das Messer tief hinein und hielt ihm mit der freien Hand den Mund zu, damit er kein Geräusch machen konnte. Zu meiner Rechten zog Lilat ihre eigene Klinge aus der Augenhöhle des anderen Wächters und drückte seine Leiche gegen die Wand, damit seine Rüstung beim Hinabgleiten nicht klirrte.

Die Tür zum Turm war unverschlossen, und als ich sie ein Stück öffnete, fiel heller Lichtschein durch den Spalt. Zum Glück schien im restlichen Lager jedoch niemand den hellen Streifen zu bemerken, und wir gelangten ohne Zwischenfälle ins Innere. Als Erstes überfiel mich der Gestank – süß und kränklich mit einer leicht sauren Note, die mir die Kehle zusammenzog. Mir blieb jedoch keine Zeit zu husten, denn der zweite Überfall folgte sogleich, diesmal in Gestalt eines schlanken Mannes mit nacktem Oberkörper, der einen glühenden Schürhaken in der Hand hielt.

Ich war so vorsichtig gewesen, vor Betreten des Turms mein gestohlenes Schwert zu ziehen, und konnte den Hieb mit dem Schürhaken deshalb abwehren. Ein lautes Klirren ertönte, und Funken stoben auf. Der Mann mit dem nackten Oberkörper stieß eine Reihe unverständlicher Flüche aus und wich ein paar Schritte zurück. Er warf den

Kopf in den Nacken, vermutlich um einen Alarmruf auszustoßen. Ich sprang vor und zielte mit dem Schwert auf seine Kehle, aber Lilat war schneller. Sie warf ihr Messer, das an meinem Kopf vorbeizischte und sich dem Mann in den Hals bohrte.

Dennoch machte er einiges an Lärm, als er rückwärtsstolperte und nach der Klinge in seinem Hals griff. Ein kehliges Kreischen brach mit dem gurgelnden Blutstrom aus seinem Mund hervor. Ich erledigte ihn mit einem Stich in die Kuhle unter seinen Rippen und trieb die Klinge tief genug hinein, um ihm die Wirbelsäule zu durchtrennen. Zitternd fiel er zu Boden und verließ die Welt mit einer Schnelligkeit, die ich schon bald bereute, als ich sah, womit er beschäftigt gewesen war.

Innen war der Turm nur noch eine leere Hülle. Die Treppen waren eingestürzt, und überall lagen Haufen herabgefallener Mauersteine. In der Mitte war eine Fläche freigeräumt worden, und dort stand eine Feuerschale mit glühenden Kohlen. Daneben loderte ein Feuer mit einem Dreibein darüber, an dem ein dampfender Topf mit geschmolzenem Pech hing. Holzmann, Tiler und Juhlina lagen um die Feuerschale herum, genauso gefesselt, wie ich es gewesen war, nur dass sie außerdem geknebelt waren. Zudem waren sie alle nackt. Die Haut der Witwe wirkte unversehrt, Tiler und Holzmann hatten hingegen weniger Glück gehabt. Als ich näher trat, sah ich an ihren Oberarmen und in ihren Gesichtern ein Dutzend oder mehr schwarze Male. Der Gestank von verbranntem Fleisch mischte sich mit dem ihres Schweißes. Es war nicht schwer zu erraten, was der Mann mit dem Schürhaken getan hatte. Außerdem hatte er die Brandmale offenbar mit schwarzem Pech übergossen. Ich hatte von dieser Art der Folter gehört, aber sie nie mit eigenen Augen gesehen; das Pech verstärkte die Schmerzen und versiegelte zugleich die Wunde, sodass das Opfer nicht verblutete.

»Wir …«, keuchte Holzmann, als ich die Schnur durchschnitt, mit der der Knebel in seinem Mund befestigt war, »… wir haben dem Mistkerl nichts verraten, Hauptmann.« Er erschauerte, als ich mich an seinen Fesseln zu schaffen machte. »Keiner von uns.«

»Ich weiß«, sagte ich. Nachdem ich mit dem Messer seine Fesseln durchgeschnitten hatte, ging ich zu Tiler, während Lilat Juhlina befreite. Ich hätte erwartet, dass Letztere am wütendsten sein würde, es war jedoch Tiler, der lauthals fluchte.

»Verfickter Hurensohn!«, brüllte er, schnappte sich den am Boden liegenden Schürhaken und stürzte sich damit auf die Leiche seines Folterers. Ich überlegte, ob ich ihn davor warnen sollte, zu viel Lärm zu machen, aber er stach wortlos auf den Toten ein, sodass ich ihn einfach machen ließ.

Nach einigem Wühlen in den Trümmern fanden wir ihren Haufen halb zerrissener Kleider und Stiefel, die ich Holzmann und Juhlina reichte. Die Witwe bereitete mir am meisten Sorge, denn im Gegensatz zu dem vor Schmerzen zitternden Holzmann und dem wütenden Tiler zeigte sie überhaupt keine Regung.

»Er wollte mich für morgen aufheben, hat er gesagt«, erklärte sie mir, als sie sah, dass ich ihre unversehrte Haut musterte. »Weil es auf dich den stärksten Eindruck machen würde.« Sie zog ihr Wams und ihre Hosen an und deutete dann auf das Beil in meinem Gürtel. »Darf ich?«

»Aber gerne.« Ich reichte ihr die Waffe und schaute mich um, musste jedoch zu meinem Bestürzen feststellen, dass der Turm nur einen Ein- und Ausgang hatte.

»Gibt's hier irgendwo eine Lücke, durch die wir schlüpfen können?«, fragte ich Lilat und hob eine Augenbraue, aber sie schüttelte nur bedauernd den Kopf.

»Wir könnten nach oben klettern«, schlug sie vor und spähte in die dunkle Höhe des Turms. »Und dann auf der anderen Seite wieder runter.«

»Verzeihung, Hauptmann«, sagte Holzmann mit schmerzverzerrtem Gesicht, »aber im Moment könnte ich keinen Zoll weit klettern.«

»Außerdem wird es bald hell«, sagte ich und ging zur Tür. »Uns bleibt keine Zeit. Wir müssen uns irgendwie rausschleichen. Bist du fertig?«, fragte ich Tiler, der gerade innehielt. Er richtete sich auf, wischte sich mit dem Handgelenk über die Nase und schüttelte den

Schürhaken sauber, an dem noch Hirnmasse und Knochenstückchen klebten.

»Erst mal ja.« Er schniefte und wandte sich mir dann zu. Seine Augen unter den verbrannten, geschwärzten Augenbrauen funkelten. Er war noch nie sonderlich gut aussehend gewesen, nun jedoch ließ er sogar mein Gesicht im Vergleich attraktiv wirken. »Aber ich will Thessil«, sagte er. »Wenn ich mit ihm fertig bin, wird er sich bei allen Märtyrern wünschen, er wäre tot geblieben.«

»Du kannst ihn haben, wenn wir ihn kriegen«, versprach ich ihm. »Zieh dir was an, und dann los.«

Wären es nur Tiler, Lilat und ich gewesen, dann hätten wir in jener Nacht wahrscheinlich sogar ohne Zwischenfälle aus der Dunkelfeste entkommen können. Leider besaßen Juhlina und Holzmann jedoch weder die Fähigkeit, sich lautlos zu bewegen, noch den Überlebensinstinkt eines Gesetzlosen, den man für ein solches Unterfangen braucht. Anfangs schlugen wir uns gar nicht mal so schlecht: Einer nach dem anderen glitten wir ins hohe Gras und warteten nur kurz, bis Holzmann einem der toten Wachposten die Hellebarde abgenommen hatte. Ich bedaure noch heute, dass ich ihm nicht befahl, sie liegen zu lassen, denn es war die Klinge der Waffe, die uns verriet. Ihr früherer Besitzer war zwar ein unfähiger Wachmann gewesen, um seine Waffe hatte er sich aber gut gekümmert. Als wir versuchten, eine niedrige Mauer am Südrand der Feste hochzuklettern, die sich verlockend nahe am dunklen Wald befand, fing die Klinge der Hellebarde das Licht der ersten Morgendämmerung ein, die über den Baumwipfeln hereinbrach. Ein Wachposten in der Nähe erwies sich leider als aufmerksamer als seine Kameraden und brüllte sofort lautstark einen Alarm.

Tiler und ich schwangen uns mit dem Instinkt ehemaliger Gesetzloser über die Mauer hinweg und rannten auf die Bäume zu. Lilat folgte dicht hinter uns. Holzmann und Juhlina jedoch leider nicht. Als ich hörte, wie der Ruf des Wachpostens abrupt abbrach, drehte ich mich um und sah, dass Holzmann mit der Hellebarde wütend auf ihn einhackte. Hinter ihm kamen ein Dutzend weitere Wachposten angestürmt. Schweren Herzens sah ich, wie Juhlina ihr Beil hob und sich auf die herannahenden Soldaten stürzte. *Eine Wut, die niemals nachlässt.* Ich erinnerte mich an ihre Worte in der Nacht auf dem Felsvorsprung. Sie war zu ruhig gewesen, als wir sie befreit hatten. Die Wut hatte sich in ihr angestaut, um jetzt zu explodieren.

»Du kannst ruhig gehen, wenn du willst«, sagte ich zu Tiler und lief wieder zur Feste zurück.

Ich hatte erst wenige Meter zurückgelegt, als ich hinter mir Schritte hörte. »Ach, scheiß drauf«, murmelte Tiler und erinnerte mich damit an den armen Kerl, den ich auf der Burg Walvern von der Leiter gehackt hatte. Diesmal musste ich über den Mangel an Poesie im Angesicht des Todes grinsen, doch meine Heiterkeit legte sich schnell, als ich mich an Juhlinas Seite in den Kampf stürzte.

DREIUNDVIERZIGSTES KAPITEL

Die schlechte Beherrschung des Kriegshandwerks im Heer des Rates zeigte sich auch daran, dass wir, einige Zeit nachdem ich den ersten Gegner getötet hatte, immer noch alle am Leben waren. Als ich Juhlina erreichte, kauerte sie über einem gefallenen Ratssoldaten und hieb ihm wieder und wieder das Beil in das bereits zerschmetterte Gesicht. Der Mann, den ich erschlug, war ein junger Hellebardist, der sich mit einem ungeschickten Hieb auf sie stürzen wollte. Er hatte die Arme zu weit vorgestreckt und stand unsicher auf den Füßen, deshalb war es mir ein Leichtes, ihm mein Schwert in den nackten Hals zu hauen.

Die Witwe war natürlich noch nicht fertig. Sie richtete sich von dem Toten mit dem zerhackten Gesicht auf, wich dem Schwertstoß eines anderen Gegners aus und zerschlug ihm mit einem raschen Hieb ihres Beils das Knie. Der Mann gab jedoch so schnell nicht auf, sondern versuchte, sein Schwert herumzudrehen und es ihr in den Rücken zu stechen. In diesem Moment sprang allerdings Lilat vor und schlitzte ihm die Kehle auf. Zu meiner Rechten hörte ich ein Ächzen und Klirren, und als ich mich umdrehte, sah ich Tiler einem Ratssoldaten die Spitze seines Schürhakens in den offenen Mund rammen. Der Mann fiel zu Boden, und Tiler drückte mit beiden Knien seine Brust nieder, um mit seinem ganzen Körpergewicht den Schürhaken durch den Schädelknochen des Mannes zu stoßen.

»Dieser Haufen hätte Hauptmann Swains Ausbildung gebrauchen können«, stellte er fest und griff sich die Axt des Toten.

Ein lautes Brüllen ließ mich herumfahren, und ich sah Holzmann seine Hellebarde hin und her schwingen, um die immer dichter werdende Menge der Angreifer zurückzudrängen. Die Luft war von furchtsamen und wütenden Schreien erfüllt, dazwischen erklangen Stimmen, die versuchten, Ordnung in das Durcheinander zu bringen.

»Umkreist sie, ihr Dumpfbacken!«, brüllte Thessil. Ich erhaschte einen Blick auf ihn, wie er zu Pferd in der Menge stand und Befehle rief. Sein verunstaltetes Gesicht war eine dunkle, fleckige Maske unbändigen Zorns.

Ich vernahm auch noch eine andere, schrillere Stimme, die eindeutig Durehl Vearist gehörte, wenn ich den Kleriker selbst auch nirgendwo sehen konnte: »Der Schreiber! Verschont den Schreiber!«

Ein hektischer Kampf folgte, in dessen Verlauf wie immer alles um mich herum verschwamm und zu einer Abfolge von Schlägen und Gegenschlägen wurde. Ich verlor jedes Zeitgefühl und spürte auch keinen Schmerz, während sich ein roter Dunst über alles legte und ich nur noch die Gesichter der Männer sah, die ich tötete oder verstümmelte. Es könnte einen Moment oder eine Stunde gedauert haben. Als sich der Dunst auflöste, hatten die Soldaten des Rates jedenfalls eine Kette um uns gebildet. Der Boden war mit reglosen oder noch zuckenden Leibern bedeckt. Wir standen schwer atmend Rücken an Rücken, doch ich spürte keine Erschöpfung. Außerdem schien ich bis auf einen oberflächlichen Schnitt an meinem Unterarm unverletzt zu sein. Holzmann hatte weniger Glück gehabt – er stützte sich zitternd auf seine Hellebarde; Blut strömte aus zahllosen Wunden an seinen

Beinen und seinem Rücken. Ich wusste, es konnte nicht mehr lange dauern, bis seine Kraft ihn verließ.

»Du bist erledigt, Scribe!«, rief Danick Thessil und trieb sein Pferd an, um durch die Reihen seiner Männer hindurchzureiten. »Ergib dich, und ich verschone die anderen.«

»Ach, halt die Klappe«, erwiderte ich, verärgert über die offensichtliche Lüge und außerdem von einer seltsamen Ungeduld erfüllt. »Dieser Haufen Feiglinge ist zu nichts zu gebrauchen, und das weißt du.« Ich musterte ihn finster und sprach laut und klar, damit seine Männer mich hören konnten. »Wie wär's, wenn wir das unter uns klären? Nur du und ich? Oder machst du dir lieber wieder in die Hosen und haust ab wie damals in Moosmühle?«

Es war eine wohlberechnete und grausame Herausforderung, aber sie erfüllte ihren Zweck. Knurrend zog Danick eine Axt mit breiter Klinge aus der Scheide an seinem Sattel und wollte sein Pferd auf mich zulenken. Ich hegte die schwache Hoffnung, dem Tier die Klinge über die Beine ziehen zu können und in dem darauffolgenden Durcheinander zu entkommen. Ob das geklappt hätte, ist zweifelhaft, und ich werde es auch nie erfahren, weil Danick nämlich gar nicht mehr dazu kam, mich anzugreifen.

In diesem Moment ertönte ein vertrautes Pfeifen, gefolgt von einer Kakofonie, die an einen Hagelsturm erinnerte, und ich duckte mich und riss Lilat und Tiler mit hinunter. Um uns herum stürzten ein Dutzend Soldaten zu Boden, denen Armbrustbolzen aus Gesichtern und Helmen ragten. Dann war das Trommeln zahlloser Hufe zu hören und gleich darauf das Poltern und Klirren eines berittenen Angriffs, der auf eine dichte Menschenmenge traf. Ein lautes Wiehern ließ mich hochschauen, und ich sah ein großes schwarzes Schlachtross über die verfallene Mauer der Feste hinwegsetzen. Wie üblich trug Evadine im Kampf keinen Helm. Das Morgenlicht brachte ihr flatterndes Haar und das erhobene Schwert zum Schimmern, als sie und Ulstan einen Moment in der Luft zu schweben schienen, um sich dann in die Menge der Ratssoldaten zu stürzen.

Schreie waren zu hören, Evadine hackte sich durch die wogende Masse. Furcht breitete sich wie ein Fieber aus, als die Soldaten die Gesegnete sahen, die ihrer Wut freien Lauf ließ. Ihr Schwert fuhr einer Sense gleich hin und her und hielt mit jedem Herabsausen blutige Ernte. Die verwirrten Ratssoldaten traten rasch den Rückzug an, als aus mehreren Richtungen gleichzeitig weitere berittene Gestalten angriffen und mit ihren Schwertern und Streitkeulen für Chaos sorgten. Ich sah Wilhum, der sich mit der Klinge einmal durch die panikerfüllte Menge hackte, dann kehrtmachte und erneut angriff. Sein Schwert war bereits vom Heft bis zur Spitze rot gefärbt.

In ihrer Furcht versuchten ein paar Soldaten, an uns vorbeizukommen, doch sie hatten nicht mit Juhlina und Holzmann gerechnet. Trotz seiner Verletzungen erschlug der kräftige Holzfäller zwei Männer, ehe ein dritter ihm sein Falchion tief in die Brust stach. Zum ersten Mal an diesem Morgen spürte ich Wut in mir aufsteigen, als ich Holzmann leblos zu Boden fallen sah. Der Kerl mit dem Falchion bewies beeindruckenden Mut, indem er die Klinge hob, als ich mit meinem Schwert auf ihn zugestürmt kam, es sollte ihm jedoch nichts nützen. Ich schlug sein Falchion beiseite, hämmerte ihm meinen Schwertknauf ins Gesicht und trat ihm dann die Beine unter dem Körper weg. Als er auf dem Boden aufkam, stellte ich einen Stiefel auf seinen Brustharnisch und drückte ihn nieder. Einen Moment ließ ich ihm noch, um mit ängstlich geweiteten Augen zu mir hochzuschauen, bevor ich mit dem Schwert ausholte und zustach. Die robuste Stahlklinge durchbrach den Schädelknochen zwischen seinen Augen und bohrte sich mehrere Zoll tief hinein.

Ich sah zu Holzmanns regloser Gestalt hin, um die sich Tiler, Lilat und Juhlina geschart hatten, und mein Zorn verrauchte. Sie bluteten alle; Lilat aus einem tiefen Schnitt auf der Stirn und Tiler aus einem Dutzend Wunden an den Armen und im Gesicht. Juhlinas Zustand war schwieriger zu beurteilen, weil sie über und über mit Blut bedeckt war. Später sollte sich herausstellen, dass sie bis auf ein paar Blutergüsse keine einzige Verletzung davongetragen hatte. Doch nicht alle

Wunden betreffen den Körper, und als ich ihren starren Blick sah, fürchtete ich, sie könnte nun endgültig dem Wahnsinn verfallen sein.

Ein vielstimmiges Flehen um Gnade ließ mich zu den Ruinen hinschauen, wo die Soldaten des Rates, die nicht tot oder geflohen waren, auf den Knien kauerten. Sie hatten ihre Waffen weggeworfen und bittend die Hände gefaltet. Ich sah Wilhum Befehl geben, sie zusammenzutreiben, und Eamond, der abstieg, um sich darum zu kümmern. Am Ostrand der Ruine fiel mir ein hektisches Gewimmel auf; ein halbes Dutzend Pferde galoppierte dort in den Wald hinein. An ihrer Spitze befand sich Danicks kräftige Gestalt, und unter den Reitern dahinter meinte ich das graue Gewand eines Klerikers zu entdecken. *Arnabus oder vielleicht Durehl?*

Bevor die Reiter im dunklen Wald verschwanden, sah ich eine weitere Gestalt hinterhergaloppieren: Evadine, die Ulstan zu vollem Tempo antrieb.

Ich riss das Schwert aus dem Leichnam zu meinen Füßen und rannte zu Eamond. Ohne auf seine Begrüßung zu achten, schwang ich mich eilig auf sein Pferd. »Sag Hauptmann Dornmahl, er soll ein paar Reiter sammeln und mir folgen«, rief ich, zog das Jagdpferd herum und preschte auf die Bäume zu. »Und such die Ruine nach einem Kleriker ab. Sollte er fliehen, kannst du den Mistkerl gerne töten«, schrie ich über die Schulter.

Unter den Bäumen herrschte nur trübes Licht, aber ich gestattete dem Jagdpferd dennoch nicht, langsamer zu werden, und zwang es trotz der trügerischen Schatten auf dem Waldboden weiterzulaufen. Ich folgte den Kampfgeräuschen vor mir, hauptsächlich Schreie und hin und wieder das Klirren von Stahl. Ich kam kurz nacheinander an drei reiterlosen Pferden vorbei. Evadine war eindeutig entschlossen, ihre Beute nicht entkommen zu lassen. Der trügerische Widerhall von Geräuschen im Wald machte es schwierig, sie zu finden. Die Kampfgeräusche waren immer seltener zu hören und erklangen aus immer weiterer Ferne, sodass ich irgendwann anhalten musste. Ich lauschte angestrengt und wurde bald mit dem gedämpften Klang von Stimmen zu meiner Rechten belohnt. Ich trieb das Jagdpferd vorwärts und kam auf einer Lichtung heraus, wo ich zu meiner Befriedigung Danick sah, der aus dem Sattel gestiegen war, um einen Mann im Gewand eines Klerikers unter dem Leib eines gestürzten, strampelnden Pferdes hervorzuziehen.

Das Tier hatte sich – wahrscheinlich aufgrund der Unfähigkeit seines Reiters – ein Bein gebrochen. Es wieherte und zappelte ängstlich, während Danick fluchend an dem eingeklemmten Kleriker zerrte. Als er mich herannahen hörte, hielt er jedoch inne. Trotz seiner Beteuerungen, ein Soldat zu sein, sah ich in dem kurzen furchtsamen Blick, den er mir zuwarf, bevor er sich umdrehte und zu seinem Pferd rannte, nur den Gesetzlosen. Im Handumdrehen war er aufgesessen und preschte davon, und im Moment zumindest war es mir gleich, ob er entkam.

Ich ließ das Jagdpferd ein paar Meter weitergehen, stieg dann ab und zog das Schwert aus meinem Gürtel. Der Kleriker ächzte ein paarmal laut, während ich näher kam, und schaffte es schließlich, sich zu befreien und aufzustehen. Aus seinem Humpeln schloss ich, dass sein Bein ebenso gebrochen war wie das seines Pferdes.

Offenbar war mir meine Absicht deutlich anzusehen, denn er straffte sich und sah mich anklagend an. »Wollt Ihr für Eure falsche Märtyrerin etwa morden, Scribe?«, fragte er streng. Seiner Stimme war kein Zittern anzumerken, wie man es bei einem Mann, der seinem Ende entgegensah, erwarten konnte.

»Ich habe schon Schlimmeres getan, Eure Eminenz.« Meine Faust schloss sich um Durehls Gewand, und ich zerrte ihn von dem verletzten Pferd weg. Zu seiner Ehre unternahm er keinen Versuch, um sein Leben zu betteln, als ich ihn gegen den breiten Stamm einer Eibe drückte. »Leider habe ich keine Zeit, um mir Eure ganze Beichte anzuhören«, sagte ich und hob das Schwert auf die Höhe seiner Brust, um es ihm schnell in die Rippen stoßen zu können. »Aber ein paar Worte dürft Ihr noch sagen, wenn Ihr wollt.«

»Ihr dient einer Frau, die Böses im Sinn hat«, sagte er und sah mir trotzig in die Augen. »Das sind meine Worte. Wenn Euch etwas an Eurer Seele liegt, solltet Ihr sie Euch zu Herzen nehmen.«

»Kümmert Euch lieber um Eure eigene Seele«, erwiderte ich und holte mit dem Schwert aus.

»Alwyn!«

Evadines Stimme ließ mich erstarren. Angesichts ihres unnachgiebigen Befehlstons verrauchte meine Wut sofort. Plötzlich sah ich die Szenerie mit anderen Augen: Ein zum Adligen aufgestiegener Knecht wollte den Anführer des Bundes der Märtyrer ermorden. Ich war zum Ritter geschlagen worden, hatte die Gunst der Krone errungen und war im gesamten Reich berühmt, doch nichts davon würde mich vor den Folgen retten, sollte ich eine derart große Sünde begehen.

Ich drehte mich um und sah sie mit ihrem blutigen Schwert in der Hand von Ulstans Rücken steigen. Sie kam zu mir, und ihre feuchten Augen schimmerten besorgt, als sie mit den Fingern über die Blutergüsse in meinem Gesicht strich. »Ich habe es gesehen«, murmelte sie. »Die Seraphilen haben mir erlaubt, dich zu retten.«

»Du hast gar nichts gesehen außer deinen eigenen Wahnvorstellungen, Frau!«, sagte Durehl, worauf Evadine langsam den Blick auf ihn richtete. »Begreifst du das denn nicht?«, fragte er. »Weißt du denn nicht, dass du bloß eine Wahnsinnige bist, die dieses Reich und den Bund in den Untergang stürzt?«

»Ich verzeihe Euch Eure eigenen Wahnvorstellungen, Hochwürden«, erwiderte Evadine gelassen. »Für einen Menschen, der derart von Gier und Macht geblendet ist, muss es schwierig sein, sich seine Vergehen einzugestehen.«

»Alles, was ich getan habe, diente dem Bund und den Menschen dieses Landes«, knurrte Durehl. »Ich bin hier der einzige wahre Diener der Seraphilen.«

»Meuchelmörder anzuheuern war also der Wunsch der Seraphilen, ja?«, fragte ich. Evadine wandte sich mir mit fragend hochgezogener Braue zu. »Die Attentäter mit den Silbermünzen auf unserem Weg nach Süden«, erklärte ich ihr und musterte Durehl mit festem Blick.

»Arnabus war so freundlich, mich darüber aufzuklären. Ihr solltet Eure Gehilfen wirklich sorgfältiger auswählen, Eure Eminenz.«

»Ich behaupte nicht, dass meine Seele rein ist«, gab Durehl zurück. »Aber ich habe sie zum Wohle aller beschmutzt.«

»Nein.« Evadine schüttelte den Kopf. Sie legte Durehl eine Hand auf den Scheitel, der unter ihrer Berührung zurückzuckte, als hätte er sich verbrannt. »Nein, Bruder, so war es nicht.« Ihre Stimme klang eher bedauernd als anklagend. »Aber ich danke Euch dafür, dass Ihr diese Sünde begangen habt, denn dadurch sehe ich meinen Weg nun klarer vor mir als je zuvor. Ich sehe jetzt, dass in diesem Reich erst wieder Frieden herrschen kann, wenn Krone und Bund vereint sind. Beide sind jedoch so verdorben, dass keine Rettung mehr möglich ist. Die Einheit muss also auf andere Weise herbeigeführt werden, nämlich in mir. Das ist meine Mission. Das ist es, wohin ich gelenkt wurde. Ich muss die Auferstandene Königin werden.«

Sie strich mit der Hand über Durehls Stirn, trat zurück und schlitzte ihm dann mit einer einzigen Bewegung ihres Schwerts die Kehle auf. Durehls Blut spritzte hervor, als er zu Boden fiel, und besudelte uns beide. Ich hätte erschrocken, ja entsetzt über das unfassbare Verbrechen sein sollen, das sie begangen hatte. Doch in diesem Moment kam es mir richtig vor, ein Akt der Notwendigkeit und kein Mord. Als Evadine deshalb nach einem kurzen Blick auf den zuckenden Leichnam auf mich zukam, mir die Arme um den Hals schlang und mich an sich zog, will ich nicht behaupten, dass ich zögerte, den Kuss zu erwidern, den sie mir auf die Lippen drückte. In diesem Moment hätte ich mich ihr ebenso wenig widersetzen können wie der Schneelawine, die mich einst auf dem Berg mitgerissen hatte. Trotz dem, was sie getan hatte, trotz des Blutes, das ich auf ihren Lippen schmeckte, gehörte ich jetzt ihr. Doch selbst da schon, als wir von unserem Opfer wegstolperten, als sie ihre Rüstung auszog und ich meine zerlumpten Kleider, als wir uns zu Boden legten und uns in Blut und Schweiß umschlangen, verriet mich meine Erinnerung.

Lügner, hatte ich den Historiker im Turm angeschrien, doch ich hatte keine Unwahrheit in seiner Stimme gehört, als er seine Worte wiederholt hatte. Obwohl ich wusste, dass ich ihn wiedersehen würde, um seinem jüngeren Ich mein Testament zu diktieren, war dies für ihn unsere letzte Begegnung. Ich hatte das Gefühl, dass er mir am Ende noch etwas mit auf den Weg geben wollte, etwas, das ich damals nicht glauben mochte und das ich auch jetzt nicht wahrhaben wollte, obwohl es mir keine Ruhe ließ: »Evadine dient den Maleciten.«

Danksagung

Ich möchte mich bei allen bedanken, die mir geholfen haben, den zweiten Teil von Alwyns Reise zum Abschluss zu bringen, besonders bei meinen Lektoren James Long und Bradley Englert, meinem Agenten Paul Lucas und meinem stets wachsamen zweiten Paar Augen, Paul Field.

Dramatis Personae

Alwyn Scribe – Gesetzloser, Schreiber und später Soldat in der Kompanie des Bundes

Evadine Courlain – adlige Feldherrin der Kompanie des Bundes, Kommunikantin und später Aspirantin des Bundes der Märtyrer

Celynne Cohlsair – Herzogin von Alundia, Gattin von Herzog Oberharth, Tochter von Herzog Guhlton

Oberharth Cohlsair – Herzog von Alundia

Roulgarth Cohlsair – oberster Ritter von Alundia, jüngerer Bruder von Herzog Oberharth

Ducinda Cohlsair – Tochter von Oberharth und Celynne

Merick Albrisend – Baron von Lumenstor, angeheirateter Neffe von Oberharth Cohlsair

Guhlton Pendroke – Herzog von Althiene, Vater von Herzogin Celynne

Erchel – Gesetzloser mit abstoßenden Neigungen

Shilva Sahken – Anführerin einer Bande von Gesetzlosen und Bekannte des ehemaligen Königs der Gesetzlosen, Deckin Scarl

König Tomas Algathinet – Herrscher von Albermaine

Prinzessin Leannor Algathinet-Keville – Schwester von König Tomas

Ehlbert Bauldry – für seine Kampfkünste berühmter Ritter, Kämpe von König Tomas

Altheric Courlain – angesehener Veteran, Vater von Evadine

Durehl Vearist – oberster Kleriker des Rates der Eminenzen, des führenden Gremiums im Bund der Märtyrer

Aszendent Arnabus – ranghoher Kleriker im Bund der Märtyrer und Berater von Prinzessin Leannor

Aspirantin Viera – Klerikerin und oberste Bibliothekarin des Bundes in Athiltor

Alfric Keville – Sohn der Prinzessin Leannor und des verstorbenen Alferd Keville

Magnis Lochlain – Prätendent, angeblich rechtmäßiger Thronfolger von Albermaine, auch als der »Wahre König« bekannt

Lorine Blousset (früher Lorine D'Ambrille) – Herzogin der Shavine-Marschen, einstige Geliebte des Königs der Gesetzlosen, Deckin Scarl, und Bekannte von Alwyn

Albyrn Swain – Betbruder und Hauptmann der Kompanie des Bundes

Ofihla Barrow – Betschwester und Soldatin der Kompanie des Bundes

Delric Cleymount – Betbruder und Heiler der Kompanie des Bundes

Die Sackhexe – caerithische Zauberin und Heilerin, soll unter der Maske aus Sackleinen, die sie trägt, scheußlich aussehen. Auf Caerithisch auch als *Doenlisch* bezeichnet

Wilhum Dornmahl – Überläufer, Ritter, der einst im Heer des Prätendenten kämpfte und deswegen in Ungnade fiel. Kindheitsfreund von Evadine. Soldat der Kompanie des Bundes

Eamond Astier – einstiger Novize und Freiwilliger in der Berittenen Garde der Kompanie des Bundes

Ayin – Soldatin der Kompanie des Bundes und Page von Evadine Courlain

Juhlina (auch »die Witwe« genannt) – einstige Anhängerin der Pilgersekte »Die Begünstigten«, Rekrutin der Kompanie des Bundes

Fletchmann – einstiger Wilddieb, Soldat in der Kompanie des Bundes

Tiler – einstiger Gesetzloser, Soldat in der Kompanie des Bundes

Aurent Vassier – fähiger Baumeister und Konstrukteur von Belagerungsmaschinen, im Dienst von Prinzessin Leannor

Liahm Holzmann – einstiger Holzfäller, der sich dem Kreuzzug der Knechte anschloss, Rekrut der Kompanie des Bundes

Elfons Raphine – niederer Adliger aus Alberis und Kommandant einer Kompanie freier Schwerter während des Alundia-Feldzugs. Später königlicher Protektor von Alundia

Barbier – alundischer Aufständischer und Gesetzloser, der zum Verrat neigt

Uhlla – Oberhaupt eines caerithischen Dorfes

Kuhlin – caerithischer Holzfäller, Uhllas Enkelsohn

Lilat – caerithische Jägerin, Uhllas Großnichte

Der Eithlisch – Caerither von geheimnisvoller Macht und Bedeutung

Estrik – Soldat in der Kompanie des Bundes, Kastellan der Burg Walvern, später Reich der Märtyrerin

Desmena Lehville – rebellische Ritterin im Dienst des Prätendenten Magnis Lochlain